陝西省“十二五”古籍整理重大項目
陝西省社會科學基金重點項目

陝西古代文獻集成【第十二輯】

陝西古代文獻集成編纂委員會 編

主編◎賈三强

關中奏議

[明]楊一清 撰

劉思怡 點校 賈三强 審校

玉坡奏議

[明]張原 撰

賈三强 點校

陝西新華出版傳媒集團
陝西人民出版社

圖書在版編目（CIP）數據

陝西古代文獻集成. 第十二輯 / 賈三强主編. — 西安:陝西人民出版社,2018
ISBN 978-7-224-13059-1

Ⅰ. ①陝… Ⅱ. ①賈… Ⅲ. ①地方文獻—彙編—陝西—古代 Ⅳ. ①K294.1

中國版本圖書館CIP數據核字(2018)第296498號

《關中奏議》 劉思怡 點校 賈三强 審校
《玉坡奏議》 賈三强 點校

陝西古代文獻集成·第十二輯

編　　者　賈三强
出版發行　陝西新華出版傳媒集團　陝西人民出版社
（西安北大街147號　郵編：710003）

印　　刷　中煤地西安地圖制印有限公司
開　　本　787mm×1092mm　16開　40印張　4插頁
字　　數　590千字
版　　次　2018年12月第1版　2018年12月第1次印刷
書　　號　ISBN 978-7-224-13059-1
定　　價　256.00元

ISBN 978-7-224-13059-1

陝西省古籍保護整理出版工作
領導小組編纂委員會

前　言

陝西有着悠久的歷史，是文明隆盛之區。傳説中華夏民族的始祖炎帝和黄帝都曾在這片土地上活動，並且留下了相關的遺址遺跡。對今天中華文明和文化傳統影響最大的周秦漢唐王朝，肇興於這片土地，同樣留下了數不清的文物遺存。這些文化遺産雄辯地證明，陝西是中華民族的發祥地之一，也是中華民族一步步走向强盛的歷史見證。有越來越多的國内外人士來到這裏，觀賞半坡遺址、周原故地、秦兵馬俑、漢武帝陵、大夏統萬城、唐長安城以及終南風物等，領略這裏恢弘、悠遠、博大、精深的文化。

世界上很多地方的著名古跡，比如英國的史前巨石陣、復活節島上的巨人石像與秘魯納斯卡地畫，在相關的歷史文獻中，找不到絲毫的記載，因此只能是一個一個神秘的千古不解之謎，甚至有人將其解釋成外星人留下的奇跡，這當然大大影響了它們具有的文化意藴。而陝西的周秦漢唐遺跡和文物，絶大多數可以與傳世的文獻相印證。用文物與文獻相互印證研究歷史的方法，從漢代起就有學者運用。在清代乾嘉學者，尤其是後來的王國維先生那裏，成爲一種科學的學術研究手段，是歷史研究的利器。秦始皇陵兵馬俑坑棚木明顯被焚燒過，這在《史記》中有記載，是楚霸王項羽所爲；而遊客們在遊覽唐大明宫遺址，驚嘆其恢弘的氣勢時，也不由得會想到古代典籍中記載的發生在這裏的歷史事件，如盛唐時“九天閶闔開宫殿，萬國衣冠拜冕旒”的朝貢場面，大唐落日西沉時血雨腥風的“甘露之變”等，這些事件都深刻地影響了中國歷史的走向。設想一下，如果没有文獻的佐證，這些文物古跡將會怎樣地黯然失色。因此，如果將這些可視的文物古跡視作壁上之龍，那些可讀的傳世文獻就如同龍的眼睛，一經點晝，飛龍就會騰起在天，活靈活現。

與文物文化相輔相成的是，這裏同樣有着深厚的文獻文化傳統。陝西存世文獻的品質之高，舉世罕有。《周易》極力探究宇宙産生和運行的根本法則，《周禮》爲萬世定立典章制度的企望，《史記》“究天人之際，通古今之變，成一家之言”的抱負，展示了早在西漢以前這片土地上志士仁人的闊大胸襟。這種特質對於秦地之人已經浹髓淪肌，融入血脈。而《詩經》中産生於周秦故地的諸多詩篇，從莊嚴的宗廟祭祀到民間青年男女嘹亮的情歌，無所不包，則又體現出這裏人民生活的豐富多彩。漢唐時代在這裏産生的諸多歷史、哲學和文學作品，至今仍有着典範意義，是中華民族精神寶庫中異常珍貴的遺産。

無論在陝西生活或者工作的人，不僅有責任將這塊中華民族風水寶地産生的文化遺産保護好，而且還要發揚光大。新中國成立後的20世紀50年代，我們國家幾乎還是一窮二白的時候，國家投入鉅資發掘了半坡遺址，並修建了保護性的建築。70年代又發掘了震驚世界的秦始皇陵兵馬俑，並在遺址上建立了博物館。改革開放以來，特别是近年來，陝西省提出建設文化大省、强省的戰略目標，而這對文化遺産的保護無疑是重要内容。近年來，隨着經濟的發展，政府在文化遺産保護方面的投入不斷加大，周原遺址、西安漢城遺址、曲江遺址、大明宫遺址、大唐西市遺址的發掘保護，爲世人矚目，已成爲陝西和西安古代文化的亮眼名片。

但是對於古代文獻的保護和整理，則稍顯落後。正是意識到了這一點，陝西省政府決定在“十二五”和“十三五”期間，在這些方面加大投入，進行建設。《陝西古代文獻集成》是其中的重大課題。這裏説的陝西古代文獻，指的或專寫陝事，或作者爲陝人，或書籍爲陝版。前兩者是主要的整理内容，陝版圖書除了在圖書史或版本目録學史方面具有較重要的意義外，從内容方面來看，與其他地域出版的圖書並無本質區别的，不作爲此次整理的重點。由於人力、物力、財力的限制，這批整理的文獻，原則上只收録那些没有經近人整理過的古籍或雖經近人整理，但是整理品質不高的古籍。這樣，一些多次經前人整理的古籍，雖然有很高的歷史意義和學術價值，如上述的《周易》《史記》等書，就不再進入整理者的視域。經過專家推薦，課題組嚴格篩選，選取了300餘種古籍作爲整理對象。這些古籍，絶大多數是宋、金、元、明、清人撰作的。

毫無疑問，在以周原、豐鎬、咸陽和長安爲中心的周、秦、漢、唐文明之後，隨着我國政治、經濟、文化中心的東移南下，從宋代開始，在整個中華文明中，陝地風光不再，逐步被邊緣化，整體上處於衰落之勢。但它仍是中華文明的重要組成部分，有時甚至引領風華。這可以關學、明清文學和戲曲的傳世文獻爲例。

北宋的關中大儒張載是早期的理學家，他“爲天地立心，爲生民立命，爲往聖繼絶學，爲萬世開太平”的宏偉誓言，激勵了數不清的中華民族志士仁人修齊治平的理想。張載是宋明理學中導夫先路式的學者，他創立的關學深刻地影響了“二程”的洛學、朱熹的閩學，而這三者構成了理學鼎立的三足。張載奠定的重實踐功夫而相對輕視繁瑣論證的關學傳統沾溉陝西學風民風甚深。從宋代至近代，宋代藍田“四吕”，元代楊奂、蕭𣂏，明代王恕父子、吕柟、馬理、馮從吾，清代“三李”、王思敬，直至近現代的劉光蕡、賀瑞麟、牛兆濂等，歷時近千年，構成了不絶如縷的關學體系。這種不尚空談而重實踐的傳統也培育出了關中諸多磅礴豪放的義士和勤敬忠孝的百姓。

明清時代陝西的文學成就也同樣值得大書特書。明代前期度過了慷慨悲歌的改朝換代短暫風光，中國文學進入了百年孤獨時期，充斥文壇的是歌功頌德、神仙道化和説教衛道之風。張廷玉主編《明史·文苑傳》稱之爲："永宣以還，作者遞興，皆冲融演迤，不事鉤棘，而氣體漸弱。弘正之間，李東陽出入宋元，溯流唐代，擅聲館閣。"正是對這段時期文學柔靡之風的概括。而到了明弘治、正德、嘉靖年間，中國文學進入了復興時期，其標志是前七子翩然登上文壇。前七子中的主要人物李夢陽是慶陽人，時屬陝西，康海是武功人，王九思是户縣人。而前七子中的另一位領軍人物何景明，雖是河南信陽人，但卻與上述三人交往密切，還擔任過陝西提學副使之職。繼唐代之後，陝西文學又一次進入亂花迷眼的大好時期。萬斯同《明史稿·文苑傳》説："關中自李夢陽、康海、王九思後，作者迭興，若吕柟、馬理、韓邦奇、邦靖、馬汝驥、胡纘宗、趙時春、王維楨、楊爵輩，彬彬質有其文，而(張)治道輩鼓吹之，一時號爲極盛。"這段文字中提到的絶大多數人，都是科舉中高第中進士的文人。例如康海和吕柟，分别在明弘治十五年(1502)和正德三年(1508)先後中狀元，這也是陝西科舉史中的佳話。這個文人群體詩文創作成就極高，當時在北京官場中流行的"西翰林"之説，就是指翰林院中陝人極多的盛况。500年後的今天，追憶當年，仍令人神往。明嘉靖三十四年十二月(1556年1月)關中發生大地震，當時身在關中的文壇領軍人物馬理、韓邦奇、王維楨等人罹難，使陝西文學盛况戛然而止。但是清代初年，王又旦和"三李""一康"爲代表的三秦詩派又異軍突起，爲陝西文學贏得了聲譽。這一文學現象近年來也受到了學界的關注。

戲曲是我國獨有的藝術。如果將"代言體"作爲其起源和本質特徵，從青海大通縣孫家寨出土的新石器時期陶盆上帶尾飾的群舞、周穆王時傳入中國的傀儡戲和産生於周幽王時的俳優藝術等資料看，完全可以説周秦之地也是中國戲曲的發源地之一。而宋代以後，陝西代言體類的表演藝術總體走下坡路。明代大戲曲家康海、王九思的横空出世，使這一頹勢中止。而在明清之際作爲"亂彈之祖"的秦腔的出現，更是使流行了近400年之久的宫調聯曲體戲曲走向了窮途末路，而以秦腔爲代表的板腔體戲曲流行於大江南北、長城内外，成爲中國戲曲的主流。"花部亂彈"是清人對板腔體戲曲的俗稱，秦腔也因而被戲曲界稱爲"花部亂彈之首"，對包括京劇在内的近現代以板腔體爲主的各地戲曲影響深遠。

這些文獻，在這次整理中都有收録。我相信，這批文獻的整理出版，將會使學界和廣大對古代文化有興趣的讀者朋友們獲益良多。

我要衷心感謝從事這項課題的100多位省内外專家學者，正是你們數年的艱苦努力，爲實現我們陝西建設文化大省、强省的戰略目標做出了卓有成效的貢獻，也爲我們陝西文化增添了一項標志性的成果，在此謹致深深的謝忱。

賈三强

丁酉年秋

目録

總凡例

一、《陝西古代文獻集成》收録範圍，爲傳統近代以前陝西傳世文獻。陝西爲清代版圖所轄區域。陝西文獻概指陝人著述或述論陝事者。

二、本叢書僅收録未經今人整理，或雖經今人整理，然而品質尚有提升空間之古代文獻。

三、本叢書以點校爲主要整理方式，亦有個别作者前期已完成校注本，且有較多史實箋證，於讀者有裨益者，亦適當收入。

四、諸書底本之墨釘“■”、闕字“□”均一仍其舊，空闕或漫漶之字亦示以“□”，部分残缺之字外框以“□”。

五、底本之誤，原則上不改，而在校記中説明。一些明顯之常識性錯誤，如古籍中常見“己、已、巳”不分者，則徑改，不出校記。

六、諸書各有特點，且其整理成於衆手，故點校前言、凡例和附録等不强求統一。

七、諸底本中原有之注，用小號字排印，置於原處。

八、本叢書多有一輯多種者，其前後排序按作者之生卒年月。

九、因本叢書諸作之整理完成時間不一，故每十輯爲一批次，按經、史、子、集和時代先後順序編排。

關中奏議

[明]楊一清　撰
劉思怡　點校
賈三强　審校

前　言

明太祖朱元璋建明之後，北走草原的殘元勢力并未善罷甘休，經常南下侵擾明境，因此明代北方防禦問題非常嚴峻。有鑑於此，明王朝自建國之初，即在北部疆域東起鴨綠江、西抵嘉峪關的廣大地區，陸續設立了九大軍事防區即九邊防禦系統，所謂九邊亦即九鎮，他們分別是：遼東、薊鎮、山西、宣府、大同、延綏、寧夏、甘肅、固原。九邊是在抵禦北元（蒙古）侵擾過程中逐漸形成的。而延綏、寧夏、甘肅三鎮即為在西北邊境陝西轄區內的三邊，加之後來設置的固原鎮，合稱為三邊四鎮。三邊四鎮在明朝邊防體系中起着舉足輕重的作用。

“土木之變”（1449）後，蒙古韃靼部潛居河套，西北邊患加劇，其軍事防禦任務日漸繁重，甚至出現顧此失彼或軍隊調遣時互相扯皮的情況。為了有效調動軍隊，明廷遂設三邊總制一職，總領陝西三邊四鎮軍務，位在巡撫之上。

楊一清（1454—1530），字應寧，號邃庵，別號石淙，原籍安寧（今云南安寧縣），後徙居京口（今江蘇鎮江市）。是明中葉著名政治家。自弘治十三年（1502）以巡撫身份督理陝西馬政，及弘治十八年（1505）至嘉靖五年（1526）間，楊一清先後三任總制陝西三邊，在此期間他先後上報給中央朝廷大量的奏章疏議，這些奏議的彙編，便成為《關中奏議全集》，此為其產生的歷史背景。

《關中奏議全集》反映了當時當地的軍事邊情，而且更難能可貴的是，其所載不僅有楊一清的奏議原稿，凡當時部臣覆奏、綸旨批答，以及下級官僚的呈請，守哨夜不收的軍情稟報等，都按時間先後編入其中，每一奏議，每論一事，皆溯本求源，論述翔實，史料價值极高。

此處大體梳理一下陝西三邊四鎮的行政結構體系：陝西三邊四鎮上隸中

央左、中、右、前、後五都督府中的右都督府，陝西轄區作為省一級的建制，設有都指揮使司、布政使、按察司，合稱為“三司”，分管陝西省的軍事、行政、司法，直接統屬中央。而“三司”之上還設地方大員——巡撫。明初陝西巡撫管轄範圍為寧夏、甘肅、延綏等整個邊地。都指揮使司下轄若干衛所，一般以5600人為一衛，1120人為一千戶所，112人為一百戶所。（《明史》卷89）衛所制的特點有三：軍事別立戶籍，名為軍戶，子孫世襲；衛所是基本的軍事編制單位；衛所制內軍事與生産結合。明朝規定，軍戶由國家分給土地，令其屯田自養，平時由衛所軍官負責操練屯田，一遇戰事即歸隊參戰，屬兵民合一的軍事制度。

陝西三邊四鎮防區內同時並存府、州、縣民政系統。陝西境內賦稅不需上繳中央，只供防區內需求。見本書卷十二“為急缺管糧官員事”段：“切緣陝西八府民、屯錢粮，外供陝西固、靖等邊及延綏、寧夏、甘肅三鎮官軍之用，內則秦、韓、肅、慶等王府禄粮，并官吏、師生俸廩等粮，皆所仰給”。表面看來陝西百姓只需供應防區內需求，似乎負擔較輕，實際上明中期陝西境內的關中大地震以及乾旱災荒等情況十分嚴重，使得陝西三邊四鎮境內多有民不聊生的狀況發生，因此楊一清總制陝西三邊，其治理軍事民情任務之艱鉅，可以想見。

明永樂四年（1406），明廷於甘肅、陝西開設苑馬寺衙門，每寺管六監，每監管四苑，各有分撥草場、水泉地方坐落四至。上苑牧馬一萬匹，中苑七千匹，下苑四千匹。可見馬匹數量之充盈，但到弘治十五年（1502）楊一清接手督理馬政之時，各苑只存馬二千二百八十匹，情況異常凋敝。他到任之後，殫精竭慮，發揮自己的聰明才智，使馬政得到改善。正如書中卷三兵部所云：“都御史楊一清自承欽命以來，督理馬政，未及四年。簡賢任事，深探廢弛之原，竭力殫思，懋著更新之績。草場既復，牧馬亦增。城堡環相望之雄，苑廐成羅列之美。孳牧有方，稽考有法。若金牌雖未復乎舊規，而茶馬則大獲乎新利。創始既已有功，交承又思無失。欲照舊例，仍設巡茶御史一員兼理馬政，足見本官始終為國經略遠圖之意。”

正因楊一清的卓越才能，使他得以在弘治十八年（1505）、正德五年（1510）和嘉靖三年（1524），三次蒞任陝西三邊總制。楊一清自督理陝西馬政至三任總制，前後凡近三十年，憑藉其學識才幹，在加強西北邊防，保障西北地區安全方面，居功至偉，值得稱頌。

目前所見到的《關中奏議》的本子，共有如下幾種：嘉靖十卷本、嘉靖十八卷本、清嘉慶十二卷本、文淵閣四庫本和雲南圖書館本。其中文淵閣本和雲南本均為十八卷。[1]

筆者有幸在南京圖書館一睹嘉靖十卷本風采，並於寧波天一閣博物館和華東師範大學图书馆，見到了《關中奏議》嘉靖二十九年刻本。

十卷本書名《關中奏題稿》[2]，版式為：白口，單黑魚尾，四周雙邊，行字為半葉十一行，滿行二十二字。字體爲印刷體；二十九年本書名《關中奏議全集》，版式：白口，單白魚尾，四周雙邊，行字為半葉十一行，滿行二十二字，板框22.8×14.0cm，開本32.6×19.8cm。印刷體。

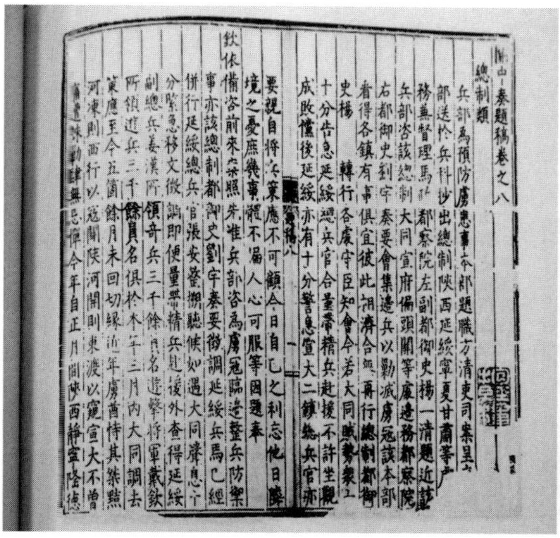
關中奏題稿卷之八
總制類
兵部為預防虜患事本部題職方清吏司案呈
部送於兵科抄出總制陝西延綏寧夏甘肅等處
務兼督理馬政都察院左副都御史楊一清題近該
兵部咨該總制大同宣府偏頭關等處邊務都察院
右都御史劉宇奏要會集邊兵以勦滅虜寇該本部
看得各鎮有事俱宜彼此相濟合無再行總制都御
史楊 轉行各處守臣知會今若大同賊勢衆大
十分告急延綏總兵官合量帶精兵赴援不許坐觀
成敗儻後延綏亦有十分警急宣大二鎮總兵官亦
要視自將疆土虜不可顧今日自己之利忘他日隣
境之憂庶幾事體不偏人心可服等因題奉
欽依備咨前來案照先准兵部咨為虜寇臨邊整兵防禦
事亦該總制都御史劉宇奏要徵調延綏兵馬已經
併行延綏總兵官張安整搠聽候如遇大同聲息十
分緊急移文徵調即便量帶精兵赴援外查得延綏
副總兵姜漢所領奇兵三千餘員名遊擊將軍戴欽
所領遊兵三千餘員名俱於本年三月內大同調去
策應至今五箇餘月未回切緣近年虜酋恃其桀黠
河凍則西行以寇關陝河開則東渡以寇宣大不曾

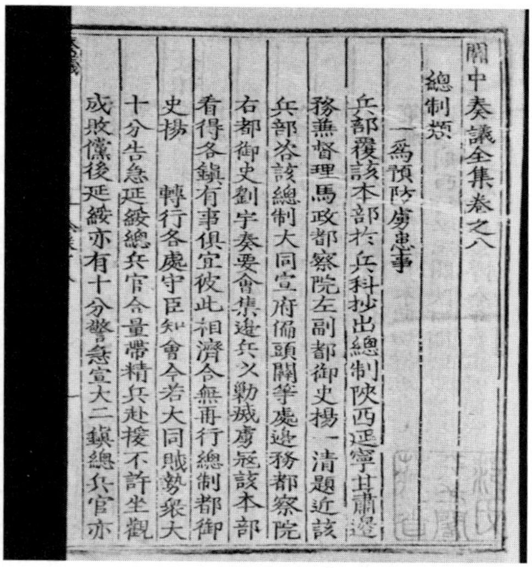
關中奏議全集卷之八
總制類
一為預防虜患事
兵部覆該本部於兵科抄出總制陝西延寧甘肅邊
務兼督理馬政都察院左副都御史楊一清題近該
兵部咨該總制大同宣府偏頭關等處邊務都察院
右都御史劉宇奏要會集邊兵以勦滅虜寇該本部
看得各鎮有事俱宜彼此相濟今無再行總制都御
史楊 轉行各處守臣知會今若大同賊勢衆大
十分告急延綏總兵官合量帶精兵赴援不許坐觀
成敗儻後延綏亦有十分警急宣大二鎮總兵官亦

南京圖書館所藏嘉靖十卷本，無序，無跋。而嘉靖二十九年本則前有明人王以旂、傳鳳翶、楊守謙、楊博、韓邦奇、劉崙、唐龍的序，後有明齊宗道、劉世用的跋。其中唐龍的序記為《督府奏議》的序，[3]所記時間為嘉靖五年，餘為嘉靖二十九年序。南京圖書館所藏十卷本，漫漶不清之處很多，且有缺葉。但根據能識讀的內容來看，當屬早期的本子。比如第一葉，卷一“馬政類”大標題

[1] 為行文方便，以下嘉靖十卷本略稱十卷本，嘉靖二十九年本略稱二十九年本，嘉慶二十一年本略稱嘉慶本。

[2] 此書系原國立北平圖書館甲庫善本叢書之一，由中國國家圖書館編，國家圖書出版社出版。南京圖書館藏膠片。書首注明“據明嘉靖刻本影印”，底本存於臺北。

[3] 此序爲我們判定《關中奏議》版本傳承時間提供了珍貴資料，詳見後文。

下，另題一行直接行文“兵部為修舉馬政事□□□□□□□呈奉本部送於兵科抄出督理馬政都察院左副都御史楊一清題節該欽奉”。格式明顯不同於二十九年本：[1]“馬政類”大標題下，另題一行有小標題“一為修舉馬政事”，接著另題一行寫“兵部覆該督理馬政都察院左副都御史楊一清題節該欽奉”；十卷本卷八第一葉，卷首“總制類”標題下，另提一行直接寫“兵部爲預防虜患事本部題職方清吏司案呈□□部送於兵科抄出總制陝西延綏寧夏甘肅等□□務兼督理馬政都察院左副都御史楊一清題”，而二十九年本此處則在卷首“總制類”大標題下，另提一行小標題“一爲預防虜患事”，接著另提一行行文“兵部覆該本部於兵科抄出總制陝西延宁甘肅邊務兼督理馬政都察院左副都御史楊一清題”。餘卷均類此。十八卷本較十卷本文字在版面安排上更整齊、規整。

十卷本和二十九年本卷一均共四十四葉，但十卷本從卷一第十三葉開始，每半葉比二十九年本多一行。但從卷二開始，二本已無此差異，即二本自此後頁碼、行字都是一樣的。總體看來，二十九年本前十卷和十卷本內容差異不大，其間有明顯的傳承性。二書字體亦較接近。

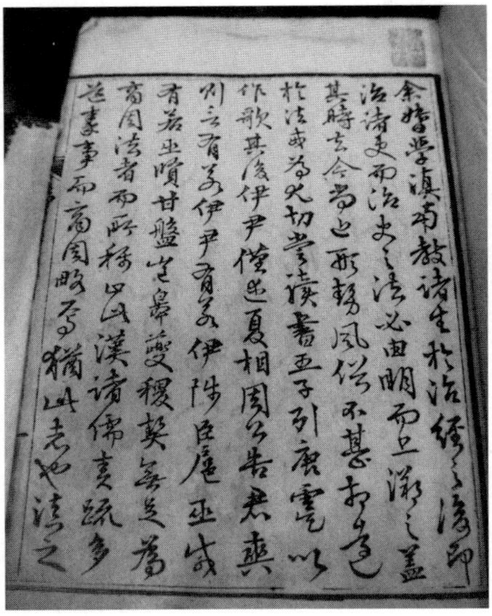

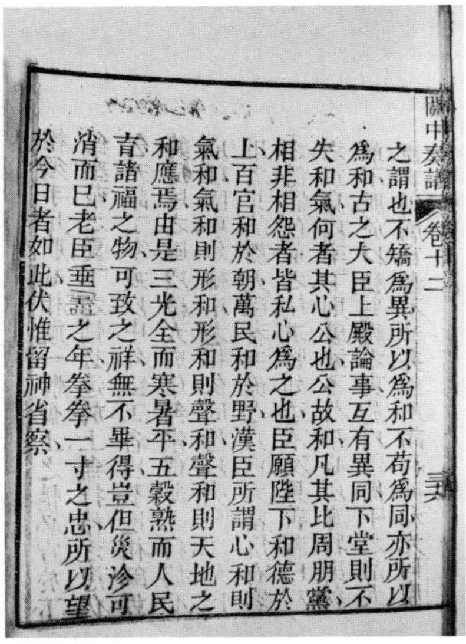
關中奏議　卷十二
之謂也不矯爲異所以爲和不苟爲同亦所以
爲和古之大臣上殿論事互有異同下堂則不
失和氣何者其心公也公故和凡其比周朋黨
相非相怨者皆私心爲之也臣願陛下和德於
上百官和於朝萬民和於野漢臣所謂心和則
氣和氣和則形和形和則聲和聲和則天地之
和應焉由是三光全而寒暑平五穀熟而人民
育諸福之物可致之祥無不畢得豈但災沴可
消而已老臣垂盡之年拳拳一寸之忠所以望
於今日者如此伏惟留神省察

嘉慶二十一年十二卷本，題名《關中奏議抄》，[2]版式為：白口，單黑

[1] 嘉靖二十九年本，藏於華東師範大學圖書館、寧波市天一閣博物館和中央民族大學圖書館。其中華東師大存18卷全十冊，寧波天一閣存16卷九冊，缺卷6–7第四冊，中央民族大學存卷1–14八冊，缺卷15–18第九、十共二冊。

[2] 此書藏上海圖書館、南京圖書館。所不同者，上圖所藏有版權頁，上刻“嘉慶丙子年（1816）鐫”，“板藏五華書院”。南京圖書館記為嘉慶二十年（1815）本，當是據顧蒓草書。

魚尾，四周單邊，行字半葉十行，滿行二十字，板框14.4cm×19.4cm，開本20cm×25.4cm。字體爲印刷體。此書書首有清人雲南督學顧蒓的草書序，還全録了二十九年本原序，楊一清明史本傳，明人雷耀龍寫的傳，袁文典撰的《書石淙楊文襄公傳後》，傳後有顧蒓本人補寫的楊一清傳。書後附王守仁、李東陽、李夢陽等人書簡。

此書在其“凡例”中是這樣介紹的：“文襄奏議原係據事題本，每有敷陳，必臚列大小地方官營弁及夜不收稟報於前，乃抒所見為疏，而後官於牘中按年編輯，並部議諭旨，詳載疏後，所以存全案也。惟辭繁意复，觀覽易倦。又今之所以惟是刻者，第取立言俾後進得所矜式，為拜獻資。故謹存文襄正疏，餘俱不録。”“文章必有題目，而時事之始終，亦不可過略，今將原刻內一件某事易為某疏，標作題目附註年月於其下，題後則撮舉時事，細字書列，其部覆諭旨，亦摘舉大要，臚列刻文後，至原刻無部覆、諭旨者仍闕之。”“是編之刻，原以闡發文襄必有關於學問經濟者，始詳載之。其循例呈請，無關緊要者概不收録。一以省梓費，一以期帙少易於行遠，故合原刻十八卷訂為十二卷。”因此清嘉慶本是以二十九年本為藍本，摘抄整理而成的。正文爲印刷體。

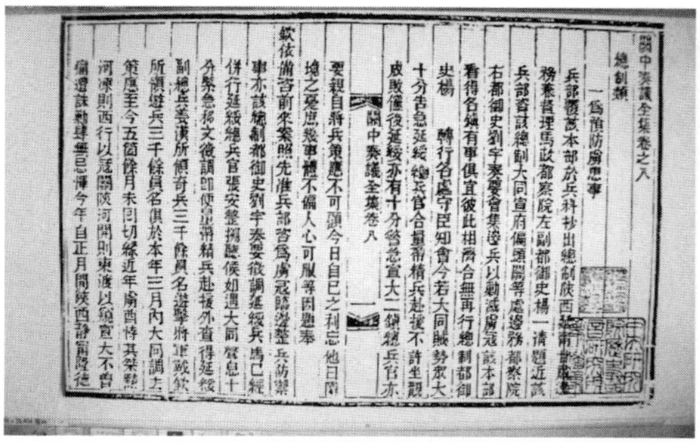
關中奏議全集卷之八
總制類
一爲預防虜患事
兵部覆該本部於兵科抄出總制陝西延寧甘肅邊
務兼督理馬政都察院左副都御史楊一清題近該
兵部咨該總制大同宣府偏頭關等處邊務都察院
右都御史劉宇奏要會集邊兵以勦滅虜寇該本部
看得各鎮有事俱宜彼此相濟合無再行總制都御
史楊　轉行各處守臣知會今若大同賊勢衆大
十分告急延綏總兵官合量帶精兵赴援不許坐觀
成敗僨後延綏亦有十分警急宣大二鎮總兵官亦
關中奏議全集卷八　一
要親自將兵策應不可顧今日自已之利忘他日鄰
境之憂庶幾事體不偏人心可服等因題奉
欽依備咨前來案照先准兵部咨爲虜寇臨邊整兵防禦
事亦該總制都御史劉宇奏要徵調延綏兵馬已經
併行延綏總兵官張安整搠聽候如遇大同聲息十
分緊急即文徵調即便帶領精兵赴援外查得延綏

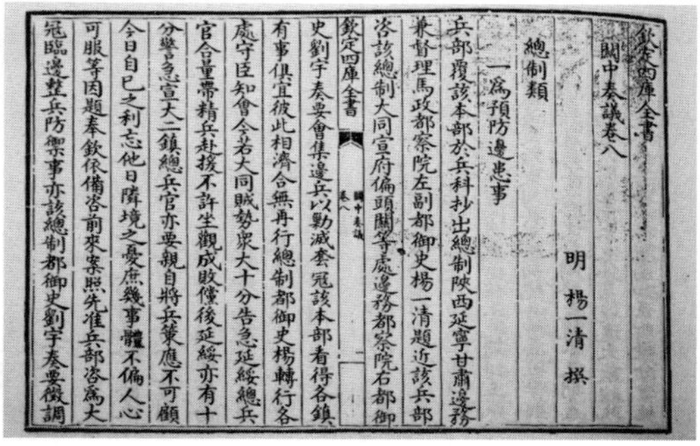
欽定四庫全書
關中奏議卷八
總制類　明　楊一清　撰
一爲預防邊患事
兵部覆該本部於兵科抄出總制陝西延寧甘肅邊務
兼督理馬政都察院左副都御史楊一清題近該兵部
咨該總制大同宣府偏頭關等處邊務都察院右都御
史劉宇奏要會集邊兵以勦滅套寇該本部看得各鎮
欽定四庫全書　關中奏議　卷八
有事俱宜彼此相濟合無再行總制都御史楊轉行各
處守臣知會今若大同賊勢衆大十分告急延綏總兵
官合量帶精兵赴援不許坐觀成敗僨後延綏亦有十
分警急宣大二鎮總兵官亦要親自將兵策應不可顧
今日自已之利忘他日隣境之憂庶幾事體不偏人心
可服等因題奉欽依備咨前來案照先准兵部咨爲大
寇臨邊整兵防禦事亦該總制都御史劉宇奏要徵調

四庫本版式為：白口單黑魚尾，四周雙邊，行字半葉八行，滿行二十一字。四庫本前有提要，無序無跋。提要後直接為正文。字體爲楷書。雲南本見於《雲南叢書》。[1]此書版式為：白口，雙黑對魚尾，四周雙邊，行字半葉十一行，滿行二十二字。雲南本除照搬了四库本提要大部分内容外，还照抄十八卷

[1]　《關中奏議》見《雲南叢書》史部之五第六冊，此書版權頁註明“雲南圖書館藏板，甲寅年（1914）刊”。係雲南文史館編纂，中華書局，2010年。《叢書集成續編》所録之《關中奏議》，乃影印雲南本。

本的所有序，在此之前還加了楊一清《明史》本傳的內容，及明禮部尚書雷耀龍的《石淙楊文襄公傳》。[1]字體爲印刷體。

二十九年本里王以旂在序中還提到，最初的《關中奏議》是以單册形式出現的，分别以馬政、茶馬、巡撫、總制、提督軍務等類别各自結集發行於世，總稱爲《關中奏議》或《邃菴奏議》。

四庫本在其提要里提到，《關中奏議》“嘉靖初始刊行於南京，其間所載不盡。”所説極其簡略。按提要所敘，比較嘉靖二十九年本跋中所記，嘉靖二十九年之前，在明楊一清的故鄉江蘇鎮江，已刊有前十卷。而於南京直隸所屬的固鎮，刊後八卷。那麽提要所説的“始刊於南京”，即是指後八卷？四庫本在修訂之際，應該參考了嘉靖二十九年本，而且從二十九年本前十卷所記內容來看，奏議的時間起於弘治十六年（1503），截止於正德五年（1510）。後八卷奏議的時間則始於嘉靖四年（1525）正月，止於嘉靖五年（1526）正月，而唐龍所做《督府奏議》序，所署時間為嘉靖五年農曆七月。因此可以斷定，前十卷本應在嘉靖五年甚至更早時間就已問世，後八卷則在嘉靖五年或稍晚一點時間印刷出版。

雲南本則直接參考了四庫本，這個在其提要裡就有體現：標題部分即書“欽定四庫全書總目卷五十五”，而其後所寫“關中奏議十卷 直隸總督採進本”。則説明四庫本在修纂時，也採用了十卷本及後八卷的總督採進本。從校勘的情況看，前十卷本內容與二十九年本幾乎沒有差别，但後八卷則差異較大，錯訛情況較多。那麽雲南本極有可能參考了總督採進本，即後八卷。可以這樣講，雲南本參考了《關中奏題稿》《督府奏議》以及四庫本。雲南本體例上參考了四庫本，但後八卷還是以《督府奏議》為底本的。

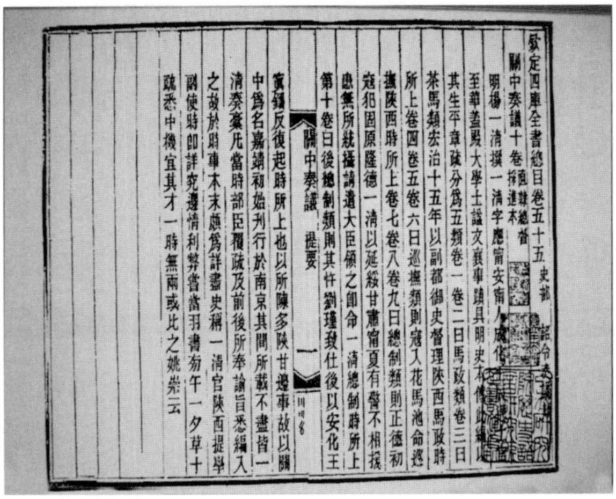
欽定四庫全書總目卷五十五 史部
關中奏議十卷 直隸總督採進本
明楊一清撰一清字應寧安寧人成化
至華蓋殿大學士謚文襄事蹟具明史本傳
其生平章疏分為五類卷一卷二曰馬政類卷三曰
茶馬類宏治十五年以副都御史督理陝西馬政時
所上卷四卷五卷六曰巡撫類則寇入花馬池命巡
撫陝西時所上卷七卷八卷九曰總制類則正德初
寇犯固原隆德一清以延綏甘肅甯夏有警不相援
患無所統攝請遣大臣領之即命一清總制時所上
第十卷曰後總制類則其忤劉瑾致仕後以安化王
寘鐇反復起時所上也以所陳多陝甘邊事故以關
中爲名嘉靖初始刊行於南京其間所載不盡皆一
清奏藁凡當時部臣覆疏及前後所奉諭旨悉編入
之故於時事本末頗爲詳盡史稱一清官陝西提學
副使時即詳究邊情利弊嘗羽書旁午一夕草十
疏悉中機宜其才一時無兩或比之姚崇云
關中奏議 提要 一

明嘉靖二十九年十八卷本，即在合併前兩者《關中奏題稿》和《督府奏

[1] 據序中所言此傳來自雲南方志《新興州志》。

議》基礎上整理修訂而成。而清嘉慶本則參考嘉靖二十九年本而來，四庫本則可能參考了十卷本《關中奏題稿》、後八卷《督府奏議》以及二十九年本，刪減修改後成書。雲南本前十卷參考了《關中奏題稿》，內容與二十九卷本幾乎無二，但後八卷相差較大，很有可能參考了《督府奏議》。

總體看來，《關中奏議》的本子基本上同承一脈。但幾種本子還是有一些差別的。這幾種本子里，嘉慶本屬原十八卷本的刪節本，其餘幾種本子，四庫本任意刪減，徑自改動的情況還是較嚴重的，比如卷四"為申明捉獲奸細賞罰事"段被整段刪除掉；卷五"計開"以下內容亦被整體刪除。詞語改動情況也較多，譬如二十九年本中的"達賊"，四庫本徑改為"敵衆"，"胡虜"—"敵人"，"虜寇"—"邊人"，有些詞句改動之後，變得面目全非，比如"黃達子"改為"黃敵人"。還有如"平虜城"—"平邊城"，"靖虜"—"靖邊"。如此種種情況較多，"達賊"、"平虜"、"靖虜"等詞，本書只據底本録入，文中就不再逐一出校；此外，凡涉漢人以外夷族人名的，四庫本較底本變化很大，在此舉例如下："鎖罕秃"—"薩哈勒圖"，"台記"—"台吉"，"俺荅阿不孩"—"諳達阿布該"，"赤那阿不花"—"察納布哈"，"脱脱滂"—"托多罗"，"俺荅赤"—"阿都齊"，"俺孩不兒忽"—"昂哈博勒呼"，"孛羅捧"—"巴拉彭"，"小赤巴秃兒"—"蘇爾齊巴爾圖"，"討克剌八"—"托噶拉巴"，"托不孩"—"阿布該"，"吾失阿不孩"—"額實阿布該"，"亦不剌"—"額布勒"，"阿爾秃斯"—"阿爾托蘇"等等，文中亦直接按底本録入，不再註出。

《關中奏議全集》以嘉靖二十九年十八卷本為底本，四庫本、雲南本為校本（嘉靖十卷本即《關中奏題稿》，因殘損嚴重，未予採用）。録文過程中，凡出現的簡體字均照録，異體字亦盡量照録。底本與校本差異較大者，録文遵原文，但與本段後出校。

《關中奏議全集》校勘過程中，凡皇帝、朝廷部委往來劄付文件，一律用仿宋字體，但過去年代較遠的劄付文件內容，用宋體。

《跋》部分所附王李諸公書簡，係出自清嘉慶十二卷本，內容為楊一清同時代的王守仁、李東陽先生對他的評價，自有其價值，故附於後。

本書在點校過程中，參考了唐景紳、謝玉傑兩位先生的《楊一清集》（中華書局，2001年）中《關中奏議》部分。

鑒於本人水平所限，點校過程中難免出現瑕疵，不足之處，敬請學界專家同仁批評指正。

劉思怡

2017年2月26日

目録

關中奏議全集序

先正邃菴楊公，自釋褐歷孤，卿再，謝政歸。甲子將周，中間出入關隴邊塞者三十餘年。政成人懷，為世所重，若馬政、若茶馬、若巡撫、若總制、若提督軍務。諸所論奏，先已分集梓行，曰《關中奏議》，曰《邃菴奏議》，觀者常以不能並得為歉。御史劉君山甫奉命，按部茶馬，慕公休績，久而不磨，惟二集可徵也。乃彙而刻之成部，俾後人便觀且知所從事焉。厥心不亦厚乎！

慨昔馬政廢弛，兩寺官多不樂就。公以御史中丞督理，竭力經畫，崇奬官署，苑用蕃息。爰及茶馬處置得宜，邊計不匱。至今論二政者，必宗諸公。繼改巡撫，興革激揚，裨補三秦甚多。尤曉暢軍事，受知累朝，進公秩出，總戎麾者三。威望日隆，籌邊最熟。往往宿將，迥莫能及。羽檄一臨，總副而下率星馳。惟命之聽，以戰以守，武功克競，邊腹晏然。嗚呼！公豈威怵勢迫之哉！蓋由德器學識本於天賦，而素養復充，是故發為事業，光明俊偉；敷為章奏，咸可底績；用之於軍旅，克壯其猷。隱然胸中有數萬甲兵。

凡安內戢外，攻備機宜，制馭權變，罔不曲中兵法。固非計出萬全弗舉也。不敏向嘗濫厠邦政，得公奏議一二，試讀之，敬服不已！然未若親見之愈也。戊申春，愧以闇劣，奉役來茲，躬巡塞上，歷考延、寧、甘、固邊情。竊見公之經略，具載二集，雄渾明達，出入經史，證據古今。詳而核，質而文。正而不激，婉而得體。鑿鑿乎可行，匪衒諸空言而已。晉趙衰薦郤縠可為上將，謂其説禮樂而敦詩書。信夫！世之膺閫寄者，執此左驗，運於一心，譬之為圓用規，為方用矩，必鮮敗事，益知茲刻之不誣矣！山甫克持憲體，篤志師古，不特斯舉已也。頃如茶馬金牌未復，疏其事於朝，下諸臣議報，可謂善得其師者，所就詎可量哉！

集刻竣事，屬余為序。余惟古之大臣，任天下之重，成天下之事。武勘禍亂，文致太平，必有所本，非可倖而致也。漢之留侯，卓乎不可尚矣！迨宋韓魏公、范龍圖，俱以儒生禦邊，文事武備，上希二侯。卒使西賊畏縮，不敢南視，宋室允賴。謂非德器學識為之，本乎公生長南服，亦慕韓范而興起焉者！雖在軍旅論議，所及志節，凜然惓惓切於以人報國，因事納忠。而功成求退之智，又不敢任情輕忽，公之過人遠矣！

然此亦論公之事業，在邊陲者爾！其歷履終始，則自有國史在，不敏奚容贅集。凡十八卷，名曰《關中奏議全集》，以馬政、茶馬、巡撫、總制、提督，皆關中事，而軍務則兼三邊云也。嘉靖乙酉，公久家居，適邊鄙多事，特起為兵部尚書、兼左都御史、提督軍務、少傅，宮秩如舊。提督者，即總制事也。

越歲，公奉召還朝，左右輔政，後戊子詔名提督，仍為總制，尋復改為總督，至今相承。遵制也。并書為序。

嘉靖庚戌歲六月朔旦。

賜進士出身、資德大夫、正治上卿、太子少保、兵部尚書、兼都察院右僉都御史、奉敕總督陝西三邊軍務、前兩京都察院掌院事、左右督御史、工兵二部尚書建業王以旂序。

關中奏議全集序

侍御白厓劉君崙，按陝茶政，得先少師邃菴楊公奏疏若干卷。屬漢南守巡劉少參世用、齊憲副宗道校而刊之。余繼得公奏疏四卷，并屬刊之。白厓致書謂余，宜序其首。余惟國家大事在戎，馬以資戎，茶以資馬，所以衛民按戢焉爾已！古之君子，隨分進道，無所不可。陳堯叟理監苑，文彥博夔編戶馬，及其經國濟世之略，建功當時，垂芳異代，豈拘于一邪?邃菴公督理六苑，開府三秦，仗鉞西征，披襟殫事。其形之簡牘，揚于王庭。有馬政者，有拊陝者，有節制三邊者，固皆出諸心，合于道，見之事，宜乎人。廟堂論議，列聖神，斷海內，傳誦非一日矣！

然事久或弊，流遠滋蔓，白厓刊而傳之。得茲集者，因流究源，窮本釐弊，菴公如在也。嗟乎！魯吟駉牡，衛歌騋牝，雲錦駊騀，復見于今。和氓綏夷，悅邇來遠，蕃物阜財，民其妥矣！將師有度，教養有法，修隍筑堡，合機審勢，邊事其寧謐乎？昔趙文子謂叔譽曰："九原可作，吾誰與歸？"文子慕武子而法其事，晉人稱知。何則？考跡論世，因事究心，其心同，其情同也。白厓心在國事，故于邃菴公之政跡，不惟行之于今，而且欲傳之于久，其心同，其情同也。後之讀是集，而欲通白厓之情，其同其心哉！

嘉靖二十九年歲在庚戌夏四月望日。

賜同進士出身、通議大夫、都察院右副都御史、奉敕巡撫陝西等處地方楚應山傅鳳翱書。

關中奏議全集序

《關中奏議》者，邃菴楊公疏也。公少登膴仕，歷試諸難逮事。四朝出將入相，葢五十餘年。而使旌宦輒沓往繼來，在關中為最久。駿功鴻業，茂實顯勞，在關中為最著。是以崇論宏議，訏謀遠猷，所以攘斥戎夷，敉寧甿庶者，在關中為最詳焉。侍御史白厓劉公，受命按陝，振飭馬政，實能繼美於公。乃取公奏議在關中者，類而刻之。曰茶馬類者，公為茶馬都御史疏也；曰巡撫類者，公為巡撫都御史疏也；曰總制類者，公為總制、都御史、尚書疏也。茶馬疏凡二一六，巡撫疏凡三十六，總制疏凡一百三十六。公三為總制，故其疏又最詳焉！

侍御公授簡守謙，俾序其後。謙生也晚，未及見公而私竊嚮往，願為執鞭而不可得，其敢以不文辭乎？夫關中之地，北臨套區，醜虜是窟；右帶五郡，諸蕃雜處。國家並建九邊，隄封萬里，關中四鎮，當什七矣！邇來虜勢浸強，吞併番屬，右臂弗折，外交已成。豕突狶奔，時恣抄寇，士疲於奔命，民困於遠輸。今日關中，異公時矣！夫醫之治疾也，雖人視一方，業擅三世，然必效法黄素，遵用方書，至於疢久七年，恙成二豎，尤宜調護保養，斟酌劑量，未嘗之藥，弗試之方，在所戒焉。公於政為國手，關中又所折肱。諸凡條議，皆中病之美石，奏功之良方爾矣！

宦茲土者，於公之議，是憑是度，是則是效。關中之民庶，其有瘳乎？若夫紕繆之政，疏闊之條，外於公議者，可無用也已！頃侍御公議奏，修先朝之典，復金牌之令，制西戎死命。俾謹職貢，盖用公之議，而已效者，他日為巡撫、為總制，亦若是焉耳！庸書此以俟。

嘉靖庚戌夏五月長沙楊守謙序。

關中奏議全集序

故少師邃菴楊公《關中奏議》，蚤已刻之江南，海內之人爭相傳誦久矣！侍御淮南白厓劉君來按洮河，以公宦跡遍滿三秦，反無鏤板，誠為缺典。乃手次其類，為茶馬、為巡撫、為總制，凡一十八卷一百九十八篇。副憲使齊雲汀氏重刻之，屬博為序。

憶昔博在職方，邊報旁午，每當艱大不能剸決，輒於故牘中取。錢塘、青神、鈞陽、華容諸先正並公之遺稿，讀之如寐而覺，如矇而瞭。昌言壯猷，允可底績，是豈口耳詞章者所能到哉！人亦有言作於聖，故曰經述於才，故曰文不知經，與文其道一也！

典謨訓誥，皋、夔、伊、傅之所以詔其君者也！施諸寰宇，則勳望赫然；布在方冊，則文采爛然。是故經而不文則野，文而不經則史，經與文果異乎哉？公雄才遠識，殆若天授。其敘事則詳雅典則，泰山、喬嶽屹然不動；其摛詞則明白疏暢，長江、大河一瀉千里。明體適用，雖謂之經，可也！

武功康對山太史，嘗稱公文武之道，將相之業。上培國家億萬年之基，下啓士大夫千百世之緒，非誠哉知言者乎！侍御君言念西陲，頃者屢上封事，經濟之學，昌大之氣，酷與公類。夫自古豪傑之相，知美則愛，愛則傳。然則是舉也，侍御君固不得不任其責矣！

嘉靖庚戌夏五月戊寅。

賜進士第、通議大夫、都察院右副都御史、奉敕巡撫甘肅等處地方蒲坂虞坡楊博撰。

關中奏議全集序

《奏議》，少師大學士邃菴楊翁，先後莅關中，經略疏也。弘治中，考皇用廷臣議，敕翁以御史中丞督馬政，嗣改撫全陝。未幾，授鉞總制三邊。正德中，以大學士謝事歸。

今上以大司馬兼御史大夫起復總制。奏議事類三：茶馬、巡撫、總制。卷十八凡一百九十八章，大抵皆籌邊策也。先以板行，然各為一帙。侍御劉公裒而為一，復刊之，盖期遂流遐布風斯世也！工即以序屬奇。翁督學政時，以國士遇奇，侍御公又素以斯文相愛者，安可以衰病不文辭？

夫國之大事在兵，而邊兵為尤大。邊務者，在今時尤當急於講求，而不可忽者也！仰惟我高皇訊掃胡元，再造華夏，殊方絕域，莫不奉貢稱藩；我文皇帝提兵北狩，三犁虜廷，殘虜駿奔遐竄，莫敢向南發一矢。中國之盛，未之有也！

今我皇上，中興敷賁。一德格天，四夷來王。克紹先烈昭明協和之化，萬國同風。其於武事，若可緩者。然泰宜思陂，豐慮日中。聖帝明王儆戒之道，常欲無虞之時。

自古繼體之世，太平之盛，莫過於成康。當其時，越裳重譯，刑措不用。周公告成王則曰："詰爾戎兵。"康王則曰："張皇六師。"二公豈以威武導主者？艱貞於泰，明動於豐，古之人為國深長思也。故曰邊務者，在今時尤當急於講求，而不可忽者也！

翁之文章著在關陝，侍御公獨取是編而表章之，揚先烈作國兵先、平期弗陂、中期弗昃、保豐泰於無疆忠愛之意深矣；公之遺教宏矣；若是編也，燦若景星，人所快覩，奇也安能贊一辭？

嘉靖二十九年夏五月。

賜進士出身、資善大夫、參贊機務、南京兵部尚書、前吏部右侍郎、右春坊太子右庶子、兼翰林院國史修撰、經筵講官苑洛韓邦奇序。

關中奏議全集序

《關中奏議》者，前少師邃菴楊公在關中時所上諸疏也。公幼以神童被薦入讀中秘書，繼登甲科，官近侍。當是時，隱然名重京師，人無不以吉甫、方叔望之矣！既而以臺諫疏舉，才足經濟，迺膺廷推出督陝右馬政，尋兼巡撫、總節制。復起而至者再計。出入邊方三十餘年，故諸所建白樹立，不為不多。其在關中者，不啻什之五也！

舊刻在京口，為公故里，然略而未備，傳布未廣。有事西土者，往往以購求為難。余承乏入關，凡所事事，率皆公已試之迹。其所經略邊方諸務，迺通儒宿帥，咸謂數十年來用之不盡。吁今西事，亦孔棘哉！舍矩矱以為方，外正鵠而求中，奚其可！爰屬憲副齊君宗道、少參劉君世用，彙分目列梓之。關南便有事也，復以《督府奏議》續之，通前為卷凡十有八，總為全集。

於戲！邊事其有賴哉？以今考之：實戎務，有若馬政諸疏；馭番夷，有若修復諸疏；固疆圉，有若兵儲諸疏；慎用人，有若舉劾諸疏；禦大虜，有若調度諸疏；勵人心，有若賞罰諸疏。其間山川之險夷，道里之修近，虜情之出沒，戰守之机宜，披閱之餘，較若指掌。信乎！鴻猷偉畫，傑識遠思，非若經生俗士腐議。膚聞剽掇前人之緒餘，以資後世之口實，初無關於時事輕重者之言也。如公，可不謂經濟才耶？

自昔以奏疏名家者，漢賈傅、唐陸宣公其人。而權載之之論，拳拳以才位時命為言，歸之所遇。説者以為慟哭數語，終非感悟之機；勤懇萬言，要失將順之美。固亦不能無遺議焉！惟公當國家付畀之隆，繫中外倚重之望，故能乘時匡力，隨事納忠，孚動轉移，言無不用。卒之寵位日崇，而膏澤以下，即百年來稱遇主者，莫不曰邃菴公。云是二子之才，固不能加於公之所有；公之所致，將不慊於二子之所無耶！

或曰："公自解機務，絕口不敘西鄙勛伐，刻之傳，無乃非公意乎？"是不然，充國在漢，名將也。西塞召還，人或請遜其功，曰不言，後將奚法？矧斯集經略，皆足安夏攘夷。故終公在位之日，虜人不敢南近塞垣，此外無餘術也！豈直金城所上方略已耶！

詩曰："方叔元老，克壯其猷。"又曰："文武吉甫，萬邦維憲。"是集猷焉，若之何其弗傳也？雖然，傳者奏議也，猶曰關中焉，豈其一斑歟？公之全，故不在是也，有國史在焉。

嘉靖二十九年庚戌春三月望日。

賜進士出身、巡按陝西、監察御史廬郡後學劉崙謹書。

督府奏議序

督府者何？乃三邊繹騷，軍旅荐興，詔起太傅邃菴先生提督其事也；奏議者何？先生所為諸疏以攘戢乎外，而畢其經營者也；彪列而刻之，以傳於世者誰氏？固原提兵副使澤山桑子溥是已。曷為刻之？將以告夫邊疆之臣、介胄之士也；曷為告之？盖虜情叵測，投之剽利，及諸出沒之候、虛實之形，與在我調度之方、制馭之術、分繫合圍之法、出備入保之宜，無不在焉。是故邊疆之臣、介胄之士，不可以不知也。

抑諸山川之險易，斥堠之疏密，主將之仁暴，士伍之奮弛，錢穀之盈縮，聲援之遠近，亦皆昭可考已，尤不可以不知也！昔賢論陸贄書為已試之方，此亦已試之方。而得其精神，可以折衝者也；得其方略，可以壯猷者也。何也？醫始切脉，熟則觀色聽聲已矣！是故見癥稱神，折肱稱良，無他，習其理然也！先生始巡茶馬，再為總制，出入於邊者三十餘年，于斯其誠習之者乎？謂之曰："已試，故不誣也。"則豈惟邊疆之臣、介冑之士當知之哉？刻之是也！

其諸列薦之條，又曷為並存之？蓋取善者，大之道也；得士者，昌之本也。是故舉親舉讐舉偏，日汲汲然，非祈大夫乎？西土之士，擢用不遺，非漢諸葛氏乎？是獨可以後諸耶？夫不敏亦猥及焉，乃可略也。

嘉靖五年孟秋望日。

蘭谿後學漁石唐龍書。

關中奏議全集目録

關中奏議全集卷之一

馬政類

一為修舉馬政事

兵部覆：該督理馬政都察院左副都御史楊一清題。

節該欽奉勑諭："陝西設立寺、監衙門，職專牧馬。先年邊方所用馬匹，全藉於此。近来官不得人，馬政廢弛殆盡。今特命爾前去彼處，督同行太僕寺、苑馬寺官專理馬政。爾須查照兵部奏准事理，考究國初成法，親歷各該監、苑，督委都、布、按三司能幹官員，踏勘牧馬草場，果有侵占者，即令退還。查點養馬軍人，果有逃亡者，即令撥補。見在種、兒、騍馬，實有若干，設法增添，務足原額；倒失虧折馬駒，隨宜追補，量為分豁。布置已定，責令該管官員，用心牧養。欽此。"欽遵。

臣章句迂儒，本無致用之具。伏蒙皇上簡擢，總理陝西馬政，且馬政雖是一事，關係軍國大計。正愚臣効忠、宣力之秋，重荷温旨褒嘉，揣分捫心，實深愧懼。有君如是，其忍負之？誓竭駑鈍，以圖報稱。

本年八月内到於陝西地方，奉宣德意，備行兩寺監、苑官員，共修職業，以副委任。臣親詣兩監六苑，查得牧馬草場原額一十三萬三千七百七十七頃六十畝，見在各苑止存六萬六千八百八十八頃八十畝，其餘俱被人侵占。原額養馬恩隊軍人一千二百二十名，見在牧馬止有七百四十五名。牧軍包攬代役及私回原衛住坐，挨拏未獲九十九名；逃故累行，勾補未解三百七十六名。點視得見在牧養兒、騸、騍馬并孳生馬駒，止有二千二百八十匹。及查倒死虧欠馬駒，弘治六年起至弘治十三年九月止，該本寺卿李克恭奏蒙兵部題准折買事例，該追折買馬七千八百四八分三釐[一]，俱各不曾追補。弘治十三年十月起至弘治十六年六月終止，陸續倒死并被盜、走失馬共三千二百八十三匹，虧欠駒三千七十三匹。馬政之廢，至此極矣。

臣考究國初牧馬成法，行據該寺回稱，先年被火將文案燒毀，無從查考。查得永樂四年，兵部節奉欽依：開設甘肅、陝西苑馬寺衙門，每寺管六監，每監管四苑，各有分撥草場、水泉地方坐落四至。上苑牧馬一萬匹，中苑七千匹，下苑四千匹。僉撥恩隊軍人牧養。恩軍將各處有罪人犯發充，隊軍於各衛丁多軍人内選撥。每軍一名，養馬十匹，仍月支口糧六斗，俱係舊例。其後陝西苑馬寺不知何年，將原設監、苑裁省，止存長樂、靈武二監，管轄開城、廣寧、安定、清平、萬安五苑。後又革去甘肅苑馬寺衙門，將原發恩軍遷設黑水苑於平凉府開城縣地方，亦附長樂監管轄。前項裁革監、苑，其地散在臨洮、鞏昌、延安、慶陽四府之間。各入軍民版籍，固未能盡復其舊，即今見在監苑觀之，土地廣衍，水草便利，使典牧得人，畜養有法，豈有馬不蕃息之理?

臣親閱安定、萬安諸苑，見養馬匹，中間率多奮迅騰躍，不可控馭。始知西方畜産，土地所宜，而牧事頓廢，非法之過，乃人之罪也。臣曩為陝西按察司官，彼時馬政已稱廢弛，猶有馬七八千匹。每歲給軍騎操，猶可數百餘匹。邇年以來，該部屢經建白，朝廷注意修舉，奈何積習之弊難祛，頹靡之勢轉甚。

查得該寺奏報册内，弘治十五年終，實在馬三千八百一十四匹，臣今點查，見在止有前數，則是半年之間又少馬一千五百三十四匹。若皆委之天數，則本處官員軍民之家私養馬匹，不聞消耗若此。典守非人，其責惡可辭哉?且今見在馬匹，除作種外，餘下兒、騸馬不多，設遇有警，將何給軍?既無益於邊方，又焉用夫彼苑?

幸賴皇上廟謨英斷，深念邦政之重，采納廷議，增置風憲重臣，委以便宜專制之柄，使圖興復。臣雖無狀，承乏而來，敢不夙夜孜孜，一新舊規，痛革宿弊！總率寺、監各苑官僚，勤考牧攻駒之政，謹騰游調習之宜，務期馬匹蕃息，雲錦成群，上紓九重宵旰之懷，下濟一方戎務之急。此臣之志也，亦臣之分也。

顧興廢補敝之初，改絃易轍之際，事多干涉軍衛有司，非臣一人之身所能獨理。亦非寺、監等官之力所能自遂，必得委用都、布、按三司官員分理，乃能濟事。

訪得陝西布政司右參政車霆、陝西按察司副使王寅，俱風力素著，練達有為。陝西都司都指揮僉事房懷，亦素稱勤幹。已經遵照勑旨，督委各官隨同臣遍歷各苑行事。將草塲見奪者查出改正，軍人缺役者責限撥補。凡馬政一切興舉修復事宜，逐一經畫整理。務令上下相安，軍民兩便，不敢苛切以貽意外之憂，不敢因循以踵前車之失。待布置已定，然後責令該管官員，用心孳牧。至於事體重大，臣難擅專者，當次第條具以聞，乞下該部覆奏行之。使臣言聽計從，動無沮遏，如是而馬政不修，實効不著，臣甘從黜罰，無所辭避矣!

為此，今將查點過見在牧馬草塲，恩隊軍人，見養并倒死虧欠馬匹數目具本，該通政使司官奏。

奉聖旨："該部知道。欽此。"欽遵。抄出送司，案呈到部。

看得奏内所查監、苑草塲地畝，軍人、馬匹原額，及今被侵逃亡消耗之數，興舉修復，俱有條理，將來孳牧之盛，計日可待。至於事體重大，次第奏請定奪者必無沮遏。為此合咨前去，煩為徑自施行。

【校記】

[一]此處底本、四庫本、雲南本同"八分三釐"本爲田亩計量单位，误，應爲衍文。

一為黜罷不職官員以修馬政事

都察院准吏部咨，考功司呈本部，送吏科抄出，督理馬政、都察院左副都御史楊一清題前事。

節該欽奉勑諭："各該寺、監官員有闒茸不職者，爾即具奏黜罷，或起送別用，另選才能以充任使。欽此。"欽遵。

臣猥以庸愚，荷蒙皇上簡命，擢任今職，前來陝西地方，督同行太僕寺、苑馬寺官專理馬政。除親詣兩監六苑，將馬政一切事宜逐一查處整理，另行奏報外，臣聞政之興廢，存乎其人，得人則興，失人則廢，天下之事皆然，不獨馬政。仰惟國初開設陝西監、苑衙門，當時官得其人，馬匹蕃息，足供各邊之用。成化、天順年間以前，原額牧養馬數，行據該寺回稱：先年被火，將文卷燒毀，無從查考。查得弘治二年，為因種馬數少，兵部奏發太僕寺馬價銀一萬二千兩，收買種馬二千匹，發寺孳牧，依例科駒。又有節年西寧、洮、河等衛解到茶易馬匹，因是官不得人，倒失虧欠數多，孳生未見蕃息。弘治十三年間，本部奏差主事李源查點得實有見在馬、羸并駒七千九百四十三匹，新追補過馬一千一百一十四匹，共馬九千五十七匹。弘治十四年，本寺卿李克恭奏蒙兵部題准，將先年倒失虧欠馬匹分豁折買，彼時見養馬八千一百六十一匹，比與主事李源查報之數，已少八百九十六匹。本年被達賊搶去馬、羸三千九百六十二匹、頭，餘下種、兒、騍、騸馬四千一百九十九匹。及查得弘治十四年、十五年内，節次解到茶馬共八百六匹，新收孳生駒五百五十八匹[一]，通原數共該馬五千五百六十三匹。臣今查點，見在止有種、兒、騍、騸馬并駒共二千二百八十匹，比之原數，該少馬三千二百八十三匹。見在者又多瘦損矮小，不堪作種、騎操。馬政廢弛，莫此為甚。夫解發孳生之馬有增於前，而實在馬匹愈少於昔。以銀買茶易，百姓膏血之餘，徒免該寺歲報倒失虧欠之數。典牧之設，無益有損；邊方之用，何所倚賴？興言及此，良可痛心。

臣訪得本寺止是寺丞武戩頗勤職務，遞年前去各苑，點視追補馬匹，但官卑職輕，人不畏服，隨追隨亡，實效未著。其卿、少卿等官，俱不曾親歷監、苑。卿李克恭到任未及三年，倒失馬匹多至三千二百有餘。虧欠之駒亦如此數。例前折買者，既不追補；例後牧養者，愈加消耗。其稱倒失、被盗等項，查無告行、相剥、緝拏案卷，亦無追收騣尾、皮張、耳記。在官止憑該苑官軍報數，即與開除。多被姦巧之徒，將官馬盗賣與人。孳生官駒，匿為己物。又聽富豪軍人，將草場儘力侵占耕種。解到牧軍，任意包攬，得錢放回。月糧按月冒支，馬匹全不牧養。及縱容各苑貪官，指稱公私使用，科歛錢物數多，逼累軍人逃竄。即今查出告發，不止一端。前項馬政廢弛，雖非一歲之積，一官之責，而近年馬數消耗，姦弊愈滋，實由見任官不職所致。除事發圉長邢恭等送發究問外，參照陝西苑馬寺卿李克恭，叨任卿寺正官，位高禄厚，正當勉盡職業，使馬匹蕃息，馬政修舉，以圖報稱。豈期本官因見衙門無權，事多掣肘，遂敢改節易行，無向進之心；縱欲任情，為歸老之計。聽其言似若有為，察其事全然未舉。貪聲大著，物議沸騰，以致監、苑官軍，視牧馬為虛文，以科歛為能事。强者因而脇持，弱者亦復玩慢，大壞馬政，重干國典。自知公論不容，却稱患病，已成痼疾，要得放回。雖經勘實，終涉推避，駁勘未報。及照靈武監監正李謙，在京負欠人債，到任未久，需索借貸該管牧軍錢物償還。

以此牽制，難於行事。廣寧苑圉長衞昌，愚闇無識，懦弱無為。所據各官，俱係闒茸不職人數，相應黜罷。

如蒙乞勑吏部，合無將李克恭、李謙、衞昌俱照不謹罷輭官員事例，黜罷放回，冠帶閒住，惟復將李克恭更加削奪，以為高官廢職者之戒。别選才能官員，以補前缺。如此，則宿弊可革，來効可圖，朝廷興舉馬政之意，斯無負矣。等因具本。

該通政使司官奏。奉聖旨："吏部看了來說。欽此。"欽遵。抄出送司，案呈到部。

看得督理馬政、左副都御史楊一清題稱：陝西苑馬寺卿李克恭，因見衙門無權，事多掣肘，遂改節易行，縱欲任情，貪聲大著，物議沸騰。靈武監監正李謙，在京負欠人債，到任未久，需索借貸該管牧軍錢物償還。廣寧苑圉長衞昌，愚闇無識，懦弱無為。所據各官，俱係闒茸不職，相應黜罷。要將各官照不謹罷輭官員事例，放回冠帶閒住，惟復將李克恭，更加削奪，以為高官廢職者之戒一節。

照得陝西苑馬寺卿李克恭、監正李謙、圉長衞昌，俱係職專馬政官員，既該都御史楊一清劾奏前項不職緣由，合無將各官照依朝覲考察官員不謹罷輭事例，放回冠帶閒住，惟復行令就彼回還原籍致仕。本部未敢擅便定擬，伏乞聖裁。

緣奉欽依"吏部看了來說"事理，弘治十六年十二月二十六日，少師兼太子太師、本部尚書馬文升等具題。本月二十八日，奉聖旨："是。馬政重事，管理須要得人。李克恭等都着冠帶閒住。堪任苑馬寺卿的，你每查照前旨，從公推舉素有才力兩員來看。欽此。"欽遵。擬合通行除外。移咨前去，煩為轉行督理馬政都御史，照依本部題奉欽，依內事理，行令苑馬寺等衙門卿等官李克恭等，欽遵就彼回還原籍，冠帶閒住。移咨前去[二]，煩照該部題奉欽，依內事理，欽遵施行。

【校記】

[一]"新收孽生駒"，四庫本闕"收"字。

[二]"移咨前去"，此前，嘉靖十卷本有"仍取各官離任日期咨報等因到院。擬合就行，為此"等字句。

一為起送别用官員事

題：為起送别用官員事。

節該欽奉勑諭："各該寺監官員有闒茸不職者，爾即具奏黜罷，或起送别用。欽此。"欽遵。

切照陕西行太僕寺管轄衛所，營堡數多。其少卿例該每年巡歷、點視、比較官軍騎操馬匹及禁革姦弊。陕西苑馬寺卿、少卿等官，職專督責監、苑官軍孳牧馬匹。即今朝廷興舉馬政，前項官員必得才力素優，實心幹事之人，乃克有濟。

臣切見陕西行太僕寺少卿李宗商，謹畏有餘，才力不逮。到任未久，臣嘗委令行事，雖性能執持，而事不達變，人心不服。陕西苑馬寺少卿徐文英，雖有才幹，疎散不拘。到任二年，因見衙門久廢，將馬政置之不理，坐視卿李克恭縱情壞事，全不匡正。所據各官，當此紀綱大壞之餘，責其作新振舉，終難濟事。但人才難得，取其所長，猶可别充任使。除遵照勑諭，行令各寺將各官起送，前赴吏部奏請别用外，緣係起送别用官員事理，謹具題知。

一為修舉馬政事

兵部覆：車駕清吏司案呈，奉本部送於兵科抄出。督理馬政、都察院左副都御史楊一清題。

臣受命以來，夙夜孜孜，不遑寧處，深懼奉職不効，以負陛下登簡作興之意。博采群言，講求孳牧事宜，頗得其槩。

臣嘗考之載籍，唐初鳩括殘騎，僅得牝、牡二千匹。肇自貞觀，訖于麟德，四十年間至七十萬餘匹。垂拱以後，馬耗太半。開元初，稍稍修復，始二十四萬。至十三年乃四十三萬，議者謂其監牧之置得其地，監牧之官得其人，而牧養之有其法也。

今其地固陕西之地，當時領牧事者，張萬歲、王毛仲之流耳。竊意生當熙洽全盛之朝，名為儒者，其所建立，豈宜出張萬歲、王毛仲之下？然稽之事勢，實有不同。唐都關中，所置八坊四十八監，初在岐、豳、涇、寧間，後分析列布河西豐曠之野。繇京度隴，跨隴西、金城、平凉、天水數郡，即今西安、鳳翔、平凉、鞏昌、臨洮諸府之地，員廣數千里。其間善水草腴田皆隸之，故其馬蕃盛如此。

我朝定都北京，永樂四年，以陝西地宜畜牧，乃詔開設監、苑。其始規畫亦甚宏遠，與唐制無大相異。苑馬寺所轄六監，每監轄四苑。威武監所轄武安、隆陽、保川、泰和四苑，在平凉府開城、隆德二縣地方；同川監所轄天興、永康、嘉靖、安勝四苑，在開城縣及慶陽府安化縣地方；熙春監所轄康樂、鳳林、香泉、會寧四苑，在臨、鞏二府隴西、會寧、狄道、金縣地方；順寧監所轄雲驥、昇平、延寧、永昌四苑，在延安府保安縣及慶陽府安化縣地方，蓋亦跨陝西數郡二千餘里之地。後皆革去，止存長樂、靈武二監。又革去弼隆、慶陽、安邊三苑。今見存牧地在開城、通渭二縣地方者，不過環數百里，又有衛所屯田及王府、功臣草場參雜其間。况原設牧軍數少，臣故謂事勢不同者，此也。然不以供京師，以供陝西各邊戰士之用，宜無不足。惟監牧非人，牧養無法，坐是頽廢，上厪宵旰之憂。

臣竊謂西安、鳳翔諸内郡，編戸日繁，版籍已定，固難别議。臨、鞏二府，土曠人稀，原設監、苑處所，必有空閒不耕之地，宜修復者，謹當深察利害，徐議可否及馬政一切事宜，應施行者徑自施行，應具奏者具奏定奪外，今將切要二事，先行條具上請，乞勑兵部覆奏行之。臣不勝幸甚。為此開坐具本，該通政使司官奏。

奉聖旨："該部看了來説，欽此。"欽遵。抄出送司，案呈到部。看得都御史楊一清，奉命修舉馬政於廢墜之後，首奏後項二事，俱係緊要事宜，理合逐一議擬，開立前件，伏乞聖明裁處。

緣係修舉馬政，及奉欽依"該部看了來説"事理，未敢擅便開坐。弘治十七年正月初七日，本部尚書劉大夏等具題。本月十四日，奉聖旨："準議。欽此。"欽遵。擬合通行除外，合咨前去，煩照本部題奉欽，依内事理，欽遵施行。

計開

一、增種馬以廣孳息。

查得永樂四年，開設監、苑衙門。兵部節奉欽依事例，上苑牧馬一萬匹，中苑七千匹，下苑四千匹。當時種馬及後來孳生數目，雖不可考，而原擬養馬定規，却是如此。

臣今遍歷兩監六苑，酌量草場廣狭、軍額多寡、戶口盈縮、事勢難易，議處得開城苑原額恩隊軍人四百四名，安定苑原額恩隊軍人二百六十五名，俱草場寬闊，水泉便利，地宜畜牧，堪為上苑。使官得其人，政令修舉，各牧養萬馬，誠不為難。廣寧苑原額恩隊軍人二百一十八名，後因添設固原州、衛，草場地方多占修城郭及撥為屯地；萬安苑原額恩隊軍人雖止九十四名，草場亦頗寬闊，俱堪為中苑；黑水苑係甘肅苑馬寺還撥恩軍一百六名，草場逼窄；清平苑原額恩隊軍人一百三十三名，地狭土瘠，人無生業，俱止可為下苑。前項苑分，恐不能遽如原定養馬之數。大要開城、安定二苑，俱可牧馬一萬匹，萬安苑可牧馬五千匹，廣寧苑可牧馬四千匹，清平苑可牧馬二千匹，黑水苑止可牧馬一千五百匹。通計六苑，除每歲給軍騎操外，可常牧馬三萬二千五百匹，足勾陝西三邊之用。國初之盛，諒無以逾此。然欲廣孳息，必先多蓄種馬，種馬既少，則孳生遽難收効。

查得各苑見在馬二千二百八十匹，堪作種者止有一千三百餘匹。臣今將倒失虧折馬匹，隨宜追補，及弘治十六年分茶易種馬，通止可勾三千匹。必須增置七千匹，共種馬萬匹。以兩年一駒計之，五年之内，可勾前數。將來孳息，牝復生牝，駒復生駒，源源不絶[一]，數十萬匹之數可計歲而得矣。及看得西寧、洮、河等衛茶易番馬，以之給軍騎操，固濟邊用；以之作種，則風土異宜，孳牧多損，養馬軍人甚以為累。必須收買内地馬匹，易於牧養，成効可圖。且西人以畜牧為生，要在不虧其直，自然樂售。

考之《周官》："馬質掌質馬，馬量三物[二]。"蓋三代盛時，民有餘畜者，官以價直易之，養之閑廐之中，以備不時之用，意正如此。

臣欽奉勑旨，雖許其設法增添，但陝西地方軍民，邇年以來，困於抄掠，困於歲饑，困於轉輸，困於修築，公私匱竭，帑藏空虛，別難措置。

查得弘治二年，為因種馬數少，兵部奏准，將太僕寺收貯馬價銀一萬二千兩，送發陝西布政司，勑巡撫官督[三]，令布、按二司官員，收買種馬二千匹，發寺牧養。合無比照前例，支取太僕寺馬價銀四萬二千兩，差官作急齎送陝西布政司交割，聽臣督同都、布、按三司官，於平、慶、臨、鞏等府、衛地方官員軍民之家，收買堪以作種好馬七千匹，派發各苑孳牧，趁時搭配群盖，依例科駒。如有倒失虧欠，隨即追補，不許似前玩慢，以致逋課數多，自取罪責。

前項太僕寺儲蓄銀兩，本為濟邊之用，且如各邊奏討銀四萬兩，不過收買戰馬四千匹，較之孳牧之利，何如暫費而大蠲，惟陛下裁之。

前件查得，弘治二年，本部奏給太僕寺銀兩，請勑“陝西巡撫官收買種馬”事理，與今所奏相同。今都御史楊一清，備查各苑地畝、軍人、馬匹數目，斟酌土地之宜，計扣孳牧之利，詳細平正，俱係確論。既欲責其成功，必須備其種馬。所據奏討收買種馬銀兩，相應准理。合無本部於太僕寺收貯馬價銀兩，依數支出四萬二千兩，用木鞘裝盛，沿途應付車輛，撥軍防護，差官送去陝西布政司交割。仍照舊例，請勑都御史楊一清，擇委都、布、按三司廉能官員，分投前去腹裏各該産馬地方，兩平收買堪以作種好馬七千匹。行令陝西行太僕寺委官印烙，派給各苑軍人餵養，依時搭配群羔，孳牧其中。收買分撥，孳牧追陪，與凡一應事宜，悉聽本官斟酌裁處。所委官員，敢有不行用心，故違誤事者，亦聽本官參奏拏問。仍將買過馬匹毛齒，領養軍人姓名，造册繳部，以備查考。

一、增牧軍以便畜養。

切照陝西苑馬寺兩監六苑，原額養馬恩隊軍人共一千二百二十名，見在七百四十五名，在逃、事故等項四百七十五名。縱使勾補完足，數亦不多。且如每軍一名，照例養馬十匹，亦不過一萬二千二百匹。夫犬馬待人而食，若不增置牧軍，則畜養乏人，難收蕃息之効。

查得養馬恩軍，係先年將各處有罪人犯發充，隊軍例於各衛丁多有力軍人内選撥。緣陝西各該衛所行伍空虚，征操備禦尚且缺人，似難額外增補。况各苑天氣高寒，地土磽燥，生理素少，又鮮有居室，多在崖窯堡洞住坐。腹裏軍人解補者，隨到隨逃，不安其業。馬政廢弛，亦多由此。訪得各府、衛、州、縣百姓軍餘，多有逃來各苑地方潛住，年久不當差役，又無官司管束查考，往往别生事端。及至被人告發，却行調躲，因無户籍，無憑挨捉。歲復一歲，為數漸繁。夫物聚則必争，争則易於生亂。今不為之所，將來恐貽他患。此等流民，論法俱該問罪，發遣回還原籍當差。但念其故鄉生計已失，無可復之業，而此地依棲既久，有可戀之資。必盡法處之，非死則散而為盗耳。若編為養馬軍人，給撥草場地土，使之住牧[四]，則官有畜養之役，民無驅逐之苦。且其耐貧寒，習畜牧，比與新撥隊軍，萬萬不同。公法私情，似為兩便。欲通行查拘編發，誠恐愚民無知，畏懼罪責，驚擾藏匿，急難濟事。臣已經遵奉勑諭“便宜處置”事理，出給告示曉諭，但有逃來潛住人民，許其赴官投首，與免治罪。量其人丁多寡，給與草場地土，領養官馬，依例科駒，就近編入該苑籍册內帶管。及行守備固原都指揮僉事苗英，固原州知州岳思忠，查訪招諭去後。續據逃民赴臣投首，情願養馬者，已及百名之上。俱暫收發各苑，聽候給地領馬外。

近訪得前項逃民，節年多有投在平凉各郡王、將軍、中尉等府及儀賓之家，跟隨使用，娶妻生子，出入府第，生事害人，官司莫能禁治。有告發者，各府輒稱先年收買家人，不肯歸斷。緣王府招集外人，明有禁例。況陝西地方軍民疲困已極，戶口凋耗日甚，若姦頑之徒躲重就輕，一槩似前投托影射，愈加靠累見在軍民。如蒙乞勑該部，查議宗室收買家人，有無事例。果於禮法有礙，乞行臣委令分巡、分守等官。通查平凉各郡王、將軍、中尉等府及儀賓之家，并楚、肅二府馬營草場莊所家人，除例應得者不動外，但有收集各處逃來軍民，投托作為家人者，着落地方火甲、隣佑人等訪報，捉拏到官，審問明白，編發監、苑養馬軍人，一體分撥草場地土，領馬耕牧。若有占悋藏匿，各輔導官及儀賓參奏治罪，逃民及撥置主使旗校人等，俱照例問發邊衛充軍。如此，既以增公家畜牧之人，又以杜私門招集之釁。其於朝廷大體，軍國重計，俱有裨益。仍乞查照永樂年間發充恩軍事例，今後北直隸、山東、河南、山西、陝，法司問擬人犯，有例該邊衛永遠充軍者，俱發陝西都司轉解陝西苑馬寺，編發各苑，永遠牧馬。連原額及新收發軍人，共及三千名之數，具奏停止，另為施行。以三千之軍人，牧三萬之種馬，孳息既廣，戶丁亦增，不出十年，數十萬匹之盛不難致矣。臣愚所見如此，未知是否，惟陛下察之。

前件查得，弘治十三年，該刑部等衙門尚書等官白昂等奏准見事例：各王府不許擅自招集外人，凌辱官府，擾害百姓。違者，巡撫、巡按等官奏聞，先行追究設謀撥置之人杖罪以上，官員奏請降調邊方，旗校舍餘人等發邊衛充軍。及行准禮部儀制清吏司手本回稱：各王府及儀賓，例該撥與儀從跟隨，查無家人事例。今都御史楊一清，為因各苑牧馬軍人數少，見得彼處潛住流逋及投入各王府、儀賓之家者數多，俱要查收，與同北直隸、山東、河南、山西、陝西法司問擬邊衛永遠充軍人犯，通發各苑牧馬一節。

緣馬匹必須得人牧養，而後可以望其蕃盛。今各苑見缺養馬軍人，而本處地方又有前項逃住及違例投托之人，若不因而收集，非特缺人養馬，且恐重貽後患。合無同前買馬事宜，一併請勑都御史楊一清，督同都、布、按三司守、巡等官，出榜曉諭：各苑、地方潛住之人，及有投入各該郡王、將軍、中尉等府并儀賓之家，楚、肅二府馬營草場莊所家人者，俱許赴官自首，免其問罪，收集牧馬。如或占恡不首，着落各衙門官員設法訪察，擒拏問罪，枷號畢日，仍發監、苑養馬。各該輔導撥置之人，依擬問發應奏者奏聞定奪。其編發安插前項人役，悉聽本官從宜裁處。本部仍通行北直隸、山東、河南、山西、陝西巡撫、巡按，各行所屬問刑衙門并在京法司，凡有問擬永遠充軍人犯，及陝西各府十六年以前清出江南衛所軍人，例該存留附近衛所者，俱解陝西都司轉解苑馬寺，定發各苑牧馬，務輳足三千名之數。若再不足，另行定奪。仍將編發過姓名繳部查考。及照牧馬軍人最為緊要，買到種馬，即要軍人領養。若前項清查流民并行補隊軍等項，委官敢有視常怠慢者，輕則住俸，重則參提，不容姑息，容令誤事。

【校記】

[一]“絶”，四庫本為“息”。

[二]“馬量三物”，嘉靖十卷本、底本、四庫本、雲南本，“量”字前均脱“馬”字。據《周禮·夏官·司馬》補。

[三]“勑巡撫官督”，四庫本“督”前脱“官”字。

[四]“住”字，四库本為“往”。

一為遵成命重卿寺官員以修馬政事

題：為遵成命，重卿寺官員以修馬政事。

臣竊惟修政於廢墜之餘者，當求變通之術；救弊於積習之久者，必有作新之機。故曰：“琴瑟不調甚者，必解而更張之，乃可鼓也。”若徒安於故常，則未免因陋就簡，其何以成天下之大務哉！臣奉勑督同陝西行太僕寺、苑馬寺官專理馬政。陝西馬政，其弊極矣！臣於別疏已備言之，不敢復論。大抵人存而後政舉，“任法不若任人”，此古聖哲之明言，而歷千萬世莫之能違也。

照得各處行太僕寺、苑馬寺卿、少卿等官，比與兩京太僕寺事體相同。在祖宗朝，其選至重，故官得其人，馬政修舉。數十年來，士大夫重内輕外，又見兩寺衙門無權，多不樂為，用人者因而俯就之。凡遇缺員，苟取充數。積習既久，遂為遷人謫宦之地，人人得而輕之。成化年間，又令巡撫提督。巡撫不得親理其事，徒委之布、按二司巡、守、兵備官員，文移所及，每以督同該寺為詞。遂使卿寺之官，若為二司統屬，纔得與府、衛為偶。勢分既輕，職任愈廢。雖有才能，一就是職[一]，終身不展，垂首齎志，坐待罷黜。夫事勢至此，中人之性，欲其奮發有為，斯亦難矣！

邇者，皇上重念邊方多事，用馬為急，采納該部建議，講求孳牧事宜。以陝西苑馬之利獨優，簡命愚臣前來督理。肅清弊政，布置成規，愚臣事也。顧法立非難，行之為難。今天下良法美意，動為有司所遏，令出於上而隳於下者，以為恒患。使卿寺任非其人，臣雖罄竭駑鈍，一法立，一弊生，事事而求之，時時而驗之[二]，亦不勝其繁瑣苛察之病矣。為今之計，慎擇卿寺官員，最為急務。切照陝西苑馬寺卿李克恭、少卿徐文英、陝西行太僕寺少卿李宗商，俱該臣遵照勑諭，具奏黜罷及起送别用，前項員缺，合當銓補。

查得先准兵部咨為處置茶馬以便地方事。該本部題稱：今後凡遇各行太僕寺、苑馬寺缺少卿，於各省參議、僉事内，缺卿，於各省參政、副使及本寺少卿内，各推舉有才力者陞任。如果牧養有方，馬政興舉，照依太僕寺卿并少卿事例，推舉在京相應堂上官，或巡撫都御史。其餘各該監、苑，亦要於北方少壯、素知養馬者選任。庶使各寺官員皆得其人，馬政可以保其久遠不廢。等因具題。

節該奉聖旨：“是。今後各寺、監官員，務選才力素優的去。待有成効，一體不次擢用。欽此。”欽遵。

續准兵部咨為一事權以修邦政事，該本部題，該南京科、道等官奏前事，本部議擬具題。節該奉聖旨：“是。今後行太僕寺、苑馬寺官有缺，照在京太僕寺官例，務推素有才望的簡用。待有成績，亦照太僕寺官陞擢。欽此。”欽遵。

中外臣民，恭覩成命，皆知皇上崇重卿寺興舉馬政之意。變通之術，作新之機，誠無出此。

然臣到陝以來，聞二司之於兩寺，輕忽如故。臣嘗行委二司官，會同行太僕寺少卿李宗商，查處官軍騎操馬匹事務。其二司恥與之同事，不容並列。習俗之弊，至於如此。彼見先年，亦嘗奉有成命，而卿寺之選格不加嚴，體勢不加重。耳目相襲，以為宜然，未能遽革。今前項卿、少卿員缺，若不遵奉明旨，照在京太僕寺官例推用，及照依兵部題奉欽依，於二司參政副使、參議、僉事内推選陞任，則無以轉移人心，將來馬政難望修舉。

及照兩京太僕寺卿員缺，多於在外按察使内推補，然則行太僕寺、苑馬寺官，於參政、副使等官内推任，亦正相應。且使二司之於兩寺，視如一體，不至輕侮沮撓，則府、衛以下官僚素所服屬於二司者，自然嚴憚奉行之不暇矣。論者或以為今之行太僕寺、苑馬寺卿求為參政而不可得，若將參政等官推任，恐於人情不堪。殊不知低昂輕重之機，正在用之何如耳！

昔以遷謫視之，則其勢自輕；今以推擢視之，則其勢自重。正名分以作其氣，懸禄秩以待其成。人臣之分，隨所位任，豈敢有所擇，亦豈可狥人之情而聽其擇哉？但今正在整理、修復之際，急缺官員，若將各布政司、按察司官，一例推陞，恐其相離陝西地方遥遠[三]，到任稽遲，不無誤事。

伏望聖明斷自宸衷，乞勑吏部，將陝西苑馬寺卿員缺，於陝西及山西、河南附近布、按二司年淺素有才望參政、副使，或年深曾經旌異參議、僉事内推陞。其兩寺少卿員缺，亦於前布、按二司年淺素有才望參議、僉事内推陞。各推二員，上請簡用，齎憑令其到任管事。待有成效，聽臣奏保旌異，吏部查照在京太僕寺官事例，不次擢用。如此則耳目一新，士氣自倍，勢分由此而尊，職任由此而重。使人人得自展布，馬政不日可復國初之盛矣！

臣誠愚昧，職業所關，不勝激切。緣係遵成命、重卿寺官員以修馬政事理，謹題請旨。

【校記】

[一]“就”，四庫本為“統”。

[二]“驗”，四庫本為“騐”。

[三]“離”，四庫本為“雜”。

一為遵復舊制量添官員以脩馬政事

題：為遵復舊制，量添官員以脩馬政事。

臣查得永樂四年，開設陝西苑馬寺衙門，額設卿一員、少卿二員、寺丞四員、主簿一員。長樂、靈武二監各設監正一員、監副二員、録事一員。開城苑設圉長八員，安定苑六員。清平苑三員，廣寧、萬安二苑各二員。

後該本寺少卿嚴信等奏稱：本寺見在孳牧，止有馬、贏、驢六千餘匹、頭。官多事少，要乞裁減。該行在吏、兵二部議得：合無本寺存留卿、少卿、主簿各一員、寺丞二員。長樂、靈武二監，各存留監正一員，録事一員。開城苑存留圉長三員。安定苑存留二員。清平、廣寧、萬安三苑各存留一員管事。其餘盡數起送赴部別用。官制不動，以後馬匹增添，照舊銓選。

正統二年十二月二十三日，題奉英宗睿皇帝聖旨："是。欽此。"欽遵通行外。

成化年間，該陝西巡撫都御史余子俊奏，添設黑水苑，照廣寧等苑例，銓除圉長一員。弘治二年，又該陝西巡撫、都御史蕭禎奏革寺丞一員。及查得開城苑近年止有圉長二員外，一員不曾裁革，久未選除。靈武監録事董真安、定苑圉長周安，俱於弘治十五年朝覲黜退。所有員缺，亦未選補。

臣仰惟我太祖文皇帝，以神武御天下，深念軍國之務，用馬為急，立法定制，規模宏遠。遵而行之，馬政豈有不舉，實效豈有不著？數十年来，選用太輕，典牧之官，徒存故事；孳牧之政，名存實亡。論者不能深考祖宗設官之意，講求探本救弊之術，動以官多議革。惜小費而忘大體，狥近利而昧遠圖，因循至今，馬政廢弛殆盡，致妨邊務，以厪宵旰之憂。

夫官本因事而有設，政當因時而制宜。以陝西馬政論之，若止如近年故事，則見在已為贅員；必欲大圖修舉，則舊額似當量復。且正統初年裁革之時，本寺見養馬、贏、驢止有六千餘匹、頭。今見在馬匹雖不及此數，臣已經奏添種馬。明年銀買、茶易及追補倒失虧欠，期得種馬萬匹，方勾孳牧。歲復一歲，為數漸廣，典守之官，豈可缺人？

臣又看得安定、萬安等苑，相離苑馬寺各數百里。因是本寺官不行巡視查考，以致該苑官軍任情作弊。臣欲令自明年為始，照依布、按二司分巡、分守官事例，行本寺輪委堂上官，一員分管廣寧、開城、黑水三苑，一員分管安定苑，一員分管清平、萬安二苑。不時下營巡視，點閘驗看定駒、顯駒、重駒，比較官軍牧養勤怠，年終交代。量其所管苑，分孳生多寡，以定各官賢否，用行旌黜之典。如此，則人人効職、成績可圖。

緣本寺除正官外，止有少卿、寺丞各一員，必再添除堂上官一員，乃能濟事。及照廣寧、黑水、清平、萬安四苑，各止設圉長一員，中間或有事故去任，又無空閒官員可委，不無誤事。如萬安一苑，草場廣闊，極臨邊境，亦止設官一員，委的看管不周。前項苑分，似當照舊設圉長二員，乃可責其成效。如蒙乞勑吏部，查照舊例，合無將陝西苑馬寺不拘少卿、寺丞，添設一員。廣寧、黑水、清平、萬安四苑，各添設圉長一員，并靈武監録事，開城、安定二苑圉長員缺，各銓補前來管事。其餘原額官員，待馬匹蕃盛之日，另行奏請定奪。

緣係遵復舊制，量添官員以修馬政事理。謹題請旨。

一為處置馬營城堡事[一]

兵部覆：本部於兵科抄出，督理馬政都察院左副都御史楊一清題。

看得陝西苑馬寺各苑，多不曾修建衙門、城堡，及雖有城堡，年久坍塌，又皆無營房、馬廄。苑官多僦屋而居，或宿窯洞。所養官馬，晝夜在野。且春夏之時，趁水草牧放，固可適其騰游之性。至於冬寒時月，若不蓄積草茎，攢槽餧養，山野之中，草枯水凍，加以風雪侵凌，凍餓損傷，寧不致死？臣謹按《周官》：圉師掌教圉人養馬，必順四時。冬則燠之以廐，夏則凉之以房。藉蓐以禦其寒，塗釁以除其穢。先王畜牧之善如此。

查得永樂四年，兵部為開設衙門事。將各項合行事件開坐，内一件起蓋馬廐，合行工部，轉行陝西都、行二司并布政司，令軍衛有司，差撥軍夫，於附近各苑去處，量其馬數，起蓋馬廐，以備冬月牧養。合用木植，仍從工部定奪。題奉欽依通行外，此係國初牧馬成法，年久廢弛，一向不曾申明舉行。及照弘治十四年間，達賊大舉侵犯，官馬因無處收避，被搶去三千九百餘匹。況各苑地方，木植艱得，土人以窯洞為家，乃其素習。各該衛所解來隊軍，因無棲止，隨到隨逃，廢弛之故，亦多由此。

今朝廷大修馬政，所宜深慮却顧，用圖久遠，豈可仍前因陋就簡？又恐數年之後，我馬蕃息，為敵人所窺，或貽前年之禍，雖悔何及。處置馬營、城堡，誠為急務。臣已經督委布、按二司右參政車霆、副使王寅，本寺少卿徐文英、寺丞武戩，督同固原、靖虜等州衛官，親詣各苑地方，眼同該苑官吏、軍人，相度地勢，斟酌事宜，逐營逐堡，一一勘處停當。勘得長樂監廣寧、開城、黑水三苑，俱在平凉府固原州地方。

廣寧苑原設鞏昌、臨洮、青州、平凉四營。鞏昌、臨洮、青州三營，俱原無城堡，合當創置。鞏昌營堡於地名石羊溝創置，周圍二百三十丈，廣寧苑衙門在此設立。臨洮營堡於地方紅崖子創置，周圍一百五十丈。青州營堡於地名龍王廟創置，周圍一百六十丈。平凉營已有成堡一座，周圍一百二十六丈，因舊修理。

開城苑原設八營，頭營、二營舊有城堡，俱各逼狹。頭營合於本城迤東展拓，共二百三十六丈，開城苑衙門在此設立。二營於本城迤南展拓，共二百九十五丈。三營舊城堡被河水衝浸，不堪安插人馬。今於本城迤西，坐落地名第二灣創置，周圍二百八十丈。四營、六營、七營各舊有城堡，年久坍塌，俱因舊修理。五營原無城堡，於地名廟兒平創置，周圍一百六十丈。八營舊有城堡，鎮戎千戶所開設在内，别無空閒地基。今於本城迤南展拓，共一百六十丈。

黑水苑舊有城堡一座，固原衛備冬人馬在此安插，亦無空閒地基。今於本城迤南展拓，共七百三十五丈，黑水苑衙門在此設立。

安定苑坐落鞏昌府通渭縣地方，原設中營、原川、稠泥河、衙門、石硤口、雙井共六營。中營就附本苑，舊有城堡一座，年久損壞，地基逼狹。今合將本城[二]，迤南展拓三十五丈，北面因山，斬削成墻，其餘各因舊墻幫築，東西共二百步，南北二百七十步，周圍共二里六分四毫，本苑衙門仍在此修置。原川、稠泥河、衙門、石硤口四營，先年各軍因被敵衆搶擄，自行用力，各於本山修有小堡，年久亦多損壞，督令各軍隨宜修補。雙井營原無城堡，亦合就於本營地方，照依各營修築小堡一座。

靈武監清平苑，坐落平凉府固原州地方，舊有小城堡一處，不堪安插人馬。今勘得古跡彭陽舊城基址，西倚高山，東瞰平川，周圍九百丈，合於此修置大城堡一座。平川東、南、北三面共四百五十丈，高山西、南、北三面亦如平川丈數，内修建本監、本苑衙門，闔苑人馬俱堪在此收集居住。

萬安苑坐落固原州及慶陽府環縣地方，原無城堡衙門。今勘得地名板井川見有新修城堡一座，周圍四百三十五丈五尺，四面皆距深溝，天然斬削，不煩人力，合在此修設萬安苑衙門。但本苑草場廣闊，地臨邊境，恐卒遇聲息，人馬急難收集一處。今於草場界内勘得舊有孫家堡、楊家堡基址二處，各離板井川三十里，亦合各修建小城堡一座，收集附近人馬。

前項城堡，量其大小，各修城門一、二座。城上修垛墻、更鋪，以備瞭望。四圍各濬城壕[三]，於内隨其地勢廣狭，各修營房、馬廐，多者數百間，少者百十餘間。開立街市，以通貿易，種植樹株，以供蔭息。各存留隙地，堆積草束，以備支用。春夏時月，如無聲息，官馬聽其在野牧放，一有烽火傳報，即便收掣回營。及冬春寒凍時月，俱收入城堡餧養。黑水、安定、清平、萬安四苑，相離本寺地遠，仍各建立官廳一所。每年輪令少卿、寺丞一員分管，不時下營點閘，在此居住。

夫築城堡則人馬有所保障，置馬廐則馬匹不至横傷，修營房則貧軍有所依棲，建公衙則牧官可修職業。揆之事理，皆所宜為，誠非浪設。且清平、萬安二苑地方，與各該軍衛有司軍民雜處，相離邊堡寫遠。前年達賊四散抄掠，如入無人之境。殺戮人民，如殺狐兔，驅逐丁口，如驅犬羊。臣巡視所過，血痕漬地，凋落之狀，難以模寫，呻吟之聲，所不忍聞。前項彭陽、板井川諸城堡既立，非惟監、苑人馬可保。或遇虜患[四]，附近軍民丁口、頭畜亦可收避。况西人素勇敢善鬬，待馬政就緒，將各苑軍餘，挑選壯丁，設為操夫各一二百名，給與盔甲，授之弓矢，令其不妨牧馬，遇閒暇之時，操習武藝。就令寺、監官員督視比較，不許調遣，專一防守本營城堡。是雖為牧馬而設，亦可壯邊域之聲勢，資緊急之應援。古者寓兵於農，今藏兵於馬，無不可者。彼虜覘知我保障有地[五]，防守有人，縱然馬匹蕃盛，不敢生垂涎之意矣。

但經營造作，所費不貲，合用工力，必須計處。除因舊展拓修理，用工不多者，就令本營正軍、餘丁自行修築外，其創置城堡，工程浩大，必須量起附近軍衛有司軍民人夫，與本營軍夫相兼修理。至於建立城門、衙門，起蓋營房、馬廐，合用工料等價數多。其木植俱於平凉府華亭縣及鞏昌府漳縣採打。緣各處人民節年因定運、修邊等項，負累貧困，臣實不忍重勞。必得官錢，雇人採打輸運，則公私兩便。况今歲地方薄收，來年人民必然缺食。若有官錢雇募，趨者自倍，官事易集。昔人有以凶年興大役，成大功者，意正如此。

查得陝西在官庫藏，别無蓄積官錢堪以動支。合無通行陝西司、府、衛、州、縣大小問刑衙門，將弘治十七年正月起，至本年十二月終止，一應經問囚犯該納贖罪，折收銀錢者，連贓罰銀物，各衙門追完，俱發各府貯庫，按季類送平凉府收貯。聽臣督委布、按二司官陸續查取，雇人採打木植，燒造甎瓦，及輸運等項支用。但所問囚犯，有力者少，以一省一年計之，數亦不多。惟復再將太僕寺收貯馬價銀多支一二萬兩，通前買種馬之數，共送發銀六萬兩，則事事可辦，成功不難。臣當嚴加督察稽考，不敢苟且粗率，委用非人，浪費錢糧，自取罪責。事完，備圖造册奏繳。

臣又竊見，世之好議論者，見人有所舉動，輒以勞民費財為辭。殊不知不一勞者不永佚，不暫費者不大蠲，要在擇可勞者而勞之，不為無益之費而已。古者問國君之富，數馬以對。矧今堂堂天朝，據全陝畜牧之地，而馬政廢弛至此。各邊缺馬，動輒來京奏討。十數年間，送發馬價銀多至數十萬兩，是皆百姓膏血之餘。率是以往，何有紀極？夫七年之病，三年之艾，苟為不畜，終身不得。及今圖之，五年之後，可以給陝西三邊之用[六]；十年之後，可以備京師不時之需，將來所省不知幾何。且以壯中國富彊之勢，而潛消外夷輕侮窺伺之心，其所關係，良非小補。若憚勞惜費，狥流俗之浮言，襲目前之故跡，則是為一身之謀，而非所以為國家深長久大之圖者也。臣所見如此，乞敕兵部詳議可否。如或可采，依擬覆奏行之，地方幸甚，臣愚幸甚！

緣係處置馬營城堡，乞請官錢，動煩軍民人夫事理，未敢擅便，為此具本，該通政使司官奏。

奉聖旨："兵部看了來說。欽此！"欽遵。抄出送司。查奏間，隨奉本部，送於兵科抄出。

都御史楊一清又題：為傳報聲息預防虜寇事[七]。

據固原衛申，據瞭高樓守瞭軍人史新收報稱：弘治十六年十二月初八日申時，瞭接迤東東山墩傳火一十一把。初九日夜二更時分，又據本軍報：瞭接迤北袁家墩舉火二把。本夜三更時分，亦據本軍報：接前墩舉火五把，傳煙一把。至初十日辰時，據守瞭軍人倪九瞭接迤東東山墩傳火二把。至本日巳時，又據本軍亦報：前墩傳火二十八把。本日夜一更時分，續據軍人梁孟釗報：接迤北袁家墩火三把。本夜二更，又據本軍亦報：前墩舉火二把。本更，隨據軍人彌九又報：袁家墩傳砲十箇，煙二把。等因據此。

隨據陝西布政司右參政車霆揭帖呈稱：訪得達賊俱已過河，在套住牧，晝夜火砲不絕。本年十二月初二日，將寧夏邊墻剜開六處，與墩軍答話云："我每三十萬人馬要來搶殺，先着我每來拆墻。"思得各苑見在馬匹，俱無牢固城堡。為今之計，除行自已有堡去處隄備外，無堡去處，合無行令附近各苑，不分軍民，築有塞堡人家，不許獨占。先令無堡軍人與伊通知，將積有草束，搬運於内，一遇有警，將馬收入便益。

等因據此，照得各該監、苑，委多不曾設立城堡，及間有城堡者，又多年深坍塌，不堪堡障。臣於本月初八日，已將查處馬營、城堡緣由，具題定奪。但目下傳報聲息緊急，其稱三十萬人馬要來搶殺，乃張大之言，固難盡信，然賊衆既已過河，在套住牧，不得不防。除依擬行令隄備外，臣聞陝西監、苑，國初馬匹蕃盛。自正統年間以來，節被達賊入境。因無城堡收避，多被搶掠，馬數消耗。數十年來，未能完復。弘治十四年，各軍丁口、官私頭畜，被掠尤多。呻吟創殘，至今狼狽。以事勢論之，彼既明知固原地方被搶蕭索，方及二年，頭畜未曾生息，似無復來之理。況近該總制尚書秦紘修築邊墻，剗削山崖，挑濬溝塹，自靖虜花兒岔起，至環慶饒陽水堡止，七百餘里，俱已完固。防守之計，比前不同，人心恃以無恐。但狼子野心[八]，終難測度。恐其因見前年深入厚獲，不曾遭挫，有蔑視我軍之志，萬一河開不出，窺覘糾結，地方安得晏然無事？且各該邊城，人馬數少，糧草缺乏，將領無堪倚之人，行伍無敢死之士，深慮卻顧，臣實疚心。

書曰：“惟事事乃其有備，有備無患。”兵法曰：“無恃其不來，恃吾有以待之；無恃其不攻，恃吾之不可攻。”然一切戰守之事，各有司存，非臣所敢輕議。臣晝夜思惟，欲修孳牧之政，即當為備禦之圖。今見在馬匹并追補、孳生，加之明年銀買、茶易，為數漸繁。前項修築營堡工程，非一時可辦，必先事預防，趁時兼舉，庶免後艱。若謂今日種馬數少，不宜輒議營堡，待馬匹蕃息之後另行定奪。臣恐意外之憂或生於所忽，不測之患或起於目前。徒竭公私之力，顧為虜寇之資[九]，後時而悔，亦無及矣。如蒙乞勑兵部，查照臣先今擬奏事理，早為上請施行，臣不勝幸甚！

緣係傳報聲息，防預慮敵事理，未敢擅便具本，該通政使司官奏。

奉聖旨：“兵部看了來說。欽此。”欽遵。抄出送司。

案查先為修舉馬政事，該都御史楊一清題：要於太僕寺支取馬價銀四萬二千兩，送去聽伊收買種馬孳牧。已該本部依擬具題。奉聖旨：“准議。欽此。”通行欽遵去後。今該前因，案呈到部。看得都御史楊一清奏稱：即今陝西修舉馬政，俱無城堡、馬廄，恐後馬匹蕃息，為敵所窺。況今彼處見報聲息，所宜先事預防。乞要築城堡，使人馬有所保障；置馬廐，使馬匹不至橫傷；修營房，使貧軍有所依棲；建公衙，使牧官得修職業。前項工程必須量起附近軍民人夫，動支贓罰、馬價，以備各項費用一節，論辯剴切，計處停當，俱是為國興舉馬政，用圖永久之計，相應依擬定奪。除地方規制，已該一一相度明白外，所據該用人力，合無行移本官并巡撫都御史周季麟，計用若干，行令都、布、按三司，着落所屬附近軍衞有司，量數起倩，與同本營軍夫相兼修理。其應用錢糧，本寺再於太僕寺馬價銀内支取八千兩，與前給買種馬銀共輳五萬兩，一併送去，聽從本官於内支用。若有不足，仍依前擬，於本省大小問刑衙門弘治十七年贖罪銀錢、贓罰銀物并司、府在庫官錢内支取，以備輳辦木植、甎瓦等項。務圖成功經久，不許虛應故事。畢日，通將用過錢糧，築修過營堡，備造圖册奏繳，仍造青册送部查考。其所擬每年輪差寺官，點視馬匹，挑選苑軍，防禦外患，悉依所擬，次第施行。奏内所開固原衞申報虜情[十]，本部亦合通行總制尚書并寧夏、延綏守臣，查勘隄備。

緣係處置修理馬營、城堡，動支官銀，起倩軍民人夫，及節奉欽依"兵部看了來說"事理，未敢擅便。

弘治十七年二月初七日，本部尚書劉大夏等具題。本月初九日，奉聖旨："是。着楊一清上緊提督整理，務要完固。欽此。"欽遵。擬合通行除外。合咨前去，煩照本部題奉欽，依内事理，欽遵施行。

【校記】

[一]"一"，原本闕，據四庫本補。
[二]"合"，四庫本為"各"。
[三]"壕"，雲南本為"濠"。
[四]"虜患"，四庫本為"敵患"。
[五]"彼虜"，四庫本為"敵人"。
[六]"給"，四庫本為"急"。
[七]"虜寇"，四庫本為"敵患"。
[八]"但狼子野心"句，四庫本為"但邊人無常"。
[九]"虜寇"，四庫本為"仇敵"。
[十]"虜"，四庫本為"邊"。

一為稽考官軍騎操馬匹事

兵部覆：該本部送於兵科抄出，督理馬政都察院左副都御史楊一清題。節該欽奉勑諭："官軍騎操之數，亦令該管官員如法點視比較，毋致倒失虧欠。爾仍不時往來，提調稽考。欽此。"欽遵。

臣本年八月内，到於陝西地方，督委都、布、按三司左布政使文貴、按察使張泰、都指揮使楊敬等，將陝西城操、備冬并延綏、寧夏二鎮下班官軍騎操馬匹，逐一點視。續據各官揭帖内開，各項馬匹瘦損、倒失數多。除各行懲治追究外，近該臣經過各衛所地方，看得各處官軍騎操馬匹，膘壯者十無二三，瘦損者恒居其半。或皮破脊穿，或骨高毛脱，或瘡瘸可驗而捏故遮瞞，或行動欲仆而借人扶策。平居騎坐且或不堪，況望其追風逐電於沙漠之區，陷陣摧堅於矢石之下哉！前年邊寇深入搶掠，我軍退縮，不聞截殺之功，大率由此。至於倒死拐欠之數，月積歲增，行伍之間，殆無完隊。詢其所以，多因管軍官員不能嚴督軍人用心餧養所致。又有一等無知官員，將各軍應給草料尅減，或扣除在官而應答上司，或指稱公用而私賣覓利。

訪得各邊營堡，其弊尤甚。其鎮守、分守、副參、遊擊、把總等官，奉公守法者固有，假公營私者實多。非因公務，輒差旗牌官舍人等，及容令弟姪子男買賣營運，濫給官馬應付，多者二三十匹，少者五七匹。馱載私物重至百十餘斤，程送前途遠至七八十里，往來相繼，馳驟無休。馬匹因而損傷，軍士莫敢聲說。及至追補之際，又被官豪勢要之人，將矮小瘦損不堪馬匹，威壓勢逼，高價領買，有交手未幾而旋即倒死者。臣為提學之時，蓋已熟知其弊；乃今聞之道路，此風猶不能無。

近年朝廷軫念邊方多事，或發太僕寺馬價，或支陝西布政司官庫銀兩，收買戰馬，給與出境追賊、截殺燒荒等項官軍[一]，亦或見侵於狐鼠漁獵之徒，不得實用，衆口嗷嗷，可為切齒！既往者不可勝罪，將來者所宜嚴防。

案查先為修舉馬政者，行據陝西行太僕寺呈。查得洪武三十年二月十三日，右軍都督府官同左軍等都督府官，早於奉天門欽奉聖旨："如今陝西等都司開設行太僕寺，恁都府行文書去，說與都司、衛所知道：這箇衙門職專提調馬匹，比較孳生。但有作弊虧欠馬匹，許令本寺舉問。品職雖小，所掌事重，如同御史出巡按治。該管指揮、千、百戶衛所鎮撫首領官吏，務要將所養一應馬、贏，盡數開報，聽從點視提督。敢有非理抗拒，許本寺官奏聞拏問。欽此。”欽遵。

及查得先奉兵部劄付，該本部題奉欽依内事理，備由劄付本寺，照依京營事例，將所管各該衛所、營堡官軍騎操馬匹，差官一員，逐一點閘比較。瘦損者督令如法餧養，務在膘壯；倒失者督令設法追補，務在完足。查出官軍姦弊，聽令一體參奏問罪。每於年終，將點視比較過馬數回奏，賫册送部稽考。等因備行到臣。

仰惟我太祖高皇帝創制設官，體統甚嚴，防範甚密。又有節年題准通行事例，陝西都司衛所及延綏、寧夏各邊營堡官軍騎操馬匹，比較瘦損倒失，訪察奸弊，皆行太僕寺官職業。今馬政廢弛，乃至此極。該寺明知前弊，不能舉正。緣各該把摠、領班、管隊、指揮、千、百戸、鎮撫等官[二]，俱係軍職。又有鎮、巡、分守、協守、遊擊、兵備、守備為之統領。各官憑藉威寵，倚仗聲勢，因見行太僕寺職冷權輕，往往抗違不服。柔者猶相沮撓，剛者動生欺侮。該寺官員進不得展，退無所訴，輒墮其志，徒有比較之名，全無比較之實。甚至歲報馬數，亦多不行造册，雖嘗參奏，玩慢如故。該寺畏懼違例被參，只得止憑先年舊册填寫，上下因循，應行故事。其所由來，已非一歲之積矣。夫銀買茶易，浪費公家之財物；朋合地畞，重剥軍人之脂膏：而其弊至此。及今不為之處，將來為弊益甚。軍國大計，為之奈何？

查得在京各營，坐營多係公、侯、伯、都督，掌號頭把總，多係都指揮等官，又有内外重臣提督，尚有太僕寺官一員，每年奉勑，不時親詣各營及牧馬草塲點閘比較。其馬匹瘦損倒失，各有定擬住俸遞加則例。况外省衛所，各邊營堡，去京師數千里，日月之明，或有遺照，雷霆之嚴，或有遺威。若非仰遵祖宗之舊典，崇重卿寺之事權，雖使孳牧政舉，給領歲加，彼失養之禁令如常，私乘之故轍不改，所得不能償其所亡，所利不能藥其所傷，徒殫公私之力，何補邊疆之事？臣以職業，不得不言。

如蒙聖明采擇，乞勑兵部議擬上請，合無照依京營事例，請勑陝西行太僕寺，每年行令堂上官，二次分投前去該管衛所、營堡，將官軍騎操馬匹點閘比較。亦照京營，定與則例。如管隊官以一隊為率，内瘦損至十五匹，倒失至十匹者，住俸一箇月。以上瘦損每十匹，倒失每五匹，遞加住俸，至三箇月為止。把總、領班、坐堡等官以三隊為率，内瘦損至三十匹，倒失至二十匹者，住俸一箇月。以上瘦損每二十匹，倒失每十匹，遞加住俸，亦至三箇月為止。不及數者，量情發落。各責令將瘦損者用心餧養臕壯，倒失者嚴限追補完足。如下次點閘，瘦損者仍前瘦損，及數外又有瘦損，管隊官仍以十五匹為則，把總等官以三十匹為則，遞加住俸。倒失者不曾完補，及數外又有倒失，管隊官仍以十匹為則，把總等官以二十匹為則，遞加住俸，俱至六箇月為止。不及數者，量情發落，各邊官軍下班回衞，一體點閘比較。每年終，將某官分管某處點閘比較過緣由回奏，照例齎册赴部稽考。如守備、分守以上官員，不能申嚴號令，以致所部官軍馬匹瘦損、倒失數多，屢經比較，不行畏憚遵守者，聽其指實參奏定奪。敢有仍蹈舊轍，扣除軍人該給料草，侵尅官發買馬價銀，將官馬縱令家人頭目私擅騎坐，營幹私事，馱載私物，以致損傷，或仍前將自己不堪馬匹高價勒買，靠累軍人者，亦聽行太僕寺官查訪得實，指名劾奏。伏俟宸斷，黜革一二，以警其餘。

臣當遵奉勑旨，不時往來提調稽考。倘行太僕寺官不行用心如法點視比較，徒應故事，甚或操持不謹，致招物議，聽臣具奏黜罷，别選賢能代補其任。如此，則庶幾不負我聖祖創制設官之意，將見邊城多充廐之良，邊將增敵愾之氣，戰勝攻克，其機在此，區區醜虜[三]，不足為邊方慮矣！

緣係稽考官軍騎操馬匹事理，未敢擅便，為此具本，該通政使司官奏。

奉聖旨："該部看了來説。欽此。"欽遵。抄出送司。

查得成化二年八月内，本部題，為區畫馬政事。議得在京各營，在外各邊騎操馬匹，欲得可以征戰，必須請勑專差太僕寺少卿一員，無太僕寺地方，從巡撫并巡按官，時常往來各營牧馬草場，點閘比較臕息、倒失等項，定限陪償。等因題奉憲宗皇帝聖旨："是。馬政多廢弛了，恁區畫的皆准行。欽此。"欽遵。

續為違例騎死官馬事。該巡撫寧夏都御史張禎叔奏。本部議得：今後除傳報聲息，并幹辦緊急公務外。敢有擅將官馬騎幹私事及馱載貨物，或撥送與人者，五匹以下罰馬一匹，六匹以上罰馬二匹，十匹以上罰馬三匹。就給與無馬官軍領養騎操，若致走傷、倒失者，五匹以下降一級，六匹以上降二級。馬各抵數追陪還官，仍各革見任，帶俸差操，不許管事。其鎮守、副參、監鎗等官，擅自撥馬與人，有違前例者，奏請定奪。等因題奉聖旨："是。欽此。"欽遵。

又為比較馬匹事，該本部題准，行移各該行太僕寺，照依京營事例，將所管各該衛所、營堡官軍騎操馬匹，差官一員，逐一點閘比較，瘦損者督令如法餧養，務在膘壯；倒失者務令設法追補，務在完足。查出官軍奸弊，聽令一體參奏問罪。每年終，將點閘過馬數回奏去後。今該前因，及查甘肅、山西、遼東俱設有行太僕寺，案呈到部。

參照都御史楊一清奏稱：陝西行太僕寺之設，專一比較馬匹。國初任專，故職業修舉。近年廢弛，致戰馬消耗。歷言流弊之極，欲行立法救弊，論議親切，深為有見。合無准其所奏，比照京營之例，請勑二道，不必注定官員職名，順賫前去陝西行太僕寺，每年差堂上官二員，二次分投，遍歷所轄衛所、城堡，將一應操備馬匹，用心點閘比較。如有瘦損、倒失，悉依所擬，照例住俸，餧養追補。凡查出有本官所言前項各種情弊，該追罰者，照例追罰，該參奏者，指實參奏。其罰俸、罰馬、降級、黜革等項，俱照本官所擬與本部原奏施行。每年終，將點閘過數目，比較過緣由回奏，造册繳部，以憑查考。若該寺官不行用心點閘，狗情容隱，聽都御史楊一清稽考參究。各該鎮、巡大臣，毋輕沮撓，共成國事。仍照此例，通請勑甘肅、山西、遼東行太僕寺，無太僕寺去處，行令巡撫都御史，一體點閘，依擬施行。如此則戰馬可令膘壯，邊軍不至怯敵。

緣係請勑稽考官軍騎操馬匹。及奉欽依"該部看了來說"事理，未敢擅便。

弘治十七年三月十一日，本部尚書劉大夏等具題。本月十六日，奉聖旨："是。欽此。"欽遵。擬合通行除外，合咨前去，煩照本部題奉欽，依內事理，欽遵施行。

【校記】

［一］"追賊"，四庫本為"追斬"。
［二］"把揔"，四庫本為"犯揔"。
［三］"醜虜"，四庫本為"之敵"。

一為改調官員以修馬政事

題：為改調官員，以修馬政事。

照得陝西行太僕寺，管轄陝西衛所、營堡，查點、比較官軍騎操馬匹，禁革姦弊。祖宗成法具在，體統甚嚴。奈何近年以來，任隨勢輕，官因人廢。平凉衛指揮與該寺官員迭為賓主，杯酒往來，行則中門，坐則並列。體統既已乖張，政令何由修舉？

邇者伏蒙皇上軫念邦政至重，簡命陝西布政司右參政車霆為陝西苑馬寺卿，王琰為山西行太僕寺卿，山西按察司僉事郭珠等為陝西兩寺少卿。天下之人，改觀易聽。馬政修復之機，端在是矣。

臣切念陝西行太僕寺所管馬政，比之山西不啻數倍。況虜衆近年不時潛伏河套[一]，内則固原、靖虜等衛[二]，外則延綏、寧夏二邊。追敵制勝，全藉馬力。稽考防範，不得不嚴。該寺正官，必得素有風力才望之人，乃能彈壓群情，肅清弊政。

竊見陝西行太僕寺卿袁宏，為人詳慎，居官練達。由漢中府知府陞任，將及六年，守身不聞非議，但因循舊弊，未能釐革，臣已經行令改正。本官雖知砥礪自新，終是人情稔熟，事多牽制，急難振作。

及訪得參政王琰，公嚴有威，巡歷各衛所、州、縣，督理糧儲，令行禁止，下人畏服。若將王琰改任陝西，袁宏調任山西，則陝西官軍，素知王琰嚴明，自然畏憚，夙弊可革。而袁宏以其才力，施之山西，地任既新，必能自効。兩省馬政，俱可修舉。臣是以昧死上陳，如蒙乞勑吏部再行訪察，合無將王琰改任陝西行太僕寺卿，袁宏調山西行太僕寺卿，惟復將袁宏於附近各布政司參政内，仍推選一員，調用管事，實為便益。

緣係改調官員以修馬政事理，謹題請旨。

【校記】

[一]“虜”，四庫本為“敵”。

[二]“虜”，四庫本為“邊”。

關中奏議全集卷之二

馬政類

一為正卿寺體統以修邦政事

吏部等衙門尚書等官兼太子太師馬文升等題：該本部題考功清吏司案呈，奉本部送吏科抄出。

督理馬政都察院左副都御史楊　題。

比者伏蒙皇上采納廷議，以方面之賢，推陞行太僕寺、苑馬寺卿、少卿等官。各推貳人，具名上請簡用，待有成績，照依兩京太僕寺官陞擢，誠前此未有之盛典也。夫當改絃易轍之初，膺簡賢拔能之命，為各官者，宜思自効。

臣因見各寺在前，權任輕微，人人得而侮之。今雖奉有新例，恐各該衙門官員，習耳目之聞見，計勢分之炎凉，仍前輕忽沮撓。已經行令，今後陝西各府、衛、州、縣官與行太僕寺、苑馬寺卿、少卿等官，相見相臨，各要以兩京太僕寺及布、按二司官體統相待，不許與之抗禮。布、按二司官與兩寺官往來，照例迭為賓主。其班次，兩寺卿在布政使、按察使之下，參政、副使之上；少卿在參政、副使之下、參議、僉事之上，通行外。

近該山西行太僕寺卿王琰等，為因山西府、州等官禮貌輕忽，體統乖違，難以行事。查照臣陝西所行事理具奏。

該兵部覆奏：合無通行巡撫山西、甘肅、遼東都御史并巡按、監察御史，轉行各該司、府、衛所大小衙門知會，今後苑馬寺、行太僕寺卿佐等官與都、布、按三司往來，俱要迭為賓主。班次坐立之序，循例而行。府、衛、州、縣官員相見相臨，各要以兩京太僕寺官體統相待，不許輕視抗禮。等因奏奉欽依："是。苑馬寺行太僕寺官，行事體統，俱照兩京太僕寺例，司府、衛所等衙門，不許輕視沮撓。欽此。"欽遵。

明命赫臨，人心踴躍，體勢增重，耳目一新。臣猶慮往時兩寺官體統與二司輕重，實相懸絶，而兩京太僕寺與二司官體統又復不同。若遵新例，兩寺官之自待，與人所以待之者，皆當頓改。然非擬為定規，著之明令，將來遵承不一，紊亂僭踰之弊，難保必無。且禮莫大於分，分莫大於名，名實相須，未有不修其實而能副其名者。夫衙門以寺為名，官以卿、少卿為名，謂之京職明矣。若準兩京太僕寺體統，以京官待之，則班次坐立，皆當在都、布、按三司之上。往來則迭為主賓[一]，入朝則陛見、陛辭，考滿則吏部特引，恩典則誥勑廕子，庶幾實稱其名。儻以其衙門開設在外，雖準内寺行事，未得全與京堂為比，則當待以方面之禮。入朝則陛見、陛辭，考滿朝覲，宜從布、按二司官之列。班序則如臣所擬，卿當在參政、副使之上；少卿在參議、僉事之上；寺丞當在僉事之下，不可令與知府為伍。任内被旌舉者，三年考滿，得與誥勑。如是，較之舊時，固已加重，而於京寺體統尚有不同。

臣又查得，先該陝西苑馬寺等衙門卿等官李克恭等奏稱：陝西行太僕寺、苑馬寺每遇巡撫、巡按行取考語，俱付之布、按二司巡、守官員，而巡、守官又付諸知府，以此人多輕視，官無光彩。且臣監、苑屬官，臣反不能知其賢否，而謂知府能知，豈不差謬！又如朝覲考察，初必以此等衙門不多，因而附諸布政司簿内，以後因循，遂或詢之二司官員。此職非二司屬官，乃以黜陟之權付之，似亦未善。乞行巡撫、巡按官員，今後逐年考語，本衙門屬官必須臣等詢察賢否，明白填註，不必付諸巡、守等官。至於朝覲考察，亦令臣等與山西、遼東、甘肅行太僕寺、苑馬寺六衙門，共立考察簿籍一扇，吏部、都察院參以巡撫、巡按考語，公同嚴加考察。等因該吏部覆題，通行各處，逐年考語，除該寺堂上官賢否，止須巡撫、巡按衙門開報，不必由分巡、分守等官，主簿以下，照舊施行。其考察簿籍，已有舊例，不必變更。若遇朝覲之年，考察各寺屬官，布、按二司同本寺堂上官答應。等因具題。

節該奉欽依："是。今後考察行太僕寺、苑馬寺官，不必會同布、按二司。欽此。"欽遵。

臣仰惟皇上日月之明，洞燭幽隱，深知積習之弊，不將兩寺考察之柄付之兩司。但監、苑屬官賢否考語，仍聽巡、守等官開報。兩寺堂上官賢否，必由巡撫、巡按考察，斯固精嚴考課之法。

查得臣節該欽奉勑諭："巡撫、巡按等衙門，不得干預爾職。寺、監官員惟爾所統，不許各衙門凌轄。欽此。"欽遵。

臣切惟巡撫、巡按之職，固無所不當問，然官員賢否，必親見其行事而後能知。各該司、府、州、縣、衛所等衙門，其於撫、按，無官不歸其管攝，無事不聽其裁制，能否易分，旌別自當。若兩寺、監、苑，已有明命。職事既不得干預，官員又非其統轄。今欲開報考語，巡撫、巡按難以臆度，未免詢之二司。二司亦不能知，未免詢之知府。中間是非或得之傳聞，毁譽或生於愛惡。一被考黜，格於禁例，不復敢辯，他日必有陰受其害者。

近據陝西行太僕寺呈，承准陝西布政司照會，抄蒙陝西巡撫衙門案驗，行令分巡、分守、知府查取兩寺、監、苑等官考語開報，則是未免仍蹈舊轍。况近例兩寺卿、少卿，俱由方面官有才望者推補，彼為方面之時，既能考察千百屬官，及為兩寺，豈有不能旌别十數屬官之理？何必付之分巡、分守官員。且陝西既有專官督理馬政，陛下不以臣愚不肖，簡命而來，則兩寺堂上官賢否，臣知之宜審，似亦不須巡撫等官考察。及照各寺寺丞，先是以其為在外六品官，法司皆得徑提。臣謂寺丞，品秩雖輕，係卿寺堂上官。今既以兩京太僕寺官相待，似亦不當徑自提問。凡若此者，皆體統所關，名分所係，輕重之機，實懸於此。當此作新之初，一切釐正，則不令而人自從，不言而人自信，臣所謂修其實以副其名者，此也。若因循舊規，無所更改，則雖日號於人曰："吾今得准内寺體統，與京堂無異。"誰其信之？臣受命提督各官行事，臣如不言，誰為言者？

伏望聖明俯念邦政至重，救弊為急，乞勑吏部，會同禮、兵二部議處，今後陝西、山西、遼東、甘肅各行太僕寺、苑馬寺卿佐等官，赴京考滿朝覲，一切禮儀、班序、恩典，合無照依兩京太僕寺堂上官事例，惟復止照布、按二司官例，擬議通行遵守，以杜將來紊亂僭踰之弊。仍乞將各寺卿、少卿、寺丞賢否考語，陝西俱止聽臣開報，吏部、都察院，以憑黜陟，不必巡撫、巡按干預。若巡撫、巡按訪知各官中果有貪婪不肖、怠政誤事，自當指實奏劾，明正法典。山西、遼東、甘肅等處，仍止聽巡撫、巡按開報，不必布、按二司干預。其首領官、屬官賢否，止憑堂上官填註，朝覲考察之際，亦止憑堂上官應答，俱不必詢之二司官員。再乞俯從陝西苑馬寺等衙門前次所奏，將陝西、山西、遼東、甘肅共立考察簿籍一扇，不必附之各布政司簿内，庶得事體歸一。各寺寺丞乞照京官事例，凡有違犯，參奏拏問，不許徑提。體統既明，名分既正，則人知激勸，職業可舉。如此則馬政不興，實效不著，黜罰之加，將安所辭哉？等因具本。

該通政使司官奏。奉聖旨："該部看了來説。欽此。"欽遵抄出送司，案呈到部。

看得督理馬政、都察院左副都御史楊　題稱前因，係隸本部及禮、兵二部掌行，合無照依本官所奏，會同各該衙門議處明白，另行奏請定奪。等因具題。聖旨："是。你每還會議，明白來説。欽此。"欽遵。

臣等會同禮部尚書張昇、兵部尚書劉大夏等議得：陝西、山西、甘肅、遼東行太僕寺，洪武年間開設，專一印烙并追補本處官軍騎操馬匹，其責甚重，經今一百二十餘年，遼東、陝西苑馬寺，永樂年間開設，專一牧養，茶易西蕃，并買到朵顔等及海西夷人馬匹，其任不輕，經今九十餘年。其衙門既稱陝西、山西、遼東、甘肅，係在外衙門，不言可知。雖有卿寺之名，亦難盡比在京卿寺官行事。今督理馬政都御史楊　，因見各官權任輕微，馬政廢弛，通照本官所擬定，行太僕寺、苑馬寺卿李克恭、王琰等前後所奏，并吏、兵二部節次題奉欽依，兩寺官行事體統，乞要擬為定規，著之明令，將來遵承，以免紊亂僭踰之弊。又於例外事體所關，名分所係者，通行擬定上請。大意欲激勵各官，以興舉廢墜，深為有見。合無准其所奏，兩寺官行御史中門正道，皆如兩司官體統，與兩寺卿、少卿往來，迭為賓主，東西對坐。若公差到京，照依布、按二司例，許令陛見、陛辭，朝覲考滿，悉依舊例而行。其兩寺堂上官員任陝西者，賢否皆從督理馬政、都御史填註開報，巡撫、巡按官通不干預。在山西、遼東、甘肅者，賢否皆從撫、按官填註開報，兩司官通不干預。其兩寺屬官賢否，通從堂上官填註開報，兩司官亦不得干預。若中間果有不職貪婪，聽撫、按官具奏黜罷。三年朝覲之時，本部將陝西、山西、遼東、甘肅各行太僕寺、苑馬寺屬官共立考察簿一扇，更不附之各布政司之下。考察兩寺首領屬官之際，止憑兩寺堂上官答應，更不必詢之兩司官。其寺丞雖係在外五品以下官員，今既與兩司頡頏，若有所犯，按察司不許徑自提問。係陝西者，呈行督理馬政都御史，係遼東、山西、甘肅者，呈行巡撫官徑自提問。各寺堂上官，若任内曾蒙推舉者，三年考滿，一體給與誥勑。本部仍類行陝西、山西、遼東、甘肅等處巡撫、巡按官，轉行各属，永為定例，不許沮撓紊亂。如此則寺官體統大增，重於常時，馬政修明，必增倍於舊日矣。

臣等又惟政務修舉，固係於官之輕重，尤係於人之賢否，必兼有之而後能集其事，難獨恃此而輒能有功。其兩寺官既仰承增重之典，亦宜思自重之道。如果孳牧蕃息，馬政修舉，本部臨時斟酌相應員缺，以憑上請陞用，不拘常例。

緣係議處正卿寺體統以修邦政，及節奉欽依："該部看了來説"，"你每還會議明白來説"事理，未敢擅便。弘治十七年十一月初十日，吏部等衙門少師兼太子太師、尚書等官馬文升等具題。本月十二日，奉聖旨："是。兩寺官員體統，都准議行，永為定例。各官果有政務修舉，功績顯著的，你每斟酌推舉陞用，不必拘定常例。欽此。"欽遵。擬合通行除外，移咨前去。照依題奉欽，依内事理，轉行陝西、山西、遼東、甘肅各行太僕寺、苑馬寺，一體欽遵施行。等因准此除外，合就移咨前去，煩為欽遵施行。

【校記】

［一］"主賓"，四庫本為"賓主"。

一為議處茶馬以便官軍給領事

兵部覆：車駕司呈奉本部送於兵科抄出，督理馬政都察院左副都御史楊　題。

行據陝西等處提刑按察司等衙門副使等官蕭翀等呈，會同本司分巡西寧道僉事曹玉、守備西寧地方都指揮同知徐廉議得：西寧、洮、河三衛，每年茶易馬匹，例該甘肅、延綏、寧夏三邊各輪一年，前去關領騎操。因未論及道里遠近，事多不便。若將西寧馬匹專給甘肅，洮、河二衛專給延綏、寧夏，又似不論馬數多寡，誠有不均。合無將西寧每年所易茶馬，量存一半，遞年給與甘肅等處領養，外存一半與洮、河馬匹，行令延、寧二處輪年領回騎操。如此則便於道途，宜於風土，人情頗順，經久可行。等因具呈到臣。

案照先據整飭西寧兵備陝西按察司副使蕭翀呈，據西寧衛經歴司申呈，准本衛照會。照得本衛原設茶馬司，遞年招番易馬，其騍馬解送陝西苑馬寺孳養，兒、扇馬匹給發甘肅、寧夏、延綏缺馬官軍騎操。但常例，易換番馬暫給本衛步操軍士餧養。奈何經年屢月，官軍不肯前來給領，倒死者負累賠買。況本衛地方，僻在西北極邊，天寒地冷，霜雪早降，番人所產馬匹，比與腹裏不同。若使寧夏、延綏官軍領養，一則道路窵遠，運送艱難；一則馬匹不服水土，生發瘰癘，多致倒死，無益官軍。其洮、河地方馬匹，若令甘肅衛所官軍給領，遠隔黃河，甚為不便。合無今後本衛番人中納兒、扇馬匹，行令甘肅等衛所官軍以近就近領養，及將洮、河二茶馬司所易馬匹，就近行令寧夏、延綏缺馬官軍給領騎操，庶使官軍兩便，馬匹不致虧損，累及軍士。等因備申到司。

據此，照得西寧地方，委的極邊，天道嚴寒。所易馬匹，若給腹裏官軍領養，實是水土不服，倒死數多，無濟於用。若使寧夏、延綏官軍給領洮、河茶馬，非但風土相宜，又且地里相近，似為便益，呈乞照詳定示。等因到臣。查得陝西茶易馬匹，已有先年兵部題准，議定三邊輪年關領事例。今呈要將西寧茶馬，聽近邊甘肅等衛所官軍給領，洮、河馬匹，行令寧夏、延綏官軍給領一節。緣三衛所易馬數多寡不同，若依所擬，則甘肅太多，延綏似少，恐有不均。其稱運送艱難，水土不服及寄養負累軍士，誠有此患。已經劄付，本官會同分巡西寧道僉事曹玉、守備西寧地方都指揮同知徐廉查議，務求長久利便之策，會呈前來，以憑奏請定奪去後。

今據前因，查得先該巡撫延綏都御史劉忠奏稱：洮、河等衛茶易馬匹，遞年俱被附近腹裏衛分官軍，就彼領養騎操，以致本邊缺馬。等因該兵部於弘治六年題准，自弘治七年寧夏為始，八年甘肅，九年延綏，各照年分，量帶軍人，齎册關領。已經通行年久，頗濟邊用之急，亦無不均之弊。但西寧衛係甘肅鎮、巡管轄，僻在河西，相離延綏、寧夏俱四十餘站。官馬所過，必用草料供給，人夫牽送。沿途驛遞疲敝，創殘之餘，往往失誤應付，以致馬匹瘦損、倒失數多。經曰：“犬馬非其土性不畜。”西羌之馬，畜之東北，風土異宜，多生瘰癘，傳染死傷，不得實用。而甘肅官軍，乃舍本鎮馬匹，三年一次，遠涉河東，於洮、河二衛領馬，道途亦多跋涉，水土復不相宜，以此各鎮領馬官軍，遞年來遲。易過茶馬，未免暫發三衛領養，累及軍士，不止西寧衛為然。且往歲茶易，除騍馬外，兒、扇馬不過數百匹，猶可支持。今年仰仗天威，羌人効誠，遠近畢至。

臣五月在河州，六月在西寧親閱，番馬錦雲輻輳，計其所易，當有數千。以後年分，雖不必盡如今年，亦終不止如往年之數。若不因時變通，稍更舊格，恐將來寄養之累，輸運之難，人將有不能堪命者矣。然西寧易馬數多，河州略少，洮州尤少，若如該衛所呈，要將西寧茶馬每年全給甘肅一鎮，不無過多，其洮、河二衛所易馬匹，恐又不敷延、寧二邊册給之數。及照陝西、固原、靖虜、環慶等處，亦係沿邊重鎮，其腹裏衛所，有馬官軍，多在各邊備禦。先年茶馬被近衛官軍一槩領去，以致延綏巡撫論奏。但近例俱給延、寧、甘肅三鎮，而陝西衛所、邊堡全不霑惠，亦恐未均。合無量依副使蕭翀等所擬，自弘治十八年為始，除騍馬解送陝西苑馬寺孳牧外，西寧茶易兒、扇馬，每年將一半聽甘肅鎮、巡衙門差撥官軍，齎册就近關領，給與河西衛分應給馬匹官軍領養騎征。延、寧二鎮照舊輪年，十八年延綏，十九年寧夏。以後各照年分，輪流關領。先儘河州、洮州二衛馬匹給與，如有不敷，聽於西寧衛馬内輳給。餘剩之數，仍解陝西苑馬寺，暫發各苑軍人牧養，以備陝西衛所、邊堡缺馬官軍領給騎操。中間分撥派給事宜，仍聽臣隨時斟酌，通融處置。如此則道途稍便，風土稍宜。甘肅一鎮為利甚博，延、寧二邊初無所損，而輸送之勞，倒傷之患，亦可以省其半矣。先民之言曰："能寬一分，人受一分之賜。"臣所見如此。

伏惟聖明鑒納，乞下該部參詳可否，覆奏行之。地方幸甚，臣愚幸甚。等因具本。

該通政使司官奏。奉聖旨："該部知道。欽此。"欽遵抄出送司。

查得洮、河、西寧三處茶易馬匹，先該本部奏准，甘肅、延綏、寧夏三鎮輪年關給，與軍騎操。近該延綏鎮巡等官奏稱，馬災倒死數多。本部又經議行，督理馬政、都御史楊　，將本年所易洮、河等處茶馬堪以給軍者，不拘二千三千，盡數給與騎操行間。今該前因，案呈到部。參照西寧等處茶易馬匹，甘肅、延、寧三鎮輪年關給，雖有本部奏行定例，緣甘肅切近西寧，延、寧便於洮、河，况馬有多寡，風土異宜。今都御史楊　奏要變通前例，將西寧之馬，每年減半以給甘肅，洮、河之馬，輪年輳數以給延、寧。揆之事體，委的便利。且欲將餘數聽給陜西，以均實惠。經國之計，可謂周悉。相應准其所奏，合無本部仍行都御史楊 ，查照近日本部題奉欽依事理，將本年所易洮、河馬匹，盡數給與延綏，仍斟酌將西寧茶馬補足原擬之數，以備北方入套之謀。以後年分，悉依所擬，通融均派。甘肅一鎮，每年减半關給西寧馬匹；寧、延二處，輪年關領洮、河茶馬并西寧一半之數。自十八年寧夏為始，十九年仍該延綏。若有西寧餘剩馬匹，仍發各苑寄養，以備陜西、固、靖等處關給。中間酌量派發，及在彼在路一應禁防事宜，悉聽楊 裁處。本部仍行各該鎮、巡等官，務照今定年分，委官齎册，依期關領，不許遲違，貽累附近衛所寄養賠補。關領完日，各將關過馬匹數目、毛齒并領養官軍姓名，造册奏繳，仍造青册一本，送部查考。

緣係斟酌定擬各邊關領茶馬及奉欽依"該部知道"事理，未敢擅便。弘治十七年八月二十四日，本部尚書劉大夏等具題。本月二十六日奉聖旨："是。派發馬匹并防禁事宜，着楊一清酌量處置，務要停當。欽此。"欽遵擬合通行除外，合咨前去，煩照本部題奉欽，依內事理，欽遵施行。

一為禁約侵占牧馬草場事

兵部覆：該本部送於兵科抄出，督理馬政都察院左副都御史楊題。

照得陜西苑馬寺所屬監、苑，原額牧馬草場地一十三萬三千七百七十七頃六十畝。因與固原、鞏昌等衛，鎮戎、甘州群牧、環縣等千户所，固原、通渭、安定等州、縣官舍軍民相攙住坐，又有楚、肅、韓三府，黔國公等草場參雜其間。節被官豪勢要姦頑之人，倚恃威力，任意開墾耕種，或通同牧軍盗賣年久，草場日漸逼狹，官馬無處牧放，馬政廢弛。節經委官清查，又被各人恐嚇扇摇，不得歸斷。

弘治十三年間，兵部奏差主事李源，奉勑前來，會同布、按二司官查理。查得見在草場共止六萬六千八百八十頃八十畝，其餘俱無下落。內查出軍民唐釗等七百三十三名，占種草場地二千七百二十頃零九十一畝。將各犯發問，地土斷退還官。近該臣督委都、布、按三司官親詣前項地方，查吊軍民納粮册籍，從公踏勘丈量，數十年埋沒之弊，一旦清出。共清查得兩監六苑實有荒熟地一十二萬八千四百七十三頃一十一畝八分九釐六毫，比之原額，止少五千三百四頃有餘，乃是奉例撥為衛所屯地及曾告官升粮之數。其軍民唐釗等原占地土雖經查革，仍復占種，不曾還官。干礙人衆依律問斷，量追例後花利，入官發落訖。已將清出原額，并侵占退出地土坐落四至、頃畝數目，造册奏繳。

臣惟地土生物，本以養人，與民共之，是為仁政。然朝廷修舉牧事，清理草場，非供耳目玩好之欲，直以三邊缺馬之故。馬以給軍，軍以衛民。若草場逼窄，則畜牧不蕃。邊軍缺馬騎征，何以克敵制勝？以此，各邊年年奏討馬價，所費不貲，皆自民出。今陝西監、苑草場，頗勾孳牧，但疆畔相連，窺伺者衆。彼見先年開耕占種，查出不過照常問罪發落，旋復侵占，略無忌憚。恐將來如唐釗輩，不止一人。查得見行事例：凡用强占種屯田者問罪，官調邊衛，帶俸差操，旗軍軍丁人等發邊衛充軍，民發口外為民。管屯等官不行用心清查者，糾奏治罪。

及查得成化十年七月十三日，節該欽奉憲宗皇帝聖旨："陝西榆林等處近邊地土，各營堡草場界限明白，敢有那移條段，盗耕草場者，依律問擬，追徵花利。完日，軍職降調甘肅衛分差操。軍民係外處者，發榆林衛充軍，係本處者，發甘肅充軍。欽此。"

今照監牧草場，係祖宗開設舊額，不為不重。如蒙乞勑兵部議處，凡侵占監苑、牧馬草場，除事發在前，已經發落外，自今造册奏繳之後，敢有用强開墾耕種及盗買盗賣情重者，比照衛所屯田、營堡草場事例，官調邊衛帶俸差操，旗舍、軍民、軍丁人等，俱問發邊衛充軍；情輕者，依律問斷，仍枷號一箇月發落。各該監、苑官不行查舉，通提治罪，著為定例。出榜發仰各草場、營堡張掛曉諭，庶幾法嚴而人知懼。治之於已犯之後，固不若禁之於未犯之前之為愈也。

緣係禁約侵占牧馬草場事理，未敢擅便，具本該通政使司官奏。

奉聖旨："兵部知道。欽此。"欽遵抄出送司，案呈到部。

照得陝西苑馬寺，原額草場荒熟地共一十二萬頃有奇。年久馬政廢弛，被人侵占數多。既該督理馬政都御史楊　，委官清出前數，漸復原額，造有青册各該衙門存照，具見處事立法之詳。復恐法立弊生，欲照前例禁處，誠為防姦善後之計。合無依其所奏，本部仍行都御史

楊　，刋印榜文，發仰各該草場、營堡人煙輳集去處，常川張掛。曉諭官軍人等，敢有似前將清出牧馬草場地土用强開墾耕種，或盜賣盜買，許地隣人等首告及各該監、苑舉呈。應問者就行提發分巡官處問理，干碍應參官員，参提施行，問擬明白，追完花利。情重者比照衛所屯田、營堡草場事例，軍職調邊衛帶俸差操。旗舍、軍民、人等，俱發邊衛充軍。情輕者依律問擬，仍枷號一箇月，照常例發落。監、苑官不行查舉，一體提問治罪。仍將各監、苑清出草場至界頃畝，鐫刻石碣，陷置廳壁，永為証據。如此則法度嚴明而馬政可期興舉，奸頑警懼而宿弊可冀袪除。

緣係立法禁約侵占牧馬草場，及奉欽依“兵部知道”事理，未敢擅便。弘治十七年十一月三十日，本部尚書劉大夏等具題。本年十二月初四日，奉聖旨：“是。着出榜通行曉諭禁約，敢有仍前强占耕種及盜賣盜買的，都重罪不饒。欽此。”欽遵擬合就行除外。合咨前去，煩照本部題奉欽，依内事理，欽遵施行。

一為乞改提學官員以修學政事

題：為乞改提學官員，以修學政事。

近訪得陝西按察司提學副使李遜學，丁憂去任。所有員缺，例該銓補。臣惟提學之任，學校之興廢，人才之盛衰係焉。且陝西山川雄秀，士生其間，多奇偉英邁，敦尚氣節。提學誠得其人，則鼓舞振興，一變至道。他日出仕，負荷大責任，樹立大勳業，朝廷不患於乏人矣。如臣之愚，往時承乏七年，雖仰遵聖諭，不敢自怠，顧學識空疏，行能淺薄，初無率人之具。心力徒勤，曾無補益，幸免黜罰，至今為媿。訪得代臣提學陝西按察司僉事王雲鳳，志向高古，行履端方。巡督各府、衛、州、縣學校，不止較閱文字[一]，其鋤惡佐善，崇正闢邪，興禮讓以厚風俗，拔英異以激頹懦。學政肅清，一方風動，為臣掩瑕實多。當時或議其過嚴，及推陞別任，至今士子有向上為己之志者，則又思之不置，此愚臣之所目擊耳聞者也。夫提學而用憲臣，非欲其以法比佐教化，為作人善俗之地乎？若校文之餘，茫無所事，則一賢學官固優為之矣。今日之弊，往往坐此。及照本官見任整飭洮、岷邊備陝西按察司副使。臣竊謂，邊備責雖重，求其人尚易，提學之官，必欲真能舉職，今之人才如王雲鳳者，盖不多得。

臣受命督理茶馬，學校政務，本無干涉，似非臣所當言。然以舊任提學，一方師生恩義所關，不忍恝視。況職司風紀，苟有所見，不敢不言。如蒙乞勑吏部，再行訪察，合無將王雲鳳改任提學，別推相應官員整飭兵備。如此則一方之士不令而行，學政不為虛文，提學不為徒設。將來得人效用，治道所補，誠不少矣！

緣係乞改提學以修學政事理，謹題請旨。

【校記】

[一]"較"，四庫本為"校"，通。

一為舉用官員修舉馬政事

題：為舉用官員修舉馬政事。

臣督理陝西馬政一年有餘。今草場地復，牧軍數增。孳牧之政，次第興舉；蕃息之效，將來可望。但修築馬營、城堡，建立馬廄、營房，非積以歲月，不能了辦。況聞北方大衆臨河住牧，恐將踏冰入套。蘭州以西，失穴之虜[一]，竊伏近邊，時出抄掠。狼子野心[二]，懼有窺伺官馬之謀。意外之變，不可不防；先事而圖，庶無後悔。今年已將清平、安定二苑大城堡築完，其城門、營廄及各苑小城堡應該展拓創修者，俱未建立。期在明年，小大畢舉，庶幾考牧有憑依之地，防胡無倉卒之憂[三]。但工程浩大，經營規畫雖在愚臣，分理責成必資庶職。及照洮、河、西寧等處，處置官茶，招番納馬等事，久廢之餘，修復舊制，中間事情，極多委曲。臣受恩隆重，義存體國。志將為深長久大之圖，不敢襲苟簡滅裂之弊。奔走得人，易收實効，獨謀坐運，何以成功？雖有新任兩寺官員，緣行太僕寺官近奉勑分投前去各邊堡、衛所行事，歲不暇給。苑馬寺官見今收買種馬數多，分投提調孳牧，不能摘離，俱難别項差占。各府、州、縣能幹官員，又各有本等職業，未免制於監臨上司，暫時委用，顧此失彼。必得專官一二員隨臣整理，庶不誤事。

博訪得平凉府通判張檝、涇州知州岳思忠，俱平昔剛果有為，材識兼茂。臣嘗委令行事，各官精勤强幹，清查出積年埋沒草塲地土五萬餘頃，招集牧馬軍人三百六十戸，其功可嘉。況張檝歷任八年，為因上司委用，不得給由。岳思忠歷任通渭、安定二縣知縣，固原、涇州二州知州，年勞歷履，亦頗深久。稽之輿論，俱堪擢用。如蒙伏乞聖明，念軍國戎馬之重，修舉廢墜之艱，乞勅吏部，再行訪察。合無將張檄等量為陞擢，添註平凉府或附近臨、鞏等府職銜，專聽臣委用，修理監、苑城堡、營廐，及處置茶馬政務。待一二年間，事已就緒，查有陜西各府見缺，聽臣具奏，補缺管事，如無見缺，起送赴部，改除別省。如此，一以酬各官既往之勞，一以期各官方來之績。不但馬政有裨，而凡庶職，皆知所激勸興起矣。臣不勝幸甚！

緣係修舉馬政事理，謹題請旨。

【校記】

[一]"虜"，四庫本爲"衆"。

[二]"狼子野心"，四庫本爲"跋涉而來"。

[三]"胡"，四庫本爲"邊"。

一為改任官員以便行事事

題：為改任官員以便行事事。

照得平凉府知府安惟學，近因捉獲北虜姦細有功[一]，該總制尚書秦紘奏保[二]，吏部題奉欽依，陞四川布政司右參政，仍管平凉府事。

仰惟皇上天地之量，不吝官賞，以待有功。凡在臣工，孰不思奮？但司、府監臨，名分素定。本官既陞前職，其布、按二司分守、分巡等官相見相臨，彼以衙門統轄為拘，此以參政名銜自處，為禮既多觖望，行事未免乖忤。及照平凉府城内設有陜西行太僕寺、苑馬寺衙門，近例兩寺官照依京官體統行事，府、衛等衙門官不許輕視抗禮。行太僕寺提調有司民壯騎操馬匹，與本府事有統攝。

今官職相軋，易生嫌忌；朝夕與處，甚多不便。臣督理陜西馬政，駐劄平凉前項事情乃所親得，不敢不言。且先年以參政職銜管府事者，多係南、北直隸府分。彼無布、按二司管轄掣肘，比之平凉，事體不同。

臣又博訪得本官歷任六年之上，守己愛民，政績顯著，節經巡撫、巡按薦舉旌異。稽之材操年勞，雖無捉獲姦細之功，亦堪擢用。如蒙乞勅吏部，合無將安惟學查補各布政司參政員缺，別推堪任知府一員管理府事，實為便益。

緣係改任官員以便行事事理，謹題請旨。

【校記】

[一]“北虜”，四庫本脱此二字。

[二]“奏保”，四庫本爲“奏請保陞”。

一為薦舉賢能官員事

題：為薦舉賢能官員事。

伏念臣職司馬政，雖無巡撫之責，官居風紀，亦有激揚之任。況當奏功述職之年，正黜幽陟明之日。既已諏詢而有得，豈宜忌避而不言？以人事君，雖不敢竊比于大臣；而薦賢為國，實不忍自負于明主。輒陳耳目之見聞，用備朝堂之採擇。臣竊見陝西苑馬寺卿車霆、陝西按察司副使王寅，俱耿介夙成，峭直寡與，有肅清彈壓之風，無迎合詭隨之態。持法不撓於權貴，任事不避夫艱險。車霆近司監牧，雖未收蕃息之功，而屢更藩府，實久著賢勞之譽。王寅守直道，忤時好而不回；拒請託，遭流言而不悔。陝西按察司整飭固原兵備副使高崇熙，老成端重，持憲得體。西寧兵備副使蕭翀，通敏勤勵，兵政一新。西安府知府馬炳然，志存乎守已而愛民，才足以剸繁而治劇。漢中府知府周東，以文學飾吏事，以撫字得民心。凡此數人，車霆、王寅，臣所專委，高崇熙等皆曾經委用，故知之為深。其餘雖有才能，未嘗親見行事，不敢輕舉。

如蒙乞勅吏部，廣詢博訪，如臣言可采，乞將車霆、王寅等量加擢用，使在外臣工，守正者有所恃而不恐，勤事者知所勸而不怠。其於治道，良有裨補。

緣係薦舉賢能官員事理，謹題請旨。

一為添設馬苑營堡以便收牧事

題：為添設馬苑營堡，以便收牧事。

據陝西按察司副使王寅呈：為告撥牧馬草場，以便人心事。

行據委官平涼府、衛同知朱裕，署指揮使趙文呈稱：會同帶領原勘委官華亭縣知縣尚俊、崇信縣署縣事知事李如林、平涼縣署印縣丞崔瑄，拘集平涼縣大岔、西橋、東橋等里，崇信縣拽兵里，華亭縣窯頭里各里老人等，并原告投牧軍茍通、李文舉、馬彥名等指引，親詣逐一覆勘得所告草場地土，西至馬鋪嶺第三道溝，北至草子山麓金雩沱、小圓山子、石板莊窠，東至土橋子大路并石人山，南至徐家嶺紅土深峴各為界，東西長六十里，南北闊二十里。除高山陡峻溝澗外，實有耕牧草地共二千六百六十頃。與各縣民間地土俱無干礙。水草便利，堪以牧馬。及勘得地名霧子鎮一處，水泉兒灣一處，石佛頭一處，俱堪設營堡。具會勘過地土頃畝，坐落四至，畫圖開呈到職。

案查先奉督理馬政都察院左副都御史楊　，劄付前事，備仰本職。即便會同陝西苑馬寺卿車霆，選委平凉府、衛能幹堂上官各一員，公同指揮趙文，親詣前項地方，督同隣境該縣正官，查勘所指山場是否空門無糧地土，應否開設草場，水草有無便利，并查彼處潛住逃實有若干，堪否領養馬匹。如果相應，就便丈量明白，查審停當，備開四至坐落草場荒地若干，開墾熟地若干。或堪設一苑，或止可於附近苑分帶管。其見住逃民堪留養馬若干，就將地土給撥種牧。不堪收發若干，或令就便附籍應當民差，或發遣回還原籍復業。逐一勘處明白，具由作急呈來，以憑施行。中間如有別項違碍，亦要明白聲説，不許觀望迎合，虚文搪報。

奉此，隨吊平凉府原行卷内，查得先該分巡關西道副使歐陽旦，蒙督理馬政左副都御史楊　批據指揮趙文呈前事，已經行據平凉府通判張檄，本衛指揮吴弘、趙文，各將踏勘前項山場四至頃畝，堪以築堡牧馬緣由，呈報在卷。今奉前因，會同陝西苑馬寺卿車霆，又經改委平凉府同知朱裕，公同指揮趙文，督同隣境該縣掌印官覆勘查處，今據回報前來本職。會同卿車霆親詣所指去處，督同各該委官，帶領各縣干審里老，并原告苟通等指引，逐一審勘，得山場四至界内委係自來荒閑，並無徵糧地土在内，亦與軍民兩無相干。地方廣闊，水草便利。及查得流民苟通等一百六十三戶，計人丁五百四十一丁，俱在彼處修莊開地，住種年久。一聞招集養馬，莫不欣然樂從。若於此處設立苑分營堡，非惟牧馬有地，遇警臨苑，馬匹亦可收避，保障無虞。擬合開坐，會案回報。為此通行，除行令同知朱裕、指揮趙文，將彼處招集潛住流民苟通等逐名查勘，丁力相應者，斟酌名數，編設總、小甲，每名照例取便給地一頃住種，聽候事完造冊另報。并將本地軍民及逃來原衛缺伍正軍，避重就輕犯罪脱逃人犯，及無根絆者問罪，遞回原籍官司復業當差外，今將勘處過草場頃畝、坐落四至，并堪以建立苑分營堡地方，畫圖貼説，與苑馬寺卿車霆各呈報到臣。

又據平凉府掌府事四川布政司右參政安惟學呈：為修舉馬政事。

行准本府同知朱裕、平凉衛指揮趙文，解送犯人顧成等二百六名，并取勘供詞卷冊，及據邠州申解犯人員祥等四十七名到職。

准此案查，先奉督理馬政、左副都御史楊 劄付，行仰本職，會同陝西都司都指揮僉事房懷，弔拘原委同知等官朱裕等勘取供詞人卷、屯册到官。將發去册造地土，從公逐一覆審對查，是否原先遺留屯田，各該軍民隱種收租，不行首官，務要窮究明白。如果别無違礙虧枉，重取各人備細親供，就將有罪人犯問擬如律，照例呈詳發落。中間若有干礙軍民徵糧地土，亦要明白聲説分豁，毋得偏重損民。清出地土，相應給撥何軍領種孳牧，或招附近軍民承種，照依原額子粒徵收折價，以備監、苑買馬之用。計處停當，造册繳報，以憑施行。

備奉已經通行弔拘取勘供詞人卷，會同覆審對查去後。今准前因，會同都指揮僉事房懷推問明白，取具各犯供招在官。審查得，前項地土的係該所先年改調之時遺留屯地，共一百九十九頃二十畝七分四釐。各該軍民隱種收租，不行首官是實。中間並無干礙軍民徵粮地土，亦無偏重損民等弊。前項清出地土，相應另招附近軍民承種。照依該衛原額徵粮事例，每地一頃，徵地子粒豌豆六石、草九束，俱折收價銀，與馬價銀一錢俱徵收在官，送該寺交收，專備監、苑買馬之用。計處停當，别無異議。及查得前項隱種軍民收過遞年花利，例該入官。但地方先遭弘治十四年達賊搶擾，後因節年災傷薄收，委的艱難，追補不前，未敢擅專。

除將查對過前項屯田地土頃畝，備造文册，同計處會問過各犯招罪緣由，與都指揮房懷各呈繳前來。及又據陝西布政司分守關西道右參政胡瑞呈，亦為修舉馬政事。

行據平凉府申，行拘原勘犯人劉傑等并地方知因人等到府，從公覆審，勘得小山子荒、熟田地，共一百七頃三十三畝八分，先年委係崆峒山寺常住無粮地土。後因無僧，節被劉傑等為因屯地窄狹，各不合不行告官，擅自開墾耕種。今奉查審，並無相干軍民徵粮之數，相應作為牧馬草場。除將劉傑等問擬明白，具結呈詳到職。

案查，先承准督理馬政左副都御史楊一清照會，仰本職即便行拘前項地方并種地人戶、親管官旗到官，從公逐一審勘。前項田地，是否無粮，先年崆峒山寺僧人曾否作為常住地土，因何後被軍餘人等耕種，不曾起科，今要作為牧馬草場，給與新役軍人耕牧，有無相應，逐一勘處明白。如果無礙，取具種地人戶、親管官旗并地方知因人等，不致扶同結狀在官，就將種地人犯問擬應得罪名，備招回報。若有干礙軍民田地及應別項處置事宜，亦要明白聲說回報。承此，已經轉行原委官員勘報去後。今據前因，除覆審相同外，今將勘問過各犯招罪緣由，回報施行。等因各節呈前來。

查得臣節該欽奉勑："近該爾奏稱：彼處苑、監見缺養馬軍人，欲將地方逃住并違例投入王府等項人役，查訪問發養馬。等因特准所奏。其各苑地方潛住及投入各郡王、將軍、中尉、儀賓等府家内，并楚、肅二府馬營草場莊所家人，聽爾督同守、巡等官出榜曉諭，許令赴官自首，免其問罪，收集牧馬。欽此。"已經通行欽遵出榜招諭外，續為告撥牧馬草場，以便人心事。

據原委平凉衛署指揮使趙文呈，據招到流民苟通、馬彦名、陳文舉，狀告：先年各因本處過活艱難，流移到於平凉城東地方伍道廟、白水澗、三股山、拽兵里等處，採打木植，牧放頭畜，趁食住坐，不曾回還。今蒙招募，情願於陝西苑馬寺附籍，領養官馬當差。思得本處草子山一帶，草塲寬濶，四至界内，於平凉衛、崇信、華亭等縣三處軍民地土俱無相干。乞將前地設為本寺所属草塲，牧放官馬便益。等因備告，具呈前來。批仰分巡關西道副使歐陽旦，行委平凉府、衛堂上官各一員，會同指揮趙文，親詣前項地方，督同該縣正官查勘間，本官丁憂去任，該道缺官接管。又經改委陝西按察司原委整理馬政副使王寅、陝西苑馬寺卿車霆，選委平凉府、衛能幹堂上官，公同指揮趙文親詣前項地方，督同隣境該縣正官查勘。

及查，先據固原衛右所軍餘王友才首稱：洪武年間，祖父王周孫，軍人吴順輕等，原係平凉衛右所旗軍，在於平凉縣東橋地名小寨兒各分撥屯地一分耕住。後蒙將右所改調固原衛，就彼各給撥屯地耕種，辦納粮草。彼時各軍將遺下屯地未曾首官，俱被平凉衛軍餘石見等至今遞年隱種等情。

看得固原衛屯田，多係監牧草塲改撥。今首該所原撥屯地在平凉等縣地方，被人隱種盜賣，未委虚的。行仰陝西行太僕寺少卿郭珠查問間，續該副使王寅呈，為修舉馬政事。清查得固原衛右所屯軍徐能等八十名，原係平凉衛調來。額設屯田，坐落邠、涇二州，平凉、華亭、鎮原三縣。成化六年，將各軍奏那今改固原州地方海子口開荒住種。彼時，兵備官曾委官員查勘遺留屯地，招人承種，並無結報緣由在卷。必是不曾查出，以致徐能等兩處朦朧混種。除將各軍准令歸併海子口，每分扣撥地一頃，照舊屯種，辦納子粒。其邠、涇等處原撥屯地，必須另委官員，親詣會同平凉衛管屯官員拘弔屯田始末文册，照依坐落四至，沿坵履畝，盡數清查明白，責令退出還官。等因前來。又經批仰本官，會同原委少卿郭珠，親詣督委平凉府、衛能幹官及該州、縣掌印官提人弔册，勘處回報。續據委官同知朱裕、指揮趙文開呈，公同邠、涇二州平凉、華亭、鎮原三縣各掌印官，清出前項遺下屯地頃畝前來。查得原委副使王寅别有差占，少卿郭珠赴京朝覲。又經改委平凉府掌府事右參政安惟學，會同都指揮房懷勘問。

及又查得，先為修舉馬政事。據陝西苑馬寺卿車霆呈，訪得平凉府城西崆峒山後地名小山子一帶，約有五百頃。先年，崆峒寺僧人作為無糧常住地土耕種，後因無僧，節被平凉等衛軍餘劉傑等偷開耕種，不曾起科。今各人聞知本寺收集逃移軍民人等，要將前地設為草塲牧馬，俱亦退避，見今荒閑，委與軍民徵粮地土並無相干。水草便利，堪以牧放馬匹。等因據此，已經批仰平凉府掌府事參政安惟學，公同平凉衛指揮親詣彼處，從公拘審，如果空閑無礙，即便踏勘丈量明白，取具勘量過地土頃畝，四至坐落緣由，造册繳報。續據本官呈稱，拘集平凉衛左所軍餘劉傑等供稱：見在城西二十里鋪地方居住。成化年間，各因屯地窄狹，將臨近地名小山子等處抛荒地土開墾不等，各遞年耕種，並不曾承粮。今蒙委官丈量，委係無粮田地，情願退出還官。等因勘量頃畝界至，明白造册，呈繳前來。看係腹裏地方，恐有干礙軍民徵粮之數，又經行委山西道右參政胡瑞覆勘，俱各節行去後。今據前因，看得各官節次清查出草子山地二千六百六十頃，平凉衛右所調去固原衛遺留屯地一百九十九頃二十畝七分四釐，小子山地一百七頃三十三畝八分，共地二千九百六十六頃五十四畝五分四釐。招募過在地潛住流民，實有堪充牧馬軍人茍通等一百六十三戸，共人丁五百四十一丁。其草子山、小山子二處，俱係空閑無粮地土。右所遺留屯地，各軍已於監牧草塲内給地領種，却將原額屯地仍前混占，私竊典佃與人，正係應該入官之數，俱與軍民並無相干。竊緣平凉地方，土廣人稀，草子山一帶地宜水草，堪以牧畜，山多材木，便於砍伐，以致流民茍通等修打莊窠，住成家業，又無粮差。縱欲驅之使還，終是戀土趁利，不肯復業。積久漸繁，恐貽他患。

今聞招募，情願投軍養馬，如此之多。既節經陝西都、布、按三司、苑馬寺官重復勘審明白，别無異議。除依擬照例編充牧軍，聽候給地領馬，及將隱種地土軍民員祥等問罪發落，遞年該追花利從宜寬免外[一]。臣仰惟我祖宗開設陝西苑馬寺，所轄六監二十四苑，今止存長樂、靈武二監，開城、廣寧、安定、清平、萬安、黑水六苑。彼時河套無賊[二]，地稱腹裏，便於孳牧，自虜賊入套之後[三]，節被搶掠，人馬不得生息。

近該臣處置銀買、茶易馬匹數多。見今固原、靖虜等處傳報緊急聲息不絕，誠恐虜賊潛伏河套不出[四]，時防深入，官馬拘收城堡，不敢牧放，深為可慮。前項地土俱係平凉縣腹裏，相應開設草場，增置苑廐，以備不虞。及查得永樂四年，舊設未開有武安、弼隆、嘉靖、保川、天興、永康等苑，俱在平凉府所屬州、縣内。武安苑在本府隆德縣地方，相離府治稍近。合無於前勘草子山開設一苑，仍以武安舊苑為名，或就以平凉為名，隸靈武監所轄。苑設霧子鎮、水泉兒灣、石佛頭、小山子四營，本苑衙門於霧子鎮建立。將原投牧軍流民苟通等一百六十三戸，各隨原住坐處所，分隸四營。如軍數不敷，將例該改調南方衛所軍人及各處問發永遠充軍人犯查撥，共輳正軍二百名之數。每軍一名，給地一頃，住種領牧。先今見住投軍之人，就便於附近山場採打木植，燒造甎瓦，築修營堡，盖造苑廐完備，方纔給與官馬牧養。其遺留屯地附近草子山者，一體給軍，遠者另招軍民人等承種。照依屯田事例，每頃徵收豌豆六石、草九束、地畝銀一錢，以備冬月餧養官馬支用。如此非惟平時孳牧有利無虞，倘邊報十分緊急，臨邊監、苑馬匹，亦可在此收避。人情事體，委的經久便益。

如蒙乞勅兵部計議，儻臣言可採，依擬覆奏，上請施行。仍乞行吏部照依銓除圉長一員，禮部鑄造印信，令其賫領前來，到任管事，陝西布政司撥吏書辦。待事完，通將修建過營堡工程，招募編發過牧軍姓名、數目，畫圖造冊奏繳。

緣係添設馬苑營堡以便收牧事理，謹題請旨。

【校記】

[一]“從宜”，四庫本爲“宜從”。

[二]“賊”，四庫本爲“警”。

[三]“虜賊”，四庫本爲“北師”。

[四]“虜賊”，四庫本爲“姦細”。

一為防禦虜寇保障官馬事[一]

題：為防禦虜寇，保障官馬事。

據陝西等處提刑按察司副使王寅呈，會同陝西苑馬寺分管少卿劉棠、寺丞朱璜、徐正，將各苑新舊餘丁内，通行揀選得身力强壯、年貌相應、堪以操守，廣寧、安定二苑各一百名，開城、黑水、清平、萬安四苑各二百名。點驗得開城苑舊設操丁内七十六名，原額見在盔甲、弓箭各七十六副[二]，未領盔甲、軍器一百二十四名。黑水苑舊設操丁一百四十六名，原領見在盔甲、弓箭各一百四十六副，未領盔甲、軍器五十四名。安定苑，舊設操丁四十名，内一十四名，原領見在盔甲、弓箭各一十四副，未領盔甲、軍器八十六名。廣寧、清平、萬安三苑新選操丁五百名，俱無盔甲、軍器。逐一選驗明白，省令各苑帶回。原有盔甲、軍器者，照舊披執，其餘俱令隨便自備弓箭什物，專一守護。本堡無事之時，疏放牧馬。但前項操丁須有盔甲什物披執，有警方可禦侮。所據缺少軍器，相應給領。備將會選過各苑操丁姓名、年甲并有無盔甲、軍器數目，造冊開送到臣。

案查先准兵部咨為處置馬營城堡事。該臣題稱：西人素勇敢善鬬。待馬政就緒，將各苑軍餘，挑選壯丁，設為操夫，各一二百名，給與盔甲，授之弓矢，令其不妨牧馬，閒暇之時操習武藝。就令寺、監官員督視比較，不許調遣，專一防守本營城堡。是雖為牧馬而設，亦可壯邊城之聲勢，資緊急之應援。彼虜覘知我保障有地[三]，防守有人，縱然馬匹蕃盛，不敢生垂涎之意。該本部依擬覆奏，奉欽依備咨前來。

近因達賊入套，各邊傳報聲息不絕。各苑收牧官馬數多，防禦不可不嚴。挑選操丁，守護城堡，似不可緩。已經批仰陝西按察司副使王寅親詣各苑，會同該寺分管官，將新舊軍人、餘丁通行揀選，堪以操守姓名、數目總類造冊呈報。仍查舊設操丁，曾領盔甲、軍器若干，就行點檢明白，即今應否給領盔甲、軍器若干呈來，定奪去後。今據前因，看得陝西監、苑之設，相離邊境不遠，常年以虜寇為憂[一]，虜人所利者馬[四]，馬之羣聚益蕃，則虜之窺伺益急[五]。縱有城堡，若無軍兵，安能捍禦？臣於舉事之初，固慮及此。近自去年十一月以來，傳報聲息，無日無之。馬匹拘收日久，各營星散，遠近不一。固原等衛備冬官軍，其數不多，不能分布防禦。如萬安一苑，尤為孤懸。虜賊在螺山駐劄[六]，一晝夜可到。節被搶殺，並無一軍一馬前來策應。况各營堡，俱憑高據險，不堪鑿井，馬匹未免下飲溪河。彼賊暗伏草莽[七]，窺瞰侵掠，勢難周防。

查得先年亦曾設有操夫，正為防護官馬，但數少不敷。近年止是黑水苑遇冬操備，其餘苑分，俱各廢而不講。今據副使王寅會同該寺分管官查驗揀選，新舊相兼。廣寧、安定二苑各一百名，開城、黑水、清平、萬安四苑各二百名，六苑共操丁一千名。平時不妨牧馬，遇警足資保障。各軍委皆生長邊方，耳目所習，聞戰不懼。然須有盔甲、軍器披執，庶幾緩急可倚。及照監、苑文官，不諳軍務，須委能幹知兵武臣一員，遇冬提督操練。

及又查得各處招募民壯義勇舍餘，備冬之時，俱有行糧。前選操丁，既係身於官，不得營辦衣食，亦合比例給與行糧，養其鋒鋭。乞勅該部計議，合無將各苑操丁一千名，除舊領有盔甲、軍器外，今次增選者，俱照數給與每名盔甲、弓箭、腰刀各一副。每營堡仍各量給與火車、銃砲、圓牌、旗幟等項，以壯聲勢。俱行令陝西所屬各衛所查取給發，如見無收積，嚴限成造送用。聽臣選委平凉、固原等衛諳曉操練指揮一員，往來各苑，會同該監、苑官提督操練，務令武藝精熟，不許虚應故事。每年二月至九月疏放，照舊牧馬。自十月初一日為始收操，照例給與行糧，於附近州、縣關支。若大虜在套[八]，雖夏秋時月，一體收操支糧。有警則與槩營軍人協力悍禦，賊必不敢逼城堡而攻[九]。前項操丁，雖為守護官馬而設，練之既久，未必不為克敵之兵，是於牧馬之中而得千軍之用。有備如此，非惟官馬有所保障，彼見我城堡碁布，旗幟羅列，軍器鋒利，或少弭其邪心。區區小虜[十]，不敢窺伺深入，其於平凉、鎮原一帶地方軍民，不為無補。至於大虜侵犯[八]，勢須動調官軍截殺，此守臣之事，非臣所敢與聞。

緣係防禦虜寇[一]，保障官馬事理，謹題請旨。

【校記】

[一]“虜寇”，四庫本爲“邊敵”。

[二]“額”，據文意當為“領”之誤。

[三]“虜”，四庫本爲“既”。

[四]“虜人”，四庫本爲“彼之”。

[五]“虜”，四庫本爲“彼”。

[六]“虜賊在螺山駐劄”句，四庫本爲“現在螺山駐劄之衆”。

[七]“賊”，四庫本爲“將”。

[八]“虜”，四庫本爲“敵”。

[九]“賊”，四庫本為“敵”。

[十]“虜”，四庫本爲“醜”。

一為處置各邊馬匹事

題：為處置各邊馬匹事。

准兵部咨，該本部題，該陝西苑馬寺卿車霆奏。

訪得陝西慶陽府、靈州鹽課司大小鹽池，自祖宗以來，與茶法並為供辦各邊馬匹，以補本寺不及之數。近來各處或因别故奏討，榆、寧二邊雖有間年事例，此得彼失，兩不相顧。況二池額課止是一萬三千九百餘引，縱使二邊間年全得招商中納馬匹，給軍騎操，數亦不多。且每上馬一匹給一百引，中馬一匹給八十引，每引該支官鹽二百斤，運去行鹽地方平、慶二府卸賣。因是路途寫遠，其鹽俱是近邊腹裡軍民自備牛車，下池攬載。每引裝載一大車，約有三十餘石。出池分為伍陸小車運至卸所，止交商人引錢鹽一石四斗，或銀四錢，餘皆屬之脚價。又訪得先年招商，多是勢要之家中納瘦小馬匹，給軍騎操，未久即又倒死，累軍買補。

弘治十三年，寧夏都指揮傅釗奏改招商中納馬價，每一百引，布政司收貯銀一十五兩，解送各邊，給軍買馬間，又值寧夏巡撫衙門將課鹽借去，招商中納銀、糧，修理河渠。功既未成，鹽亦空費。弘治十五年，又該總制尚書秦紘奏於固原、慶陽二處設立鹽廠，令其擬奏年分，俱二處上納其廠。各因路近脚便，攬載舊鹽，脚户每年到池牛車不止萬數。每引仍前裝載一大車出池，分為五六小車運至卸廠，亦止交商人引錢官鹽一石四斗，餘屬之脚價。大抵此課以十分為率，官似僅得一分，商人約得二分，脚戶已得七分之上。前此一年，中馬不過一百五十匹，中銀不過二千餘兩。商人、脚戶儘得其利，又有姦人謀之者多。今邊務方殷，正在用馬之際。乞勑兵部轉行督理馬政、都察院左副都御史楊　，從長處置，量將弘治十三年以前中過引鹽，暫且停止。弘治十五年以後未納引鹽，俱令革罷。行令陝西布政司，將靈州鹽課司課引，合無自弘治十八年為始，量增添五六萬引，不必招商，聽令各邊腹裏但有牛車軍民人等，以近就便，於固、慶兵備官處，每引并卧引錢共納銀六錢。該支鹽斤，與弘治十三年以後未放引鹽，舊引三分，新引七分，相兼放支。每引止許中車一輛下池，裝載鹽一十五石為則，運至卸廠，照彼中時價易賣。

其舊例：此鹽止通平、慶二府，目今邊馬急缺，暫通漢、鳳等府地方發賣。三五年間，待至各邊馬不告乏，庫有餘貲之日，照舊施行。前項該收銀兩，不許各邊互為爭兢，就令固、慶兵備官按季造冊，送督理都御史驗過，轉發附近府庫收貯。如遇各邊缺馬，聽彼處鎮、巡等官移文楊都御史通融處分。仍聽本官便宜立法，或坐委附近府、衛能幹官員運送前去，督同該衛公正官員，與官軍死馬、樁頭銀兩，相兼驗買堪中土産馬匹騎操。等因具本，奏行兵部。

該本部覆奏：看得陝西苑馬寺卿車霆，奏要增添靈州鹽課司鹽引，設法納銀，收貯官庫，專聽督理馬政衙門分撥各邊買馬一節。緣前項鹽引，舊例相兼茶法，供辦各邊騎操馬匹。後因此法漸弛，各邊互相奏討，豪右夤緣為姦，利歸私門，公家不得實用。一或缺馬，動輒仰給京師。今若車霆前擬，則不特三邊馬匹足用，而尚有餘利，誠為國家永遠之計。但今巡撫、都御史楊一清兼理馬政，前項事情是其職掌，未經勘處，難便定奪。合無本部行移本官，將車霆所奏，逐一備細查勘明白。如果相應，依擬處置。中間法有滲漏欠當者，仍要斟酌停當，次第舉行。若有應奏事情，徑自具奏定奪。該添鹽引，轉行户部，自弘治十八年為始，照數增添。

伏望皇上俯念三邊重地，所急者止是馬匹，斷自宸衷，特降綸音，著為定例。務使鹽易、茶易馬匹，永為邊方之利，不許别項奏討。前此弊政，應該革罷者，盡行革罷。如姦豪一時失利，扇惑地方，沮撓國是，許楊一清指實參究，置之重典。年終通將納足銀兩，買過馬匹，并分撥各邊數目，造冊奏繳，仍造青冊一本，送部查考。等因題奉。孝宗皇帝聖旨："是。陝西茶、鹽易馬備邊，係是舊制。今後不許别項奏討。欽此。"欽遵。

備咨到臣，切惟陝西地方，内而固原、環慶，外則寧夏、延綏，皆防胡重鎮[一]。軍務所急，莫先於馬。頃自胡塵弗靖[一]，戰馬告乏，各邊之仰給無窮，公帑之所儲有限，至廑宵旰之憂，命臣督理馬政，二年有餘，孳牧之利粗雖興舉，未獲收效，惟茶馬較之先年，號增數倍。顧三邊戎廐，倒亡相繼，隨補隨耗，支應不敷。臣晝夜思惟，恐孤委任，不勝憂懼。

看得靈州鹽課司大小鹽池所產鹽斤，與解池相類，不勞煎煮，不煩人力，為利甚博，取之無窮。舊例止是招商中納馬匹，分給邊鎮騎操。後因各邊交爭互取，多寡不均，故有間年關領之例。又因中馬之人，勢囑賄通，濫收不堪馬匹，不得實用，故有收價解邊之例。畢竟為馬而設，未嘗別用。後因放鹽委官，作弊多端，奏添陝西按察司副使一員，在於慶陽駐劄。職雖整飭兵備，實兼督理鹽法。近年以來，寧夏鎮、巡衙門，先因修理河渠，借去弘治十四年、十五年二年鹽課，後因措置粮草，借去弘治十六年、十七年、十八年三年鹽課。河渠工程既未就緒，倉場粮草亦未充足，而鹽馬之制遂廢。私鹽盛行，姦豪得利。以此總制尚書秦紘、苑馬寺卿車霆，先後論奏，皆欲增廣靈州鹽課，以供買馬。

節經該部題奉欽依："茶、鹽易馬備邊，不許別項奏討。"邊方幸甚！然當久玩積弊之餘，為改絃易轍之舉，思之不熟，計之不審，終恐法立弊隨，有損無益。行據陝西布、按二司分巡、分守、兵備、鹽法等官副使燕忠、高崇熙等，親詣鹽池勘處，各陳所見前來。臣稽查舊卷，採摭羣言，參酌計慮，至於再三，始有一得。

查得先該總制尚書秦紘奏准，弘治十九年以後，陝西布政司印刷十餘萬引，送發監理通判處開放。每引收銀四錢伍分，准令裝鹽五石或六石。今陝西苑馬寺卿車霆奏稱：自弘治十八年為始，量為增添五六萬引，不必招商，聽令臨邊腹裏有牛車軍民人等，以近就便，於固、慶兵備官處每引并卧引錢共納銀六錢，止許中車下池，裝載鹽一十五石為則。舊例此鹽止通平、慶二府，今邊馬急缺，欲暫通漢、鳳等府地方發賣。待至各邊馬不告乏，庫有餘貲之日，照舊施行。

查得靈州鹽課司大小二鹽池，大池原額鹽課一萬一千二百三十二引，小池三千一百四引有零，共該額課一萬四千三百三十七引。計今二池所產鹽斤，委有餘饒。常課之外，雖增十倍，似亦可辦。而原額止於如此，蓋因行鹽之地止是平凉、慶陽二府及寧夏等衛。榆林寧塞營迤西城堡，又地臨邊境，事變難測。立法之初，良有深意。

近有總制尚書秦紘要增鹽利，及以便益處置，出給小票，許令前往西，鳳、延安、漢中等府發賣，故鹽商雲滃，鹽廠山積，固原荒凉之地，變為繁華。議者徒見其然，遂謂二池鹽課可增十萬至二十萬。然河東鹽法，未免被其阻壞，所司已經奏行禁止。若遵照舊例，拘定前項地方，則鹽生者多，民食者少，鹽商何從售賣？原額一萬四千餘引之課，尚恐不敷辦給，安能復增五六萬至十萬引課額？且陝西各府之人利於靈州食鹽，先年課額雖未嘗增，而私鹽實不能禁。利之所在，人必趍之，又商民兩便，雖日加刑戮，末如之何？夫以鹽池所產本有此數，却為地方所拘，自棄其利，以為姦人私販之地，深為可惜。欲增鹽引而不稍廣行鹽之路，徒生厲階，以貽後議，非計之得也。該納引錢，舊例每引止是銀一錢五分，今欲增至銀五六錢。訪得商人賣與脚戶，所得不過銀四錢有餘，彼無利息，安肯中納？若盡如車霆所奏，不必招商，就池賣與附近有牛車軍民，臣謂榷鹽招商，自是正理。專使公家紛紛與細人貿易，非為政之體，將來恐滋别弊。

至於所載鹽斤，例該每引二百斤，帶耗五斤。今若許載至一十五石，不無太濫。但二池邊遠險阻，脚價艱苦，比之淮、浙、河東，事體不同。秦紘所擬，似為得中。及照大池原額課多，然坐臨極邊，而行鹽之途艱；小池原額課少，然地近腹裏，而食鹽之人廣。近年小池每季放支鹽斤反多大池數倍。合無大池增鹽一萬五千引，并舊課共二萬六千二百三十二引，小池增鹽三萬引，并舊課共三萬三千一百零五引，通共二池新舊課鹽共五萬九千三百三十七引。照例招商，每引止可納銀二錢五分。照鹽一車以六石為則，外有多餘，依律掣摯追問。運至固原、慶陽二鹽廠卸所，每引仍照舊收臥引銀一錢，通共每引該得銀三錢伍分，每年得銀二萬七百六十餘兩。此外若有餘鹽，却依車霆所奏，就池招人納銀，給與引目，聽其發賣。儻遇旱潦，鹽生不及，或邊報緊急，鹽路不通，除舊額鹽課外，新增鹽課，明白除豁，不可膠於一定，歲歲取盈。行鹽地方，西安、延慶二府密邇河東，地廣人稠，照例嚴加禁約，不許靈州鹽斤私通販賣，阻壞彼處鹽法。止許於鳳翔、漢中二府通行，與河東之鹽相兼發賣，兩不礙阻。其弘治八九年以前，中馬鹽引，年久弊多，莫可查考，所宜一切革罷。弘治十三年以前，陝西布政司招中商人，彼皆奉例納銀輸官，後因寧夏借課，耽遲數年，虧折資本，怨聲載道，合准相兼放支，新引七分，舊引三分。

弘治十四年以後，寧夏所借，若有未支未中之數，年分已滿，中間勢豪姦頑之人展轉影射，冒支盜賣等弊不可枚舉，難再復支。未中引目，陝西截取開中，庶幾物論稱平。所收鹽引銀兩，俱送慶陽、固原各官庫寄放，聽慶陽兵備兼理鹽法副使及固原兵備、副使、提督，稽察姦弊。每季監理通判督同鹽課司，將給過引目，放過鹽數，造册開報臣并布政司查考。如遇各邊缺馬，各該巡撫移文前來，聽臣斟酌通融，給發買馬支用，不必拘定間年之例。臣於年終，通將納過銀兩，買過馬匹，并分撥過各邊數目，造册奏繳。若有餘銀，仍發庫收貯，照例查盤。如此所處，似為停當，而於馬政大有裨益。但兵部原擬，自弘治十八年為始，增添鹽引，前項公文，本年五月内方纔行到。彼時寧夏招過商人，正在支鹽賣鹽之際，事已過期，難再追改。合自正德元年為始，照依新例而行。

及查得陝西布政司，並無收貯靈州鹽引，即今將及放鹽之期，誠恐遲誤。如蒙乞勅，户、兵二部，將臣所擬參詳可否，上請施行。合用鹽引，作急差官南京戸部刷印二十萬引，務在本年三月以裏降給陝西布政司收貯開放。其餘該載不盡事情，臣徑自處置。一切弊政應革罷者，徑自查革。若有姦豪失利，扇惑阻撓之人，指實劾奏，置之於法，不敢姑息隱蔽。

緣係處置各邊馬匹及該部題准，行令臣斟酌停當舉行，應奏事情徑自奏請定奪事理，謹題請旨。

【校記】

[一]“胡”，四庫本爲“邊”。

一為處置馬營城堡事

奏：為處置馬營城堡事。

據陝西苑馬寺卿車霆呈：修完陝西苑馬寺長樂、靈武二監，開城、廣寧、黑水、安定、清平、萬安等六苑城堡、衙門、公廨、城樓、城門、馬廐、營房、倉厫屋宇，買辦木、石、板枋，燒造甎瓦雇覓賞勞各色人匠、夫役等項用過各項銀兩，并食用過米粮數目，備造圖册，呈繳到臣。

案查，先准兵部咨前事，該本部題。看得都御史楊一清奏稱：即今陝西修舉馬政，俱無城堡、馬廐，恐後馬匹蕃息，為敵所窺。况今彼處見報聲息，所宜先事預防。乞要築城堡，使人馬有所保障；置馬廐，使馬匹不至横傷；修營房，使貧軍有所依棲；建公衙，使牧官得修職業。前項工程，必須量起附近軍民人夫，動支贓罰馬價，以備各項費用一節。論辯剴切，計處停當，俱是為國興舉馬政，用圖永久之計，相應依擬定奪。除地方規制，已該一一相度明白外，所據該用人力，合無行移本官并巡撫都御史周季麟，計用若干。行令都、布、按三司著落所屬附近軍衛有司，量數起倩，與同本苑軍夫相兼修理。其應用錢粮，本部再於太僕寺馬價銀兩支取八千兩，與前給買種馬，共輳五萬兩，一併送去，聽從本官於内支用。若有不足，仍依前擬，於本省大小問刑衙門。弘治十七年贖罪銀錢、贓罰銀物并司、府在庫官錢内支取，以備輳辦木植、瓴瓦等項。務圖成功經久，不許虛應故事。畢日，通將用過錢粮，築修過營堡，備造圖册奏繳，仍造青册送部查考。等因題奉。孝宗皇帝聖旨：“着楊一清上緊提督整理。務要完固，欽此。”欽遵。

備咨前來，已經行委陝西苑馬寺卿車霆、陝西按察司副使王寅、陝西都司都指揮僉事房懷，分投提督軍衛有司，委官悉照原擬地方規制，斟酌損益，量起附近軍民人夫與各苑軍夫相兼修理。查支兵部奏發馬價，并馬政、茶法衙門有行贖罪、贓罰、紙價銀兩，置辦物料，覓雇人匠，貼備工食。完日，通併畫圖造册，回報去後。續因連年套敵有警，地方薄收，不敢急迫併興工作。副使王寅別有差占，都指揮房懷改任守備去訖，止是苑馬寺卿車霆一人提督，陸續整理。經今二年，原擬兩監六苑工程方纔完備。及查得後奏開設武安苑營堡，亦皆築完。其衙門、倉厫、營房、馬廐等項，次第盖造。

緣係腹裏地方，相應從緩，除待完日另行奏報外，臣竊惟陝西設立寺、監衙門，職專孳牧。始雖規模宏遠，而法制未備，因陋就簡者百年于兹。孝宗皇帝采納廷議，詔圖修復。臣猥被推薦，仰承任使，大懼無以稱塞明命。始至固原，求所謂監、苑者，彫落之餘，頹垣敗甃，莽為荒基。而平凉迤北，直抵環縣，地方數百里，深山野草，居民星散，崖窯堡洞，遠近不一。弘治十四年，虜騎蹂踐[一]，屠戮、驅掠丁口、頭畜多至二十餘萬。各苑官馬為之一空。蔓延至于平凉，滿所欲而去。彼時為臣謀者皆曰：“虜人所利者馬[一]。馬之羣聚益繁，則虜之窺伺益急[一]，將來恐不可保。”臣不得已，方修孳牧之規，既上城堡之議。仰荷朝廷嘉納，臣得展布有為。

今固原迤西至鎮戎所，新修展修營堡聯絡。平凉迤北有彭陽大城，有板井新堡。安定苑僻在西南，有中營大堡。又奏設操丁，給與盔甲、弓矢，各守本城。比者，大虜擁衆數萬[二]，長驅而入，聲言要搶各苑官馬。至黑水苑劄營，分遣輕騎，窺我三營不得，不復東向。又一枝至板井堡，即日出境，不敢久住。計今各苑見養官馬一萬有餘，止是萬安苑搶去七十餘匹，其餘俱幸保全。蓋彼猾賊熟路[三]，忽見我高城深塹，樓櫓相望，旗幟羅列，將謂處處屯兵，不知幾何，有以懾其心而奪其氣故也。但舉事之初，勞費有所不免。故好議論者有"今日修馬廄，明日築城堡"之言，今事已就緒，非惟官馬有所保障，可望蕃息，遇警，附近軍民、丁口、頭畜，亦可在此收避。且我迎敵出哨之兵，勞則可以少息，急則可以為家，有益于邊備實多。

及查得支用錢粮，除解到馬價銀八千兩外，止是將臣馬政、茶法二項官錢輳用。該部原擬弘治十七年分大小問刑衙門贖罪、贓罰并在庫官錢，並無分文動支。臣竊恐議者不能深究地方利害，事情本末，習於任耳者之見，視為無益。將來敝不知修，缺不能補，隳廢前功，深為可惜。

如蒙乞勑兵部，通行陝西鎮、巡三司及苑馬寺等衙門，將前項修完城堡工程，向後如有損壞，隨即修補。其未補者，尚當及時增拓，推廣而行，共成國是。以為地方遠圖，不但孳牧一事之利而已。臣不勝惓惓體國之至。

緣係處置馬營、城堡，及奉欽依"着上緊提督整理，務要完固"事理，為此，今將修完兩監六苑工程，用過錢粮數目，畫圖造册具本，專差承差孫桂親賫進繳。謹具奏聞。

【校記】

[一]"虜"，四庫本爲"敵"。

[二]"大虜"，四庫本爲"酋帥"。

[三]"蓋彼猾賊熟路"，四庫本爲"蓋彼往來熟路"。

一為修舉馬政事

題：為修舉馬政事。

臣節該欽奉勑諭："陝西設立寺、監衙門，職專牧馬。先年邊方所用馬匹，全藉於此。近來官不得人，馬政廢弛殆盡。今特命爾前去彼處，督同行太僕寺、苑馬寺官專理馬政。爾須查照兵部奏准事理，考究國初成法，親歷各該監、苑，督委都、布、按三司能幹官員，踏勘牧馬草場，果有侵占，即令退還；查點養馬軍人，果有逃亡者，即令撥補。見在種兒、騍馬，實有若干，設法增添，務足原額；倒死虧折馬駒，隨宜追補，量為分豁。布置已定，責令該管官員，用心牧養。各該寺、監等官，有闒茸不職者，爾即具奏黜罷，或起送別用，另選才能，以充任使。其有盡心職務，功績昭著者，具奏旌擢。欽此。”欽遵。

臣受命兢惕，不遑寧處。親詣兩監六苑，查得牧馬草場原額一十三萬三千七百七十七頃六十畝，見在止存六萬六千八百八十八頃八十畝，其餘俱被人侵占。原額養馬恩隊軍人一千二百二十名，見在止有七百四十五名，其餘俱逃，故年久未曾勾補。點視得見在牧養兒、扇、騍馬并孳生馬駒，止有二千二百八十四匹。竊歎馬政之廢，至於如此！欲作新興舉，非臣一人所能獨辦。訪得陝西布政司右參政車霆、陝西按察司副使王寅、陝西都司都指揮僉事房懷，俱堪委用。已經遵照勑旨，督委各官，隨同行事，節經具題外，續蒙聖恩，車霆陞任陝西苑馬寺卿。其後，副使王寅別有分巡等項差占，都指揮房懷改任守備去訖，止是車霆一人，常川幹理。

今查得各監、苑清出實有草場荒熟地共一十二萬八千四百七十三頃一十一畝八分九釐六毫。恩隊軍人補完，見在新舊共一千九十三名，招募新軍一千一百八十名。及查得弘治十八年十二月終，各苑見在牧養兒、扇、騍馬并駒共一萬一千六百二十四、頭，修完馬營、城堡共一十九處，衙門、倉廒、營房、馬廐等項屋宇共四千一百餘間。又選設操丁一千名，委官提督操練，無事不妨牧馬，有警可備調用。前項事宜，臣愚不過總其大綱，至於經營布置，實多車霆之力。且天下之事，襲已成者易為力，振久廢者難為功。當馬政興舉之初，羣吠衆鬨，恐喝搖撼，無所不至。急之則他變或生，緩之則絃轍如故。車霆等不急不徐，寬嚴相濟，委曲開導，人情稍安。經今二年之上，復草場於滅沒之餘，完牧軍於彫耗之後，保障有地，防守有人。孳牧之規，稽考之法，粗皆就緒，經久可行。將來官員守而無失，自足以收蕃息之効。

查得先為一事權以修邦政事，該兵部節該題奉孝宗皇帝欽依：“今後行太僕寺、苑馬寺官有缺，照在京太僕寺官例，務推素有才望的簡用。待有成績，亦照太僕寺官陞擢。欽此。”續為正卿寺體統以修邦政事，該吏部等衙門會議，節該題奉欽依：“兩寺官員體統，都准議行，永為定制。各官果有政務修舉、功績顯著的，你每推舉，酌量陞用，不必拘定常例。欽此。”欽遵。

看得車霆原任陝西布政司右參政，以新例被簡命為苑馬寺卿。本官敭歷中外，積有歲年；剛方有為，清苦無玷。年老而風節愈厲，官久而初心不改。節經撫按旌異，言官奏保，委的堪以重用。其隨臣整理馬政，修舉廢墜，委的盡心職務，功績昭著，相應旌擢。若止照常格陞用，無以激勵人心。必須仰遵先帝成命，照在京太僕寺官例，推任兩京相應堂上官或巡撫都御史，庶足以充其蘊。且今四方多事，用人為急。一時人才固多，然守法任事、不避艱險如車霆者，亦不易得。況本官年雖七十，精力未衰，若不早為甄拔，將來衰邁可惜。如蒙乞勅吏部，再為訪察，如果本官歷任年深，公論允協，合無查照新例，不次拔擢，大加委任，仍乞給賜應得誥命。使凡厥有位，知所感發興起，其於治道，實有補益。臣備員風紀，不敢蔽賢，干冒天威，無任悚懼。

緣係修舉馬政，薦舉賢能官員事理，謹題請旨。

關中奏議全集卷之三

茶馬類

一為脩復茶馬舊制以撫馭番夷安靖地方事[一]

兵部覆：准户部咨陜西清吏司案呈，奉本部送於户科抄出。督理馬政、都察院左副都御史楊一清奏。

臣受命督理茶馬，親詣西寧、洮州等衛地方，督同兵備、守備等官，陜西按察司副使蕭翀、署都指揮僉事蔣昂等，選差撫夷官員，帶領通事，分投撫調各族番夷，中納茶馬。隨據差去人員陸續撫調各族番官指揮、千、百户、鎮撫、驛丞，偕其國師、禪師，各齎捧原降金牌、信符而至。臣得拜觀焉。其額上篆文曰："皇帝聖旨"，其下左曰："合當差發"，右曰："不信者死"。臣奉宣皇上恩威，撫且諭之，責其近年不肯輸納茶馬之罪。彼皆北向稽首云："這是我西番認定的差發，合當辦納。近年並不曾齎金牌來調，止是一年一次着我每將馬來換茶，今後來調時，天皇帝大法度在，我西番每怎敢違了。"臣於是乃知我聖祖神宗，睿謀英略，度越前代遠矣。

考之前代，自唐世回紇入貢，已以馬易茶。至宋熙寧間，乃有以茶易虜馬之制[二]。所謂以摘山之利，而易充廄之良。戎人得茶，不能為我害；中國得馬，足以為我利。計之得者，宜無出此。至我朝，納馬謂之差發，如田之有賦，身之有庸，必不可少。彼既納馬而酬以茶斤，我體既尊，彼欲亦遂。較之前代，曰互市，曰交易，輕重得失，較然可知。

夫王者不治夷狄[三]，今責番夷以差發[一]，非若秦、漢喜功好大勤遠略者之所為也。亦非中國果無良馬，而必有待乎番夷也[一]。蓋西番之為中國藩籬久矣。漢武帝圖制匈奴，乃表河曲、列肆郡、開玉門、通西域，以斷匈奴右臂，而幕南無王庭。今金城之西，綿亘數千里，北有狄[四]，南有番。狄終不敢越番而南，以番人為之世讐，恐議其後，此天所以限别區域，絶内外者也。不然則敵騎長驅，寧、河、岷、隴之區，鮮不為其蹂踐，欲晏然無事，得乎？

國初散處降兵，各分部落，隨所指撥地方，安置住劄。授之官秩，聯絡相承。以馬為科差，以茶為價，使知雖遠外小夷[一]，皆王官王民，志向中國，不敢背叛。且如一背中國，則不得茶，無茶則病且死。以是羈縻之，賢於數萬甲兵矣。此制西番以控北虜之上策[五]，前代略之，而我朝獨得之者也。

頃自金牌制廢，私販盛行，雖有撫諭巡察之官，卒莫之能禁，坐失茶馬之利垂六十年。豈徒邊方缺馬騎征，將來遠夷既不仰給我茶[六]，敢謂與中國不相干涉？意外之憂，或從此生；藩籬之固，何所於託？其所關係誠非細故。

臣始至陝西，行據守備河州署都指揮僉事蔣昂呈稱：河州衛每年招番易馬，止是臨近川卜陸族、乞台、撒剌[七]，並歸德中、左所西番達子二十七站[八]，及腹裏老鴉、乩藏等族熟番調來中馬給茶[九]。其黑章咂、上下哈如、阿劄爾、朵工、遠行等族番人[十]，遞年累撫，老番俱故，後生不知法度，强硬生拗，不肯前來中馬。又被黑章咂、朵工等族番人，糾引番賊專一伏路搶殺過往官軍粮賞財物。雖經呈稟上司，差官量帶軍馬、通事出境，不過追撫，止照番俗事理發落。因循年久，未蒙天威加兵。各番輕視國法，愈加恣肆為惡，搶擾地方，以為得計。若不早為處置，慮恐餘族番夷一槩倣傚。不惟廢弛馬政，抑且有損國威。合無具奏，差委謀略公廉官員，動調軍馬、通事，統領前去，直抵巢穴。務將前項累撫不來中馬、為惡黑章咂、朵工、遠行等族番人，量勦一二族，俾無遺種，庶使餘族番夷寒心知懼，實為經久便益。等因到臣看得本官父祖以來，守備河州，熟知番情，必有所見。但興師動衆，勞費不貲。陝西地方疲敝，又兼北虜不時出没[五]，前項事情，難以輕議。況禦戎上策，莫如自治。各番雖不中馬，未嘗一日無茶。彼既坐得之，何求於我？且中國之人，明知禁例，肆行無忌，於番夷乎何誅？

臣乃申嚴禁令，嚴督所司，緝捕私販，根究株引，不少假借。茶徒稍稍斂跡，茶價頓增。已而招調番人，遠近畢集，稔惡如朵工、黑章咂者，亦如期而至。乃知中國之茶，真足以繫番人之心而制其命。但今停止商茶，户部題奉准依“許將例前報中者，照舊發賣”，其數幾二百萬，是又一厄也。誠使私茶商販，一切禁絶，不得通番，不一二年，番族無茶，不撫亦將自來，調之寧敢不至?

臣仰承任使，恆懼無補，以速罪尤，深慮卻顧，輒罄一得之愚如此。至於興廢補敝之宜，謹條陳五事於後，伏維聖明省覽。乞勑户、兵二部，議其可否，覆奏行之。仍乞斷自宸衷，今後有以開中商茶為言者，無賜施行。該部該科查照，不許招商中茶前旨，舉奏懲治，庶幾番人堅内附之誠，邊方無意外之患，不止有裨三邊馬政而已。臣不勝惓惓體國之至。等因開坐奏。

奉聖旨："該部看了來説。欽此。"欽遵抄出送司，案呈到部。

看得都御史楊　所奏事件，除處茶園之課、廣價茶之積二事本部覆奏外，所據復金牌之制、專巡禁之官、嚴私販之禁三事，係隸貴部掌行。擬合開咨前去，煩為徑自查照，覆奏施行。等因咨部送司，案呈到部。

看得都御史楊　奏言：祖宗處置番夷之道[十一]，非特資彼戰馬，兼以固我藩籬，其機括則全在於嚴禁私茶。蓋其所見，能識國體，故其所陳，俱得治要。今將議奏條款，議擬開立前件，伏乞聖明裁處。緣係脩舉茶馬舊制，及奉欽依"該部看了來説"事理，未敢擅便。

弘治十七年十二月十四日，本部尚書劉　等具題。本月二十八日，奉聖旨："金牌制度，自何年廢弛，通查明白來説，其餘准議。欽此。"除將准議事理，通行各該衙門欽遵外。

查得先年奏差官員，賫捧上號金牌，前往陝西洮、河、岷州等衛，招番比對下號金牌，令其各納馬給茶，委的廢弛年久。今都御史楊，因邊方缺馬，要復舊制，已稱典籍，磨滅多無的據。今奉前該欽依，緣本部查無前項卷案，未審先年差官賫捧，係何衙門承行，内府印綬監原發金牌底簿，必備載年月明白，擬合查勘通行。為此除外，合咨前去，煩照本部題奉欽，依内事理，欽遵施行。仍備查金牌制度，何年為因何事廢弛，作急咨報，以憑覆奏。

計開：

一、復金牌之制。切照洪武年間[十二]，欽降金牌數目，各衛典籍磨滅，多無的據。查得河州地方，原設必里克衛二州七站，西番二十九族，原額金牌二十一面，認納差發馬七千七百五匹。西寧衛地方，曲先、阿端、罕東、安定四衛[十三]，巴哇、申冲、申藏等族金牌一十六面[十四]，該納差發馬三千二百九十六匹。洮州衛地方火把哈藏、思囊日等族金牌四面[十五]，該納差發馬三千五十四。上號在於内府收貯。每三年一次，欽遣近臣賫捧前來，公同鎮守、三司等官統領官軍，深入番境劄營，調聚番夷，比對金牌字號，收納差發馬匹，給與價茶。如有拖欠之數，次年前去催收。後因邊方多事，陝西軍民轉輸軍餉，無暇運茶，腹裏衛分官軍又各調去甘、涼、寧夏等處征操，别無官軍可調，茶馬因是停止。歷年滋久，如曲先、阿端諸衛，邈不相通，誠恐數十年之後，雖近番亦不復知有茶馬矣。

今欲照舊例，調軍入番征收，非惟病於供億，且恐激擾番夷。乞勑該衙門將金牌舊額查出，申明昭示各衛，預先行令應納差發馬匹番族，使知朝廷脩復舊制，各當本等差發，不許生拗違背。然招番必先運茶，不然調來番馬，無價可償，失番人之望，虧中國之體。合無於弘治十八年、十九年内，如臣後所擬奏，嚴禁私販，廣積官茶。其番官指揮、千、百户、鎮撫、驛丞等官，久不襲替，亦令兵備、守備官查出奏請，就彼各襲原職，以為統領，不必令其來京。以弘治二十年為招番之期，乞遣廷臣賫捧上號金牌前來，會同臣及陝西、甘肅二處巡撫官，督同都、布、按三司官員，不須動官軍深入番族，止在三衛住劄。差委撫夷官員、通事，分投調取各番，各賫原降下號金牌，牽趕馬匹前來上納。分别上、中、下三等，給與價茶，厚加賞勞，遣回本族。如不敷原數，聽次年徵收補還。事完，將收過馬數造册，隨金牌賫繳。馬送陝西行太僕寺印烙，照例給軍騎操。以後三年一次舉行，中間二年，仍照常差官，賫番字文書前去各族曉諭。有情願者，聽其自來，將馬换茶，不願者不拘。敢有不受約束，招調不來者，再三撫諭。如果執迷不悛，量調漢番官兵，問罪誅剿，以警其餘，庶幾恩威並施，番人懷威，永為藩籬之固。

前件看得都御史楊一清奏言，欽降金牌與各番認納差發茶馬，深為有見。

但前項制度，廢弛年久，所查未必盡悉其舊。故楊一清本内亦云，典籍磨滅，多無的據。合無本部行移内府印綬監，清查各番族原額上號金牌面數，及番族名目、馬匹數目，備細明白，轉行楊一清，再加審處，諭令番族知會。約至弘治二十年為招番之期，每三年一次。至期，本部奏差行人一員，賫捧前項金牌，會同彼處督理馬政，并各該巡撫都御史、督同三司官，悉依所擬，次第舉行。事完，差去官員將收過馬匹，給過價茶數目造册，同原捧金牌進繳。中間二年，撫諭各番有願將茶換馬者，聽從其來，亦照所擬定奪。本部仍行各官轉行兵備、守備等官，將原額番官指揮、千、百户、鎮撫、驛丞等官，年久不曾襲替者，逐一查出保勘，明白奏行。本部行令就彼襲替，統領番族，認納差發，敢有糾引番賊，生事害人，一體治罪。

一、專巡禁之官。查得先准兵部咨，為一事權以俻邦政事。該本部題稱：茶馬自先年停止大臣之後，止是行人撫諭巡禁。成化年間，因是行人職輕，難以革弊。該巡撫奏准，暫差御史前去整理。今既有都御史兼理，若又差御史在彼，不無事拳不一[十六]。合無將巡茶御史行取回京，一應首尾，悉皆責成於今去都御史楊一清。待到彼之日，或行茶地方遥遠，應該另添何等巡禁官員，聽本官奏請定奪。等因具題。節該奉聖旨："是。欽此。"及查得臣節該欽奉勑："今特命爾不妨督理孳牧，兼理茶馬。自潼關迤西，西安、鳳翔、漢中、平涼、臨洮、鞏昌、西寧、甘肅等處，申明節次條例，提督都、布、按三司、軍衛有司并守備、把隘等官，但係通番關隘與偏僻小路，俱要用心巡禁，嚴謹把截。爾仍不時親歷點閘，或督令分巡官按月省諭，不許官豪勢要及軍民之家私自興販茶貨，潛入番境，通同交易。如有故違，應拏問者就便拏問，應奏請者具奏來聞。欽此。"欽遵。

臣本闇劣，猥承任使，分當奔走職業，不敢辭勞。但陜西禁茶地方，東自潼關，西極甘肅，南抵漢中，綿亘數千里，伏奸廋慝，無處無之。臣始至陜城，拏獲積年交通進貢經過番夷，代買私茶，誆騙財物犯人徐鋭等三十餘名。比至鞏昌地方，節次拏獲販茶通番人犯百餘名。俱經法司問明發遣訖，渠魁就擒，餘黨潰散。然惡草難去而易生，奇疾難攻而易動。且茶禁愈嚴，則茶利愈厚，利之所在，趨者瀾倒，伺便而發，乘隙而動者，難保必無。其間多干礙官豪勢要之人，非軍衛有司之力所能鈐制。禁防稍疏，則絃轍如故，茶馬大計，為之奈何？

臣之職業，重在孳牧。一歲之間，大半住劄平涼、固原等處。又有提調三邊騎操馬匹之任。前項行茶地方，實難遍歷，雖例該提督都、布、按三司官，及督令守、巡官行事，各官俱有本等職務，委任不專，難以責其成効。臣到平涼已及一年，未嘗一見分守官；在隴西數月，未嘗一見分巡官。此事勢使然，亦不足異。

所據巡禁私茶，必得按察司官一員專理，乃能濟事。但陝西按察司額設、添設副使、僉事等官已多，若再添除，不無官多人擾。臣查得本司官若無事故，除兵備、邊備、提學、管屯監收糧斛及輪管分巡、清軍之外，實有空閒一員。合無自弘治十八年為始，聽臣於各官内自擇有風力才幹一員，常川於臨洮府住劄，不許别項差占，專一往來巡視，提督各府衛、州、縣官，嚴禁私茶，痛革通番積弊。一年滿日，仍擇委一員，交代回司。計其行過事蹟，果能禁革奸弊，使私販息絶，聽臣奏保旌異擢用。如或因循怠玩，指實參究黜罰，如此，則官不必增，而政無不舉矣。

前件看得，茶易馬匹，先年專差御史一員。今既責之都御史楊一清兼理，委的馬政事多，地方廣遠，不無顧此失彼，必須委官分理。合無准其所奏。本部仍行都御史楊一清，每年於陝西按察司見任官員内揀用一員，常川於臨洮府住劄，不許别項差占。專一往來巡視，提督各府、衛、州、縣官，嚴禁私茶，痛革通番積弊。一年滿日，照例委官交代，或有别項沮撓推託，聽本官徑自參奏，若委官克舉其事，亦聽本官奏保擢用。

一、嚴私販之禁。查得律内，凡犯私茶者，同私鹽法論罪。及查見行事例，私茶有興販五百斤的，照見行私鹽例，押發充軍陝西等處。但有漢人結交邊人，互相買賣借代，誆騙財物，引惹邊釁者，問發邊衛，永遠充軍。

近准兵部咨，為從宜處置邊務事。該巡按陝西監察御史李璣奏前事，本部咨行臣處，查訪議處，應奏請者奏請定奪。内一件止通番：訪得西寧、河州、洮州地方土民，切鄰番族，多會番語。各省軍民流聚鉅萬，通番買馬。雇倩土民，傳譯導引，羣附黨援，深入番境，潛住不出。不特軍民而已，軍職自將官以下，少有不令家人伴當通番。番人受其恐嚇，馬牛任其計取，變詐漸萌，含憤未發。誠恐一旦不受束約，患可勝言！且通番之人，明知事例，犯該充軍，乃互相嘻謂："無故亦要投軍，有甚打緊。"似此欺玩，若不重加法典，則通番起釁，兹其漸也。又一件禁約私茶，查得洪武、永樂年間，興販私茶者處死。以故當時少有蹈之者。間有一二私販者，包藏裹挾，不過四五斤、十斤而止。行則狼顧鼠探，畏人訐捕，豈如今之販者，横行恣肆，略不知憚。沿邊鎮店，積聚如丘；外境人方，載行如蟻。明知禁輕，相謂："興販私茶，與興販私鹽同律。”事發，止理見在，不許攀指。例則五百斤以上，方纔充軍。計使一人出本，百人為夥，每人止負五十斤，百人總負五千斤。各執兵器，晝止夜行，遇捕併力，萬一捉去一人，只是一人認罪。數不及五百斤以上，不過充徒，餘茶總收其利，以此得計。羣聚勢兇，莫之敢捕。官兵遥見，預為潛躲。乞將興販私茶者，合無照永樂年間舊例處死，通番并把隘賣放之人亦如之。如聖慈不忍寘之重典，合無將私茶十斤以上，與一應通番并把隘縱放之人，俱發兩廣烟瘴地面充軍。

等因臣參詳御史李璣所言，曲盡陝西官舍軍民販茶通番情狀，非身履其地、職任其責者，不能及此。

查得洪武三十年十二月十一日，户部節該欽奉太祖皇帝聖旨："近年以來，茶賤馬貴，不止國課有虧，致使戎羌放肆[十七]。蓋是守邊者不以防禦為重。出榜以後，守把人員若不嚴守，縱放私茶出境，處以極刑，家遷化外，說事人同罪，販茶人處斬，妻小入官。欽此。"

永樂六年十二月十九日，節該欽奉太宗皇帝聖旨："陝西、四川地方，多有通接生番，經行關隘與偏僻小路，洪武年間，十分守把嚴謹，不許放過段疋、布、絹、私茶、青紙出境，違者處死。恁户部再出榜曉諭禁約，還差人說與都司、布政司、按察司，着差的當人去各關上省會把關頭目、軍士，用心守把，不許透漏段疋、布、絹、私茶、青紙出境。若有私販出境，拏獲到官，定將犯人與本處不用心把關頭目，俱各凌遲處死，家遷化外，貨物入官。欽此。"

仰惟我祖宗，不嗜殺人，獨於販茶通番之境，致嚴如此，承平之餘，政玩法弛，已非一日。充軍下死罪一等，而販茶之人，其視充軍，甘如飯食。罪至於徒，已非輕典，而陝西軍民，寧從三年之徒，不肯出杖罪之贖。蓋各處充發軍人及擺站哨瞭囚徒，隨到隨逃，以為常事。上司亦嘗立法查考，卒莫能革。其逃回者，又復販茶，屢犯不悛。玩法至此，可謂極矣。成法具存，死刑至重，非人臣所敢輕議。然例以輔律，因時救弊，似宜加嚴以整齊之。但腹裏之與各邊事體有異，而販茶之與通番情罪或殊。合無今後但有將私茶潛往邊境興販交易，及在腹裏販賣與進貢回還邊人者，不拘斤數，事發，并知情歇家牙保，俱問發南方烟瘴地方衛分，永遠充軍。其在西寧、甘肅、河州、洮州販賣者，雖不入番，即有通番之漸。一百斤以上，問發附近衛分充軍；三百斤以上，發邊衛永遠充軍。若在腹裏，各府、衛、州、縣興販者，照見行事例，五百斤以上，押發附近衛分充軍，止終本身。不及前數者，俱依律擬斷，腹裏仍枷號一箇月，在邊方者，枷號兩箇月。有力，納米贖罪；如果無力，解五百里之外，擺站守哨。但有逃回仍前興販，事發，不拘多寡，問發附近衛分充軍。

及照近年各邊販茶通番，多係將官、軍官子弟。見今甘肅總兵劉勝事發，其他未發者，不止劉勝一人。以此，守備、把關、巡捕官員，不能禁治。合無今後軍官、將官知情縱容弟男子姪伴當興販，及守備、把關、巡捕官知而故縱，事發參問：降一級原衛帶俸差操；有贓者從重論；失於不知者，照常發落。若守備、把關、巡捕官自出資本，興販私茶，但通番者，問發邊衛充軍。在西寧、洮、河、甘肅地方發賣者，三百斤以上，發附近衛分充軍；不及數及在腹裏發賣者，降一級調邊衛帶俸差操。如此，則法令一新，積習之弊可袪。不然，將來貽患，臣不知其何所紀極也。

前件看得祖宗茶馬禁例，私通，罪必至死。後因此法漸弛，人皆易犯，以致番夷不服差發[十八]，邊臣率皆私通。今都御史楊一清論列前因，情詞懇切。蓋恐禁例不嚴，則舊制難復。合無本部仍行都御史楊一清，備榜通行曉諭。榜諭之後，敢有犯者，悉照所擬問發。仍行都察院，轉行巡按陝西、監察御史、陝西按察司并各問刑衙門，一體遵依，毋致彼此異同，法有遺奸。

【校記】

[一]“夷”，四庫本爲“眾”。

[二]“虜”，四庫本爲“番”。

[三]“夷狄”，四庫本爲“邊遠”。

[四]“狄”，四庫本爲“敵”。

[五]“虜”，四庫本爲“敵”

[六]“夷”，四庫本爲“敵”。

[七]“川卜陸族、乞台、撒剌”，四庫本爲“春丕勒族、奇塔特、薩里”。

[八]“達子”，四庫本爲“敵人”。

[九]“老鴉，乩藏”，四庫本爲“羅雅克、且藏”。

[十]“黑章咂、上下哈如、阿剳爾、朵工、遠行”，四庫本爲“哈章咱、上下喀儒、阿咱爾、多恭、運珠卜”。本節以下族名或其中一、二、三，四庫本均異於底本，不再注出。

[十一]“番夷”，四庫本爲“敵人”。

[十二]“切”，四庫本爲“竊”。

［十三］"曲先、阿端、罕東"，四庫本爲"察遜、鄂端、罕都"。以下族名或其中一、二，四庫本均異於底本，不再注出。

［十四］"巴哇、申沖、申藏"，四庫本爲"巴斡、紳崇、紳藏"。

［十五］"火把哈藏、思曩日"，四庫本爲"郭巴噶勒藏、實曩日"。

［十六］"拳"，四庫本爲"權"，是。底本、雲南本誤。

［十七］"戎羌"，四庫本爲"敵人"。

［十八］"夷"，四庫本爲"人"。

一為脩復茶馬舊制以撫馭番夷安靖地方事[一]

户部覆：陝西清吏司案呈，奉本部送於户科抄出。

欽差督理馬政、都察院左副都御史楊　奏：臣受命督理茶馬云云。等因具本開坐奏。奉聖旨："該部看了來說。欽此。"欽遵抄送到司，案呈到部。

看得都御史楊　所奏事件，除復金牌之制、專巡禁之官、嚴私販之禁三事，係隸兵部掌行，移咨前去，經自覆奏外，所據處茶園之課、廣價茶之積二事，查照議擬開立前件，伏乞聖明裁處。

緣係脩復茶馬舊制，以撫馭番夷、安靖地方及奉欽依"該部看了來說"事理，未敢擅便。等因弘治十七年十月二十四日，本部左侍郎王儼等具題。本月二十六日，奉聖旨："准議。欽此。"欽遵。擬合就行，為此除外合行移咨前去，煩照本部題奉欽，依内事理，欽遵施行。

計開：

一、處茶園之課。行據延安府綏德州知州洪平呈稱：奉臣劄付，親詣漢中府金州并西鄉、石泉、漢陰三縣，會同各掌印官，督同各該里老，將該管茶園人户行拘到官。查審得金州七鋪一里，定額課茶六千二百二十斤四兩；西鄉縣雲停、歸仁、遊仙三里，定額課茶一萬八千五百六十八斤六兩五錢；漢陰縣在廓一里，定額課茶一千三百七斤一十一兩五錢；石泉縣石泉一里，定額課茶一百九十二斤二兩九錢。共二萬六千二百八十九斤一十四兩九錢。

成化等年，奉例各增添里分，人民佃買老户茶園地土，各人開墾不等，仍舊幫納。前項茶課，會同各官親詣茶園[二]，逐一踏勘得：金州該增課茶三千八百七十二斤一十二兩，西鄉縣該增課茶五千六百五十一斤，漢陰縣該增課茶七百二十三斤，石泉縣該增課茶六百六十斤，共增課茶一萬九百六斤一十二兩，造册申送到臣。案照先據陝西按察司僉事唐希介呈稱：漢中府金州，西鄉、石泉、漢陰三縣，俱係產茶地方。如漢陰一縣，原設在廓、新安二里，後因招撫流民，增添九里。近因大造黄册，又添一里。今以十里之民，止納二里之課。況自招撫之後，其延安、慶陽、西安等府人民流移到彼，不可勝紀。見今開墾日繁，栽種日盛。其沿江一帶茶園，多不起課。乞行嚴督各該州、縣官員查理。等因看得漢中府前項產茶州、縣，國初，人民户口不多，茶園亦少，所以額課止於如此。成化年間以來，各省逃移人民聚集，栽植茶株數多，已經節次編入版籍。州、縣里分俱各增添，户口日繁。茶園加增不知幾處，而茶課仍舊，致令各處奸頑官舍軍民，遞年在山收買私茶，通番交易覓利。以此番人不樂官市，沮壞馬政。相應查理，已經行委本官前去，會同該州、縣掌印官，勘處回報去後。

今據前因，恐有不的，又經行委按察司分巡關南道官覆勘，未報。訪得前項州、縣，所產茶斤，不假種植，隨田而出。荒山茂林，耕治燔灼之餘，茶從而萌蘖焉。民獲其利，一家茶園有三五日程歷不遍者，有百餘户佃種不周者。以數十户、百餘户所佃茶園，止幫一户茶課，其甚少者，亦多贏餘。較之農夫終歲勤動而恐不贍，又稱貸以輸官者，難易不同。故漢中一府，歲課不及三萬，而商販私鬻至百餘萬以為常，是其明驗也。且薄賦裕民，為政美事；加賦足用，儒者恥言。然先王之法，於農惟恐其不厚，於商則從而征之，亦厚本抑末之意云耳！今以天地自然之利，民得之易，官取之輕，徒為犯法者之地，豈可無以處之？況先年茶園，亦有消乏，未蒙除豁；新開茶園，日新月盛，漫無稽考。致使一園一畦者，課程已多；連山接隴者，課程顧少。非惟細民有不均之歎，抑且奸民遂玩法之私，深為不便。但干礙加增課程，未經具奏，誠恐人情向背不一。

合無行委陝西布、按二司分巡、分守關南道官員，督同漢中府掌印官，親詣前項州、縣，遍歷園山界畔，再行踏勘丈量，斟酌地里遠近，佃户多寡，務見舊有茶園人户若干，新增茶園若干。或園去課存，所當除豁；或有園無課，所當加增。不必拘定知州洪平前數。但要有益於官，不病於民，勘處停當，備開舊管新收，開除實在數目，造册奏繳，永為遵行。如此則茶課均平，其於茶馬不為無助。

前件看得都御史楊一清奏稱：漢中府金州，并西鄉、石泉、漢陰三縣，俱係產茶地方。國初人民不多，茶園亦少，所以額課止於如此。成化年間以來，各省逃移人民聚集，栽植茶株數多。節經編入州、縣里分户口，俱各增添日繁。茶園加增不知幾處，茶課仍舊，致令各處奸頑官舍軍民，遞年在山收買私茶，通番交易覓利。以此番人不樂官市，沮壞馬政。況先年茶園亦有消乏，未蒙除豁；新開茶園，日新月盛，漫無查考。要行陜西布、按二司分守、分巡關南道官員，督同漢中府掌印官，親詣遍歷園山界畔，踏勘丈量一節。合無依其所奏，行移本官，轉行陜西守、巡官，督同該府掌印官，親詣産茶地方，遍歷園山，逐一從公踏勘丈量。園去課存并新增茶園各若干，所當除豁增添茶課各若干，務要事不煩擾，民得安妥。處置停當，備開舊管新收，開除實在數目造册，徑自奏請定奪施行。

一、廣價茶之積。

查得洪武、永樂年間舊例，三年一次，番人該納差發馬一萬四千五十一匹。價茶先期於四川保寧等府，約運一百萬斤，赴西寧等茶馬司收貯。内西寧茶馬司收三十一萬六千九百七十斤，河州茶馬司收四十五萬四千三十斤，洮州茶馬司收二十二萬九千斤。合用運茶軍夫，四川、陜西都、布二司各委堂上官管運。四川軍民運赴陜西接界去處，交與陜西軍夫，轉運各茶馬司交收。户部請旨，於在京堂上官内點差二員，齎勑前來，會同陜西守鎮官員整理。事體重大，供億浩繁。後因邊方有事，停止不行。近年巡茶御史招番易馬，止憑漢中府歲辦課茶二萬六千二百餘斤，兼以巡獲私茶，數亦不多，每歲約用不過茶四五萬斤。以此易馬，多不過數百匹至千匹而止。補輳抑勒，往往良駑相參，招易未久，倒傷相繼。番人既病於價虧，軍士復不得實用。要其事勢，亦有由然。

今邊方在在，缺馬騎征，官帑有限，收買不敷，月追歲併，士卒告困。近雖脩舉監、苑馬政，然方收買種馬孳牧，求用於數年之後，惟茶馬可濟目前之急。顧茶司無數萬之儲，縱然招致番馬，何所取給？欲查照舊例，徵運四川課茶，緣川、陜軍民兵荒之後，創殘已甚，邊儲飛輓，猶自不堪，寧能增此運茶之役？

查得洪武三十年，欽依禁茶榜文，内一款：“本地茶園人家，除約量本家歲用外，其餘盡數官為收買。若賣與人者，茶園入官。欽此。”

照得漢中府産茶州、縣，遞年所出茶斤百數十萬，官課歲用不過十之一二，其餘俱為商販私鬻之資。若商販停革，私茶嚴禁，在山茶斤，無從售賣。茶園人户，仰事俯育，何所資藉？彼見茶園無利，不復葺理，將來茶課亦虧。夫在茶司則病於不足，既無以副番人之望；在茶園則積於無用，又恐終失小民之業。若不從宜處置，深為不便。

臣今年正月間，量發官銀一千五百七十餘兩，委官前去，收買茶七萬八千八百二十斤，計易過兒、扇、騍馬九百餘匹。若用銀買，須得七千餘兩，其利如此，但猶未免用官夫運送。止如前數，固可支持，必欲廣為收易，漢中、鞏昌、河西一帶人民，將不勝其勞擾。又恐行之既久，官司處置乖方，虧價損民，似非經常之計。如遇官民兩便[三]，必須招商買運，給價相應。

臣於今年閏四月内，又經出給告示，招諭陝西等處商人，買官茶五十萬斤，以備明年招番之用。憑衆議定，每茶一千斤，用價銀二十五兩，連蒸曬、裝篦、雇脚等項，從寬共計價銀五十兩。令其自出資本，前去收買，自行運送各茶司交收明白，聽給價銀去後。且官銀一萬兩，買戰馬不過一千匹。如前所擬，買茶二十萬斤，分别三等馬匹，斟酌收買，可得馬幾三千匹。買一馬者將買三馬，給一軍者可給三軍。但所給茶價，出自公家，歲歲支給，亦非可繼之道。若運到官茶，量將三分之一官為發賣，以償商價，尤為便益。此與開中商茶不同：開中商茶，其利在商，未免阻壞茶馬；招商買茶，其利在官，專為易馬之資。借曰官賣不過十之二三，較之商茶歲百餘萬以通番境者何如？

合無自弘治十八年為始，聽臣督同布、按二司官，出榜招諭山、陝等處富實商人，收買官茶五六十萬斤。其價依原定，每一千斤給銀五十兩之數。每商所買，不得過一萬斤。給與批文，每一千斤給小票一紙，掛號定限。聽其自出資本，收買真細茶斤，自行雇脚轉運。照商茶事例，行令沿途官司秤盤截角。如有多餘夾帶茶斤，照私茶擬斷。運至各該茶馬司取獲實收，赴臣查驗明白，聽給價銀。仍行委廉幹官員，分投於西寧、河州二衛，官為發賣，每處七八萬斤至十萬斤為止。價銀官庫收候，儘勾給商。如有贏餘，下年輳給。行之數年，茶可不賣。夫如是，茶出於山而運於商，民不及知；以茶易茶，官不及知。不傷府庫之財，不失商民之業，而我可以坐收茶馬之利。長久利便之策，宜無出此。

前件看得都御史楊一清奏稱：近年巡茶御史，召番易馬，止憑漢中府歲辦課茶兼巡獲私茶，每歲不過四五萬斤，易馬不過數百至千匹而止。今邊方在在，缺馬騎征，官帑有限，收買不敷。要自弘治十八年為始，督同布、按二司，出榜招諭山、陝等處富實商人，收買官茶五六十萬斤，給與小票定限，聽其自出資本，收買真細茶斤，轉運照商茶事例。

沿途官司秤盤截角，如有多餘夾帶茶斤，照私茶擬斷，運至各該茶馬司取獲，實收驗給價銀。仍委官分，投於西寧、河州二衛，官為發賣。每處七八萬斤至十萬斤為止。價銀官庫收候，儘勾給商，如有羸餘，下年輳給一節。

緣茶法廢弛年久，必須設法處置，方能濟事。合無依其所奏，本部行移本官，督同布、按二司官員，悉依所擬而行。一二年間，如果有益於官，無損於商，議處具奏，永為定例。

【校記】

[一]“番夷”，四庫本為“邊人”。

[二]“親詣”前原脱“官”字，今據四庫本補。四庫本此處脱一“親”字。

[三]“遇”，據文意當爲“欲”。

一為申明事例禁約越境販茶通番事

户部覆：陝西清吏司案呈，奉本部送於户科抄出。欽差、督理馬政、都察院左副都御史楊　奏。

行據陝西行太僕寺少卿郭珠呈：問到犯人聶子太等，各招係山西汾州、陝西岷州等衛，涇陽等縣軍民。各不合躲避本處差役，越關逃來秦州禮縣地名漩水潛住。訪得四川保寧府通江、巴縣并利州衛等處，私茶不禁。各明知有例，又不合故違，於弘治十六年月日不等，節次到於前項地方。子太等各買私茶五百斤，吕懃等各買不等。陸續馱運回家頓藏，及轉賣與已問發茶徒楊威等接買前去，通番貨賣。各該府、縣、衛所巡捕官兵人等，亦明知不行禁捕等情。及又問得犯人薛繼招稱：弘治十七年三月二十日，不合糾同在官楊剛等，各不合越關前到四川夔州府東鄉縣太平里産茶去處，易買私茶。繼三百八十斤，楊剛一百四十斤，王得賢一百零五斤。各雇脚搬運，彼處無人盤詰，行至陝西地方，方遇巡茶人役拏獲，解發取問。等因備呈到臣。

查得洪武三十年三月初八日，欽奉太祖皇帝聖旨：“陝西、四川把截私茶處緊要。恁户部便差行人去陝西河州、臨洮、四川碉門、黎雅等處，省諭把隘口的頭目，教十分嚴加把截，不許私茶出境。如今這一遭，説與他知道。以後每一月一遭，差人去説，直差到九月。務要省諭他截把停當，不致透漏。這等説與他了，敢有放過私茶出口的，拏來罪他。欽此。”

永樂六年十二月十九日，欽奉太宗皇帝聖旨：“陝西、四川地方，多有通接生番。經行關隘與偏僻小路，洪武年間，十分守把嚴謹，不許放過段疋、布、絹、私茶、青紙出境，違者處死。如今關隘上頭目、軍士，多不用心守把巡捕，往往透漏段、絹、私茶出境，恁户部再出榜去曉諭禁約，還差人説與都司、布政司、按察司，着他勤勤的差的當人去各關上，省會把關頭目、軍士，今後務要用心守把，設法巡捕，不許透漏段疋、布、絹、私茶、青紙出境。若有不聽號令，仍前私販出境，拏獲到官，定將犯人與本處不用心把關頭目，俱各凌遲處死，家遷化外，貨物入官。如私販之人同伴有能自首者，免罪給與重賞。欽此。”

及查得成化七年八月内，該户部題，該刑科給事中王銓題稱：查得陝西禁茶去處，已令監察御史禁約。但四川建昌、松潘等衛禁茶，遞年仍差行人省諭，不過虚應故事。乞勑户部計議，今後四川建昌、松潘等衛禁茶去處，合無查照陝西事例，着監察御史或布、按二司官禁約。本部議得：行人職微無權，人罔知懼，委實虚應故事。御史巡按一方，事務繁多，恐管理不周。合准所擬，暫且不差行人，行移都察院着落分巡官員，照依禁茶時月，親詣碉門、黎雅等處各該關隘、常川，往來省諭守把、官軍、巡司人等，嚴加禁約，不許縱放私茶出境。敢有違者，即便依律照例究治。分巡官員每歲更替之時，各將捉獲私茶數目，回關本司具奏，仍行本院查考具題。奉聖旨：“是。欽此。”

又查得成化九年十月内，該户部題，該巡按陝西監察御史范瑛奏。内開洮、河等衛所屬思曩日等族，俱鄰四川松潘地方，軍民興販細茶，深入各族易換馬牛。乞照原差行人禁茶事例，再差御史一員，前去四川等處，巡禁私茶。等因本部議擬具題。節該奉聖旨：“行人不必再差。還着分巡官禁約。欽此。”

照得四川、陝西，俱係禁茶地方，屢有節奉欽依事例。近年以來，惟陝西奉行，而四川未聞。各處軍民，惟知陝西有禁，而不知四川有禁。蓋因分巡官員所管事繁，將茶禁視為泛常，不曾用心經理，以致軍衛有司亦各習為玩慢。各處興販之徒，窺知彼處産茶地方廣濶，有利無禁，往往前去收買，通番貨賣，不止前項已獲人犯。大率陝西各年拏獲茶徒，窮究所買之處，漢中十之四，四川十之六。越境販賣者如此，本地通番賣茶之人，不言可知。且先年止於碉門、黎雅、建昌、松潘禁茶，近來又於夔州府東鄉，保寧府通江、巴縣、廣元等處，恣肆買賣。

緣洮州衛所屬思曩日等族，既鄰四川松潘地方，軍民販茶，深入各族，易換馬牛，以此洮州番夷有茶，節年易馬，俱各生拗，不聽撫調。洮州私茶既多，則河州、西寧遠近生熟番夷，相傳販賣，俱從外境相通，難以禁絶。此指一處而言，四川沿邊一帶，俱與番境相鄰，私茶通行，一年不知若干萬斤。豈徒為茶馬之累，其虧中國之體，納外夷之侮，莫甚於此。乃知川、陝皆當禁茶，祖宗成法，誠不可易。況建昌、松潘、保寧等處，各有兵備官員，若非申明舊例，行令與分巡官相兼着實整理，則陝西茶禁雖嚴，終恐無益。

如蒙乞勅户、兵二部，查照洪武、永樂年間以來茶法事例，合無轉行四川巡撫、巡按衙門，將碉門、黎雅、建昌、松潘等處地方，着落彼處兵備官并分巡官申明曉諭，嚴加禁約。夔州、保寧二府，亦令分巡、兵備官一體嚴禁。利州衛合選委能幹指揮一員，專管巡茶。通江、巴縣、廣元、東鄉等處，就委巡捕官員管理。各督率應捕弓兵地方火甲人等，一面曉諭茶園人户，不許將茶私賣與人，一面各於所轄關隘并可通私茶偏僻小路，晝夜往來，用心緝訪巡邏。

但遇有私販之人，就便拏送所司，依律照例問擬。除建昌、松潘、碉門、黎雅路遠去處，仍行巡撫、巡按稽考外，其夔州東鄉、保寧、利州一帶附近陝西地方，合無聽臣及陝西巡茶風憲衙門帶管。每月各將有無獲問過私茶人犯緣由取具，巡捕官兵，不致縱容。重甘結狀，開申查考。如再不行嚴禁，以致各處軍民仍去販賣，到於陝西拏獲審出，但係四川地方買來茶斤，就將彼處巡捕、巡茶官兵人等參拏問罪。夔州、保寧二府分巡、兵備官，按季將督令所屬捉獲私茶人犯數目，通行四川巡撫、巡按及臣處備照。以此，就驗其居官勤惰，填註考語，開報吏部、都察院施行。分巡官一年滿日，仍依前例，回關本司具奏，及行都察院查考。如此，則拔本塞源而茶法不致阻壞，利興弊革而馬政可以脩舉。等因具本。

該通政使司官奏。奉聖旨："該部看了來說。欽此。"欽遵抄送到司。

查得洪武、永樂年間以來茶法事例，節該本部議擬，題准通行，欽遵去後，今該前因，案呈到部。

看得都御史楊一清奏稱：四川碉門、黎雅、建昌、松潘，夔州府東鄉，保寧府通江、巴縣、廣元等處，恣肆販賣。洮州衛所屬思曩日等族，鄰四川松潘地方，軍民販茶，深入各族。番夷有茶[一]，節年易馬，俱各生拗，不聽撫調。河州、西寧生熟番夷[一]，相傳販賣，從外境相通，難以禁約。要行四川巡撫、巡按衙門，轉行碉門、黎雅、建昌、松潘，夔州、保寧二府等處地方各該兵備并分巡官，申明曉諭，嚴加禁約。利州衛選委能幹指揮一員，專管巡茶。通江、巴縣、廣元、東鄉等處，就委巡捕官管理。各督率應捕人等，一面曉諭茶園人户，不許將私茶私賣與人，一面各於所轄把隘并偏僻小路，晝夜往來緝訪。遇有私販之人[二]，拏送所司，依律照例問擬。建昌、松潘、碉門、黎雅路遠，仍行撫、按稽查。夔州東鄉、保寧、利州附近陝西地方，合無聽臣及巡茶風憲衙門帶管。每月將有無獲問過私茶人犯取具，巡捕官兵不致縱容，甘結查考。如再不行嚴禁，仍去販賣，於陝西拏獲，審出但係四川地方買來茶斤，就將彼處巡茶官兵人等參問。夔州、保寧二府分巡、兵備官，按季將督獲私茶人犯數目，通行四川撫、按官及臣備照。以此驗其居官勤惰，填註考語，開報吏部、都察院。等因合無依其所奏，本部通行吏部、都察院及四川巡撫衙門，轉行各該產茶地方兵備等官，各照所奏事宜而行。夔州東鄉、保寧、利州一帶，行令都御史楊一清帶管。查照茶法事例，徑自禁約施行。

緣係申明事例，禁約越境販茶通番，及奉欽依“該衙門看了來說”事理，未敢擅便。

弘治十七年十月二十日，本部左侍郎王儼等具題。本月二十三日，奉聖旨：“是，着楊一清通行嚴加禁約。軍民人等，敢有仍前私販，及該管官司不行用心捕獲，一體重罪不饒。欽此。”欽遵。擬合通行，為此除外，合行移咨前去。煩照本部題奉欽，依內事理，欽遵施行。

【校記】

[一]“番夷”，四庫本爲“番人”。

［二］“有”，四庫本爲“見”

一為將官濫給驛傳興販私茶違法等事

題：為將官濫給驛傳、興販私茶違法等事。

據整飭西寧等處兵備、陜西等處提刑按察司副使蕭翀呈，問得犯人姚堂招：年三十歲，係陜西行都司甘州後衛前所百户姚寧下舍人。狀招：堂與在官涼州衛軍餘易宣、王奉，各以識字，撥送甘州總兵官劉勝處貼寫跟用。

弘治十六年十一月内，有堂等訪得西寧地方，商茶停止，茶價高貴，要得興販貨賣，覓利肥己。及思得沿途車輛艱難，又恐各關搜盤難過。堂等因與劉總兵未到舍人劉深日常熟識，密向劉深商說“我每要尋買些茶斤，裝去西寧發賣，你若同買得些茶。稟知總兵老爹[一]，起得關文，給與火牌，沿途驛遞討馬匹騎坐，起車裝載，一同前去，賣了就回，衆人感謝”等語，有深依允。各明知有例：私茶有興販五百斤，照見行私鹽例押發充軍。各不合故違。堂與易宣、王奉、劉深各出本銀多寡不等，就在甘肅地方，收買不知名姓商人私茶。堂與劉深各買五百斤，易宣、王奉各買一千五百斤，共茶四千斤，俱藏收堂家。堂等當催令劉深稟知劉總兵。有本官明知堂等興販私茶，不合縱容。及聽劉深稟說，將易宣名字起與符驗、關文一道，起驛馬九匹，給與火牌一面，起遞運所牛車三十輛，自甘州在城甘泉驛遞起，直至西寧平戎驛遞止。

各該驛遞官吏，各不合不行查舉，依關應付前項馬匹。堂與劉深等騎坐車輛，裝載各人茶斤。比時，堂等因是茶多路遠，恐照管不前，又顧到甘州衛熟識未到軍人楊端、辛洪、張原、賈昇，各亦不合受顧，將前茶管押裝載，越過古浪邊關。彼有本關守把官軍，亦不合失於搜盤，以致堂等將前私茶越關，載至西寧衛，密運至本衛藏經寺在官僧人玄幹房内。本僧亦不合窩藏寄頓。堂陸續將茶一百八十斤貨賣訖，王奉、易宣、劉深茶斤俱未貨賣。各又思得茶斤數多，恐怕事露，密將茶一千五十斤尋投西寧城外熟識在官軍餘李賢、李得家藏放，以便日後貨賣。

有李賢等各亦不合窩藏頓寄。及有在官嚴淮、劉恩、王得、馬良、施禮、丘雄、梁寧、熊完、林彦彬、樊祥、文信、張信、何安各知堂等載有私茶，寄頓藏經寺。各到本寺，各不合販賣。嚴淮、劉恩、馬良、王得各買去茶一百斤，施禮、丘雄共買四百九十六斤，梁寧一百六十五斤，熊完七十斤，林彥彬、樊祥、文信、張信各五十斤，何安二十斤。餘剩茶一千四百一十九斤，仍收本寺。發賣間，致蒙西寧兵備蕭副使緝知，差委茶馬司大使劉聰、管地方百户楊宣前來搜捉。有堂等知得懼罪，各帶軍人楊端等，各就逃回甘州潛躲。致蒙各官將嚴淮并僧人玄幹等拏獲，及於玄幹、李賢、嚴淮等名下追搜出前茶。見在連人茶呈送蕭副使審究明白，將私茶秤發茶馬司收庫，及將嚴淮等監候。行文行都司，將堂與易宣、王奉陸續拏獲。楊端等仍前懼罪逃躲。蒙將堂等解司，與嚴淮等對審取問間，堂等要得回護，又不合隱下劉深同起販茶，及劉總兵起關應付。并又怕打慌張，妄招將茶一百八十斤潛馱沙塘等川，交通番夷貨賣等情。致蒙准信，將堂等各問擬違例通番，照例發邊衛充軍，嚴淮等各徒罪。

具招呈蒙督理馬政楊都御史，蒙批姚堂等監候，按臨解審。隨蒙楊都御史按臨西寧衛，解送審問間。堂等方各將情具訴，蒙批送蕭副使行提劉深。有伊因見事發，懼罪潛躲，挨提不出。將嚴淮等責與堂等覆審明白，各無異詞，再問犯罪。等因開詳到臣。

案查，先據整飭西寧等處兵備、陝西按察司副使蕭翀呈，問過犯人姚堂等招由，已經批仰監候，解審發落。續該臣親詣西寧衛審，據各犯訴出前情，又經批行原問官再審明白，議擬呈詳去後。今據前因，除仍行兵備副使蕭翀，將犯人姚堂等依律照例發遣，及催提未獲劉深等問報外，參照鎮守甘肅總兵官、右軍都督府署都督僉事劉勝，官居都府，職握戎符，不思正己率人，乃敢徇利忘義，縱容子姪官舍，興販禁茶，擅給符驗火牌，營幹私事。且西寧地方近因販茶通番者多，沮壞茶法，以致番人生拗，不聽撫調中馬。

臣今仰遵聖諭，申嚴禁令，各該軍民尚知警避，劉勝將官獨敢妄為。及照往年茶徒，止是私竊興販，未聞明給應付關文，公使官司運送。況符驗非公事不給，火牌非軍情不遣，以之遞送私茶，不無玩法太甚。再照古浪千户所把關官員，及甘州在城衛起，直抵莊浪衛，巡茶、巡捕官明知故縱，不敢盤拏，雖云畏懼主將聲勢，實皆蔑視朝廷憲典。事屬違法，通合究問。

如蒙伏乞聖明，大奮乾斷，合無將劉勝提解赴京，明正其罪。仍將各衛巡茶、巡捕官及古浪把關官，通行問刑衙門查提，問擬應得罪名發落，庶使人知警畏，不敢效尤。茶法不致沮壞，馬政可以興舉。

緣劉勝係在京五府堂上官，又係邊方將官，及係查提軍職官員事理，未敢擅便。為此具本，專差舍人陳祥，謹題請旨。

【校記】

［一］“爹”，四庫本爲“爺”。

一為脩舉馬政事

兵部覆：本部車駕司案呈，奉本部送於兵科抄出，欽差總制陝西、延綏、寧夏、甘肅等處邊務兼督理馬政都察院右都御史楊　題。

查得臣節該欽奉勑諭：“陝西設立寺、監衙門，職專牧馬。先年邊方所用馬匹，全藉於此。近年官不得人，馬政廢弛殆盡。今特命爾前去彼處，督同行太僕寺、苑馬寺官專理馬政。爾須查照兵部奏准事理，查究國初成法，親歷各該監、苑，督委都、布、按三司能幹官員，踏勘牧馬草場，果有侵占者，即令退還；查照養馬軍人，果有逃亡者，即令撥補。見在種、兒、騍馬，實有若干，設法增添，務足原額；倒死虧折馬駒，隨宜追補，量為分豁。布置已定，責令該管官員，用心牧養。其西寧等處各茶馬司茶易番馬，甚濟國用。近來亦漸虧耗，今併付爾整理。爾須一新舊規，務令茶課充盈，私販息絶，番人樂歸。官市番馬，實充廄牧。欽此。”欽遵。

弘治十六年八月内，臣到於陝西地方，親詣苑馬寺兩監六苑，查得牧馬草場原額一十三萬三千七百七十七頃六十畝，見在止存六萬六千八百八十八頃八十畝，其餘俱被人侵占。原額養馬恩隊軍人一千二百二十名，見在止有七百四十五名，其餘俱逃，故未補。點視得見在牧養兒、扇、騍馬并孳生馬駒，止有二千二百八十匹。竊歎馬政之廢，至於如此。夙夜兢惕，不遑寧處。委用都、布、按三司能幹官員，講求故典，更新興舉，奏黜卿寺不職官員。仰荷廟謨獨斷，以布、按二司參政、副使、僉事等官，薦補卿、少卿員缺，大改絃轍，一新政令。

查得見今六苑清出實有草場荒熟地，共一十二萬八千四百七十三頃一十一畝八分九釐六毫，清勾、撥補、招募、改編等項見在軍人二千三百四十三名，銀買、茶易、追補、孳生等項馬匹并駒，除節經俵給延綏、寧夏、固原等處軍人外，正德元年十二月終，實在馬并駒共一萬一千八百七十一匹。脩完馬營、城堡共一十九處，衙門、倉厫、馬廐、屋宇共四千一百餘間。選設操丁一千名，給與盔甲、弓矢，委官提督操練。無事之時，不妨牧馬；有警之際，隨宜調用。又奏開武安苑草場地二千九百六十六頃，招募、改編等項軍人三百四十五名。

及查得用過錢糧，奏給太僕寺馬價銀五萬兩，脩理馬營、城堡，用過銀八千兩，收買種、兒、騍馬，用銀一萬七千七百四十八兩六錢，共用過銀二萬五千七百四十八兩六錢。此外，馬價銀二萬四千二百五十一兩四錢，節奉兵部明文，收買延、寧、甘肅三鎮戰馬，給軍騎操。餘剩銀兩，仍在平凉、鞏昌、河州、西寧官庫收貯。

及照西寧、洮、河三衛茶馬舊規，廢弛年久，官茶無積，私茶盛行。節年巡茶御史止將漢中等處地畝課茶共二萬六千八百餘斤，兼搭巡獲私茶，每歲不過四五萬斤，以此招番易馬，多不過數百匹至千匹而止。事勢使然，無可奈何。

查得弘治十年起至十五年止，六年之間，巡茶御史共易過兒、扇、騍馬五千四十三匹。且西番以畜牧為生，每歲孳息馬匹，盡為私販所得。而我邊兵缺馬，奏討太僕寺馬價及朋合、地畝、樁頭等項銀兩，高價易買，所補不過三分之一。餘皆軍士貼備自買，至於破産鬻兒，苦不可言。行伍彫耗，多由于此。臣仰遵聖諭，嚴禁私販，廣積官茶，申明舊制，招調遠近番人。仗天之威，諸番雲集，爭以所畜馬匹來聽收易。

查得弘治十六年，御史李璣易馬將完，取回臣接管三衛共易過馬二千四百八十八匹。弘治十七年，易過馬六千三百四十三匹。弘治十八年，易過馬四千二百九十八匹。正德元年，易過馬五千九百四十八匹。總計四年共易兒、扇、騍馬一萬九千七十七匹。除寄養未解及沿途倒死不開外，陸續給過各鎮兒、扇馬：延綏共五千六十二匹，寧夏共四千五百一十三匹，甘肅共三千三百一十一匹，固、靖、蘭州、平凉等衛所共一千五百五十六匹，解發苑馬寺牧養騍馬共三千六百九十五匹，而銀買之數不與焉。計今三茶馬司處置見在茶斤，河州、西寧俱三十餘萬，洮州一十五萬有餘，儘勾今年、明年易馬之用。

前項事情，俱節經造冊具本奏報外，臣仰惟國之大事，莫急於兵，兵之大要，莫先於馬。陝西延、寧、甘肅皆防胡重鎮[一]，節因虜寇有警[二]，戰馬缺乏，荷蒙孝宗皇帝采納廷議，專設風憲重臣督理馬政。臣猥以庸劣，適當任使。後因茶法與馬政係是一事，該兵部題奉欽依“將巡茶御史取回”，命臣兼理茶馬。顧廢墜既久之事，更新興舉，事勢頗難。凡所規畫處置，皆遵奉明命，盡臣之心，不敢有遺慮；竭臣之才，不敢有遺力。今草場地復，牧軍數增，城堡相望，苑廄羅列。孳牧之規、稽考之法，粗皆就緒。將來雖不敢望如雲錦成羣之盛，其於陝西三邊戰馬，每歲俵給，不為無補。

至於招番一節，雖未嘗明復金牌之規，而實坐收茶馬之利。查得洪武、永樂年間，金牌舊例，三年一次，番人該納差發馬一萬四千五十一匹。價茶先期於四川、保寧等府運送一百萬斤，四川軍民運赴陝西接界去處，交與陝西軍夫，轉運各茶馬司交納。轉輸數千里，所費不貲。宣德、正統以來，為因邊方多事，運糧為急，勢不能行，茶馬停止。六十年來，莫之能復。如臣近所收易番馬，以三年計之，似過其數。所用茶斤，皆招商買運，不煩軍民轉輸。故邊方既得實用，而內地若罔聞知。凡此，皆臣職分內事，非敢自陳功伐。

但念天下之事，創作者必專而後成，交承者必守而無失。臣受命之初，責任最專，易於集事。自兼巡撫以來，顧此失彼，已不如前。比者復蒙皇上加任總制，調度軍馬，經理邊方，責任重大，其於監牧茶馬之政，勢不能及。惟是規置粗定，禁令已行，分官代理，幸不廢墜。然歲復一歲，趍下之勢，恐所不免，懼隳前功，以貽後責。况臣未老而衰，近來百病交作，心雖自强，而力已不勝。方將瀝血以陳，冀遂乞骸之願，獨交承之慮，實嬰懷抱，不得不言。

臣切惟馬政、茶法，事體委實相須。先年陝西行太僕寺、苑馬寺馬政，俱該陝西巡撫兼管，而茶馬則巡茶御史主之。巡撫政務繁多，馬政一事，實不經意。而茶司所易，良駑莫究，騎操所給，登耗不聞。本末始終，茫不相攝。虛名無實，亦勢使然。頃設督理馬政之官，兼總數事。茶司之所易，即監、苑之所牧；監、苑之所牧，即官軍之所給。非惟不相悖，而反相為用。故臣之不才，亦得稍效其愚。此後督理之官，恐難復設。若令陝西巡撫帶管，不無仍蹈舊轍，莫若復巡茶之官而兼理之為便。

如蒙乞勅該部，參詳議擬上請，合無仍設巡茶御史一員，會同部、院，務選年深老練、實心幹事之人。或三年或二年一換，請勅兼理馬政、茶法二事。陝西行太僕寺、苑馬寺官員專聽本官提調約束，各衙門不必干預。凡臣已經布置規畫，奏有成命一切事宜，非有大礙，不必立異更張，庶幾事有定規，人有定志，可大可久，為益實多。臣雖退伏草野，與世長違，亦有榮矣。

臣不勝惓惓體國之至具本，該通政使司官奏。

奉聖旨："該部知道。欽此。"欽遵抄出送司議奏間，准户部陝西清吏司手本，為查理差官巡茶事，該本部議擬具題。奉聖旨："是。還差御史一員去。一年滿日，將交易過茶斤、馬匹數目，明白開奏，不許虛應故事。欽此。"

查得弘治十六年，該南京科、道官徐蕃、夏璲等，各奏為一事，權以脩邦政等事。開稱：茶馬係是一事，往年馬政兼於巡撫，茶課委之御史，體統不一，弊端由起。欲將巡茶御史取回，一應首尾，悉皆責成於都御史楊一清。等因本部議擬具題，節該奉孝宗皇帝聖旨："是。欽此！"

又查得弘治十八年，該都御史楊一清題：為脩復茶馬舊制以撫馭番夷、安靖地方事[三]。本部議得，合無再行。本官審勘，務要察番情之向背，邊事之繁簡，度時審勢，議處停當，具奏定奪。等因題奉聖旨："是。欽此。"俱經通行欽遵訖。

今該前因，及查得奏内所開清復牧地，招改恩軍，脩理馬營、城堡，開設苑廐、衙門，收買、追補種馬，并茶易番馬等項事宜，俱與本官節次奏報相同，案呈到部。

臣等看得，都御史楊一清自承欽命以來，督理馬政，未及四年。簡賢任事，深探廢弛之原；竭力殫思，懋著更新之績。草場既復，牧馬亦增。城堡環相望之雄，苑廐成羅列之美。孳牧有方，稽考有法。若金牌雖未復乎舊規，而茶馬則大獲乎新利。創始既已有功，交承又思無失。欲照舊例，仍設巡茶御史一員兼理馬政，足見本官始終為國經略遠圖之意。

及照監、苑所牧，委與茶司所易，同一馬政，相應兼併。近該户部既已題准復差巡茶御史，合無依其所擬，將一應馬政，併赴巡茶御史兼管。候命下之日，本部移咨都察院，無拘點差巡茶御史舊例，務選年深老練、曾經巡按、著有風力御史一員，請勑前去管理。其陝西行太僕寺、苑馬寺等官，俱聽本官提調約束，撫、按等衙門，俱不許干預。至於草場、牧軍、城堡、苑廐，凡經都御史楊一清布置規畫，奏有成命者，本官務以協心濟美為能，毋以立異更張為尚。必使牧馬既蕃，茶馬亦盛；人、己可行，華、夷兩便。前有光於創始，後無病於繼承。一年滿日，仍將孳牧、茶易馬匹及堆積茶斤，就以接管都御史楊一清見在之數，立為舊管，續以新收、開除、實在行欵，并給俵寄養數目，行過因革政蹟，逐一從實造冊奏繳，仍造青冊一本送部。自後繼承，悉照此例，庶幾查考有據，功蹟可稽。

緣係併行巡茶御史，兼管馬政，及奉欽依"該部知道"事理，未敢擅便。

正德二年四月二十二日，本部右侍郎韓重等具題。本月二十四日，奉聖旨："是。陜西一應馬政，都着巡茶御史兼管。務要着實舉行[四]，不許視常怠玩。欽此。"欽遵[五]。

【校記】

[一]"胡"，四庫本爲"邊"。

[二]"節因虜寇有警"，四庫本爲"節因邊疆告警"。

[三]"番夷"，四庫本爲"番人"。

[四]"舉行"，四庫本爲"奉行"。

[五]"欽遵"二字，四庫本脫。

關中奏議全集卷之四

巡撫類

一為邊務事

題：為邊務事。

准兵部咨。伏蒙皇上命臣不妨督理馬政，巡撫陝西地方。自度不堪負荷，已經具本陳情，辭免巡撫，仍督理馬政俟命外。欽奉勑諭，委任褒嘉，出乎常格。揣分度力，益深愧懼，感恩圖報，誓竭心力。

續准兵部咨，該本部題：奉欽依陝西寧夏鎮、巡等官，候差去指揮强宏到彼，即將地方賊情緩急[一]，備細緣由，明白具本，付與本官，星馳具奏，不許朦朧遲悮。

等因臣到固原，訪得達賊自本年正月初五日入境，搶掠李旺堡人畜之後，並無傳報砲火聲息。沿邊豫旺城、半箇城、上馬房、下馬房一帶，俱無伏藏寇盜。哨探得韋州螺山賊衆，俱已出墻，遯回河套。寧夏道路人馬商旅俱已通行。即今春氣漸深，河冰將解，此賊料已出套過河。陝西地方相離河套遙遠，未知端的，已行延綏、寧夏二處守臣查探，未報。節據捉獲奸細供稱：達賊小王子大衆，不曾過河。前項寧夏拆墻入寇[二]，雖未的知多寡，其鈔掠陝西邊境者，數本不多。我軍無截殺之功，所在遭搶掠之苦。雖云地方廣濶，軍馬數少，防守不敷，大要乃將驕卒惰，邊備廢弛，士氣餒於剥削，軍令傷於姑息所致。臣督率兵備、守備等官，於本月二十七日起馬前去豫旺城等處沿邊一帶城堡，閱視邊關，振揚威武，處置戰守防禦一切事宜。必俟辭免允命下臨，乃敢照舊專理馬政。

臣觀陝西武臣，非無可用之人；邊城卒伍，率多敢戰之士。况邊民勇健，所在皆兵。臣自去冬邊報告急，即督令所司，將平涼等處下班官軍、民壯、義勇等項拘集收操，聽候守臣調遣。臣稍加策勵鼓舞，輒有欣然赴鬬之志。察此事勢，縱使虜賊在套不出[三]，亦不足憂。如果事情緊急，又有欽奉徵調延、寧等處遊兵成命，必不誤事。且此虜蔑我大甚[四]，其志已驕，天實厭之。今歲如不悔過遠遁，必當駢首就戮。但查得固、靖、蘭州一帶，邊堡糧儲，委俱缺乏。見在主兵尚難支持，客兵所至，將何供億？拯溺救焚，誠不可緩。此正巡撫之責，懼非愚臣所克勝堪，然亦不敢後期，以誤大計。已經嚴督三司等官，多方計處，應施行者徑自施行，事體重大者另行奏請定奪。然願陛下託巡撫之責任，如託臣督理馬政之專；采巡撫之謀議，如采臣計處馬政之切。勿拘之以文法，勿撓之以流言。而為巡撫者，又當以公滅私，忘身徇國。治官事如家事，不以毀譽榮辱動其心，則守必固，戰必克。蠢兹小醜，不日於襄，九重可無西顧之憂矣。

緣指揮强宏，前去寧夏未回。臣今巡撫，恐道途相左，致誤强宏馳奏。除行鎮守武安侯鄭英待查探套賊去留消息[五]，明白具本，付本官賫進外，今將本境哨探無賊在邊緣由[五]，合先具奏。緣係邊務事理，謹具題知。

【校記】

［一］“賊情緩急”，底本、雲南本同，四庫本為“緩急情形”。

［二］“寇”，底本、雲南本同，四庫本為“敵”。

［三］“虜賊”，底本、雲南本同，四庫本為“敵兵”。

［四］“此虜”，底本、雲南本同，四庫本為“彼之”。

［五］“賊”，底本、雲南本同，四庫本為“敵”。

一為才不稱任乞恩辭免巡撫事

吏部覆：文選清吏司案呈，奉本部送於吏科抄出。督理馬政、都察院左副都御史楊　奏[一]。弘治十八年正月初十日，准兵部咨。該本部題，為大賊拆墻入境事。節該奉欽依：“是。楊一清不妨督理馬政，就着巡撫陝西地方。用心調度，防禦賊寇，寫勑與他。欽此。”

官逾其分，方懷負乘之慙；任非其才，恐貽覆餗之患。循墻莫避，臨谷增危。伏念臣章句迂儒，柳蒲弱質，歷官三十餘年，恒在閒曹，以文墨議論為事。不自意以虚名承乏督理陝西馬政。勑旨叮嚀，以廢墜既久之事，責其更新興舉。感激難逢之會，奮勵無能之資。倏寒暑之兩更，曾涓埃之無補。頃屬胡塵未靖[二]，邊塞戒嚴。皇上過聽廷臣之言，俾兼巡撫之寄。才薄事煩，力小任重。臣猶自駭，人將謂何？

近據固原、環縣等處傳報，炮火聲息不絶。臣聞命，不敢留滯，即往各該地方，欽遵一面調度防禦外。然犬馬一寸之誠，實有不能自隱者。竊以天之降才，各以區分；君之用人，必當器使。臣深自忖揣，實非巡撫之器，豈有經略之才？況軍旅之事，素未之學，若勉强就列，終不敢言。他日致誤邊事，臣之一身糜損不惜，如一方生靈何？此臣所以夙夜踧踖而不能自安者也。且陝西馬政，近年俱巡撫官奉勑兼理，因是委任不專，未見修舉，以致三邊戰馬缺乏。上廑宵旰之憂，簡命專管督理。

臣雖不肖，仰荷廟謨獨斷，言聽計行，以此得竭股肱之力。臣初期以五年之後，戰馬完足，不煩公帑之財，自壯邊兵之勢。此臣矢心體國，以忠於陛下之職分也。今大綱初舉，而節目未備；宿弊雖祛，而成效未臻。乃復以巡撫兼督理馬政，則仍蹈舊轍，而於前日簡命專官之旨，似有不合。該部久任責成之議，亦復託諸空言。況巡撫之職，百責所萃。臣非優於為政，未免顧此失彼，深懼獲罪名教，舉其平生而盡棄之。此臣所以欲言未敢，而終不能已於言者也。

伏望聖明，垂念陝西重鎮，一方生靈休戚所關，乞勑吏、兵二部，另推才堪經略，素諳軍旅之人，巡撫地方，防禦外患。臣照舊督理馬政、茶馬。如此則委任得人，邊備有託，而臣初志獲成，前勞不廢，雖屏伏田野，其榮多矣。

臣干冒天威，無任悚懼，待罪之至。等因奏。

奉聖旨："楊一清才望素著，簡命已定，不允所辭。該部知道。欽此。"欽遵抄出送司。案呈到部，合就移咨前去，煩照奏奉欽依内事理，欽遵施行。

【校記】

[一]"楊　"，四庫本為"楊一清"。

[二]"胡塵"，四庫本為"烽烟"。

一為公舉將材以備擢用事

兵部覆：該本部職方司案呈，奉本部送於兵科抄出。欽差、督理馬政、都察院左副都御史楊　題[一]。近准兵部咨該本部題。該保國公朱暉題。為預籌虜患[二]，戒謹武備以謹不虞事。本部議行内外大小衙門，若有着實堪為將領之人，不拘在官在下，開具實跡，明白薦揚，以憑訪察取用。等因題奉欽依，備咨前來。

臣惟兵者，國之大事，三軍之命，實係於將。故曰："將非其人，兵雖衆，不足恃。"今在廷有明揚之典，隨取隨足，何患乏人，豈假愚臣之贅？但備員風紀，有事邊疆。凡所見聞，寧忍緘默？然臣久官西土，所知者陝西之事，故所薦者惟陝西之人。陝西延、寧、甘肅為防胡三大鎮[三]，而固原、環慶皆虜人所嘗蹂踐之處[四]。蓋自撤東勝以來，河套内地，棄為虜巢[五]。深山大沙，險顧在彼，故每歲黄河將冰，惴惴焉惟虜入套是懼[四]。虜一入套[六]，則延綏千里[七]，時防衝突。寧夏外險，反南備河，腹裏之人不得安枕而臥矣。

以事勢論之，先年深入厚獲，未嘗遭挫，則入套之謀，恐所宜有。况蘭州地方，今年節被抄掠，强弓健馬，直突金城關下。我軍隔河相視，不敢追逐。臣嘗親歷博訪，衆口嗷嗷，皆歸咎於守備怯弱，士馬寡少所致。竊恐彼賊蔑我無能[八]，利我可掠，萬一乘凍過河，蘭、金、安、會之區，必遭荼毒。密邇安定苑馬營數千官馬，將無保障。

臣有職事，不得不憂，為今之計，慎擇將領為急。將領得人，自足以繫兵民之心，紓一時之急。然陝西用武之地，武臣可用者必多。臣未深知者，不敢輕舉。臣所知者，如陝西都司都指揮僉事房懷，素諳邊務，兼有治才，軍政佐貳，未究厥用。署都指揮僉事陳善，閑於師旅，勇於戰鬭，督修邊墻，用違其材。延綏定邊營把總都指揮同知閻綱，知兵慣戰，屢立奇功。河州衛指揮同知姚震，雄赳過人，御軍有法。凡此四人，雖未敢謂其為真將材，在陝西武臣中號為出色。臣所知者如此。且人材難得，必欲責備，則目前無全人。取其所長，則微疵在所略。如蒙乞勑兵部，再行訪察。合無將房懷、陳善、閻綱、姚震，量加擢用委任，其於邊務，不為無補。等因具本。

該通政司官奏。奉聖旨："兵部看了來説。欽此。"欽遵抄出送司。

查得先該保國公朱暉建議，本部已經議奏，通行各邊及内外大小衙門，訪保堪為將領之人去後。今該前因，案呈到部。

看得都御史楊　[一]，奏保都指揮房懷等四員堪為將領。奏内又稱蘭州地方，今年達賊突入[九]，官軍隔河，不敢追逐。衆口嗷嗷，歸咎於守備怯弱。查得蘭州守備係都指揮張愷，既已怯弱不能守禦，相應更換。合無行令張愷退回原衛，聽候量才別用，就將楊一清今舉數内都指揮房懷，代替張愷守備蘭州。候命下之日，本部照例請勑前去，令其欽遵行事。其所舉都指揮陳善等三員，本部案候，遇有相應員缺，另行疏名上請簡任。

緣係公舉將材，議換守備官員，及奉欽依"兵部看了來説"事理，未敢擅便。

弘治十八年二月初九日，本部尚書劉大夏等具題。本月十一日，奉聖旨："是。房懷着守備蘭州地方。欽此。"欽遵。擬合通行，為此除外，合咨前去，照本部題，奉欽依内事理，欽遵施行。

【校記】

[一]"楊　"，四庫本為"楊一清"。本卷以下部分同，不再注出。

[二]"虜"，四庫本為"邊"。

[三]"胡"，四庫本為"邊"。

[四]"虜"，四庫本為"敵"。

[五]"棄為虜巢"，四庫本為"已非我有"。

[六]"虜"字，四庫本為"萬"。

[七]"綏"，四庫本為"寧"。

[八]"賊"，四庫本為"將"。

[九]"達賊"，四庫本為"邊人"。

一為計處官軍保障地方官馬事

兵部覆：本部職方司，呈於兵科抄出。督理馬政都察院左副都御史楊　題。

弘治十七年十二月二十一日，據陝西苑馬寺靈武監申，為緊急聲息，入境搶擄人口、官私頭畜事。

據清平苑申，據本院循環老人張義呈，於本年十二月十七日，蒙本苑差義同操丁邵興旺、張驢兒、楊三，前去槩管地方哨探，到於地名雙峯臺高見堡。據招募地方老人馬清報説：本月十五日，有招募新軍羅仲明等，將各名下牧放官馬頭畜，下堡飲水間，忽被達賊暗撲前來，將羅仲明官馬二匹、幼男二口，馬三官馬二匹、幼男一口，曹貞保官馬一匹，陳能官馬一匹，共官馬六匹，王繼名牛二隻[一]。殺死固原衛唐百户下軍餘周安、楊文、馬暹、楊老軍，搶去本衛軍餘沙威馬三匹。

等因本月二十八日，又據本監申，為緊急聲息搶擄等事。據萬安苑申，據本苑架塘操丁李海、蘇廷茂、任浩等報稱：於本年十二月初七日，被達賊從草地進入本境，打剌胡、孫家堡、碾盤掌、沙井兒、蘆草溝、青川、苦水等處搶虜[二]，將官私頭畜、人口搶掠，并殺死人口緣由呈報本苑。至本月十二日，又據軍餘謝恕、招募軍人何敬等口報：被達賊又將虎家城、若水、板井等處一帶，搶掠官私頭畜、人口，殺傷軍餘緣由，各報到苑。俱無告詞，難以申達。自搶之後，見得達賊，俱在本苑隣近地名澇池等處，劄營暗行。將隣近地方搶掠，俱各不敢前來告報數目，有碍申稟。欲待被擄各軍，告狀到苑之日申報，誠恐遲誤。理合先將被擄緣由申稟。等因備申到臣。

查得陝西苑馬寺兩監六苑，見今牧養官馬數多。自達賊入套，傳報聲息以來，節經通行收斂隄備。為照黑水、開城等苑有守備都指揮苗英、領軍指揮郭遡等在彼，又相離固原大軍不遠，料不誤事。其清平、萬安二苑，在固原東北一帶地方，無軍防守，萬安苑尤為孤懸。恐自豫旺城徑窺該苑，不可不慮，防禦之策俱宜嚴謹。已經手本備行鎮守陝西等處地方武安侯鄭英，差官量帶馬步軍兵前去萬安等苑地方防守，及通行守備、領軍等官，各嚴督防禦，保障地方，守護官馬去後。

今據前因，看得清平、萬安二苑，俱係固原守備官所管地方，又有鎮守武安侯鄭英在於固原駐劄，不能遏絶防禦，以致賊人深入[三]，搶掠官私人畜。見今該苑道路阻絶，難以行勘，除候聲息稍寧，通查搶殺人馬的確姓名、數目，另行具奏外。切照各苑地方，固原、平凉、鎮原等處，軍民雜處。近自去年十一月以來，達賊擁衆，在於韋州螺山住牧，分掠腹裏，西則半箇城、回回堡、海剌都，東則自豫旺城徑掠萬安苑，直抵馬剛堡、清平苑地方。或數百人，或數十人，少則三五人，所至輒有搶殺，不知的數。自弘治十四年大舉侵掠之後，未及三年，軍民何辜？重罹荼毒！守備都指揮苗英、領軍指揮郭遡等，專在固原迤西防禦，雖有奪回頭畜、人口，然不過十之一二而已。東路甚是空虛，有搶殺而無奪獲。臣先聞官軍俱在西路，恐賊自豫旺城乘虛東掠[四]，以此節行鄭英計處，量撥官軍東路防護，寂無施行。已而二苑官馬及馬剛堡地方軍民、人口、頭畜，果被搶殺。各該守臣固難辭責，要其事勢，亦有由然。

初，螺山之賊，竊伏半箇城，久而不退，河西之寇犯我靖虜者，聲勢尤急。苗英等只得在於鎮戎千户所、西安州等處防守。後賊分散醜類，隨處拆墻填溝，假我逋逃，為之鄉導，乘隙而入。我軍相離動輒數百里，人馬有限，顧此失彼，勢亦不能掣兵東救。借使苗英等聞馬剛堡等處有賊，東還截殺，亦緩不及事，而西路之賊，又乘隙而入矣。即今春初馬瘦，尚敢馳突，倘河開不出，夏秋時月，草盛馬肥，長驅肆掠，各官似前顧此失彼，非止官馬被掠，平涼、鎮原、涇州一帶軍民將何保障？必須選委專官，管領軍馬，於固原東路防守，庶幾責任有歸，緩急可倚。查得前遊擊都指揮楊敬所領遊兵三千員名，除西安左、前、後三衛官軍九百五十員名，見隨鄭英截殺，及慶陽衛五百員名，本處備禦外，洮州衛二百五十員名，岷州衛三百五十員名，河州衛三百員名，臨洮衛二百員名，鞏昌衛二百員名，秦州衛二百員名，平涼衛五十員名，見今散回本衛，俱係挑選精鋭。當此多事之秋，若管領得人，必能勦殺賊寇[五]，保障地方。訪得慶陽衛指揮黄正，新陞都指揮，空閑。本官驍勇慣戰，又熟知地里，相應委用。及照臣新築完清平苑彭陽城，山川險固，并萬安苑地方有虎家城、李馬城等處，俱堪屯兵防守。

如蒙乞勑兵部議處，預行陝西鎮、巡衙門，如果達賊在套，河開不出，前項地方急宜防禦。合無行委都指揮黄正，或另選驍勇慣戰如黄正者一員，管領原選洮、岷、河、臨、鞏、秦、平七衛遊兵官軍共一千五百五十員名，在固原迤東清平、萬安二苑虎家城、彭陽城一帶，往來駐劄，防禦截殺，保障軍民，守護官馬，以遏虜賊深入平涼、鎮原之路[六]。在萬安苑地方駐劄之時，行糧暫於環縣倉關支，在清平苑地方駐劄，暫於平涼府雄贍倉關支。事寧，官軍各回本衛。領軍官員果能剿殺賊寇[七]，另行録功陞用。今後凡遇冬月賊虜在套[八]，照前施行，永為定規，免致後期失事。仍行陝西巡撫，將招商、銀買等項糧草，量撥於彭陽等城堡，收受支放，以便屯守。固原守備都指揮苗英等，專一在於西路防禦，以遏虜賊深入固原、安會、靜寧、隆德之路[九]。如此則聲勢聯絡而地方不至空虚，責任專一而緩急無所推避。若有十分緊急賊情[十]，應該動掣應援。又在主將臨時相機調度。

臣軍旅之事，非其職業，不當預聞。但生靈休戚所係，不忍坐視。又事干官馬，臣如不言，恐將來為患未已。徒竭其力，以為寇資，臣之罪責。亦何所逃？等因具本。

該通政使司官奏。奉聖旨："兵部看了來説。欽此。"欽遵抄出送司。案呈到部。看得都御史楊一清所奏，除誤事緣由，待查報至日另行外，所據題稱：陝西固原地方，東西俱有賊情，而東路無兵截遏，被賊虜去官私馬匹、人口、頭畜[十一]，并殺死軍餘人等。西路彼時緊急，官軍勢難東救。欲將原選洮、河、岷等七衛遊兵官軍共一千五百五十員名，行委都指揮黄正管領，在於迤東地方截殺，苗英等專在西路防禦虜賊一節[十二]。緣楊一清擬奏前項緣由之時，尚係督理馬政，賊情正在彼處擾攘之際。今警報已緩，而身任巡撫，正宜趁此閒暇，及時整理武備。

合無本部仍行本官，將所擬軍馬分定防禦地方，委用領兵官員，支給糧草去處，上班放回時月，與凡一應防禦機宜，俱在議處停當，依擬舉行。務使隨處兵儲有備，遇警戰守不誤。仍將議處過一應事宜，轉行内外鎮守官員知會，應具奏者備由奏報。

緣係議處官軍、保障地方，及奉欽依"兵部看了來説"事理，未敢擅便。弘治十八年三月初九日，本部尚書劉大夏等具題。本月十一日，奉聖旨："是。着楊一清斟酌計處，務要停當。事體重大，具實奏來定奪。欽此。"欽遵擬合就行。為此合咨前去，煩照本部題，奉欽依内事理，欽遵施行。

【校記】

[一]"牛二隻"，據文意此後似脱"搶去"二字。
[二]"虜"，底本、雲南本均作"虜"，四庫本作"擄"，通。
[三]"以致賊人"，四庫本為"聽其長驅"。
[四]"恐賊"，四庫本為"萬一"。
[五]"賊寇"，四庫本為"敵人"。
[六]"虜賊深入"，四庫本為"衝要之處"。
[七]"剿殺賊寇"，四庫本為"盡力剿殺"。
[八]"賊虜在套"，四庫本為"防守河套"。
[九]"虜賊"，四庫本為"其"。
[十]"賊情"，四庫本為"情事"。
[十一]"賊虜"，四庫本為"搶掠"。
[十二]"虜賊"，四庫本為"把守"。

一為預處邊儲以備緊急供餉事

户部覆：該本部陝西司案呈，奉本部送於户科抄出，欽差巡撫陝西等處地方兼督理馬政都察院左副都御史楊　題。

節據整飭固原、環慶等處兵備、陝西按察司副使高崇熙、燕忠，各呈繳查勘過沿邊倉場糧料、草束、銀兩數目，文冊到臣。案照先為前項地方，節被達賊侵犯城堡，搶掠人畜，恐後動調軍馬，防禦遏截，未審沿邊一帶倉場、糧料、草束有無積蓄充實，可勾屯聚主客兵馬幾箇月支用。已經劄仰各官查勘的確數目，備造手冊呈報去後。

今據前因，查得各該邊倉糧料、草束，委俱缺少。如固原、蘭州俱係總會屯聚軍馬去處，見在倉糧，固原州止有九千二十一石九斗九升一合，本處主兵共三千五百員名，每月該支糧三千六十石；蘭州見在糧一萬二千八百二十石一斗八升，本處主兵官軍旗校，共六千四百餘員名，每月該支糧四千三百石。俱僅可供三箇月之用，倘若添調客兵，將何支給？其餘倉分，或有糧無料無草，或有料無草無糧，或有草無糧無料，或糧料、草束俱缺。有者，僅支主兵，不見贏餘；無者，目前告急，後將何望？

及查得陝西布政司官庫銀止有五萬兩，固原州倉先該總制尚書秦紘奏開引鹽，收銀一十三萬八千七百九十餘兩。近該巡撫都御史孫需，行令兵備等官支出招商，糴買糧草，然分散城堡，數亦不多。且陝西天下要害之地，固、靖等邊，又陝西要害之地，八郡數百萬生靈之命所繫，而缺乏至此。今雖烽火少息，套賊去留，猶未可測。縱使河開過套，將來事勢，尤有可憂。

蓋自弘治十四年大舉搶掠之後，虜賊聞知設有總制大臣[一]，將以為修築邊墻，增兵增糧，事事有備，以此小王子大衆不曾過河，止是火篩等枝入套。近日賊人分散醜類，潛謀剽掠，隨處拆墻填溝，如蹈無人之境。各該大小領軍官員，擁兵坐食，未聞運一方略，以挫賊鋒[二]。況黠虜多遣奸細入境[三]，覘我虛實。恐其蔑我無能，知我無備，將來糾合羣酋，乘凍度河，大舉深入，勢須徵調延、寧、涼、莊官軍，以為内援。若不先事儲蓄，臨期缺乏，未免乞運勞民，貽患地方，誠非細故。

臣惟圖事於平時者易，應變於倉卒者難。先年陝西為因不曾先事儲蓄，及至大虜入套[四]，動調軍馬，奏開課鹽不知若干萬引，運送官銀不知若干萬兩，舉行納銀、冠帶等項事例，所得又不知其幾何。虜尋出套[五]，師旅既罷，倉庫一空，徒為乘時射利者之地，而民遭乞運轉輸之苦。至於闔門逃竄，逮今比屋蕭然，生理未復。向使虜賊不退[六]，兵連禍結，内變將作，不知何以為計？言之可為寒心。邊報稍息，上下相安，遂謂無事，儲蓄之策廢而不講。

頃者虜復入套[七]，烽火絡繹[八]。會計所儲，在在不足，相顧駭愕，仰給朝廷。幸而虜賊悔禍遠遁[九]，設或潛伏河套，經年不出。乘秋大舉長驅深入，縱然不惜府庫之財，以充供軍之費，而地方所出有限，倉卒亦難辦給，此皆失於先事儲蓄之過也。且如每草一束，平時價不過二三分，遇急收買，至七八分一錢而無措；每糧一石，平時價不過五六錢，遇急轉輸民至，費銀二三兩而不足。此理明甚，人豈不知？其因仍玩愒，良亦有故。今之士夫任耳不任目，惡聞人善而樂談人之過失。寧倉卒而勞費，人無非議。平時招糴增糧增草，則羣而譁之，以為多事，甚則疑其因以為利。用是凡厥有位，卑者矜矜自保，苟免罪責；尊者循循度日，坐待陞遷。有能實心為公家任事者寡矣。

臣聞昔者尚書周忱，巡撫江南十有八年，一應錢糧，任其通融區畫，致有紅陳貫朽之積，百姓賴之，至今以為美談。彼固多才，非當時委任之專且久，何以至此？使周忱官於近時，以若所為，不三二年，非被排而去，則循次而升矣。臣竊恐議者，因見延、寧小捷，地方稍靖，遂置邊儲於度外，萬一有警，又將貽後時之悔。深慮却顧，不得不極言之。

查得先年户部擬奏充實邊儲事件，非止一端，雖出一時權宜，中間有益無損、經久可行者亦多。至於開仕途濫進之門，為罪人幸免之地，所益者小，所傷者大。苟非門庭之寇[十]，亦正不須如此。若發京師帑藏之財，雖失居重馭輕之宜，終成損上益下之美。但京師儲蓄有限，各邊仰給無窮，恐非可繼之道。求其獲利多而取效速者，莫如開中引鹽為便。蓋榷鹽之利，本為助邊，果能絶私販之阻滯，杜權貴之請求，則生生無窮，何憂不給？

伏望皇上，俯念陝西關中重地，邊儲缺乏太甚，所宜急時預處。乞勑户部，合無於陝西開中兩淮等運司，常股、存積等課鹽百餘萬引，及今招商於夏秋收成之後，糴買糧料、草束，查撥固、靖、蘭州、環慶各該邊堡屯駐軍馬缺乏去處上納。仍要斟酌賊情緩急[十一]，如果虜賊在套[十二]，盡收本色，量寬斗頭，使人樂趨，不許嫌避誤事。若無緊急賊情[十一]，又當酌量年歲豐歉，年豐有收，則廣為招糴，不厭其多；如歲歉收薄，則量收一半本色，以防目前之急，仍存一半銀兩，以為來歲之圖。免以不貲之財，坐為營利者所得。其他充實邊儲事宜，擇其有益地方，無損治體者為之。大要使邊倉各有二三年之儲，則遇警不至於告乏，布政司常有數十萬兩之積，則臨期尚可以有為。此在巡撫督同布政司官通融處置，次第舉行，應具奏者具奏定奪。

居常勿習於玩，臨事勿傷於急，則事集而人不及知。不必取旦夕之盈，為張駭之舉，重費其力，以資勢利。此愚臣迂腐，為兵事謀，兼為民事謀，為治體謀之惓惓也。巡撫本股肱之臣，又得假便宜之柄，何事不可為？亦存乎其人耳。苟非其人，當易其位，既授之任，當責其成。任者不疑，疑者不任。居其位弗事其事，則將焉用彼相矣。

臣本菲才，不堪負荷，已嘗具本辭免，未奉允命。然堂堂天朝，豈無真能為巡撫之人？陛下慎擇而專委之，久任以責其成，不使有掣肘之慮。如是而奉職不效，不能先事預處，以致臨期失錯，重則身伏斧鑕，輕則名削仕籍，彼亦何所辭避哉！等因具本。

該通政司官於奉天門奏。奉聖旨："户部看了來説。欽此。"欽遵抄送到司。

案查先該本部右侍郎顧佐題稱：蒙差前往陝西三邊整理糧草，乞要查照先年事例，運送銀兩，開中引鹽，召納糧草，運赴各邊緊要缺糧倉場，以備急用。及本部近日奏開納銀、冠帶、贖罪等項事件，行移巡撫衙門舉行。等因本部查照議擬，開中淮、浙、河東運司鹽課共一百萬引，運送折糧等項銀共三十萬兩。舉行冠帶等項事例，催徵拖欠糧草子粒，悉聽右侍郎顧佐會同彼處巡撫都御史整理。如有不敷，星馳奏來，再行區處接濟。等因具題。

奉聖旨："是。欽此。"欽遵。已經通行去後，今該前因，案呈到部。

看得巡撫陝西、都御史楊　奏稱：陝西地方、固原、蘭州、環慶一帶，糧草缺乏，要開中兩淮等運司鹽百餘萬引，召買糧料、草束，查撥各該邊堡屯駐軍馬缺乏去處上納一節。緣本部近因侍郎顧佐奏請，開鹽一百萬引，送銀三十萬兩，舉行事例，催納拖欠等項，通行陝西各巡撫等官公同整理。計此時方纔到彼，正係議處之際。數月之後，自有成效，無憂匱乏。今本官又奏：要開中鹽引，本難准擬，但邊方積蓄，以預為先，以多為貴，若趁今套賊遠遁，年歲頗收，不行先事廣儲，倘緊急調集，軍馬倉卒，何以為備？豈可因延、寧小捷，地方稍靖，遂置邊事於度外哉！合無依其所擬，再將兩淮運司，弘治十五年分常股鹽一十二萬一千二百四十八引，十六年存積鹽一十二萬八千七百五十二引；兩浙運司弘治十六年分常股鹽一千八百六十八引一百五十二斤；十七年分常股鹽一十三萬三千八百九十六引一百三十二斤；四川鹽課提舉司弘治十五年分額鹽五萬引；長蘆運司弘治十六年分存積鹽三萬六千一百六十一引，常股鹽二萬八千七十三引一百二十六斤。共鹽五十萬引。本部行移，整理糧草。

本部右侍郎顧佐并奏帶郎中呂賢、陳策及彼處巡撫都御史楊 等，將先今二次開去引鹽并運去銀兩，定立斗頭，召商糴買。若有不足，再查靈州并西、漳二縣變買鹽課銀兩，一併召買。仍要斟酌地方緩急，積蓄有無，如某處糧料有餘，草束不足，則先整理草束；如某處草束有餘，糧料不足，則先措置糧料。某處係緊要急缺，在所當先；某處係頗緩稍充，在所當後。年豐有收則盡數招糴本色，不厭其多。年歉薄收，則量收一半本色，以防目前之急。仍存一半銀兩，以為來歲之圖。務使處置停當，邊儲充實，緩急有備，斯為得策。事完，通行造冊奏繳，仍造青冊一本，送部查考。其開去引鹽，合用勘合、底簿并流通文簿，差官馳驛前往南京户部，印編完備勘合，徑送陝西布政司收。候納獲倉鈔至日，辨驗填給。其底簿并流通文簿，轉發各運司并提舉司收掌。如遇各商賚到勘合，比對字號相同，照例支給。

緣係預處邊儲以備緊急供餉。及奉欽依“户部看了來説”事理，未敢擅便。弘治十八年三月十六日，本部尚書韓文等具題。本月十九日，奉聖旨：“是。着各官上緊趁時整理，務要處置停當，邊儲充實，毋致臨時缺乏。欽此。”欽遵擬合通行。為此除外，合咨前去，煩照本部題，奉欽依内事理，欽遵施行。

【校記】

[一]“虜賊”，四庫本為“彼既”。

[二]“賊”，四庫本為“其”。

[三]“況黠虜多遣奸細入境”，四庫本為“時有奸細潛出内地”。

[四]“大虜入套”，四庫本為“入套以後”。

[五]“虜尋”，四庫本為“待其”。

[六]“虜賊不退”，四庫本為“比歲以來”。

[七]“虜”，四庫本為“敵”。

[八]“絡繹”，四庫本為“告急”。
[九]“虜賊”，四庫本為“敵人”。
[十]“寇”，四庫本為“敵”。
[十一]“賊”，四庫本為“事”。
[十二]“虜賊”，四庫本為“盤踞”。

一為更替守備官員以保障地方事

兵部覆：職方司呈奉本部，送兵科抄出。巡撫陝西等處地方兼督理馬政都察院左副都御史楊 題。

照得陝西固原、環慶，俱係緊關要害之地，而固原土漢雜處，内有監牧馬匹，所繫尤重。守備官員必得其人，則緩急可倚，地方無虞。切見守備固原都指揮僉事苗英，騎射雖長，才非統馭，事多利己，人心不服。近日，達賊入境搶掠，屢有可乘之機，俱被失誤。守備環慶署都指揮僉事劉雄，年老志衰，聞敵怯懦，以致下人玩慢，威令不行。所據各官，若不早為更替，向後有警，必然誤事，貽患非輕。如蒙乞勑兵部，合無將苗英退回原衛閒住，劉雄行取回京，仍於陝西都指揮、指揮中推舉謀勇素聞、曾經薦舉者[一]，上請簡用，作急前來守備，操練軍馬，防禦虜寇[二]，地方幸甚！其各官失事情罪，通候查勘明白，另行具奏定奪。等因具本。

該通政使司官奏。奉聖旨："兵部知道。欽此。"

隨該守備環慶署都指揮僉事劉雄奏：為年老官員不堪任職事。

弘治十二年十二月二十一日，奉勑命臣："守備環慶等處地方，欽此。"除欽遵任事外。

切緣臣先因弘治十四年虜寇大舉深入騷擾環慶、固、靖等處地方搶虜[三]。臣統領人馬，節次出戰，往來追趕截殺，睡臥冷地，又被天降猛雨淋丕[四]，寒暑不均，致生疾病，調治稍可。近於弘治十八年正月二十四日，忽又得患風病，左癱右瘓，見今睡床不能動履。臣見年六十一歲，例該革退。緣臣係軍職，守備地方領軍官員，誠恐誤事。如蒙准奏伏望皇上軫念邊方重務，乞勑該部推舉精壯驍勇官一員前來，任守環慶地方，容臣回家養病。等因具本。

該通政使司官奏。奉聖旨："該部知道。欽此。"欽遵通抄送司，案呈到部。

看得都御史楊　，所參守備、固原都指揮苗英，才庸貪利。環慶署都指揮劉雄，衰老怯懦，俱各不堪守備，要於陝西都指揮、指揮中推舉謀勇素聞、曾經薦舉者，前來更替一節。

竊照固原、環慶地方，要害所係，誠非庸劣老病之人所宜居守。既該巡撫官員查參前來，而數內劉雄亦自陳老疾求代，相應更換。合無通准所奏，本部仍行都御史楊，行令固原守備都指揮苗英，環慶署都指揮劉雄，各還原衛致仕，另將應襲兒男保送替職。所據各該守備員缺，候命下之日，本部就於彼處相應官員內推舉上請，簡命二員，請敕前去，各令代替守備前項地方。

緣係更替守備將官及奉欽依"兵部知道，該部知道"事理，未敢擅便。

弘治十八年三月二十日，本部尚書劉大夏等具題。本月二十三日，奉聖旨："是。欽此。"欽遵。擬合通行除外，合咨前去，煩照本部題，奉欽依內事理，欽遵施行。

【校記】

[一]"都指揮、指揮"，四庫本脫"指揮"二字。

[二]"虜寇"，四庫本為"邊境"。

[三]"虜寇"，四庫本脫。　"搶虜"，四庫本為"搶擄"。

[四]"淋丕"，四庫本為"淋漓"。

一為推舉領軍官員事

兵部覆：該本部送於兵科抄出。巡撫陝西地方兼督理馬政都察院左副都御史楊　題。

查得陝西都司西安前、後等衛，原選固原備冬官軍一千二百員名。先年俱有都指揮一員管領備禦，士馬精强，甚得其用。後因添設游擊，將數內精鋭官軍挑選去訖，又無空閑都指揮可委。近該鎮、巡官員止委指揮一員管領，現在馬、步官軍七百餘員名。臣近日巡邊，點檢得前項人馬中間，大半疲弱不堪，全無紀律，徒費芻糧，有名無實。除將把總指揮邢仁責治，革退領軍外，緣固原要害地方，通賊隘口數多[一]，臨冬河凍時月，達衆難保不入河套，潛謀寇掠[二]，備禦之策，所宜加謹。况遊擊已經革罷，所據前項官軍，相應歸還原擬備冬之數，分布防守。但本處查無空閑堪以領軍都指揮等官，若仍令指揮把總，則體勢大輕，難以行事。推訪得西安左衛指揮使任璽、西安後衛指揮使李佐，俱弓馬熟閑，諳練戎務，堪以委用。

如蒙乞勑兵部，上請於各官内定擬一員，照例以都指揮體統行事，管領前項官軍一千二百員名，遇冬在於固原地方防守，聽調殺賊[三]，河開放回。仍要不時點閘訓練，遇有警報，一體調用。若果能練兵如法，行軍有紀，勞效著聞，緩急可倚，聽鎮、巡等官奏保，或量陞署職，或推補守備，以旌其能。如此則官軍不至徒設，芻糧不至浪費。等因具本。

該通政使司官奏。奉大行皇帝聖旨："兵部看了來説。欽此。"欽遵抄出送司，案呈到部。

看得巡撫陝西、都御史楊　奏稱：西安前、後等衛原選固原備冬官軍，内有選充遊兵者，仍歸備冬之數，要將指揮任璽、李佐定奪一員，管領備冬一節。緣固原路通夷虜[四]，地當衝要，其備冬官軍必須得人管領，緩急庶可調用。今指揮任璽、李佐，既該楊　奏保前來，緣本官親臨在彼，必其真知各人才有可用，合當准其所奏。伏乞聖明於任璽、李佐二員内簡用一員，候命下之日，本部仍行都御史楊　，轉行本官，照例以都指揮體統行事，管領前項兵馬，前去固原地方備冬。務要時常點閘，勤加操練，遇警聽調截殺，仍聽鎮、巡官員節制。本官尤須持廉秉公，愛惜軍士。待後果能操恤軍士，修舉職業，聽巡撫官員奏薦，量陞都司署職。

緣係推領軍將官及奉大行皇帝欽依"兵部看了來説"事理，未敢擅便。弘治十八年六月初一日，本部尚書劉大夏等具題。本月初二日，奉聖旨："是。任璽着管領備冬官軍。欽此。"欽遵。擬合就行，為此合咨前去，煩照本部題，奉欽依内事理，欽遵施行。

【校記】

[一]"賊"，四庫本為"邊"。

[二]"寇"字，四庫本為"刼"。

[三]"殺賊"，四庫本為"截殺"。

[四]"夷虜"，四庫本為"番人"。

一為經略緊要地方邊務事

兵部覆：該本部送於兵科抄出。巡撫陝西等處地方、兼督理馬政、都察院左副都御史楊　題。

行據整飭固原等處兵備、陝西按察司副使高崇熙呈：奉臣劄付前事。備奉查得魏王城，即豫旺城開設平虜千户所[一]，城池先已修完，衙門未曾盖造。原擬南方衛分清查解到見在固原衛帶管食糧軍人二百一十四名，近年招募新軍九百四十八名，内見在本城操守八百一十九名，存留固原衛入伍食糧一百二十九名，與南方衛分清查解到軍人共有一千一百六十二名，俱發本處操守，可勾一所之用。

及查本所比照鎮戎千户所事例，合用正千户一員、副千户二員、所鎮撫一員、百户十員、吏目一員，司吏、典吏各一名。新設倉分應作新安倉名色，合用大使、副使各一員，攢典一名。該用鑄造平虜守禦千户所印信一顆[一]，百户所印信一十顆，夜巡銅牌三面，新安倉條記一顆。及看得見在暫取管束新軍寧夏中衛中所副千户汪昭，生長邊方，頗知地里險易，軍士艱苦，相應存留管事。

等因據此案查，先據副使高崇熙呈送總制陝西并延綏、寧夏、甘肅等處軍務，户部尚書兼都察院左副都御史秦紘文卷一宗，為公務事。准兵部咨，該本部題。

該總制軍務尚書秦紘題：

照得葫蘆硤口、魏王城為固原襟喉之地。葫蘆硤口已蒙開設鎮戎守禦千户所，惟魏王城先年勘議停當，及臣勘亦相同。况臣已將魏王城城池、衙門修盖完備，及行據陝西布政司將該解南方四處軍人，清查解到二百二十三名，俱發固原衛羈管，聽候平虜所選官至日[一]，發去收伍。此處委的緊要，又況田土寬廣肥饒，無人耕種，年久荒閑。

如蒙乞勑兵部計議，合無照依原議，開設衙門，鑄降印信、銅牌，銓除合用千户、百户、鎮撫并吏目、倉官管束。前項解到軍人，仍各給撥田地耕種。三年之後，安插停當，照例徵納子粒。仍乞行陝西布、按二司清軍官員，嚴督各該府、州、縣清軍官，將原奏頂兑軍人逐一清解本所，編伍防守，庶使軍士得安於鄉土，而地方有賴於保障便益。等因具本。

該本部官欽奉聖旨："兵部看了來説。欽此。"欽遵。

查得先為前事，該巡撫陝西、都御史余子俊題稱：

葫蘆、硤口并魏王城，各有古城一座，俱路通寧夏韋州等處，係達賊出没要害地方。要於葫蘆、硤口添設鎮戎守禦千户所，魏王城添平虜守禦千户所[一]，及將陝西該解南方福建等處逃故軍士，行文清出，各不必起解，一名頂兑一名，就發二所守禦。等因會同部、院等衙門議擬題准，通行勘議，修理頂兑去後。

續為禦虜防奸等事[二]。該陝西鎮、巡等官太監歐賢等題稱：魏王城衙門未修，軍士尚未解到。其葫蘆、硤口城池、衙門、倉場已修完備，頂兑新軍已有七百餘名，乞要鑄降印信、銅牌。合將固原等衛空閑千、百户，鎮撫貫泰等一十二員，并添所吏目一員，改除本所管事。及立新豐倉，合選撥官攢三員名，鑄降印記管理。

等因本部議得，合無准其所奏，并將魏王城，原擬開設平虜千户所衙門[一]，上緊修整完備，奏報具題。奉憲宗皇帝聖旨："是。欽此。"已經通行，欽遵去後。今該前因，案呈到部。

看得總制尚書秦紘題稱：所屬固原衛葫蘆、硤口，已蒙開設鎮戎、守禦千户所，銓官降印。惟魏王城先年勘議停當，即今城池、衙門修完，乞要銓官降印，并行清軍官員，將頂兑軍人清解一節[三]。查係先年題行開設事理，别無定奪。但未審原擬軍士有無齊備，輒難定擬，銓官降印。

合無本部仍行本官。再行陝西布政司查勘。除十六年以前清出，各府未解江南衛分軍士，應該存留本省者，已經本部奏准，俱發苑馬寺牧馬外，要見先年原擬陝西與福建等四布政司，彼處照名頂兑軍士，實有若干名。若是已勾一所之用，就查合用官員千、百户、鎮撫，應於何衛所改調，所設倉分作何名色，鑄造印記、銅牌該用若干顆、面，通行查議停當，備由具奏前來，以憑依擬，上請施行。

緣係查處開設所分、保障地方，及奉欽依"兵部看了來説"事理，未敢擅便。弘治十七年三月十三日，本部尚書劉大夏等具題。本月十五日，奉聖旨："是。着查議停當來説。欽此。"欽遵備咨本官，已經通行，欽遵查勘外。

又文卷一宗，該副使高崇熙抄蒙尚書秦紘鈞帖前事。據寧夏中衛中所副千户汪昭呈稱：本所見有正、副千户八員，俱各空閑，乞要改調豫旺城新設平虜千户所管事[一]。等因為照查取别衛千、百户、鎮撫等官未到，案候具奏。照得寧夏中衛雖在河外，平虜所在裏[四]。但緣本所新收募軍，多係寧夏人民。今本所空閑千户員多，帖仰本職。查照汪昭如果相應取赴豫旺城，暫且管束新軍操守，待候取齊其别官員，一併開奏施行。等因在卷。為照固原州豫旺城開設平虜守禦千户所[四]，查係節奉欽依事理。近因總制尚書秦紘取回，未經查議具奏，已經劄付本官查勘計處，呈來施行去後。

今據前因，臣督同兵備、守備、領軍等官，親詣踏勘得：豫旺城地方，相離韋州螺山不過百餘里，實固原襟喉要害重地。達賊大舉入寇[五]，勢必經由於此。况地土廣衍肥饒，給軍屯種，且耕且守，最為得策。在祖宗朝因河套無賊[六]，地稱腹裏，議不及此。成化年間[七]，屢次侵犯[八]，都御史余子俊始昌言之。既有成命，因循不舉者垂二十年。弘治十四年，套賊由此深入[九]，固原、平涼俱被搶掠，尚書秦紘乃申明舉行之。

臣今受命經略，最為當務之急。前項城池，俱已築完，但衙門未曾建立，糧草未曾積蓄，及所擬開設平虜守禦千户所官員未曾選出[四]，軍人未盡收伍。已行兵備等官，查支固原州倉收貯地畝、鹽引等項銀兩[十]，委官收買木植，燒造磚瓦，起盖衙門、倉厫，期在今秋完備。

又將固原衛帶管食糧軍人二百一十四名，存留固原收伍招募軍人一百二十九名，通發前去，與見操守招募軍人八百一十九名，共一千一百六十二名。各着伍收操，儘勾一所之用，不須别議。照依秦紘原擬，給撥附近地土領種，三年之後，安插停當，照例徵收子粒。

臣將今年洮、河等衛所易茶馬及苑馬寺多餘種、兒馬内撥五百匹，給與數内有丁力軍人領養騎操，與其餘步軍相兼防禦。套賊有警[十一]，於備冬官軍内摘撥二千員名，擇委驍勇都指揮一員管領，在彼按伏。是謂扼其吭而遮其衝，東可截遏大小打狼山侵掠萬安、清平二苑之賊[十二]，西可應援葫蘆、硤口、半箇城深入固原、安、會之路。仍行陝西布政司，將該運固原腹裏城堡邊糧料草，量為改撥，及招商糴買，每年積糧三萬石，料三萬石，草三十萬束，務勾主、客兵馬三千員名一歲支用。各徑自施行外，但本所合用千、百户、鎮撫等官，腹裏衛分，别無空閑官員堪以改調。况草創之區，其初未免荒凉，恐非腹裏之人所樂；要害之地，遇警全資戰守，又非腹裏之人所堪。强而驅之，必不盡其用。若於延、寧、甘肅新陞空閑官員内查調，彼有量移之喜，我得慣戰之人，公法私情，兩皆利便。及照寧夏中衛中所副千户汪昭，前該尚書秦紘准令行取，見在彼處操守，頗得人心，相應存留管事。并新設吏目、倉官、吏典，鑄降印記、銅牌等項，查與鎮戎千户所事體相同，相應依擬具奏。

如蒙乞勑兵部議處，合無將平虜守禦千户所應設正千户一員[四]，副千户二員，鎮撫一員，百户一十員内，見在操守副千户汪昭乞准調補外一十三員，乞查延綏、寧夏、甘肅近年有功新陞官員，定擬調除，前來管事。并行吏部銓除所吏目一員，新設新安倉大使、副使各一員。陝西布政司撥本所司、典各一名，攢典一名。及合用夜巡銅牌三面，鑄造千户所印信一顆，百户所印信一十顆，新安倉條記一顆，俱照例奏請施行。保障地方，防禦賊寇[十三]，甚為有益。等因具本。

該通政使司官奏。奉大行皇帝聖旨："該部看了來説。欽此。"欽遵抄出送司。

查得先該總制尚書秦紘奏前事，已經本部查議題准行勘去後，今該前因，案呈到部。

看得巡撫陝西、都御史楊　奏稱：勘處過豫旺城原擬開設平虜守禦千户所衙門[五]，并新設新安倉，俱各修完。要乞改調千、百户所鎮撫及除授吏目、倉大使、副使等官，鑄造銅牌、印記，及行布政司撥吏前去管理一節。

既該本官勘議處置停當，合無准其所奏，仍行本官，將應設千、百户等官，除見在領軍操備副千户汪昭外，仍少一十三員，轉行延綏、寧夏、甘肅鎮、巡官員，於近年新陞有功官内，從公用心查訪守為俱可相應官員，就彼定擬。仍將各官籍貫、姓名具奏前來，給與文憑，令其到任管事。本部仍行吏部，除授吏目、倉大使、副使各一員。禮部鑄給印記、銅牌，付順便人員賫送陝西都司，給與本所各官收掌應用。其撥軍給地，措置馬匹，取撥吏攢，悉照原擬施行。仍督令兵備、守備、守巡等官，將前項新設衙門官軍，時加寬恤。凡一應屯糧之利，設備之宜，當與舉者即與整理舉行，務使人安其地，足為遠圖。

緣係添設緊要邊方守禦衙門官軍，及奉大行皇帝欽依“該部看了來説”事理，未敢擅便。弘治十八年六月初三日，本部尚書劉大夏等具題。本月初四日。奉聖旨：“是。欽此。”欽遵。擬合通行除外，合咨前去，煩照本部題，奉欽依内事理，欽遵施行。

【校記】

[一]“虜”，四庫本為“邊”。
[二]“虜”，四庫本為“寇”。
[三]“軍人”，四庫本脱“人”字。
[四]“虜”，四庫本為“敵”。
[五]“寇”，四庫本為“攻”。
[六]“賊”，四庫本為“事”。
[七]“成化”，四庫本此前多“及至”二字。
[八]“套賊連年”，四庫本為“屢次”。
[九]“套賊”，四庫本脱此二字。
[十]“固原州”，四庫本為“固原等州”。
[十一]“套賊”，四庫本為“河套”。
[十二]“賊”，四庫本為“寇”。
[十三]“賊寇”，四庫本為“邊境”。

一為存留守城官軍以防虜患事[一]

兵部覆：該本部職方司呈於兵科抄出。巡撫陝西等處地方兼督理馬政都察院左副都御史楊　題。

據守備蘭州地方都指揮僉事張鎧呈：為邊務事。據甘、蘭二衛指揮使司呈，奉鎮守甘肅地方總兵官、署都指揮僉事劉勝劄付，准巡撫右副都御史畢亨手本，准兵部咨，該本部題。

看得甘肅鎮、巡等官左少監楊定等所奏，秦州等衛原在甘、凉輪班官軍，係先年奏准之定例。弘治十四年，固原有警，調來截殺，乃一時用兵之權宜。今固、靖已無聲息，前項官軍仍該發回備禦。況甘肅一鎮，孤懸河西，番夷接境，一路城堡，在在要衝。虜賊出没無時[二]，必須官軍防守。即今報有近邊賊情[三]，正在緊關用人之際。合無鋪馬賫文與陝西鎮、巡等官，再查前項秦州等衛官軍，果係先年奏兑輪戍之數，近年暫留固、靖備禦，即便督發前去河西原定地方操守。本部仍行甘肅鎮、巡官一體移文催調。此後固原等處若有重大聲息，河西地方無警，仍許徵調策應。如是托故遲延，致誤邊事，責有所歸。

緣係調取防邊官軍，及奉欽依“兵部看了來説”事理，未敢擅便。

弘治十七年十一月二十一日，本部尚書劉大夏等具題。本月二十四日奉聖旨：“是。便鋪馬賫文與陝西鎮、巡等官，着上緊督發前去操守，不許遲延誤事。欽此。”欽遵。

會同鎮守太監楊定等議得：前事合行催調，劄仰本衛，即將前項官軍係該班數内者，上緊督發起程，毋分星夜，赴河西原定地方操守。係下班數内者，督令於四月初一日，一齊赴邊換班。内有事故之數，即為撥補，務在齊足，不許遲延誤事。等因具呈到職。

照得蘭州地方軍民，原額納糧田地，俱在河外，北去十里，極臨虜境[一]，漫通賊路[四]，實為緊關喉襟要害重地。本城緣無冬夏防禦軍馬，誠恐有警缺軍捍禦，備由呈蒙總制軍務尚書秦紘鈞帖，將奏准存留固原防守，甘、蘭二衛原調去甘、凉備禦軍餘李勤等一千二百九十員名，准兑甘、蘭二衛冬操軍餘張海兒、陳讓等，馬匹騎操，就在蘭州按伏，冬夏常川防禦。

蒙此，除遵蒙兑領馬匹騎操防禦外，今據前因，切照本境自舊歲七月至今正月以來，累被達賊侵犯入境。本年正月二十五日，前賊從河北紅城子地名鹹水河口突出為害[五]。今又據沙井驛聽探夜不收暢陳良走報：達子五十餘騎[六]，從鎖罕秃往下吊行走[七]。不時傳報後山賊聲勢重大，潛伏窺探，出没為患。

及照前項軍餘李勤等先已兑領張海兒等馬匹騎操，今欲遵奉督發。緣張海兒等俱係例該二月春煖放回屯種之數，一時有警，仍前無軍防護，未免貽患地方。乞為照詳具奏，勘處地方險易明白，將掣回官軍存留本地，冬夏常川防守便益。等因具呈到臣。

查得接管卷内，先准兵部咨前事。該前巡撫都御史孫需會同鎮守太監劉雲議：查得秦州等衛甘、凉輪班備禦官軍二千餘員名，係總制尚書秦紘奏留固、靖備禦，見今分布各城堡，相兼陝西人馬操守。今大虜侵犯固原、靖虜等城地方[八]，聲息炮火，馳報不絶，欲遵來文督發前去，不無顧彼失此，已經會題。乞照舊將秦州等衛甘、凉備禦官軍存留固、靖防守去後。

今據前因，看得蘭州黄河以北，俱係本州、衛軍民徵納民、屯糧草地土。天順年間以前，設有巡河軍馬，冬夏常操，虜賊不敢侵犯[九]。承平日久，議者視為腹裏。將甘、蘭二衛食糧正軍盡數摘撥甘、凉等處備禦，以致達賊乘虛，遞年俱從寧夏中衛、凉州、莊浪墩空出没，竊伏本州紅柳灘等處地方，不時馳突，侵擾為患，兵備、守備等官多緣此獲罪落職。弘治十七年七等月内，賊衆節次入境搶掠[十]，本處無軍截殺。以此，總制尚書秦紘將奏留固原防禦官軍李勤等一千二百餘員名，准令兑給馬匹，在彼冬夏常川按伏防守。今甘肅鎮、巡衙門奏要照舊徵調輪班備禦，已經該部題奉欽依前來。明命赫然，孰敢不遵！土皆王土，亦何敢自分彼此？但事勢有緩有急，地方安危所係，不容隱默。

切照陝西固、靖、環慶等處地方，若河套無賊[十一]，止是備冬。惟蘭州地土多在河外，賊寇出没無時[十二]，四時皆當防禦，與甘、凉等處事體不異。近據鞏昌府捉獲奸細諸十的狗供稱[十三]：虜酋小十王去年十二月内[十四]，搶掠靖虜[一]，回到河套灣。差伊同先年搶去漢人張喇嘛小、真達子、王喇嘛小三名前來躧看肅府雙井兒馬牛，又新修馬營馬匹，有軍馬無軍馬看守。要待草飽馬壯時月，大衆去搶等情。即今沙井驛等處見報聲息，正當加謹隄備。

查得本處甘、蘭二衛官軍，止有守墩、守把河橋、把門局匠、夜不收共三百五十七員名，别無食糧見操正軍。其屯田軍餘，例該遇冬操練，方支行糧，春煖放回農種，辦納糧草。若將李勤等官軍依文督發，則本處城池空虚，遇警将何支持？委的顧彼失此。且本州内有宗室，外多商販，人煙輳集，畜産蕃盛，比之他處不同。相離虜人蹂躪之地[十五]，止隔黄河一水。去年虜騎在於鹽場堡、大岔溝等處搶掠[十六]，直薄東金城關，離州城不數百步。總制尚書秦紘聞警，遽調遊擊楊敬、都指揮烏銘、陳善、指揮郭遡等前來策應。我軍既集，賊已遁去[十七]，徒費芻糧，緩不及事。師旅既還，警報復至，此蓋無常操按伏官軍之故也。況黠虜變詐[十八]，多遣奸細入境窺探，恐其知我本城無軍，腹裏備冬官軍又各疎放，萬一糾合犬羊數千[十九]，突至河岸，拒我城門，斷我河橋，分散抄掠蘭、金、安、會等州、縣，所傷必多。此事理所有，豈待冰橋結凍而後可入哉！夫智者防患於未形，達人識變於微眇[二十]。厝火積薪之勢，君子危之。

看得河北鹽場堡離河橋五里，定火城去河七十餘里，俱係敵衆出没緊關去處[二十一]。若得官軍在彼按伏，以逸待勞，庶可遏其深入。

如蒙乞敕該部議處，合無将甘肅原奏掣回官軍，除秦、平等衛七百六十餘員名，見今固、靖已無聲息，欽遵督發前去備禦，有警仍前徵調策應外，其甘、蘭二衛官軍李勤等一千二百餘員名，照舊存留本處地方，聽守備官提調，常川操守。遇有賊寇侵犯[二十二]，即便督率渡河，相機截殺。趁今四五月間，量起軍民人夫，修築定火城及添築沿邊隘口空缺去處墩臺。臣當親督守備、領軍等官，統率軍馬，在彼防護，就以揚兵耀武，沮其邪謀。待修理完備，將前項官軍内八百員名分為兩班，選擇驍勇指揮一員管領，於定火城按伏，餘四百員名亦分兩班，委官管領，於鹽場堡按伏。至河凍時月，再將陝西備冬官軍摘撥前去協守。冬修盖倉厫，將原坐派本州倉夏、秋税糧、馬草并招商糴買糧料、草束，量撥在彼，收積支用。如此則敵騎無從而入，豈徒蘭州，并腹裏臨、鞏地方倚以為重，而莊浪、紅城子一帶聲息應援，亦有所資，其於甘肅一鎮不為無補。

前項事情，臣屢嘗親歷，廣詢博訪，得之最真，有懷欲吐者久矣。今受命經略，若復因循不言，他日誤事殃民，罪將焉逭？除行令守備等官，暫留前項官，防守聽候外。等因具本。

該通政使司官奏。奉大行皇帝聖旨："該部看了來説。欽此。"欽遵抄出送司。

查得先為防邊事[二十三]，該甘肅鎮、巡等官太監楊定等奏，要將存留秦州等衛原在本鎮備邊官軍，照舊調回，輪班備禦。已該本部題准，督發前去操守外。今該前因，除將坐派本州倉夏税、秋糧、馬草并招商糴買糧料事宜備行户部查議外，案呈到部。

看得都御史楊　奏稱，蘭州地方四時當防，與甘、凉無異。其甘肅鎮、巡官，奏調原總制尚書秦紘，所留固原備禦官軍，除秦、平等衛七百六十餘員名，相應督發前去，要將甘、蘭二衛一千二百餘員名，照舊存留蘭州一節。緣備邊官軍雖有定例，而地方緩急，亦當斟酌定奪。今都御史楊　親歷蘭州地方，身受經略責任，既稱勘得蘭州比甘、凉尤為要緊，要將甘、蘭二衛官軍李勤等存留在彼，相應准其所奏。合無行移都御史楊，將秦、平等衛七百六十餘員名督發前去甘、凉備禦，李勤等一千二百餘員名聽其存留。與夫修築城隘，分投按伏等項事情，悉依擬施行。仍將前項督發存留緣由，行移甘肅鎮、巡等官知會。

緣係處置邊務、存撥官軍，及奉大行皇帝欽依"該部看了來説"事理，未敢擅便。弘治十八年六月初六日，本部尚書劉大夏等具題。本月初八日，奉聖旨："是。欽此。"欽遵。擬合通行，為此除外，合咨前去，煩照本部題，奉欽依內事理，欽遵施行。

【校記】

[一]“虜”，四庫本為“邊”。
[二]“虜賊”，四庫本為“敵兵”。
[三]“賊”，四庫本為“敵”。
[四]“賊”，四庫本為“寇”。
[五]“前賊”，四庫本為“敵衆”。
[六]“達子”，四庫本為“敵人”。
[七]“鎖罕秃”，四庫本為“薩哈勒圖”。
[八]“今大虜”，四庫本為“近聞”。
[九]“虜賊”，四庫本為“以此”。
[十]“賊衆節次入境”句，四庫本為“節次侵入邊境”。
[十一]“賊”，四庫本為“事”。
[十二]“賊寇”，四庫本為“敵兵”。
[十三]“諸十的狗”，四庫本為“數人，細加盤詰”。
[十四]“虜酋”，四庫本脱。
[十五]“虜人”，四庫本為“番人”。
[十六]“虜騎”，四庫本為“敵騎”。
[十七]“賊”字，四庫本為“彼”。
[十八]“黠虜”，四庫本為“狡黠”。
[十九]“犬羊”，四庫本為“番眾”。
[二十]“達人”，四庫本為“敵人”。
[二十一]“賊人”，四庫本為“敵衆”。
[二十二]“賊寇侵犯”，四庫本為“侵犯聲息”。
[二十三]“事”，四庫本脱。

一為申明捉獲奸細賞罰事[一]

兵部覆：該本部送於兵科抄出。巡撫陝西等處地方兼督理馬政都察院左副都御史楊　題。

查得接管卷內，先准兵部咨，為投首奸細供報夷情等事。該本部題，該總制軍務尚書秦紘題。據固原兵備副使陳真呈開，審得姦細犯人李馬目、朵儿只供報虜情緣由。本部看得，所報情詞，若果是實，則虜酋詐謀，詭計難測，而各邊關防不嚴可知。合無行移各該邊關巡撫都御史、巡按、巡關御史，各要切密訪察，出榜禁約。今後地方巡捕并守關人員，但係一應可疑及乞丐、僧、道人等，務要多方盤詰。遇有異言异服，來歷不明，即便擒拏。審係奸細，呈送合干上司，問擬具奏。敢有怠慢故縱，事發一體追究。境內人家知情容住者，發煙瘴地面永遠充軍。等因題奉欽依，備咨前來。已經通行出榜禁約，擒拏去後。

及查得弘治十七年八月十八日，蘭州捉獲奸細狗才，漢名任趙保。本年十一月二十日，曲子城堡捉獲奸細阿力的名喬夏家兒。本年十二月十五日，固原州捉獲姦細白五斤，靜寧州捉獲奸細二名：沙卜、張文寬。弘治十八年正月初一日，靜寧州捉獲奸細二名：火者兒即哈狼，漢名吴榮，王哈剌丁，漢名胡寬。本月初六日，合水縣捉獲奸細木森，漢名王三，僧名計來。本日，平涼衛巡捕千戶廖俊捉獲奸細可介，漢名徐泰。本月十六日，固原州捉獲奸細戴廣。本月二十一日，靖虜衛捉獲奸細阿卜爾丁，漢名馬隆。本月二十八日，鞏昌府通安驛捉獲奸細諸十的狗。本年二月內，慶陽府寧州襄樂巡檢司捉獲奸細劉家兒、內狗才阿力二名。先該鎮、巡等官解報訖。

臣巡撫以來，因見各處原捉見監奸細犯人數多，恐有不的，行仰兵備、巡、守等官，參政胡瑞、副使王寅、高崇熙、燕忠等各審供前來。看得戴廣、沙卜、張文寬等情詞欠明，駁查覆勘。白五斤等各官審係奸細，臣猶恐不真，會同鎮守太監劉雲、武安侯鄭英，案行都、布、按三司掌印官覆審。果係奸細是實，重取的確供詞，呈繳施行。中間情節如有不真，務要從實開說，不許執泥原詞，致有枉抑。續據各掌印官左布政使柳應辰、按察使謝罃、都指揮僉事費梁等呈繳會勘過，供詞相同，將各犯照例解京及具題外。

臣曩在朝為從官，每聞各邊有以奸細上者，私議其非。蓋以虜性鷙猛，衝突剽掠是其所長，恐不暇於間諜。意者，我民被虜，幸而得歸，要功之徒，誣執以為奸細。從賊而去，尚可得生，戀家而歸，顧不脫死，是堅其外叛之志，而阻之使不敢歸也。比詢之邊人，又有不盡如前所云者。訪得醜虜近年掠我丁口，日繁月滋，擇其狡者，与之妻室，生長男女，以繫其心。將欲內寇，遣之入境，覘我虛實，投我間隙，動輒獲利。故凡大賊在邊、沿邊、腹里之人，家家深防此輩，不待官府號召，是奸細不可謂之無也。但以陝西半年之間，捉獲至十數名，愚臣之心不能無疑。事關邊情，官有成案，彼無異詞，臣固難於輕釋。稍有詞者，即為駁勘分辨，不敢遂事。其白五斤、吴榮、胡寬、木森、徐泰五名，似皆習知虜事，決自虜中來者。然度關隘，既不鳴之官，入腹裏，又不歸其家，潛形匿跡，狼顧鼠探，又似難以被虜走回人口待之。

及又查得先該尚書秦紘題稱：官軍生擒達賊一人，該陞二級。況達賊之入寇，由奸細以發踪，是奸細者比達賊情尤可惡，而捉獲者比擒賊功者為有優。要將捉獲奸細官員，比例陞擢。臣竊以為未然，發奸摘伏，乃臣子職分之所當為。若緣此録功陞職，則將來貪功喜事之人，必有鍛鍊文致之害。彼生擒達賊者，獲力於鋒刃之餘，死生所係，較之訪捉奸細，事勢難易，昭然可知。且知情故縱者，其法固所當嚴；而妄拏生事者，其罪亦不可恕。必須通行明示賞罰，庶幾人知警戒。

臣愚乞勑該衙門議擬，合無今後捉獲奸細，審實解京，論決之後，止將原捉人役，行彼處官司給賞，職官不必論功。中間果有捉獲緊要渠魁人犯，供報虜情者，經該官員亦止可量加賞勞，不須別議陞職。境內人家明知係是奸細，容留住宿者，照原擬問發充軍，并經行邊關隘堡怠慢故縱官員人等，一體查究治罪。敢有貪功生事，將無干平人妄拏，逼打供招姦細，以圖陞賞，照依誣告人死罪律條議擬，已論決者反坐以死。問刑衙門失於詳審者，俱治以罪。仍乞勑三法司、錦衣衛，凡遇各處解到奸細，再為研審，若有枉抑，即與辯理。應參究者參究，奏請定奪。如此則奸人既不得幸免，平人亦不至被誣，國法邊情，兩無所失。等因具本。

該通政使司官奏。奉聖旨："該衙門知道。欽此。"欽遵抄出送司。

查得先為投首奸細供報夷情事，該總制陝西等處軍務、户部尚書秦紘奏送捉獲奸細李馬目前來。因稱各邊關防欠嚴，恐貽虜患。等因本部議得：合無行移各該邊關撫、巡等官，密切訪察，出榜禁約。今後地方巡捕并守關人員，但係一應可疑之人，即便擒拏，審係奸細，呈送合干上司，問擬具奏。故縱者事發，一體追究。境內人家，知情容住者，發煙瘴地面永遠充軍。等因題奉。孝宗皇帝聖旨："是。欽此。"

又為捉獲北虜奸細渠魁供報緊急賊情事。該總制尚書秦紘奏稱：平涼府知府安惟學，捉獲奸細朵兒只，要將本官比照生擒達賊有功事例陞擢。本部議得：邊方多事，旌勤警惰，實為要務。但安惟學係文職，合無行移吏部，徑自議擬相應職事，具奏陞擢。等因具題。節該奉孝宗皇帝聖旨："是。欽此。"俱經通行欽遵去後，今該前因，案呈到部。

看得都御史楊　所奏，申明捉獲奸細賞罰事宜，計慮周詳，處置停當，合無依擬仍行都御史楊　轉行所屬，今後但遇捉獲奸細，務要從公審問。果有的確真情，解赴合干上司，覆審明白，方許具奏解京。毋得輒將被虜走回之人一槩誣執要功，沮其歸路。其解到奸細，候法司問擬，情真罪當，奏請處決之後，本部行令彼處官司，將捉獲人役照例量加賞勞，不必論功擬陞。若有境內人家明知奸細，容留隱住，并關隘不嚴，失於覺察，及貪功妄拏之徒，悉依本官所擬施行。仍通行各邊守臣，務要申飭所屬官司，嚴加盤詰，陰折虜情。既不許倚法為奸，至滋文致之害；亦不可因噎廢食，自取誤事之尤。

緣係撫臣建議處置奸細，及奉欽依"該衙門知道"事理，未敢擅便。弘治十八年六月十九日，本部尚書劉大夏等具題。本月二十日奉聖旨："是。欽此。"欽遵擬合通行除外，合咨前去，煩照本部題，奉欽依內事理，仍轉行鎮守太監、總兵等官，一體欽遵施行。

【校記】

[一]此篇四庫本脫。

一為使功不如使過事

兵部覆：該本部送於兵科抄出。巡撫陝西地方兼督理馬政都察院左副都御史楊　題。

據整飭固原等處兵備陝西按察司副使高崇熙呈得[一]：固原、環慶、靖虜、蘭州地方[二]，俱係緊關要害去處，先年被達賊入境蹂踐不止一次。賊因深入得利[三]，不曾遭挫，勢愈猖獗。今冬或又踏冰入套，則前項地方難保不遭其害。見今戰守之具，雖已次第修舉，但急無相應領軍官員。各該守備各有信地，其往來截殺，隨機應援，必得驍勇善戰之人，緩急乃可倚仗。

訪得緣事神木參將陝西都司都指揮僉事烏銘，驍勇過人，慣經戰陣。先問充軍，後留固原總制衙門，聽調殺賊。西安左衛指揮使楊宏，韜略熟閑，廉謹可取。此二人者，俱曾守備固原，甚得人心。當此多事之秋，使功不如使過。若將二人矜原其罪，使之領軍，備禦截殺，必能忘身徇國，著立奇功，且使將官平素操持學好之人，知所激勸。興起本職，叨任兵備，地方安危所係，不敢緘默。呈乞具奏定奪。等因具呈到臣。

查得烏銘，先充延綏東路參將，後被神木縣申，該巡按御史燕忠參稱畏縮，提問未結。楊宏先任西安左衛指揮使，被薦守備固原，以都指揮體統行事。弘治十四年，達賊大舉侵犯，搶殺軍民丁口數多，問擬守備不設，充軍。後該總制尚書秦紘論奏，兵部等衙門題。奉欽依"免發配所，送秦紘處，聽調殺賊[四]。"及查訪得烏銘、楊宏俱曾守備固原，軍民信服，與所呈相同。

照得臣受命經略邊務，巡撫陝西地方。節該兵部題奉欽依"或廣收其人物，以資其方略；或重懸爵賞，以鼓舞人心"。等因備咨前來。夙夜競惕，往來各邊城堡，講求戰守事宜。盡臣之心，不敢有遺慮；竭臣之才，不敢有遺力。顧本書生，不諳軍旅，惟在廣蒐人材，庶可兼收羣策。況北虜黠賊[五]，近益驕横，狼子野心[六]，無厭之欲。草枯河凍之時，難保不再入套。

陝西官軍多勇健可用，惟在統領得人。見今都指揮、指揮中求如烏銘之有勇善戰，楊宏之知兵練事者，誠不易得。烏銘被參，不知其詳，聞之輿論，似無根據。若楊宏之事，臣所深知。弘治十四年，大舉之賊[七]，號稱數萬。彼時固原無溝墻險阻之隔，不能阻遏。況花馬池一帶地方，主客兵馬，營壘聯絡，固原等處文武重臣，節鉞並臨，俱不能遏其方來之鋒，截其既歸之路，而獨以守備不設之罪坐一楊宏。在法相應，原情未協。雖經總制尚書秦紘論辯，荷蒙恩旨，免發配所，聽調殺敵。但彼乃統馭之才，非匹夫之勇，終身聽調，亦恐無功。使當運籌折衝之任，必當有以自贖。

臣聞古之名將，以敗北之餘成克捷之勳者甚多，未嘗終身棄絶。況當緊關用人之際，使功不如使過，誠如副使高崇熙所言。如蒙伏望聖明，軫念邊事至重，用人為急，乞勑兵部查照尚書秦紘所論烏銘、楊宏事情，再行訪察計議。當此與民更始之日，合無特降綸音，湔洗録用。烏銘暫復原職，於固原等處領軍防禦截殺。楊宏比照花馬池參將馬隆等事例，量為降級，聽臣委用，随軍殺賊[四]，有功一體陞賞。彼蒙天地再造之恩，必能効死竭忠，而邊臣聞之，知朝廷愛惜將材，亦皆有感發興起之志矣。

臣又竊思，比歲申嚴軍法，凡失機者罪不赦，所以振起頽綱，作新士氣。

臣何人斯，乃敢妄言？獨念此二人者，委的才有可取，情有可矜。此外踪跡相同者雖多，類皆常流，臣不敢泛舉。等因具本。

該通政使司官奏。奉聖旨："兵部知道。欽此。"欽遵抄出送司。

查得先為去不職以禦虜寇等事[八]。該巡按陝西、監察御史燕忠題稱：分守延綏東路右參將烏銘，縱賊長志[四]，貽患地方，要乞行提究問，選官更替。該本部查議，相應提問。前項員缺，照例於相應武職内推舉二員，上請簡用。等因節該奉孝宗皇帝聖旨："是。欽此。"

又為保全將材等事。該總制尚書秦紘題稱：訪得分守延綏東路緣事參將陝西都司都指揮僉事烏銘，才有可取，此時正當用人，若使朝廷失此良將，誠可惜也。

等因又為軍務事，該太師兼太子太師英國公張懋等題。節該奉聖旨："將官堪以領兵管操的，兵部還多方訪舉五六員來看。欽此。"

該本部從公訪舉得陝西都指揮烏銘等，俱各生長邊方，曾經戰陣，堪以領兵管操。合無本部鋪馬賫文前去，各該鎮、巡官員，星馳差人，行取各官，給與明文，令其馳驛前來，以憑奏請委用具題。奉聖旨："是。欽此。"

又為私役軍人，濫給驛傳回還原籍等事。准都察院咨，該欽差大理寺等衙門少卿等官何鈞等會勘問過固原地方失事緣由。開稱：指揮楊宏犯該守備不設，被賊侵入境内，虜掠人民者律，減等杖九十，免杖充軍。本院會同兵部詳議，楊宏委的過多功少，難准折贖具題。節該奉孝宗皇帝聖旨："楊宏編發邊衛充軍。欽此。"欽遵。備咨送司，已經將楊宏編發山丹衛充軍去後。

續為陳言邊務事，該總制尚書秦紘題稱：查勘過指揮楊宏，平素操履公廉，軍民信服，失事之愆，不全由於本犯，乞要從寬。且稱褒死可以勵生，使功不如使過。等因本部議擬具題。奉孝宗皇帝聖旨："是。楊宏免解配所，送秦紘處，聽調殺賊。欽此。"已經通行，欽遵去後。今該前因，案呈到部。

除烏銘已該本部奏奉欽依，行取來京聽用，難又別為定奪外，所據楊宏，原係西安左衛指揮使，為事問發充軍，該總制尚書秦紘奏留在於軍前聽用人數。今都御史楊　又奏前因，前後論薦，彼此相符。必是本官原問充軍，未得其情，所負才調，堪濟邊事。

伏望皇上俯察二臣論薦之言，比照情輕律重之例，將楊宏斟酌情罪，特賜定奪。候命下之日，本部行移都御史楊　隨宜委用，調度殺賊。仍轉行楊宏，務要仰思録用之意，勉圖補報之忠。若果建功邊境，保障地方，非特前愆可贖，而陞賞亦有期矣。

緣係巡撫官員保用為事充軍將官及奉欽依"兵部知道"事理，未敢擅便。

弘治十八年八月十九日，本部尚書劉大夏等具題。本月二十日，奉聖旨："是。楊宏免充軍，照原職降二級，聽楊一清隨宜委用。欽此。"欽遵。擬合就行，為此合咨前去，煩為查照施行。

【校記】

[一]"呈得"，四庫本為"呈稱"。
[二]"原"，四庫本為"因"。
[三]"賊"，四庫本為"後"。
[四]"賊"，四庫本為"敵"。
[五]"北虜黠賊"句，四庫本為"邊敵形勢"。
[六]"狼子野心"，四庫本為"罔所忌畏"。
[七]"之賊"，四庫本為"入邊"。
[八]"虜"，四庫本為"邊"。

一為謹服用以崇聖德事

工部覆：都水清吏司案呈，奉本部送於工科抄出。欽差巡撫陝西等處地方兼督理馬政都察院左副都御史楊　題。

弘治十八年五月初七日，奉司禮監印信揭帖。本年四月十六日，本監太監陳寬等於乾清宮欽奉聖旨："恁司禮監寫帖子去説與陝西鎮、巡等官劉雲等知道，今該内織染局奏行彼處，變染各色銀鼠皮。如帖到日，爾等即便責委高手人匠如法染造，務要顔色鮮明。該用物料從宜處置，毋得指此擾民，有了差委的當人員，管送前來，毋得違誤。欽此。"欽遵。

本監今將奉到旨意事理，備云前去陝西鎮、巡等官太監劉雲等欽遵施行。

隨該内織染局印信揭帖，計開：賫去染造各色銀鼠皮拾柒樣，柘黄、玄色、真紫、大紅、深青、福青、明黄、鵞黄、鸚哥緑、柳青、翠藍、柳黄、桃紅、天青、明緑、墨緑、出爐銀。

等因奉此，除遵奉外，臣仰惟皇上仁覆寰宇，視民如傷，一命令之頒，未嘗不寓恤民之意。故今變染銀鼠皮張數亦不多，在物不為費，於人不為勞。且有“不得指此擾民”之諭。盖日月之明，洞見萬里，恐彼假公營私之人，不能無指一科十之弊故耳。然臣區區一寸之忠，所患有不在於勞費者。臣惟自古明王慎德，服食器用必循常度，不貴異物，作奇技淫巧者有罰，所以謹好尚為天下先也。

為治莫大於禮，禮莫明於服。服者身之章，視食與器為尤重。天子之服，自祭祀、朝享至於燕閒，皆有成式。製皮為裘，取其輕煖而已。若銀鼠之皮變染一十七色，何所取義？黄帝、堯、舜垂衣裳而天下治。以五彩彰施，於五色作服，未聞一十七色也。傳曰：“紅紫不以為褻服。”惡其間色不正，且近於婦人女子之服也。臣觀一十七色之中，類多不正，至於出爐銀極矣。

臣愚不知祖宗朝有此服色制度否。若創自今日，無關名分之等威，又非黼黻之絺繡，徒傷奇巧以累儉德，臣竊為陛下惜之。此舉誠出宸衷，亦偶未之思耳！然恐喜事貢諛之輩，争為異色異服，矜奇衒巧或自兹始，其所關係甚不細。

夫人君一身，風化本原。於凡事之營為，物之創造，有不合於禮，不當於義者，天下化之。其端甚微，其流漸不可遏。况陝西三邊，根本重地，頃屬兵荒，民窮財盡。陛下盖嘗捐内帑以紓外患，不經之費，加之此地，尤非所宜。道路相傳，恐將來源源不已。聞者以為憂。且織染有局，天下之良工萃焉。染造之藝，非陝人所長，臣懼旨[一]。稽之典禮，參諸時勢，無一而可。

臣是以冒昧上言，伏乞聖明乾斷。合無將前項銀鼠皮張不必變染，已變染者差人賫進，不必再發。更乞明示德音，服色宜遵常制。今後有以奇技淫巧動上心者，悉屏弗用，仍置之於法，使天下之人知朝廷不作無益，不貴異物。恭儉之德有光，清明之治無損，豈徒陝西一方人民之幸哉！臣叨任撫巡，與聞兹事，心有未安，不敢自隱。干冒天威，無任隕越待罪之至。緣係謹服用以崇聖德事理，未敢擅便。等因具本。

該通政使司官於西角門奏。奉聖旨：“銀鼠皮已染的、未染的，都着送赴來京，該衙門知道。欽此。”欽遵抄出送司，案呈到部。擬合通行，為此合咨前去，煩照奏奉欽，依內事理，欽遵施行。

【校記】

[一]“旨”，此前四庫本有“無以稱”。

關中奏議全集卷之五

巡撫類

一為易置主將以保固地方事

兵部覆題：該本部送於兵科抄出。

巡撫陝西等處地方兼督理馬政都察院左副都御史楊一清題。

臣巡歷陝西沿邊軍衛城堡，閱視軍馬，多非素練之兵。或弓矢器械之不習，或坐作進退之不知。其間勇健壯丁，又多困憊，身無完衣，而備冬人馬狼狽尤甚。詢其所以，盖因近年領軍官員以操練為故事，以科斂為得策。遇冬主將巡邊，各枝各隊輳辦銀兩，官則或馬或幣，獻其所有；軍則或粮或草，任其侵尅。至於河開將放，每軍斂銀一二錢，謂之卸甲。驛站所過，料草不支本色，謂之打乾。頭目虛張聲勢，打點過送，以為孝順。將官佯若不知，端居坐受，以為當得。承應不及而箠楚隨之，錢物到手則諸事不問。故凡把總、管隊等官，但知媚上，豈復顧下？但求免禍，豈暇恤軍？以致軍日貧、馬日耗、武備日弛，職此之由。去冬，套賊侵犯[一]，勢甚危急。鎮守武安侯鄭英統兵固原，不聞揚兵耀武之謀，仍為尅科聚斂之舉。

夫三軍之命，皆係於將。驅冒水火、蹈白刃之人而奪其衣食，戕其肌膚，使之懷憤積怨，深入心骨，倉卒遇敵，其不渙然離散者幾希矣，況望其捐軀效死，以成尺寸之功哉！臣觀陝西武臣，非無善戰之人；沿邊營伍，亦多敢死之士。要在主帥得人。智者效謀，勇者宣力，士氣自倍，兵勢自張。今鄭英所至，邊官解體，上下離心，勇氣索然，怨聲載道。

夫將官如有折衝禦侮之才，摧堅陷陣之勇，則貪可使，詐亦可使，如往時劉寧輩。既取其長，當棄其短。若鄭英者[二]，素無謀勇，聞敵怯懦。弘治十四年間[三]，大舉之賊侵犯固原[四]，嬰城自保，不敢出戰。彼時到鎮未久，猶為可辭。去年十二月及今年正月，殘賊累次侵掠[五]，不聞設一籌策，運一方略。所至則徵兵自衛，坐費芻粮，以致虜騎出入自由[六]，如蹈無人之境。所謂有是病而無是德者，將安用之？傳曰：“君不擇將，以其國與敵也。”朝廷奈何以全陝重地而畀之斯人？不早為易置，擇人而任之，待其僨事貽患，雖置之重典，亦無益矣。

臣竊聞，近日虜勢猖獗[七]，尤非前比。冬間如不悔過遠遁，必又踏冰入套。臣受命經略，練兵蓄粮，信賞必罰。作新士氣，訪用人材，愚臣事也。若大虜擁衆内侵[八]，總率官軍出戰[九]，乃將官之事。臣本書生，安能辦此？已將應設遊擊緣由具奏，但主將之任尤為機要所關。

查得先該總制尚書秦紘奏稱：傳聞達賊要從延綏西路入搶西安府地方，欲將西安四衛原擬固、靖備冬官軍，暫留一半在西安府城内，與延、寧二邊備禦下班官軍，行令鄭英嚴謹操練，候賊來[十]，相機戰守，以保人民一節，正恐伊巡邊有害無益，故為此言，以阻其出耳。不然豈有身為主帥，專守一鎮城之理？況達賊欲寇西安，必由環慶、固原而入。延綏相離地遠，山川阨塞，豈能飛度？所謂因噎而廢食者，此論是也。議者或又欲於固原添設副總兵一員，提調各邊人馬。然既有鎮守主將，又添副總兵，不無官多人擾，且副總兵既以提調各邊人馬為職，則主將徒擁虚名，置之無用，亦恐未通。但固、靖、環、蘭緊隘地方數多，若得常守之將，委的事有統紀，武備自嚴，軍威自壯。臣廣詢博訪，熟慮深思，誠得易置相應鎮守主將一員，就於固原常川駐劄，則官不加多，事為有益。

伏望聖明念全陝疆土之重，憫生民塗炭之急，乞勑兵部議擬上請。合無將鎮守陝西武安侯鄭英行取回京，别推驍勇知兵，善撫軍士，在内如都督楊玉、神英輩，在外如吴江、曹雄輩將官一員，鎮守陝西等處地方，節制諸軍，常川固原駐劄，提調防守。遇警往來各邊，統率官軍，勦殺賊寇[十一]，則邊方可保無虞，邊方安則腹裏安矣。陝西城内自有鎮守、巡按、都、布、按三司官員。臣今往來經略，以後巡撫未免多住鎮城，不待將官保障。如果賊情十分寧息[十二]，邊方無事，主將仍回鎮城駐劄，另行具奏定奪。

臣於鄭英素無睚眦，直以地方安危所繫，利害切身，若因循隱默，忌避不言，則欺君負國之罪，萬死莫可自贖。等因具本。

該通政使司官奏。奉聖旨："兵部知道，欽此。"欽遵抄出送司。

查得近該鎮守陝西地方武安侯鄭英奏：伏念臣本一芥菲才，荷蒙先帝聖恩不以為愚不肖，授以藩鎮之寄。自臣到鎮以來，迨今四載，夙夜憂遑，莫能補報。臣見年五十七歲，觔力已衰，況舊患痰疾。因去歲邊方達賊侵擾[十三]，欽奉勑諭："隨宜策應，欽此。"欽遵，正臣子効勞之時。臣疾雖在身待報，躬親統兵，往來截殺。但邊地風寒，致將前疾舉發，至今用藥調治，百無一効。又加半身頑麻，不能騎射。若不辭解兵柄，緣臣所守，實為三邊根本重地，倘遇有警，恐誤朝廷大事。如蒙伏望聖恩，憫臣在邊染疾，容臣回京調理，另推謀勇將官前來，代臣管事。臣干冒天顏，不勝戰慄之至。等因具本。

該通政使司官奏。奉聖旨："兵部知道，欽此。"欽遵議奏間。今該前因，案呈到部。看得巡撫都御史楊一清奏稱：陝西地方軍務廢弛，鎮守官員不堪厥任，誠恐臨期誤事。要將武安侯鄭英行取回京，別推驍勇知兵官一員，前去更替鎮守陝西地方，專在固原駐劄。及武安侯鄭英亦自奏患疾，不能騎射，乞要回京調理。

緣關中係國家重地，主將實官軍司命。況虜情近來比昔不同[十四]，萬一冰凍入套，必須防禦得人。合無俯從所奏，將鄭英取回。候命下之日，本部就將楊一清所薦官員另行議擬奏請，簡命一員前去代替鄭英，鎮守陝西。令其常在固原駐劄，撫安軍士，遇警勦殺，防守地方，不許仍往省城，復蹈前轍。

緣係更擬將官，及奉欽依"兵部知道"事理，未敢擅便。弘治十八年十月初四日，本部尚書劉大夏等具題。本月初五日，奉聖旨："是，鄭英取回京，欽此。"欽遵擬合通行，為此除外，合咨前去，煩照本部題，奉欽依內事理，欽遵施行。

【校記】

[一]"套賊"，四庫本為"河套"。

[二]"者"，四庫本脫。

[三]"間"，四庫本為"聞"。

[四]"賊"，四庫本為"敵"。

[五]“賊”，四庫本為“寇”。
[六]“虜”，四庫本為“敵”。
[七]“虜”，四庫本為“聲”。
[八]“大虜”，四庫本脫。
[九]“官軍”，此後四庫本多“衝鋒”。
[十]“賊”句，四庫本為“將”。
[十一]“剿殺賊寇”，四庫本為“盡力剿殺”。
[十二]“賊”，四庫本為“事”。
[十三]“達賊侵擾”，四庫本為“侵淩騷擾”。
[十四]“虜情近來”，四庫本為“近來情勢”。

一為慎固地方以遏虜寇事[一]

兵部覆：該本部送於兵科抄出。巡撫陝西等處地方兼督理馬政都察院左副都御史楊一清題。准兵部咨前事，該本部題。

該寧夏鎮、巡等官，太監葛全、都御史劉憲等各題稱：陝西遊兵三千員名，已經革去遊擊將軍。合無仍設將官統領，前來兩界韋州往來駐劄，外可以策應花馬池，内可以保障固、靖等處地方。等因該本部看得，未審前項人馬見今改調何處應用，合行臣查明定奪。等因題奉欽依，

備咨到臣。查得先該總制尚書秦紘奏於環慶、固原等處添設遊擊將軍。弘治十七年九月間，該巡按陝西監察御史季春奏要裁革。兵部依擬題准，行移陝西鎮、巡等官，行令遊擊將軍、都指揮楊敬照舊回司。所統遊兵，俱令掣回原營。以後地方如或多事，仍該復設遊兵，另行具奏定奪。等因備咨前來。已經欽遵將原選遊兵掣回原營間，續因大虜折墻進入韋州螺山住牧[二]，侵犯固原、環慶，軍馬不敷，鎮守武安侯鄭英隨將前項遊兵調取前來，分委都指揮陳善、黄正管領防守。後日事寧，仍照原擬掣回。

臣接管巡撫，受任經略，因慮前項地方委的人馬寡少，虜情難測[三]，原選遊兵若盡數掣散，有警急難收拾。除西安等衛及環慶官軍掣回原營外，其洮、岷、河、臨四衛官軍，又經委官，重復挑選精鋭人馬共一千一百員名，暫委都指揮管領，策應莊浪，見在蘭州地方駐劄。又於洮、岷、秦、平等衛原擬備冬官軍内挑選一千餘員名，委官管領，操練聽調，正慮套賊為患[四]，遊擊之官恐

當復設，故為先事料理。一旦用之，但得統領之人，兵可立集。不然直待寇至[五]，方議設官，有官方議選軍，經時累月，緩不及事，臣之鄙見如此。

今寧夏鎮、巡等官太監葛全等所奏，要將陝西遊兵三千員名仍設將官統領一節，盖亦以為陝西遊擊當設。又因裁革未久，故為此言，以俟廟堂采擇。臣請究竟本末言之：寧夏花馬池、興武營、清水營直抵高橋兒等處地方，乃套賊入寇之門戶[六]。然賊之所入雖經於寧夏[七]，而其所利則在於腹裏。寧夏如能捍禦，使賊不敢拆墻而入[八]，則腹裏可以無患。但恐地方散漫，墩堡稀疏，士馬單弱，不能遏其方張之勢。彼既拆墻進入，必將抄我環慶，犯我固原，深入我安會、静寧、隆德諸處。内有監牧馬匹，尤為賊所窺伺[九]。加之土漢雜處，易於生變，一失保障，則根本動搖。故延、寧為手足之疾，其禍速而小；環、固乃心腹之疾，其禍遲而大。尚書秦紘原擬推選宿將充遊擊將軍，操練軍士，用防不虞，深為有見。但當時委任非人，致招物議，又因邊事稍寧，議者遂謂官多人擾，奏行革罷。未及兩月，大虜竊發[十]，分抄邊鄙，無處無賊[十一]，守備等官各有信地，彼衆我寡，徒閉壘以自全；分疆畫界，至相望而不救。於是衆論嚻然，盖謂遊擊不當革，遊兵不當散，方議奏復而賊情已寧矣[十二]。

臣謂兵無常形，事有萬變，因時制宜，固難執一。奏設遊擊者，乃安内攘外之圖；奏革遊擊者，亦省事惜費之意[十三]。今北虜得志而驕[十四]，冬間難保不入河套。萬一拆墻深入，數必不少。陝西遊擊將軍似當復設，隨處應援截遏，以安人心。且諸鎮一體，如大同遊兵應援宣府，延綏遊兵應援大同，寧夏遊兵應援延綏，則陝西設有遊兵，既可保障内地，亦可為延綏、寧夏緊急之援，不為無益。既設之後，不宜亟罷，庶使事有定規，人有定志。但添官非難，得人為難。任非其人，平時恣為剥削，臨事安可倚仗？非惟來議者之口，抑且壞地方之事。博采得守備固原署都指揮僉事陳善，老成歷練，慣戰知兵。平時撫士有方，遇敵當先不怯。且歷官年久，山川道路險易熟諳。使當折衝禦侮之任，則兵將相知，地利人心兩得，可責成功。

如蒙乞勑兵部再行詳議，如果陝西遊擊相應復設，合無將陳善奏請充遊擊將軍。將原選見在官軍二千員名，再於西安等衛及附近衛所挑選一千員名，共三千員名[十五]，聽其統領，仍在慶陽駐劄。不拘環慶、固原、靖虜、蘭州等處，但有緊急聲息，往來應援截殺。若虜賊在套[十六]，不曾拆墻進入，照依寧夏鎮、巡官所擬，前去韋州等處，與延、寧遊兵犄角，併力防禦。倘或大同、宣府賊情緊急[十七]，延綏官軍調去。城堡空虚，地方有警，聽各該鎮、巡官行臣處相機調發，前去策應。前項官軍缺少馬匹，於各監、苑補賠倒失虧欠兒、扇馬内給領，不必照依各鎮搶兑，以致損此益彼，兩相妨碍。以後如果各處賊情寧息[十八]，夏秋時月，將官軍放回原衛休息，遇冬徵調聽用，永為定規。不必暫設亟罷，使人懷苟簡，事無成效。若任非其人，訪有貪污怯懦實跡，巡撫、巡按官指實劾奏革退，别選相應之人代補。及照固原地方最為要害，守備官員不可暫時缺人。如臣言可采，陳善果蒙委用，就乞於陝西武臣曾經舉保堪用官員内推選一員，代替守備，庶幾地方有託，緩急不至誤事。等因具本。

該通政使司官奏。奉聖旨："兵部知道。欽此。"欽遵抄出送司。

查得陝西固原等處遊擊，先該巡按陝西監察御史李春奏稱：官多人擾，本部已經依擬奏革。續該寧夏鎮、巡等官奏，要將革退遊兵，照舊設官統領，以備内外策應。本部又經議奏，行令查勘去後。看得巡撫陝西都御史楊一清奏稱，勘報前項遊擊將軍應該復設緣由。所言地方利害，興廢始末，議論詳悉，事體明白。及處置該集遊兵，該用領兵將官，俱各停當。況今寧夏見報賊情緊急[十二]，用人預備。合無准其所奏，請勑原擬都指揮僉事陳善充遊擊將軍名目，統領前項遊兵三千員名，專在環慶、固靖等處往來截殺，仍聽鎮、巡官員節制調度。此後尤須守法奉公，正己率下，慎終如始，以副委任。合用符驗、旗牌，照例請給，差人賫去本官應用。其固原地方，今既擬令鎮守武臣常在彼處駐劄，所據陳善守備員缺，不必再補。合止行令都御史楊一清，徑自照例選委堪用都指揮或指揮一員，在彼備禦。

緣係添設遊擊官員及奉欽依"兵部知道"事理，未敢擅便。弘治十八年十月初八日，本部尚書劉大夏等具題。本月初九日，奉聖旨："是，欽此。"欽遵擬合通行除外，合咨前去，煩照本部題，奉欽依内事理，欽遵施行。

【校記】

[一]"虜寇"，四庫本為"邊人"。

[二]"大虜"，四庫本為"邊報"。

[三]"虜"，四庫本為"敵"。

[四]“套賊”，四庫本為“河套”。

[五]“寇”，四庫本為“敵”。

[六]“套賊入寇”，四庫本為“河套出入”。

[七]“賊”字，四庫本為“彼”。

[八]“賊”字，四庫本為“之”。

[九]“賊”字，四庫本為“素”。

[十]“大虜”，四庫本為“灊師”。

[十一]“無賊”，四庫本為“寧帖”。

[十二]“賊”，四庫本為“邊”。

[十三]“惜費之意”，此後四庫本多“也”字。

[十四]“北虜”，四庫本為“敵”。

[十五]“再於西安”至“共三千員名”二句，四庫本無。

[十六]“虜賊在”，四庫本為“尚在河”。

[十七]“賊情”，四庫本為“一有”。

[十八]“賊情”，四庫本為“地方”。

一為傳報聲息預防虜患事[一]

兵部覆：該本部送於兵科抄出。巡撫陝西等處地方兼督理馬政都察院左副都御史楊一清題。

據暫署守備蘭州地方蘭州衛指揮僉事陳松呈云云。等因節呈到臣。照得鎮守太監劉雲、武安侯鄭英俱在陝城。臣看得蘭州地方，自本年五月十一日以來，傳報莊浪、紅城子炮火、柴堆聲息，絡繹不絶。訪得達賊俱在莊浪後山，伏同兒水、彬草溝等處劄營，節次入境搶掠。因是近來莊浪人馬寡少，動輒失利，以此賊勢愈張[二]，軍威愈挫[三]。况與蘭州壤地相接，無關隘溝墻之限。莊浪既已被搶蕭索，犬羊無厭之欲[四]，必將窺伺蘭州。已將原奏留甘、蘭二衛官軍李勤等摘撥，分布河北地方，東路鹽場堡、西路鏊子坪二處，按伏防守，遇警截殺。但鏊子坪舊無城堡，鹽場雖有舊堡，不曾修盖房舍，不堪屯軍。又經行令兵備、守備等官，量起本處軍民人夫，築打鏊子坪城堡一座，及於鹽場堡修盖官廳、營房，以便官軍屯住。及又遵照節該欽奉“隨宜斟酌調度”成命，行委都指揮黄正，管領洮、岷、臨、河等衛官軍一千員名前去莊浪，暫聽分守參將蘇泰調遣殺賊[五]。指揮郭遡督率所領土兵，亦於蘭州駐劄，隨賊聲勢所向[六]，往來應援外。緣莊浪雖係甘肅所轄，而與陝西腹裏聲勢相倚，臣實不敢顧此失彼。但往年莊浪、紅城子力足捍禦，虜人不敢越境南侵[七]，則蘭州似為腹裏。今莊浪已不能支，虜眾肆行[八]，剽掠無忌，根本喉襟之地，所繫尤重。若彼窺覘糾結，日久不退，則陝西官軍急當內防，勢恐不能分兵外援。且秋冬將臨，北虜大寇難保再不入套[九]。前項郭遡、黃正所領軍馬，乃固原、環慶緊關禦敵之數，又當先期掣回休息，養其鋭氣，以挫敵鋒。

臣又切思，莊浪之人，横遭虜患[十]，已非一日。訪得前項殘寇[十一]，初本不多，近來鳩集醜類，日漸繁夥，恒在莊浪、涼州地方明水湖等處住牧。假我逋降，為之鄉導，不時突出鈔掠，聲東擊西，倏來忽去，委的難以隄防。其勢非大遭挫衄，則不肯遠遁。將來勾引羌戎，寧夏、陝西二鎮皆受其毒，不止莊浪之害而已。

夫田中之禽，利用搏執，聖王所不得已。如蒙乞勑該部詳擬，合無行甘肅鎮、巡等官，行令遊擊，率領所統遊兵，或再推驍勇都指揮一二員，摘發甘州各衛招募土兵、舍餘、軍餘等項二三千名前來莊浪、紅城子，協同參將等官戰守，以紓地方目前之急。其陝西發去官軍，取回固原、環慶等處，以備北虜入套之謀[十二]，再乞預行。

寧夏、甘肅、陝西守臣密切會議：若是大虜今冬不入河套[十三]，明年春二三月，草枯馬弱之時，哨探賊人住牧處所的確[十四]，諸鎮各選精兵，甘肅官軍自莊浪、涼州分道並進，以殺其勢；寧夏軍馬出其後背，以邀其歸；陝西官軍自蘭州掎角而入，以防其衝突。必痛加誅剿，以洩數年兵民之憤，一勞永佚，計無出此。舍是弗圖，因循玩愒，苟度歲時，如養癰疽，不施鍼砭，使其日漸潰蝕，雖有知者，不能善其後矣。此事重大，必仗廟堂成算，詢謀僉同，乃可舉動。愚臣一人之言，豈可自以為是！但承乏經略調度之任，有所見聞，不敢自默。等因具本。

該通政使司官奏。奉聖旨："該部知道。欽此。"欽遵抄出送司。

案查先為達賊擁衆犯邊缺兵戰守事。該分守莊浪地方左參將蘇泰奏稱：達賊節次犯邊，兵力寡少，乞要增兵戰守。等因本部已經議擬，題奉欽依備行。陝西鎮、巡官，將聲息少緩地方或附近各衛官軍內轃撥精壯一千員名，委官管領，前去莊浪，聽調殺賊[五]。指揮郭遡原管土兵一千員名，領去蘭州地方駐劄，以便莊浪、固原兩處策應。

續該巡撫甘肅等處地方右副都御史畢亨奏：為易將官以安邊境

事。該本部議擬題准，將副總兵把琮改調莊浪，遊擊將軍徐謙帶領所部遊兵，常在莊浪駐劄，聽把琮調用。俱經通行去後，今該前因，案呈到部。

看得都御史楊一清所奏，極言河西達賊屢為莊浪之害，又慮冬臨，套賊入寇[十五]，固原、環慶所當戒嚴。計處各鎮分設防禦之兵，甚為得策。除遊擊將軍徐謙領兵莊浪駐劄，已有前議外，合無依其所擬，本部一面鋪馬賫文與都御史楊一清，徑將所屬郭遡等原領蘭州等處策應軍馬掣回，聽其調用；一面賫文甘肅鎮、巡等官，查調各衛招募土兵、舍餘二三千，推委謀勇都指揮一二員帶領，前往莊浪、紅城子等處，隨同副總兵把琮等防禦。中間事宜，或有未盡未允，亦要從長議處，以固地方。

其稱大虜今冬不入河套[十三]，欲候明春草枯馬弱之時，密會三鎮誅勦明水湖等處積年犯邊之寇[十六]，尤見經略深遠。但事干重大，難以遥度。而甘肅、寧夏二鎮守臣未經謀議，恐亦各有所見。况掩襲境外之寇[十六]，必須兵馬加倍精强，將帥謀勇兼濟，方能措手。一或言動欠密，事機先露，恐難成功。合無仍行陝西并甘肅、寧夏鎮、巡等官密切移文會議，從長再加斟酌。如果此舉有利無害，詢謀僉同，時勢可乘，不貽後艱，會同奏報，相機舉行。務要計出萬全，以期克捷。如果事有異同，難便輕舉，或别有安邊良策，亦要明白回奏。

緣係守臣建言邊務及奉欽依“該部知道”事理，未敢擅便。弘治十八年十一月十二日，本部尚書劉大夏等具題。本月十三日，奉聖旨：“是。欽此。”欽遵擬合通行除外，合咨前去，煩照本部題，奉欽依内事理，欽遵施行。

【校記】

[一]“虜”，四庫本為“邊”。

[二]“賊”，四庫本為“彼”。

[三]“軍”，四庫本為“我”。

[四]“犬羊”，四庫本為“虎狼”。

[五]“賊”，四庫本為“敵”。

[六]“賊”，四庫本為“其”。

[七]“虜”，四庫本為“北”。
[八]“虜眾”，四庫本為“衆劫”。
[九]“虜大寇”，四庫本為“方大衆”。
[十]“虜患”，四庫本為“兵禍”。
[十一]“殘寇”，四庫本為“敵衆”。
[十二]“虜”，四庫本為“人”。
[十三]“大虜今冬”，四庫本為“今冬寧謐”。
[十四]“哨探賊人”，四庫本為“遣人哨探”。
[十五]“套賊”，四庫本為“河套”。
[十六]“寇”，四庫本為“敵”。

一為急缺領軍官員事

兵部覆：該本部送於兵科抄出。巡撫陝西地方兼督理馬政都察院左副都御史楊一清題。

臣受命經略巡撫，節奉欽依“或廣收人物，以資其方略；或重懸爵賞，以鼓舞人心”。等因備咨前來。

竊照禦戎莫急於練兵[一]，練兵莫先於選將。將非其人，兵雖衆不足恃；將得其人，怯可化勇，弱可化强。廣收人物，誠備邊第一義也。況今北虜得志而驕[二]，冬深難保不入河套。近日環慶地方節次傳報炮火聲息，防禦不可不嚴。陝西各該守備將官，皆新任可用，但各有信地，難以摘撥。至於管領備冬官軍及召募土兵、民壯等項，調遣委用，不可缺人。本處都指揮、把總、指揮等官，才局雖有可觀，多是不曾經戰，倘或大舉達賊侵犯[三]，使之衝鋒破敵，恐未必能。近該臣奏保緣事都指揮烏銘，充軍指揮楊宏，荷蒙皇上湔洗楊宏重罪，止降二級，聽臣隨宜委用。天地再造之恩，凡為武臣，孰不感激思奮？

但烏銘兵部題稱，已經奏取赴京，難又别為定奪。及又博訪得先任花馬池參將、西安後衛指揮馬隆，蘭州衛指揮同知楊義，俱各熟閑戎務，諳曉虜情[四]，先年慣經戰陣，比之新進未試者不同，亦該本部奏取京營領軍去訖。且京營領軍，所係尤重，臣何敢以一方之事，致妨天下大計。但京師人材所聚，如烏銘輩必多。大同、宣府聲息已寧，陝西之患方自兹始。況此三人，用之陝西，則地利素知，人心素服，不違其材，可責其効。若領京營士馬，恐亦無以逾人。伏望聖明垂念關中三邊根本之地，防禦事重，用人為急。乞勑兵部，合無將烏銘、馬隆、楊義三人仍發回陝西，聽臣隨宜委用，統領備冬官軍及土兵，召募義勇、民壯等項，勦殺賊寇[五]。或分守要害，或策應各邊。有功具奏推陞，誤事責不輕貸。待後陝西地方寧靖，大同、宣府聲息緊急，京營領軍缺官，該部移文行取，仍督發前去應用。等因具本。

該通政使司官奏。奉聖旨："兵部知道。欽此。"欽遵抄出送司。

查得先為軍務事，該巡撫陝西都御史楊一清，奏奉欽依事理，咨送馬隆等前來。又該本部議擬，題奉欽依，將馬隆、楊義俱陞署都指揮僉事，與烏銘協贊鼓勇等營去後，今該前因，案呈到部。

看得都御史楊一清題稱：要將烏銘、馬隆、楊義發回陝西，聽其委用，統領備冬官軍及土兵等項，勦殺賊寇[六]。待後京營領軍缺官，仍督發前來應用一節。

照得烏銘等先因宣、大二鎮聲息緊急，故將各官取來，聽候領兵。即今二鎮稍寧。況陝西地方目今河凍，正係達賊侵犯之時，用人尤為緊急，相應准其所奏。除數内馬隆，已該本部題奉欽依，充四川參將，協守松潘地方去訖。所據烏銘、楊義，合無着令馳驛前去都御史楊一清處，聽調領兵。若後京營要用，另行具奏行取。各官務要竭忠奮勇，圖立後功，以副舉用之意。

緣係奏討領軍官員，及奉欽依"兵部知道"事理，未敢擅便。弘治十八年十一月二十二日，本部尚書劉大夏等具題。本月二十二日，奉聖旨："是。欽此。"欽遵擬合通行除外，合咨前去，煩照本部題，奉欽依内事理，欽遵施行。

【校記】

[一]"竊"，四庫本為"為"。

[二]"虜"，四庫本為"人"。

[三]"大舉達賊"，四庫本為"敵衆大舉"。

[四]"虜"，四庫本為"邊"。

[五]"勦殺賊寇"，四庫本為"併力勦殺"。

[六]"勦殺賊寇"，四庫本為"堵截勦殺"。

一為預防虜患以保固地方事[一]

兵部覆：該本部送於兵科抄出。巡撫陝西等處地方兼督理馬政都察院左副都御史楊一清題。

近准巡撫寧夏地方、本院右僉都御史劉憲咨，為大賊入套請兵防禦事[二]。

弘治十八年八月二十九日，據虜中走回男子賈羊羔兒供[三]：係山丹新河人。失記衛所年月日，七八歲時被小王子達賊頭兒巴罕搶去虜中[四]，牧放牛羊一十三年，見在賀蘭山後駐劄。近聽得夥裏衆賊説稱[五]：俱往迤北迎接小王子到來。本日，又據套内迤北石嘴兒墩、暖泉兒墩夜不收王文奴等報稱：本日巳時，瞭見河西相離黑山營四十里地名野馬川等處，達賊下營人馬不計其數，帳窠牛羊遍野。内有三百餘騎前來河邊住立，吹觱篥一聲，向東觀望，頓飯時回營去訖。

本年九月初四日，又據石嘴兒墩夜不收王玉等報：本月初三日辰時，瞭見達賊五騎在於套内[六]，到於墩邊，答話不應，顯是前項大賊浮水渡河入套[二]。等因前來，會同鎮守太監葛全、總兵官署督僉事李祥議：看得前項達賊[六]，訪是小王子人馬，在大同搶回，意欲過套入寇[七]。先是走回男子賈羊羔兒報稱：山後衆賊前去迎接小王子[八]。次據夜不收王文奴等報稱：瞭見河西達賊不計其數，内有三百餘騎前來看河。今夜不收王玉等又報：瞭見達賊五騎已過套内[六]。事果不虛，五賊既已過河[九]，誠恐醜類源源而來，大舉入寇，旦夕難保。若不請兵策應防範，慮恐臨期難便。除具題外，擬合通行知會。等因備咨前來。

續據守備環慶等處地方署都指揮僉事姚震呈，為傳報烽火事。弘治十八年九月十四日酉時，據原差花馬池探聽聲息夜不收魏玉供報，本月十二日夜三更時分，有花馬池夜不收張外頭報稱：煖泉墩、石嘴兒墩各舉火六把。行間，本月十六日辰時，據環縣城西西河墩守瞭小甲王友走報：本時瞭見永河墩舉煙三把。十七日，又據西河墩小甲王友報：火六把。又據本官呈前事，弘治十八年九月二十七日巳時，據環縣城西西河墩守瞭小甲王友走報稱：沈家山墩小甲唐仲義傳報火三把，煙三把。等因節呈到臣。

照得鎮守陝西太監劉雲、武安侯鄭英俱在陝城。鄭英見今患病不出。除移文知會外，看得巡撫寧夏都御史劉憲咨稱：前項虜情[十]，係供報之言，固難盡信。但環慶地方已有傳舉境外煙火，必是此賊將謀入寇[十一]，先遣輕騎浮渡黄河，潛入套中，瞰彼窩巢，覘我虛實，踵襲故智，侵犯邊境。無厭之欲，誠難窺測；先事之防，不可不謹。切詳此虜去年侵掠陝西[十二]，今當皇上龍飛御極之初，乃敢寇我宣府[十三]，擾我大同，戕賊我士馬，魚肉我生民。罪惡貫盈，天怒已極[十四]？若再擁衆内侵，鼓我積憤之兵，乘彼既驕之勢，何戰不克？何向不前！

顧犬狼結聚[十五]，動稱數萬。我邊地里寬漫，分兵而守，無所不寡，以十當百，似難急嬰其鋒。惟在嚴封疆，守要害，明斥堠，謹禁防，以佚待勞，俟機而動。延、寧二鎮邊備，各該守臣必能先事經理。陝西固、靖、環慶地方，先該總制尚書秦紘修築邊塹一道，甚於保障有益。所患墩堡稀疎，聲援隔絶，故副總兵曹雄有“固原之墻，不如無墻”之論。

臣今近墻設墩，傍險增堡，聲勢相接。况填塞溝塹，坍塌邊墻次第修補，粗皆就緒。至於分布人馬，使守要害，招集土人，使自為戰，不敢漫易，以速罪尤。但當久玩極弊之餘，人馬寡少，又復不精，語及戰功，臣實不敢自保。然而形勢戰守，得失利害之機，亦嘗籌度。寧夏花馬池、興武營直抵高橋三百餘里地方，在北為虜賊寇我邊境之門戶[十六]。陝西環慶、固原直抵靖虜七百餘里地方，在南為虜賊寇我腹裏之門户[十七]。中有山城、萌城、石溝、鹽池、韋州等處，乃虜賊出没經由之道路[十八]。然賊之所入[十九]，雖由寧夏，而其所利實在腹裏。寧夏邊墻如能捍禦，則腹裏可安枕而臥。稽今事勢，恐未必能。倘一旦拆墻而入，必以精騎守所入之路，綴我官兵，使不敢南。則腹裏安危，所係至重，其故不可不講也。敵既深入剽掠[二十]，方張之勢恐非陝西官軍所能當，藉諸邊鎮遊兵協力捍禦，庶免生民荼毒。然欲成克捷之功，必在乘其既弊而於中路擊之為便。

查得臣節該欽奉勑諭：“倘或事情緊急，延、寧、莊、涼遊兵俱聽爾調用。欽此。”欽遵。

及照延綏參將王戟所領土兵二千員名，亦係兵部題准，聽臣調用之數。但寧夏遊兵僅能自守，莊、涼遊兵，彼處四時有賊[二十一]，在在乏兵，恐難摘調。緩急所倚，惟延綏遊、奇兵參將王戟土兵。應援之力，臣雖奉有成命，竊恐諸鎮官軍各有統屬，不即聽調，誤事非輕。且今西安等府旱災至甚，流徙在途，萬一虜勢危急[二十二]，邊城失守，盜賊乘隙而起，根本動搖，誠非細故，况延、寧遊、奇兵調去大同未回。近聞彼處聲息已寧，若不早為掣取，直待寇至門庭，方纔移文，往來之間，動經旬月，委的緩不及事。

如蒙乞勑該部計議，合無鋪馬賫文，行令延綏副總兵曹雄、遊擊將軍姜漢、參將王戟[二十三]，作急將所領官軍掣回。曹雄奇兵暫於定邊營駐劄，以便延、寧兩邊策應。姜漢遊兵、王戟土兵於花馬池、興武營等處按伏。如果達賊入套，擁衆近邊，與寧夏副總兵衛勇、參將霍忠、協同保勣、靈州守備焦洪并都指揮韓斌等人馬，併力捍禦，保固邊墻，不令入境。寧夏總兵官李祥統領人馬過河，暫於靈州駐劄，以便河南北調度[二十四]。陝西亦選遊兵三千員名，暫於韋州按伏，以為聲援，且以防山後賊寇乘凍度河侵犯之謀[二十五]，若是賊勢重大[二十六]，力不能支，拆墻入境，勢必侵犯腹裏。陝西遊兵即當掣回豫旺城防禦，延綏遊兵、土兵聽臣臨期相機調取應援，亦在保固邊墻，不令拆入。彼進不得逞，居無所獲，久將自退[二十七]。若賊衆不能阻遏[二十八]，長驅而入，勢必分散，我軍堅壁清野，據險以乘之，伺便以圖之，縱無大得，亦無大失。

仍先以曹雄、李祥、衛勇、姜漢等各枝精兵，分布中路山城；萌城、石溝、鹽池、紅寺兒、韋州一帶城堡，按伏秣馬，藏鋒蓄鋭，多遣乖覺夜不收遠為哨探。彼既深入日久，人馬疲敝，計其歸途，必出前路。陝西將官統領官軍徐躡其後，毋逼而追，待入我彀，諸路之兵併起而夾擊之，陝西官軍奮而逐之，或邀其中，或截其尾，胸背受敵，必敗之道，獻俘折馘，大功可期，計不出此。而欲於拆墻之處邀其歸路，其勢復合，其援亦近，成敗利鈍，非臣所知。

再照暫留莊浪左副總兵魯麟，驍勇慣戰，歷練老成，所統土兵，虜人素所畏服[二十九]。先年腹裏有警，亦曾調用。乞勑本官整㨟人馬，倘或賊情緊急[三十]，聽臣移文調來固原、環慶等處，與陝西將官協力戰守，以壯兵勢，以繫人心。

此臣一得之愚，敢用預陳，以備采擇。乞下陝西延、寧諸鎮將官，參酌行之。隨機應變，又在各官。仍乞速行曹雄、姜漢、王戟等，各以腹裏根本為重，遇調慎勿延緩，以失事機。等因具本。

該通政使司官奏。奉聖旨："兵部知道。欽此。"遵欽抄出送司。

查該先為守邊防患地方等事，該協同鎮守甘肅左副總兵魯麟奏稱：統兵前往寧夏等處殺賊[三十一]，得患痢疾。况伊男年幼，管下土人家口缺人鈐束，乞要暫留在家，教訓伊男，管束土人家口。本部議擬，題奉孝宗皇帝聖旨："是。魯麟准留莊浪，撫管土人，寫勑與他。欽此。"

續為易將官以安邊境事。該巡撫甘肅都御史畢亨題稱：左副總兵魯麟，父祖以來，世守莊浪，虜賊素所畏憚[三十二]。今雖養病在家，尚能發縱指示。乞要請勑本官，今後遇有達賊侵犯[六]，務要運謀設策，剿殺賊寇[三十三]。等因該部議擬具題。奉聖旨："是。欽此。"

節經請勑本官欽遵外，近為大賊入套[二]，請兵防禦事。該寧夏鎮、巡官太監葛全等題稱：大同地方，賊已寧息，要乞行令本鎮副總兵衛勇、延綏副總兵曹雄、遊擊將軍姜漢、參將王戟，各將前項遊、奇等官人馬火速兼程前來花馬池等處，併同本鎮人馬布置按伏，相機截殺。已該本部議得：合無鋪馬賫文與寧夏太監葛全、總兵官李祥、都御史劉憲，一面選差乖覺夜不收遠為哨探，一面嚴督副總兵衛勇、參將霍忠、協同保勳、守備焦洪、都指揮韓斌等各要用心設策，整搠人馬，隨宜按伏，以逸待勞。本部仍行延綏守臣，令參將王戟統領土兵前往花馬池，遊擊將軍姜漢統領遊兵前往定邊營，曹雄統領奇兵前往寧塞營，各要星馳前去，秣馬按伏，聽候有警，併力截殺。乃行陝西巡撫都御史楊一清，公同固原新任鎮守將官，斟酌賊勢[三十四]，計議方略，分布腹裏人馬，據要防禦，督調本處遊兵，相機策應。等因具題。奉聖旨："是。欽此。"又經通行各該鎮、巡官，欽遵去後。今該前因，案呈到部。

看得巡撫都御史楊一清，歷究陝西寧夏地方之要，各鎮官軍戰守之宜，及指陳乘敝邀擊之利，論議反復，籌度周悉。除延綏遊、奇官軍與寧夏副總兵衛勇等所領人馬，已該本部題奉欽依，通行各該地方戰守，亦與本官前項議奏之意大略相符。所據慮恐諸鎮官軍各有統屬，不聽調遣，合無行移延綏鎮、巡等官，轉行副總兵、遊、奇等，查照先今事理，如果賊已西行，本鎮別無聲息，陝西來調兵馬，即便依期前去，分布防守，不許遲延誤事，自取罪尤。仍通行陝西延綏、寧夏鎮、巡等官，俱要協心運謀，相機而動，務使功成萬全，事無一失，圖免陝西腹裏之害，用紓皇上西顧之憂。毋得秦越自分，坐觀成敗，以孤委任。

其稱莊浪左副總兵魯麟，慣戰老成，虜人畏服，先年有警，亦曾調用。乞要請勑本官，整搠人馬，遇警調來固原、環慶等處，與陝西將官協力戰守一節，尤為有見。蓋魯麟久在邊方，委實謀勇頗優於衆，今病痊，可相應責成。合無本部鋪馬賚文與都御史楊一清，轉行左副總兵魯麟將所領土兵，嚴加操練，固守地方。若遇固原、環慶有警，即聽都御史楊一清移文調用。大功有成，陞賞不吝，不許託故偷安，以負朝廷世寵之恩。

緣係巡撫官員奏處防守邊務，及奉欽依"兵部知道"事理，未敢擅便。弘治十八年十一月二十四日，本部尚書劉大夏等具題。本月二十五日，奉聖旨："是。便行與各官，着用心協力，相機防禦。不許自分彼此，致誤事機。欽此。"欽遵擬合通行除外，合咨前去，煩照本部題，奉欽依內事理，欽遵施行。

【校記】

[一]"虜"，四庫本為"邊"。下篇"為預防虜患事"之"虜"同。
[二]"賊"，四庫本為"敵"。
[三]"虜"，四庫本為"番"。
[四]"達賊"，四庫本為"部落"。 "虜中"，四庫本為"邊外"。
[五]"賊"，四庫本為"人"。
[六]"達賊"，四庫本為"敵人"。
[七]"寇"，四庫本為"攻"。
[八]"賊"，四庫本為"人"。
[九]"賊"，四庫本為"騎"。
[十]"虜"，四庫本為"邊"。
[十一]"賊"，四庫本為"敵"。 "寇"，四庫本為"邊"。
[十二]"此虜"，四庫本為"敵兵"。
[十三]"寇"，四庫本為"侵"。
[十四]"罪惡貫盈，天怒已極"，四庫本為"貪得無厭，何所底止"。
[十五]"犬狼"，四庫本為"部落"。
[十六]"為虜賊寇"，四庫本為"是為侵"。
[十七]"為虜賊寇"，四庫本為"是為入"。
[十八]"虜賊"，四庫本為"敵兵"。
[十九]"賊" 字，四庫本為"彼"。
[二十]"賊"字，四庫本為"敵"。
[二十一]"賊"，四庫本為"警"。
[二十二]"虜"，四庫本為"時"。
[二十三]"姜"，四庫本為"羌"。
[二十四]"北"，四庫本脱。

[二十五]“山後賊寇”，四庫本為“今冬山後”。
[二十六]“賊”，四庫本為“聲”。
[二十七]“久”，四庫本為“不久亦”。
[二十八]“賊衆”，四庫本脱。
[二十九]“虜”，四庫本為“番”。
[三十]“賊”，四庫本為“事”。
[三十一]“殺賊”，四庫本為“截殺”。
[三十二]“虜賊”，四庫本為“番人”。
[三十三]“剿殺賊寇”，四庫本為“併力剿殺”。
[三十四]“賊”，四庫本為“形”。

一為預防虜患事

兵部覆：該巡撫陝西等處地方兼督理馬政都察院左副都御史楊一清題，准兵部咨。

該協守延綏等處地方副總兵、都指揮僉事曹雄題稱：陝西、固原等處，近來修築邊塹一道，南離固原二百五十里，北離花馬池四百餘里。賊經花馬池之空深入，任其掏它，通不知覺。向使固、靖地方有久守之將，則戎馬之入，何以似蹈無人之地？為今之計，合無固、靖、環、蘭等處添設副總兵一員，提督操練，有警，臨、鞏、秦、平官軍悉聽調遣。黄河將凍時月，收斂人畜，肅清郊野，分兵要害，秣馬蓄鋭，以待敵至。萬一達賊復來侵犯，或乘其分散，或邀其歸路，其陝西鎮守將臣，精選在城有馬官軍前來，以為聲援。如此則戰守兩備，責任專一，緩急有濟。等因具本奏。奉孝宗皇帝聖旨：“兵部看了來説。欽此。”欽遵。

該本部覆奏，行巡撫陝西都御史楊一清，會同巡按、監察御史從公計議。陝西鎮守將官，每年冬初，例該前去固原等處防守。今若於固、靖、環、蘭等處添設副總兵一員，必得練達邊務、曾經戰陣者，常川在彼，委的有益。但省城鎮守將官遇冬所理何事，必須何以處之，斯於事體穩便，經久可行。務在議處停當，會奏前來，以憑上請定奪。等因題。奉聖旨：“是。着議處停當來説。欽此。”欽遵。

備咨到臣，會同巡按監察御史季春從公計議。看得陝西固原、環慶、靖虜、蘭州，皆緊關要害之地，固原土漢雜處，内有監牧馬匹，所係尤重。河套有賊[一]，寧夏邊墻失守，則固原、環慶最先受害。近來山後殘寇[二]，河凍時月，多從寧夏中衛鳴沙州一帶踏冰而入，竊伏螺山等處，鈔掠固、靖，突來忽去，不止套賊為當隄防[三]，至於蘭州河北一帶，節被莊浪、明水湖潛住賊寇與山後之賊[四]，無分春夏，不時侵擾，又不止河凍為當備禦。比者各該地方戰守之具，名存實亡。守備等官權任輕微，莫能自展，各有信地，不相應援。陝西鎮守將官，遇冬至十一二月方纔提兵西向，不過月餘，河冰消釋，即便掣回，與調來客兵無異。山川之險夷，關隘之虛實，將領之勇怯，士卒之强弱，茫不與知。上下相安，因循度日。邊備不嚴，兵威不振，職此之由。

今虜勢猖獗[五]，大非昔比。萬一不肯悔過遠遁，糾合犬羊[六]，長驅深入，則内郡繹騷，根本動搖，不止邊民受害而已。若得常守之將駐劄固原，提督操練各路人馬，遇警分兵要害，調遣應援截殺，委的責任專一。曹雄所言，盖亦有見。其要添設副總兵一員，不無官多人擾。况人馬有限，添官雖多，何補於事？且既設副總兵提督調兵，則主將徒擁虚名，置之無用，亦恐未宜。若將陝西鎮守將官移來固原駐劄，則官不加多，事為有濟，長久利便之策，宜無過此。議者或謂，陝西鎮守之設，兼防南山羣盜。然陝城已有鎮守太監、巡撫、巡按、都、布、按三司，又兼撫治、巡守等官，平時自足防制，果有盗賊竊發，將官東還，不妨剿捕。但任法不若任人，安内乃可攘外。使任非其人，反生厲階，致招後議。竊見鎮守陝西武安侯鄭英，在鎮年深，近又自稱患病，日久不出。見今寧夏已有傳報聲息，倘或虜賊擁衆侵犯[七]，本官委的不堪征戰，誤事非輕。必須更易相應將官鎮守，緩急方可倚仗。

如蒙乞勑兵部計議上請，合無將武安侯鄭英行取回京，别推京營都督或邊鎮將官，廉靜不擾，練達戎務，曾經戰陣一員，鎮守陝西等處地方，常川固原駐劄，提調防守。遇警往來各邊，統率官軍，剿殺賊寇[八]，外壯兵勢，内繫人心，實為便益。當此久玩極弊之餘，正易轍改絃之日。伏望聖明軫念關中重地，一方兵民，不宜重遭荼毒，早賜施行。與巡按、監察御史各具本。

該通政使司官奏。奉聖旨："兵部知道。欽此。"欽遵通抄送司。

查得先為預防虜患事，該延綏副總兵曹雄奏稱：固原邊墻曠遠，要於固、靖、環、蘭等處添設副總兵，提督操練。本部議行巡撫都御史楊一清，會同巡按御史從公計議：固、靖、環、蘭等處，添設副總兵一員，常川在彼，委的有益。務在議處停當，會奏前來，以憑上請定奪。等因題。奉聖旨："是。着議處停當來説。欽此。"已行欽遵去後，續為易置主將以保固地方事。該都御史楊一清奏稱：陝西地方軍務廢弛，要將武安侯鄭英行取回京，别推驍勇將官一員前去更替，鎮守陝西地方，專在固原駐劄。等因前來本部依擬，將本官奏内薦舉都督等官楊玉等四員具題。奉聖旨："是。曹雄陞署都督僉事，鎮守陝西地方。欽此。"已行欽遵去後。今該前因，案呈到部。

看得各官所奏，固原等處地方添設副總兵一員，不無官多人擾，若將鎮守將官常川、固原駐劄，則官不加多，事為有濟一節。既查有本部前項題，奉欽依"鎮守官員常在固原駐劄"事理，别無定奪。擬合通行除外，合咨前去，煩為查照施行。

【校記】

[一]"賊"，四庫本為"警"。
[二]"寇"，四庫本為"敵"。
[三]"套賊"，四庫本為"河套"。
[四]"賊寇"，四庫本為"諸番"。　"與山後之賊"，四庫本為"諸番與山後之敵"。
[五]"虜"，四庫本為"聲"。
[六]"犬羊"，四庫本為"部黨"。
[七]"虜賊"，四庫本為"邊眾"。
[八]"賊寇"，四庫本為"堵截"。

一為急處救荒事

户部覆：該本部等衙門會題，於户科抄出，欽差巡撫陝西等處地方兼督理馬政都察院左副都御史楊一清題前事。准户部咨，該陝西鎮、巡等官題。切照陝西地方，接連邊境，粮草徭役，比之他處，實為浩繁。兹者又遇前項蟲旱等災，米價騰貴，人民流移，誠為可憫，難以照常勘處。合無不為常例，本部移咨都察院，轉行巡按陝西監察御史，公同都、布、按三司，守、巡、管粮官，嚴督府、衛、州、縣掌印官，一面將被災地畝從公覈實，一面將該免錢粮照依分數，先行除豁。仍將除豁過田地税粮等項，有收無收分數，各備造文册奏繳，仍造青册一本，送部查考。

本部再行巡撫都御史，督同守、巡、管粮等官，嚴督府、衛、州、縣各該官員，查勘缺食軍民，先儘見在預備倉粮，按月放支賑濟。如有不敷，就將該庫收有見在銀兩等件，設法糴買米穀，作急賑濟，務使人沾實惠，事有成效。此外别有救荒事宜，徑自區處施行。事體重大者，作急具奏定奪。等因具題。奉聖旨："是。陝西災傷重大，着楊一清好生設法賑濟，毋致失所。欽此。"欽遵。

備咨到臣。查得陝西災傷地方，西安府為甚，延安府次之，慶陽、鳳翔二府又次之。其餘平、漢、臨、鞏等府，雖間有旱雹等災，分數不多。但西安一府，財賦供億實當七府之半，西安府告荒，雖七郡全收，不足以補，况延、慶邊郡亦復有災。他府稍登，僅能自給。已將被災地方應該分豁減免税粮緣由，節次具題。及行委分巡、分守等官，各帶領府佐能幹官員，分投遍歷所屬州縣，先將極貧人户，今冬開倉驗口，給粮賑濟；次貧人户，明春一體賑濟。如倉粮不敷，聽將官銀折放去後。兹者，仰荷聖慈，該免税粮，准行巡按御史覈實除豁。天語叮嚀，又以"設法賑濟"責成愚臣，惟恐斯民失所，古帝王之用心不是過也。顧臣撫巡無狀，不能導引和氣，以釐宵旰之憂；若又不能仰承明詔，講求賑濟方略，坐視溝壑轉徙而莫之救，其罪安可逃哉？

查得各該州縣預備倉粮，多者不過萬餘石，少則三二千石，甚至止有數百石。陝西布政司查報在庫官銀八萬三千餘兩，俱該供邊并折支俸粮布花之數，尚恐不敷，亦難動支糴買粮米。夫以堂堂巨省，而倉庫空虚至此，臣晝夜思之，寢食俱廢。竊惟救荒以賑濟為先，以儲蓄爲本。陝西地方關山環峙，舟楫不通，重以供給三邊，賦役繁重，故一年之收，僅足以周一年之用。加以頻年兵荒，瘡痍未復，卒遇久旱，遂成大饑。閭里蕭條，逃亡接踵，盜賊間起，剽掠潛行，困敝艱難，莫可名狀。又恐春夏之交，米價益貴，民食愈難。官廪既空，官銀莫措。餓夫張口以待哺，官司束手而無施，民窮盜起，勢所必至。若麥秋有望，猶可支持，萬一套虜不出[一]，二麥不登，賑濟轉輸，兩無所賴。公私告急，内外俱困，倉皇狼狽，何可勝言！

臣又竊思，陝西成化十九、二十年間旱荒，彼時承平之餘，倉庫有積，又無邊患，尚且賑貸不敷，餓莩填渠，人至相食。後蒙憲宗皇帝准開救荒事例，措置銀粮甚多，又將江南漕運粮米數十萬石，差官由漢江及河南地方二路轉運，移民就食，賴以全活，而死徙之民，已不可救。户口耗彫，至今未復。今公私匱乏，既非昔比；戎虜跳梁[二]，又昔所無。若明年歲果不登，將來事變，豈直如成化年間而已！及今多方區處，尚為臨事有備，然糴買既苦於無資，開例復拘於犯禁，安能忍心坐貽後悔！

行據陝西布、按二司左布政使柳應辰、右布政使羅鑒、按察使謝嶅等，會同將議處區畫錢粮及停免追徵等項事宜，開呈前來。臣參酌衆論之中，求濟一時之急，敢用昧死上陳，伏望聖明省覽。乞勅該部大臣參詳可否，議擬上請，早為施行，庶幾續民命於垂絶，奠疆土於無虞。關陝安則天下安，京師安，實宗社萬億年無疆之休也。臣不勝激切俟命之至。等因題。

奉聖旨："户部知道。欽此。"欽遵抄出送司，案呈到部。

看得都御史楊一清題稱：陝西西安等府地方荒歉太甚，人民饑窘，條陳區畫救荒八事，要行參詳可否，議擬上請，早為施行一節。

緣前項事情重大，多係别衙門掌行，本部難擅定擬。合無會同五府、六部、都察院、通政司、大理寺堂上官并六科、十三道掌科、掌道官公同議處，上請定奪。本年正月十六日具題。次日奉聖旨："是，欽此。"欽遵。會同太師兼太子太師英國公張懋，少師兼太子太師、吏部尚書馬文升等議得：關陝地方外隣强虜，内困供億。比年邊鄙多警，民不聊生。官司庫廩，在在空竭；徭役科派，處處疲弊；加以年穀不登，赤野千里。目今虜賊深入[三]，大肆搶掠。夫以窮迫垂死之民，遇此兵荒相仍之歲，人心搖動，他變必作，正當先事而慮，庶幾保無後悠。都御史楊一清身歷目覩，心切憂勞，條陳數事，乞早施行。言雖急迫，事實可采。昔人謂救荒莫如備荒，盖以此耳！

臣等切思，天人一理，相為流通，灾祥感召，捷於影響。揆厥亢旱之由，實由乖氣所致，況關陝喉襟重地，尤當加意撫邺，大布惠澤，以救倒懸之厄，用消意外之虞。奈何國家多事，帑藏虚耗，生財之源既塞而不行，軍需之費多缺而不繼。近者各邊賞賜尚欠大半，其宣、大二鎮奏討糴買粮草銀兩，極力措辦，不及三分之一。言及於此，良可寒心！臣等伏覩累朝以來，公私匱乏，未有甚於此時者也。

今將本官原擬八事，酌處上請。伏望聖慈，軫念生民，俯賜鑒納，崇實德以消天變，守清儉以裕國用。臣等不勝惓惓，憂畏激切之至。

緣係會議急處救荒事理，未敢擅便。正德元年正月二十五日，本部尚書韓文等具題。本月二十九日，奉聖旨："是。陝西邊方災傷重大，賑濟為急。這議處事宜，都准行。鹽法你每再議來説。欽此。"欽遵。擬合通行，為此除外，合咨前去，煩照本部題，奉欽依內事理，欽遵施行。

計開[四]

一西安、延安、慶陽三府及鳳翔府所屬鳳翔、岐山、扶風等縣，飢民丁口不知幾千百萬，計算見在倉粮，盡數出賑，所濟不過十之二三。今一面查取各府、州、縣收貯贖罪、贓罰、缺官、皂隸、馬夫、齋夫等項銀兩，量為收糴，以救目前之急，仍需多方區畫銀兩，以為來年之備。銀兩有積則糴粮賑民，或給銀令民自糴，俱無不可。

邇者陝西三邊有警，伏蒙勑遣户部右侍郎顧佐，帶官銀三十萬兩，開中各運司鹽二次，共一百五十萬引，前來處置邊儲，盡數給發延綏、寧夏、甘肅三鎮糴買粮草，盖以三鎮邊儲尤重且難故也。續因臣論奏，又蒙准開鹽五十萬引，召商上納粮、料、草束、銀兩，陝西沿邊一帶城堡軍儲，稍有積蓄。然止亦是淮鹽二十五萬引，四川鹽五萬引上納將完，其浙鹽、長蘆鹽多無人報納。通前一歲之間，共開鹽二百萬引，發官銀三十萬兩，天地之恩施及陝西三邊者可謂厚矣。但前項所處，俱為邊儲。以今計之，保民急於供邊，內憂甚於外患。盖根本歷傷則枝葉殄瘁，理勢自然，古有明鑑。

伏願皇上軫念關中重地，乞勑户部議處，給發官銀數十萬兩，運送陝西布政司發被災州、縣糴粮賑濟。若京庫銀兩所積不多，難以再給，合無再開淮、浙、四川等運司官鹽一百萬引，定價召商，上納銀兩糴粮。仍乞多開淮鹽，庶幾速於收效。如明年麥熟民安，前銀賑濟支用不盡之數，俱發布政司收待年豐，仍糴粮收積官倉，以備兵荒之用。

前件看得，都御史楊一清奏要給發京庫官銀數十萬兩，及開中淮、浙等鹽一百萬引，糴粮賑濟一節。查得先為區處鹽課以濟邊餉事。該户部議擬，將各處運司弘治十八年以前見在存積等項鹽課，差官前去，變賣銀兩解部，以憑緊急支用。已經題准通行去後，至今半年之上，並無分毫鹽引到部。揆厥所由，盖由商人譚景清等指以隨場買補為名，霸占市利，商賈阻滯，官課無從變賣，國用無由充足。邊軍賞賜廢格而不行，邊倉粮儲緊急而無措。今本官又奏前因，臣等委難區處。合無將太倉銀庫見貯銀兩，差官秤盤二十萬兩，星馳運赴前去陝西布政司交割，聽本官從宜支用。一面行長蘆、兩淮巡鹽御史，將商人譚景清等鹽課暫且停止。待官鹽賣畢，鹽法疏通之日，户部另行上請定奪。仍行賣鹽官員，仍急解銀赴部，量送陝西，以備兵荒之用。差去官員，合用裝載銀兩木鞘、鐵箍、廩給、夫馬等項，行移兵、工二部照例施行。

一 先年救荒供邊，或令生員納米入監，或令在京辦事。當該吏典及見役辦事知印、承差納米，免考入選，得效甚速，今俱有禁例。止有農民納銀，聽參知印、承差、吏典，雖因供邊見行，而計其見收銀數，不及萬兩，終是所補不多。合無查照先年事例，通行陝西及附近河南、四川布政司，兩考役滿吏典、通吏納銀六十兩，免其辦事考試，就撥當該；納銀九十兩，免其辦事、當該考試，就與冠帶。令典以下納銀五十兩，免其辦事考試，就撥當該；納銀八十兩，免其辦事、當該考試，就與冠帶。一考役滿，令典以下例該轉參者，納銀七十兩，免其轉參辦事，就撥當該；納銀一百兩，免其轉參辦事、當該考試，就與冠帶。俱照本等資格出身，知印、承差原係聽缺三年以下者，承差納銀一百三十兩，知印納銀一百六十兩，三年以上者，承差納銀一百一十兩，知印納銀一百四十兩；六年以上者，承差納銀九十兩，知印納銀一百二十兩，免其在外歷事。若歷役一年之內者，承差納銀八十兩，知印納銀九十兩；二年上下者，承差納銀七十兩，知印納銀八十兩，俱在不候役滿，各照例起送赴部，承差就撥辦事，知印冠帶聽選。銀兩赴本布政司廣積庫交納，四川、河南二處，該衙門起送赴陝西布政司上納。完日各取實收，繳送該司并吏、户二部查照，至正德元年秋成之日停止。

前件案查，先為傳奉事，該户部議擬：山西、河南、山東、順天府、北直隸民間俊秀子弟，身家無過，有願納銀參充都、布、按等衙門承差、知印、吏役者，布政司知印一百二十兩，都司知印并布、按二司承差銀一百兩，都司承差銀八十兩，都司令典銀三十兩，經歷司、斷事司、司獄司、照磨所吏典十五兩，布、按二司吏典銀六十兩，經歷司、照磨所、理問所、司獄司吏典銀三十兩，鹽運司并府令典、司吏銀四十兩，經歷司、照磨所、司獄司二十兩，長史司并州、縣司典銀二十兩，鋪長遞運所、倉場、學局、巡檢司吏典、各衛所司典十五兩，各於本處司、府、州納銀，挨次參充。其銀各司、府、州類總解部，轉發支用。等因已經題准通行去後，今都御史楊一清又奏前因。除一考、兩考役滿吏典納銀難行外，其聽缺知印、承差，照依歷役年年限納銀，多寡數目，悉依原擬施行，并農民願納銀兩，參充知印、承差、吏典者，仍查前例，俱通行各布政司及順天、應天、南、北直隸府、州，各照例收銀，類總解部，轉發陝西布政司支用。如仕官等項子孫在京，願納銀兩，參充前役者，徑府户部告納。候年穀頗熟，邊方稍寧之日停止。

一 軍民人等納米授以軍職，係成化二十年間陝西救荒并弘治十四年供邊曾行事例。今户部擬奏供邊，兵部議有窒碍，欲待如果缺乏，另行議奏舉行，無非愛惜名器之意。但今事勢窮蹙，而所授止是虚名，或可從權一行。然但止行本處，亦必願者不多，而外處之人，欲令親赴陝西，亦或憚難少至。合無通行陝西并河南、四川、湖廣、浙江、江西五布政司，并南、北直隸，係本處者，就於本布政司，外布政司、直隸，就於該司、府，各上納銀兩；百户二百四十兩，副千户三百兩，正千户三百六十兩，指揮僉事四百八十兩，同知六百兩，使七百二十兩，各從該管巡撫官定與衛分，帶銜閒住。其有官者，每一百二十兩陞一級，俱止終本身。若後遇有軍功，仍照例陞襲軍職。不許上納都指揮，以圖幸進。外布政司、直隸銀至千兩以上，差人類解陝西布政司并本處，各取庫收轉給户、兵二部查照。若外司、府願納人少，候至明年三月終，不及千兩之數，不拘多少，隨即差人轉解，以濟急用。正德元年秋成之日停止。

前件照得，即今地方多事，全賴陞賞以激勵人心。若軍職容令納粟加官，何人再肯樂於用命？除原任軍職難准外，合無只許舍餘、軍民先年上納軍職，并令願告上納者，悉照所擬施行。至指揮使而止。舍餘就於原衛，民人於本處地方衛所帶銜閒住，俱聽巡撫衙門定奪銀兩，類解户部轉發，例至正德二年停止。

一 陰陽、醫學、僧、道官有缺，許額內陰陽、醫生并其徒弟，各納銀六十兩，起送赴部，免其考試，授以陰陽、醫學并僧、道官。如無陰陽生願納者，許仕宦子弟并農民納銀一百兩，各起送赴部，免考授以陰陽、醫官。此例止行本布政司，納者甚少，合無通行四川、河南、湖廣、浙江、江西五布政司[五]，并南、北直隸，於各該司、府照數納銀。完日，徑自赴部聽選。銀兩就於願納軍職銀兩輳數併解，至正德元年秋成之日停止。

前件上納陰陽、醫學、僧、道、官，俱依擬。仍行各處軍民客商并仕宦子孫，不係見有職役者納銀六十兩，授以正七品散官，五十兩授正八品散官，四十兩授正九品散官，二十兩者冠帶榮身。其銀兩，係兩京并順天、應天地方，赴户部及南京户部，各布政司并直隸地方，赴各司、府、州上納，類解户部轉發。其劄付，南京户部并巡撫官出給，無巡撫官處，布政司出給。伺年穀頗熟，邊方稍寧之日停止。

一 行據陝西布政司呈稱：地方災傷，稅粮已蒙減免，惟禮、工二部坐派羊隻、物料，除弘治十六年以前拖欠之數，已經蠲免外，其餘尚俱未免派徵，恐致逼民逃竄。如禮部派弘治十八年下半年并正德元年二起，俱供應牲口事，綿、羯羊共二千四百六十隻。除已徵解一百五十五隻外，未解二千二百五十一隻。大尾羊三十四隻，每隻價銀六兩。工部派弘治十七年三起：一起供應器皿事，一起成造神器事，一起料造弘治十七年軍器等事。共長柴一千根，煉鰷一千斤，光組綿羊皮五千張，黃真牛皮三十九張，紅真牛皮七百八十張。弘治十八年十起：一起建廟事，一起年例事，一起成造修理盔甲等事，一起查處會派顔料事，一起會計年例事，一起成造事，二起喪儀事，一起料造弘治十八年軍器等事，一起營造事。共榜木六百八十七根，柁木二千七百二十四根，散木三千八百九十根，松柁木八十五根，長柴松木三千六百七十五根，白真黃牛皮三百張，紅真牛皮三百三十張，白硝山羊皮三千六百張，白綿羊皮一千四百張，白硝鹿皮四十三張，白甸驢皮前截三百截，白硝馬皮前截十四截，白山羊絨八十七斤，白綿羊毛四千六百九十三斤八兩，雜綿羊毛一千二百一十三斤，茜草七百一十斤，黄熟銅一千一百五十斤，紅熟銅一千二百五十斤，生銅七千五百斤。有已派未徵者，有因災傷暫停未派者。乞為奏行蠲免，改派有收地方徵納，已甦民困。等因據此，看得前項年例徵派牲口、木料、皮張、毛絨、生熟銅等件，俱係供應修造不可缺乏之物。不取之此，則派諸彼，損彼益此，非臣下所忍言。但陜西地方供給三邊，委的十分疲憊。當此時勢難為之秋，若不暫為寬減，官司懼罪，未免逼追；小民窮迫，愈加逃竄。合無除已徵解外，未徵之數，俱為蠲免，改派有收地方。正德二年以後，陜西有收，額派之物，照舊派納，庶合《周官》荒政薄徵之意，而民沾實惠矣。

前件依擬，禮、工二部將原派陜西物料等項，除已解部外，未解者悉皆停止。仍行陜西布政司，將二部發去各項勘合類繳。

— 行據西安府知府馬炳然呈稱：查得陜西軍伍比別省獨多，共清出實有之數，常及四分之上。但解一軍，必妻小與僉俱，必一長。解一軍，一解兩家，往迴盤纏，遠則二三十兩，近則十數餘兩。總計一州一縣一府之費，其數不貲。再有輪班匠人工價，每年動以千計。凶荒之年，自給不暇，此等差役，其勢顧藉不周，縱使強之，終亦不能前進。合無轉達，將前項清出軍人、軍丁及輪班匠人工價，記名在官，暫且停徵、停解。等因據此。看得清軍、清匠，有司常職，但遭荒之民，救死不贍，張而驅之，勢必不堪。合無除平、漢、臨、鞏四府外，其西安、延安、慶陽、鳳翔四府災重州、縣，清出軍丁、軍人及輪班匠人工價，照依知府馬炳然所擬，記名在官，暫免停解，待正德元年秋成之後，照舊徵解施行。

前件查得，先為陜西地方饑荒，已該都察院奏將清軍御史取回，止令巡按帶管。況今陜西饑饉非常，兼遭虜寇擁眾深入，人民不得安生。合無依擬，將西安、延安、慶陽、鳳翔四府州、縣清出軍人、軍丁、班匠記名在官，暫且停解，待丰稔之歲，照舊起解。

— 近該刑部左侍郎何鑑奉勑清查處置流民。照得陜西地方，漢中一府及西安府所屬商、洛等五州、縣，山深地曠，流民聚集數多，相應查理。其藍田迤北州、縣，地狹人稠，本處土民尚鮮生理，逋逃人户似難仰給。但聞此地人民逃往南山，未聞他處人民逃居此地。況今饑民嗷嗷，朝不謀夕，正在賑恤撫安之際，若一概清查流民，誠恐激令逃竄，徒勞無益。合無除漢中、商洛照例清查外，其藍田迤北州、縣俱免，委官查理，以安人心。

前件近該刑部左侍郎兼都察院左僉都御史何鑑奏要回京，另行覆奏。

— 各處設立預備倉，專為凶荒之備。見行事例，三年委官查盤，計算州、縣大小，積粮多寡，以定官員賢否黜陟，法非不善。今陝西地方一遇災傷，查支前粮，全無積蓄。雖有司官吏不才，上司稽考不嚴所致，然亦有故。近年贖罪、紙價，俱折銀錢，科罰米谷，亦有明禁。初例本為指稱修理，防其侵尅入己而設。各官緣此，遂併倉粮亦束手不敢措置。今前項州、縣倉粮放支一空，若不預為之處，向後凶荒，何所仰賴？其窘迫又甚於今日矣。

合無通行陝西司、府、衛、州、縣大小問刑衙門，今後經問人犯贖罪、紙價，俱照舊例收納粟米，或折納粟、穀、麥、豆，送入預備倉收貯，以備賑濟。待倉粮廣有積蓄之日，另行定奪。有司官員除指稱修理，用強科罰米穀數多者照例施行外，若因事許量罰米穀，送預備倉，明立卷案，不在科罰起送之限。仍照三年一次事例，查盤稽考。

前件查得，先為應詔陳言時政，少裨聖治事。該陝西道監察御史石祿題，户部議得：各該州、縣義民情願納粟，囚犯贖罪納米，及但有空閑官地、湖池等項，俱要佃收租米，并贓罰、紙價、引錢等項，一應不係起解，支剩無碍官錢，盡數糴粮。三年之內，務足原數。若例可區畫，而因循不理，或有那移侵欺情弊，照例住俸參提。中間若有未及三年查盤，陞除事故等項去任者，俱要申達本管上司，委官查盤見數，方許離任。該管上司不行查盤明白，容情起送放回者，聽巡撫等官參奏治罪。如果積穀原數之外，尚有餘力，量許加添，不必膠於一定。仍通行禁約，只許收貯穀粟本色，不許折收銀兩擾民。等因已經題准通行去後，都御史楊一清又奏前因，合無依擬，通行陝西所屬問刑衙門，將一應經問人犯贖罪、紙價，准其收納粟米、穀、麥等項，送預備倉收貯，以備賑濟。永為常例，不許更改。若因事量罰米穀，送預備倉，有案存照者，不在科罰起送之限。仍照户部題准事例，三年一次，委官查盤。仍通行各布政司并南、北直隸司、府州，一體遵行。

【校記】

[一]“虜”，四庫本為“眾”。

[二]“戎虜跳梁”，四庫本為“邊疆騷擾”。

[三]“虜賊”，四庫本為“外寇”。

[四]“計開”，此下內容四庫本刪。

[五]“江西”，底本、雲南本脫，據前文“軍民人等納米授以軍職”條補。

關中奏議全集卷之六

巡撫類

一為地方事

兵部覆：准禮部咨，於禮科抄出。巡撫陝西地方兼督理馬政都察院左副都御史楊一清題。准兵部咨。該本部題前事。

照得各處巡撫等項都御史，舊例在邊方者四月，在腹裏者八月，俱該赴京議事。其遼東、宣府、大同、山西、延綏、陝西、寧夏、甘肅，俱與虜境相隣[一]，見今達賊不時出没[二]，正在用人之際，不可暫時缺人督理。合無行移巡撫等官，今年俱免赴京議事，各在地方修舉本等職業，若有重大應議事件，明白預先條陳，差人齎奏。照依舊例，經該衙門會議，奏請施行。等因題奉欽依。

備咨到臣。除將陝西重大地方事情另行具奏及瑣屑常事應該自處者，不敢一一煩瀆聖聽，徑自從宜處置外，今將事干各處地方，益于政體，宜于軍民，不係見行事例該載者，條陳數事，乞勅該衙門會議。倘有可取，奏請施行。等因題。

奉聖旨："禮部知道，欽此。"欽遵抄出，備咨送司，案呈到部。

看得巡撫陝西等處地方兼督理馬政都察院左副都御史楊一清所奏後開事件，俱係裨益軍民，有關政體重務，應合逐一議擬，開列前件，上請定奪。緣係地方及奉欽依"禮部知道"事理，未敢擅便。

正德元年二月初一日，本部尚書劉大夏等具題。次日，奉聖旨："准議。欽此。"欽遵。擬合通行，為此除外。合咨前去，煩照本部題，奉欽依內事理，欽遵施行。

計開：

一、復馬夫舊例。查得洪武年間舊例，在外司、府、州、縣官員，俱有欽給馬匹。僉選中等三丁民戸，每馬一匹，定撥十戸，計人丁三十丁，出備草料，輪流養馬。如馬倒死，就令各戸買補，行之百三十年，並無別議。後因不才貪官，需索馬夫，供給數多。弘治七年，該御史建言，兵部奏准，比照柴薪皂隸，定議出銀則例：每戸四兩，十戸共銀四十兩，給與各官自行買馬及雇人餧養。弘治十四年間，又該給事中建言，本部奏，革去銀二十兩，每戸出銀二兩，共銀二十兩。仍送各官自買草料，餧養馬匹。如有倒死，申稟上司，支給在庫官銀買馬。是皆因時救弊之術，未為不善。奈何新例既行，所得銀兩，收為囊橐中物，誰肯支用？且買草糴料，紛紛與市廛交易，亦多不便。至于餧飼，未免屬之在官之人，孰肯雇役？久之，有馬不復愛惜，馬死不復買補。人夫有擡轎之勞，驛馬有借騎之勞。不借之驛傳，則借之里甲，甚至又令里甲置買傘、轎、鞍、轡及出草料餧馬者，比比有之。弊端横出，蓋至于今而諸司之馬廄空矣。

近又許令無馬者支給在庫銀兩買馬，于是乞討之移文相望，而買馬者十無二三。在官之出給無窮，而在民之勞費如故。本以息民而反病民，本欲省費而反增費。乃知我祖宗之良法美意，不宜輕議變更，蓋不但此事為然耳！況凡厥有官，廉者恒少，不廉者恒多。彼誠廉官，必不需索馬夫銀物；彼誠不廉，所取正亦不在馬夫而已。需索馬夫財物，當坐贜罪，彼猶不知警畏；而謂擅騎驛馬，私借里甲馬匹有禁，足以保其必不犯乎？徒失朝廷優禮臣下之意，而顧有損于官民，無益于政體。

邇者，陝西、山東等處巡撫官，各嘗具奏，乞復舊規，該部以行之未久，難又更改。臣竊謂，一法立一弊生，因時制宜，更之以復祖宗之舊，無所不可。此亦皇上初政，率由舊章之一端也。除陝西司、府、州、縣官員前項弊端，臣通行嚴加禁約訪察外，如蒙乞勑兵部，從長議處，合無仍照洪武年間事例，通行南、北直隸并浙江等十三布政司，將各官騎坐馬匹，定撥中戸十戸，每户三丁，共三十丁，就令輪流在官，餧養馬匹，置買鞍、轡。若馬匹倒死，各丁自行買補。官有事故陞調去任，前馬收存新官騎坐。此外但有一毫科索馬夫財物等項，許巡撫、巡按訪察，輕則報以不謹，重則參提問罪罷黜。如此，官民實為兩便。

前件查得，在外司、府、州、縣官，每員撥市民三十丁，買馬餧養，以備官員騎坐，此是洪武年間以來舊例。近因言官建議，更改納銀，令其自行養馬。法屢變，弊愈滋。本欲息民而反病民，本欲省費而反增費。誠如本官所言者。合無本部通行，各該巡撫、巡按，將納銀事例革去，悉照祖宗舊例，轄撥市民三十丁，置買馬匹、鞍、轡，輪流餧養。如馬倒死，就令各丁買補。舊官去任，前馬存留新官騎坐。敢有餘外需索馬夫財物分毫，許被害之人，指實具告巡撫、巡按官處，應拿問者拿問，應參奏者參奏施行。

一、定支應則例。查得陝西鎮守太監處，每日京兆驛支應銀八兩四錢，以一歲計之，該銀三千餘兩。鎮守總兵處，每日支應銀五兩六錢，以一歲計之，該銀二千餘兩。通計二處，歲該銀五千餘兩。買辦油、鹽、醬、醋、柴、炭，所費未必如是之多，況不時之需，又有不在此數者乎！以此，該驛站粮價銀之取，較之舊時，其多數倍。所司累欲裁減，掣肘中止。

訪得各處鎮守衙門，該驛支應，輕重多寡不一，然亦無有如陝西京兆之多者。陝西往年支應亦無此數，不知添自何時。恐日後恃為合得，月增歲益，民何以堪？且陝西三邊經費所出，大半仰給西安州、縣。兵荒之餘，奄奄喘息，苛征浮費，此其一端。既往不須深究，方來當為之所。除行陝西布政司查禁裁省外，誠恐各處亦有此弊，輕重不均，廉貪莫辨，民受其患，不獨陝西為然。

如蒙乞勑該部查議，各處鎮守太監、總兵等官，除本等廩給外，應否折支調和、蔬菜、柴、炭、油、燭等項，價銀若干。如果相應，合無定與則例，通行遵守，使廉者有養贍之資，貪者無漁獵之害。敢有憑藉驕横，仍前額外勢逼威索者，聽巡撫、巡按指實糾舉。如此則站價可減，民困少蘇，地方幸甚。

前件查得，祖宗舊制，差使大小官員經過者，日支廩米三升；有事地方者，日支米五升，連下飯、油、醬等項，俱在其内。近年各處鎮守内臣，或稱日用不足，別加柴、肉、鹽、醬等項者，然亦未聞有如陝西前項之甚。必是先該司、府、州、縣、驛遞不才官員，止知承奉小人，不顧小民，患害日增月益，以致如此。況日逐使客數多，總計費用無算，該驛庫子必至破家。陝西連歲天灾，此其咎徵一端也。今該巡撫官奏發，相應查處。合無本部移咨陝西巡撫都御史，并行巡按御史，行令所屬州、縣、驛遞衙門，今後本省鎮守内臣，除本等廩米五升外，每日猪肉不得過五斤，雞不得過二隻，柴七十斤，炭二十斤，油一斤，鹽、醬各一椀，燭三對，小菜三樣。若是逐日供送勞擾，十日半月總計，聽從其便。所司敢有仍前分外剝民脂膏，曲意諂奉者，許巡撫、巡按官嚴加訪察，拿問黜罷。仍通行各處巡撫、巡按查勘，凡有不遵祖宗舊制，濫取害民之事，務要禁約改正。若舊能遵守成法，不許因此倣傚，分外加增。其餘公差官員人等并奏帶頭目等項，該支廩給口粮，悉遵舊制而行。

【校記】

[一]"虜"，四庫本為"敵"。

[二]"賊"，四庫本為"衆"。

一為地方事

戶部覆云云：看得督理馬政都御史楊一清所題事件，係隸各衙門掌行。擬合通行除外，合就開咨前去，煩為徑自查照施行。

計開：

一、稽考軍衛錢粮。據陝西按察司提學副使王雲鳳呈：查得陝西西安左等衛，除額設正軍之外，有曰寄名舍餘，冬操夏放，每年自十月至來年二月。每日口粮一升，每月食粮三斗，小月二斗九升；若有騎操馬者，食粮一石，本色六斗，折色四斗。每年布二疋，綿花一斤。有曰抽選武備常操舍餘，有馬該粮一石，本色六斗，折色四斗，布一疋，花一斤；無馬止食粮六斗。有曰舊招募義勇，每月食粮四斗。有曰招募土兵，即新招募義勇，每年冬操，每月食粮三斗，自十月起至次年三月止，布一疋。有曰屯軍，有馬食粮一石，本色六斗，折色四斗，布二疋，花一斤八兩；無馬每月食粮四斗，每年十月起至次年二月止，布一疋，花一斤八兩。有曰起調護衛遺留餘丁，内投充常操者，食粮一石，本色六斗，折色四斗；備冬者，每年十月起，每月本色粮四斗，至次年二月止。中間又有逃而復回，回而不行投首當差，却收粮而又逃者。有死而勾補，補而不當原差，食粮於別項下者。其寄名屯軍禦冬備邊者，十月内起身，赴邊之日，隨身每日行粮一升五合，在衛月粮就該截日住支。

頭緒繁多，未易悉數，雖有智者，莫能卒解。因此久慣識字人等及本所掌印千戶，遇關支粮賞，造冊之時，作姦百端：或將無馬混作有馬，或將冬操概為常操，或將寄名并屯軍赴邊之後，不行住粮。及逃故不除姓名，暫除旋捏見在，并詭名、重名等項，每年一衛盜支粮千餘石，布千餘疋。軍士頭緒，每衛亦不盡同。陝西共該四十餘衛所，其弊殆不可勝計。上司官員若非因人告發，安能得其肯綮？間有知者，又因人衆，往往置而不問。即今在在倉庫空虛，此亦所致一端。近將查出盜支識字人役并衛所及該倉官吏，治罪監追。若不專官管理，則民日饑而士終不可飽，粮日進而倉終不可實。

及官軍俸粮，折色錢鈔，馬價、均徭、贓罰銀物，預備倉粮并馬匹草料，其弊類此。合無差委按察司管屯官員，兼管稽考所屬各衛所月粮、布花、馬匹、草料及馬價錢鈔、均徭、贓罰銀物、預備倉粮等項，一應錢粮姦弊，仍於本官勑書内載入，以便行事。則每年當得數萬錢粮于侵盜之手，軍足食而姦弊革矣。等因具呈到臣。

案查，近該臣訪得西安在城三衛官軍俸粮、布、花及在庫官錢，多被經該官旗軍吏人等盜支盜賣。侵尅數多，積弊有年，干碍人衆，難盡稽考。已經劄委按察司提學副使王雲鳳，會同管屯僉事胡經，吊取近時卷簿查究，呈來施行去後。續據各官會呈，查出盜支倉粮二千三百五十二石八斗一升七合，折銀一百三兩一錢七分三釐七毫，銅錢八萬九千九百二十六文，折色銅錢三千二百三文，鈔三千五百一十貫。侵尅賞賜冬衣布、花，大布七百五十四疋，折花銀三十二兩七錢三分。此外侵欺、科斂、求索、局騙、枉法等臟不止一端。

且據一時卷簿所查，尚有此數，歲復一歲，所侵盜不知幾何。近而省城附郭衛分尚有此弊，遠而在外及各邊衛所，其為弊不知幾何。是皆百姓膏血之餘，軍士不得實惠，而徒為姦人漁獵之資，深可痛恨！夫利之所在，人必趨之。錢粮出納之際，姦弊易生，固不止軍衛為然，而軍衛為尤甚。如前各項軍人，頭緒如此之多。該關粮賞則例不一。至於備邊輪戍之數，逃故不常，該關該扣，日異而月不同，以至積年旗吏夤緣為姦，不才官員通同作弊，勢使然也。此非細心稽查，何由知其詳悉？布、按二司巡、守、管粮等官政務繁多，案牘填委，不無顧此失彼。副使王雲鳳所呈，欲委按察司管屯兼管稽考所屬各衛所錢粮姦弊，不為無見。竊恐此弊不獨陝西為然，天下衛所大抵相同。如蒙乞勑該部詳議，合無通行南、北直隸及各按察司，各委管屯官員兼管稽考所屬各衛所月粮、布、花、馬匹草料，及馬價錢鈔，均徭贓罰銀物、預備倉粮等項一應錢粮姦弊，仍於本官勑書内載入，以便行事。其馬價、均徭、預備倉粮、贓罰銀物等項錢粮，俱委經歷專一經手。經歷缺官，知事署印帶管。經歷、知事俱缺，從管屯官暫委別衛首領官，或文職雜職官管理，不許本衛徑委千、百戸、鎮、撫等官。每年終，將稽考查過軍衛錢粮姦弊，拿問過人犯，開報巡撫、巡按，用以驗其職業修否。其巡、守、管粮等官，仍要照舊詢訪稽考，若有姦弊，徑自施行。亦不許恃有管屯官專管，推托不理。如此則弊端漸革，軍食稍充，而姦人不得肆志稔惡矣[一]。等因備咨送司。

案查，先為缺官事。准吏部咨，該本部題准，已經照例請勑一道，付僉事胡經親賫前去陜西按察司到任，專一提督陜西都司所屬各衛所管屯官員人等，務要及時耕種，完足屯粮，禁革姦弊去後。續為分巡事，該陜西按察司奏稱：甘肅地方添設僉事一員，請勑往來甘肅等六倉并行都司廣盈庫，監督收放錢粮，禁革姦弊，兼管屯田、水利。三年一換。該本部題准，又經請勑一道，馳驛賫付僉事官賢[二]，欽遵於甘肅等六倉，管理粮儲，兼管水利，并提督陜西行都司所屬甘州一十五衛所屯田，務要倉粮無弊，水利疏通，屯粮及時，子粒完足。各倉收粮官攢人等有弊，各衛所管屯官員、軍士耕斂失時，以致倉粮有虧，子粒拖欠，屯軍失所，水利壅滯，應拿問者就便拿問，應參奏者具實參奏去後。今該前因，案呈到部。

看得都御史楊一清奏稱：陜西西安在城等衛官軍俸粮、布、花及在庫官錢等項，多被經該官吏人等盜支盜賣，侵尅漁獵，積弊有年，非止一端。又恐此弊不獨陜西為然，天下衛所大抵相同，要行詳議。通行南、北直隸，及各按察司，各委管屯官員兼管稽考所屬，一應錢粮姦弊，仍于本官勑書内載入，以便行事。

及各衛所錢粮，俱委經歷、知事掌管，不許本衛所徑委千、百户等官一節，深為有見。合無依其所奏，將各處管屯官員各另請勑一道，將各該衛所月粮、布、花、馬匹、草料及馬價、錢鈔、均徭、贓罰銀物、預備倉粮等項錢粮姦弊，俱令兼管稽考。不獨屯田、水利。官吏、旗軍人等有犯，不分軍政掌印、管屯、管倉，應拿問者聽本官徑自拿問，應參奏者參奏拿問。其馬價、均徭、預備倉粮、贓罰銀物等項錢粮，俱委經歷專一經手。經歷缺官，知事署印代管。經歷、知事俱缺，聽該道守、巡并管屯官選委別衛首領官或文職官管理，不許本衛徑委千、百户、鎮、撫等。每年終，將稽考過軍衛錢粮，提問過人犯數目，開報巡撫官，驗其職業，庶錢粮易於查考，姦弊易於革除。

緣係專官稽考軍衛錢粮事理，未敢擅便。正德元年二月十八日，本部尚書韓文等具題。次日，奉聖旨："是。欽此。"欽遵擬合通行。為此除行都察院轉行浙江等十三按察司，并南、北直隸地方各管屯副使等官，將原領勑書差人徑自具奏更换外，合行備由移咨前去，煩照本部題，奉欽依内事理，欽遵施行。

【校記】

[一]"姦"，四庫本為"軍"。

[二]"賢"，四庫本為"員"。

一為地方事

題：為地方事。准兵部咨。該本部題前事。照得各處巡撫等項，都御史云云。

等因題奉欽依，備咨到臣。除將陝西地方重大事情另行具奏外，今將事干各處地方，不係見行事例該載者，條陳數事，乞勑該衙門照例會議可否，奏請施行。緣係條陳地方應議事件事理，謹題請旨。

計開：

一、維持憲體。照得在内監察御史，在外按察司，皆風憲官，為朝廷耳目，關國家元氣。御史巡按一方，吏治臧否，民生休戚所係，其責尤重。鋤貪祛暴，乃其職任。近年以來，問發及奏劾文武官員，多被反訐，毛舉細小過失，摭拾不干己無根之詞，輒蒙併勘。查得見行條例：文武官吏人等犯該為民等項罪名，不分已未結正，伸訴冤枉者，准行辯理。其有妄奏冤枉，摭拾原問官員勘問涉虚。原問為民者，發口外為民；原問充軍者，發極邊衛所充軍。前項禁例，不為不嚴。但人安得無過？既行併勘，勘官意得兩全，往往遷就出脱，姦人恣為得計。夫人莫不好榮而惡辱，此風若行，其不相率而為姑息避事者鮮矣。使風憲失職，姦貪得志，民受其害，豈朝廷之福哉？且御史出巡回日，自有本院考覈，京官又有十年一考察之例。按察司賢否，自有巡撫、巡按開報考語，三年又有朝覲黜陟之典，豈憑所問發舉劾之人言詞以為輕重哉？臣請今後監察御史、按察司官已經問發為民文武官吏人等，及舉劾官豪勢要人員，果有冤枉，止許將所枉之事明白開陳奏訴，照例行無碍衙門勘問辯理。敢有摭拾原問官員過失，不拘事情輕重，將原詞立案不行，仍查照原擬從重歸結，庶可杜絶小人姦計，而内外憲臣皆得展布肆體，以事其事矣。

一、稽覈新軍。照得各處清理軍伍，舊例各州、縣委掌印官、各府委同知，布、按二司又各有堂上官一員以總理之。又勑遣監察御史一員以董其事，三年一换，定與分數，以驗功績。立法防範，可謂甚嚴。然行伍日見消耗，邊堡未聞充實。彼推移版籍，埋没姓名，變亂于里書之手莫之能稽者，其弊固多，然有司歲所清解，十常四五，而衛所見在收役，百無一二，盖因原籍、原衛相離地遠，兩不相照。清軍憲臣但知此有清出解過之數，又焉知彼無着伍應役之實。該管官旗既不依例存恤，却乃任情作弊：有方出收管，隨即得錢賣放者；有將盤費搜索殆盡，只得隨逃者；亦有著伍之後，被其侵尅粮賞，百般科害，貧不能存，以致在逃者。故批解方獲，原軍已回，今次解補之人，即下次清勾之數，以為常事。以官司經年督責之勞，小民闔門津貼之費，殘民肌體，剝民脂膏，而徒為官旗漁獵之地，深可痛恨！及今不為之處，將來其弊滋甚。

臣請令天下清軍御史清解州、縣軍丁之外，兼督察稽覈該管地方衛所新軍。先期通行各處清軍御史，每年終，將清出南、北直隸、各布政司已解出軍人，某衛若干、某所若干，開造文冊，差人分投賫送各該清軍御史。各該御史按臨但有衛所去處，照冊比較查考。如某處冊開解補新軍某某，該衛所不見投到，即系原籍有司官吏、里老故縱不解，虚文搪塞，如已解到，務拘本軍正身審問，有無存恤剝削情由。如正身在逃，即將該衛所官旗比較。各行原該清軍御史，務追究出州、縣容縱衛所賣放剝削實情，應提者提，應參者參，各從重問結。其無清軍御史去處，按察司清軍官一體照例施行。開報功績，務將取有衛所收管軍人，方准作數。仍乞將前項事宜，增入清軍御史欽奉勑内，以便行事。如此則事體相須，彼此相制，人知警畏，宿弊可以漸除，行伍可以漸充矣。

一、處置軍生歲貢。據陝西按察司提學副使王雲鳳呈：照得天下各府、州、縣儒學歲貢，皆于廩膳年深數内考選，惟都司、衛所學校原無廩膳，直於闔學生員内論入學年深。因此軍生既得入學，多不讀書，苟歲考免于黜發，則計日得膺歲貢。提學官員間有不論年深，取曾經考中科舉者充貢，然軍生得與科舉者甚少，恐致入學年深，不曾科舉者老于無用，徒有不均之嘆，殊無振厲之意。合無將天下都司、衛所學校，照府、州學廪膳名數，從提學官考定儲養，挨次起貢，號為挨貢名色，仍不食粮。該貢之年，照例考選，及歲考驗其問學消長，以為去留。如此則軍生有階級漸進，自此始奮發讀書之志，而應貢者皆精選素教勤學可用之人矣。等因備呈到臣。看得都司、衛學，因無食粮之例，止以入學年深者起貢。中間文學雖優，籍名在後，苟不得志于科場，比老無階身之路，委的賢愚同滯，士氣無由振興。欲令食粮，則邊儲有限，供給不敷。若依副使王雲鳳所擬，將天下都司、衛所學校照府、州、縣廪膳名數，從提學官考定儲養，挨次起貢，號為挨貢名色，仍不食粮。如原係一年一貢如府學者，定為挨貢四十名；四年三貢如州學者，定為挨貢三十名；兩年一貢如縣學者，定為挨貢二十名。該貢之年，照例考選，及歲考驗其學問消長，以為去留。如初考堪取挨貢不及前數，不必拘泥，止儘見在相應之人，餘缺之以俟來考。如此既可振勵人才，又不縻費粮餉。乞勑禮部計議，採擇施行。

一為地震事

題：為地震事。

據陝西布政司呈。據慶陽府環縣申。據本縣陰陽學牒呈。據直日陰陽生郝曇呈。

照得本縣弘治十八年六月初十日癸亥，約午時分，忽從東北地震二次，響聲往西南去訖，摇動軍民房屋，理合呈乞施行。等因到學，擬合就行。為此合行牒呈本縣，乞為轉達施行。等因據此，擬合通行。為此，今將地震緣由，理合各另申報，伏乞照驗施行。據此擬合通行，為此除外，理合備由呈乞照驗施行。等因具呈到臣。

案查，先據平涼府固原州申稱：本年六月初十日午時正二刻，地震緣由前來，已經具題外，今據陝西布政司呈備環縣申稱：前項日時，地震二次有聲，摇動軍民房屋。等因照得陝西固原、環慶二處，最為要害重地，先年套賊入寇，不窺環慶，必犯固原，創傷困苦之餘，生意未復。今二處地方同日地震，竊恐夷狄猾夏之患[一]，或不能無。且灾變之來，必有攸自人事乖違，則陰陽舛錯。今一歲之中，灾異疊見，地道不寧，皆由百司庶職曠官怠事所致，而臣濫總風憲，不能奉宣德意，振肅紀綱，撫安兵民，其責尤重。除通行一體痛加修省，及督令各邊關隘、城堡嚴謹武備防禦邊患外。緣繫地震災異事理，謹具題知。

【校記】

[一]“夷狄猾夏”，四庫本為“邊人侵伐”。

一為旱災事

題：為旱災等事。

據陝西布政司呈。據西安府申備邠州并涇陽、咸寧、長安、三原、盩厔、臨潼、武功、鄠縣申，又據本府所屬乾州并咸陽、富平、醴泉、蒲城四縣申：各據里老趙剛等呈，弘治十七年八九月間，雨澤少降，土脈乾燥，安種麥、豆，俱未長茂。至弘治十八年三月内，纔得微雨，麥、豆正當吐花、秀穗之時，四月，又旱無雨，兼被狂風吹刮，不得堅實，青乾無收。其有收者，多不過二三分。即今五月芒種時候，為因無雨土乾，秋田不得安種，人民驚惶，無所依仰。見今徵派稅粮，委的辦納不敷，必致小民逃竄，乞為轉達，分豁便益。等因各備呈轉申到司。

又據延安府申備鄜、綏、葭三州，膚施、甘泉、安塞、保安、安定、清澗、延長、延川、宜川、洛川、中部、宜君、吴堡、神木、府谷、米脂一十六縣，慶陽府申備寧州、安化、合水、真寧、環縣，鞏昌府申備隴西、寧遠、伏羌、西和、漳縣等州、縣申，并據西安左、前、後，延安、慶陽、鞏昌六衛及西安右、甘州中二護衛各呈同前事。又據平涼府所屬静寧州，隆德、莊浪、靈臺、崇信四縣各申，自本年四月十四日至二十等日，連降嚴霜，致將麥、豆殺傷多半，又被日久無雨，風吹日晒，以十分為率，約有八九分枯死，乞要分豁稅粮。等因案查，先為處置灾傷事，承准户部“陝字四百二十四號”勘合，該本部題，合無通行天下司、府、州、衛等衙門。今後遇灾，先行合干上司，類總奏報。委官之際，務要親詣被灾處所，從實檢踏，不許因而受財聽囑，以熟作荒。一面行移巡按御史及按察司官，再行從公覈實，將有灾該徵該免田粮分數，定擬明白，造冊奏繳本部，再行斟酌區處，奏請免徵。等因題准，備行前來。已經通行遵依去後，今據前因，緣係民情灾傷事理，理合呈乞照驗施行。

等因據此，查得前項府、衛、州、縣陸續申報前情到臣，俱各相同。

切照陝西各府、衛地方，供給三邊，粮草重大，差役浩繁。節因達賊侵犯[一]，兼天年薄收，饑饉逃亡，生氣未復。即今欽命大臣，處置邊儲，催徵積年拖欠未完粮草，幸得年豐有收，方可供辦。今所在告報灾傷，夏田既多無收，秋成恐亦難望。雖中間輕重不同，虚實難保，終是實有灾傷去處為多，而西安府所屬附近州、縣，被灾尤甚，且民惟邦本，賦由民出。今公私匱竭，倉廩空虚，各邊軍士，張口待哺。急之則有民窮盜起之憂，緩之則貽後時失事之悔。夙夜警惕，不知所處。除行陝西都、布、按三司，轉行各該守、巡等官，親詣前項申報灾傷衛所、州、縣，選委隔别廉幹官員，會同各掌印官從公踏勘，如果灾重，即便多方設法賑濟，毋令失所。税粮暫停追徵，待具奏定奪。若灾不甚重，將該徵税粮，酌量處分。從輕改派折納，或撥附近倉分上納。其不成灾及灾輕去處粮草，責令依時追徵，不許延捱失誤。中間如有受財聽囑，以熟作荒情弊，就便拿問。取具踏勘過灾傷輕重，税粮該徵該免分數緣由回報，另行具奏外。緣繫地方灾傷事理，謹具題知。

【校記】

[一]“達賊”，四庫本為“邊敵”。

一為旱灾事

題：為旱灾事。

據陝西布政司呈，據西安府申，節據華、耀、同、邠、乾、商六州并咸寧、長安、高陵、淳化、渭南、蒲城、白水、永壽、朝邑、涇陽、藍田、郃陽、華陰、三原、澄城、臨潼、興平、武功、三水、同官、韓城、醴泉、咸陽、富平、鄠縣二十五縣申，據各該州、縣人民田愷等各告稱：境内地方，弘治十八年四月、五月無雨，夏田薄收，税粮辦納不前。六月初旬，纔得微雨，安種秋苗，未及長茂。自本月至八月初旬六十餘日，一向亢旱無雨，又兼狂風晝夜不息。官司竭誠祈禱，止獲微雨灑塵，致將各民所種糜、粟、菽、豆等苗，俱各吹晒焦枯，秋成無望。人民十分饑荒，陸續逃移出外趁食去訖，粮草無從辦納。乞為轉達合干上司，踏勘分豁賑濟撫卹。等因備由，轉申到司。

又據本府所屬洛南縣，延安府所屬綏德州并中部、吴堡、宜君、米脂四縣，慶陽府寧州并真寧縣，鞏昌府階州并文縣，臨洮府蘭州，鳳翔府岐山、郿縣二縣，甘州中護并綏德、蘭州、山丹四衛，階州、鳳翔二千戶所各亦申呈前事。

案查，先為處置災傷事。承准戶部“陝字四百二十四號”勘合，該本部題，合無通行天下司、府、州、縣、衛等衙門，今後遇災，先行合干上司，類總奏報。委官之際，務要親詣被災處所，從實檢踏，不許因而受財聽囑，以熟作荒。一面行移巡按御史及按察司官，再行從公覈實，將有災該徵該免田粮分數，定擬明白，造冊奏繳本部，再行斟酌區處，奏請免徵。等因題准，備行前來。已經通行遵依去後。

今據前因，照得陝西延綏、寧夏、甘肅三邊并固、靖、環慶一帶倉場粮草，仰給八府人民輓輸，而延安府就近供給延綏，慶陽府就近供給寧夏。西安一府地廣粮多，計其歲徵之數，將及通省之半，遞年供給諸邊，所賴尤重。三府不收，則別府雖是全稔，尚且所補不多。況鳳翔府隣近西安，縣分旱與西安相同，所司稽於申報，其平、漢、臨、鞏四府，所屬未報災傷。州縣得雨亦遲，必非全熟。今西安等府人民因見旱災異常，米價騰貴，流移就食者接踵于道。查其預備倉粮，又俱存積數少，官府帑藏類多空虛，皆由弘治十四年以來連遭虜患[一]，乞運修邊等項糜費不貲所致。兼以陸地不通舟航，民俗鮮尚儲蓄，縱使傾倉出賑，亦難盡遏流亡。若至來年春夏之間，私糴官廩皆空，寧免相視轉死？竊聞之，救荒之政，賑濟不如免粮，盖賑濟則人或容姦，免粮則民沾實惠。故賑濟雖未敢後，而免粮尤所當先。呈乞照驗施行。等因到臣。案查，先據陝西布政司呈備西安等府、州、縣申報夏田災傷緣由前來，已經具題去後。今據前因，查得前項府、州、縣陸續申報前情，俱各相同，及訪得西安府所屬州、縣，災傷尤甚。

竊緣陝西為天下重地，西安一府又陝西根本重地，三邊仰給，多係于此。兵荒之後，民窮財盡，加以邊方多事，粮草催徵，勢不可緩。不幸亢陽為虐，雨澤愆期，夏麥既已不登，秋田又失播種。百姓嗷嗷，流離載道。延至明年春二三月，青黃不接，溝壑轉徙之患，何可勝言？方求賑邮事宜，又苦倉無積蓄。該司所呈，賑濟不如免粮，深為有見。盖邊儲固當急圖，邦本尤須深植。假令百姓逃亡失業，向後邊儲愈虧，所謂“皮之不存，毛將安附？”言之痛心！但就中論之，災傷不能無輕重，人户不能無高下，惟在稽覈得實，庶不虧官損民。除行分巡、分守委官檢踏明白[二]，災重地方極貧人户，多方設法賑濟，稅粮暫停追徵，取具踏勘過灾傷輕重，稅粮該納該免分數回報，另行具奏外，緣繫旱灾事理，謹具題知。

【校記】

［一］“虜”，四庫本為“邊”。

［二］“檢”，四庫本為“驗”。

一為地震事

題：為地震事。

節據陝西布政司呈，據西安府同州郃陽縣申，准本縣陰陽學牒呈，據直日陰陽生張輅呈：弘治十八年九月二十日巳正三刻，不意從西北上地震，響聲如暗雷，動往東南去訖。具呈到學，轉呈到縣，理合申乞施行。據此，又據本州韓城縣申，據本縣直日陰陽生馬景彝呈：本日巳時初刻，從西南地震，往東北去；巳未又震二次，亦往東北去，俱有聲。又據延安府申，據本府陰陽學申，據直日陰陽生張文達呈：本月二十一日巳時分，本處地方從西北方向、東南地震二次，將軍民房屋牆壁摇動。又據本府洛川縣申，准陰陽學牒呈，據陰陽生武政呈：本月二十日巳時初刻，忽然地震，有聲如風，牆屋俱動，頃刻方定。又據慶陽府申，據本府陰陽學申，據本學陰陽生張禄呈：本日午正三刻，忽從東南地動，往東北去訖，本日戌初三刻，仍前復動一次。等因各備申到司，轉呈到臣。

照得鎮守陝西武安侯鄭英患病，會同鎮守陝西太監劉雲議：查得陝西西安、平涼等府朝邑、固原等州、縣，自今年二月以來，地震有聲，非止一次。節經具題及通行所屬司、府、州、縣、衛所官員修省去後，今前項府、縣地方又節申地震有聲，如雷如風，摇動軍民房屋。一方地道，在在不寧。是皆軍民愁苦之象，夷狄猾夏之徵[一]。臣等備員鎮、巡，不能督率諸司，修舉職業，以回天意，其罪莫贖。況西安、延安、慶陽三府所屬州、縣，今年俱被灾傷，人民饑饉流移，不能聊生。且密邇邊方，警報未寧，敵情難測。除痛加修省及通行軍衛有司、沿邊城堡、賑邺饑荒、撫安軍民、修舉武備、防禦虜患外，緣繫地震灾異事理，謹具題知。

【校記】

［一］“夷狄猾夏”，四庫本為“兵戈擾攘”。

一為處置災傷流移事

題：為處置災傷流移事。

照得西安府所屬華、耀、同、乾等州，咸陽、臨潼、三原、渭南、高陵、華陰、朝邑、富平等縣地方，今年四五月間，雨澤少降，夏麥被晒枯死者多，收成甚薄。六月、七月，一向亢陽不雨，秋田不得安種。間有種者，多不出土，人民憂惶。貧民無底業無手藝者，往往扶老攜幼，逃入南山商洛、漢中等處趁食。自八月下旬以來[一]，方纔得雨，秋田雖已不救，二麥幸皆安種，人心稍安。若得今冬瑞雪霑足，來春時雨調勻，可無大患。但奄奄喘息之民，即今已不能堪。欲便通行賑濟，倉粮有限，恐明年青黃不接之際，無以為繼。

查得各處預備倉之設，本為凶荒之備。見行事例，量州、縣大小，里分多寡，定擬積粮數目，以為勸懲，及三年一次委官盤查。立法非不嚴密，奈何有司官員多不留意于此。且陝西頻荒，大兵之後，民窮財盡，供邊修邊等費徵斂不給，勢難別項措置。又因折錢、折銀之例行，而贖罪、抵價之粮遂少，倉廩空虛。職此之由，臣待罪巡撫，外防虜患，内憂民難，夙夜驚懼，不知所處。已經播告司、府、衛、所、州、縣大小官員，痛加修省，勉盡職業，省事節用。一切工作悉皆停止，一夫不許擅役。一應浮費悉皆查革，一錢不許妄用。其人民十分貧難、眼前不能存活者，取勘的確，就便驗口給粮，不使失所。及將各王府、文武衙門官吏、旗軍人等應支粟米，照依時價，折與銀錢，存省見在倉粮，以備明春賑濟。并勸諭積有粮米得過之家，照常放糶，不許阻遏。仍行問刑衙門，經問有力人犯贖罪、紙價，暫照舊例納米，以少充倉儲。逃移人民，分投差人，招撫復業。其貧病饑餓不能即回者，暫于南山所在州、縣報名在官，量為給粮賑救，免致填委溝壑，待春暖稍蘇，發遣回還。與凡救災卹患事宜，應施行者徑自施行，災重應免稅粮，并重大事情，另行具奏定奪外，緣繫處置災傷流移事理，謹具題知。

【校記】

[一]“八月”，此後底本、雲南本後脫“下”字，據四庫本補。

一為慶賀事

題：為慶賀事。

據西安府申，承奉陝西布政司劄付，抄蒙臣案驗，仰本府轉行同知任奎，照舊管理捕盜事務，另委相應官員賫進慶賀表文。如無相應堪委官員，徑自申禀定奪。奉此，案查先為前事，已行同知任奎賫進。今奉前因，查得本府同知沈理清軍，通判梁國用管粮，推官田春理刑，俱委徧歷所屬，賑濟貧民。惟有知府馬炳然掌管印信，再無空閒堪委官員，理合申乞照詳定奪。等因到臣。

仰惟皇上嗣登寶位，在外司、府、州五品以上衙門，例該行委堂上官一員，賫捧慶賀表文投進。除都、布、按三司并各府、州、衛俱委堂上官一員賫進外，查得西安府原委進表同知任奎，近因本府所屬州、縣人民，飢荒流移，盜賊生發，本官繫撫民官，已經行令暫且照舊撫民捕盜，以防意外之患，別委相應官員賫進去後，今申前因。

臣切惟賫進慶賀表文，乃臣子敬君之禮，天下之事莫重於此。但西安一府，外供三邊，為陝西根本重地。奈何今歲夏、秋田禾，俱各灾傷無收，人民十分饑饉，扶老攜幼，流徙他方，盜賊乘機剽掠，人心憂惶。況河凍在邇，北虜驕横[一]，難保不入河套為患。萬一擁衆近邊，兵戈外擾，人民内困，根本摇動，事變難測。

及查得近准戶部咨，為旱灾救荒事，該陝西鎮、巡等官具奏地方灾傷緣由。本部題，奉聖旨："是。陝西灾傷重大，着楊一清好生設法賑濟，毋致失所。欽此。"欽遵。

臣受命兢惕，不遑寧處。即令分巡、分守等官，督委本府同知、通判、推官等官沈理等，分投前去三十六州、縣，公同各掌印官查放倉粮、銀兩，設法賑濟，及行同知任奎嚴督禁捕盜賊，撫安流移。地方廣濶，尚慮顧理不周，別無空閒官員堪以委用。倘或誤事，關繫不小。欲待各官事完，方纔賫進表文，又恐有誤慶賀之期。

如蒙伏乞聖明，俯念地方事重，保障為急，乞勑該部計議，合無將西安府堂上官不為常例，俱存留在任，整理前項事務。行委首領官一員，賫捧慶賀表文投進，惟復待地方人民稍安之日，仍行堂上官賫進，不勝幸甚！

緣繫乞留官員賑䘏人民、保障地方事理，未敢擅便，謹題請旨。

【校記】

[一]"北虜"，四庫本為"戎心"。

一為考選軍政官員事

題：為考選軍政官員事。

准兵部咨，該本部題稱：弘治十八年，又及五年之期，内外軍政官員，例該通行嚴加考選，每都司各要掌印一員、佐貳二員。等因題奉欽依，備咨前來。

照得鎮守陝西武安侯鄭英患病，臣會同鎮守陝西太監劉雲、巡按陝西監察御史季春議：查得陝西都司原選軍政掌印都指揮使楊敬、佐貳都指揮僉事房懷、把琮，俱推陞去任。

看得陝西地方廣濶，内連八郡，外控三邊，為根本機要重地。都指揮使司，管轄三十餘衛所，軍馬數多，掌印官必得通敏老練之人，然後事有統紀，人無玩易。本司見有都指揮僉事費梁等，用之佐貳雖有可觀，用之掌印則多不及。推訪得原選軍政佐貳、今守備蘭州、都指揮僉事房懷，事體練達，才識優長，陝西官軍素所信服。且守備之任，固在得人，而都司掌印，一方兵政修否所關，事體尤重。

緣繫兵部推舉奉勑守備官員，臣等難擅定擬。如蒙乞勑兵部訪察，合無將房懷改任本都司軍政掌印，使之約束官軍，修舉兵政。就乞於陝西武臣中推舉相應官一員，守備蘭州地方，防禦虜寇[一]。居重馭輕，既適其宜，安内攘外，兩無所失，不勝幸甚！

緣繫推舉方面軍政掌印官員事理，未敢擅便，謹題請旨。

【校記】

[一]"防禦虜寇"，四庫本為"嚴加防禦"。

一為分理誣枉事

題：為分理誣枉事。

據陝西按察司呈，問得犯人孟統招，係陝西西安府咸陽縣知縣。弘治十五年九月失記的日，有在京錦衣衛周指揮，帶領旗校前來陝西地方勘事。因遇冬寒，各旗校共輳銀五兩，央浼先任本布政司左布政使文貴，要買羊羔皮襖。有文布政訪得咸陽縣出産羔皮，自合差人照依時價兩平收買為當，不合輒差已發落承差王機，將前銀牌發本縣責令。統亦不合要得奉承上司，就拘今在官皮行王禄、并欽等一十九名到縣，并欽亦不合將今在官一般皮行王名，并伊父王志善、弟王泰姓名俱供報在內。統與先問發、今未到工房典吏淡友智，各明知彼時時估，大羔皮一張值銀二分以上至二分五釐，小羔皮一張值銀一分五釐以上至二分，大小不等，約計每張值銀二分，統等各不合估作一分。王機亦又揀要一色大皮，每張各值銀二分五釐，以致王禄等買皮二百張，每張賠銀一分五釐，除給前銀二兩，仍共賠銀三兩。本年十月內，統將買完前皮并剩銀三兩，差今在官老人高俊解送文布政處，驗得皮好價輕，仍將剩銀三兩令高俊帶回本縣，給與王禄等，領補原賠銀兩訖。

弘治十六年正月失記的日，文布政又因本家要做皮襖，亦明知繫監臨官，不該發價下縣買物。因查已問革、今在官本司候缺吏魏勝，繫本縣人，不合就差本役賫銀一十兩，仍發與統易買不拘大小羔皮五百張。統不合又拘皮行王禄等二十三名并先問發、今在官皮匠晁安到縣，驗皮大小給價，照數買完。大約每張用銀二分，不曾賠價。魏勝在縣親收，不合每皮一張，乘機索要王禄等銀一分，共索銀五兩入已。統不合不行具申究治，仍差高俊同魏勝將皮解送文布政收用。

本年五月初八日，文布政因前買皮張破壞數多，不敷做用，不合又將銀二兩付與先問革、今已故候缺吏竇景暘賫送與統，不合仍照前價行拘王禄等二十四名，給買羔皮一百張。竇景暘在縣親收，亦不合做傚魏勝，于王禄等名下，每皮一張索要銀一分，共索銀一兩入已。統亦不合不申究，就差今在官醫生邊錫同竇景暘，將皮解送文布政收用訖。

本年十二月初二日，有按察司見任僉事胡經，出巡不在，伊未到官義男胡清，不合將銀一兩四錢差已問發、今未到皂隸姚旺，并弘治十七年四月失記的日，有本布政司右布政使，今陞貴州左布政使致仕陳孜、未到官男陳大綱，不合將銀二兩使令先問發、今未到皂隸吕岩，各亦不合依聽將銀賫送統處。又不合仍拘王禄等二十四名，各照前價，將胡清銀一兩四錢買大小羔皮七十張，今差在官、老人王昶送與胡清[一]；陳大綱銀二兩，買大小羔皮一百張，亦差王昶送與陳大綱，各收用。彼時胡經、陳孜，各亦不合失于鈐束。

本年閏四月內，又有不知姓名二人，稱係吏部馬尚書舍人馬須、巡撫大同都御史舍人劉瓚，各來本縣收買筏木。因無皮襖，不合共將銀三兩央浼統，不合依聽，替伊亦拘王禄等收買羔皮三百張，每張虧價銀一分，共虧銀三兩。

本年六月二十九日，王志善思得父子三人俱充皮行，負累不過，將情告蒙巡按季御史，將統等行提取供。案發按察司掌印副使張薮究問，行提王機等到司。王祿、并欽等各因上司節次發價買皮，要得乘機阻絶，不合將各起皮價任意高擡。内將先次每張值銀二分五釐擡作三分五釐，妄招文布政虧價五兩。後次每張值銀二分擡作五分或四分，妄招文布政一次虧價一十五兩，一次虧價二兩，陳大綱虧價三兩等虚詞。在官副使張薮亦不合失于詳審，輒便依供問罪。呈蒙季御史先將統與魏勝等各依擬發落，次將文布政等備招參奏間，文布政先已陞任都察院右副都御史，巡撫延綏等處地方。聞知前情不甘，要得改行隔別衙門吊取布政司所收時價冊籍，查審分辯。又不合不行從實奏訴，添捏先買羔皮之時，訪得民間出賣每張不過價銀半分，及查咸、長二縣時估每羔皮一張值銀二分，據此給價。今聞御史季春勢逼孟統等取供，似有羅織之意。及訪得季春舉止浮躁，行事妄為，動輒作威沽名等項虚詞，混同具本奏行間。又該通政使司連狀送據吏部馬尚書家人馬浦告稱：本族各門，並無馬須名字，亦無差人陝西買木等情，俱送都察院，連季御史參奏。

前情併行督理馬政、今巡撫陝西楊都御史處勘問。蒙行布政司及轉行西安府并咸、長二縣，各查無弘治十五、九等年月分時估冊籍，止將以後各月時估文冊，并行陝西按察司提解間。遇蒙弘治十八年五月十八日赦宥，蒙將統等解送本院，查無羔皮一張值銀二分時估在冊。

及審據王祿等各供前情，當將承差王機供明省發，馬須、劉瓚另行外，將統等取供連人劄發本司，再行審問明白。如果所供是實，依律議擬，備招回報，干礙應參官員，具實參呈前來。依蒙將統等連日查審，與供相同。取問罪犯王祿等二名招同，魏勝等八名供同。

議得孟統、王祿、并欽所犯，合依不應得為而為之事理，重者律減等，各杖七十。孟統繫官，王祿、并欽俱民，俱犯在革前，免科，與先問結魏勝，供明、王志善、王泰、王名、高俊、邊錫、王昶、晁安，各發還職，寧家生理。照出供明、高俊等七名，與先問結魏勝俱免納紙。孟統官紙，王祿、并欽、俱民紙，各一分照到，折米，發咸陽縣追送，預備倉上納，以備賑濟，取實收附卷。文貴、陳孜、張薮、胡經、陳大綱、胡清俱遇革人，合免參提，備招連人呈解到臣。

查得先為官買擾民事。該巡按陝西、監察御史季春奏稱：都御史文貴，節次低價易買羊羔皮張數多，致累小民賠價二十餘兩。右布政使陳孜、僉事胡經，各縱家人低價于部内買物，略無禁止。所據各官，俱合有罪。等因奏本。

該通政使司奏。奉欽依："都察院知道，欽此。"

續該都御史文貴奏，為分理誣枉事，開稱：御史季春勢逼孟統等取供，似有羅織之意。及訪得季春舉止浮躁，行事妄為，動輒作威沽名等情，亦該通政使司奏奉欽依："法司看了來說。欽此。"

又該吏部尚書馬文升家人馬浦，告為分豁事，開稱：本族各門並無馬須名字，亦無差人陝西買木等情。俱該都察院議擬覆奏，併行臣提調參奏内有干人卷到官，從公審勘，務要的確明白，有罪人犯，依律照例施行。馬須、劉瓚如已回還，宜從移文河南巡撫衙門，追勘各犯正身，是否假充詐取，備由連人解報歸結。果礙應參官員，重別據實具奏究問。等因題。

奉欽依："是。欽此。"欽遵。備行前來。

除馬須、劉瓚移文河南巡撫衙門追勘正身歸結，及行據陝西按察司呈解犯人孟統等到臣，審取供詞，發仰問報去後。今問前罪，除查相同及將孟統等准擬發落外，參照陝西布政司先任左布政使、今陞巡撫延綏都察院右副都御史文貴，明知係是監臨官員，不合節次發價于所部内易買羊羔皮張數多，事發，却又奏辯不實。本布政司先任右布政使、今陞貴州左布政使致仕陳孜、陝西按察司僉事胡經，各不合失于鈐束，以致家人在于按屬買物。本司署印副使張巘既承勘問事情，亦不合失于詳審，致不輸服，俱屬違法，律合提問。但文貴、陳孜俱在任犯罪，去任事發，與張巘、胡經又俱係遇革人數，伏乞聖明裁處。

緣文貴係在京堂上官，陳孜致仕，與張巘、胡經俱係方面官，及該奏奉欽依，行令審勘。據實具奏事理，未敢擅便，謹題請旨。

【校記】

［一］"今"，四庫本為"令"，似更合文意。

一為邊務事

題：為邊務事。

照得本年十二月二十日以來，虜賊擁衆[一]，大舉深入搶掠，聲言要搶各苑官馬。自豫旺城至黑水口，處處有賊[二]，聯絡結營。本處官軍數少，固原備禦官領軍五百名，在石硤口、紅古城按伏；指揮任璽管領備冬馬、步官軍九百餘員名，在豫旺城按伏；指揮郭遡管領土達八百有餘，并新任遊擊陳善調集遊兵，纔得二千餘員名，在于鎮戎所遇賊[三]，俱被阻截[四]，不相應援。臣與新任鎮守署都督曹雄聞得已入静寧、隆德、會寧等處，恐其東寇平、鳳，即時提兵西上。臣在隆德駐劄，曹雄領兵隨賊聲勢追截[五]。本月二十四日，賊騎到於隆德縣西三十里[六]，因見我兵奄至，退回大營。緣曹雄所領官軍纔得九百餘員名，已差人乘夜間道調取陳善、郭遡會合，并量掣蘭州守把河橋官軍李佐等前來策應。各該將士，感恩圖報，人懷鬬志，但彼衆我寡，以一當百，未敢必其成功。

查得先為預防虜患以保固地方事，該臣題稱：寧夏花馬池、興武營直抵高橋三百餘里地方，在北為虜賊寇我邊境之門户[七]。賊之所入，雖由寧夏，而其所利實在腹裹。寧夏邊牆如能捍禦，則腹裹可安枕而卧。儻一旦折牆而入，必以精騎守所入之路，綴我官兵，使不敢南，則腹裹安危所繫至重。賊既深入剽掠，方張之勢，恐非陝西官軍所能當，必藉諸邊鎮遊兵，協力捍禦。然欲成克捷之功，必在乘其既弊而於中路擊之為便。

該本部覆奏，查得先該寧夏鎮、巡官、太監葛全等題，為大賊入套請兵防禦事。本部議得：合無鋪馬賫文與寧夏太監葛全、總兵官李祥、都御史劉憲，一面選差乖覺夜不收遠為哨探，一面嚴督副總兵衛勇、參將霍忠、協同保勳、守備焦洪、都指揮韓斌等，各用心設策，整搠人馬，隨宜按伏，以逸待勞。本部仍行延綏守臣，令參將王戟統領土兵前往花馬池，遊擊將軍姜漢統領遊兵前往定邊營，曹雄統領奇兵前往寧塞營，各要星馳前去，秣馬按伏，聽候有警，併力截殺。及行巡撫陝西都御史楊一清，公同固原新任鎮守將官，斟酌賊勢，計議方略，分布腹裹人馬，據要防守督調。本處遊兵，相機策應。等因題奉欽依，通行欽遵。

及看臣所奏與前項議奏之意，大略相符。合無行移延綏鎮守等官，轉行副總兵、遊擊等官，查照先今事理，如果賊已西行，本鎮别無聲息，陝西來調兵馬，即便依期前去，布分防守，不許遲延誤事，自取罪尤。仍通行陝西、寧夏、延綏鎮、巡等官，俱要協心運謀，相機而動，務使功成萬全，事無一失。圖免陝西腹裏之害，用紓皇上西顧之憂。毋得秦越自分，坐觀成敗，以孤委任。等因題。

奉聖旨："是，便行與各官。著同心協力，相機防禦，不許自分彼此，致誤事機。欽此。"欽遵。

本年十二月二十一日，備行到臣。切緣寧夏鎮、巡等官與臣先後論奏之意，正恐大虜入套，窺伺腹裏。寧夏地方，軍馬寡弱，不能捍禦，故乞早調延綏遊、奇兵馬，参將王戟土兵，併力布置按伏，保固邊牆，不令入境。及查得先于本年十一月十七日，據定邊營把總都指揮閻綱呈，據走回男子張智說稱，達賊四營，約有二萬入套，要搶固原等情，已經具題。及行延綏巡撫都御史文貴催調遊兵，并行寧夏巡撫都御史劉憲，轉行各邊，遇有套賊聲息，差人飛報去後。本年十二月十三日，臣差人于花馬池等處探問，並無原擬延綏人馬到邊。想因延綏遊、奇兵，参將王戟土兵，俱自大同初來，未得休息，且恐原奉旨意公文到遲，又各該將官新舊交代，事勢使然，決非敢為延緩。又查寧夏花馬池等處，亦不曾傳報虜賊在套近邊消息。今前項大賊，忽然擁衆拆墻，突入腹裏，已遵照成命，急調延綏遊兵、土兵前來截殺，及中路邀擊之議，通行賫文延綏副總兵姜漢、寧夏總兵官李祥等，會合行事。但道途阻滯，文移往來，彼此牴牾，事勢可否，猶未可知。臣切詳此虜時逼新春，尚在腹裏，恐渡河不及，其志必將恃其大衆，潛伏套中，夏秋草飽馬肥時月，又謀入寇。縱使出套過河，冬間必復踵襲故智。且陝西地方，兵苦于各邊之備禦，民疲于三鎮之轉輸，竭中土之力以供外邊，為其能為我藩籬也。今花馬池大賊臨邊，通不知覺。雖有如無，何所倚仗？將來之事，臣實憂之。至于用兵機要，似不出臣前所擬奏。但事關各鎮，若無總制重臣居中調度，則甲可乙否，終難濟事。議論多而成功少，無怪乎其然也。

伏望聖明，垂念西土重地，乞勑多官會議，簡命在廷威望素著大臣，前來總制陝西延綏、寧夏、甘肅等處軍務，授以便宜賞罰之柄，臣等各鎮、巡、三司以下官員悉聽節制。無事在于慶陽駐劄，有警前去環縣、韋州等處居中調度。各路將官用命者賞，不用命者罰。如身使臂，如臂使指，孰敢延緩，以失事機？如大虜出套，速就經略花馬池一帶邊務，設何籌策，可以保固邊境，使全陝西生民不致頻年大遭荼毒，實宗社萬億年無疆之休也。臣備員巡撫，不能遏其深入之機，又論列不早，致有今日，若復不言，後患恐不止此。臣不勝待罪俟命之至。

緣係急處邊務事理，未敢擅便，謹題請旨。

【校記】

[一]“虜賊”，四庫本為“邊人”。

[二]“賊”，四庫本為“兵”。

[三]“遇賊”，四庫本脫。

[四]“阻截”，四庫本為“攔路阻截”。

[五]“賊聲勢”，四庫本為“路剿殺”。

[六]“賊騎到”，四庫本為“已屯聚”。

[七]“為虜賊寇”，四庫本為“即為犯”。

一為達賊擁衆大舉入境事

題：為達賊擁衆大舉入境事。

准協守延綏等處地方副總兵、都指揮僉事姜漢手本，弘治十八年十一月二十九日，准鎮守延綏總兵官張安手本，准寧夏總兵官李祥手本前事。內開：徵調遊、奇二兵，照依原擬信地駐劄，以俟應援。

等因准此，本職統領榆林以西兵馬，於本年十二月十一日到寧塞營按伏駐劄。本月十八日申時，據定邊營把總都指揮閻綱差夜不收葉章報稱：花馬池達賊臨邊拆牆。備報得此，本職隨統前項官軍二千二百四十五員名，到萌城伏兵駐劄。二十七日寅時，本城傳報煙火。隨差夜不收馬福等前去石子溝等處爪探，襲見賊蹤[一]，掠獲頭畜，往北行走，備報到職，親率官軍追至隰寧堡地名大千户井等處。前賊約有一百餘騎[二]，見我官軍馳驟奔急，聲勢勇猛，將搶掠頭畜盡行棄擲[三]，易馬北遁。復追二十餘里，因見天晚黑暗，恐墮賊計[四]，隨即收兵。將獲頭畜至隰寧堡，行委指揮薛麟備查知數，發仰守堡百户劉亨暫令收候，已經開報外。三十日酉時，承准陝西都御史楊一清手本，為預防邊患以保固地方事。查照原文，作急統領兵馬兼程前來萌城、石溝等處按伏，會合寧夏總兵官李祥、副總兵衛勇等人馬哨探截殺緣由，已經備行知會外。本日戌時，亦准寧夏總兵官李祥手本，為軍務事。開稱本職所統人馬，移于韋州等處，會參將王戟、遊擊戴欽，餧飼馬匹，遇敵併力截殺。等因准此依文，正德元年正月初一日，移兵韋州駐劄。

本月初三日丑時，該寧夏總兵官李祥差鄉導陸寛等前來報稱：大賊已于本月初二日未時，俱從白塔兒往北去訖。等因得此，本職會同參將王戟、遊擊戴欽，各領所部官軍從韋州起行，奔馳到於地名紅寺兒地方，爪得前賊蹤掃往北去。已追襲到白塔兒，迎遇總兵官李祥、副總兵衛勇等人馬在彼追賊[五]。當同領好馬官軍馳騁襲蹤，追趕三十餘里。因見天夜風霧黑暗，恐墮詭計，總兵官李祥、副總兵衛勇收兵石溝兒按伏，本職等四更時分到小鹽池伏兵，隨即會差百户趙璽等帶領夜不收二十名，前去所經道路，密切哨探。至初四日辰時，據本官差夜不收郭其馳報：瞭見本處煙墩迤東有賊一簇[六]，騎牽馬匹，往南瞭望。據報得此，當會參將王戟為左哨，遊擊戴欽為右哨，本職中哨，及會合守備都指揮侯勛、指揮郭遡，各統兵馬相繼而行，到於地名石溝池，迎遇前賊，擺列攻敵。職等申嚴號令，督併官軍，各用鎗砲弓箭一齊射打。其賊潰亂，就陣斬獲首級一顆，奪獲戰馬二匹。速督官軍追至火山迤北地名啞叭湖等處。又添伏賊三百餘騎[七]，糾合前賊，一處衝擊前來。職等親督官軍，奮不顧身，持刀向前劈砍，又斬首一顆，奪獲戰馬二匹，軍士奪獲夷器共七十九件，被賊射死官馬三匹[八]。賊見我軍齊至，換馬奔走北遁。欲要窮追，及因天晚，況離花馬池邊牆不遠，慮恐牆外之賊糾衆前來[九]，以此收兵回還。至初五日天明到小鹽池，仍會差人通賊要路哨瞭[十]，遇警合兵截殺外，查得獲功并當先重傷官軍，另行造報。今將節次就陣斬獲首級、奪獲戰馬、達賊夷器等項，差百户曹聰先行解報。為此，理合開坐施行。等因隨據延綏遊擊將軍戴欽呈，弘治十八年十二月二十七日未時，承准陜西巡撫都御史楊一清手本，調卑職作急統領遊兵，取便兼程，從甜水堡、下馬房等處徑赴固原豫旺城、鎮戎所等處，會合陜西遊擊將軍陳善、領軍指揮郭遡等截殺。

承此，卑職就于本月三十日到韋州。本日申時，承准都御史楊一清手本，行卑職斟酌相機行事：若已到豫旺城、鎮戎所地方，即便會合本處遊擊將軍陳善等，相機應援截殺；若不曾前來，就于石溝、鹽池、韋州等處會合寧夏主、副總兵李祥等，及延綏副總兵姜漢，取便邀擊，截其歸路，共成大功。

承此，于正德元年正月初二日到韋州。初三日四更時分到小鹽池，會差百户趙璽等哨探。

初四日辰時，本官差夜不收郭其馳報，瞭見本處煙墩迤東有賊一簇[六]，牽騎馬匹，往南瞭望。當會副總兵姜漢、參將王戟及會合都指揮侯勛等，各統兵到于地名石溝兒，迎遇前賊，擺列攻戰。職等申嚴號令，督併官軍，各用鎗砲弓箭一齊射打，就陣奪獲達馬三匹，射死我軍馬二匹，追至火山迤南地名啞叭湖等處，又奪獲達馬五匹，夷器一百二十一件。彼見我軍齊至，換馬奔走。等因又據參將王戟亦呈相同，開部下奪獲敵馬五匹，夷器共二十四件緣由前來。

續准鎮守寧夏總兵官、右軍都督府都督僉事李祥、副總兵衛勇手本。正德元年正月初一日夜丑時分，據鳴沙州迤南棗山墩夜不收周翊同靈州擺撥夜不收劉瑛報：三十日未時，瞭見達賊精兵約有五六萬，俱穿戴明盔明甲，張打旗號，三路擺列臺營，從地名石把都來，後面灰塵不絕。又據紅寺兒夜不收潘關一等報：初一日未時分，瞭見地名虎巴山灰塵約長三十餘里，亦結營陣聯絡而行。初二日申時分，據哨探夜不收王洪報：未時，哨見達賊灰塵漲天，結營行走，從南往舊白塔兒去訖。當會同副總兵衛勇議，看得賊勢十分擁衆，擺列營陣而行，又兼天晚，援兵不能猝至，難以發兵。一面急差鄉導陸寛等，飛調韋州按伏副總兵姜漢等人馬前來，併力追殺。戌時，又據杏園墩擺塘鄉導陳演亦報：本日未時，瞭見敵衆灰塵從地名白塔兒東空過，至黄昏時分未盡。

初三日，黎明時分出兵。副總兵衛勇人馬為左哨，本職為右哨。指揮楊瑛、周冕統兵車繼後襲追。中途遇據白塔兒墩瞭高小旗張英報：初二日未時，有寧夏差來夜不收徐禮保、魏成，爪探聲息，到於本墩空，被前哨達賊殺死，馬二匹搶去。追至白塔兒後，有延綏副總兵姜漢、遊擊戴欽、參將王戟人馬到彼會合，襲蹤追趕。隨有固靖遊擊將軍陳善亦領人馬，俱到地名猫兒頭山，因見天晚，風霧昏黑難追，彼衆我寡，力不能支。恐墮賊計。三更時分，延綏兵馬往小鹽池，本職等至五更時分到石溝兒駐劄。初五日，節據靈州守備焦洪差夜不收張華等報稱：初四等日，大衆達賊從清水營木井等墩空[十一]，及花馬池原拆墻口出境去訖。為此，今將會兵截殺緣由，用手本前來知會施行。等因到臣。

案照前事，先因大勢達賊于弘治十八年十二月十七等日，擁衆大舉深入固原、隆德、會寧地方搶掠，缺軍禦敵。臣遵照欽奉勑諭及兵部節該題奉欽依事理，移文調取延綏遊擊將軍戴欽、參將王戟，統領遊兵、土兵前來腹裏應援。副總兵姜漢，統領奇兵會合寧夏總兵官李祥等人馬，聯絡駐劄小鹽池、石溝、韋州等處，邀賊歸路。因是道途阻滯，遊兵、土兵日久徵調不至。本月二十九日，據西安州海剌都操守指揮陳晟等差人走報：前項達賊于二十七等日，由西路麻張堡、西安州錦雞口出境。恐前調遊兵、土兵仍來固原，緩不及事，又經差人阻回，行令前去石溝、鹽池一帶按兵，密切會合寧夏主、副將官及陝西遊擊將軍陳善等官，相機邀截，已經具題外。

今據前因，照得前項達賊，自弘治十八年十二月十七日，擁衆大舉從花馬池地方拆墻進入，分守参將霍忠兵敗被圍，殺傷官軍數多。賊衆乘勝長驅深入腹裏搶掠[十二]，至正德元年正月初二等日，從石溝、鹽池兩界地方出境。雖經會行延、寧二鎮將官合兵追截，止是延綏副總兵姜漢奇兵斬獲首級二顆，参將王戟、遊擊將軍戴欽人馬，俱無斬獲。又查得各官不遵兵部原擬，到邊稽遲，但係新舊將官交代之際，況王戟當虜寇入境之初，衝鋒解圍，有功於花馬池官軍實多。戴欽弘治十八年十二月十六日方纔任事，十七日，隨即統領官軍啓行，千里赴援，未嘗後期。寧夏主、副將官李祥等，各稱賊勢十分擁衆，擺列營陣而行，難以發兵。緣事關各鎮，中間事機委曲，非臣所能悉知。除將姜漢等解到首級、夷器看驗收庫[十三]，達馬給軍領養[十四]，及陝西官軍獲功誤事緣由，俱另行外。緣大舉達賊出境[十五]，客兵追截獲功事理，謹題請旨。

【校記】

[一]“賊蹤”，四庫本為“蹤跡”。
[二]“賊”，四庫本為“敵”。
[三]“擲”，底本、雲南本無，據四庫本補。
[四]“賊”，四庫本為“姦”。
[五]“賊”，四庫本為“趕”。
[六]“有賊一簇”，四庫本為“有數十人”。
[七]“賊”，四庫本為“兵”。
[八]“被賊”，四庫本為“臨陣”。
[九]“之賊”，四庫本為“救兵”。
[十]“會差人通賊要路哨瞭”句，四库本为“差人於出入要路哨探”。
[十一]“達賊”，四庫本為“韃靼”。
[十二]“賊衆”，四庫本為“遂至”。
[十三]“夷”，四庫本為“敵”。
[十四]“達”，四庫本為“敵”。
[十五]“達賊”，四庫本為“敵人”。

一為謝恩事

奏：為謝恩事。近准吏部咨，為才不稱任，乞恩辭免巡撫地方事。該臣奏乞辭免巡撫陝西地方，照舊督理馬政。等因奏。

奉聖旨："楊一清才望素著，簡命已定，不允所辭。該部知道，欽此。"欽遵。

案查先准兵部咨。該本部題：為大賊折墻入境事。

節該奉欽依："是。楊一清不妨督理馬政，就着巡撫陝西地方，用心調度，防禦賊寇。寫敕與他，欽此。"欽遵。

臣時聞命有驚，措躬無所。雖防禦之事竭力就道，不敢少緩。而巡撫之任揣量度分，終非所堪。謹瀝愚誠，上干天聽，未蒙俞允。顧荷褒嘉，愧與憂并，榮非意及。

伏念臣少蒙作育，長被甄收。弄筆墨者半生，志有餘而才不逮；綴班行于三品，年漸老而業無成。且盛平之世，賢俊滿朝，如臣之愚，何足比數？非惟膺拔擢之殊渥，抑且受特達之深知。天地之恩，在人已極；涓埃之報，于國何施？敢不勉竭庸虛，用酬眷注！經營士馬，庶少裨修内攘外之功；撫安兵民，期不負後樂先憂之學。臣無任瞻仰感戴之至！

緣係謝恩事理，為此具本，謹具奏聞。

一為災異自劾乞恩罷黜以回天意事

奏：為災異自劾，乞恩罷黜，以回天意事。

案查，先節據陝西布政司呈，為地震事。節據西安、平涼、慶陽等府，朝邑、高陵、固原、環慶等州縣各申稱：弘治十八年二、三、四、六等月日時不等，各地震響聲如雷，摇動軍民房屋。及據臨洮衛申，為異風暴雨淹没人畜田禾事。據右、前、後三所申稱：各屯田地方，弘治十八年自四月初間，一向亢旱，夏田被晒焦枯。本月二十八日夜，偶然天昏黑闇，大作惡風迅雷，暴雨如注，頃間洪水馳至，約有二丈。寨牆衝倒，房屋傾塌，男婦漂流。渰死軍餘李彪等一十六名口，馬、牛、驢、羊等畜三百餘隻，樹株拔根，田禾淤墊。

又據臨洮府申：為山被猛雨雷震傾塌，壓没人畜，不見蹤跡事。據河州申：本州俺歌里沙子溝地方，坐南向北土山一座，弘治十八年六月二十三日夜，忽被猛雨雷震山塌，將本山居住民人顔廣等三户，人口男婦二十一口并庄田、頭畜等産，俱被壓没。

又據本司呈：為旱灾等事。節據西安府申備邠、乾等州，咸寧、長安等二十五縣各申稱：弘治十八年三月、四月，天旱無雨，兼被狂風吹刮，所種麥、豆，不得堅實，青乾無收。六月初旬，纔得微雨，安種秋苗。自本月起至八月初旬，一向亢旱無雨，又兼狂風晝夜不息，致將糜、粟、菽、豆等苗各吹晒焦枯，秋成無望。人民十分饑荒，陸續逃移趁食去訖。

又據延安府申備鄜、綏、膚施等一十九州縣，慶陽府申備寧州、安化等五縣，鞏昌府申備階、秦、隴西等州、縣，鳳翔府申備鳳翔、岐山等縣，臨洮府申備蘭、金等州縣，又節據西安左、前、後，延綏、平慶、臨鞏、甘蘭等衛各呈前事相同。等因節呈到臣。

切見陕西各府、州、縣，今年二月以來，地震山傾之變，屢見于敵人出没之區；夏旱秋乾之灾，遍滿于關輔根本之地。節經具題及行各該官司踏勘撫恤外。臣聞天人相為流通，休咎關乎得失，故未有不召而自至之灾，亦未有已出而無應之變。陕西灾異迭見，是皆生民愁苦之象，夷狄猾夏之徵[一]。不早圖修改，將禍患難測。

仰惟皇上龍飛御極之初，恩澤覃布，庶政肅清，是宜海嶽効靈，雨暘時若，凡此咎徵，責在臣下。以一方論之，軍民各有攸司，大小各有專職。而綱紀之任，實係巡撫。灾異之來，皆由巡撫不職所致。洪範曰："王省惟歲，卿士惟月，師尹惟日。"盖以休咎之輕重，繫職任之大小也。

臣本庸愚，濫膺重寄，既非安内攘外之才，又無揚清激濁之勇。見賢不能進，見不肖不能退；知民之害不能祛，知民之困不能救；上下交征不能革，公私匱竭不能補。以致軍民怨咨，感傷和氣，陰陽愆伏，動静乖違。巡撫方逾半年，灾異遍乎一省。上天示譴，罪實在臣。

且食人之食者，事人之事，陳力就列，不能者止。臣今名浮於實，處非其據，事不稱食，心有未安。顛而不扶，焉用彼相？伏望聖明體天行罰，乞將臣罷歸田里，别選相應之人巡撫陕西地方。必能扶持綱紀，綏輯兵民，彈壓羣邪，肅清弊政，庶幾天意可回，化灾為祥，轉禍為福不難矣。

緣係灾異自劾，乞恩罷黜，以回天意事理，未敢擅便。為此具本，謹具奏聞，伏候勅旨。

該吏部官欽奉聖旨："陝西地方多事，巡撫正要得人。楊一清不准辭，着用心辦事。欽此。"

【校記】

[一]"夷狄猾夏"，四庫本為"兵戈擾攘"。

一為謝恩事

奏：為謝恩事。

正德元年正月二十七日，節該欽奉敕諭："朕即位之初，念爾等効職勤勞，宜有頒賜，以隆恩典。爾其體朕至意，益盡忠誠，用副委任，欽此。"欽遵。

九霄垂露，勑降天文；萬里飛軺，物頒御帑。歡聲所動，邊徼增輝。恭惟皇上；誕膺休命，光紹丕圖；慶洽普天，恩覃率土。

臣身以職羈，既阻天廷之拜；寵緣例得，遂承帝賚之加。絲綸春温，金帛霞爛。雖雲雨之施，在物無遺；而渥澤所流，於臣為幸。榮加慶外，感在懼中。捧而珍藏，實抱無功之愧；服以拜賜，徒深逾分之憂。謹當以金自盟，焚灼不渝其性；顧服思稱，曳婁誓委其身。臣無任瞻仰，感戴激切屏營之至！

除將賚捧到欽賞銀十兩、紵絲二表裏，望闕叩頭領受外。緣係謝恩事理，為此具本，謹具奏聞。

一為乞恩認罪罷黜以謝地方事

兵部覆：該本部職方清吏司，案呈奉本部，送于兵科抄出。巡撫陝西等處地方兼督理馬政都察院左副都御史楊一清奏。

臣本孱愚，誤蒙先帝聖恩，擢任憲職，督理馬政。弘治十八年正月内，為因大賊拆墻入境，節該欽奉勑諭："不妨督理馬政，巡撫陝西等處地方。欽此。"欽遵。

自度不堪負荷，具本辭免。未蒙俞允，勉强供職。臣遭際殊常，寵榮踰分。誓竭駑鈍，仰酬眷知，奔走驅馳，不敢自怠。

竊見固原地里寛漫，處處通賊，最為難守。先該總制尚書秦紘，修築邊塹一道，踰時閱歲，湮廢已多。又防守無兵，墩堠不接，雖有如無，不堪保障。

臣督令守臣，修補完備，依塹添墩，傍險增堡，定為烽火號令。招集土人，使隨便擊賊[一]。臨冬時月，會同鎮守、太監等官分布人馬，據要防守。復慮一方兵政廢弛，名存實亡，剝削之餘，困敝已極，昧死上陳。仰荷廟謨獨斷，易置主將，增設遊擊。方將一新紀律，期收戰守全功，不意大賊乘凍渡河，潛伏套内，逼近花馬池地方，彼處將官通不知覺。

弘治十八年十二月十七日，賊號數萬，自花馬池、清水營兩處折牆進入[二]，守將兵敗被圍，虧折官軍，賊乘勝長驅直入腹裏。隨即收斂隄備，我軍迎戰，衆寡不敵，不能遏阻。賊至固原，野無所獲。本月二十三日，遂深入静寧、隆德、會寧地方搶掠。鎮守署都督僉事曹雄止領官軍九百餘員名，尋襲蹤跡截殺。臣恐孤軍無援，急調延綏遊兵、土兵，及本邊官軍前來會合策應，道途阻隔，兵難猝集。賊於本月二十七等日，遽從西安州地方出境，邀之不及。臣又約會寧夏主、副將官，延綏遊、奇兵馬，邀之石溝、鹽池。諸將以賊勢重大，莫敢發兵，坐視其出，竟無功。

查得固原、環慶一帶，並無所失，監苑官馬幸得保全。此皆仰仗宗社神靈，朝廷威福，醜虜遄歸[三]，被禍猶淺。但静寧、隆德、會寧三處，虜掠殺傷人畜數多，已行各該州縣查數，未報。陝西官軍節與賊戰，斬獲首級不多，幸不虧折。惟乾鹽池操守官張瑛等墮其姦計，陣亡一十八人。除將賊寇入境出境日期，官軍誤事獲功緣由，節經會題，及搶掠人畜的數查明另行外。

照得鎮守太監劉雲，常在固原駐劄，署都督僉事曹雄初到固原地方。臣叨任巡撫，已及一年，經略調度，乃其職業。況受恩深重，言聽計行。比之各路撫臣不同。奈何器質庸凡，智慮疎淺，未諳軍旅之務，實無安攘之才，以致大虜擁衆長驅，侵掠為患。拆牆而入，既不能遏其初來之鋒；得利而去，又不能截其既歸之路。藩籬失守，雖花馬池之過，而内有邊防，不能自固，咎將誰執？領兵出戰，雖各將官之事，而遇警徵調，多不及期，責亦難辭。上不能寬九重西顧之憂，下無以慰一方軍民之望。臣委的有辜委任，罪當萬死！且今套賊去留，邊情緩急，俱未可測。臣誤事貽患之人，誠宜早正法典，罷歸田里，別推才力有餘者巡撫經略，則凡受任方隅，皆知警戒，能者竭力自効，不能者無地自容矣！等因具本。

該通政使司官奏。奉聖旨："楊一清已命總制彼處邊務，着盡心供職，以圖後効，不必引咎求退。該部知道。欽此。"欽遵抄出送司。

查得先為邊務事。該本部會官具題，節該奉聖旨："是。楊一清著總制陝西延綏、寧夏、甘肅等處邊務，兼督理各該地方馬政。欽此。"已行欽遵去後。今該前因，案呈到部。

看得本官巡撫陝西，經略有方，威望素著。近雖被虜深入，緣無損傷大重。輒乃自陳誤事之人，欲正罷歸之典。既查有吏部已經會官題奉總制成命。及今欽依"勉留"事理，難再別議。合咨前去，煩為查照，欽遵施行。

【校記】

[一]"擊賊"，四庫本為"捍禦"。

[二]"折"，按當作"拆"。

[三]"醜虜"，四庫本為"敵兵"。

關中奏議全集卷之七

總制類

一為陳情乞恩辭免總制重任事

欽差督理馬政左副都御史臣楊一清謹奏：為陳情乞恩辭免總制重任事。

正德元年二月十五日，准兵部咨，為邊務事，該本部等衙門題。會同太師兼太子太師、英國公張懋，少師兼太子太師吏部尚書馬文升等議得：關陝重地，夷夏要防。今河凍將開，虜寇深入，後來之患，誠有可憂。況彼處荒歉非常，別難調度，所賴以應援截遏者，惟延、寧、甘肅三鎮兵馬。但事分統屬，人無專權，倉卒調遣，不無彼此推避，若不添設總制重臣，終難集事。查得起用兵部左侍郎許進并見任陝西巡撫都御史楊一清，俱經言官交章論薦，物議推允。伏望簡命一員，令其總制陝西延綏、寧夏、甘肅等處地方，庶幾事權歸一，後効可圖。等因具題。

節該欽奉聖旨："是。楊一清着總制陝西延綏、寧夏、甘肅等處邊務，兼督理各該地方馬政，寫勑與他。欽此。"欽遵。

備咨到臣。伏念臣本書生，不諳軍旅，誤蒙先皇帝擢任憲職，督理馬政，巡撫陝西地方。自度才不稱任，具本辭免，未蒙俞允。續因災異，自劾求退，仰荷皇上聖恩，仍留辦事。頃者大虜擁衆深入，侵掠静寧、隆德等處地方。臣不能阻遏，及徵調諸鎮兵馬追截，又不及期，已經具本認罪俟命間。渙汗自天，戰兢無地。駑駘何力，心欲奮而步不前；天地能容，威未加而恩已至。省躬驚愧，不知所云。

且今之虜勢號為驕横，今之邊備號為廢弛，雖云難為，未嘗無可為者，亦存乎其人耳！至于陝西三鎮，休戚相關，事有攸分，人無專制，誠得重臣居中調度，庶幾戰守可望成功。臣比有所見，不敢自隱。然意任大責重，必屬諸威望素著之人，豈謂臣愚可以辦此？

夫任賢使能，君之大要；賞功罰過，國之大權。臣匪賢匪能，久塵任使，在平時已徼非分之寵，在今日又操非據之權，懼將清議之干，以為新政之累。況總制之與巡撫，職任加重。三邊之與腹裏，事勢加難。臣撫巡無効，何能堪總制之扂？腹裏無功，豈足副三邊之託？苟負乘之不耻，將覆餗之是憂。臣是以昧死自陳，伏望聖明收回成命，鑒臣先次認罪愚衷，罷歸田里，以彰國法，別求兼資文武者總制三邊軍務。地方幸甚，臣愚幸甚！

緣係陳情乞恩辭免總制重任事理，謹具奏聞。

奉聖旨："楊一清才望素優，練達邊務，特兹簡命。宜勉副委任，不允所辭。吏部知道。欽此。"

一為乞恩認罪辭免重任事

兵部覆：准吏部咨，該本部送于吏科抄出。總制陝西延綏、寧夏、甘肅等處邊務兼督理馬政都察院左副都御史楊一清奏。准兵部咨，為經略邊務事。該本部題，該兵科都給事中艾洪等題。

臣等竊見胡虜犯順[一]，邊事孔棘。陝西寧夏等處官軍已被其挫衄。隆德、會寧等縣地方俱被其搶虜，肆無忌憚，直至秦州西南等處約有三百餘里搶掠[二]。國步艱難，人心危懼，殆如一髮之引千鈞，勢不可救藥。道路傳聞，畿甸驚懼，十分緊急，危及宗社。且大勢達賊在王府衙下駐劄，聲勢聯絡，火光相望，遠近不一。傳聞寧夏分守東路右參將霍忠，人馬約有七百餘騎，俱被損折無遺。參將王戟所領土兵，中途偶遇達賊，又被殺傷數多。總兵官曹雄人馬約有五百，俱被殘滅，仍將曹雄圍困在紅城子，略無一人一馬救援。勢甚猖獗，人頗愴惶，鎮、巡匿不以報。地方失陷，咎歸于誰？萬一不虞，延及宗社，雖萬死何贖。等因該本部覆題，奉欽依行巡、按御史查勘奏報，備咨到臣。

照得先因達賊大舉深入静隆、會寧地方搶掠，臣不能阻遏，已經具本認罪。續蒙聖恩，命臣總制陝西延綏、寧夏、甘肅等處邊務，兼督理各該地方馬政。自度不堪負荷，恐誤大事，又經具本辭免，俟命待罪間。

今准前因。查得前項達賊弘治十八年十二月二十一、二等日，到鎮戎所黑水口等處劄營答話，要搶各苑官馬，聲言要搶秦州等處直到陝西地方。因見固原一帶人畜俱已收斂，遂從地名須彌寺口進入西南搶掠。臣與鎮守署都督僉事曹雄按兵瓦亭堡。彼時陝西官軍俱已分布在外，曹雄止領西安等衛官軍指揮王昭等六百員名，臣領平涼衛官軍指揮趙文等四百員名。隨即差人分投徵調延綏遊兵、土兵，河西左副總兵魯麟土兵及本處各路按伏官兵，指揮李佐、郭遡等前來策應截殺。

二十三日亥時，得報賊衆已到隆德縣地方[三]，相離瓦亭五十里。臣與曹雄計議：若賊過隆德[四]，下六盤山，則平涼、華亭、涇州一帶人民俱遭殘害，蔓延難制。

二十四日寅時，臣等率領前項官軍急趍隆德，本日巳時到縣。據土民嚮導報稱：大勢達賊俱在舊隆德縣地方及地名王府衙等處下營搶掠。本日午時，曹雄統領官軍王時、趙文等九百員名前去截殺，臣止留一百餘員名，與本縣鄉導、民壯二百名拒守本城。前哨賊騎到於縣西大路神林堡地方[五]，聞官軍在隆德地方，遯歸大營，擡營西走，且行且掠，不復分散。臣見曹雄孤軍，恐墮賊計[六]，不次催調各枝官軍及賞募土人往來軍營賊巢[七]，探看消息，故其進止，臣皆知之。

二十六日，探知郭遡所領土達八百餘名已調到曹雄軍營，臣心稍安。時賊西向會寧，臣恐其從西路出境，而延綏人馬仍來固原，緩不及用。臣急還固原，各鎮官軍尚未調到，連夜差人阻回，行令前去鹽池、石溝中路邀擊。

二十七等日，賊從西安州地方陸續出境[八]。曹雄領兵襲至韋州，移文會合延寧諸將官于鹽池、石溝歸路按伏邀擊，又挑選陝西各枝官軍三千員名，俱聽遊擊陳善調度，與各路將官會兵截殺。時固原城中俱無見在人馬，臣調取廣寧、黑水等苑操兵三百餘名，就將本苑孳生官馬暫與給領騎坐，隨臣前去鎮戎所、紅古城等處，以助聲勢。不料各鎮將官心力不齊。因見賊勢重大[九]，莫敢發兵。

正德元年正月初三、初四等日，賊俱從原拆牆花馬池、清水營等處出境去訖[十]。

查得官軍節與賊戰[十一]，止是豫旺城搶殺爪探夜不收軍人共十一名，靖虜、乾鹽池地方陣亡官軍一十八員名，此外並無虧折。各州縣搶殺人畜，已經會行分守、分巡官查勘的數，至今尚未造冊回報，惟萬安苑地方搶去官馬人畜，委官查報前來，俱節經具題外。

竊照陝西入境達賊，近據走回人口傳是火篩、脱羅干等枝[十二]，雖未的知若干，委的勢甚猖獗。其在静寧、隆德搶掠之時，委的營壘聯絡，火光相望。曹雄領兵不及千數，入山綴賊[十三]。數日之間，道路阻絶，人情洶洶，咫尺莫能相保。節調各鎮官軍，路遠難以猝集。固原、平涼止隔三程，尚有傳言官軍被賊圍困損折者[十四]，蓋出于億度者之言。

彼時臣恐遠近驚疑，以此連日冒險往來，視若無事，以安人心。曹雄孤軍尋襲邀奪，蓋亦憑藉崖寨之險，兼藉土人為之嚮導，土人亦仗官軍聲勢，遇賊輒敢拒敵[十五]。賊因見所在寨堡俱有人拒[十六]，將謂處處有軍，以此晝夜擡營西行，不肯久停[十七]。若賊的知我軍虚實[十八]，成敗利鈍，誠難逆覩。後賊出境[十九]，官軍掣回，俱得保全，識者以為天幸，非人力也。其稱搶至秦州一節，當時賊人委的躧問秦州地方[二十]，道路相傳，不為無據。緣前項賊情已蒙欽命錦衣衛千户屠璋前來訪探[二十一]，及行巡按、監察御史勘報，當得其實。至於花馬池之事，非臣所能悉知。

伏念臣身為撫臣，受恩深重，不能先事設策，致賊入境搶掠。流言傳聞，震驚朝野，上貽宵旰之憂，罪誠萬死莫贖。分宜明正法典，以謝地方。豈可復加之重權，以來物議。臣是以昧死瀝血，再陳懇悃。伏願皇上弘天地之量，寛雷霆之威，鑒臣先後認罪辭免實情，早乞罷歸田里。別選相應之人，以居總制之任，則邊事有託，地方無虞。不勝幸甚。等因具本。

該通政使司官奏。奉聖旨：“該衙門知道。欽此。”欽遵抄出，用手本連抄送司。

查得先為乞恩認罪罷黜以謝地方事，該巡撫陝西都御史楊一清奏。奉聖旨：“楊一清已命總制彼處邊務，着盡心供職，以圖後効，不必引咎求退。該部知道。欽此。”已行本官欽遵去後，今該前因，案呈到部。

看得都御史楊一清奏稱：賊虜入寇之時[二十二]，聲勢甚大，人情震恐，前項傳言，盖為有據。但官軍苑馬雖幸保全。而先事失防，豈容辭責，乞要罷職放歸一節。

為照前項達賊，當時擁衆深入，貪得非小。本官分布將士，振揚威武，而又身率餘卒，拒守孤城，用能扼彼猖獗之勢，保我軍民之衆，功亦可嘉。今又深自引咎，力求罷歸，尤見不失為臣之義。況查有前奉欽依事理，難准所奏。合無本部仍行本官，仰思聖明委任之意，遠効前哲許身之忠，照舊用心供職，務期邊備修舉，戎兵簡練。使胡虜寒心而地方安堵[二十三]。

緣係總制官員自劾求退，及奉欽依"該衙門知道"事理，未敢擅便。正德元年五月初八日，本部尚書劉大夏等具題。次日，奉聖旨："是。楊一清已有前旨了。着用心整理邊務，以副委任。欽此。"欽遵擬合就行，為此除外，合咨前去。煩照本部題奉欽依內事理，欽遵施行。

【校記】

[一]"胡虜犯順"，四庫本為"敵勢大張"

[二]"搶掠"，四庫本為"之遠"。

[三]"賊"，四庫本為"達"。

[四]"賊"，四庫本為"徑"。

[五]"賊"，四庫本為"敵"。

[六]"賊"，四庫本為"詭"。

[七]"賊巢"，四庫本為"左右"。

[八]"賊"，四庫本為"仍"。

[九]"賊"，四庫本為"形"。

[十]"賊俱"，四庫本為"敵衆"。

[十一]"賊"，四庫本為"交"。

[十二]"火篩、脱羅干"，四庫本為"和碩、托羅該"。

[十三]"綴賊"，四庫本為"追襲"。

[十四]"被賊圍困"，四庫本為"被圍殺傷"。

[十五]"賊"，四庫本脱。

[十六]"賊"，四庫本為"敵衆"。

[十七]"久停"，此後四庫本多"內地"。

[十八]"賊的"，四庫本脱。

[十九]"賊"，四庫本為"因"。

[二十]"賊人"，四庫本為"入境"。

[二十一]"賊情"，四庫本為"情形"。

[二十二]"賊虜"，四庫本為"敵衆"。

[二十三]“胡虜”，四庫本為“外番”。

一為處置招募土兵事

兵部覆：該本部送於兵科抄出。

總制陝西延、寧、甘肅等處邊務，兼督理馬政都察院左副都御史楊一清題。案查，先准兵部咨，為預防邊患事，該本部題。

看得往年達賊河開之後，俱各出套。即今虜情非常[一]，事勢難料，若果在套潛住，未免肆意侵掠，為患不已。況陝西一帶，歲遭大歉，民財已窮，合用軍馬，除本省三邊之外，別處客兵，決難輕動。況彼處土人，生長邊方，材力勇勁，便于戰鬬。若欲鼓舞用命，必須激之以利，故云：“重賞之下，必有勇夫。”合無本部于太僕寺寄收馬價銀內借支五萬兩，差官賫送陝西，聽都御史楊一清支用。或隨勢給賞得用官軍，或懸利招募本處土人。務使精壯之民，皆占行伍之籍；勇敢之士悉為麾下之兵。凡可以激勵各項之人，使之殺賊以取功利者，悉聽從宜處置，必能得其樂于用命，振揚軍武，以禦虜寇。

再照陝西延、寧官軍舍餘土民人等，或恐未知朝廷賞罰條格，不肯盡心用命。合將近年題行宣、大二鎮軍務相應事例，通查行移彼中鎮、巡等官，揭示一應人役，務使遵信，庶幾隨地寓兵，不假別項調遣。等因題。

奉聖旨：“是。欽此。”欽遵。備咨前來，已經通行備由，出榜張掛曉諭去後。續准兵部咨，為經略邊務事。該本部題。該兵科都給事中艾洪題稱：胡虜犯順，邊事孔棘，要行差官，會同各鎮、巡官從公多方招募土人。本部議擬覆奏，節該奉聖旨：“招募土兵，不必差官，只著總制并巡撫官隨宜設法整理。欽此。”欽遵。

竊照近日虜勢驕橫，大非昔比，今雖出套過河，至冬難保不來侵擾。犬羊結聚，動稱數萬。我軍寡少，以一當十，不敷征戰。若欲遠請京兵，委的徒勞無益。本鎮各路兵馬雖可調用，然虜賊倏來忽去，亦多緩不及事。惟招集鄉兵，隨處可備調發。節該科道言官建議，往往以招募為言，蓋深有見於此。但往年陝西延、寧各鎮，招軍陞官，頗來物議，以為不得其用。緣此等邊民有勇善鬬，恐初招之時，不曾精覈。既招之後，不曾操練，是誠有之，豈得一切以為無益？如延綏土兵二千，近來東西征調，與遊、奇二兵無異，去歲大同之援，亦嘗斬獲首級，明効可徵。

先該臣奉命經略陝西邊務，曾經劄仰各兵備官曉諭土著之人，有膂力膽氣者，報名在官，自備弓弩器械，遇賊入境搶掠，隨便于崖窯堡洞阨塞路口，埋伏邀擊。後大虜擁衆内侵，原招土人斬獲首級，報官雖止八顆，其在山射擊死傷達賊實多，俱被鈎馱殘毁。隨即擡營遄歸，不敢久住，未必不由于此。但所招止就各居住堡洞防禦邀擊，其報効隨軍殺賊，人多不肯應募。盖因節年軍舍抽選，既無遺力。土人招集，又多失信，以此人不樂從。今雖兵部題有欽依事例，著為陞賞條格，然其間事情，猶有當酌處者，臣有所見，不敢自隱其愚，謹用條陳于後。如蒙乞勑兵部詳議，如或可采，奏請施行，庶幾人心樂從，應募日廣，鄉兵可集，軍勢自揚。其于禦戎大計，不為無補。等因具本。

該通政使司官奏。奉聖旨："兵部知道。欽此。"欽遵抄出送司，案呈到部。

看得總制都御史楊一清所奏，備言虜勢驕横之極，土兵濟用之効，因而條陳四事，俱係防禦要務，理合開立前件，議擬上請，伏乞聖明裁處。

緣係總制官議奏邊務，及奉欽依"兵部知道"事理，未敢擅便。正德元年七月初一日，本部尚書許進等具題。次日，奉聖旨："准議。欽此。"欽遵。擬合通行除外，合咨前去，煩照本部題，奉欽依内事理，欽遵施行。

計開

一、順土民之情。據平涼府固原州固原里鎮戎所迤北李旺堡居住土民李讓狀告：弘治十四年，蒙陝西鎮、巡等官遵奉兵部明文，招諭各邊軍民舍餘人等，殺賊有功，一體陞賞。若係一家三人斬獲首級二、三顆，願併功陞授一人者，准令併功，至千户而止。等因比有姪孫李聰同讓并姪李通等兄弟親族，應例自備鞍馬報効。本年月日不等，節被達賊入境搶掠，守備指揮楊宏統領官軍前去截殺。有讓同姪孫等，跟隨管隊土官百户楊洪，哨至地名哲思口遇賊，追至西山掌對敵，就陣射死讓姪孫李涼州，射傷李玉、王海二名。李聰與土官百户楊洪、舍人楊潔各為首，李森、楊深、楊會各為從，斬獲首級三顆。李榮等奪獲達馬三匹，并弓箭、皮襖、靴帽等件。本年閏七月十六日，又跟隨楊洪前去紅溝、卜兒古山與賊對敵，李聰同楊洪等奮勇當先，衝開賊陣，讓為首就陣斬獲首級一顆。本月二十四日，大賊擁衆深入平涼搶掠。八月初三日，讓同李聰等跟隨楊洪追至印子山與敵對敵，俱被射傷。李聰與買玉各為首，李諒、買祥各為從，又斬賊首二顆。後蒙將讓陞小旗一名，李聰一人二次首級二顆，陞小旗二名，俱註臨洮衛中所，陣亡絶嗣李涼州陞小旗一名，註蘭州衛後所，備行固原州依文前去原定衛所著役。切思讓等援例報効，斬獲賊級。今蒙陞授前役恩典，但使一家親族，遠當旗役，拋棄父母家業，離徙鄉井，永編户籍，名雖旗役，實為邊軍。求榮反辱，人情不堪。乞賜轉達，照例併功，實為便益。

又據本州在城里軍籍買玉狀告：弘治十四年間，大勢達賊侵犯，有玉同本户買祥、買斌、買開、路保并本堡土民李聰等，各應例報名在官，自備鞍馬，跟隨土官百户楊洪，遇警引路前哨。節蒙守備指揮楊宏統領截殺，累次奪獲達馬賊器報官。本年八月初三日，楊洪帶領玉等追賊至印子山對敵，被賊將買斌、買開、路保及李讓等八名射傷。玉等奮不顧身，捨命死戰。玉與李聰為首，買祥、李諒為從，斬獲首級二顆并達器等件。報功後，蒙將玉陞授小旗，註臨洮衛中所，相離千百餘里。拋棄家業田産，父母妻子不能相顧。及思本户原有洮州衛祖軍一名，平涼、固原土軍二名，俱各領馬聽征。原籍止玉等四丁，又納夏秋糧草，差徭重大，苦累無伸。乞賜可憐，將玉原斬首級功次，記收在官，免發該衛，或改調臨近固原衛補伍著役便益。

又據本州在城里土民楊沙的狀告：弘治十四年八月初一日，有搶回達賊一十七騎前來到莊，要搶頭畜。是沙的同父楊鐸本户人丁奮勇當先，與賊對敵。有沙的為首，父楊鐸為從，斬獲首級一顆，并弓箭達帽褐襖等件。後將沙的奏陞小旗，註蘭州衛前所。思得沙的親兄楊禄見在固原衛右所王宣百戶下應當祖父卜延卜花小旗身役，前項功次，情願併與親兄楊禄，遺民供幫祖軍，實為便益。等因各告到臣。

看得李讓、李聰、李涼州、買玉、楊沙的等，俱係固原土民，奉例糾率親屬，自備鞍馬軍器，為官軍鄉導，奮勇殺賊，並無關支糧賞。李讓、買玉、楊沙的各為首斬獲首級一顆，李聰二次為首斬獲首級二顆，李涼州陣亡，其餘弟男子姪為從，及被陣傷數多。後造冊論功，將李讓、買玉俱陞小旗一名，李聰一人陞小旗二名，俱註臨洮衛；楊沙的及陣亡李涼州，各陞小旗一名，註蘭州衛。

緣臨洮、蘭州俱相離固原七八百里之程，名雖為陞，實則抛離骨肉，遺棄產業，致令含冤吞聲，皆謂以功獲罪，無故遷發，土民灰心，以前事為鑒戒。臣今年正月初間，追襲虜賊，經過本堡，各民舉家呼訴，願免發遣，照舊應當民差。緣此等土民强悍善鬬與虜相等，加以血屬田産所在，策勵有道，使肯盡其心力，必能殺賊成功。若不俯徇改圖，將來非惟不得其力，且恐遂失其心。

審得李讓年老，李涼州絶嗣，情願併功李聰。合無查照原行事例，將李讓一門首級四顆俱併與李聰，量授一職，就便約束本堡土人，遇有虜賊侵犯，率領殺賊。及買玉、楊沙的旗役，俱改填註固原衛鎮戎千户所。將臨洮、蘭州二衛旗籍開除。仍乞申明，著為定例：今後官舍軍民父子兄弟協力報効者，准令併功，至千户而止；土民應陞官旗職役者，俱填註本處附近衛所。如此，彼上思補報國恩，下思保全家業，勇氣自倍。庶幾隨地寓兵，不假別處調遣矣。

前件查得，先該總制大同、宣府都御史劉宇題一件。一更法以作士氣。該本部議，查得近年併功陞賞之例，係一時緊急招軍而設，以後慮其勢要貪功，流弊難救，以故自來不曾舉行。合無行令本官，仰思祖宗立法之良，朝廷委託之重，遵守成憲，以濟邊事。等因題。

奉聖旨："是。欽此。"已行欽遵去後。

今都御史楊一清奏稱：往年達賊入境，有土民李讓、買玉、楊沙的等率領家衆截殺，連獲首級，各蒙議陞旗役。但原係固原州人民，今俱註蘭州、臨洮衛中、後等所，不免棄家失業，要將買玉、楊沙的改註固原衛鎮戎千户所。及稱李讓年老，李涼州絶嗣，又要將各功併與李聰陞職，仍乞著為定例一節。緣併功之舉，雖係舊例，但查有近日題行宣、大等處事理，難便更張。所據各旗新陞衛分，既與本州相離太遠，委於人情不堪。合無准其所奏，將小旗李聰、買玉、楊沙的俱各改註前擬衛所。補伍着役，仍行臨洮、蘭州二衛，開除各役旗籍。其李讓、李涼州行令該衛所查勘親房弟姪人等，保送代替前役。以後各該土民有能協力破虜，斬獲功次者，俱照此例，填註附近相應衛分，庶情法兩盡，而事體歸一矣。

一、處失額之地。據整飭環慶兵備、陝西按察司副使燕忠呈，為清查失額官地、招募土人、報効殺賊事。蒙臣批據慶陽衛左所千户萬章下舍餘萬爵狀告：為欺隱田地事。蒙批本職查勘處分，依蒙行委慶陽府、衛知事曹江、張瑊帶領各犯，親詣地名長掌等處地方，丈量得前項田地約有三千頃，俱被彼處軍民人等占種為業，此外隱匿之數尚多。為照本鎮地方廣濶，官軍數少，遇警不敷防守。近奉事例招募，欲將前項地土募軍撥給承種，但投充者俱係外郡逃來遊手遊食之人，一時虛應充數，無益于用。看得彼處地方，接連西陽川，雜居土達，率多熟閑騎射，較之召募軍人，驍健遠甚。合無將前量出田地并未丈量之數，盡行清查明白，招募彼中住居，不拘軍民、舍餘人等，報効殺賊，量給前地耕種。如此庶幾人心樂從，軍伍充實，呈乞照詳施行。

等因照得慶陽地方，延袤千里，密邇延、寧二鎮，邊境軍馬數少，委的防守不敷。西陽三川一帶生畜繁殖，恐為賊所窺伺。環慶守備官相離地遠，應援不及，應合就彼增兵操守。今據告人萬爵所訐安化縣長掌等處地方及西陽、三川、中山一帶，閒田萬頃，多被住人開墾占種為業，不曾升科納糧。臣嘗推求其故：國初開設陜西苑馬寺，靈武監所轄清平、萬安、慶陽、安邊四苑，俱在慶陽府安化縣環慶地方。慶陽苑即今西陽、三川之地，安邊苑即今安邊、定邊等營之地。後將靈武監清平、萬安二苑徙置平涼地方，革去慶陽、安邊二苑，而其草塲故地猶在。官司失於稽考處分，土人因而占據為業，因循至今，不曾改正，怨争讐訐，訟獄屢興。緣此地各人種牧年久，俯仰所繫，一旦清而革之，則彼遂為失業之人。置之不問，則天下未有無糧之地。欲依法照頃增糧承種，則地有肥磽，歲有豐凶，糧額一定，恐貽邊民將來之害。若依副使燕忠所據，招募土人，給地籍名，使之報効，以見種之田土，守見住之地方。官得可用之人，民無失業之苦，人情事體，委的穩便。

近准兵部咨，該兵科都給事中艾洪等建言：要將沿邊地土丈量的確頃畝，招軍給地，授為恒産，免納子粒，使其安心應役，其意正與此同。除仍行副使燕忠委官清查丈量外。合無將前項長掌地方及西陽、三川、中山一帶舊監苑草塲，見種抛荒無糧田地，就于彼中住居軍民舍餘人等戸内，各招募膂力過人、熟閑騎射者，開報在官，酌量户丁多寡，田土肥磽，從寛給撥，聽其種牧為業，勿拘一定頃畝，願騎馬者倍之，永不徵納子粒。招定之人，編成隊伍，選委謹慎守法官員管領約束。弓矢軍器令其自置，官為量給盔甲。閒暇之時，操習武藝，遇冬就在附近槐安堡等處，與慶陽衛選操軍餘相兼上班防守，給與口糧。二月以後，即放歸農，並不別項調遣。如遇達賊侵犯，斬獲首級，照例陞賞。仍將招集過報効土兵姓名、年甲并給撥過田土數目造冊，繳部查考，亦充實邊伍之一策也。

前件看得都御史楊一清奏稱：安化縣長掌等處地方及西陽、三川、中山一帶，閑田萬頃，緣係舊苑草場遺下故地，土人因而占據為業。今被舍餘萬爵告訐，已經案仰副使燕忠丈量前項占種田地約有三千頃，其餘隱匿之數尚多。欲要盡行清查明白，招募彼中住居軍民舍餘人等，籍名在官，給地分種，不必徵收子粒，使之自置軍裝，以時操練，遇冬摘撥槐安堡等處，與慶陽衛軍餘相兼戍守一節。參照本官所奏，以遺閒之田畝，招土著之精兵，官既不費，地因獲守，誠為安邊至計。但前項地土，各人占種已將百年，一家俯仰，賴以為天。若使所招之軍就係所業之主，彼亦甘心無詞，萬一種地之夫難充荷戈之卒，未免人心撼摇。合無仍行本官，再行從長計議。如果此舉官得可用之兵，民無失業之苦，事體人情，俱各穩便，日後不致他虞，宜從區處停當，明白具奏前來，以憑上請定奪。若是中間尚有窒礙，亦要謹始慮終，用圖可久，毋得輕率貽患。

一、廣募軍之途。兵部奏行招募事例，明白詳盡。雖有榜文揭示，但邊方村野土著軍民，字且不識，意何由解？必得能言曉事之人開諭，庶幾人心樂從。查得往時招募，多委軍官，非獨為途不廣，未能盡收，且恐立心不一，因而作弊。近據慶陽衛聽選監生王經呈要率領宗人，自備鞍馬，出力報効。倡引鄉民，招募土人，以備操守等情，已經委用去後。緣西人素尚氣節，豪傑之士恐不獨王經一人。合無通行各該邊方，出榜曉諭，不拘軍民，職官見任、致仕，監生、生員、省祭官、義官人等，有能招集，隨軍報効，領馬殺賊，及著伍食糧之人至一隊者，官給賞銀三十兩，二隊、三隊遞加，至四隊二百名以上，具奏論功，軍民職官各陞一級。軍職至都指揮僉事，文職至五品為止。納粟軍官亦照原職加陞一級。閒住文職或不陞官，給與應得誥勑。致仕官止照數給賞，仍進階一級。監生、省祭官就送吏部入選，生員起送入監。義官與正七品散官，原係七品散官者，進階一級。俱先將招過軍人貫址、相貌造冊，連人送兵備官，無兵備處，送巡、守官試驗，果係精壯得用，發伍食糧收操，方纔給賞論功。巡撫、巡按仍要閱視稽考，若有將老弱不堪之人妄報抵數，查出追奪陞賞。前後事情比與納粟倖進不同。納粟陞官，富者獲利，所得甚少，而所損已多。若能招集鄉兵至二百名之上，其人決非昏闇齷齪者，使之居官臨民，必有可觀。

前件查得，先為乞恩比例量授招首職役事。該遼東鎮、巡等官奏，要將招首唐生一等乞要比例陞職。該本部議得：前項招軍事例，止開殺賊有功之日一體陞賞，不曾開有招首陞職緣由。況係遠年事例，難便依擬。合無將招過二百名以上者，各賞紵絲四表裏，一百名以上者，各賞二表裏。内無冠帶者，仍給與冠帶，有冠帶者，該賞四表裏者加賞二表裏，該賞二表裏者加賞一表裏。其一百名以下者，止各賞一表裏。前項所招軍士，若各招首願管者，仍令管領，協同官軍常川操守，遇有警調，隨同分布殺賊，有功之日，一體照例陞賞。等因題奉欽依，已經欽遵去後。今都御史楊一清又奏：前因固雖激勸人心，用廣招募之意，但查有前題奉欽依事理各鎮體例，不宜異同，合無本部仍行。本官查照遼東事例，一體遵依施行。

一、溥賞軍之典。兵部奏行事例，各路土著軍民舍餘人等，有能奮義設謀，斬獲賊首一顆，隨即賞銀三十兩。願陞者，給與冠帶，名為義勇，永免本身差徭。此例似專為招諭土著之人而設，其見在征操備禦官軍及調來客兵，不曾該載，意以官軍陞賞，自有常格。朝廷終歲養軍，正為緩急之用，比與土人素無糧賞者不同。但鋒刃之下，與死為隣，欲作其輕生之氣，必以重利激之。況常人之情，見利則趍，以速為貴。今之論功行賞，往復覈勘，動經一二年之上。夫決死生于斯須之間，而要功利于歲月之遠，斯固常情之所難也。

臣觀各邊自總旗而上，利于得陞，若軍人陞小旗，小旗陞總旗，殊不以為意。邊軍艱難萬狀，俯仰不能聊生者十常八九，雖冒死獲功，有以數十兩之銀啗之，則忻然而畀之矣。故殺賊多繫旗軍，而陞賞輒歸官舍。買功賣功之弊，雖有嚴禁，而卒莫能禁者，職此之由。使彼自得厚賞，孰肯舍固有之利，以犯必禁之法哉？且虜人所以能死其衆者，正以各利其利，故其來也不勸，其喪也不悔，中國之兵異于是。近日言官建白，或有以毋拘買賣功次為言，意盖有見于此。

臣請自今以後，達賊入境，除職官外，一應操守征哨及調來客兵，不問旗軍、軍餘、舍餘、招募土兵、民壯、義勇等項，有能斬獲賊首一顆，驗係真正達賊，為首者隨即賞銀三十兩；生擒達賊一人者，賞銀五十兩；為從者各量加賞勞。籍名記功，仍照例造冊奏請擬陞。奪獲達馬夷器，就給有功之人。奪回被虜牛羊等物，以四分充賞，無主識認者，盡行給賞。如先已受賞，以後查勘得不係親斬首級，照數追奪，仍問擬應得罪名。如此既可鼓士卒立功之勇，又可杜官豪買功之弊。且斬首級一顆，賞銀三十兩，以百顆計之，賞銀三千兩；千顆計之，賞銀三萬兩。數十年來，斬獲賊級至百顆以上者，能幾何哉？若能成此大功，使虜人遭挫，知所畏憚，則亦何惜此重賞？使三軍不利于殺賊，虜志益驕，用兵無虚日，所費豈止億萬而已。

前件查得，先為邊務事。該本部議，查得臨邊軍民斬獲首級不願陞者，給銀三十兩，奪獲被虜頭畜者，以二分充賞。此例雖在官府，鄉人多未知悉。合無行宣府、大同，省諭各路土著之民、舍餘人等，有能奮勇設謀，斬獲賊首一顆，隨即賞銀三十兩。願陞者，給與冠帶，名為義勇，永免本身差徭。若能糾集鄉丁，敵殺賊衆，斬首至五顆以上，為首者加陞署所鎮撫。奪獲被虜牛羊等項，以四分充賞。事寧停止，不為常例。等因題。

奉孝宗皇帝聖旨："是。便鋪馬賫文與各該巡撫官，着好生省諭鄉村軍民人等，果有設謀奮勇斬獲賊級的，照例重加陞賞。欽此。"已行欽遵去後。

今都御史楊一清奏稱：前項事例，止為招募之人而設。不曾開載各該官軍，要得通照前例，論功陞賞，以作士氣。緣本部原議有能斬獲首級一顆，不願陞者，許賞銀三十兩。今本官却稱：斬首一顆者，賞銀三十兩，生擒一名者，賞銀五十兩，又行造冊擬陞，非特與前例相背，抑且輕重不倫。查得軍前有功，官軍俱有銀牌給賞，其數少輕。合無本部仍行本官，今後各該官軍有能斬獲首級一顆，為首者當賞銀牌十兩；生擒一人者，賞二十兩；各為從者，量為給賞。仍將各人功次，另行造冊奏繳擬陞。所據後開奪獲達馬夷器并被虜牛羊等物，要行等分給賞，及要追究冒功之弊，悉令查照原擬，徑自施行。如此，庶賞罰允當，而人知勸懲矣。

【校記】

［一］"虜情"，四庫本為"譎變"。

一為急缺兵備官員事

兵部覆：准吏部咨，本部文選清吏司案呈奉本部，送于吏科抄出。

總制陝西延綏、寧夏、甘肅等處邊務兼督理馬政，都察院左副都御史楊一清題。

據西寧衛指揮使司申稱：整飭西寧等處兵備、陝西按察司副使蕭翀，于正德元年四月初二日聞父喪，丁憂守制，回還原籍去訖。

等因到臣照得西寧僻在萬山之中，地方廣濶，番夷雜處。管轄罕東、安定、曲先、阿端四衛，西納、隆奔、巴哇等一十三族番夷，辦納金牌茶馬，限隔北虜，為隴右之藩籬。先年既設守備將官，又設按察司副使一員，在彼整飭兵備，防禦撫安，責任至重。

近于本年正、二等月以來，節被安定王管下亦郎骨達子頭目[一]，結糾帖木肖剌麻、古却受、剌只答儿、賈六聘等[二]，及赤斤等處番達頭目綽兒吉等[三]，糾引賊衆，將巴哇、寫啞、隆奔等族番人帳房攻打[四]，人畜搶殺，番民驚走躲避。雖經鎮守太監、總兵督調守備、撫夷都指揮等官徐廉、芮寧等，各領官軍、通事前去外境會合，追趕撫治。緣番性生拗，難保寧帖無事。守備官既已出境追撫，本衛若無兵備憲臣駐劄控制，誠恐隣近諸番乘機為寇，人心驚疑，致生他變。且西寧兵備兼管莊浪、涼州地方，見今達賊不時出沒，相離鎮、巡衙門地遠，整飭兵馬，策勵官軍，皆係兵備之責，必得老練疏通之人，庶幾恩威兼濟，上下相安。若照常格，一槩推用在京及各省官員，恐其到任稽遲，不無誤事。

臣博采得陝西按察司管屯僉事胡經、陝西行太僕寺少卿郭珠，俱性資明敏，才識優長，官不廢法，事能達變，陝西軍民素所信服。揆之年資，亦應擢用。如蒙伏乞聖明，垂念地方番境不寧，虜患方急，正在緊關用人之際，乞勑吏部再行訪察，合無于胡經、郭珠二人中推用一員，銓補整飭西寧兵備副使員缺。作急請勑，令其前去西寧、莊浪等處行事。等因具本。

該通政使司官奏。奉聖旨：“吏部知道。欽此。”欽遵抄出送司。

查得胡經年四十四歲，山東濟南府濵州人。由進士弘治四年二月除户部山西清吏司主事。守制起復，復除本部四川清吏司主事。弘治十一年九月，陞本部江西清吏司署員外郎事主事，本年十二月，遇例實授。弘治十四年四月，陞陝西按察司僉事。及查得郭珠年五十三歲，四川敘州府富順縣人。由進士弘治四年二月除南京山西道監察御史。守制起復，弘治十二年九月，陞山西按察司僉事。弘治十七年正月，陞陝西行太僕寺少卿。今該前因，案呈到部。

看得總制陝西左副都御史楊一清題稱：西寧等處兵備、陝西按察司副使蕭翀丁憂去任。

照得西寧僻在萬山之中，其兵備副使必得老練疏通之人，庶幾恩威兼濟，上下相安。舉保陝西按察司僉事胡經、太僕寺少卿郭珠，俱各才識優長，乞要于二人中推用一員，請勑前去行事一節。既該總制陝西左副都御史楊一清奏保前來，必是事體相應。合無依其所擬，于僉事胡經、少卿郭珠簡用一員，陞授整飭西寧兵備副使。候命下之日，照例行移兵部請勑，本部給憑，令其到任管事。

緣係急缺兵備官員，及奉欽依"吏部知道"事理，未敢擅便。正德元年七月初七日，本部尚書焦芳等具題。次日，奉聖旨："胡經陞本司副使，整飭西寧等處兵備。欽此。"欽遵。

當將胡經填註陝西按察司副使，整飭西寧等處兵備訖。擬合通行除外，移咨前去，照依題奉欽，依内事理，欽遵施行。等因備咨送司。

查得本部先年奏擬西寧兵備副使責任，常在西寧居住，兼管莊浪、古浪、涼州、鎮番五衛所。不時往來，巡歷地方，撫治番夷，整飭兵備。修理城池，剖理詞訟，興革利弊，及糾察不公不法事情。凡事俱與布、按二司分巡、分守并守備官員計議停當而行，不許各分彼此，致有誤事。仍聽總制、鎮、巡官節制。若分守、守備并把總、撫夷等官敢有掊尅漁獵，苦害軍士，搔擾邊人者，聽其指實呈禀總制、鎮、巡衙門，參奏提問。本官職司風紀，尤須守法奉公，潔己恤下。如或貪縱怠忽，法不輕貸！今該前因，案呈到部，擬合通行，為此除外，合咨前去，煩照前該題奉欽，依内事理，欽遵知會施行。

【校記】

[一]"亦郎骨達子"，四庫本作"伊楞古敵人"。

[二]“帖木肖剌麻、古却受、剌只答儿、賈六聘”，四庫本為“特穆蘇喇嘛、衮確蘇木喇、勒智達爾、嘉勒盼”。

[三]‘赤斤”，四庫本為“齊勤”。“達”，四庫本為“眾”。“綽兒吉”，四庫本為“吹嘉勒”。

[四]“巴哇、寫哑、隆奔”，四庫本為“巴斡、協咱、倫本”。

一為易置要害地方守臣事

兵部覆：該本部送于兵科抄出。

總制陜西延綏、寧夏、甘肅等處邊務兼督理馬政都察院左副都御史楊一清題。

查得協同分守寧夏西路、署都指揮僉事張翼，先因打死人命及地方失事，被參提問，節經奏辯，近日方纔復職。守備靈州都指揮僉事焦洪，節因守備不設，被賊入境搶虜人畜，攻陷清水營堡，虧折官軍，參問未結。臣親詣各該地方，會同巡按陜西監察御史邢纓議得：廣武營孤懸平漫，與虜為隣，山後達賊不時窺伺。靈州北臨廣套，西控大河，土漢雜處，尤為要害。前項重地，守臣得人，方可倚託。今照張翼緣事將及六年，鋭氣消沮，下人玩慢，罪雖可辯，用則非宜。焦洪連年失事，貽患地方，雖有微勞，難盡折罪。此二人者，久擁虛名，自救不暇。委的人情不附，物議沸騰。況防秋伊邇，虜患難測，若不早為易置，將來重誤邊事，雖死莫贖。但廣武營守將惟取其驍勇善戰，足可支持；靈州控制夷夏，必得才堪經畫，志存綏懷者，乃可勝任。

臣等博訪得延綏舊安邊營把總、慶陽衛指揮僉事魏鎮、寧夏領軍指揮使仇鉞，俱弓馬過人，慣經戰陣。顯武營協贊、見在陜西聽用署都指揮僉事楊義、寧夏都指揮僉事史鏞，俱勤勵幹固，善撫下人。如蒙乞勑兵部計議，合無將張翼取回別用，焦洪待問完具奏定奪。仍訪察臣等所舉四人，果有可取，早為上請，於魏鎮、仇鉞内擢用一員，分守廣武營地方，楊義、史鏞内用一員，守備靈州地方。各照例請勑行事，庶幾耳目一新，兵政可舉，用弭將來之患，少寬西顧之憂。等因具本。

該通政使司官奏。奉聖旨：“兵部知道。欽此。”欽遵抄出送司，案呈到部。

看得總制都御史楊一清奏稱：分守寧夏西路都指揮張翼，節年為事參問，鋭氣消沮；守備靈州都指揮焦洪，近因守備不設，見被參提，俱難再用。及稱防秋伊邇，虜寇難測，欲要逢為更置一節。切照前項地方，委繫臨邊重地。各該分守將官，俱已累經為事，若再令其在彼，非惟威令難行，亦恐緩急難倚。今既該總制官具奏前來，相應依擬。合無本部仍行本官，將張翼徑自起送回京，其焦洪待問完之日，具奏定奪。所據各官員缺，候命下之日，本部照例于相應武職内各推舉二員，上請簡命，前去代替各官分守前項地方。

緣係總制官員，奏要銓補為事。將官及奉欽依“兵部知道”事理，未敢擅便。正德元年八月初一日，本部尚書許進等具題，次日，奉聖旨：“是，欽此。”欽遵。擬合通行除外，合咨前去，煩照本部題，奉欽依内事理，欽遵仍行。協同分守西路署都指揮僉事張翼、守備靈州都指揮僉事焦洪，一體欽遵施行。

一為邊務事

兵部覆：本部於兵科抄出。

總制延、寧、甘肅邊務兼督理馬政都察院左副都御史楊一清題。

據鎮守甘肅總兵官都督僉事劉勝呈，據管束莊浪土官軍餘副千户魯經呈：有父魯麟存日，節奉敕命，充左副總兵，協同鎮守甘肅地方，暫留莊浪，撫綏部屬，運謀殺賊。近於本年正月内得患痰嗽，累醫調治不痊，于本年三月二十一日病故。等因轉呈到臣。案查，先據副千戶魯經呈前事，已經具題外。查得已故協守甘肅左副總兵魯麟，先因病患，奏准暫留莊浪，撫管土人。續因莊浪地方有警，該巡撫都御史畢亨題稱：本官父祖以來，世守莊浪，虜賊素所畏憚，今雖養病在家，尚能發縱指示。該兵部奏，請敕本官，今後遇有達賊侵犯，務要運謀設策，勦殺賊寇。等因又為預防虜患以保固地方事。該臣奏，套賊有警，要調本官統領土兵前來固原、環慶等處，與陝西將官協同戰守。

本部覆奏：魯麟久在邊方，委的謀勇頗優于衆。今病痊，可相應責成。合無轉行魯麟，將所管土兵嚴加操練，固守地方，若遇固原、環慶有警，即聽都御史楊一清移文調用。等因各題。奉欽依，備咨前來，節經通行欽遵外。

照得莊浪係河西要害地方，先年土、漢官軍同心捍禦，虜賊畏憚，不敢恣肆。近因分守参將蘇泰不能善處，致有異同，遇警不能成功。該部有見于此，奏調涼州右副總兵把琮分守莊浪，参將蘇泰調守涼州，處置固已停當。去冬，套賊大舉深入腹裏，臣移文調取魯麟應援，本官隨即統兵啓行。因虜賊出境，臣又差官阻回，行令整搠操候調用去後。緣河西土兵委的驍健善鬬，虜賊畏憚。魯麟父祖以來，世受國恩，勳烈茂著。本官替廕年久，節蒙推陞委用，累立戰功。今虜患方殷，正欲遵照成命，調用責成，不料本官病故。及看得伊男副千户魯經，年少守法，弓馬熟閑，見奉欽依，管束土官軍餘，似堪付託，且此兵非世將不能控馭。但魯經名位尚輕，須聽分守將官節制，緩急乃可倚賴。然此等將官，必得器度宏潤，才識優裕，恩撫威制，兩無所失，庶得人心相安。

博訪得右副總兵把琮，廉謹驍勇，但駕馭之才，綏懷之量，非其所長。及又訪得分守甘肅西路右參將吴鋐，才氣比衆獨優，行事寬嚴相濟。當此事勢難為之秋，必須隨宜更調，庶免用違其才，因而别起釁端，不便。此中關繫頗重，臣不得不預言。如蒙乞勑該部，計議奏請，合無將把琮仍分守涼州，蘇泰調分守肅州。吴鋐調分守莊浪，操練土漢官軍，防禦賊寇，遇警相機截殺。其待土兵，務先懷之以恩，不許分毫科刻擾害。有功照例具奏陞賞，勿得自分彼此。如有觸法干紀之人，亦不許輕貸，致長桀驁之風。

仍乞查照魯麟生前勳勞，上請恩典，量為褒恤，以勵後人。魯經于例應該襲授何官，亦乞早為查處，使名位既正，責任有歸。令其用心操練、約束所管兵馬，遇警聽分守將官調遣，會合殺賊。如河套有警，聽臣調來腹裏地方防守，勉立事功，以報國恩，以不辱其先世。如此則土兵之心既安，漢兵之勢益壯，虜賊聞風畏憚，地方可保無虞矣。等因具本。

該通政使司官奏。奉聖旨："該部知道。欽此。"欽遵抄出送司。

查得先為邊務事，該暫留莊浪左副總兵魯麟奏稱：伊男副千户魯經日漸知訓，習練兵馬，頗諳事體，庶衆信服，乞要請勑，管束所部家口。該本部議擬題奉欽依，請勑本官，欽遵去後。

又為易將官，以安邊境事。該巡撫甘肅都御史畢亨奏稱：分守莊浪參將蘇泰，因與土兵不協，乞將本官改調相應地方。及照左副總兵魯麟見今養病，尚能發縱指示，其子魯經，本官教訓，亦有成立。乞勑本官今後遇賊侵犯，多發人馬，併力戰守。該本部議蘇泰改去涼州，把琮調來莊浪，各依原職，分守前項地方。及請勑魯麟，但遇邊方有警，即便督令伊男魯經，統領土兵，併力戰守。等因題。奉欽依，請勑各官，欽遵行事去後。

又為病故官員事。該管束莊浪土官軍餘副千户魯經奏稱：伊父魯麟病故。該本部議擬，行移總制都御史楊一清，查勘已死左副總兵魯麟，應該作何褒異，所部土兵家口，今該作何優恤。等因題。奉欽依"又經查勘"去後。今該前因，案呈到部。

看得總制都御史楊一清奏稱：莊浪係邊方要地，防禦必資土漢官軍。即今副總兵魯麟已故，伊男魯經名位尚輕，所遺土官軍餘，必須分守，將官得人，庶幾撫制有方，緩急可倚。因訪得甘肅西路右參將吴鉉，才器行事俱有可取，欲將副總兵把琮仍分守涼州，參將蘇泰調守肅州，吴鉉調守莊浪一節。

緣莊浪地方實河西要害之地。前項土兵尤宜料理。況當邊方有事之時，正守臣預防之際，事體攸繫，誠不可緩。今本官見在彼處總制，事皆耳聞目擊，及所訪各官才能，料亦鑑衡有素。合無准其所奏，候命下之日，本部仍行總制都御史楊一清，轉行各官，各照前項地方欽遵行事。其撫制莊浪土兵事宜，吴鉉悉要查照原擬施行，既不可銜勒大弛，長彼偷安之風，亦不可嚴刻相加，失彼効力之意。所據要行褒恤魯麟生前勲勞，早正魯經自今名位，查與本部近日奏行勘處事理相同。合無再行本官，即便作急查勘，已故副總兵魯麟應該作何褒異，所遺家口、土兵見今作何優恤，從實具奏前來，以憑上請定奪。仍將魯經該襲父祖職事緣由，行令該衛保勘明白，作急起送赴部。襲職之後，另行議處，以正名位施行。

緣係總制官議處邊務。及奉欽，依"該部知道"事理，未敢擅便。正德元年七月初一日，本部尚書許進等具題。初二日，奉聖旨："是。欽此。"欽遵。擬合就行，移咨前去，煩照本部題，奉欽依内事理，欽遵施行。

一為經理要害邊防保固疆埸事

兵部覆：該本部題。先該總制陝西延、寧、甘肅等處邊務兼督理馬政都察院左副都御史楊一清題。

據委官陝西布政司管糧右參政安惟學、陝西按察司管屯僉事胡經呈。各准本司咨，關抄蒙臣案驗，會同分守、分巡關西、河西二道右參議張勛、副使邢義、僉事郝本、寧夏領軍都指揮使劉端勘議過花馬池一帶邊防，應合經理事宜，開具會呈到臣。

查得節該欽奉敕："若虜賊出套，軍情稍寧，即便經略沿邊花馬池等處一帶邊防，用心設法整飭，保固疆埸。欽此。"欽遵。續准兵部咨，為大勢達賊擁衆入境、官軍對敵解圍事。該本部議擬，行臣督同寧夏鎮、巡官，將花馬池地方上緊用心設法經略。務使兵力充實，威武振揚，用防將來入寇之患，以副三邊委任之責。等因具題。奉聖旨："是。花馬池係要害地方，累年整飭邊備，緣何仍前疎略，動輒失利？着楊一清好生用心整理，務要停當。欽此。"欽遵。備咨前來。

伏念臣本菲才，謬膺重託，夙夜兢惕，不遑寧處。切見陝西各邊，延綏城堡據險，寧夏、甘肅河山阻隔，賊雖侵犯，止在本境，為患猶淺。惟寧夏花馬池至靈州一帶，地里寬漫，城堡稀疎，兵力單弱。一或失守，虜中拆牆而入，其所利不在寧夏，而在腹裏，必將犯我環慶，侵我固原，深入我平、鳳、臨、鞏等府、州、縣。其間土漢雜處，倘兵連禍結，内變或因之而作，根本動摇，誠非細故。此所謂膏肓之疾，腹心之害也。

成化初年，北虜在套[一]，彼時未有邊墻，恣肆出入。後該巡撫寧夏都御史徐廷章等奏修今邊牆二百餘里，開濬溝塹一道。延綏地方邊牆壕塹，又該巡撫延綏都御史余子俊修濬完固。北虜知不能犯，遂不復入套者二十餘年。世平人玩，邊備稍疎，牆既日薄，溝又日淺。弘治十四年，大虜由花馬池拆牆入寇内郡，戕敗我士卒，魚肉我生民。虜人得志[二]，始蔑我邊牆為不足畏，連年擁衆拆入，我軍動輒失利。先該寧夏鎮、巡等官太監張僩、總兵官郭鋐、都御史王珣等節經議奏，要將舊邊牆幫築高厚，邊塹挑濬深潤。又節該提督軍務都御史史琳等建言，要于花馬池、韋州設立營衛，摘撥腹裏官軍防守，兵部奏行總制尚書秦紘勘處。本官泥于所見，止添修四五小堡，及於靖虜至環慶地方挑空邊塹一道七百餘里，自謂可以阻遏保障，工完回奏訖。

弘治十七、十八二年冬間，虜復大舉仍自花馬池、清水營拆牆，深入搶掠。前項邊塹、營堡，不能捍禦阻遏，及又將清水營城堡攻陷，花馬池官軍殘害。上廑宵旰之憂，特命愚臣整飭經理。

臣雖闇劣，歷官陝西有年，虜情邊事頗嘗究心。但腹裏頻年旱荒，倉廩空虛，饋餉不繼。虜賊動號數萬，倏聚忽散，出没不常。未至而廣徵士馬，則徒費芻糧。既至而調兵應援，則緩不及事。縱使大兵既集務速，則彼或不來。持久則我師先老，恐終無以伐其深入之謀，沮其方張之勢。嘗聞防邊之計，莫危於戰，莫安於守，前人經畫具在。已經選委西安左衛指揮僉事楊宏、平涼府同知岳思忠，前去各該地方，約會分守花馬池參將閻綱，協同分守興武營都指揮保勣、守備靈州都指揮焦洪查勘計處。續據各官將勘處過應該幫築邊牆、添設衛所等事會呈前來。為照事體重大，未經鎮、巡、三司官員詳議，難便定奪。又經行委布、按二司參政安惟學等，會同守、巡等官覆勘，再議去後。

今據前因，臣恐坐談不如親見。本年五月間，自慶陽環縣，歷延綏定邊、寧夏花馬池、興武清水營，直抵靈州一帶，邊牆、城堡、墩臺逐一躬親閱視。及將原勘議事情，會同巡撫陝西都御史張泰、巡撫延綏都御史文貴、總兵官張安、巡撫寧夏都御史劉憲、總兵官李祥、巡按陝西監察御史邢纓面議，所見所處，大抵略同。臣廣集衆思，兼收羣策，參酌損益，始有定論。其大要有四：修濬牆塹以固邊防，增設衛所以壯邊兵；經理靈、夏以安内附，整飭韋州以遏外侵。當務之急，莫先于此。但修邊一節，陝西各該地方財匱民勞，興此大役，必多異議。然利害有重輕，關繫有大小，土木之害，較之搶殺為小。動摇之患，比之勞費為大。大事可成則小費不足計，遠効可圖則近怨不足恤，此臣區區犬馬一寸之忠也。

且今河套，即古朔方之地，唐張仁愿攝御史大夫代朔方總管，築三受降城，置烽堠千八百所。自是突厥不敢踰山牧馬，朔方無寇，歲省費億計，減鎮兵數萬。受降遠在河外，古之舉大事者，未嘗不一勞而後永佚，類如此。受降據三面之險，當千里之蔽。國初舍受降而衛東勝，已失一面之險。其後又撤東勝以就延綏。則以一面之地遮千餘里之衝，遂使河套沃壤棄為虜巢[三]。深山大沙勢顧在彼，而寧夏外險反南備河，此陝西北虜之患所以相尋而莫之能解也。

兹欲復守東勝，因河為固，東接大同，西接寧夏，使河套方千里之地歸我耕牧，開屯田數百萬用省内郡轉輸，斯為上策。顧今之力有未能，未敢議及。使虜人不恒入套，或如近年，入而遄出，猶可支持，萬一擁衆在套，經年不出，則陝西用兵，殆無虚日。八郡之人，疲於奔命，民窮盗起，雖有智者，不能善其後矣。及今將延綏、寧夏一帶邊防，設法整飭，賊來有以待之，雖不得為上計，猶愈於無策。然邊防既固，雖中人可守，醜虜聞知，或數十年未敢輕犯，饋餉可省，休養生息於十數年之後，東勝之議未必終不可復。天祚皇明，其將有待於他日乎！世之論邊事者，或專主於戰伐。臣亦非敢忘戰者，方將蒐選官軍，策勵將士，修車馬，備器械，儲糗糧，明斥堠。今虜賊若復侵犯，仰仗神武之威，謹當督率諸將，恭行天罰。雪耻除兇，臣之志也；以身徇國，臣之分也。成功在天，臣不敢必；凡所當為，臣不敢避。今首以築牆挑塹為言，宜必增兹多口，但受恩深重，自當為國遠圖。

今年套內無賊，腹裏有秋，人民稍安，正可以有為之日。失此不為，縱令目前無事，後患有所不免。臣何敢幸一時之安而委患于他人哉？所有應合經理邊防事宜，條具于後，伏望聖明俯垂省覽。乞下兵部，會同大臣科道計議，倘有可采，上請施行。仍乞降勑陝西延綏、寧夏三鎮撫臣，與臣同心協力，及時經理，專委都、布、按三司堂上官各一員總莅其事。工完，通將修濬邊牆、壕塹，添設衛所、城堡，起倩過人夫，支用過銀糧數目，畫圖貼說，造冊奏繳。等因具本。

該通政使司官奏。奉聖旨："該衙門看了來說。欽此。"欽遵抄出送司。

查得先為大勢達賊擁衆入境，官軍對敵解圍事。該本部議，行總制都御史，查照節次奏行事理，督同寧夏鎮、巡官員，將花馬池地方上緊用心設法經略。烽堠不明，作何整理？軍伍不足，作何輳調？務使兵力充實，威武振揚，用防將來入寇之患，以副三邊委任之責。等因正德元年二月二十八日題。奉聖旨："是。花馬池係要害地方，累年整飭邊備，緣何仍前疎略，動輒失利？着楊一清好生用心經理，務要停當。欽此。"已經通行去後。今該前因，案呈到部。

看得陝西等處總制都御史楊一清奏稱：花馬池一帶地方俱係通賊處所，邊防既疎，賊勢難遏，一勞永佚，所宜急圖。因條陳幫築邊牆、添設衛所等六事，乞要勑令廷臣會議施行一節。緣係經理邊務，事體重大，臣等委難定擬。合無依其所奏，本部會同府、部等衙門各堂上官并掌科掌道等官，將本官所陳事件，逐一從長計處停當，明白開奏，以俟聖裁。等因題。

奉聖旨："是。這邊防重事，你每便會議停當來說。欽此。"

欽遵。

臣等會同太師兼太子太師英國公張懋，吏部尚書焦芳等議得：花馬池東西一帶地方，虜賊頻年謀侵内地，皆從此入。盖由牆薄溝淺，既無以懾其輕犯之心；兵寡力分，又無以遏其遽來之勢。今總制都御史楊一清所奏後開六事，謀慮既周，區畫尤當，誠于邊防有益，理合逐一議擬，開立前件上請，伏乞聖明裁處。及照前項邊務，事體重大，倘蒙俞允，俟命下之日，請勑各該總制并鎮、巡官員依擬施行。

緣係會議總制官員議處防邊事宜，及奉欽依"是。這邊防重事，你每便會議停當來說"事理，未敢擅便開坐。正德元年九月二十一日，本部等衙門尚書等官許進等具題。次日，奉聖旨："是。都准議行。欽此。"欽遵除外。合咨前去，煩照本部等衙門題，奉欽依内事理，欽遵施行。

計開

一、查得應築邊牆，自延綏定邊營以東石澇池地界起，至寧夏地方横城止，共三百里。沿邊舊有墩臺七十一座，舊築邊牆高一丈，連垜牆三尺，共一丈三尺。底濶一丈，收頂三尺五寸，内除垜墻根占一尺五寸，止剩二尺，官軍難以擺列拒敵。牆外墩塹一道，深八尺，口濶一丈，底濶四尺，中間多有填塞平漫，止存形跡。牆裏除興武營、清水營、毛卜剌、紅山兒四堡切近邊牆，易于護守，其餘大小城堡，俱各離邊地遠，聲勢隔越。切緣前項邊防，委的壕塹窄淺，牆垣低薄，墩臺稀疎，節被大勢達賊入套，近邊窺伺。牆裏既無大兵阻遏，牆上又無官軍拒敵。賊衆填溝而進，掏穵邊牆，一日可開二三十處。本處官兵自保不暇，安能截勦？墩軍懼其攻穵，往往棄墩而逃，烽火不接。縱使徵調客兵前來應援，牆内牆外俱平漫廣衍，黄沙白草彌望無際。賊衆動稱數萬，我軍衆寡不敵，無險可據，難以遏其初來之鋒。賊既入境，馳驟長驅，一日夜可至固原地方，無復邀阻。連年失利，職此之由。

為今之計，合無查照寧夏先今鎮、巡等官都御史王珣、劉憲等擬奏，量為斟酌損益，將舊牆内外幫築，高、厚各二丈，收頂一丈二尺。兩面俱築垜牆，高五尺，連牆共高二丈五尺，除垜牆根占兩面共四尺，尚餘八尺之地。每牆一丈，開垜口一處，安置轉關遮板。牆外每里添築敵臺三座，每座相離一百二十步，底濶周圍四丈五尺，收頂周圍二丈二尺，上蓋暖鋪一間。傍牆于空濶要害有水頭去處，增添小堡，高厚丈尺略與邊牆相等。墩空去處，仍酌量添築墩臺。牆外壕塹挑濬深二丈，口濶二丈二尺，底濶一丈五尺。前項敵臺九百座，暖鋪九百間，每間用五人守之，該用軍四千五百名。無事之時，止守舊墩。每冬月河凍，不拘達賊曾否入套，即便調撥鋪軍，上牆防護，仍添撥軍人於新墩守哨。河開無事，疎放回營。牆上設置籌牌、梆鈴，晝夜往來巡警，廣張旗幟，聯絡相應。分委的當官員，各定鋪分護守，參將協同守備官，各照所管地方提調。虜賊若果入套，必似前窺伺侵犯，原擬徵調延綏遊、奇士兵及寧夏副總兵等人馬，各於定邊、花馬池、興武營、清水營、靈州等處駐劄，仍各分兵於新舊小堡内按伏策應。其間應分應合事宜，又在臨期調度。如此則邊備嚴密，威武振揚，足以伐其邪謀，不敢輕易近牆。

若是仍前填壕，近牆攻乞，官軍出列牆上，敵臺兩邊鎗砲矢石攻擊，賊徒愈衆則所傷愈多。步兵擊之於牆上，騎兵待之於牆内，其鋒必沮，其氣必喪。虜賊遠來，利于速戰，入既無策，勢必遁歸。縱使犬狼不肯悔禍，結聚攻圍，邊牆受敵不支，然相持之間，未免少延時日，烽火傳接，環慶、固原一帶人畜既斂，兵備既嚴，可保無失。事不得已，則我邊兵姑斂入大小城堡，以避其鋒。賊旲深入，速將原拆牆口補塞，量留官軍，堅壁固守。各挑精兵，襲蹤而入。陝西官軍撓之于内，俟其將遁，躡蹤而出。延寧精兵邀之于中，沿邊官軍拒之于外，賊雖梟雄，豈有善歸之理？就令小有侵掠，比至邊牆，我軍仍于牆上裏面垛口，用鎗砲矢石攻擊，勢必潰亂。諸軍乘之，縱不能使其匹馬不旋，亦必大遭挫衂，可保數十年不敢入套犯邊。

經略之計，宜無出此。但興此大役，未免勞人費財。行據原委三司、府、衛大小官員參政安惟學等，及沿邊守臣參將閻綱等，各將邊牆、壕塹、城堡、墩臺丈量估計，折算定擬。除延綏一鎮，延安一府軍民人夫修理延綏邊牆外，計算得寧夏五衛東、西二路，應起人夫一萬五千名，固靖、環慶、西安、漢中、寧羌、鳳翔、秦鞏、臨平、洮岷、河蘭等衛所并各護衛，量起軍夫共二萬五千名。其有馬頭挨次撥軍人俱免起用，各令蓄鋭待敵。西安、鳳翔、平涼、慶陽、臨洮、鞏昌等府，共起民夫五萬名。漢中府在棧道之外，道途險阻，服役不便。合令量徵夫價，解送工所，以備賞勞人夫鹽菜之用。俱聽陝西、寧夏二處巡撫衙門督令該道守、巡，該府、衛掌印官酌量派發應役。每夫一名，日支糧米一升五合，計算做工四個月，該用口糧米一十六萬餘石，欲於各該邊倉闕支。

查得見在倉糧，所積不多，恐誤主客官兵支用，必須趁今年成有收時月，另為招商上納夫糧為便。但脚價高貴，每糧一石，須用價銀一兩有餘，方肯上納，計糧十六萬餘石，該銀十六萬餘兩。陝西司、府庫藏空虛，别無相應官銀支用。查得先為急處救荒事，該户部奏送賑濟官銀二十萬兩，緣各該被災州、縣地方，該徵税糧既已蠲免，二麥又皆成熟，人心已安，流移復業，不須賑濟。近准該部明文，暫收陝西布政司官庫，以備各邊緊急糴買糧草。合無於内動支十萬兩，專聽修邊項下招商糴糧支用，外十萬兩仍收布政司官庫，以備緊急糴買糧草。不敷之數，行管糧參政，量將各起運、存留糧米通融改撥，及聽陝西巡撫官再查别項無礙官錢支用。前項人夫錢糧，須在今年處置料理停當。明年春正二月，哨探套内無賊，三、四月内興工，務在八月以裏完備。合用防護官軍并提調工程大小官員應支廪給、口糧、馬匹、料草，於該邊官倉内支給。其餘一應事情，應該自處者，徑自從宜施行。

前件議得，都御史楊一清奏稱：自延綏定邊營迤東石澇池地界起，至寧夏地方横城止，俱各壕塹窄淺，牆垣低薄，墩臺稀疎，以致虜賊攻它甚易，出入無阻。欲將舊牆幫築高厚，壕塹挑濬深濶，并添設敵臺、暖鋪、小堡，分撥官軍防守，可緩深入之鋒，可邀逃歸之勢。及稱該用軍民人夫口糧若干，欲要於賑濟官銀内動支十萬兩，以備招商上納，俱於今年措置停當。期以明春邊方少靖，四月興工，八月完備一節。切緣虜性桀黠，豕突狼奔[四]，非得溝牆深高，墩臺聯絡，鮮不坐受其弊。

況前項地方廣濶，兵分實難防遏，連年失利，可為明鑒。今都御史楊一清所陳，曲盡經營之計，事非得已。但今年民遭荒歉，來歲便未甦息，若將邊牆、墩堡、敵臺一時併修，誠恐民不堪命。合無令兵部仍行本官，准令於前項官銀内動支十萬兩，先行分委廉幹官員，隨宜招商，上納糧米，務在充實，足勾夫役闕支。待明年八月，哨探河套無賊，年成有收，起倩軍民人夫、將邊牆、壕塹先行依擬幫築挑濬。其敵臺、暖鋪、小堡，待候民力有餘，然後漸次興工。此外一切處置事宜，悉依原擬施行。其用工夫役，嚴督管理官員加意撫恤，使忘其勞。所築牆垣等件，務須比舊堅久，有益防守，不為徒費財力。

工完之日，通將用過錢糧數目，修過工程丈尺，備造文冊奏繳，以憑稽考。

一、行准巡撫延綏都御史文貴咨稱，准臣咨前事，會同鎮守太監劉保，總兵官都督僉事張安議：查得本鎮東自黄甫川堡至西定邊營，接連寧夏東路花馬池地界，止東西直去共有一千二百餘里，俱係緊關衝要地方。内寧塞營迤東一千餘里，設有二十五堡，各境界連絡，平漫之處各有築打邊牆，山崖溝澗之處各有剷削巖崖，挑空壕塹，頗堪保障。惟是寧塞營迤西至定邊營止，中間空濶一百八十餘里，俱未築打邊牆，止是挑有窄淺壕塹一道。訪得往來達賊常自花馬池一帶深入寇掠者，一則以其營堡稀疎，墩臺無備，兵馬餒弱。一則道路平坦，與腹裏固、靖等處直捷，易于往回故耳。今若止將彼處經營，牆垣高厚，墩臺稠密，營堡連絡，軍馬充盛。達賊必然有所畏憚，不敢侵犯。若安邊營一帶如故不修，賊若從此突入，往花馬池南畔長驅，亦無撓阻[五]，則腹裏地方不無猶如往年受害。近來本鎮在於彼處添新改舊，造成中空外方，置有箭牎、銃眼，可以伏兵制虜墩臺，共有六十四座，奈緣人力不敷，不能多造。地廣墩疎，止堪守瞭，難以遏阻。為今之計，合無將寧塞營自歡喜梁墩起，往西直抵定邊營、延寧地界墩止，與花馬池地方一樣整理。平漫去處築打邊牆，山川險阻之處剷削懸崖，挑空深濶壕塹。再於見造墩臺空中，每三百餘步各添造前項式樣小樣墩臺一座，安在邊牆居中，各中間再設上土築護牆敵臺一座。如此則邊牆高厚而有備，墩臺稠密而有機，烽火易知，警急易援，與花馬池同一金城湯池之固，沿邊腹裏均堪保障而無虞矣。等因備咨到臣。

案照先因勘處寧夏花馬池等處地方邊備，臣切慮虜情重大，變態難測。若西路寧夏邊牆修築完固，虜賊或從迤東延綏地方進入搶掠，則延慶、固原不免仍前受害。未審彼處邊牆、溝塹有無高深嚴密，足堪保障，已經移咨延綏巡撫官勘議去後。今准前因，看得延綏地方，寧塞營之東有險可據，賊難馳突。寧塞營迤西至舊安邊營，舊安邊營迤西至定邊營，各九十里，川原平漫，與花馬池地方相類。既無邊牆，雖有溝塹二道，俱為沙土壅塞平滿，萬騎馳驟，不能阻遏。前此達賊每從花馬池、清水營地方拆牆深入，取其捷徑。今若將花馬池一帶邊防整飭完固，萬一黠賊自定邊、安邊之間擁衆而入，西向花馬池邊牆以裏地方，自西而南，不過稍迂百餘里，則修邊工程歸於無用，誠如巡撫都御史文貴所言。

行據三司委官參政安惟學、僉事胡經等勘量得定邊營迤西石涝池地界起，至寧塞營迤西地界，止共長一百六十三里三百四十五步。内平漫相應築牆挑壕者一百三十一里三百四十九步，山崖險峻堪以剷削者三十一里三百五十六步。合無責成巡撫都御史文貴，照依所擬，應築牆者築牆，應剷削者剷削。但前項地方，已該文貴新築甎墩，制度精巧，非惟便於瞭望，亦可按兵擊賊，所患墩空隔越稀疎。合准本官所擬，于中空量為添築小墩臺，安在邊牆居中，墩依於牆，尤便防守。其餘溝塹、敵臺、暖鋪，俱照寧夏邊防，一體整飭修理，但邊牆高厚丈尺，比之寧夏地方稍省。合用人夫，除本鎮外，聽於延安一府所屬州縣量數起用，務令沿邊有備，腹裹無虞。

前件議得，都御史楊一清奏稱：寧塞營迤西直至定邊營，川原平漫，與花馬池地方相類，俱無邊牆可恃，兼且墩臺隔越，勢難救援。今花馬池一帶已整飭完固，而此處不經理，萬一大黠虜擁衆西入，則延慶、固原未免仍前受害，誠有如巡撫都御史文貴所言，欲要責成本官俱照寧夏邊防整理一節。

緣胡虜譎詐，此沒則彼出，東備則西侵，必須在在戒嚴，庶彼無間可投。前項地方，既該總制官員議處前來，相應議擬。但當歲荒之餘，而興此浩大之役，民力或恐不勝。合無令兵部仍行本官，轉行彼處巡撫，查勘本境地方，今年果無災傷，軍民安堵，亦照花馬池事體，起倩軍民人夫，將邊牆、壕塹先行依擬幫築挑濬。其餘敵臺等項，亦候年歲豐稔，民力有餘，然後漸次興工。中間一切處置事宜，悉依原擬施行。務使工程堅完，民不告勞，虜賊絶西入之望，方享永久之計，斯為盛舉。工完之日，通將用過錢糧數目，修過工程丈尺，備造文冊奏繳，以憑查考。

一、行據委官西安左衛指揮僉事楊宏、平涼府同知岳思忠呈稱：親詣花馬池、興武營、靈州等處，會同參將、協同守備等官閻綱、保勣等議得，寧夏一鎮，西有河山之險，東無溝巖之阻，西路設立寧夏中衛，東路止是新設花馬池守禦千户所，似為偏重。況虜賊大舉，必從東路拆牆而入，非惟無險可恃，實因兵力單寡，賊至境上，每仰客兵應援。近年徵調官兵，失時後期，迄無成功。合無將花馬池守禦千户所改設一衛，除本所外，再添四所，共五所。其興武營相離花馬池一百二十里，孤懸急難應援，止是備禦客兵，戰守不足。合無添設守禦千户所，照依延綏事例，委把總官一員，提調防守。新設衛所合用官於陜西都司官多衛分摘調，旗軍于寧夏并靈州及東西二路新舊招募額外土兵内摘撥。有警之時，專一守城、守牆、守墩；無事之際，邊裏閑田，聽其開墾，以近就近，且耕且守。如此則勢不偏重而邊牆可久，兵皆土著而人情可安。等因各呈到臣。參詳所擬，花馬池一帶地方，委的無險難守。花馬池止是新設守禦千戸所，軍數尚未補足一千之額，其餘俱是各處分班備禦軍人，興武營止有備禦官軍七百餘員名。緣備禦客兵往來更代不一，終無固志。今若比照寧夏中衛事例，花馬池改立一衛，增添四所，興武營設守禦千户所，各添撥旗軍，與備禦官軍相兼防守，兵力强盛，足堪保障。且衛所常備之兵，既有定居，各思保其血屬，守其業産，比之客兵計日思歸者不同。合用旗軍五千名，要于新舊招募額外土兵内摘撥。

查得寧夏一鎮，舊招募甲軍三千名。弘治十五年間，該大理寺左寺丞劉憲招募土兵一萬一千名，近已挑選三千員名，給與官馬，委都指揮韓斌管領，於清水營按伏。及中間或有事故紀録之數，大約見在新舊招募土兵，尚有一萬餘名。中間多係精壯勇健之人，堪以挑選撥用。所據前議添設衛所，摘撥招募土軍防守，人情事體，委俱相應。續行都、布、按三司，委官参政安惟學、僉事胡經、都指揮劉端等勘處相同。行准巡撫寧夏本院右僉都御史劉憲咨報，亦無異議。近該臣巡邊到于靈州，各招募軍高海等自行投狀，情願起調改撥河東衛所。行據整飭環慶兵備副使燕忠親詣寧夏，查選丁力相應、情願調撥旗軍共四千名，造冊案候。合無將花馬池守禦千户所改設寧夏後衛，興武營添設守禦千户所，將選定新、舊招募土兵起調前去，入伍食糧永遠操備。撥與地基，盖造營房住坐。附近閒田，任其開墾耕種，不收子粒。有警則操戈以戰，無事則執耒而耕，守牆、守墩，分番撥用。待安插已定，擇其驍鋭，量給馬匹，領養騎征。五年之外，方將所種田地，照輕則起科，量收子粒，以助邊儲。合用衛所指揮，千、百户鎮撫，先查寧夏招軍相應官員，及行陜西、延、寧、甘肅四鎮，查新陞空閒官，各具奏改調，銓註管事。經歷、知事、吏目等項文官，行吏部銓選。印信、銅牌照例請給。但旗軍合用五千名，今止挑選得四千名，尚欠一千名。及查得花馬池守禦千户所，額設軍人，舊欠三百六十四名，俱應撥補。合無照依榆林、靖虜等衛并陜西苑馬寺事例，將陜西西安等八府正德元年以前清出該解南方衛所軍人，免其發解，各改編前項新設衛所，應當軍役。待軍伍數足，具奏停止。議者以為，改編事例，未免損此益彼。緣北人應當南軍，畏其煙瘴炎熱，終是不肯應役，隨到隨逃。州縣清解雖勤，衛所空虚如故，徒為里書官旗漁獵之資。今若改編本省地方，人心樂從，官多實用。

前件議得都御史楊一清奏稱：花馬池東路雖設有守禦千户所，兵力單寡，其興武營相距一百二十里，孤懸絶境，有警俱難救援，欲要將花馬池守禦所改設寧夏後衛，興武營添設守禦所。就將選定新舊招募土兵調去，入伍食糧，永遠操備。撥與地基，盖造房屋住坐。待安插已定，擇其驍鋭，給領馬匹騎征。附近閒田任其自行耕種，五年之外，量徵子粒，以助邊儲。合用衛所指揮等官，查奏改調。經歷等項文官，欲行吏部銓選。印信、銅牌照例請給。及稱軍數不足，要將陝西延安等八府正德元年以前清出該解南方衛所軍人，改編前項新設衛所應當，數足，奏請停止一節。

緣前項地方，委係要害處所，必須兵力强盛，庶克保障。今總制官員奏要改設衛所，委于事體相應。但官軍所種閒田，五年之外，量收子粒，似為太狹。合無令兵部仍行本官，將花馬池守禦所改立寧夏後衛，興武營添設守禦所，文職等官并印信、銅牌，行各衙門照例銓選，奏請給用，及官軍所種閒田，必待十年之後，從輕奏請，徵收子粒。仍行陝西清軍官，將正德元年以後清出雲南、貴州、兩廣、湖廣軍人，改編今設衛所着役。數足，奏請停止。其餘彼處事情，悉令查照原擬施行，務期威武克振，邊防有賴。

一、靈州千户所北臨廣套，西控大河，實寧夏之喉襟，中原之門户。原額土漢馬步官軍四千八百餘員名，備禦西安右護衛官軍七百五十一員名。所管地方，東至萌城，北至興武營，方數百餘里，大小城堡二十餘座，誠為達賊出没要害重地。靈州不守，則寧夏隔為外境，環、固勢孤無援，無環、固，則無陝西矣。内有土民四里，并土達軍餘六百戸，俱係洪武年間山後節次歸附人數。我祖宗嘉其誠款，收而羈縻之，給與田地、草場，使其任意耕牧。後因有警，土人自備鞍馬，出力報効，累有斬獲，北虜畏之[六]。

近年以來，所司不知存恤，草場被人侵奪，莫為理斷。馬匹一槩走站，死則追賠。虜賊外侵[七]，科差内擾，人畜彫耗，死徙居半。臣頃者巡邊，閲視得彼處地方城池、壕塹，一切兵政，因守備非人，悉皆廢弛。節據土民土達馬俊、郭斌等連名具狀訴稱：科差重繁，生理蕭索，乞為分豁，情詞十分激切。臣觀寧夏地方，如此邊務，如此人情，上無有備之形，下有可畏之勢，今不為之所，將來懼有内變，不止虜情當慮而已。傳曰："不見是圖。"况機緘見外已非一日之故耶！又據漢土舍餘軍民劉澄等各具狀告稱：靈州相離寧夏動經百里，隔越黄河。本所月報循環糧草軍務等項，俱該寧夏衛提督。或聲息河渡有阻，該役官吏經月不回，公務有失，又兼本衛不時差人來所，搔擾不過，告乞復設守禦千户所衙門便益等情。

查得靈州洪武年間，原設守禦所，徑屬陝西都司管轄。後因拜進表箋官員數多，不敷差用，奏革守禦名目，隸寧夏衛帶管，原遺"肅"字號夜巡銅牌六面尚存。土民亦屬寧夏衛經歷司帶管，路阻黄河，科差拘擾，委多不便。先該巡撫衙門奏設州治，建學立師，訓誨土官土人子弟，用夏變夷，似亦有見。但寧夏軍餘改設編氓，未免損此益彼。近又革去州治，仍隸寧夏衛管轄。夫州治固不可設，緣本所軍非不足，官有剩員，復守禦之舊，當無不可。且今之管軍官員多一層，則受一層之害，靈州軍民甚以為害，而寧夏之人則因以為利。貪豪恣肆，上下交征，衆暴强凌，無所控訴。必須復設守禦千户所，專設憲臣一員，在彼常川駐劄，庶幾夙弊可革，土人獲安。但陝西按察司添設兵備副使已多，若再添除，又啓官多人擾之議。

查得環慶兵備副使止管慶陽一衛，事務甚簡，況又兼理靈州鹽法。慶陽相離大小鹽池各數日之程，實難遥制，靈州相離鹽池不遠，易于提調。合無將靈州千户所改設守禦千户所，换鑄印信用使，徑隸陝西都司，所轄土民，聽本所吏目帶管。將環慶兵備改作整飭環慶、靈州等處兵備，自環慶迤西寧夏花馬池、興武營、清水營直抵靈州一帶地方，俱聽提調約束，常川在于靈州駐劄。操練軍馬，問理詞訟，撫安土人，禁革姦弊，兼理靈州鹽課司大小鹽池鹽法，仍聽陝西、寧夏巡撫官員節制。如此而又委任得人，則軍民免十羊九牧之擾，土人有趨利避害之望，而一帶地方，邊備錢糧有所稽考，不為無益。

前件議得，都御史楊一清奏稱：靈州地方係要害重地，内有土民四里，并土達軍民六百户，俱係先年山後歸附人數，安住前地，令其任意耕種。後因報効有功，頗為北虜所畏[八]。近年所司不知存恤，科差重繁，以致累行告理，誠恐變生不測。及稱漢土舍餘軍民告稱：靈州相離寧夏，河道險遠，公務文移每多阻誤，兼以本衛公差拘擾。

乞要查照洪武年間舊例，將靈州千户所改設守禦千户所，鑄換印信，徑屬陝西都司管轄，土民止聽本所吏目帶管。并要將環慶兵備改作整飭環慶、靈州等處兵備，迤西一帶地方，俱聽提調，時常在于靈州駐劄。練兵理刑，撫夷革弊，兼理前項鹽課，仍聽陝西、寧夏巡撫官員節制。

緣前項土民，舊令自種自食，本為羈縻之術。近既垛集軍伍，自備鞍馬殺賊，益當厚加撫恤，使其樂為我用。若又重以差徭，使不聊生，逸柙之患不可不慮，誠有如總制官員之所論者。及稱靈州徑隸陝西都司管轄，係洪武年間舊例，見存"肅"字號夜巡銅牌在彼。今改隸寧夏，軍民皆稱不便，亦合俯順人情。況擬改兵備官員時加綜理，尤為周悉。合無令兵部通行本官，將靈州千户所改設守禦千户所，徑隸陝西都司管轄。今後土民止令本所吏目帶管，照舊辦納差糧。仍行禮部，改鑄印信降用。其環慶兵備副使就行改作環慶、靈州等處兵備，常川在於靈州駐劄。候命下之日，另請勑一道，備載原擬責任，賚付兵備官員，欽遵行事，務使土人効用，地方鞏固。

一、行據平涼衛把總指揮趙文呈蒙臣委，會同寧夏都指揮韓斌，踏勘過韋州四面城垣、敵臺、更鋪，坍塌損毀數多。城上各有通人行走道路，門無鐵葉，不堪保障。及查得本城羣牧千户所官軍盔甲、軍器、火器，事事不堪。等因具呈到臣。看得韋州地方，廣衍平漫，四通八達，乃虜寇出没經由要衝處所，正宜高城深池，戒嚴武備，潛消虜賊窺伺之患，今乃坍塌廢弛至此。守既不嚴，戰又無兵，倘虜賊窺知，擁衆攻圍，則城内生靈憑何保障？腹裏人民必致驚擾。況密邇螺山，慶府墳塋所在。

弘治十四、十七年間，大虜入寇，多在螺山駐宿。近日被人將慶恭王墳掘發開棺，看守人員通不知覺。慶王父子至情，豈不痛心！所據韋州重地，若不將城垣、壕塹上緊修理，添設常備之兵，日後貽患，恐不止此。查得本城羣、千戸所官軍數目不多，實難倚託。寧夏一鎮，城堡、墩臺通賊要路甚多，官軍數少，亦難摘撥。行據寧夏領軍陝西都司都指揮使劉端查得：寧夏中護衛旗軍除選調廣武營、鳴沙洲操備外，見在官軍、舍餘五千三百二十二名，儀衛司旗校、舍餘一千一百九十七名，俱在本府，别無差占。比之秦、肅二府，大有不同。若將前項軍校、餘丁摘撥韋州，設官操守，保障地方，衛護墳塋，最為長便。且秦、肅二府官軍、旗校，千里赴邊備禦，今以慶府擁衛之人，保其先王托體之地，慶王體國之忠，奉先之孝，大義兩繫，決難他辭。除修理城垣、壕塹另行外，合無請勑寧夏鎮、巡等官太監葛全、都御史劉憲、總兵官李祥等，啓王知會，督委廉幹官員，將寧夏中護衛、儀衛司軍校、舍餘照冊清查明白，挑選家道殷實、丁力有餘者一千名，選擇本衛能幹千、百户等官管領，前去韋州常川駐劄，撥給空閒田地耕種。王府差役盡行蠲免，專令在彼操習武藝，與羣牧千户所官軍相兼防禦。仍于寧夏等衛中選委有謀勇、有行止指揮一員，提督操守，振揚威武，保障城池，衛護王墳，遇警相機戰守遏截，則虜騎經行，有所忌憚，不敢恣肆，腹裏人心有所繫屬，不至動揺。

前件議得，都御史楊一清奏稱：韋州地方平原通衢，虜寇出没之所，兵備廢弛，保障不堪。況與螺山相近，慶府墳塋所在。連年大虜入寇[九]，俱在彼處結營駐劄，及慶恭王墳近又被人開掘，深為可慮。欲要添設官軍防守，無處摘撥。查得寧夏中護衛見在旗軍舍餘五千三百二十二名，儀衛司旗校、舍餘一千一百九十七名，俱無别項差占。乞要行令寧夏鎮、巡官員，啓王知會，督委廉幹官員，將前項軍校人等清查明白，挑選家道丁力相應者一千名，委官管領，前去韋州駐劄，給撥空閒地土耕種。王府差役盡行蠲免，專令在彼與羣牧千户所官軍相兼操備防禦。仍令於寧夏等衛，選委廉能指揮一員提督，既可衛護王墳，又可保障城池一節。參照前項地方，委係通賊要路，雖設有羣牧千户所官軍，兵力單弱，實難支持。況又密邇慶府墳墓，誠不可不為之處。及照中護衛并儀衛司軍校人等，通計六千有零，俱在本府閒住。今擬撥守前該地方，則以本府擁衛之人，保其先王托體之地，忠孝大義兩繫，誠如總制官員所言。況摘撥之外，尚存五千有餘，儘勾差用，事體亦為相應。合依其所奏，令兵部行令本官轉行寧夏守臣，啓王知會，務思體國之忠，奉先之孝，即便督令能幹官員，將前項軍校人等如法挑選一千名，委官管領，前去韋州，相兼戍守。其餘事宜，悉照原擬施行。務使威武振揚，王墳保固，不至似前貽患。

一、行據委官陝西布、按二司參政安惟學、僉事胡經各呈稱：靈州横城以北，西抵黑山營鎮遠關，係寧夏通賊緊關要路。虜賊見我邊防嚴備，既不能入花馬池，必將從此而入，踏冰過河，東西任意寇掠。河西城堡雖有官軍，數亦不多，不能阻遏。合無將横城以北直抵鎮遠關，邊牆、壕塹一體幫築挑濬。及稱黑山營先年屯有人馬，後因路遠難援，廢而不守。今河東邊防既嚴，虜必從此入境，宜於黑山營仍屯兵按伏。等因按查，先該臣看得，原擬寧夏邊牆，至黄河東岸，今築横城而止。恐虜賊見我河東邊牆高厚，不能掏空，冬深河凍，於牆盡頭處踏冰過西岸，自西而東，仍謀入寇。未審河西城堡兵力，堪否捍禦，已行勘議去後。今據各官俱呈前因，臣按圖考冊，廣詢博訪，寧夏横城北黄河東岸，舊有邊牆一百八十五里，壕塹一道，高厚深濶悉如花馬池一帶城塹之數，自南而北有長城十八墩。後守臣恐稀疎，每墩空内添設一墩，共見在墩臺三十六座，墻裏套内地方，又設石嘴、暖泉二墩瞭守。其第十八墩，與河西黑山營鎮遠關相對。每年于黑山營屯聚人馬，阻遏虜騎，以為寧夏北門鎖鑰。前人綜理周密，深有所見。節因寧夏守臣怯懦，士馬削弱，河東墩軍累被套賊撲捉，既將石嘴、暖泉二墩廢棄，遂將新舊三十六墩俱廢而不守，謂之備夏不備冬，却止於河西築立墩臺一十五座守瞭。由是套賊多寡，遠近消息，通不知覺。又因黑山營曾被虜賊攻圍，遂將官軍那入平虜城操備。由是平虜城為極邊要害，居人往往不得耕牧。殊不知撲捉墩軍，窺伺城堡，乃虜寇常事，顧吾所以待之者何如耳？吾能往，彼亦能往，我退一尺則彼進一尺。河東墩臺既不可守，使賊乘凍渡河，則西岸之墩獨不可掏空乎？黑山營有備，則平虜為腹裏。今廢黑山營而不守，使賊近窺平虜，亦將併廢之乎？是皆不通之論也。

今花馬池一帶邊墻既欲幫築高厚，又於牆盡頭横城之南添築一堡，量屯兵馬防禦。河開之後，縱有套賊，不能為患。但恐冬深河凍，踏冰而西，仍謀入寇。容或有之，意外之防，不可不謹。所據河東三十六墩邊牆、壕塹，誠宜幫築修濬。河西黑山營誠宜屯宿重兵，但明年既修延綏、花馬池一帶邊牆，工程浩大，力不能及。合無行令寧夏守臣，明年將河東新舊三十六墩坍塌損壞者量為修補，照依舊規，撥軍守瞭，與河西墩臺烽火相接，不至失誤官軍應援。稍俟一二年，仍將前項横城以北三十六墩牆塹，悉照花馬池一帶邊防，幫築高厚，挑濬深濶。敵臺、暖鋪，護守官軍一體處置整理。仍挑選精鋭人馬，於黑山營按伏，以為平虜城聲援。如此，則封守慎固，而地方可保無虞矣。

前件議得，都御史楊　奏稱：花馬池一帶邊牆，今既議幫築高厚，屯兵防禦，套賊或可無患。但靈州横城以北，西抵黑山營鎮遠關，邊防頗疎，誠恐虜賊不得于東，必謀於西。及查黄河東岸原設邊牆、壕塹并墩臺三十六座，與河西黑山營相對，遞年屯聚人馬，阻遏過河虜騎，最為周密。後因小有失利，棄而不守，賊遂深入無忌，今宜照舊修復，但東西工役，一時併興，民力弗堪。欲要行令寧夏守臣，暫且修補，撥軍守瞭，候各該工程稍暇，悉照花馬池一帶整理一節。切緣河東三十六墩并河西黑山營，若使戍守嚴備，踏冰虜賊不敢輕忽。平虜地方益重保障。今若棄而不守，是撤藩籬而守門庭，堂陛之患，勢將必至。今總制官員奏要修復舊制，誠得前人綜理至計，相應依擬。但大功併作，民力委有不堪。合無令兵部行令本官，轉行寧夏守臣，將前項河東新舊墩臺坍塌損壞者，照依舊規，暫且量為修補，撥軍守瞭，與河西墩臺烽火相接，以備虜賊過河，候各該工程稍集，仍依原擬，修築施行。

【校記】

[一]“北虜在套”，四庫本為“河套一帶”。

[二]“虜人得志”句，四庫本為“得志而去”。

[三]“為虜巢”，四庫本為“之邊外”。

[四]“豕突狼奔”，四庫本為“擁眾而來”。

[五]“無”，底本為“可”，據改。

[六]“北虜畏之”，四庫本為“最為勇悍”。

[七]“虜賊”，四庫本為“戎馬”。

[八]“北虜所畏”，四庫本為“忠勇可用”。

[九]“连年大虜入寇”，四库本为“连年入境”。

關中奏議全集卷之八

總制類

一爲預防虜患事

兵部覆：該本部於兵科抄出。總制陝西延、寧、甘肅邊務兼督理馬政都察院左副都御史楊一清題。

近該兵部咨，該總制大同、宣府、偏頭關等處邊務都察院右都御史劉宇奏要會集邊兵以勦滅虜寇。該本部看得，各鎮有事，俱宜彼此相濟。合無再行總制都御史楊　轉行各處守臣知會：今若大同賊勢衆大，十分告急，延綏總兵官合量帶精兵赴援，不許坐觀成敗。儻後延綏亦有十分警急，宣、大二鎮總兵官亦要親自將兵策應，不可顧今日自己之利，忘他日隣境之憂，庶幾事體不偏，人心可服。等因題。

奉欽依"備咨前來，案照先准兵部咨，爲虜寇臨邊整兵防禦事"，亦該總制都御史劉宇奏要徵調延綏兵馬。已經併行延綏總兵官張安整搠聽候，如遇大同聲息十分緊急，移文徵調，即便量帶精兵赴援外。

查得延綏副總兵姜漢所領奇兵三千餘員名，遊擊將軍戴欽所領遊兵三千餘員名，俱於本年三月内大同調去策應，至今五箇餘月未回。切緣近年虜酋恃其桀黠，河凍則西行，以寇關陝；河開則東渡以窺宣、大，不曾痛遭誅勦，肆無忌憚。今年自正月間陝西靜寧、隆德地方搶掠回套，渡河之後，雖在大同、宣府近邊住牧，不曾入境侵掠，想因總制都御史劉宇蒐選强兵，要行會勦，先聲所傳，醜虜畏遯[一]。今秋高馬肥時月，既不得志於北，冬寒河凍，必將垂涎於西。犬羊種類既繁[二]，動稱數萬，會計陝西、延綏、甘肅三鎮見在人馬，不足以當大同一鎮之數。且甘肅地方，四時警報不絶，官軍難以掣調；寧夏兵勢餒弱，山後之賊不時侵擾，僅能支持。所恃以捍禦邊陲，保障腹裏，惟延綏一鎮士馬精强，緩急可倚。但自遊、奇二兵調去之外，所遺老家并新募有馬官軍不過八千餘員名，東接偏頭關，西寧夏千有餘里，大小營堡三十四處，分兵而守，無所不寡，勢須自保，難再輕掣。

及查得弘治十八年九月内，臣巡撫陜西，因恐套賊踏冰入寇，延綏遊、奇人馬調去大同未回，奏已行令延綏副總兵、遊擊將軍姜漢、參將王戟，作急將所領官軍掣回。曹雄奇兵暫於定邊營駐劄，以便延、寧兩境策應。姜漢遊兵、王戟土兵於花馬池、興武營等處按伏。如果達賊入套，擁衆近邊，與寧夏副總兵參將、協同守備等官人馬併力捍禦，保固邊牆，不令入境。

該兵部議擬覆奏。奉聖旨："是。便行與各官，着同心協力，相機防禦，不許自分彼此，致誤事機。欽此。"欽遵通行去後。

本年十二月内，大虜擁衆自花馬池拆牆深入腹裏搶掠，止是調到王戟土兵，猝與賊遇，交鋒失利。其延綏副總兵奇兵、遊擊將軍遊兵俱未到邊。臣不次移文督調，終是緩不及期。蓋因各該官軍，初自大同掣回，未及休息，遽遭虜變，以此應援不及。向使各枝兵馬早得掣回，如臣所擬，分守地方駐劄，虜賊未必敢爾長驅深入。縱不能遏其初入之鋒，躡蹤而進，會合陜西官軍取便截邀，未必無功。往事無可説已，今不早爲之處，冬間套虜設復有警，不無仍前誤事。

臣惟大同、宣府爲北門鎖鑰，果有重大聲息，乃京師門庭之寇，臣亦當親提師旅，前去應援，豈敢輒議掣兵？但聞今年虜賊實不曾侵犯二鎮，而延綏遊、奇兵馬在彼久駐，師老力竭，人馬疲敝，非惟坐靡彼處粮草，亦恐將失本處事機。况宣、大、偏頭關三鎮總制挑選精鋭援兵已有五萬六百餘員名，足勾截勦，似亦不藉延綏數年官軍之力，臣有地方安危之責，不敢不言。如蒙乞勑兵部計議，合無齎文總制都御史劉宇并各該守臣查勘：如果虜賊不曾犯邊，别無重大聲息，速將延綏遊、奇二兵發回本鎮，暫時休息，收拾軍裝衣鞋，聽候調遣，防禦套賊。仍乞通行大同、宣府、偏頭關三鎮鎮、巡官員，各照兵部節次題奉欽依事理，彼此相濟，互相應援。待十月間哨探，若是套衆西行，遊、奇將官即便那至本境陜西交界去處駐劄。賊果入套，延綏守臣徵調，即便前來會合，應援截殺。如是聲息十分緊急，宣、大二鎮總兵官亦照該部今次所奏，親自將兵策應，以寬皇上西顧之憂，以祛關陝兵民之患，庶得彼此相濟，地方可保無虞。等因具本。

該通政使司官奏。奉聖旨："兵部知道。欽此。"欽遵抄出送司。

查得先爲會集邊兵以勦滅賊寇事，該總制大同都御史劉宇題稱：延、寧地界與本鎮相連，乞行各鎮守臣知會，今後如遇有警，預調軍馬，毋分彼此，就便督發起程，會合截殺。等因具本前來。該本部議行總制陝西都御史楊轉行各該守臣，若遇大同賊勢重大，十分告急，延綏總兵官量帶精兵赴援。以後延綏亦有十分緊急，宣、大二鎮總兵官亦要親自將兵策應。等因題。

奉聖旨："是。欽此。"已經通行欽遵去後。

續爲軍務事。該延綏副總兵姜漢、遊擊將軍戴欽各題稱：抄蒙總制大同都御史劉宇鈞帖，行令將所領遊、奇兵馬，俱各掣回本鎮，蓄養軍鋭，聽候遇警徵調，已於八月十七日掣回。等因具本前來。本部又經案候外，今該前因，案呈到部。除延綏遊、奇兵已經掣回操候，别無定奪外。看得總制都御史楊　奏稱：虜酋桀黠，河凍則西寇關陝，河開則東窺宣、大。今歲宣、大地方俱未入境侵掠，冬寒河凍，必將垂涎於西。及稱陝西等處兵力，所在不足，欲要通行宣、大、偏頭關各該守臣，待有警報，遊、奇兵馬那至本境交界去處駐劄，以備徵調截殺。若是聲息十分緊急，二鎮總兵官亦照該部先次所奏，親自將兵策應，共紓邊患一節。

切緣胡虜之性，專以搶掠爲生，今既不得於東，則西寇之謀勢所難免。即今天寒在邇，先事之防，不可不慮，况查與本部先次奏行事理大意相同。合無本部一面行移陝西等處總制都御史楊　，轉行各路守臣，督令各該將官，當此河冰未凍，事勢稍緩之時，將各項馬步官軍，招募土兵人等用心操練，聽候調用。各該通賊要害，如花馬池等處，嚴明斥堠，慎固封守，及一切防禦事宜，俱要計慮周悉。萬一虜賊不逞[三]，擁衆入寇，即便分布將士，或戰或守，隨宜相機調度。務使此虜大遭挫衄，用靖地方。毋得輕忽貽患，有孤委任。一面行移宣、大等處總制都御史劉宇，轉行各路守臣，將遊、奇二項軍馬整點齊備，聽候徵調。如果賊已渡河西行，延綏報至，即便起程前去，會同彼處官軍，相兼戰守。若是聲息十分重大，二鎮總兵官仍要查照先次本部奏行事理，量帶精兵，親去策應，共濟邊務。不許秦越相視，託故遲延。設有妨誤，厥罪惟均。

緣係總制官員奏要徵兵禦寇，及奉欽依"兵部知道"事理，未敢擅便。

正德元年九月十九日，本部尚書許進等具題。本月二十一日，奉聖旨："是。便行與各官，果有重大聲息，務要互相策應，不許自分彼此，致誤事機。欽此。"欽遵擬合通行除外，合咨前去，煩爲轉行彼處各該鎮、巡等官，一體欽遵施行。

【校記】

[一]"醜虜"，四庫本為"全部"。

[二]"犬羊"，四庫本為"部落"。

[三]"虜賊不"，四庫本為"故智復"。

一爲薦賢爲國事

題：爲薦賢爲國事。

臣惟今天下邊鎮，皆有武臣，以總戎事，要害重地則掛印充總兵官，然必用巡撫都御史一員贊理糾察之。文武並用，犬牙相制，立法之善，度越前古。奈何近年以來，邊備漸弛，兵威不振，以致虜勢驕橫，民遭荼毒，有識之士痛心切齒。陝西各邊士馬，臣所親閱，其間堪戰之兵數非不多，而練兵之將實不多見。大抵以軍法則不嚴，以軍令則不明，以軍容則不整，以軍威則不揚。無事則玩愒相安，遇警則倉皇失措，竊恐他鎮亦或相類。如是而望戎狄懾服，邊境肅清，不可得也。若此者，蓋不獨將官之過，而凡爲巡撫者，有厚責焉。

今之巡撫，非不極一時之選，但人才難得，而邊鎮巡撫得人尤難。且近代用人，未免較其年勞，限於資格，舍是則躁進之門寖啟，失人之弊轉甚。若以年資待常格，以不次拔異等，二者並行而不相悖，庶幾真才出乎其間，邊事可從而理。臣又思得，近年邊事之廢，皆起於因循，成於姑息，而極於蒙蔽。必用剛明果斷、尚氣節、輕富貴之人，庶幾頹惰之俗可矯，軟美之習可變，誕謾之風可除。

茲當太平全盛之世，賢俊林立，隨取隨足，不可謂無其人。但臣局於職守，聞見有限。臣所知者，陝西按察司副使王雲鳳，以儒飾吏，正而不迂；以刑弼教，剛而不虐：有凛然不可犯之風，有介然不可奪之操。陝西行太僕寺卿王琰，耿介自持，言笑不苟。爲户曹而執守素著，司馬政則卿寺生風。養病吏部文選司郎中張綵，懷抱磊落，才識疏通，生長西方，素諳邊事。頃者一遭言論，毅然求歸，杜門却掃，無復仕進之意。即此一節，可激頹懦。此三人者，王雲鳳、王琰皆陝西屬官，張綵陝西鄉宦，故臣知之爲真。使當邊鎮之寄，授巡撫之任，必皆有虎豹在山之勢。竊念薦賢爲國，非爲私也。

但臣任總戎務，不敢出位而思，故以職業所及者言之。況以人事君，大臣之責，舉爾所知，求賢之要。臣雖無狀，承乏重位，苟有所見，豈敢緘默。伏望聖明察臣朴忠，恕臣僭妄，乞勑吏部詢之輿論，如果王雲鳳、王琰、張綵材有可取，遇有各邊巡撫員缺，照例推舉，上請簡用。必不負朝廷任使，而愚臣尸素之罪，亦將藉是以少逭萬一矣。

緣係薦賢爲國事理，謹題請旨。

一爲乞恩停免進貢紅花以恤邊兵事

工部覆：都水清吏司案呈，奉本部送於工科抄出。欽差總制陝西延綏、寧夏、甘肅等處邊務兼督理馬政都察院左副都御史楊　題。

行據鎮守寧夏總兵官、右軍都督僉事李祥呈，行准鎮守都知監太監葛全手本。查得寧夏城并中衛所種進貢紅花空閒地三頃三十畝，遞年額撥空閒餘丁老幼一百名播種，澆灌水利。立夏之際，乞討冬操餘丁一百九十名薅鉏。至六月終，花蘂開綻，一時急不能摘，恐被雨水日色淋曬不便，先儘種花餘丁一百名，并乞討餘丁七百九十名，次第採摘，約二十餘日，花蘂開放將盡，疎放。每年採過鮮花洗曬，每五斤八兩做乾花一斤。弘治十七年分，收過紅花一千四百零二斤，弘治十八年分，收過紅花一千五百五十二斤，今正德元年，收過一千二十五斤。俱遵照欽依事理，差的當人員，給脚力管送赴京進貢交納。

等因及查得本職處，接管進貢紅花寧夏空閑地三頃四十二畝，額撥空閑老幼餘丁一百三名。春初耕種澆灌，立夏乞撥冬操餘丁八百名，相兼種花耘鉏。六月花開，次第差撥餘丁八百名，挨次採摘二十餘日，待花開盡疎放。弘治

十七、十八二年，共收乾花一千八百八十五斤一兩七錢進貢外，今正德元年，收過紅花七百七十斤二兩七錢，亦照欽奉勑旨，差官管送進貢交納。

等因開呈到臣。案查，先爲前事，訪得寧夏鎮守衙門，遞年採摘進貢紅花，撥用官軍數多，恐有别項私役情弊，已行查報去後。今據前因，切照惟正之供，在聖王不能廢；畢獻方物，亦臣子所當爲。寧夏鎮守太監、總兵進貢紅花，未知起自何年？及稱節奉欽依事例，各該官司亦無案卷可查。以臣度之，既不經由司、府、衛所衙門，又無額徵一定斤數，其非任土常貢明矣。先年或以其土産之良，暫時取用，又恐喜事貢諛之輩倡而爲之，遞年相承，以爲故事。

夫紅花之爲物，取之以供服用，固非奇技淫巧之比。但播種、澆灌、薅鉏、採摘之役，撥用軍丁，動以千計。前項查報，猶恐未的，經該人員藉是以耘種私田，營幹私事者難保必無。計其所進之數，兩鎮守衙門每歲共不過二千餘斤，裝盛櫃扛，差官賫進，起撥車輛人夫。寧夏距京師幾四千里，未免騷擾驛遞，中間指稱盤費打點等項使用，莫可查考。利之歸於官者甚少，害之及於人者實多。

且寧夏地方，孤懸河外，與虜爲隣。在先年間，邊境寧謐，年穀豐登，軍有餘力，似不為虐。近年以來，山後之賊不時窺伺，河套之寇乘凍侵擾。按伏截殺，徵調無休。正兵兼有守墩、守牆、守堡之勞，餘丁又有修邊、修渠、修壩之役。加之頻年荒旱，衣食不繼，屯糧重大，輸運孔艱。原領軍伍，凋耗居半，逃者未復，存者又逃。不得已而抽選招募，求以實邊，所得不償所亡，空虚轉甚。陝西各鎮邊兵未有若寧夏之最貧且弱者，將來事勢，臣切憂之。及今正宜多方寬恤，扶衰補羸，以圖元氣之復。一切不急之務，似應停止。

臣切惟聖明軫念邊鎮重地，歲發帑藏之銀，易買粮草、馬匹不知若干萬兩。前項紅花，京師所值價銀不過數百餘兩。若蠲每歲數百兩之銀，寬每歲數千人之役，所失者小，所得者大，亦何足惜？如蒙乞勑工部查議，合無將寧夏鎮守太監、總兵進貢紅花，特降德音停免，額撥播種餘丁，聽當别差。果有欽奉先朝著爲常貢勑旨，亦乞暫停三五年，以恤邊兵，用成損上益下之美，且免假公營私之弊。所謂寛一分則受一分之賜，邊人雲霓之望，此其一端也。等因奏。

奉聖旨："該部知道。欽此。"欽遵抄出送司。

案呈弘治十四年，爲進貢事。該鎮守寧夏太監張僩、署都督僉事郭鋐各題。節奉勑諭："朝廷公用紅花，今民間艱難，不欲科買。

勑至，即依永樂年中，量撥老幼餘丁，責令老成清正官員提督，於空閑田地内布種。俟收成後，差的當人，官給脚力管送，赴京交納。欽此。”欽遵。

照得今年本鎮河套，大勢酋虜俱在邊外下營，不時拆牆出没，又沿途人車扛擡運送，接遞繁多，疲勞已甚，若照常年進貢，誠恐中途不便。如蒙聖恩愍念邊方多事，民夫困苦，乞將該進紅花，待候聲息稍寧，差人進貢。

俱節奉孝宗皇帝聖旨：“是。欽此。”欽遵。案呈到部。

臣等看得左副都御史楊　題稱：寧夏兩鎮守衙門，每歲所進紅花共不過二千餘斤，播種、澆灌、薅鉏、摘採之役，撥用軍丁，動以千計，裝盛櫃扛，差官賫進，起撥車輛人夫。寧夏距京畿四千里，未免擾擾驛遞，中間指稱盤費打點等項使用，莫可查考。利之歸於官者甚少，害之及於人者實多。兼且地方孤懸河外，與虜爲隣，近年以來，山後之賊不時窺伺，河套之寇乘凍侵擾，按伏截殺，徵調無休。正兵兼有守墩、守牆、守堡之勞，餘丁又有修邊、修渠、修壩之役。加之頻年旱荒，衣食不繼，屯糧重大，輸運孔艱。原額軍伍，凋耗居半。及今正宜多方寬恤，扶衰補羸，一切不急之務，似應停止。又況邊鎮重地，歲發帑藏之銀，易買粮草、馬匹，不知若干萬兩？前項紅花，京師所值，價銀不過數百餘兩。若蠲每歲數百兩之銀，寬每歲數千人之役，所失者小，所得者大。乞降德音，停免額撥，播種餘丁，聽當別差。果有欽奉先朝，著爲常貢，勑旨乞暫停三五年，以恤邊兵一節。

切照寧夏，係要害邊鎮，况近年以來，兵荒交集，所在軍民，艱苦萬狀。正宜寬恤，以保邊防。本官親歷其地，不爲無見。今雖查有先年勑旨，亦不係常貢之物，其染造衙門所用，自有河南等布政司去處歲辦。輸納並不缺乏，伏望皇上軫念邊防，俯從本官所擬，將前項紅花，永蠲進貢，以蘇軍困。如果用度浩繁，着令該衙門計出，臣等斟酌腹裏出産地方，從宜科買，以足原數。仍將原種紅花地土，行移户部，改爲屯田，徵收子粒，少濟邊儲。原撥軍丁，悉令各還衛聽當別差。如此，庶供應不失，邊困少甦便益。

緣係停免進貢紅花以恤邊兵。及奉欽，依“該部知道”事理，未敢擅便。正德元年十月十三日，本部尚書曾鑑等具題。次日，奉聖旨：“紅花照舊進。

欽此。”欽遵。擬合通行除外，合咨前去，煩照本部題，奉欽依內事理，欽遵施行。

一爲應詔陳言原情宥罪保全將官等事

題：爲應詔陳言原情宥罪，保全將官，以勵人心事。

行據整飭固原等處兵備、陝西等處提刑按察司副使高崇熙呈，抄奉臣劄付前事。依奉親詣孔壩溝楊琳交戰去處，拘集地方知因人李通、楊鑑等前來。審據李通等供稱：弘治十四年間七月內，巡撫御史周季麟在於固原駐劄，聞知達賊侵犯韋州地方，隨差陝西都司都指揮僉事楊琳，率領官軍九百九十四員名，前往黑水口按伏、截殺。

本月二十四日，楊琳據夜不收馬黑兒走報，達賊進至打狼川。本日至午時，達賊萬餘，先已攻圍鎮戎所。彼時楊琳以衆寡不敵，與隨征西安左衛指揮朱鼎等議要仍駐黑水口，以避其鋒。有朱鼎等回說：“若不進兵，被周都堂打一百，也只是死。不如進戰，便死也有名。”楊琳當即發軍。本日未時分，行至孔壩溝，率遇大勢達賊約五六萬騎，連山遍野，滿川前來迎敵。占在四面高崗，將官軍圍在溝南，兩陣相離不上三十餘步。楊琳在中軍發放：“如今賊衆我寡，且又陷在死地，須是大家力戰求生。”當令指揮朱鼎、妙齡武臣許慶、千户楊璽各分一面，督軍當先對敵。因是兩鎮相近，矢無虛發，戰至戌時，官軍死者三百餘人。其賊死者亦有百十餘人。官軍在前者奮死力戰，在內者擠挪不得展手。彼時心慌目亂，莫辨誰何，直至昏晚罷戰。賊衆俱在周圍劄營，又值夜雨如注不息，至天明，二十五日，軍火器具皆濕，又復交鋒。賊說：“不要殺了，只與我馬罷。”官軍叱罵固拒，捨死力戰。至巳時，官軍死者又約三百餘人，賊死者亦有八九十人，俱在溝中，重疊枕藉。賊見朱鼎、妙齡、武臣、許慶、楊璽善戰當先，讎視四面，攢合擁擠向前，將朱鼎等鈎攙下馬，俱支解訖。楊琳與見在中傷官軍三百餘員名，各中賊箭，血流模糊，俱在死屍內掩藏。賊退，方纔走出回城。今蒙審供是實。等因備供，具呈到臣。

案照先准兵部咨，該本部題，該貴州道監察御史楊儀題稱：弘治十四年七月內，陝西虜賊大舉入寇，直抵固原衛葫蘆硤口，官軍莫敢當鋒。都指揮楊琳，提一千之弱兵，當十萬之强虜，奮不顧身，輸心死戰，人疲力竭，矢盡手空，致傷官軍數多，事非得已。彼時居民賴以逃避，虜賊多被殺傷，其抵敵之勇，亦爲可嘉，比之閉門不出，臨陣在逃，怯懦無爲者[一]，萬萬不同。要乞免其充軍，或降級，或立功，或復其舊官，戴罪殺賊。等因具本。該本官題奉孝宗皇帝聖旨：“兵部看了來説。欽此。”欽遵抄出送司，案呈到部。

看得充軍都指揮楊琳，先該大理寺少卿何鈞等官參稱：輕率交鋒，全軍覆敗，問擬斬罪。後以總制尚書秦紘奏稱：賊衆我寡，情有可矜。欽蒙寬宥，止着充軍。續該會官議，奏奉欽依“免解配所，送秦紘處聽用殺賊。”前後俱據各官所奏議處，情法似已兩盡，今御史楊儀又奏前因。緣楊儀係耳目官員，生長邊方，反覆懇言，必有所見。合無本部仍行巡撫都御史楊　親詣楊琳交鋒去處，拘集地方知因之人，詳究始末，斟酌情勢。如果楊琳彼時功罪相當，難以成敗例論，前項節次議處未當其情，備細從實奏報，以憑定奪。若是情法已是兩盡，止令可圖後功，聽其查照原擬，從宜委用，俟其立有功勳，另行奏請陞賞。等因題。奉欽依：“是。着從實查勘明白來説。欽此。”欽遵備咨准此，已經劄委整飭固原兵備副使高崇熙前去彼處，拘集地方知因之人從公體勘，具實回報去後。

今據前因，照得臣自領馬政，改巡撫，及今總制邊務，久駐固原。弘治十四年，虜賊入寇，官軍失事情由，廣詢博訪，知之頗悉。近又親詣孔壖溝楊琳交戰去處，拘集住人，相度形勢，審勘至于再三。看得楊琳以寡禦衆，奮死對敵，又值夜雨如注，弓矢銃砲火藥俱濕，不堪使用。官軍雖多損折，虜賊亦多殺傷，阻遏賊騎至於一日夜之久，不但山野居民得以逃避，而固原各城堡官軍聞警戒嚴，方得保全。不然地方之患，尤有不可言者。較其功罪，似亦相當。且孔壖溝南至黑水口三十餘里，北至鎮戎所僅七八里。彼時黑水、鎮戎俱有按伏人馬，而鎮巡重臣又在固原駐劄，相去不遠。初傳賊衆攻圍鎮戎，人心震恐。楊琳領軍急趍而進，意欲與鎮戎所主客官軍合兵拒守，且料固原援兵必至。不期未到鎮戎，驟遇强敵，外無救援，只得奮勇對敵。事勢至此，無可奈何，比之怯懦逗遛者，委的不同。

以此總制尚書秦紘、監察御史楊儀先後論辯，而楊儀之言尤爲激切。盖以近日各邊將官，動以楊琳藉口，贼至則嬰城自守，杜門不出，坐視深入，不交一矢，以圖全軍。致令虜騎蔑我無人，肆行無忌，戕害生靈，搶掠頭畜，其數無算。元氣爲之蕭索，流弊至此。故欲寛彼覆軍之罪，用勵敢戰之人。

臣聞勝負兵家之常，成敗利鈍，誠難逆覩。古之名將，不能保其無敗。若使沿邊小大將官，咸懷以身徇國之忠，遇賊量力以戰，不先爲退怯，縱不能保其常勝，亦豈得全然無功？虜賊知我處處有敢戰之兵，未必不少沮其方張之勢。故欲正朝廷之軍法，則楊琳之罪不可恕，而前項議處，已是從寬。欲振今日之頹風，則楊琳之情有可矜，而言官論列，不爲無見。況其數年以來，械繫之苦，戍役之勞，飢寒迫身，窘辱已甚，原情度勢，委的人共惜之。如蒙乞勑該部，通查楊琳始末事狀及各官奏辯緣由，再爲詳議具奏。伏望聖慈察功過於心跡之中，惜人材於成敗之外，特降恩典，或量爲降級，或限年立功，以爲將官敢死奮勇者之勸。如此則戰將生氣而邊虜寇不足憂矣。

緣係言官奏辯保全將官，及該部題奉欽依 "着從實查勘明白來説" 事理，未敢擅便，爲此具本，順差承差姚達親賫，謹題請旨。

【校記】

[一]"怯懦"，底本為"法弱"，據雲南本、四庫本改。

一爲急缺領軍官員事

兵部覆：該本部送於兵科抄出。總制陝西延、寧、甘肅等處邊務兼督理馬政都察院左副都御史楊　題。准兵部咨，該臣題。

據鎮守延綏等處地方總兵官、都督僉事張安呈，爲停補添設領兵官員事。據威武堡把總指揮周昇呈，據本堡住坐延綏領軍署都指揮僉事傅釗下舍人傅越告稱：有父傅釗，於正德元年五月二十二日得患傷寒病症，請醫用藥，調治不痊，至本年六月二十二日，因前病身故。

等因看得傅釗原係奉勑管領土兵、聽調截殺人員。會同鎮守太監劉保、巡撫右副都御史文貴議：查得本鎮土兵，自弘治十四年來，各有原招陞任指揮、千、百户管束，俱在各該營堡，聽從把總、坐營等官管領操備。遇有聲息調遣，領兵將官一例挑選率領，與同遊、奇、老家官軍協力追勦策應，已是定規。後於弘治十七年七月内，該兵部行取先致仕、後委領軍參將王戟到部聽用。本官奏准，給領土兵二千，聽調截殺。正德元年二月内，本官奏准致仕，本部又將綏德衛指揮同知傅釗推陞署都指揮僉事，領勑接管。

緣前項土兵，係是招募之數，各有把總、坐堡及原招指揮、千百户管束。

又有分守、參將并鎮守太監總兵、巡撫等官統領，若再添官管理，政出多門，實爲難堪。今照傅釗已故，合無將本官員缺停革，免行推補。將所領土兵仍令各該營堡管束，照舊操守。遇有徵調，臨期擇委相應都指揮、指揮統領前去策應截殺，實爲良便。除具題外，呈乞照驗施行。等因具呈到臣。

看得鎮守延綏總兵官、都督僉事張安呈稱：領軍署都指揮僉事傅釗病故，要將本官員缺停革。免行推補，將所領土兵仍令各該營堡管束，照舊操守，遇有徵調，臨期擇委相應官員統領前去策應截殺一節。切照前項招募義勇土兵，生長邊方，勇悍善鬬。但既招之後，不曾操練，所司因要存省粮儲，分班踈放，日就散逸。弘治十七年，參將王戟奏准，統領二千員名，聽調截殺。去歲應援大同，斬獲首級與遊、奇二兵相等。冬間策應寧夏，猝遇大虜入寇，雖有虧折，而保全花馬池官軍之功實多，是難以無用之兵目之矣。

今虜勢驕横，我軍寡少，節該科、道等官建白，皆以招募爲言，若已招之兵置之不用，又安用新招爲哉？臣愚方欲將前項土兵增選輳足三千員名，擇官統領操練：東可以應援大同，勦京師門庭之賊；西可以禦防寧夏，弭陝西腹心之患。而延綏鎮、巡官員乃欲停革散遣。推原其意，實以此兵之設，徒應别鎮而無益於延綏，又恐緊急徵調，搶兑老家馬匹。是盖知爲延綏謀而不知爲大同謀，爲陝西謀也。且延綏挑去遊、奇二千之外，老家人馬委俱缺少。但此數千之兵聚爲一枝，則有餘而可用；散之各堡，則不足而無益。

臣近日巡邊，閲視得延綏地方官軍，驍健山澗險阻，一時守臣號爲得人。近該巡撫都御史文貴，修造黿墩，制度精巧，賊難攻空，足以伐其邪謀，不敢輕犯，犯則易於阻截，惟寧夏花馬池直抵靈州三百餘里，最爲受敵要害。彼處邊備久弛，兵威不振，全仗延綏遊、奇等兵策應。萬一大同之嚴未解，河套之警已至，顧此失彼，何以處之？延綏老家之兵勢須自保，難再輕掣。若不急如前議，將招募義勇土兵增選精練，擇官統領，以備非常，非計之得者也。

查得參將王戟，原領招募二千員名，搶兑正馱馬共二千一百七十二匹。後該都指揮傅釗奏稱：見在官軍止有一千九百四十員名，陣亡傷損軍人六十名。見在正馱馬一千四百九十四匹，花馬池被賊射死奪去及倒死馬六百七十八匹。除瘡瘸瘦損不堪外，堪以出戰馬止有一千二百五十二匹。前項缺少馬匹，若不另爲處置，臨期搶兑，委的虧累舊軍。臣已將今年洮、河二衛茶馬給與一千，補足前數騎操。但急缺統領官軍[一]，誠恐人心涣散，遇警急難收拾。然此等新集土兵，紀律進止，終不閑習，必得老成官員管束訓練，緩急乃可倚賴。此等官員不時徵調援别鎮，必須量與將官名目，庶幾便於行事。

博訪得榆林城把總都指揮僉事王勛，知兵持重，綏德衛指揮同知藍海，善戰有名。此二人者，延綏之兵素所信服，相應擢用領軍。如蒙乞勑兵部，參詳訪察，合無於王勛、藍海内推用一員，上請量與將官名目，照例請勑，統領前項土兵。仍令除見領官兵外，再於各營堡原招土兵一萬數内，著實挑選精壯勇鋭，務輳足三千名。原選不堪者，即爲挑補。該用正馱馬匹，除見在并新給外，不敷之數，臣另爲查處給用，毋令搶兑老家軍人馬匹。挑選停當，擇委相應官員把總管隊，嚴立規格，精加訓練。今年秋末冬初，調赴花馬池操備。儻虜賊入套，與遊、奇二兵併力捍禦。若賊衆拆牆深入腹裏，聽臣隨宜調遣截殺。以後大同、宣府有警，遊、奇之外，此兵可以聽調。延綏總兵官張安人馬，若非十分緊急，不宜輕動。如臣所擬，豈但有益諸鎮，其於延綏兵勢，不爲無補，何必急爲散遣之舉，以遂目前自便之計哉！等因具本。

該通政使司官奏。奉聖旨："兵部知道。欽此。"欽遵抄出送司。

查得先爲停補添設領兵官員事，該延綏鎮、巡官奏稱：管領土兵都指揮傅釗病故，乞要免再推補。前項土兵，止令各該營堡管束操守，遇有警調，臨期委官統領。該本部議擬，行移總制都御史楊　查勘前項官員，應否裁革，已經題奉欽依，欽遵查勘去後，未報。今該前因，案呈到部，看得總制都御史楊　題稱：前項添設領軍官員，極於邊方有益。今都指揮傅釗病故，仍要將前項土兵增足三千員名，照舊擇官統領、操練一節。緣查有前項題奉欽依行勘事理，本部難便議擬，合行併勘。爲此合咨前去，煩爲查照先今事理，從公查勘。前項領軍官員如果有益邊方，相應照舊設官管領操練，明白具奏前來，以憑上請定奪。若有窒碍，官多事擾，應該裁革，亦希咨報前來施行。等因備咨到臣。

案查先爲前事，已經具題去後，續准兵部咨，該延綏鎮守等官太監劉保等題，爲停補添設領兵官員事。該本部覆：題奉欽依，備咨前來，勘議間。今准前因，切照延綏、寧夏皆防胡大鎮，城堡星分，原額軍人數少，中間又多逃故，不敷防禦。近年虜賊入寇，動號數萬，我軍以一當十，惴惴自保，不聞克捷之功。先帝采納廷議，遣官招募，兩鎮共得土兵二萬之上。每名給領官銀五兩，優免一丁幫貼，招首人員又皆論功陞授。但既募之後，不聞操練，僅供上水接遞之役[二]，殊非招軍本意。兩鎮所募之人，臣多親閱，大半勇壯可用。而延綏新軍尤爲慓悍，練而將之，悉皆精兵。參將王戟所選二千員名，馬匹、盔甲、軍器俱已給領，東西應援，行伍坐作，方始就緒，得人相繼統領約束，於地方實爲有補，而延綏守臣散遣之意，臣固已論之於前矣。

且今虜情難測，各鎮以延綏遊、奇二千爲援，萬一大同、延綏俱有警報，或入套之賊分寇延、寧，未免顧此失彼。臣愚欲不廢此兵者，實欲藉其與遊、奇二兵共成掎角之功，以備各鎮緩急徵調之需耳！若欲散還各堡所，各把總、坐堡官操練，有警調用，臣竊謂聚爲一枝，擇官領之，軍令素行，人情素附，可責成効。散之各堡，多者百餘名，少者數十名，倉卒輳合，將不知兵，兵不知將，而欲恃以成功，難矣。

況寧夏土兵，遠不及延綏，寧夏已奏設都指揮，韓斌統領土兵三千員名，備冬防守，而延綏土兵乃欲散遣其材，事體似亦有偏。臣斟酌事勢，熟思審處，前項土兵仍宜設官統領爲便。如蒙乞勑兵部計議，合無將延綏招募義勇土兵，俯從前議，照依寧夏事例，選輳三千員名，惟復照舊二千員名，仍推舉相應官員統領，照例請勑行事，以備各鎮調用，則邊兵增重，地方幸甚。等因具本。

該通政使司官奏。奉聖旨："兵部知道。欽此。"欽遵抄出送司。

查得先爲前事，已行查勘去後，今該前因，案呈到部。看得陝西等處總制都御史楊　所奏，反覆論辯，大意謂：延綏前項土兵，擇官統領聽調，極於邊方有益，不宜散遣。乞要查照寧夏事例，選輳三千員名，或止照舊數，仍推舉相應官員管束，照例請勑行事，以備各鎮調用一節。既該總制官員查勘前來，必其事體相應，參酌停當。況今達賊在套，正宜練習强兵，以備不虞。合無本部依其所奏，仍行本官轉行延綏鎮、巡官員，將前項土兵選輳一千員名，通前三千之數，仍舊團聚操練，用濟邊務。但原管都指揮傅釗先已病故，見今缺人管理。今查得本官原保都指揮王勛、指揮同知藍海俱合相應。緣王勛近該本部議擬，奏奉欽依，協同分守寧夏西路去訖，所據藍海，知兵善戰，人素信服，堪以委用。伏乞聖明裁處，仍量加都司署職，以便行事。候命下之日，請勑一道，齎付本官，統領前項官軍，操練聽調，務要律己奉公，撫恤軍士，奮勇効勞，以副委任。如或貪黷僨事，罪有所歸。一應軍務，仍聽總制、鎮、巡等官節制，不許偏執，致有妨誤。

緣係議處土兵，及奉欽依"兵部知道"事理，未敢擅便。正德元年十二月二十七日，本部尚書閻仲實等具題。二十九日，奉聖旨："藍海陞署都指揮僉事，統領土兵，操練聽調。寫勑與他。欽此。"欽遵擬合通行除外，合咨前去，煩照本部題奉欽依内事理，欽遵施行。

【校記】

[一]"軍"，疑為"員"之誤。

[二]"上"，四庫本為"土"。

一爲分布邊兵預防虜患事

兵部覆：該本部送於兵科抄出。總制陜西延綏、寧夏、甘肅等處邊務，兼督理馬政都察院左副都御史楊一清題。

照得黄河將凍，虜賊雖未曾入套[一]。備禦之計，在我不得不嚴。看得延綏定邊營迤西直抵寧夏靈州地方，廣衺平漫，無險可據，邊牆低薄，壕塹淤塞，不堪保障。賊每從此拆牆深入陜西、環慶、固原地方搶掠，上廑九重宵旰之憂。臣切詳此虜頻年犯順，其氣方張，不曾遭挫，必無懲戒。然其志已驕，罪惡貫盈[二]，天實怒之。今歲若復不肯悔禍，决當重遭殛罰。臣受命總制各路兵馬，謹當申嚴號令，分布主客官軍，揚兵耀武，以伐其謀於未入之先。出奇設伏，以乘其弊於將歸之際。然須脱略常法，隨事達變，乃克有功。且善戰者必知分合，善守者必審常變。我邊兵患於備多，將病於權分，各據利便，自分彼此，機可乘而不乘，兵當合而不合。其輕率寡謀者，則又知常而不知變，往往墮賊計中，以致我武不揚，狂胡日肆，職此之由。

今將沿邊至腹裏，分爲四路：以定邊營、花馬池、興武營、靈州一帶爲藩籬，以石溝、鹽池、韋州萌城、山城一帶爲門户，以固原、黑水口、鎮戎所、西安州、海剌都一帶爲庭除，以安定、會寧、静寧、隆德、平凉一帶爲堂室。行令延綏副總兵姜漢統領奇兵，遊擊將軍戴欽統領遊兵，及暫委綏德衛指揮藍海管領土兵，各限十一月初一日起程，遊兵於花馬池營駐劄，奇兵暫於定邊營駐劄，土兵暫於寧塞營駐劄。寧夏副總兵衛勇統領奇兵官軍於興武營，都指揮韓斌統領土兵於清水營，亦限十一月初一日到彼駐劄。賊果入套西行，延綏奇兵那至花馬池，量分於安定、柳楊二堡，土兵那至定邊營，量分於鹽場、三山等各聯絡駐劄，與分守參將葉椿、閻綱協同都指揮保勳等振揚威武，併力防禦，以壯藩籬。寧夏總兵官李祥統領戰鋒奇、正官軍，先期於靈州駐劄，有警那至石溝，分守寧夏西路參將馮禎統領寧夏中衛、廣武營選鋒奇兵官軍，前來鳴沙州，陝西遊擊將軍陳善領兵於韋州，環慶守備都指揮姚震領兵於山城各駐劄，以嚴門户。鎮守陝西署都督僉事曹雄統兵於鎮戎所，調度固原、靖虜、蘭州一帶主客官軍，以保庭除。仍預行甘肅遊擊將軍徐謙，統領甘、凉遊兵并千户魯經土兵，各於莊浪操候，河套有警，調至安定、會寧，與甘、凉備禦下班官軍併謀齊力，以守堂室。

前項分布既定，沿邊守將嚴謹斥堠。多差夜不收遠爲接哨。沿邊多設塘馬，但有套賊烟塵消息，或走回人口供説，即便傳塘走報隣境官軍隄備。賊果近邊，各該主客官兵分據要害，占守水頭，從宜阻遏。寇小至則擊之，不可輕進遠追，仍要互相應援，不許自分彼此。如賊大至，切勿與之爭鋒，各取便歛入城堡以避之，待其擁衆深入，延綏遊、奇、土兵，寧夏副總兵、都指揮韓斌等枝人馬，各襲踪而進。若犯固原，陝西遊兵即便掣回應援，李祥、衛勇、馮禎、韓斌等各領兵於紅寺兒堡按伏，姜漢、戴欽、藍海等兵各於韋州、鹽池、石溝按伏，環慶官軍移至萌城，各休兵秣馬，以逸待勞。曹雄相機調遣腹裏官軍，據險以扼其衝，張疑以分其勢。一面馳報安、會、靜、隆官軍堅壁清野，勿露形跡，多用鄉導指引，藏兵於崖窑、堡洞險要阨塞之處，伺賊分散搶掠，出其不意，發兵擊之。賊既不得逞，必將遁去。曹雄、陳善重兵衝其腹心，又與徐謙遊兵俱襲踪而出。比至紅寺兒、石溝、鹽池等處，延寧、環慶官軍分據營盤，待其前鋒稍遠，先後掎角，夾而攻之；陝西主將遊兵出其後背，奮而逐之。晝則選鋒以截其路，夜則銜枚以劫其營。賊深入疲弊，又腹背受敵，必然大遭挫衄。若犯環慶，則延綏遊奇官軍，掣至紅德堡、山城，會合陝西遊兵尋襲截殺。倘或事情緊急，都督曹雄領兵自三角城、沙井溝而出，寧夏主、副將官兵馬掣至萌城、甜水堡，以遏其破喪西走之勢。賊既敗走，其氣已奪，諸軍仍躡其後，併力追勦，至邊牆而止。沿邊主兵將官閻綱、保勳等以逸待勞，或邀其中，或截其尾。以我四路應敵之兵，當彼千里趍利之賊，豈有善歸之理？如此，庶可振中國之威，褫外夷之魄。爲今之計，似不出此。然兵無常形，敵有萬變，隨機運用，難以預度，因時制宜。又在各官。

再照延綏遊、奇、土兵既皆掣至西路，其中、東二路城堡空虛，倘賊乘隙而入，爲患非輕。已行延綏鎮、巡官，照例徵調大同遊、奇官軍，先期於交界去處駐劄，賊果入套，調來中、東二路應援、截遏。如是賊衆俱在迤東近邊，拆牆謀犯延綏地方，即將本鎮遊、奇兵掣回。若賊情緊急，寧夏、陝西遊兵俱應調去策應，臨期斟酌定奪。凡客兵所至之處，在陝西地方，悉聽署都督曹雄節制，在寧夏地方，聽總兵官李祥節制，在延綏地方，聽總兵官張安節制，俱不許偏執違拗，致誤事機。除通行各該將官查照依奉施行，及行陝西巡撫都御史張泰前來固原、慶陽，隨宜駐劄防禦，臣遵照欽奉勅旨，往來環縣、韋州居中調度外。等因具本。

該通政使司官奏。奉聖旨："兵部知道。欽此。"欽遵抄出送司。查得先爲預防虜寇事，該大同鎮、巡等官與總制都御史劉宇奏。本部議得，即今冰凍已堅，虜賊勢必入套，乘間爲寇，竊恐難免。合無銷馬齎文陝西等處總制都御史楊　，宜當先其未發，行令各鎮鎮、巡等官，督屬各要用心操練人馬，振揚威武，使先聲有以奪敵之心。如果侵犯跡露，即便獎勵主客官兵，隨宜調度，何將使領某軍，何軍使屯某地，何地爲賊所必入，當嚴兵以遏之。何路爲敵所必歸，當按甲以邀之，務在計出萬全，事無一失，大挫賊鋒，圖成偉績。下以副三邊之望，上以紓九重之憂，毋致疎虞，有孤委任。已經題奉欽依，行令欽遵去後，今該前因，案呈到部。

爲照北虜不靖，動肆兇殘，每冬涉冰入套，輒便深入陝西腹裏地方搶掠，沿邊軍民連遭荼毒。今總制都御史楊　，憤彼猖獗之甚，因畫戰守之謀。參詳奏内事宜，其爲計慮，亦既周悉，本部難再別議。但兵貴有名，事當持重。合無請勅一道，仍鋪馬齎付楊　，務要仰思分閫之責，俯念窮邊之憂，凡有益於安攘，悉依原擬，隨宜調度，惟在先事而備，好謀而成，使我國之威大振，外夷之魄盡褫。若彼潛伏河套，不窺我邊，亦毋橫挑強胡，以開邊隙。仍行各該鎮、巡等官，各要同舟共濟，併力協謀。如大功克就，則陞賞不遺。倘事機有誤，厥罪惟鈞。

緣係議勦邊敵，及奉欽依"兵部知道"事理，未敢擅便。正德元年十二月十八日，本部尚書閻仲實等具題。本月二十日，奉聖旨："禦防虜患，一依楊一清籌策調度，恁部裏便上緊差人鋪馬裏齎文與他知會。欽此。”欽遵擬合通行，爲此除外，合咨前去，煩照本部題，奉欽依內事理，欽遵施行。

【校記】

[一]“曾”，底本為“否”，四庫本為“見”，據雲南本改。
[二]“罪惡貫盈”，四庫本為“其欲無厭”。

一爲預計兵機事

兵部覆：於兵科抄出。總制陝西延綏、寧夏、甘肅等處邊務，兼督理馬政都察院左副都御史臣楊　題。

據鎮守延綏總兵官、都督僉事張安呈：切見近年以來，虜酋驕横肆志，勢甚猖獗，動輒深入。腹裏諸鎮被其蹂躪，地方盡皆殘毀，未嘗有一挫彼鋒鋭。切齒含恨，無所施爲。

且如弘治十八年十二月初旬，虜中走回人口傳報：酋首會議，每賊殺羊一隻，牽馬二匹，前往迤西地方搶掠。彼時得此消息，欲集官軍乘夜出境，撲搗巢穴，破彼南侵西掠之勢，但恐又有引惹邊釁之説，有爲首尾之畏，束手忍忿，掣肘難行，以故賊徒得利而歸，動搖內外。言及於此，實可寒心！若不預爲處置，使賊痛遭挫衂以回，邊患何時得息，地方何時得寧？

合無將虜賊仍前恣意侵掠，不拘何鎮探聽聲息，選定馬步官軍住守。先差乖覺夜不收出境，密切哨爪賊巢遠近、帳巢多寡，果離邊牆一二百里之遠的實回報，然後將馬隊官軍分爲左右哨掖，步軍駕御兵車，隨同出境，挨邊劄營，作爲家當，聲勢聯絡，遥振兵威。馬軍晝伏夜行，徐徐前進，約至賊巢，分兵四面，齊起驚擊散亂，擒拿老小，勦殺强壯，邀趕生畜。縱有微倖逃命脱走者，冬則凍餓死傷，夏則困渴疲敝，自有不戰而亡。且又致使深入腹裏搶掠之賊，得知前後不顧，急趍回營。見其巢破營空，妻子散亂，無所顧藉，生畜被劫，無所收集，加之腹裏按伏官軍追擊，內外夾攻，手足無措，未免魂喪膽落，號哭奔遯。虜賊所顧戀者，妻子生畜，如此謀爲，使再不敢返顧輕犯，庶保內外軍民得安。緣係預計兵機事理，合行具呈，乞爲參詳可否，明示施行。

等因到臣看得鎮巡延綏總兵官、都督張安呈稱：近年虜酋勢甚猖獗，動輒深入腹裏，蹂躪地方，未嘗一挫其鋒。要待將來虜賊仍前肆意侵掠，探聽聲勢，選定馬步官軍乘夜出境，撲搗巢穴，使之手足無措，魂散膽落，再不敢輕犯邊境。又恐有引惹邊釁之説，畏首畏尾，掣肘難行一節。

切緣前項虜酋，自弘治十三年延綏、大同官軍失利之後，志驕氣横，肆無忌憚。弘治十四年，深入陝西腹裏，殘害生靈，動以萬計。弘治十八年，宣、大遊兵全軍覆没。又河凍之後，連年窺伺陝西，既未遭挫，必無懲戒。今冬踏冰入套之舉，難保必無。既入河套，必不安静。臣方部署將士，振揚威武。已將沿邊直抵腹裏，分爲四路，布置主客官軍，相機邀截及具題外，但兵少備多，未免以一當十，出奇制變，似不得已。前項撲搗巢穴之議，不爲無見。臣非不知來戰去守，乃禦戎之常道；犁庭掃穴[一]，非聖王之本心。緣商高宗之伐鬼方，唐太宗之擒頡利，是非薄伐，昭然可知。况河套本我内地，而彼據以爲巢，由是以窺我近邊，犯我内郡，此正田中之禽，利用搏執，固非稱兵於陰山之窟，濺血於不毛之地，喜功好大者之所爲也。

臣愚以爲，今冬深河凍，賊果入套，宜照兵部奏行事理，徵調宣、大二鎮遊、奇官兵，前來延綏中、東二路駐劄，並聽總兵官張安節制。若止在套駐牧，不曾擁衆内侵，我則嚴兵自守，决不輕挑强敵，自起釁端。如是仍前深入固、慶等處搶掠，合無行令延綏鎮、巡官，一面選帶乖覺夜不收分殺出境，哨探賊營遠近衆寡；一面會合主客官兵，預先分布逼近虜營城堡。待哨探回還，如在一二百里之間，有機可乘，原擬沿邊中路邀擊之兵照舊不動。以延綏東路參將時源領本鎮三路，臣近日挑選先鋒奇兵官軍三千員名爲戰兵，總兵官張安領本鎮選定頭等官軍三千員名次之，以爲中軍；大同遊、奇兵爲左右二哨，宣府遊、奇兵又次之，爲兩覆；太監劉保、都御史文貴領本鎮無馬并步隊官軍於牆外二、三十里列車營，為家當。分布停當，晝伏夜行，各相去二三十里，擇形勢利便之地爲營以待，務使聲勢連絡，後騎相望。前鋒戰兵既近賊壘，奮勇疾進，衝其腹心。賊既潰亂，捨其羸老而戮其壯健，奪其鎧馬而縱其牛羊。大同之兵堅正嚴備，不許貪利輕動，如前鋒勝負未决，進爲聲援，待其既回，以爲翼衛。賊若糾聚餘孽追襲我軍，張安合大同之兵專為殿後，宣府官兵相機爲援，我雖退而兵漸增，彼既遠而勢自屈。前軍勞而退則先行，使無繫累；後軍逸而回則殿後，使有餘力。如此布置，較之先年出境，部分疎遠，孤兵無繼，迄無成功者不同。彼賊千里趍利，日久疲敝，聞我傾其巢穴，必自遯歸。我腹裏之兵躡之，中路之兵劫之，沿邊之兵又夾而邀之，賊戀巢之心既勝，欲戰之志不堅，必然潰敗。比至套中，見其妻孥傷殘，褫魂破膽，振中國之威，洩生民之憤，安邊制虜之計，莫快於此。昔者孫臏直走大梁而解邯鄲之圍，攻其所必救，古人遺法具在，顧用之者何如耳！

但兵貴神速，機防先露，進止之間不容髮。若待臨期奏請定奪，誠恐緩不及事。如蒙乞敕兵部詳議，倘有可采，作急行臣及延綏鎮、巡官，密切會議，相機而動，必期成功。若套賊勢重，兵力不敵，或賊營迂遠，勢難輕進，機無可乘，照常戰守，不敢輕舉妄動，以貽後艱。等因具本。

該通政使司官奏奉聖旨："這本所言禦虜方略，兵部便看了來說。欽此。"欽遵抄出送司，案呈到部。

看得陝西等處總制都御史楊　奏稱：胡虜頻年入寇，未嘗一遭挫衂，以此志益驕横，恣行侵掠，沿邊地方盡被蹂躪。今冬河凍入套，若再擁衆内侵，差人出境，密切哨探賊營遠近多寡，欲要會合主客官軍，部分將領，駐劄要害，選鋒潛行，直搗其巢。待賊聞知遯歸，又令腹裏按伏官兵追擊夾攻，使其進退驚惶，坐見疲敝，以致邊患永絶。如此在套駐牧，不敢倡亂，及兵力不敵，賊營險遠，仍前照舊戰守。因反覆問難，備陳方略。仰冀聖明，採擇施行一節。

為虜賊近年以來，動輒深入腹裏，殘害我生靈，致勞官軍西征北戰，曾無虚歲。罪惡已盈，神人共憤。今河凍入套，則窺伺固、慶等處之謀，勢恐難免。今都御史楊　，慮其將來為患不已，邊境無時可寧，欲要糾集大兵，乘間掃穴其所，以振驚氊裘之心，發舒華夏之氣，誠足為快！及照奏内區處事宜，亦既周悉，詳其論議，似可求成。但兵貴出於萬全，事須圖厥所終。雖取子必入虎穴，尚有遺謀；而探珠幸值龍眠，亦爲危道。今遠離邊城，懸軍敵境，少有蹉跌，關係非輕，况臨機制變，非臣等所能遥度。合無本部仍鋪馬齎文本官，將奏内事情再加詳議，審已量敵，長慮却顧。如果事機可乘，算無遺策，兵力可勝，保無後艱，聽依原擬，徑自施行，一洗腥羶之污[二]，用紓疆埸之患。若是哨探不的，險遠難進，彼無可圖之釁，我有自危之形，只合振揚軍威，激勵將士，候彼深入，分兵邀擊，以期成功。務須不見是圖，為謀孔臧，以副重託，毋得率意輕動，致有踈虞。仍行大同等處總制都御史劉宇及宣、大二鎮鎮、巡官員，各將遊、奇官軍整點齊備，候陝西總制有事徵調，即便依期督發前去，共濟邊務，毋得遲延誤事。自干憲典。

緣係總制官員，奏議出境勦寇事宜。及奉欽依"這本所言禦寇方略，兵部便看了來說"事理，未敢擅便。正德元年十二月初九日，本部尚書閻仲實等具題。本月十一日，奉聖旨："是。閫外之寄，卿等所專，出奇制勝，事難遥度，務要計出萬全，以除邊患，毋致踈虞。欽此。"欽遵擬合通行除外，合咨前去。煩照本部題，奉欽依内事理，欽遵施行。

【校記】

[一]"犁庭掃穴"，四庫本為"窮兵黷武"。
[二]"一洗腥羶之污"，四庫本為"大興神武之師"。

一爲遵明詔更置將官以甦久疲邊人事

兵部覆：本部送於兵科抄出。總制陝西延綏、寧夏、甘肅等處邊務兼督理馬政都察院左副都御史楊　題。

行據鎮守陝西署都督僉事曹雄呈准陝西等處地方都察院右副都御史張泰手本，行據陝西都司掌印都指揮僉事房懷呈稱，會同陝西布、按二司掌印左布政使胡富、按察使謝縈查議得：洮、岷、河州、西固城、階文五處地方，切隣邊境。番賊先年不時侵犯，陸續奏設守備官各一員，職專操練軍馬，撫治番夷，保障地方。近年以來，仗賴朝廷恩威，諸番順服，但夷性狠詐，種類數多[一]，反覆不常，禍患難保。況岷州相離階州五百里，文縣七百里，西固城三百里，洮州一百餘里，河州五百里，河州直抵階文一千二百餘里，且又山溝陡峻，道路崎嶇。若將各該守備官員盡行裁革，止設參將一員，常在岷州駐劄，邊備副使常在河州駐劄，有事公同計處，倘遇有警，直待呈報各官，方纔調用人馬，不惟緩不及事，抑恐所喪滋多。

其稱前項守備官，每人常帶家屬四五十口，莫肯自出己財養贍，分外供億，何勝其繁，甚有不守法度，肆爲剥削漁獵，誠有所見。但征勦截殺之際，若非親人跟隨不可，合無將各官隨帶家人量為查革，各止許存留十數名跟用，其餘俱發回原籍隨住，各官仍照舊存留於各地方守備。若有人口過多，甚或廢弛邊情，剥削軍士等項姦弊，聽邊備官用心訪察，具實訐呈撫、按衙門，參奏拿問，庶幾不失事體，且免後艱，呈乞定奪施行。

等因據此看得陝西都、布、按三司掌印官都指揮僉事房懷、左布政使胡富、按察使謝縈等，會同查議得前項事情，誠爲有見。原設守備官員，委的難以裁革，備由用手本前去，煩爲徑自回報施行。等因准此案查，先抄蒙總制陝西延綏、寧夏、甘肅等處邊務兼督理馬政都察院左副都御史楊　鈞帖前事，已經計議去後，今准前因，理合備由呈乞，照詳施行。

等因據此案查，先准兵部咨前事。看得巡按陝西監察御史杜旻奏稱：洮、岷、河州、西固、階文五處地方，先年因諸夷入境侵掠，各設守備官一員，使之控制。今諸番俱已向化畏威，要將各守備官盡行裁革，另設參將一員分守一節，具見本官省官惜軍之意。但前項地方，俱各切隣番境，守備官員未審應否裁革，擬合查勘。為此合咨前去，煩查前項各該地方守備官員，即今應否盡行裁革？止設參將一員，揆之人情事體，有無經久利便？逐一查明咨報，以憑上請定奪。等因備咨，准此已經備行，陝西鎮、巡官員查勘議處去後。今准前因，看得巡撫陝西都御史張泰行據三司等官議稱：岷州相離階州五百里，文縣七百里，西固城三百里，洮州一百餘里，河州五百里，河州直抵階文一千二百餘里，山溝陡峻，道路崎嶇。若將各該守備官員盡行裁革，止設參將一員，常在岷州駐劄，邊備副使常在河州駐劄，倘遇有警，直待呈報各官，方纔調用人馬，緩不及事。要將各官照舊存留守備，但隨帶家人，止許十數名跟用，其餘發回原衛。各官若仍舊存留人口數多，剥削軍士等弊，聽邊備副使指實具呈撫、按衙門，參拿一節。

切緣前項地方，密邇諸番，深山大谷，恃險難制。先年不次糾集醜類，入境侵掠，動調官軍誅勦，經年方得寧息。近雖不敢恣肆，犬羊之性，叛服不常，撫馭稍有失宜，難保不復為患。巡按御史杜旻所奏，乃省事惜費以甦邊人之意，但干碍地方，事體重大。况先朝設立守備官員，似有深意，行之年久，若便議令裁革，恐貽後艱。

臣竊謂任法不若任人。任得其人，官雖多不為害；任非其人，委的有損無益。近年守備官員不止家口衆多，分外供億，中間剥削軍士，侵尅粮賞，交通番夷，勾引邊患者實不為無。藉以安邊，反以擾人，誠有如御史杜旻所言。

臣訪查得守備洮州都指揮僉事趙寧，貪而且老，懦而無爲，人情稔熟，事多掣肘；守備岷州署都指揮僉事閻縉，才雖通敏，性實虚浮，行事乖方，下人不附。此二人者，委的擁虛坐食，廢事虐人，非惟無益邊備，且恐貽患地方。所據前項守備官五員，固難裁革，其不職官員則當革罷。內趙寧年力已衰，難再别用，閻縉年力精壯，猶堪領軍。如蒙乞敕兵部再議奏請，合無將前項守備五員俱不必裁革，内將洮州守備都指揮趙寧、岷州守備都指揮閻縉俱各革退。趙寧令其替職，閻縉令回原衛，聽候别用。聽臣會同陝西巡撫於都司各衛官中推舉有才幹、有行止、知番情者，具奏擢用，守備前項地方。仍通行各該守備官，隨帶家人止許存留十數名跟用，其餘俱發回原衛。若有仍舊存留人口數多，剥削侵尅，交通番夷等弊，聽巡按御史、分巡邊備等官舉劾參拿。如此則事無紛更，人無勞擾，後艱可免，實為便益。等因具本。

該本部官欽奉聖旨："兵部看了來説。欽此。"欽遵抄出送司。

案查，先該巡按陝西監察御史杜旻奏前事，已經查勘去後，今該前因，案呈到部。看得陝西總制都御史楊　奏稱：查勘過洮、岷、河州、西固、階文等五處地方，密邇諸番，叛服靡常。原設守備官員難以裁革。但守備洮州都指揮趙寧、岷州都指揮閻縉，俱各不職，欲要革罷，另行推用一節。

緣前項各該地方守備官員，既該總制官員勘稱裁革不便，合無依其所奏，本部行移本官，除將趙寧行令替職，閻縉令回原衛，仍另推相應官員前來，上請簡用，其餘俱各照舊存留守備。其稱各官家屬衆多，未免分外供億，甚又肆意侵漁，潛交番賊，誠為貽患地方，相應禁治。亦合通行本官，轉行前該守備各官，今後跟用家人，止許存留十數名在彼，其餘俱發回原衛，不許仍前多帶，以致供應太繁，軍士受害，及敢有侵尅交通等情，聽總制、巡按等官指實參奏拿問，决不輕貸。

緣係總制官議奏存留守備官員，及奉欽依"兵部看了來説"事理，未敢擅便。正德二年正月二十六日，本部尚書閻仲實等具題。本年閏正月初一日，奉聖旨："是。欽此。"欽遵擬合就行，為此合行移咨前去，煩照本部題，奉欽依内事理，欽遵施行。

【校記】

[一]"但夷性狠詐，種類數多"二句，四庫本為"但邊人居處，進退無定"。

一爲急缺領軍官員事

兵部覆：本部職方司案呈，奉本部送於兵科抄出。總制陝西甘肅、延綏、寧夏等處邊務，兼督理馬政都察院右都御史楊　題。

查得寧夏管領土兵都指揮僉事韓斌，近該巡按陝西監察御史邢纓奉都察院勘合劄付，為捷音事，行提本官與守備焦洪併問去訖。

案查，先為慎固地方以遏虜寇事。准兵部咨，該本部題，該鎮守寧夏地方都知監太監葛全等題前事。

本部看得，寧夏鎮、巡等官太監葛全等奏稱：花馬池等四營，俱各隔遠，備禦等項人馬不多，往往被賊擁衆深入毒虐，要將寧夏義勇土兵内挑選三千員名，關給馬匹，令靈州土官都指揮韓斌統領，清水營按伏，遇警會合截殺一節。

緣花馬池委係虜賊經由腹内喉襟之處，今既該各官會奏前來，必其計籌停當，有益邊方，合無准其所奏。本部仍行各官，照數挑選精鋭義勇土兵三千員名，給與馬匹，着令都指揮韓斌統領，依期專在清水營按伏，遇警往來，相機策應。務要撫恤軍士，如法操練，不許虐害，致令失所。其欠少馬匹，仍行都御史楊　，查照給用。若果十分不敷，明白奏來，以憑定奪。等因題。奉欽依，備咨前來。

查得前項義勇土兵，已該寧夏鎮、巡官挑選精壯三千員名。欽遵行委都指揮韓斌統領及馬匹，臣陸續處置給領，將及三千之數。遞年照依兵部原擬，在於清水營按伏，遇警會合主客官兵截殺外。今該前因，切緣清水營在於寧夏横城之東，興武營之西，最為孤懸要害，達賊出没必由之地。自設前項人馬以來，頗壯邊城聲勢。今虜賊在套未出，正當緊關隄備之際，縱使河開出套，遇冬難保不來。原設領軍官員既已緣事被提，未知何日完結。雖委官暫領，終是權任不專，難責成効。

臣又訪察得都指揮韓斌，雖才識通敏，有治事之能，而性資嚴刻，非統馭之器。頃緣虐用其下，以致土人奏訐違法事情多端，見該兵部奏行勘問未結。雖虚實猶未可知，但彼為土官而失土人之心至於如此，安望其樂為効用，以成戰伐之功哉？必須另擇將官統領，庶使此軍不為徒設。

竊見寧夏衛指揮使、新陞都指擇僉事仇鉞，出自將門，素諳戎務，驍勇善戰，曾立奇功，寧夏一鎮武臣號為出色，相應委用。但所領官軍三千員名，與各鎮遊、奇兵事體不異。况今三邊多事，前項土兵若得人教養操習，豈徒清水營按伏，花馬池策應，而他鎮有事，亦可備緩急之援。若非稍加優遇，不無事重權輕。

如蒙乞勑兵部參詳議處，合無乞將仇鉞具奏，量與將官名目，請勑統領前項義勇土兵三千員名，令其用心操練撫卹。仍照原擬，遇冬分布清水營按伏，花馬池、靈州一帶地方有警，俱聽鎮、巡官調遣策應。訓練既精，各鎮有事，亦可徵調應援。如此則軍威增重，軍容改觀，邊方大計不為無補。韓斌待事完，如果無礙，另行推委，管理別項官軍，庶使土官與土人不致互相猜疑，實為便益。等因具本。

該本部官欽奉聖旨："兵部知道。欽此。"欽遵抄出送司。

案查，先為慎固地方以遏虜寇事，該寧夏鎮、巡官奏稱：花馬池等四營俱各隔遠，備禦等項人馬不多，往往被賊擁衆深入毒虐，要將寧夏義勇土兵内挑選三千員名，關給馬匹，令靈州土官都指揮韓斌統領，清水營按伏，遇警會合截殺。本部議得：花馬池委係虜賊經由腹裏喉襟之處，今既該各官會奏前來，必其計籌停當，有益邊方。合無准其所奏，仍行各官，照數挑選精鋭義勇土兵三千員名，給與馬匹，着令都指揮韓斌統領，依期專在清水營按伏，遇警往來，相機策應。已經題奉欽依内行令，欽遵去後，今該前因，案呈到部。

看得陜西總制都御史楊　奏稱：寧夏管領土兵、指揮僉事韓斌，才識優於治事，統馭非其所長，近因虐用下人，以致奏訐違法事情多端。雖勘問未結，而人心已失，難再委用。及訪得都指揮僉事仇鉞，諳練驍勇，俱在一鎮武臣之右。欲要本官量加將官名目，請勑令其代替韓斌，管領前項土兵，以備按伏徵調一節。

為照前項土兵，俱係挑選精鋭人數，然須統領得人，庶幾操縱有法，緩急可用。既該總制官員奏處前來，必有斟酌停當。合無本部依其所擬，將都指揮僉事仇鉞改充遊擊將軍，候命下之日，請勑一道齎付本官，代替韓斌統領前項土兵，常年依期分布清水營按伏，如遇花馬池、靈州一帶地方有警，俱聽鎮、巡官調遣策應，防禦虜寇。務須撫卹軍士，如法操練，期副委任，不許殘虐，致令失所，責既有歸，罪其容逭。仍行總制官員及寧夏鎮、巡等官一體知會，欽遵施行。

缘係定奪領軍將官及奉欽依"兵部知道"事理，未敢擅便。正德二年二月十八日，本部尚書閻仲實等具題。本月二十日，奉聖旨："是。仇鉞着充遊擊將軍，寫勑與他。欽此。"欽遵。擬合通行除外，合咨前去，煩照本部題奉欽依内事理，欽遵施行。

關中奏議全集卷之九

總制類

一爲激勵土兵事

兵部覆：於兵科抄出。總制陝西延綏、寧夏、甘肅等處邊務，都察院左副都御史楊一清題。

查得管領土達陝西都司秦州衛指揮同知郭遡，原籍陝西平凉府靜寧州人。成化四年間，為因土達滿四反叛石城，應例招集土兵，自備鞍馬，報効殺賊。及親入賊巢，招降叛賊，節次有功，陞授錦衣衛所鎮撫職事。願告改秦州衛，歷陞今職。遞年管領土達并招募民壯等項土兵。遇冬於固原等處備禦，有警，各該總督、總制、巡撫等官調往延、寧、洮、岷、大同等處勦殺番虜，屢立奇功。弘治十八年十二月内，達賊數萬，深入陝西靜寧、隆德地方，搶掠出境，鎮守署都督曹雄委令跟隨遊擊將軍陳善，前去寧夏韋州、小鹽池一帶邀賊歸路。彼時延綏遊、奇、土兵與寧夏主副將官所領官軍共一萬五千餘員名，各因賊勢重大，相顧莫敢發兵，本官獨領家人土兵，追賊至地名狼巴井，斬獲首級二顆，至今尚未論功陞職。

臣切見本官膽氣過人，起自編氓，陞授軍職，管領土兵三十餘年，大小戰陣數十餘次，敢勇當先，人所共知。近年達賊侵犯固原，恒問郭遡在否，是其威名，雖虜人亦熟聞之。緣各處領軍官員曾舉將才者，多蒙推陞署都指揮職事，本官歷任年深，効勞最久。弘治十三年間，節該兵部推訪才勇可取官員，亦與其列，獨未嘗一蒙拔擢，人共惜之。況其所管土兵一千餘名，調往各鎮截殺，與彼處領軍都指揮等官不相統屬，職任獨輕，難以行事。

今虜賊在套，寧夏、甘、凉，俱有聲息，正在激勵土兵之際。如蒙乞勑兵部查訪，本官如果才勇可取，不為常例，量與署職。照舊領管土達，招募民壯，聽臣隨宜調遣各鎮，應援截殺，則凡土官土兵，感激奮發，咸懷赴闘之志矣。等因具本。

該本部官欽奉聖旨："兵部知道。欽此。"欽遵抄出送司，案呈到部。

看得總制陝西都御史楊　奏稱：秦州衛指揮同知郭遡，起自編氓，歷陞今職，管領土兵三十餘年，屢立奇功，及稱遇有警調，職輕不便行事。而套賊方謀入寇，兵將尤宜激揚，欲將本官量加都司署職，照舊領兵截殺一節。為照指揮郭遡，既該總制官員奏保前來，必其勤勞懋著，任用克堪。況領兵聽調，委須官職稍重，方易責成。合無本部依其所奏，不為常例，將本官量陞都司署職，令其照舊管領土達民兵，聽總制官員調度殺賊。仍行總制轉行本官，今後益要感恩思奮，用圖報稱，毋得宦成自怠，僨事招尤。

緣係總制官員保陞將官署職及奉欽依"兵部知道"事理，未敢擅便。正德二年閏正月十六日，本部尚書閻　等具題。本月十八日，奉聖旨："是。郭遡准陞陝西都司署都指揮僉事。欽此。"欽遵。擬合通行除外，合咨前去，煩照本部題奉欽，依內事理，欽遵施行。

一爲經理要害邊防保固疆埸事

兵部覆：本部職方司呈於兵科抄出。總制陝西延綏、寧夏、甘肅等處邊務，兼理馬政、都察院左副都御史楊　題。

近准兵部咨，該本部等衙門題，該本部題。先該臣題前事，本部會同太師兼太子太師英國公張懋、吏部尚書焦芳等議擬上請，奉聖旨："是。都准議行。欽此。"欽遵。

備咨到臣。仰惟聖明軫念關中重地，采納臣下議奏：花馬池、興武營等處要害地方修濬牆塹，添設衛所等事，俱依擬施行，一勞永逸，兵民幸甚！

查得內一件，臣原要將花馬池守禦千户所改設寧夏後衛，興武營添設守禦千户所，將選定新、舊招募土兵起調前去，入伍食粮，永遠操備。但合用旗軍五千名，今止挑選得四千名，尚欠一千名，及查得花馬池守禦千户所額設軍人舊欠三百六十四名，俱應撥補。合無照依榆林、靖虜等衛并陝西苑馬寺事例，將陝西西安等八府正德元年以前清出，該解南方軍人，免其發解，各改編前項新設衛所，應當軍役，待軍伍數足，具奏停止。

會官議得，前項地方委係要害處所，必須兵力强盛，庶免保障。今總制官員奏要改設衛所，委的事體相應。合無令兵部仍行本官，將花馬池守禦千户所改立寧夏後衛，興武營添設守禦所，文職等官并印信、銅牌行各衙門照例銓選，奏請給用。仍行陝西清軍官，將正德元年以後清出雲南、貴州、兩廣、湖廣軍人，改編今設衛所着役。數足，奏請停止。其餘議處事情，悉令查照原擬施行。務期威武克振，邊方有賴。

等因查得改編舊例，止是兩廣、雲、貴、四川、湖廣等邊衛。弘治十三年間，該榆林巡撫都御史王崗題，該兵部議擬，合無依其所奏，不拘常例，行移陝西清軍御史并布、按二司清軍官員，將延安、慶陽、西安三府所屬見今清出在官，該解雲南、兩廣、福建、湖廣、江浙各都司衛所軍役，不分例前例後，逐一查勘明白，免其起解原衛，俱解延綏巡撫衙門，改編榆林衛，撥去各營堡操備，仍行各軍原衛，開豁名伍。等因題。奉孝宗皇帝欽依“是。欽此。”

弘治十七年間，為修舉馬政事。該臣奏稱：陝西苑馬寺缺人牧馬。該本部議擬，題准將陝西各府弘治十六年以前清出江南衛所軍人，例該存留附近衛所者，俱解陝西苑馬寺牧馬。俱經通行欽遵外。切緣南北衛所軍伍，俱不可缺，前項奏行事例，一則因邊衛缺軍防守，一則為邊方缺馬征戰。況北人應當南軍，畏其烟瘴炎熱，終是不肯應役。州縣清解雖勤，而衛所空虚如故，徒為里書、官旗漁獵之資。以此較彼，權其輕重利害，改編之計，本非得已。今苑馬寺牧軍頗勾孳牧，花馬池、興武營地方添設衛所，乃邊方兵勢强弱、腹裏民生安危所繫，尤重且急。但今次議奏，止開將正德元年以後清出雲南、貴州、兩廣、湖廣軍人，改編今設衛所着役。

查得陝西各府並無兩廣軍人，其雲南、貴州、湖廣三處先曾清出者，節經改編去訖。雖有未盡，數亦不多，前項新設衛所，終難填實。如蒙乞勑兵部再議，合無比照榆林奏行事例，將陝西各府正德元年以後清出雲南、貴州、四川、湖廣、江西、浙江等都司衛所軍人，該起解者免解原衛，改編新設寧夏後衛及興武營守禦千户所，共輳一千名停止，仍行原衛，將名伍除豁。如此庶幾威武振揚，邊方有賴，而腹裏人民獲安矣。等因具本。

該本部官欽奉聖旨："兵部知道。欽此。"欽遵抄出送司。

查得先為缺軍防守邊備事，該巡撫延綏都御史王嵩奏：訪得延安、慶陽、西安三府所屬人民中間，多有貴州、雲南、兩廣、福建、江西、浙江、湖廣、四川、南直隸等處都司衛所軍役、清出見解并遠年無勾等項軍士，照名改調本邊操備。

等因該本部依擬，不拘常例，行移陝西清軍御史等官，將延安等三府見今清出在官，該解貴州、雲南、兩廣、福建、湖廣、四川、江西、浙江各都司衛所軍役，不分例前例後，逐一查勘明白，免其起解原衛，俱解發延綏巡撫衙門，斟酌照名改編榆林衛着役操備。仍行各軍原衛，開豁名伍，造册申繳本部備照。其原衛有人應當、不曾發册清勾者，不許一概改編。等因題。

奉孝宗皇帝聖旨："是。欽此。"已行欽遵外。

又查得為經理要害邊防保固疆場事，該總制陝西都御史楊　題稱：要將陝西延安等八府正德元年以前清出，該解南方衛所軍人，改編寧夏新設衛所應當軍役。該本部等衙門會官議擬，仍行陝西清軍御史等官，將正德元年以後清出雲南、貴州、兩廣、湖廣軍人，改編今設衛所着役，數足奏請停止。等因題。奉欽依"已經通行"欽遵去後。今該前因，案呈到部。

看得總制陝西都御史楊　題稱：先因花馬池等處地方缺軍防禦，奏要將陝西西安等府清出正德元年以前該解南方軍士，通行改編前項新設衛所，已蒙該部奏奉欽依"准擬，但各府原無兩廣軍人，其雲貴、湖廣者，節經清解"去訖，改編之數，終亦不多。欲要比照榆林事例，將前項府分正德元年以後清出解雲貴、四川、湖廣、江浙等都司衛所軍人，俱免起解，改編寧夏新設衛所，共輳一千名，數足停止，仍將原伍開除一節。

合無依其所奏，本部仍行陝西清軍御史等官，查照前該奏擬衛分，但有正德元年以後清出，原係南方軍士，例該起解者，俱令改編今設寧夏等衛所，輳足一千名數，照舊停止。仍將已改編者轉行原衛，各將名伍開豁，免致再行勾擾。

緣係總制官員奏要填實邊軍，及奉欽依"兵部知道"事理，未敢擅便。正德二年閏正月三十日，本部尚書閻　等具題。本年二月初二日，及奉聖旨："是。欽此。"欽遵擬合通行除外，合咨前去，煩為轉行彼處清軍等官，照依本部題奉欽依內事理，欽遵施行。

一爲乞取醫士治療病疾事

禮部覆：該本部祠祭清吏司案呈，奉本部送於禮科抄出。欽差總制陝西、延綏、寧夏、甘肅等處邊務兼督理馬政都察院右都御史楊　奏。

臣元氣素弱，舊有目疾，少壯之時，無歲不發，中年以來，血氣既衰，漸成昏眊。視物如霧，十步之外，不能辨人。近於正德元年十一月間，前往寧夏花馬池等處地方閱視邊兵，野行草宿，為風沙所傷，回至環縣，目疾大作。見風日則刺痛如割，閱文字則涕淚交流，兼以風熱上攻，耳鳴頭暈，腰膝無力，行立艱辛。臣之疾勢如此，然而未敢言去者，以受恩深重，茫無寸補。近蒙陛下加以崇秩，假之重權，虜患未消，正臣子鞠躬盡瘁之日，及又奉勑經理寧夏、延綏一帶邊防，責任重大，分當以身徇國，豈敢遽求便安。但察臣脉候，表裏俱病，久而不治，將成痼疾。訪得陝西邊方，多無明醫，雖有一二頗通醫業之人，緣南北風氣不同，稟賦各異，治療失宜，雖多無効。臣在江南，素用鎮江衛醫士睦榦藥餌，取效恒多。臣是以不避斧鉞，冒昧上陳，伏望聖慈憐臣身在邊方，乞勑該部轉行巡撫南直隸都御史，行令鎮江衛，將醫士睦榦督發前來，隨臣軍門治療前疾，痊可，方竭股肱之力，以報陛下生成之德。等因具奏。

奉聖旨："該部知道。欽此。"欽遵抄出送司，案呈到部。

看得總制陝西、延綏、寧夏、甘肅等處邊務兼理馬政都御史楊　奏稱：舊有目疾，漸成昏眊，兼以風熱頭暈，將成痼疾。素用鎮江衛醫士睦榦藥餌多効。乞行巡撫南直隸都御史，行令鎮江衛，將醫士睦榦督發前來軍門治療，前疾痊可，方令回還一節。切惟三軍之司命，全在乎主帥一身之運用，莫先乎目力。主帥安危，關係甚重，合無准其所奏。但巡撫南直隸都御史今已取回，本部移咨都察院，轉行巡按直隸監察御史，行令鎮江衛，督發醫士睦榦前去總制陝西等處、邊務都御史楊　處，調治前疾，俟痊之日，令其回籍。如此則朝廷軫念邊方之計，切而優禮重臣之典隆矣。

緣係乞取醫士療疾，及奉欽依“該部知道”事理，未敢擅便。正德二年二月十一日具題，十三日，奉聖旨：“是。欽此。”本年二月十五日，咨都察院轉行訖。

一爲預處儲蓄以安邊固本事

户部覆：陝西清吏司案呈，奉本部送於户科抄出。欽差總制陝西延綏、寧夏、甘肅等處邊務兼督理馬政都察院右都御史楊　題。

行據陝西布政司呈，查得弘治十八年，西安、延安、鳳翔、慶陽四府災傷，遇例蠲免，除豁過税粮、馬草：延綏一帶粮料一十六萬七千八百六十二石，零草四十三萬一千四百一十九束零；寧夏一帶粮料三萬九千二百九十七石六升，草一十萬九百八十三束零；甘肅一帶粮料八萬七千六百二十七石五斗六升零；固、靖、環、蘭、洮、岷西、固城粮料一十二萬六百三十四石二斗，草二十一萬六千七百九十八束零，存留粮料二十三萬一千五百石零，草五千八百餘束。及據本司呈稱：查得本司廣積庫各項銀兩，除呈蒙巡撫、巡按案驗批准，解轃補災免粮數并收買銅料鑄錢、科舉應用、原額年例、給賞軍士冬衣布花、官軍折俸銀兩、寄庫馬價，及户部送發寧夏、甘肅糴粮銀兩外，見在止有夏秋粮餘價、缺官皂隷糴粮支剩農桑絲綿折銀，并本庫陸續放出餘銀，查算各項共二千四百二十一兩五錢四分四釐四毫八絲六忽[一]。及户部送到賑濟銀二十萬兩，内除脩邊十萬兩，環慶糴粮二萬兩，賑濟用過九千七百六十一兩二錢，解去平凉府准折禄米一萬三千三百七十三兩二錢外，見在五萬六千八百六十五兩六錢緣由，前來案呈。

先准巡撫延綏本院右副都御史文貴咨，爲走回男子傳説虜情事，開稱：虜賊入套，動調主客兵馬數多。查得本鎮各倉見在粮料、草束供給主兵頗勾支用，若是供給客兵，誠有不敷。合無一面先將陝西布政司廣積庫收有税粮等項銀兩酌量動支，委官領解前來，分投派往延安府地方，收買粮料、草束，運赴附近衝要屯聚客兵按伏營堡上納；一面行陝西布政司管粮并分巡、分守等官，將各年拖欠之數上緊催來，以濟急用；一面移文户部，請益銀鹽，以補缺乏。

等因爲照延綏一鎮，逼臨河套，虜賊首先窺伺。前項年分，腹裏災傷，蠲免起運粮草數多。及寧夏、甘肅、固、靖、環、蘭、洮、岷等衛，俱係防邊處所，原額應徵起運粮草既已蠲免除豁，必須措置補數，已經節行該司查處去後。今節據前因，除支銀糴買及催徵税粮另行外，會同巡撫陝西本院右副都御史張泰議得：陝西西安等八府人民額徵粮草，供給陝西、延綏、寧夏、甘肅四鎮官軍人馬支用，若外無寇戎之警，内無水旱之虞，則一歲之入，自足以供一歲之用。奈何近年以來，醜虜陸梁[二]，東西侵擾，動調客兵往來應援，供億之費，動如數倍[三]。會計所儲，在在不足。

節該鎮、巡等官具奏，荷蒙皇上軫念邊方，二三年間，運送官銀多至五六十萬餘兩，開中官鹽二百萬引，但分給四鎮，不見其多。兼且地方連年薄收，米價高貴，發銀易買，較之先年僅得一半。然各該邊倉自是稍有積蓄，相兼歲徵之數，足可支持。不意弘治十八年，西、鳳、延、慶四府，大遭旱荒，人民缺食，流徙在途，遠近動摇。方賑恤撫安之不暇，豈敢照常催科？仰荷聖恩，將勘實災傷應徵起存税粮一體除豁，小民始有生意，地方獲安。然粮草之出於民者固已蠲除，而兵馬之食於官者不可減免，遂令前項開中糴買之儲，不足以備災傷蠲免之數，而倉場所入不償所出，漸至空虚。總計各邊除豁起運税粮、馬草，若論糴買，用銀將及四十萬兩，而存留之數不與焉。且陝西雖云八府，而財用所出，西安一府實當其半。西安既有全災，七府全收，不足以補，况延、慶、鳳翔三府亦復有災，餘四府雖不曾作災，亦非全熟，勢難通融撥補。

近因虜賊入套，延綏守臣不次移文告乏，雖行布政司，將西、鳳等八府在庫官銀酌量陸續解運補數，與户部發到預備糴粮、賣鹽銀兩，俱送各邊巡撫衙門，轉發彼處管粮官員，招商糴買，分發緊要倉場備用。又將布政司收貯招納冠帶農民等項銀兩支出，分派固、慶、洮、岷兵備、邊備副使等官，斟酌糴買粮草，及折支官軍俸粮，大約所補不過十之三四，而司府庫藏亦漸空虚。其存留粮料、草束俱係歲用不可缺之數，又各無從措補。今陝西布政司查報，在庫銀兩除各項動支及賑濟、馬價二項外，所剩官銀止有二千四百餘兩。及查賑濟銀二十萬兩，除奏准脩邊十萬兩，及已支賑濟糴粮外，見在止有五萬六千餘兩。夫以堂堂巨省而匱乏至此，言之可為寒心。

查得先為旱災救荒等事，該巡撫都御史張泰、巡按監察御史邢纓會同奏，要將山東、河南起運折粮銀借支四十萬兩，輳補前項災免粮草。該户部議：看得山東、河南起運銀兩，俱係供給京儲及宣、大二鎮之數。見今北虜在邊，尚未遠遁，萬一有警，將何撥補？訪得靈州等處大、小鹽池，係天産美利，不勞人力，其出無窮，其課易辦。合無行移巡撫都御史張泰，查前項鹽課，除近日開中買馬二十萬引外，果有羡餘，作急議擬上請，盡數招商中納粮米，助邊應用。等因題。

奉欽依，備行前來。查得靈州大小鹽池原額鹽課共一萬四千三百三十七引，舊例每引納銀一錢五分，每年止該銀二千一百五十兩有餘，輪年分送延、寧二邊買馬。近該臣議奏，量增課程，新舊共五萬九千三百三十七引，每引納銀二錢五分。為因行鹽路狹，鹽利少通。正德元年分，二池除舊引外，共支放過新引二萬四千九百九十八道，該銀六千二百四十九兩五錢。緣前項鹽課雖蒙送發二十萬引前來，止可收貯，遞年陸續招商挨放。若以正德元年所放新引計之，多則十年，少則五七年[四]，二十萬引之鹽方可放盡，豈有羡餘招商糴粮？況所收銀兩，查有兵部題奉孝宗皇帝欽依"陝西茶鹽易馬，備邊不許別項奏討"事例，擅難別項動支。所據前項年分蠲免過起存税粮、馬草，委的無從措置，補完原數。使虜酋悔禍，不來犯邊，地方收成幸得全稔，則以倉場見在之粮草支持主兵，以庫藏見有之銀兩，及開中未盡之引鹽陸續招商，兼催徵拖欠逋賦，輸納當年税粮，亦足勾用。但虜性難測，萬一有警，未免徵調客兵，臨期招買不出，雖悔何及？又恐年歲似前災傷，倉庫既空，賑濟、轉輸兩無所賴，民窮盜起，為患何可勝言！臣等俱有地方重寄，今若不言，他日誤事，罪將焉逭？

查得先為急處救荒事。准户部咨，該本部等衙門會題，該臣題前事，會官議擬。内一件：聽缺知印、承差，照依歷役年限納銀，多寡數目悉依原擬施行，并農民願納銀兩，參充知印、承差、吏典者，仍查照前例，俱通行各布政司及順天、應天、南、北直隸，各照例收銀，類總解部，轉發陝西布政司支用。候年谷頗熟，邊方稍寧之日停止。又一件：舍餘、民人先年上納軍職并今願告上納者，悉照所擬施行，至指揮使而止。舍餘就於原衛、民人於地方衛所帶銜閑住，俱聽巡撫衙門定奪。銀兩類解户部轉發，例至正德二年停止。又一件：上納陰陽、醫學、僧、道官，俱依擬施行。各處軍民客商并仕宦子孫不係見有職役者，納銀六十兩授正七品散官，五十兩授正八品散官，四十兩授正九品散官，二十兩者冠帶榮身。其銀兩，係兩京順天、應天地方，赴户部及南京户部，各布政司并直隸地方赴各司、府、州上納，類解户部轉發。例至年谷頗熟，邊方稍寧之日停止。等因題。

奉欽依，備咨通行外，近據陝西布政司呈稱：查得止是收過本省上納陰陽、僧、道、義官、知印、承差、農民銀二萬六千六百六十九兩，並無各布政司并南、北直隸收解銀兩，及户部亦無轉發，并原開軍職，無人告納銀兩緣由前來。切緣前例俱因陝西地方奏開，通行江西、浙江、四川、湖廣、河南及南、北直隸，所得銀兩，類總解部。若依原擬解發，陝西支用，事體相應。

及又查得近為處置邊儲預防邊患事，亦該巡撫都御史張泰會同巡按監察御史邢纓奏，要將陝西布政司查出成化年間兩淮、山東運司餘剩未中殘鹽一百二十一萬五千七百八十六引，未填勘合一百二十一道，另定價值，量為減輕，招商報中，糴買粮草，未奉明示。如蒙伏乞聖明，俯念陝西三邊重鎮，地方安危所係，乞勑户部查照議奏，合無將陝西奏開救荒，通行江浙、四川、湖廣、河南、南、北直隸事例，所得類總解部銀兩，照依原擬，盡數查發陝西布政司收貯，分給陝西、延、寧、甘肅四鎮糴買粮草，補完弘治十八年災傷蠲免之數。仍乞將近日議奏開中報剩殘鹽，早為定奪，行令陝西布政司招商報中。倘前項殘鹽有碍，惟復仍開淮、浙、四川等處課鹽五六十萬引[五]，招商或收納銀兩，以實庫藏，或上納粮草，以益邊儲，臨期酌量地方豐歉施行。如此，則非惟邊方儲蓄有所仰賴，不至缺乏，且使腹裏人心有所係屬，不至動摇，實為便益。等因具本。

奏奉聖旨："户部知道。欽此。"欽遵抄出送司，案呈到部。

看得所奏要將浙江等處司、府上納陰陽、僧、道、義官、知印、承差等項解部銀兩，查發陝西布政司收貯，分給延、寧、甘肅糴買粮草，并成化年間奏開兩淮、山東運司餘剩未中殘鹽招商報中一節。除成化年間兩淮、山東運司中剩殘鹽，歷年久遠，未審有無見在，已經行移各該運司，查報至日，另行議擬奏請定奪外，其陰陽、僧、道、義官、知印、承差等項上納銀兩，先因陝西地方災傷擬行，後因彼處收成頗豐，并本部先因運送賑濟等項銀兩數多，及因京邊賞賜官軍銀兩不敷，間遇各處解到僧、道等項銀兩，補輳支用訖。其未到者，又係撫、巡官員奏稱災傷，存留本處借用。即今本部見無收貯，亦無解到銀兩，況承差加納銀兩，例已停止。

近因内府承運庫奏稱：國用不足，尚且行取各省在庫金銀解京送用，及奉欽依"今後各邊運送銀兩，照正統、景泰年間例行，不許例外加添。”所據僧、道等項上納銀兩，難再類送，為此合行移咨前去，煩為查照施行。

【校記】

[一]“二十一”，四庫本為“二十二”。

[二]“醜虜陸梁”，四庫本為“邊境驛騷”。

[三]“如”，四庫本為“加”。

[四]“五”，四庫本為“六”。

[五]“十”，雲南本為“千”。

一爲經理要害邊防保固疆埸事

吏部覆：本部送於吏科抄出。總制陝西延寧、甘肅等處邊務，兼督理馬政都察院右都御史楊　題。

查得臣欽奉勑：“先因花馬池等處邊防久弛，勑爾用心整理，近該爾會同議處各項事宜，甚為周悉，足見體國安邊至意。勑至，爾即照兵部會議過事理，於去年賑濟官銀内動支十萬兩，招商納米，以備食用。一應合用工料，預為措置停當。待相應時月，督同各該鎮、巡官，將延綏定邊營迤西至寧夏横城，寧塞營迤西至定邊營，横城迤北至黑山營各處邊牆、壕塹，陸續興工，修築高厚，挑濬深闊。原無牆溝去處，一體修築。墩臺、煖鋪、小堡，待前項工程稍緩，以次脩舉，其餘悉依原擬施行。勑内該載未盡者，聽爾從宜區處。事完之日，將修過工程，用過錢粮數目，造册奏繳。爾建此大議，受兹重託，必須殫心竭力，務求事可功成，一勞永逸，人無嗟怨，虜絶窺覦。朝廷免西顧之憂，邊民享太平之樂。毋或虚費財力，自貽咎愆。欽哉欽此。”欽遵。

會同巡撫陝西右副都御史張泰、巡撫延綏右副都御史文貴，巡撫寧夏右僉都御史劉憲，行令陝西布政司，支取去年賑濟官銀十萬兩，招商納米，以備食用。一應合用工料，預為措置。待黄河開消之後，哨探套内無賊，起倩軍民人夫，先將原擬延綏定邊營迤西至寧夏横城邊牆、壕塹三百餘里，分工修築挑濬。寧塞營迤西至定邊營，延綏鎮、巡官一併興工。其横城迤北至黑山營牆塹，待前項工程就緒，寧夏鎮、巡官一體修築整理。及照依原擬，會委陝西布政司左參政唐錦舟、陝西按察司副使王寅、陝西都司軍政掌印都指揮僉事房懷，專湴其事。務期一勞永逸，潛消虜賊窺伺之心，以為腹裏人民經久無窮之利。待事完，通將修過工程，用過錢粮，造册奏繳外。

臣會同巡撫陝西右副都御史張泰議，照前項經理要害邊防，工力浩繁，事體重大，非旬月之間可以責成。必須假以歲年，從容區畫，則事集而人不告勞。事干各鎮，若無三司重臣專理，誠難就緒。但陝西地方，政務繁冗，布、按二司官員各有專職，今雖暫委各官管理，其原管事務又令别官帶管，未免顧此失彼。况工程皆在沙漠邊遠之地，必得有精力、有巧思、不避艱險、能耐勞苦之人，庶可倚託。切見近年巡撫大同右副都御史劉宇修理邊牆，奏保郎中李惟聰，陞授按察司副使，提督工程，事完改選。緣今經理邊防，事體相同。臣等博訪得西安府同知張敏、平凉府同知岳思忠、鞏昌府同知張檄、陝西苑馬寺寺丞朱璜，俱通敏老成，精勤强幹，歷官陝西年久，熟知地方事情，相應舉用。

如蒙伏望聖明軫念邊方大計，全陝軍民安危所係，乞勑吏部，再行訪察，合無比照大同事例，於張敏、岳思忠、張檄、朱璜四人中定擬二員上請，量陞陝西按察司僉事職銜，專令提督修理前項邊牆、壕塹、墩臺、煖鋪、營堡。待原擬工程通完之日，本司有缺，具奏補缺管事。如本司無缺，起送改除。如此則邊方大計既可責成，而别項政務亦不妨廢。實為便益。等因具本。

該本部官欽奉聖旨："吏部知道。欽此。"欽遵行間。隨該巡撫陝西等處地方、右副都御史張泰亦題前事，通抄送司。查得布、按二司，自天順年以後添設官員，俱奉欽依裁革訖。今該前因，案呈到部。看得都御史楊　題稱：各處邊牆、壕塹，經理要害，工力浩繁，要將西安等府同知張敏等并苑馬寺寺丞朱璜四人中定擬二員，量陞僉事，專令提督一節。

緣前項邊方，工力委的重大，相應專官管理。但今添設官員，俱奉欽依裁革，所據前項官員似難添設。為此，合咨前去，煩照原擬，會委左參政等官唐錦舟等，着令專一提督修理。其各官原管事務，徑自責委相應官員帶管施行。

一爲器使將才以脩戎務事

兵部覆：該本部送於兵科抄出。總制陝西、延綏、寧夏、甘肅等處邊務，兼督理馬政、都察院右都御史楊　題。

臣惟三軍之命，實係於將，而戰守之將，其用亦各不同。今之參將，分疆畫地，各守一隅，所謂守將，遇警固未嘗廢戰，而其用則先於守；今之遊擊，隨賊聲勢，往來策應，所謂戰將，所至固未嘗無守，而其用則專於戰。守將之務，脩車馬、備器械、據要害、固封守、明斥堠、謹禁防，寇至而先為之備，不必求取戰功，求無所失而已。若遊擊之官，披歷荆棘，眠宿霜露。非身先士卒，不足以鼓勇齊力；非躬冒矢石，則不能解圍潰堅。雖謀勇貴乎兼濟，而常以勇為主。是二者，固未始不相通，而目前之用則先其所急。

切見分守延綏東路右參將、都指揮僉事時源，性資果敢，膽氣猛厲，慣經戰陣，驍勇著聞，今分守一方，雖亦未嘗廢事，使當遊擊之任，衝鋒破敵，是其所長；延綏遊擊將軍、都指揮同知戴欽，性資明爽，才識疏通，曉暢邊情，熟閑戎務，今為遊擊，非無可取，若居分守，其所建立必有過人。且人才難得，用違其長，雖能者無以自見；隨才器使，則天下無不可用之人。況延綏慣戰精鋭之兵，東西應援，必得驍將領之；而神木、孤山一帶，營堡密邇河套，虜賊遇冬首先窺伺，分守得人，有不戰自屈之勢。如蒙乞勅兵部，再行訪察，如果臣言可採，合無上請，將時源改充遊擊將軍，戴欽改任分守參將，各換勅行事，則此二人者易地而居，各當其才，戰守之寄，兩有所托。待其勞效顯著，主副將官之基，未必不由於此。等因具本。

該本部官欽奉聖旨："兵部知道。欽此。"欽遵抄出送司。

查得先為黜不職以禦虜寇等事，該巡按陝西監察御史燕忠題稱：

分守延綏東路右參將烏銘，縱賊長志，貽患地方，要行提究，選官更替。

等因該本部依擬，推舉得指揮姜漢、時源俱各相應題。奉孝宗皇帝聖旨："是。時源陞署都指揮僉事，充右參將，分守延綏東路地方。欽此。"又為缺官事，照得延綏缺遊擊將軍，該本部推舉得都指揮戴欽、烏銘俱各相應。等因題奉聖旨："是。戴欽着充遊擊將軍。欽此。"已經通行欽遵去後，今該前因，案呈到部。

看得陝西總制都御史楊　奏稱：分守延綏東路右參將時源，性資果敢，驍勇素著，長於征戰；延綏遊擊將軍戴欽，才識疏通，曉暢邊情，長於分守，欲將各官隨才更調一節。既該總制官員議奏前來，必其考驗有素，參酌停當，合無依其所奏，將時源改充遊擊將軍，戴欽改任分守參將。候命下之日，各換勅賫令，各照今任地方行事，仍行總制及各該鎮、巡等官，轉行各該一體欽遵施行。

緣係總制官員，奏要更調將官，及奉欽依"兵部知道"事理，未敢擅便。正德二年二月十三日，本部尚書閻 等具題。本月十五日，奉聖旨："是。時源改充延綏遊擊將軍，戴欽改分守延綏東路參將，都換勑與他。欽此。"欽遵。

查得延綏遊擊將軍原擬責在統領原選遊兵三千，操練聽調。務要律己奉公，撫恤軍士，圖樹功名，以副委用，如或貪黷償事，罪有所歸，仍聽總制、鎮、巡等官節制。延綏東路參將責在操練軍馬，修理城堡，遇有賊寇，即便相機勦滅，凡事須聽總制、鎮、巡等官節制。案呈到部，擬合通行除外，合咨前去，煩為查照，欽遵施行。

一為經理要害邊防保固疆場事

題：為經理要害邊防保固疆場事。

據鎮守寧夏總兵官、都督僉事李祥呈，抄蒙臣鈞帖前事，會同鎮守太監葛全、巡撫右僉都御史劉憲、副總兵、都指揮僉事衛勇，備行各該營堡及寧夏等四衛，催促原擬官軍扣期赴工，及擇本年三月二十七日卯時，本職親詣告祭破土，四月初一日，於本鎮橫城興工，築打邊牆。緣由到臣。

案查，先於正德元年十二月初九日，欽奉勑："先因花馬池等處邊防久弛，勑爾用心整理。近該爾會同議處各項事宜，甚為周悉，足見體國安邊至意。勑至，爾即照兵部會議過事理，於去年賑濟官銀內動支十萬兩，招商納米，以備食用。一應合用工料，預為措置停當。待相應時月，督同各該鎮、巡官，將延綏定邊營迤西至寧夏橫城，寧塞營迤西至定邊營，并橫城迤北至黑山營各處邊牆、壕塹，陸續興工，修築高厚，挑濬深闊。原無牆溝去處，一體修濬。墩臺、煖鋪、小堡待前項工程稍緩，以次修舉。其餘悉依原擬施行。勑內該載未盡者，聽爾從宜區處。事完之日，將修過工程，用過錢粮數目，造册奏繳。爾建此大議，受玆重託，必須殫心竭力，務求事可功成，一勞永逸，人無嗟怨，虜絶窺覦。朝廷免西顧之憂，邊民享太平之樂。毋或虛費財力，自貽咎愆。欽此。"欽遵。

正德二年閏正月內，行據鎮守寧夏總兵官、都督僉事李祥、鎮守延綏總兵官、都督僉事張安，并各路分守、參將等官閻綱、葉椿等各呈稱：在套達賊俱各過河去訖，套內並無聲息緣由前來。

臣會同巡撫陝西右副都御史張泰、巡撫寧夏右僉都御史劉憲議，照應修工程自寧夏横城起，至延綏定邊營迤東石澇池寧靜墩界止，邊牆三百餘里，連壕塹共該六百餘里。原擬人夫九萬餘名，若一併起派上工，誠恐督工官員顧理不周，致令苟且疎略。合將應起人夫分為兩班，每班做工一百日，頭班自三月初一日為始，至六月初十日止，次班自六月十一日起，至九月二十一日止，各工完疎放。并會行陝西布政司，先支去年賑濟官銀八萬兩，運至慶陽府寄庫，出榜招商，上納夫糧，給領官價，以備人夫食用。及會委都、布、按三司官左參政唐錦舟、副使王寅、都指揮房懷專理其事外，續因西安、平凉、固原一帶地方久旱無雨，人心憂疑，暫且停止。自本年二月十九等日以來，各該地方時雨連降，田野沾足，麥苗長茂，秋田下種，人心已安。又經行令寧夏鎮、巡衙門擇日祭告，及先起頭班寧夏本鎮、平凉、慶陽、固原一帶軍民人夫興工修築去後。

今據前因，查得應起軍民人夫兩班共八萬名：民夫西安府二萬二千名，鳳翔府五千名，平凉府五千六百名，慶陽、臨洮二府俱三千五百名，鞏昌府九千名，共四萬八千六百名。軍夫寧夏三路一萬六千五百五十名，陝西都司所屬衛所并屬衛、羣牧、操牧等所一萬四千八百五十名，共三萬一千四百名。比之原先擬奏之數，减去一萬名。每班各做工三箇月，頭班四月初一日為始，至六月終疎放，次班六月初一日為始，至八月終疎放。每夫日給口粮食米一升五合，仍令户内量貼盤纏銀，多不過二兩，隨帶供送前來，以補口粮不及。每夫十名，共備車一輛，裝載煤炒器具。每二名出席一片、椽一根，到彼列車為營，覆以椽席，用蔽風雨。

又遵照題奉欽依事理，將漢中府衛棧道之外地方，不起人夫，量徵夫價，運送工所，買辦蔬肉，每月犒勞二次。仍支茶馬項下官銀二百兩，行令陝西布政司置買藥餌，選取醫生，分派各委官處，遇有人夫疾病，即為撥醫給藥調治。及查得合用撥木，臣於去年已經差撥靖虜衛官軍於本處雪山採打，共三十餘萬，俱運至修邊處所。牆完，就為修蓋營房、煖鋪等項取用。

及照延綏寧塞營起至定邊營止，共該添造墩臺一百四十二座，築打剷削邊牆、壕塹共三萬七千二百六十丈五尺。行准巡撫延綏右副都御史文貴，會同鎮守太監劉保、總兵官張安，欽遵題准事例，起倩本鎮東、西、中三路步軍、土兵備禦軍人，延、綏、榆林三衛抽選屯丁、舍餘并延安一府所屬州、縣民夫，俱於本年二月十九日動土興工，分派地方，陸續築造。其寧夏横城以北至黑山營邊牆、壕塹，待前項大工就緒之後，地方無事，本鎮軍夫次第修理。

再照套内雖稱哨無賊寇，但恐賀蘭山後之賊窺知修邊，或有紮筏渡河之謀，不可不防。又經行令寧夏鎮、巡官，摘撥官軍二千員名，聽參將閻綱管領，於牆外架梁防護。又摘撥一千員名，聽協同都指揮保勣管領，於牆内巡邏策應。及延綏地方，已該巡撫都御史文貴議行副總兵姜漢，量領兵馬，架梁防護。各待工完，通將修過工程，用過錢粮數目，造册奏繳外。

臣聞之《易》曰："王公設險以守其國。"《詩》曰："城彼朔方。"古之帝王，制禦夷虜，未嘗不以險固城守為務。今花馬池一帶邊備疎略，地里平漫，大虜每從此拆牆深入搶掠。自花馬池、靈州直抵固原、平凉，田不得耕，畜不得牧，生理蕭條，日甚一日。皇上軫念邊方，命臣經理。臣罄竭駑鈍，建此大議，興此重役，一勞永逸，誠非得已。

但興工之初，動勞軍民，難保無怨。若憚勞卹怨，不行趁時整理，誠恐向後達賊仍前擁衆深入侵擾，則平、慶、臨、鞏、固原、靖虜等處軍民不免重遭寇掠。西安、鳳翔等府地方賊雖難到，徵調軍馬，合用粮草浩繁，乞運轉輸，勢所不免，破産陪納，困苦轉甚。今修濬前項牆塹，每班不過一百日之工。誠使邊牆完固，向後達賊不敢輕犯，人民安業，在邊者不被搶掠，在内者不須乞運，受百日之勞而享百年之利，得失利害，較然可知。夫凡"民不可與慮始，而可與樂成"，人臣不難於論事，而難於任事，況以"佚道使民，雖怨不卹"。但恐傍觀坐談之人，既不慮地方安危，又不知事情本末，且謂後來干係，非已所當，輒生異議，輕為撓沮，邊防大計付之若何？仰惟聖謨淵深，成命已定，必無是事。此臣私憂過計，犬馬惓惓一寸之忠也。

臣近患目疾痰疾，日久未痊，已經具本陳情俟命外，緣大工既興，合當奏報。為此今將經理處置略節緣由并祭告破土興工日期具本，謹具題知。

一為遵明詔更置將官以甦久疲邊人事

題：為遵明詔更置將官以甦久疲邊人事。

准兵部咨，該本部題。該臣題前事：本部看得臣奏稱：查勘過洮、岷、河州、西固、階文等五處地方，密邇諸番，叛服靡常，原設守備官員難以裁革。但守備洮州都指揮趙寧、岷州都指揮閻縉，俱各不職，欲要革罷，另行推用一節。

緣前項各該地方守備官員，既該總制官員勘稱裁革不便，合無依其所奏。本部行移本官，除將趙寧行令替職，閻縉令回原衛，仍另推相應官員前來，上請簡用，其餘俱各照舊存留守備。其稱各官家屬衆多，未免分外供應，甚又肆意侵漁，潛交番賊，誠為貽患地方，相應禁治。亦合通行本官，轉行前該守備各官，今後跟用家人，止許存留十數名在彼，其餘俱發回原衛，不許仍前多帶，以致供應太繁，軍士受害，及敢有侵尅交通等情，聽總制、巡按等官指實參奏拏問，决不輕貸。等因具題。

奉聖旨："是。欽此。"欽遵。

備咨到臣。除趙寧行令替職，閻縉令回原衛，其餘守備官員，俱各照舊存留，仍通行嚴加禁約，但有多帶家人，擾害地方，及有侵尅交通等項情弊，指實參奏拏問外。

竊照岷州、洮州二衛，設在萬山之中，極鄰番境。守備將官撫馭番夷，操練軍馬，保障地方，關繫不輕。前項不職官員既革罷，代之者若非從公慎擇其人，不無仍蹈故轍，貽患生弊。博訪得守備階文署都指揮僉事張鎬，京營協贊見在陝西聽用署都指揮僉事楊義，俱明敏疏通，長於撫馭，堪以守備岷州。平凉衛指揮使趙文、西安左衛指揮僉事楊宏，俱老成練達，熟知番情，堪以守備洮州。如蒙乞勅兵部，再行訪察，如果各官才有可取，合無奏請於張鎬、楊義內擢用一員守備岷州地方，趙文、楊宏內擢用一員守備洮州地方，各照例請勅行事，庶幾兵民不至受害，番夷可保無虞。

緣係該部題，奉欽依行令推舉守備官員事理，未敢擅便，謹題請旨。

一爲衰病乞恩休致事

奏：爲衰病乞恩休致事。

臣年五十三歲，由成化八年進士，任中書舍人。歷陞山西、陝西按察司僉事、副使、太常寺少卿、南京太常寺卿。弘治十五年十二月内，欽陞都察院左副都御史，督理陝西馬政，尋兼巡撫陝西地方。正德元年正月内，荷蒙皇上簡命總制陝西等處邊務，續蒙聖恩，陞本院右都御史。

臣稟賦素弱，血氣早衰，中年以來，耳鳴如蟬，目眩生花，元氣受虧，火邪乘之，痰暈嘔逆，時作時止，腰膝無力，行立艱辛。去冬十一月間，前往寧夏花馬池等處閱視邊兵，兩目為風沙所傷，回至環縣，赤腫疼痛，不能視物。彼因虜賊在套，又自念奉勑經理邊防，責任重大，不敢求退，已於今年正月內，具本乞取醫士前來，隨軍治療。前疾痊可。誓竭駑鈍，以圖報稱。閏正月間，虜賊出套，軍馬掣散回營。臣亦暫回平凉，整理馬政，兼治前疾。日復一日，病勢愈增，兩目轉加昏眊，行立欹側，漸成痿輭。近又加患心疾，夢寐不安，神爽飛越，稍勞思慮，怔忡不已。

緣巨受恩如天，欲報無地，方圖經營士馬，修飭邊防，使虜賊不敢侵犯，軍民得安生業，以少酬覆載生成之德。奈何器質庸凡，行能淺薄，崇階厚禄，踰分過量，事權太重，力不能勝，是以不為造物所容，未老而衰，百疾並見。若非急求休致，實恐不得生還鄉里。

再念臣原籍雲南安寧州人。臣父景，任廣東化州同知致仕，貧不能歸，寄籍湖廣巳陵縣。臣年一十二歲，以明經童子舉於朝，臣父母偕來京師。臣舉進士未一年，臣父病故，貧不能歸葬，又依臣姊氏，卜葬于直隸鎮江府丹徒縣地方。臣無子，以雲南堂兄之子紹芳為嗣，寄籍丹徒，看守臣父母丘塋。臣之一身，旅寓漂泊，蹤跡孤單，深慮却顧，益難自處，豈可久貪榮利，驅已衰之筋力，犯不知止之戒乎？

況今虜賊遠遯，河套肅清，軍情稍緩。至於經理花馬池一帶邊防事宜，合用人夫、錢粮、器具等項，臣已區畫停當，若責成陝西、延綏、寧夏三鎮巡撫官員依擬整理，自足濟事。臣孱軀病體，委的不能支持，是以昧死瀝血，上陳哀悃。

伏願皇上弘天地之量，寬雷霆之誅，憫臣衰病，察臣誠欵，放臣回還丹徒縣致仕居住，使得與田夫野老歌詠太平。或前病稍痊，將以暮年餘力，教鄉人子弟，惟忠惟孝，以為他日効用之地，所以仰酬朝廷曠蕩之恩者，庶幾其在此也。臣不勝隕越俟命之至。

緣係衰病乞恩休致事理，未敢擅便，謹具奏聞，伏候勑旨。

一爲謝恩事

奏：為謝恩事。

准吏部咨，該臣奏，為衰病乞恩休致事。奉聖旨："卿盡心為國，多効勤勞，方切委任而乃累陳有疾，懇求休致，特兹俞允，給驛回去。病痊之日，有司來說起用。吏部知道。欽此。”欽遵。

備咨到臣。除望闕叩頭謝恩，欽遵回還外，伏念臣本庸愚，荷蒙聖朝作養甄拔，歷官中外有年。近者復蒙皇上授以崇階，委之重任，涓埃無補，盛滿難堪。方圖鞭策駑鈍，不意病疾纏綿，昧死陳情，乞容休致。仰荷聖慈矜允，天語褒嘉，既許其給驛還鄉，又期其病痊起用。天地之恩，至深至厚，豺獺雖微，亦知報本。回鄉之後，若病候稍康，則殘喘餘生，皆陛下之所賜也。惟當與田夫野老詠歌舞蹈，祝萬年之聖壽，樂四海之治安。臣不勝感激仰戴之至。

緣係謝恩事理，為此具本，謹具奏聞。

一爲經理要害邊防保固疆場事

兵部等衙門尚書等官劉　等題，該本部題，該總制陝西、延綏、寧夏、甘肅等處邊務兼督理馬政都察院右都御史楊　奏。

查得臣節該欽奉勑：“先因花馬池等處邊防久弛勑，爾用心整理。近該爾會同議處各項事宜，甚為周悉，足見體國安邊至意。勑至，爾即照兵部會議過事理，於去年賑濟官銀内動支十萬兩，招商納米，以備食用。一應合用工料，預為措置停當。待相應時月，督同各該鎮、巡官，將延綏定邊營迤西至寧夏横城，寧塞營迤西至定邊營，并横城以北至黑山營各處邊將壕塹[一]，陸續興工，修築高厚，挑濬深闊。原無牆溝去處，一體築濬。墩臺、煖鋪、小堡待前項工程稍緩，以次修舉，其餘悉依原擬施行。勑内該載未盡者，聽爾從宜區處。事完之日，將修過工程，用過錢粮數目，造册奏繳。欽此。”已經欽遵會議。整理合用錢粮物料等項，起倩軍民人夫，已於本年四月初一日興工，及具題外。

臣近因有疾，奏乞休致，荷蒙聖恩俞允。欽遵將前項修邊文卷、簿籍咨送巡撫陝西右副都御史曹元接管施行，臣回還原籍養病。伏念前項修理邊防，將以保障腹裏人民，一勞永逸，誠非得已。臣比有所見[二]，荷蒙采納。今乃以病不克終事，慙負國恩，罪當萬死。

及查得巡撫陝西都御史張泰、巡撫延綏都御史文貴、巡撫寧夏都御史劉憲，俱係經該會議官員，奉勑同心協力，共成大役，今各官俱陞任去訖。竊恐此役人心懈怠，苟且疎略，徒費財力，事不經久。且邊牆雖固，未有不資兵而能守者，若既成之後，守臣不能講求規畫，布署官兵防守，則亦不能阻遏賊騎，負臣初志，以貽後責。

伏望聖明早下該部計議，責成各該新任巡撫，會同鎮守官員，照該部會議及臣等會處過事宜，督同原委都、布、按三司官員，趁時陸續整理，務期成功。既成之後，遇冬虜賊入套，尤須分布將士，慎守藩籬，使虜賊絶窺覦之念，沿邊腹裏人民不至重遭殘害。此衰病臣犬馬朴忠，不能自已之惓惓也。等因具本。

該通政使司官奏。奉聖旨："該部知道。欽此。"欽遵抄出送司。

查得先為前事，該總制陝西等處都御史楊　奏。内開：

應築邊牆自延綏定邊營迤東石澇池地界起，至寧夏地方横城止，共三百里。沿邊舊有墩臺、邊牆，委的壕塹窄淺，牆垣低薄，墩臺稀疎。乞要斟酌損益，將舊牆内外幫築，高厚各二丈，收頂一丈二尺。兩面俱築垛牆，高五尺，連牆共高二丈五尺，除垛牆根占兩面共四尺，尚餘八尺之地。每牆一丈，開垛口一處，安置轉關遮板。牆外每里添築敵臺三座，每座相離一百二十步，底闊周圍四丈五尺，收頂周圍二丈二尺，上蓋煖鋪一間。傍牆於空濶要害有水頭去處，增添小堡，高厚丈尺略與邊牆相等。墩空去處，仍酌量添築墩臺。牆外壕塹挑濬深二丈、口闊二丈二尺、底闊一丈五尺。

前項敵臺九百座，煖鋪九百間，每間用五人守之，該用軍四千五百名。無事之時，止守舊墩。每冬月河凍，不拘達賊曾否入套，即便調撥鋪軍上牆防護，及添撥軍人於新墩守哨。河開無事，疎放回營。牆上設置籌牌、梆鈴，晝夜往來巡警，廣張旗幟，聯絡相應。分委的當官員，各定鋪分護守，參將協同守備官各照所管地方提調。

虜賊若果入套，必似前窺伺侵犯，原擬徵調延綏遊、奇、土兵及寧夏副總兵等人馬，各於定邊、花馬池、興武營、清水營、靈州等處駐劄，仍各分兵於新舊小堡内按伏策應。其間應分應合事宜，又在臨期調度。如此則邊備嚴密，威武振揚，足以伐其邪謀，不敢輕易近牆。若是仍前填壕，近牆攻空，官軍出列牆上，敵臺兩邊各用鎗砲矢石攻擊，賊徒愈衆則所傷愈多。步兵擊之於牆上，騎兵待之於牆内，其鋒必沮，其氣必喪。虜賊遠來，利於速戰，入既無策，勢必遁歸。縱使犬狼不肯悔過，結衆攻圍，邊牆受敵不支，然相持之間，未免少延時日，烽火傳接，環慶、固原一帶人畜既斂，兵備既嚴，可保無失。事不得已，則我邊兵姑斂入大小城堡，以避其鋒。賊果深入，速將原拆牆口補塞，量留官軍，堅壁固守，各挑精兵襲蹤而入：陝西官軍撓之於内，俟其將遁，躡蹤而出；延寧精兵邀之於中；沿邊官軍拒之於外，賊雖梟雄，豈有善歸之理？就令小有侵掠，比至邊牆，我軍仍於牆上裏面垛口用鎗砲矢石攻擊，勢必潰亂。諸軍乘之，縱不能使其匹馬不旋，亦必大遭挫衂，可保數十年不敢入套犯邊。

及稱該用軍民人夫口粮，欲要於賑濟官銀内動支十萬，以補招商上納，俱於今年措置停當，期以明春邊方少靖，四月興工，八月完備。

等因該本部會議得：虜性桀黠，豕突狼奔[三]，非得溝牆深高，墩堡聯絡，鮮不坐受其敝。况前項地方，地廣兵分，實難防遏，連年失利，可為明鑒。今都御史楊　所陳，曲盡經營之計，事非得已。但今年民遭荒歉，來歲便未甦息。若將邊牆、墩堡、敵臺一時併修，誠恐民不堪命。合無令兵部仍行本官，准令於前項官銀内動支十萬兩，先行分委廉幹官員，隨宜招商，上納粮米，務在充實，足勾夫役關支。待明年八月，哨探河套無賊，年成有收，起倩軍民人夫，將邊牆、壕塹先行依擬幫築挑濬。其敵臺、煖鋪、小堡，候待民力有餘，然後漸次興工。此外一切處置事宜，悉依原擬施行。其用工人役，嚴督管理官員加意撫恤，使忘其勞。所築牆垣等件，務須比舊堅久，有益防守，不為徒費財力。及開奏：

延綏地方寧塞營之東有險可據，賊難馳突。寧塞營迤西至舊安邊營，舊安邊營迤西至定邊營，各九十里，川原平漫，與花馬地方相類。既無邊牆，雖有溝塹，俱為沙土擁填平滿，萬騎馳驟，不能阻遏。前此達賊每從花馬池、清水營地方拆牆深入，取其捷徑。今若將花馬池一帶邊防整飭完固，萬一黠賊自定邊、安邊之間擁衆而入，西向花馬池邊牆以裏地方，自西而南，不過稍迂百餘里，則修邊工程歸於無用，誠如巡撫都御史文貴所言。

行據三司委官參政安惟學、僉事胡經等勘量得：定邊營迤西石澇池地界起，至寧塞營迤西地界止，共長一百六十三里三百四十五步，内平漫相應築牆挑壕者一百三十一里三百四十九步，山崖險峻堪以剷削者三十一里三百五十六步。合無責成巡撫都御史文貴，照依所擬，應築牆者築牆，應剷削者剷削。但前項地方，已該文貴新築塹墩，制度精巧，非惟便於瞭望，亦可按兵擊賊，所患墩空隔越稀疎。合准本官所擬，於中空量為添築小墩臺，安在邊牆居中，墩依於牆，尤便防守。其餘溝塹、敵臺、煖鋪，俱照寧夏邊牆，一體整飭修理，但邊牆高厚丈尺，比之寧夏地方稍省。合用人夫，除本鎮外，聽於延安一府所屬州縣量數起用，務令沿邊有備，腹裏無虞。

等因又該本部會議得：胡虜譎詐，此没則彼出，東備則西侵，必須在在戒嚴，庶彼無間可投。前項地方，既該總制官員議處前來，相應依擬。但當歲荒之餘，而興此浩大之役，民力或恐不勝。合無令兵部仍行本官，轉行彼處巡撫，查勘本境地方，今年果無災傷，軍民安堵，亦照花馬池事體，起倩軍民人夫，將邊牆、壕塹先行依擬幫築挑濬。其餘敵臺等項，亦候年歲豐稔，民有餘力，然後漸次興工。中間一切處置事宜，悉依原擬施行。務使工程堅完，民不告勞，虜賊絶西入之望，邊方享永久之利，斯為盛舉。又開奏：

寧夏横城北黄河東崖，舊有邊牆一百八十五里，壕塹一道，高厚深闊悉如花馬池一帶。城塹之數，自南而北，有長城十八墩。後守臣恐有稀疎，每墩空内添設一墩，共見在墩臺三十六座，牆裏套内地方，又設石嘴、暖泉二墩瞭守。其第十八墩與河西黑山營鎮遠關相對，每年於黑山營屯聚人馬，阻遏虜騎，以為寧夏北門鎖鑰。前人綜理周密，深有所見。節因寧夏守臣怯懦，士馬削弱，河東墩軍累被套賊撲捉，既將石嘴、暖泉二墩廢棄，遂將新舊三十六墩俱廢而不守，謂之備夏不備冬，却止於河西築立墩臺一十五座守瞭。由是套賊多寡，遠近消息，通不知覺。又因黑山營曾被虜賊攻圍，遂將官軍那入平虜城操備，由是平邊城為極邊要害，平人往往不得耕牧。殊不知撲捉墩軍，窺伺城堡，乃虜寇常事，顧吾所以待之者何如耳？吾能往，彼亦能往，我退一尺則彼進一尺。河東墩臺即不可守，使賊乘凍渡河，則西岸之墩獨不可掏空乎？黑山營有備，則平虜為腹裏。今廢黑山營而不守，使賊近窺平虜，亦將并廢之乎？是皆不通之論也。

今花馬池一帶邊牆既欲幫築高厚，又於牆盡頭横城之南添築一堡，量屯兵馬防禦，河開之後，縱有侵套賊，不能為患。但恐冬深河凍，踏冰而西，仍謀入寇，容或有之，意外之防，不可不謹。所據河東三十六墩邊牆、壕塹，誠宜幫築修濬，河西黑山營誠宜屯宿重兵，但前既修延綏、花馬池一帶邊牆，工程浩大，力不能及。合無行令寧夏守臣，明年將河東新舊三十六營，坍塌損壞者，量為修補，照依舊規，撥軍守瞭，與河西墩臺烽火相接，不至失誤官軍應援。稍候一二年，仍將前項橫城以北三十六墩牆塹，悉照花馬池一帶邊防，幫築高厚，挑濬深闊，敵臺、煖鋪，護守官軍，一體處置整理。仍挑選精鋭人馬，於黑山營按伏，以為平虜城聲援。

等因又該本部會議得：河東三十六墩并河西黑山營，若使戍守嚴備，踏冰虜賊不敢輕忽，平虜地方益重保障。今若棄而不守，是撤藩籬而守門庭，堂陛之患，勢將必至。今總制官員奏要修復舊制，誠得前人綜理至計，相應依擬。但大工併作，民力委有不堪。合無令兵部行令本官，轉行寧夏守臣，將前項河東新舊墩臺坍塌損壞者，照依舊規，暫且量為修補，撥軍守瞭，與河西墩臺烽火相接，以備虜賊過河。候各該工程稍集，仍依原擬，修築施行。各該工完之日，通將用過錢粮數目，修過工程丈尺，備造文册奏繳。等因具題。

奉聖旨："是。都准擬行。欽此。"已經通行請勅各官，欽遵去後。

又為前事，准工部咨，該總制陝西等處都御史楊　奏稱：

行據寧夏鎮、巡等官回稱。備行各該營堡及寧夏等四衛，催促原擬官軍，扣期赴工，及擇本年三月二十七日，本職親詣告祭破土。四月初一日，於本鎮橫城起興工，築打邊牆。緣由到臣。

案查，正德二年閏正月内，行據鎮守寧夏總兵官都督僉事李祥，鎮守延綏總兵官都督僉事張安、并各路分守參將等官閻綱、葉椿等各呈稱：在套達賊俱各過河去訖，套内並無聲息緣由前來。臣會同巡撫陝西右副都御史張泰、巡撫寧夏右僉都御史劉憲議照，應修工程自寧夏橫城起，至延綏定邊營迤東石澇池寧靜墩界止，邊牆二百餘里。連壕塹共該六百餘里。原擬人夫九萬餘名，若一併起派上工，誠恐督工官員顧理不周，致令苟且疎略。合將應起人夫分為兩班，每班做工一百日，頭班自三月初一日為始，至六月初十日止，次班自六月十一日起，至九月二十一日止，各工完疎放，并會行陝西布政司先支去年賑濟官銀八萬兩，運至慶陽府寄庫，出榜招商，上納夫粮，給領官價，以備人夫食用，及會委都、布、按三司官左參政唐錦舟、副使王寅、都指揮房懷專理其事。及行令寧夏鎮、巡衙門，擇日祭告，并先起取頭班寧夏本鎮、平凉、慶陽、固原一帶軍民人夫，興工修築去後。

今據前因，查得應起軍民人夫兩班共八萬名：民夫西安府二萬二千名，鳳翔府五千名，平凉府五千六百名，慶陽、臨洮二府俱三千五百名，鞏昌府九千名，共四萬八千六百名。軍夫寧夏三路一萬六千五百五十名，陝西都司所屬衛所并護衛、羣牧所一萬四千八百五十名，共三萬一千四百名。比之原先擬奏之數，减去一萬名。每班各做工三箇月。頭班四月初一日為始，至六月終疎放，次班六月初一日為始，至八月終疎放。每夫日給口粮食米一升五合，仍令户内量貼盤纏銀，多不過二兩，隨帶供送前來，以補口粮不及。每夫十名，共備車一輛，裝載烘炒器具，每二名出蓆一片，椽一根，到彼列車為營，覆以椽蓆，用蔽風雨。

又遵照題奉欽依事理，將漢中府衛棧道之外地方，不起人夫，量徵夫價，運送工所，買辦蔬肉，每月犒勞二次。仍支茶馬項下官銀二百兩，行令陝西布政司置買藥餌，選取醫生，分派各委官處，遇有人夫疾病，即為撥醫給藥調治。及查得合用撥木，臣於去年已經差撥靖虜衛官軍於本處雪山採打，共三十餘萬，俱運至修邊處所。牆完就為修盖營房、煖鋪等項取用。

及照延綏寧塞營起至定邊營止，共該添造墩臺一百四十二座，築打剷削邊牆、壕塹共三萬七千二百六十丈五尺。行准巡撫延綏右副都御史文貴，會同鎮守太監劉保、總兵官張安，欽遵題准事例，起倩本鎮東、西、中三路步軍、土兵備禦軍人，延、綏、榆林三衛抽選屯丁、舍餘并延安一府所屬州縣民夫，俱於本年二月十九日動土興工，分派地方陸續築造。其寧夏横城以北至黑山營邊牆、壕塹，待前項大工就緒之後，地方無事，本鎮軍夫次第修理。

再照套内雖稱哨無賊寇，但恐賀蘭山後之賊窺知修邊，或有紮筏渡河之謀，不可不防。又經行令寧夏鎮、巡官，摘撥官軍二千員名，聽參將閻綱管領，於牆外架梁防護。又摘撥一千員名，聽協同都指揮保勣管領，於牆内巡邏策應。及延綏地方，已該巡撫都御史文貴議行副總兵姜漢，量領兵馬，架梁防護。

及又稱：

建此大議，興此重役，動勞軍民，難保無怨。若憚勞恤怨，不行趁時修理，誠恐向後達賊仍前擁衆深入侵擾，則平、慶、臨、鞏、固原、靖虜等處軍民不免重遭寇掠。西安、鳳翔等處地方賊雖難到，徵調軍馬，各用粮草浩繁，乞運轉輸，勢所不免，破産賠納，困苦轉甚。今修濬前項牆塹，每班不過一百日之工。誠使邊牆完固，向後達賊不輕犯，人民安業，在邊者不被搶掠，在内者不須宂運，受百日之勞而享百年之利，得失利害，較然可知。夫凡“民不可與慮始，而可與樂成”，人臣不難於論事，而難於任事。況以“佚道使民，雖怨不恤”。但恐傍觀坐談之人，既不慮地方安危，又不知事情本末，且謂後來干係，非己所當，輒生異議，輕為撓沮，邊防大計付之若何？仰惟聖謨淵深，成命已定，必無是事。此臣私憂過計，犬馬惓惓一寸之忠也。等因具本題。

奉聖旨：“該部知道。欽此。”欽遵。抄出備咨送司。行間，今准前因，案呈到部。

看得陝西等處總制、都御史楊　奏稱：花馬池一帶牆墩臺，遵奉前該欽依，已於今年二月以來興工修築。但伊近因養病還家，而各經該巡撫官員張泰等又俱陞任去訖，誠恐此後人務苟簡，事難經久，又慮成功之後不能設法防守，亦為無補。欲要責成新任各該巡撫并鎮守等官，查照原擬，趁時陸續整理，務期成功。遇冬仍分兵慎守，以絶虜患一節。

切緣前項地方，墩牆疎薄，既無地險可據，兵將寡弱，又無人力可倚。所以虜易為患，我常失利。其都御史楊　，身任總制之責，熟察邊患之由，特建前議。雖知大役之興，民所難堪，然為永逸之圖，事非得已。本部先已依擬，題奉欽依，行令欽遵去後，今本官既已患病解職，而又該同事巡撫官員，又俱遷轉别任。前項工程雖已擇日興工，委官督理。然官非經由，則錯繆之弊或有不免；計失防禦，則修築之功亦為徒勞。況糴買口粮，已費在官銀一十餘萬，貼備盤費，又起户役銀一十六萬，以至犒勞藥餌之需，撥木採運之勞，皆本官精神運用，計慮周悉所及。一旦付之新任各該巡撫官員，及更用别項未諳之輩，切恐事無統紀，人為異同，不無錢粮徒費，事工無成，而邊方保障之功一隳而再難就緒矣。

以臣等愚見，必須仍專諳練大臣一員前去，總理提調，方克有濟。儻蒙聖明俯從所請，候命下之日，本部會官推舉歷練老成、熟知邊事者數人，上請簡用一員，請勑前去，督同各該鎮、巡等官，查照本部先今奏奉欽依及都御史楊　等會處過事宜，將前項議修工程，逐一查勘。各該起倩人夫是否見在用工，即今有無，修築多寡，就便督率原委都、布、按三司官員，趁時陸續用心整理，務期經久完固，足禪保障。既不許玩愒遷延，致妨邊務，亦不許苟且疎略，徒費財力。如是各起工役俱已了完，仍要規畫方略，布署官兵，委任各該鎮、巡等官，督屬慎固封守。若中間尚有未盡應處事理，從宜廣集忠謀，區畫停當，徑自施行。惟在藩籬之勢既固，軍士之威益壯，可以絶虜賊覬覦之念，免邊民創殘之害。工完之日，徑自具奏回京。仍將修築過工程丈尺，用過錢粮數目，造册奏繳。本部差官閲實，上請定奪。庶使垂成之功不至廢弛，而防邊之計可圖久遠矣。等因具本題。

奉聖旨："是。便會推諳曉邊事的兩三員來看。欽此。"欽遵。

臣等會同太師兼太子太師、英國公張懋、吏部尚書許　等，從公推舉得兵部左侍郎文貴、都察院右副都御史張鼐、巡撫陝西右副都御史曹元，俱各諳曉邊事，堪以委任。伏乞聖明於内簡命一員，若用侍郎，仍量兼憲職，以便行事。令其請勑前去，查照兵部前該題奉欽，依内事理，欽遵施行。仍令兵部行移各該鎮、巡等官，各查照原奉勑諭事理，一體同心協力，共成大事。毋得視常怠玩，致有妨誤。

緣係推舉總理邊務大臣，及奉欽依"是。便會推諳曉邊事的兩三員來看"事理，未敢擅便。

正德二年六月初十日，本部等衙門尚書等官劉　等具題。

本月十三日，奉聖旨："官不必差。修築邊牆且罷。見在餘剩錢粮，着巡撫等官查理，秤盤見數，銷鎔成錠，差人解京。欽此。"

【校記】

[一]"將"字，四庫本為"墻"。

[二]"比"字，四庫本為"凡"

[三]"豕突狼奔"，四庫本為"深入敢戰"。

關中奏議全集卷之十

後總制類

一為邊務事

欽差總制陝西延寧、甘涼軍務都察院都御史臣楊　謹題：為邊務事。臣於本年五月初四日，在於原籍直隸鎮江府丹徒縣。

該錦衣衛舍人王諫齎捧節該欽奉勑："今仍命爾總制陝西延綏、寧夏、甘涼等處各路邊務。欽此。"欽遵。

除具本謝恩及將起程日期奏報外，伏念臣本書生，不諳戎務，誤蒙簡命，夙夜兢惕，不敢自寧，兼程前進，本月二十一日，到於陝西地方。訪得寧夏叛逆首惡周昂、何錦等，已就擒戮。蓋由皇上神武布昭，德威遠被，不待加兵，地方底定，誠宗社萬億年無疆之休也。臣切恐大變之後，人心驚疑，或有潛入套中，遁往山後，勾引虜賊，重為後患。已經出給榜文，差官星馳齎往彼處地方張掛，奉宣朝廷德意，曉諭四衛官軍人等：除有名首惡不宥外，其餘脅從之徒，已有節奉詔勑宥免恩例，各安職役，照舊生理，無懷驚疑。各該部領官員，務要加意撫恤，不許聽人讎攀誣指，濫及無辜。若是原謀首惡未曾捉獲盡絶，亦要設法擒拿，毋令潛逃，引賊為患。臣仍兼程前去，欽遵相機行事，防禦虜寇外，緣係緊急邊情事理，為此，今將臣到於陝西地方行事日期具本，謹具題知。

一為衆官反逆殺死鎮巡大臣等事

題：為衆官反逆，殺死鎮、巡大臣等事。

准兵部咨，該本部題前事。會官議得：慶府安化王寘鐇叨居遠裔，安享厚祿，不知感恩圖報，却乃逆理亂常，交結逆賊何錦、周昂、丁廣等，謀為不軌，戕害重臣，反形已彰，天誅難逭。伏望皇上斷以大義，先將寘鐇削去封爵，俟擒獲之日議罪。再乞命將專征，聲罪致討。等因具題。

奉聖旨："寘鐇交結群小，殺害鎮、巡重臣，占據城池，索要軍馬地圖，反形已露。卿等既這等說，遣官祇告宗廟，革去寘鐇王爵，正名討罪。着都察院右都御史楊　提督軍務，涇陽伯神英掛平朔將軍印，充總兵官，一同節制京營并陝西、寧夏、延綏、甘涼各路軍馬，前去勦殺。各寫制勑與他。欽此。"欽遵。

備咨到臣。切照逆賊何錦、周昂、丁廣等交結寘鐇，潛謀不軌，罪惡滔天，神人共怒，天討之所必加，大義之不容已。皇上軫念西土蒼生，恐遭荼毒，致煩京營人馬，冒暑遠征。此與虞舜有苗之征，高宗鬼方之伐，異世而同揆者也。

臣初到陝西，提督軍務勑書尚未齎至。各鎮將官相離尚遠，未據呈報。傳聞鎮守陝西總兵官曹雄，與寧夏遊擊將軍仇鉞內外約應舉兵，將周昂擒斬，何錦等拏獲，寘鐇拘禁在官，軍民安堵，地方無事。此皆仰荷宗社神靈之福，皇上聖武之威，將帥効忠，士卒用命，不逾兩旬，罪人斯得。若使曠日持久，此賊外引胡寇，內扇人心，為患誠難測度。臣今仰遵勑旨，星馳前去，撫諭軍民，申明號令，務俾經久無事。但入關以來，道路相傳，京軍將至。此風傳至寧夏，彼反側之徒，未免心懷驚疑，恐生他患。況時方盛暑，迤西一帶水土鹹苦，人馬易生疾疫，其可慮不獨縻費粮草而已。

竊料各鎮將官必已將事寧緣由具奏，此時廟謨必有區處。若待親到彼處，方纔論列，不無耽延月日，徒勞人馬。但地方安危所繫，臣責任重大，不敢不言。伏望聖明乞勑該部查議，如果各鎮奏報事寧，合無將京營軍馬急為取回，以安反側之心，以免供億之費，不勝幸甚！

緣係取回京軍事理，未敢擅便，為此具本，謹題請旨。

一為擒獲同謀叛賊撫諭軍民以靖邊境等事

題：為擒獲同謀叛賊，撫諭軍民以靖邊境等事。

臣自到陝西地方，節據鎮守陝西、寧夏總兵官曹雄、楊英各呈稱：擒斬叛賊，地方寧靖緣由前來。訪得彼處人心驚疑未定，此蓋愚昧之徒自知罪不勝誅，故寬釋之詔雖降，而反側之情未安。臣將朝廷誅勦首惡，分斬脅從德意出榜，差官齎去張掛曉諭：一應官軍土漢人等，各安職役，勿懷驚疑。部領官員加意撫恤，不許聽人讐攀誣指，濫及無辜，及詢軍民疾苦，禁革各衙門科擾剥害情弊，俱通行外。

續該欽差總督軍務御用監太監張訪得[一]，前項叛賊，首惡造意者雖已斬獲，其同謀黨惡者實多脱漏。節差旗牌官楊義、山玉、王瓛、谷大中等星夜兼程前去寧夏地方，督同鎮、巡等官，將未獲同謀賊黨夜不收申居敬等五十八名陸續捉獲監候。及又書寫大字榜文，宣布皇上恩威，曉諭本城官舍軍民人等，俱要安心樂業，各保身家。彼處人心，始漸安妥。

本年六月十二日，臣等俱到寧夏靈州守禦千戶所。據寧夏鎮、巡等官總兵官楊英等呈稱：先獲寘鐇并的親宫眷台溍等，及反賊何錦等，連的親家屬并後獲同謀反賊申居敬等，共四百五十五名口，先解過河聽候。等因臣會同欽差總督軍務御用監太監張永議照，各賊未經查審，恐有異詞，及看得各該守臣各呈原奏本内事情，多有不同。會案通行，帖仰鎮守陝西總兵官曹雄，會同寧夏鎮守太監張弼、總兵官楊英，巡撫都御史馬炳然、巡按御史周廷徵，督同都、布、按三司委官，審取供詞，分别造意根因，首謀、共謀、脅從等第，及行巡按御史周廷徵，督同守、巡官員，查勘各官原奏報功次，務取歸一情詞回報。

續該太監張據寘鐇男鼒梧妻沈氏哭説，被拿之時，混失三歲幼男唤名老哥兒等情。看係寘鐇嫡派親孫，就差頭目劉奎及帖仰鎮、巡等官，當將幼男老哥兒尋獲，見在。及又看得寘鐇見患傷寒病症，何錦亦患噎食病症，各令撥醫調治，及宫眷人等，已選良善婦人看守，供送飯食，各施行外。為照寘鐇肆行反狀，非何錦等不能起事，何錦等非申居敬等同謀，不能張威。彼此結搆為惡，占據城池，索要軍馬地圖，殺害大臣，鑄造銀印關防，偽封官爵，意欲搆連醜虜，侵擾邊疆。幸而仰仗宗社威靈，聖神妙算，旬月之間，盡遭擒戮。所據同謀叛賊實非脅從之比，若不從重處治，無以示懲天下。除待各賊問明，將寘鐇眷屬伴送，何錦等家口押解赴京，并追收冊印、官服、儀仗等物，及追各賊家産財物，籍没入官，與各鎮官軍獲功大小，俱另行具奏外。

緣係擒獲同謀反叛賊寇，及撫諭人心，以靖邊境事理。為此具本，謹具題知。

【校記】

[一]“張”，此後空格四庫本為“永”。

一為謝恩事

奏：為謝恩事。

頃因寧夏賊臣何錦等叛逆，臣奉勑總制陝西各路軍務，前去撫諭誅勦。正德五年五月三十日，行至西安府乾州。據寧夏差百戶蔡明，赴京奏事回還，齎捧節該欽奉勑諭：“今命太監張總督軍務[一]，涇陽伯神英掛印充總兵官，爾就彼提督軍務，統領京營官軍三萬員名，調集陝西、寧夏、延綏、甘涼等處漢土官軍人等，分路進勦，一同行事。事寧之日，星馳奏報，爾仍在彼總制軍務。欽此。”欽遵。

續該冠帶舍人楊秀領齎内府公文，欽奉聖旨：“賞差往寧夏等處勦殺賊寇、提督軍務都察院右都御史一員楊　銀三十兩，紵絲二表裏，内大紅織金胸背獬豸一表裏，該衙門知道。欽此。”欽遵。備云到臣，除欽遵收領，望闕叩頭謝恩外。

伏念臣本書生，不諳軍旅，誤蒙簡命，授以提督軍務之權，重以白金文綺之賜。仗天之威，臣等未至地方，將臣宣力，士卒用命，罪人斯得，邊境底寧。臣感恩徒切，深媿無功，惟當罄竭庸愚，修舉邊務，勉圖來効，以塞厚責。臣不勝感激仰戴之至。

緣係謝恩事理，為此具本，謹具奏聞。

【校记】

[一]“張”，此後空格四庫本為“永”。

一為遵奉勑諭起解反逆賊寇事

題：為遵奉勑諭，起解反逆賊寇事。

據鎮守陝西總兵官、署都督同知曹雄會同鎮守寧夏都知監太監張弼、巡撫寧夏右副都御史馬炳然、鎮守寧夏總兵官、署都督僉事楊英、巡按陝西監察御史周廷徵各呈前事。行據陝西都司等衙門都指揮僉事陳善呈，會同陝西布政司右參議許莊、陝西按察司副使黄繡，將先後擒獲何錦、申居敬等取出，責與革爵安化王寘鐇面證，逐一研審原先起謀根因，首謀、共謀、脅從情節，及見在、殺死、病故人犯姓名，明白取具備細供詞。除偽封將軍銀印、關防并封官命詞、告示板榜及各犯家財産業另行外，今將取到供詞呈乞施行。等因據此。

案查，先蒙欽差總督軍務御用監太監張鈞帖[一]，會同欽差提督軍務、都察院右都御史楊一清議行前事，已經會行去後。

今據前因，各職恐有不的，會同重取何錦等一干人證到官。審據何錦供：年四十歲，原籍直隸廬州府六安州人。先任寧夏右屯衛後所百户，招軍陞副千户。正德三年，納銀授都指揮僉事。正德元年，有先未殺寧夏衛儒學生員孫景文，黜退生員孟彬、史連，不時常往今革爵安化王寘鐇府行走情熟。一日酒後，寘鐇向孫景文説："曾有人相我有帝王像貌。"又有寄住未到師婆王九兒會跳鸚鵡神，每神降時，就呼寘鐇是"老天子"。以此，寘鐇動心。因無兵權，一向延捱，不得起手。

正德三年七月十五日，有例納銀陞職，錦與先未殺都指揮周昂借銀二百兩作保，錦借寘鐇銀二百七十兩，周昂借銀二百兩，俱納級陞都指揮，以後往來稠密。正德四年八月内，寘鐇使令未到校尉史成，邀請錦與周昂、孫景文、孟彬、史連及先前在府唱詞無目人張會通到府。喫酒間，寘鐇言説"如今時世不同，人民難過。人説我有天分，你們若肯扶我為主，必成大事"等語。錦與周昂等各聽允，當就對天發誓，不許泄漏事情。彼有今在官本府教授高元吉不能覺察。

正德五年正月初六日，遊擊將軍仇鉞因有聲息，領兵往玉泉營按伏。本年二月内，有周少卿前來寧夏丈量地土。三月二十三日，又有分守關西道侯參議亦到寧夏催粮。本月二十六日，寘鐇向錦等謀説："你們拖欠錢粮、馬價數多，追徵緊急，人心慌亂，正好乘此機會，將前者所謀大事舉行，人無不從，但恐人少不能成事。"錦等聽記，因思先未殺指揮丁廣，千户楊泰、陳忠、胡濟、王輔，百戶魏鎮、陳賢、朱霞、姚鐸、雷英、李榮、李森、劉鉞、何鋭、胡璽等，多係掌印管屯、管隊官員，常受比較，必然忿恨，易於糾合。錦謀令孫景文置酒，將各官與孟彬及教讀殷哲請到孫景文家内。會飲間，孫景文説："你衆人錢粮、馬價無從辦納，不時比較，何日是了？今安化王算有天分，要舉大事。若肯取巧將三堂殺了，扶立安化王為主，必定成事。我們同享富貴，却不强如比較喫打。"丁廣等意正忿恨，各稱"情願"等語。隨即孫景文開具姓名，當天焚香發誓，及喫血酒。就計說：“着安化王殿下置酒請三堂到府，衆人齊來，將他們殺死，奪了兵權，傳檄起兵，有何不可！”謀畢，衆人說：“好。”各散。次日，孫景文向寘鐇備說前情，回報甚喜。本日，寘鐇思起平虜城充軍逃回千戶徐欽常在府内藏躲，必肯從謀。又令先未殺儀賓夏琳親去平虜城與徐欽約謀，轉約先未殺百戶朱洗，舍人蔣泰、程保、胡英、賈浩、朱成、王卿、孫浩、張閏、楊舉、徐愷，軍人陸原保并見在張欽等到家。説稱：“安化王要替寧夏人做主起兵，差人來約我們，此事有益，不可推却。”各人亦就依聽，約定下月初五日早到城，當令夏琳回說。三月二十九日，姜總兵分付周昂挑選精鋭夜不收五六十名，遇警前哨殺賊。周昂思得前項謀事人少，正合機會，於四月初三日，選得在官夜不收申居敬、馬官保、鎖七兒、耿婆孫、史三、張成、陳旺孫、陳均生、陸升保、楊敬先、龐守信、鄒貴二、施官得、宋驢兒、朱千昇、陸巴子、匡升、王興、古興兒、任從義、竇克敬、韋名四、孫昇保、林伏進、夏保保、張成、李榮闞、朱永年、王天惠、張友文、郁小一、馬五、安伯狗、陳拜拜、陳士中、郭雙孫、謝官音奴、張禮、谷顯中、劉文善、李安子、侯得、朶列哥、李伏二、吴成、林雄、韓當兒、芮和、姚正、楊長孫、倪小弟、張來兒、汪成、沈官兒、王子厚、先未故尤全、羅漢、藍真、鄧全、戴平共六十名，着令常在身邊跟用。本日辰時，寘鐇差今在官同謀百戶李蕃前去邀請三堂并周少卿，假說與新來李太監接風，約至本月初五日會飲。

初三日午時，副總兵楊英因有聲息，領兵往楊顯堡按伏。初五日早，周昂聚集申居敬等到家，將大門關閉，向申居敬等言說：“如今追併你們欠的馬錢至急，今日又該比較。人說安化王有福，你衆人肯跟隨我扶助安化王為主，得了天下，你我衆人都做了大官。”各人忻喜承應。當即取出線香一把，令衆人當天各拈香說誓，及各與酒三鍾。飲訖，就令在家伺候。隨差先未死夜不收藍真前來與錦說知。錦就使令未到周全保前去請丁廣、孫景文、胡璽分投相約楊泰等，俱至周昂家内取齊。周昂等又計說：“今在官指揮張欽係管夜不收把總官，若不用他，恐有後害。”就令魏鎮前去賺請張欽亦到周昂家内，備說前情，張欽依從。寘鐇復差李蕃前來周昂家内言說：“止請得姜總兵、李太監、鄧監鎗到府，其餘不來。”是錦同周昂、丁廣等佯言要出兵截殺，各帶家人伴當，并申居敬等各披執軍器，將各巷口把住。寘鐇令先未殺本府儀賓高嵩、夏琳、千户王環、家人王保，并孟彬、殷哲與先未故高聰男高士俊、今在儀賓韓廷璋各藏兵器，先在殿後埋伏，及令今在官知情内使姚玉、施恩、田成、韓宣、王堂在傍隨侍。彼有今在儀賓謝廷槐來府伺候，方纔知覺，事已窘迫，只得在傍答應使唤。寘鐇先與各官把酒。序坐間，錦等領前項夜不收人等到於安化府前，一齊撲入殿内。錦與高嵩等各執鐶刀，裏外相合，丁廣并弟丁二哥子、魏鎮，將姜總兵砍訖二刀，不死，錦照頭、臉再砍一刀，方死。高聰、高士俊、高嵩、王保將李太監殺死。高嵩、高聰又與楊泰、姚鐸將鄧監鎗殺死。錦同周昂、丁廣當率官軍前去都察院，又與姚鐸、陳賢、胡璽將安都御史當堂殺死，正遇都指揮楊忠在院稟事，亦被周昂、丁二哥子殺死。史連同未到指揮馮經，并先未殺舍人馮濟，未到閻添孫等一齊到按察司前，將周少卿、同書吏屠成、岳寧三人殺死。雷英、姚鐸、申居敬等到鼓樓街遇都指揮李睿，亦就殺死。魏鎮、王輔又到公議府，尋殺侯參議，正遇大使張瓛在内稟事，并與書吏董良佐一同殺死，書吏杜緒、劉尚禮殺傷，侯參議知覺脱走。錦當時差人將各監重囚四十四名盡數脱放，又將各衙門文卷盡行燒毁，又將閒住曲都御史并妻子砍傷，及各官原領制勑、符驗、印信、關防、旗牌、家財人口盡行搶去。不知名軍人夜不收亦乘亂混搶。又令李森將黄河官私大小船并魚船共一十七隻掣去横城西岸灣泊，委未殺充軍百户姜永看守。本日，指揮尹清、都指揮劉端，慮恐禍及，急走出城，前去楊顯堡報與楊副總兵知會。

初六日，侯參議被鎮撫楊剛尋獲，捉送寘鐇處。本官不肯屈服，綁送寧夏左衛監禁，言説："留着祭旗。"及有管粮張通判亦被捉去安化王府内，强逼使用。本日，錦與周昂等，率衆扶立寘鐇為主，朝暮朝拜，聽其命令。寘鐇令孫景文寫告示張掛，以收人心。又寫令旨二道，并錦等書二封，差未到鎮撫陳淮、百户阮宣調取楊副總兵、仇遊擊前來聽用。各官收訖前項令旨書信，心實不從。當日，楊副總兵分付官軍要往王宏堡，彼有都指揮胡顒并各軍士陸續潰散，走回寧夏城内，及將旗牌賈欽祖亂打身死。楊副總兵無奈，只得與尹清往廣武營轉渡靈州去訖。本日，仇遊擊領軍回城，寘鐇令伊卸去衣甲什物等件，方得入城。後將原領遊兵人馬，分散各隊。本日，寘鐇又出令旨帖子與姜永今在男百户姜忠，管河西關遞運所，兼管三十六堡。又寫令旨五張，調取中衛、廣武、興武、花馬池、靈州等處兵馬地圖，及調官軍前來領賞。本日未時，儀賓夏琳原約平虜城官舍徐欽等一十三名方纔到城内。有張欽一名不到，寘鐇嗔怪來遲，苦告路遠，饒了。

初六日，寘鐇要動支寧夏倉官銀賞軍，當有張通判説留在後用，不曾支去，却將寧夏等五衛賞剩冬衣布花銀兩查出聽賞。又差高嵩去慶府并各郡王、將軍人等，逼要金共五百二十六兩六分，銀八千四百八十四兩九錢，各色紵絲四百四十一疋，各色紗一十一疋，各色大絹一十五疋，青、白三梭并藍白布共一千九百四十二疋，各色紵絲紗羅衣服八件，金合包一箇到府，聽賞官軍。

初七日，守備靈州都指揮史鏞聞知前情，差夜不收李得等分投馳報鎮守陝西曹總兵官并各路將官知會。本日，寘鐇令未到銅匠楊茂鑄銀關防一顆，令未到刊字匠王得洪篆“討賊大將軍”關防字樣在上，先未死銀匠王時雍剔鑿篆文，又偽造黄令旗二十面。又令孫景文寫告諭，王得洪刊板印刷四五百張，散與各處行人，傳示腹裏地方，警動人心。彼有百戸鍾翊、陳倣為因强剥姜總兵家眷衣服，夜不收羅漢為因强搶財物，俱被寘鐇得知，拿來梟首。

初八日早，寘鐇將前項脅要慶王等府金銀緞布等物賞犒官軍人等，每官一員賞段一疋，每征操軍夜不收一名，連金布等項折算，賞銀二兩，守城軍每人賞銀一兩。

本月十二日，寘鐇封錦為討賊大將軍，就掛前項偽造關防。封周昂為左副將軍，丁廣為右副將軍，張欽為前鋒將軍，魏鎮、陳賢、楊泰、胡璽、陳宗、王輔、胡濟各為都護，朱霞、朱洗、姚鐸、雷英、李榮、李森、王環、劉鉞、何鋭、姜永各為總管，封李蕃為儀副。就頒命詞二十二張，見在二張，其餘不存。前項偽官，又每人加賞銀有二三十兩者，有十兩者。錦因夜不收羅漢被殺，藍真自縊，尤全、鄧全、戴平陸續病故，又選今在王得成、于伏佑、尤千頂補，尤千即係尤全親男，王得成、于伏佑不係原謀人數。

本月十三日，曹總兵督發都指揮黄正，帶領遊兵官軍二千四百餘員名，前到靈州駐劄，及節行楊副總兵調集靈州官軍，設法邀取船隻，巡把黄河隘口。本日，巡按周御史在延綏聞知前情，會同榆林三堂，議調副總兵侯勛、遊擊將軍時源等五千餘員名，前來策應。

十四日早，有楊副總兵、黄正、史鏞并都指揮韓斌等帶領遊兵，并靈州土、漢官軍共三千餘員名，到河東關地方順河一帶劄隊。又選差官軍中會水手者，共得鎮撫温良等二百餘員名，渡河將看船官軍射走，奪取原船一十七隻及軍器等件，掣過靈州東岸。

本月十五日，寘鐇猶恐前該五十八名夜不收不肯用心，又將官銀三百兩令周昻給賞夜不收尤千等，并不記名丁廣伴當一十四名，共七十二名。當令跟隨魏鎮、張欽等齎銀二扛先去廣武營給賞，以收人心。

本月十七日晚，有廣武營協同都指揮僉事孫隆，蒙曹總兵官帖，差人將大小二壩積垛捲埽柴草盡數燒毁。有魏鎮、張欽等到於廣武營城門宣言散賞緣由，勒要開門。孫隆不納，只登城宣言禍福利害，隨令官軍齊用日箭補鎗射打，有魏鎮、張欽等帶領人馬復回大壩。

本月十八日，楊副總兵、史鏞、韓斌，照依曹總兵原行寫書一封，令仇遊擊家人仇書童等密齎渡河，潛到寧夏城遞與仇遊擊，約令裏應外合，共舉大事。本日，姜永令在官王泰、劉雄、臧文前去花馬池等處探聽延綏軍馬消息，被把門官盤獲，送閻參將審明，解送楊總兵交收。

本月十九日，有寘鐇向錦等説稱："訪得各路人馬已在中衛、廣武、靈州等處沿河堵截，大小二壩柴草俱各燒毁，船又奪去，誠恐乞開壩口，水來難堵，又恐渡口人馬過來。你們如何處置？"錦等計議未定。

二十日，曹總兵領軍親到靈州。本日，有錦等差去巡河軍人報説，瞭見黄河南岸，人馬灰塵約長三里，往西行走。寘鐇愈加驚懼。當差錦同丁廣、張欽、楊泰、胡濟、魏鎮、胡璽、李森、陳賢、劉鉞、何鋭、姜永等統領馬、步官軍都指揮鄭卿等二千員名，錦等分領一千五百員名，前去大小二壩防守。又分與劉鉞、姜永等人馬五百，前去渡口去處把截，止留周昻在城防守。

本月二十一日，周昻差徐欽去平虜城，調軍馬一百名來寧夏聽用。

本月二十三日早，有寘鐇出城祭祀社稷、旗纛等神，使人唤仇遊擊陪祭。仇遊擊設計推病不出，周昻自來看望。仇遊擊就乘機密令伴當陶斌將周昻抱住。仇遊擊同家人來得，用鐵骨朶打死周昻，割下首級。即開門吹號頭招唤原約遊兵親信官軍楊真等一百餘人，前去寘鐇府内，將朱霞、王環、姚鐸、李榮、孫景文、史連、孟彬、高嵩、夏琳、雷英、陳宗俱殺死，又將李蕃、張會通并儀賓謝廷槐、韓廷璋擒獲，及將寘鐇并宫眷拘繫在官，侯参議疎放。就差軍人荀子先馳報曹總兵等處，又差夜不收古興兒、馬保前去大壩堡，向錦等詐説："達賊大舉從赤木口入境，攻圍西門，今傳令旨，調錦等領兵回城截殺。"是錦等聽信，即發兵起行。有古興兒暗説前情與鄭卿知會。鄭卿隨即布置所部官軍張帖木、鮑本、魏文輕，執刀將胡濟、胡璽、魏鎮、陳賢、李森、殷哲、胡英，又到河口將巡河劉鉞、姜永、何鋭等俱殺死斬首。錦與丁廣、張欽、王輔、楊泰脱走。錦原掛討賊大將軍關防，倉卒遺失。本日，徐欽帶領原調人馬一百名前來寧夏，見得城門關閉，得知周昂等被誅，隨即帶領人馬復回。行至中途姚福堡，仇遊擊差人連夜到平虜城，着落王指揮差人復到姚福堡，止將百戶朱洗殺了，其餘軍馬回城。徐欽逃走，不知去向。有在官周升長、陳敬祖係徐欽伴當，止知跟馬，不知別情，因徐欽逃走，拿解寧夏收監。

二十四日，錦與丁廣、楊泰、王輔走到賀蘭山外地名哈喇木墩，被遊兵百戶馬聰，土達馬旺、金寬，夜不收陸華等，將錦與丁廣捉鎖前來。楊泰、王輔俱被衆軍亂箭射死，張欽逃走。本日，楊總兵領軍過河。

本月二十五日，百戶姜忠被百戶李英，弟姜恕被指揮張德各捉獲。本日，曹總兵領軍過河，鄭卿等各將錦等送赴曹總兵處審實發監。本日晚，張欽飢餓難行，復回大壩河口空廟内避躲，後又潛到陳俊堡，被本堡老幼軍人劉鋭捉獲間，分守馮參將帶領官軍亦到彼處，捕捉張欽。劉鋭就將張欽送與馮參將，轉送曹總兵處，發仰寧夏前衛監候。隨於安化府尋獲姜總兵原領符驗一道，征西將軍銀印一顆，安都御史原領勑諭、符驗各一道，關防一顆，後交與新任鎮、巡官收掌。又尋獲寘鐇偽造見在黄令旗一十六杆，紅令旗六杆，令牌一十面，誓牌一面，命詞二紙，陰陽等兵書一十七本，曹總兵先已奏繳。其寘鐇鍍金銀印毁壞，鍍金冊八塊，儀仗、冠服、家財并錦等財産見在者收檢在官。寘鐇其餘家財等項俱被寧夏官軍人等乘亂搬搶無存，見今行文挨究。其餘未盡施恩等挨拿間。

五月十九日，蒙欽差總督軍務張太監先差管領神鎗太監陸誾，帶領旗牌官楊義、山玉、王瓛等三次前來。續又親統官軍人等，督令各官陸續將施恩、張欽、輔國將軍쥯材、夜不收申居敬、馬官保、鎖七兒、耿婆孫、史三、張成、陳旺孫、陳均生、陸升保、楊敬先、龐守信、鄒貴二、施官得、宋驢兒、陸巴子、朱千升、匡興、古興兒、于伏佑、王得成、任從義、豆克敬、韋名四、孫升保、林伏進、夏保保、張成、李榮關、尤全、朱永年、王天會、張友文、郁小一、馬五、安伯狗、陳拜拜、陳士中、郭雙孫、謝官音奴、張禮、谷顯中、劉文善、李安子、侯得、朵列哥、李伏二、吴成、林雄、韓當兒、芮和、姚政、楊長孫、倪小弟、張來住、汪成、沈官兒、王子厚五十八名生擒，程保、賈浩、王卿、楊舉、蔣泰、張閏、徐愷、朱成、孫浩、陸原保十名斬首，家屬

安化王孫老哥兒及各犯家屬賈洪等一百七十名口，拘獲在官。

本月二十八等日，首惡丁廣、同謀高士俊、并家屬賈九兒、賀氏、李氏，張欽、幼女賈浦周、小女賈七兒、何童生、何哇子、李氏、劉達、蔣瘦兒、蘇氏、姚氏、徐氏、王氏、于氏、張氏、謝玉、王二哥、陳氏、張氏二十四名口陸續在監患病身故，相埋明白。蒙總督軍務張太監按臨，同提督楊都御史案行陝西曹總兵、寧夏鎮守張太監、廵撫馬都御史、楊總兵官、巡按周御史，轉委黄副使、許參議、陳都指揮弔取錦等，再三研審，會勘明白。内儀賓謝廷槐因是安化王孫婿，逼脅在彼服侍，委的不知反情。軍人周升長、陳敬祖因是逃犯徐欽伴當捉來，委的不曾同謀。今蒙審供，不能隱諱，取供是實。張欽等七十四名各供與何錦供同。據此理合備由，呈乞施行。等因到臣。

查得欽差總督軍務御用監太監張[一]，該欽奉勑諭："先命爾統領京營官軍前去寧夏勦殺反賊。近得延綏鎮、巡官太監孟山等，并巡按陝西監察御史周廷徵各奏，據今陞寧夏總兵官署都督僉事楊英、陝西總兵官署都督同知曹雄等報稱：四月二十三日巳時，今陞副總兵、都指揮僉事仇鉞合謀内應，將首惡何錦、周昻、丁廣、張欽等俱各擒斬，今革爵寘鐇擒獲，地方安妥，各鎮兵馬俱已掣回去訖。今特勑爾仍到彼處會同提督軍務都御史楊　，督同鎮守太監張弼、總兵官楊英、巡撫都御史馬炳然、御史周廷徵等，將寘鐇選委的當官員伴送，爾仍同張弼入府，將寘鐇的親家屬宫眷人等，并何錦全家人口，牢固枷釘，一同押解來京，以憑處治。務要關防嚴謹，毋致疎虞。其寘鐇冊印、冠服、儀仗等物就彼追收起解，各賊財産督令鎮、巡等官籍没入官。慶王及各郡王、將軍人等尤宜詳處，以存親誼。其脅從人等，俱照節行詔旨，查審釋放。仍通行撫諭各該官員軍校人等，仍其職役，各安生業，以定人心，以靖邊境。悉聽爾斟酌議處，便宜行事。爾其體朕至意，以副委託。事畢之日，爾即星馳回京。欽此。"欽遵外。

臣本年六月十二日到寧夏地方。節據總兵官楊英等呈稱：見監并殺死寘鐇、何錦等，及今獲共謀反賊申居敬等連各賊家屬共四百五十五名口到臣。會同欽差總督軍務御用監太監張永議得：各賊未經查審，恐有異詞。已經會案通行，帖仰陝西、寧夏二鎮太監、總兵、巡撫等官，巡按監察御史、督同都、布、按三司委官審取供詞，分别造意根因，首謀、共謀、脅從等第呈來，以憑覆審。遵奉欽依，起解釋放去後。

今據前因，除覆審相同外，臣會同太監張永議照：革爵安化王寘鐇係宗室懿親，犯人何錦、張欽等皆朝廷臣子，世受國恩，罔思報稱，乃敢潛謀交結，肆行反逆，迫脅官軍，占據城池，殺害鎮、巡重臣，索要軍馬地圖，鑄造關防，偽封官爵，傳檄邊境，搖撼人心，意欲結搆醜虜，併謀侵犯中原，實地方非常之變，覆載不容之賊也。幸賴我祖宗厚德深仁，皇上神謀妙算，邊將宣力，諸軍用命，元惡首授，餘黨成擒。祖訓昭然，憲章具在。臣等固無别議。

伏覩節該欽奉勑諭："除首惡何錦等三人不宥外，脅從之徒，果係迫脅為亂者，悉與釋放，毋得濫及無辜。欽此。"欽遵。

仰見我皇上好生之德配合天地，故雖窮兇極惡之人，尚垂矜貸，臣等敢不祇承德意。緣搆亂之時，寧夏本城官軍士庶人等仰面事讐，相率朝賀，接受賞賜，聽從使令，綱常為之蕩然，名教為之掃地，言之痛心切骨。但干碍人衆，遵奉明詔，分釋脅從，悉皆放免，闗過賞賜，亦不追究。其後獲人犯夜不收申居敬等一聞周昂逆謀，即有樂從之意，殺人劫財，乘機為亂，當虐焰方張之時，實此輩黨惡所致。若欲比諸脅從之流，則情重法輕，非禁奸止亂之道。但舉事之日，方纔預謀，義兵一動，當即戢止，比之元謀首惡似有不同。數内古興兒初雖兇黨，後乃聽受仇鉞使令，傳話鄭卿捉賊，若有去逆效順之意。尤千係尤全䊵男，王得成、于伏佑係事後選補，俱非原謀之數，比之申居敬等又似不同。平虜城官舍徐欽、程保等一十一名，聽信夏琳之調，相從謀逆之舉，路自外來，情非迫脅，但伊事後方纔入城，不曾相助殺掠。除徐欽脱逃，正犯程保等十名俱已誅斬。其家屬丁口與申居敬等家屬俱各拿獲，發仰寧夏、靈州等處監候，奏請定奪。

及照安化王府儀賓謝廷槐雖不知情，係寘鐇孫婿，難以獨留故土。教授高元吉職在輔導，"顛而不扶，焉用彼相？"通合解京發落。再照事内納粟都指揮僉事胡顒，領軍在外，不顧諸將，倡率士卒潰散回城；寧夏左屯衛所鎮撫陳淮、百戸阮宣，聽賫偽旨，召調將官；寧夏前衛鎮撫楊綱，奉承賊意，尋捉分守官員，揆以春秋誅心之法，難照常人脅從之例。管粮通判張江本以章縫之流，忍聽逆賊之用，情雖出於脅從，義則難齒仕籍。臣等所見如此。

伏望聖明大奮乾斷，乞勑廷臣會同三法司詳議，除何錦等正犯外，合無將申居敬等明正典刑，梟首於寧夏地方示衆，其家屬丁口與程保等家屬，俱免解京，就彼押發南方烟瘴地面充軍隨住，庶使情法兩盡，可以警戒將來。古興兒等四名應否俯從輕典，并見解儀賓謝廷槐、教授高元吉、在任都指揮胡顒、所鎮撫陳淮、百戶阮宣、衛鎮撫楊綱、通判張江等通併原情議法奏請，明示竄謫，庶幾少存無將之戒，用防不道之萌。

臣等又竊思，皇上御極以來，何負於宗藩？何負於武臣？而寘鐇、何錦等忍為此事，以厪宵旰之憂。若一槩從寬不究，誠恐釀成姑息之風，重貽將來之害，唐末覆車，可為明鑒。況好生者天子之德，執法者人臣之義。義有不共戴天，法固難於寬縱。此外果有原謀及殺人重犯，待後事發，明白具奏施行。及照各犯脱放見監重囚四十四名，燒毀各衙門文卷中間，恐有別弊，亦合挨究處治。及寘鐇冊印、冠服、儀仗、地土，何錦等財產及遺失勑印、關防、財物等項，俱另行。

為此，今將各項人犯，除先已誅斬、病故及監候外，脱逃未到徐欽、王九兒等各拿解。無干周升長等各釋放，見在寘鐇等連的親眷屬并何錦等各家屬，分作三起，差委陝西、寧夏都指揮黄正、鄭卿等管領官軍伴送押解。其宮眷仍選取良善婦人看守，供送飯食。沿途軍衛有司，添撥軍兵民快，防護到京，奏請定奪外，緣係起解反叛賊寇事理，為此謹題請旨。

【校记】

[一]“張”，此後空格四庫本為“永”。

一為災傷事

題：為災傷事。

節據寧夏左、右、前、中護等衛左、右、中、前等千戶所百戶李旻、常泰等下屯種軍餘畢政、朱選等各連名告稱：本處地方去歲蝗蟲生發，食傷田苗，不得收成。正德五年四月以來，各人布種夏田麥豆，正當長茂結實之時，天降霪雨，連綿不絶，熱氣濕蒸，以致小麥生丹枯死，豌豆亦被二蟲食傷，大麥粃細無收。見今軍民難過，各家老稚男女尋挑野菜充飢度日。切思徵粮在邇，無從措辦，告乞分豁。等因到臣。已行鎮、巡衙門勘驗所告虛實，災傷輕重，明白行來，以憑會處具奏去後，未報。

臣親詣前項地方，督同各該大小官員再三詢訪，委的寧夏一鎮，連年為因徵科繁急，人民已是困敝。去歲夏秋田苗蟲傷，今年被反賊殘害，加以達賊不時入境搶掠，愈加狼狽。臣偕鎮、巡等官宣布德意，極力撫綏，猶恐不能安業。不料又遭霪雨虫傷，收成無望。若再追徵税粮，救死扶傷之人，奄奄喘息，其何以堪？未免逼令逃竄，將來事變，猶有可憂。

如蒙伏望聖慈，憫念極邊地方傷殘困苦軍民，乞勑該部，計議上請，合無不拘常例覈勘，特降綸音，將寧夏一鎮前項該徵夏粮，早為蠲免除豁，以安人心，以靖地方。不勝幸甚！

緣係邊方災傷事理，未敢擅便，為此具本，謹題請旨。

一為更易主將以撫安人心保障地方事

題：為更易主將以撫安人心，保障地方事。

臣節該欽奉勑："事寧之日，仍要更易部領，申明號令，俾其經久無患。欽此。"欽遵。

照得寧夏經變之後，反側未安，政務懈弛，將欲一新號令，全在部領得人。除將各該領軍、坐堡、掌印、管屯等官，會同鎮、巡從公推訪委用，應更調者更調，應黜革者黜革，各施行外。竊見新任總兵官署都督僉事楊英，素諳邊務，亦善治兵，比歲追勦達賊，多有斬獲。但初為副總兵，領軍在楊顯堡按伏，一聞何錦等搆亂，所統官軍潰散回城，不聽約束，致將旗牌賈欽祖打死，本官只得罄身同指揮尹清奔往廣武，隨即過河奔至靈州。其後資藉曹雄、史鏞、黄正、韓斌諸將兵力，邀取船隻，卒成桑榆之功。彼時朝廷因見鎮、巡官員俱被殘害，就近推擢，俾總戎務，固為相應。但本官喪失之餘，士心不附，蹤跡孤危，欲御之以嚴，則猜忌轉深；欲撫之以寬，則委靡不振。臣自到寧城以來，耳聞目擊，衆口沸騰，委的難以行事。且極邊重鎮，大亂初平，撫定安輯，全賴鎮、巡。

仰惟皇上神謨妙算，洞見萬里，近日擢用新任官員，如太監張弼之安靜不苛，都御史馬炳然之廉平得體，參將保勛之志節兼優，遊擊史鏞之才略出衆，副總兵仇鉞世守武臣，威名素著，近又新建奇功，一方兵民倚以為重。凡此皆極一時之選，而主將之任，機要所關，尤在得人。况今山後之賊勢方張，河套之虜情未定，遇警調度殺賊，正係總兵之事。傳曰："地利不如人和。"身為主將，坐失人心，鋒鏑之間，小有動搖，誠非細故。但人才難得，如本官者，用之寧夏固非所宜，用之他鎮則無不可。

伏望聖明俯念邊方事重，乞勑兵部再加訪察，議擬上請。合無將楊英取回京營，或改調别鎮，另推謀勇著聞，士心素附邊將一員，代總戎務，與張弼、馬炳然等各久任責成，庶幾兵政一新，經久無患。臣責任重大，茍有所見，不敢緘默。

緣係更易主將以撫安人心，保障地方事理，未敢擅便。為此具本，謹題請旨。

一為撥補軍伍以實邊備事

題：為撥補軍伍以實邊備事。

據寧夏鎮、巡等官太監張弼等呈，會議得：本鎮興武營新設守禦千戶所，該設旗軍一千餘名，今止有官軍四百一十五員名。况本所極臨邊境，外控河套，内與花馬池、清水營聲勢連絡，防禦虜寇，係是衝要緊關去處，必須軍馬數足，易於防守。

今查革爵安化王府原有隨侍百戶李蕃一所，總旗二名，小旗十名，軍人一百名。内除百戶李蕃同謀反逆，已就誅戮，及逃故軍士九十一名外[一]，見在總旗二名，小旗十名，正軍七十九名，餘丁、成丁一百八十四名，不成丁一百一十七名，相應撥補。

合無將前見在旗軍盡數改撥興武營守禦千戶所，當軍食粮，餘丁亦隨營居住，貼軍當差。逃故二十一名，行文原籍清勾，前來本所補伍，呈乞轉奏施行。等因到臣。會同欽差總督軍務御用監太監張[二] 議得：寧夏東路花馬池、興武營二處，俱係極邊沙漠，虜賊入寇中原必由之處。為因軍伍單弱，先年往往失利。已該臣一清總制邊務之時，奏請將花馬池千戶所改設寧夏後衛，興武營改設守禦千戶所，各添撥軍人住種防守。今花馬池已添新軍五千餘名，似勾保障，惟興武營止撥到充發等項軍人，數又不敷，隨到隨逃，不得實用，武備依前單弱，誠恐將來虜賊窺伺侵犯，少有失利，貽患非輕。今據鎮、巡等官太監張弼等呈乞具奏，要將革爵寘鐇遺留隨侍一百戶旗軍改調前項地方充軍，以實邊伍一節，委的相應。臣親在寧夏地方，詢訪相同，故敢冒昧上陳。

伏乞聖恩憫念極邊重地，防虜為急，乞勑兵部議處，合無將寘鐇隨侍一百戶所旗軍盡數改撥興武營守禦千戶所，當軍食粮，餘丁亦隨營居住，貼軍當差。逃故之數，行文原籍官司清勾，前來本所補伍，以嚴武備，以壯邊城，用消虜賊窺伺之患，非惟邊方有幸，實亦陝西腹裏軍民之福也！

緣係撥補軍伍以實邊備事理，未敢擅便。為此具本，謹題請旨。

【校記】

[一]'九十一"，據下文敘述當為"二十一"之誤。

[二]"張"，此後空格四庫本為"永"。

一為分別將官功過事

題：為分別將官功過事。

行據巡按陝西監察御史周廷徵呈稱：奉臣等帖，仰會同都、布、按三司委官，即便吊查各該鎮、巡等官各奏本内事情，務取歸一。何官發蹤，何官運籌制勝，領何項人馬得獲前功？作急呈來，以憑具奏，毋得回護。奉此，遵奉會同陝西都、布、按三司都指揮僉事陳善，參議許莊，副使黄繡，調取陝西、延綏、寧夏鎮、巡等官，曹雄等節次題奏過平定反賊何錦等始末案卷，并節據各該將官開報手本。

查得正德五年四月二十八日，據延綏總兵官馬昂差總旗紀順口報，有領軍見在靈州等處截殺副總兵侯勛，遊擊時源差人報稱：反賊安化王并丁廣等被本鎮遊擊仇鉞等捉獲，周昂自刎身死，何錦走出大壩，有總兵官曹雄等計議進城平亂等情。該職看係捷音，除具題訖。

五月初三日，又准總兵官馬昂手本，開稱：有寧夏副總兵楊英差靈州夜不收張道同口報，有反官何錦、丁，領了三千人馬往大壩，看守不在。本月二十一日，楊英密地差人齎書與遊擊仇鉞。二十三日，仇鉞將首惡周昂等殺了，捉了安化王。二十四日，楊英會同參將閻綱，協同守備都指揮黄正、保勣、史鏞，各領兵馬過河。等因該馬昂會同鎮守太監孟山、巡撫都御史黄珂看係鄰土捷音，亦各將情具題，及用手本備行到職。又查得五月初八日，據今陞副總兵仇鉞手本，開稱：正德五年二月初一日，先該鎮守總兵官姜漢等會議手本，為聲息事。行移鉞統領遊兵三千員名，分布迤西大壩、玉泉等營，副總兵楊英統領奇兵三千員名，分布楊顯等堡各按伏。

四月初五日，有寧夏都指揮等官何錦、周昂、丁廣同安化王寘鐇叛逆，將太監李增、總兵官姜漢、少監鄧廣請去飲酒。何錦等帶領同謀、指揮千百戶張欽等將李增等殺死。何錦等又去各衙門將都御史安惟學、少卿周東、都指揮楊忠等亦各殺死，及將各官原領制勅、符驗、印信、關防、旗牌、家財盡行搶去無存。分守參議侯啓忠知覺脱走。次日，尋獲肘鐐監禁管粮通判張江，亦被捉拿，拘收倉庫鎖鑰，燒毀各衙門文卷、簿籍，脱放見監罪囚，掣取渡河船隻，安化王僞設官職。本日，何錦賺調鉞等兵馬，至初六日，領兵到城。楊英逢遇指揮尹清，同去廣武渡河，靈州駐劄。安化王、何錦等又將慶府并各郡王、將軍、中尉家財逼索散軍，節出令旨榜文，扇惑人心。鉞欲要召人刺殺，但原領兵馬先被何錦等盡行拆散，不容一人跟隨，外無援兵，恐獨力難成。本月初八日，得報總兵官曹雄統兵前來征勦，先發都指揮黄正遊兵三千，靈州住劄，行令黄正與副總兵楊英、守備史鏞等撥人沿河巡邏，設法邀取船隻。十四日，楊英等領兵先用馬步水手二百餘人，齊渡過河，與何錦等原差看船官軍百戶姜永等對敵，奪獲大小船一十七隻、軍器等件。

本月十八日，鉞家人仇書童在於靈州看收，同尹敬等回還，密藏副總兵楊英等書信，准總兵官曹雄手本行移鉞召集義士，約期裏應外合。又令協同孫隆將大小二壩草垛燒毀，及調集陝西各路兵馬并東、西參將等官閻綱、保勳等大軍，於二十日俱至靈州，參將馮禎，協同孫隆官軍前來大壩臨近城堡駐劄。何錦等心生懼怯。

二十二日，總兵官曹雄發把總指揮李禎等下官軍一千員名，順河前去鳴沙州駐劄。有河北巡視百戶姜永，瞭見灰塵，走報安化王，議令何錦、丁廣等領兵前去，拒守大壩，周昂在城護守。鉞乘虚密切分付都指揮鄭卿等在外擒捉，鉞在城密令心腹官舍家丁人等召撫官軍，在家潛伏。二十三日，鉞詐病睡床，周昂前來看望，鉞撲出，用刀將周昂亂砍身死。領人前去，將安化王并同謀將軍、儀賓人等陸續擒斬拘羈。又密差人前去大壩，通知鄭卿等督軍，就將何錦、丁廣、魏鎮等擒斬，張欽等脱走，及將黨惡家屬捉拿監候。二十五日，總兵官曹雄統兵前至寧夏城，鄭卿等捉送何錦等赴軍門，督同鉞等安撫軍民，人心妥貼，地方寧靖。

等因又查得，先准鎮守陝西總兵官曹雄并寧夏副、參、守備等官楊英、閻綱、保勳、史鏞等各手本，及各官奏題過本案卷内開報擒斬何錦等緣由，逐一查對明白，俱與仇鉞先報手本内情節亦各相同。

又查據寧夏參將馮禎手本，開稱：六月初三日，禎於寧夏城領兵回至陳俊堡，訪知首惡反賊張欽脱逃在堡，親督官軍將張欽拿獲，解送總兵官楊英處監候。

等因近又查准寧夏總兵官楊英手本，開稱：蒙欽差總督軍務、御用監太監張[一]，見得寧夏黨惡未盡，地方未寧，三次差遣指揮、旗牌等官楊義、山玉、王瓛，各授以成算，齎捧鈞帖、榜文前來寧夏，指示鎮、巡等官，一遵號令，將未獲同謀黨惡申居敬等六十二名，程保等一十名俱各擒斬，及將各犯家屬俱捉監候。等因亦報前來，查勘間。今奉前因，除將有功大、小人員另行造冊奏繳外，今將查勘各官奏題過擒斬反賊何錦并革爵安化王寘鐇父子人等始末來歷，并各官功次輕重緣由，理合具呈施行。等因備呈前來。

案查，先為前事，看得各該守臣各呈原奏本内事情，多有不同，會案通行巡按御史周廷徵，督同守、巡官員查勘各官奏報功次事情，務取歸一，以憑具奏去後。

今據前因，會同欽差總督軍務御用監太監張永議得：寘鐇、何錦等背棄天常，謀為不軌，窮其逆志，未可窺測。皇上命將出師，聲罪致討，雖鼎魚假息，不過斯須。然兵刃所交，未免玉石俱焚，轉輸之苦，復恐財力兩竭。幸賴皇靈丕振，聖武布昭，各鎮將官同心協力，旬月之間，坐收偉績。已蒙聖恩，或賜勑獎勵，或就為陞擢，勸忠之典，可為曲盡。

臣等切思，各官勲勞有大小，功過有多寡，奏報之言未必皆實，參詳周廷徵所呈，固已得其情狀。臣等復加廣詢博訪，方悉其真。

看得鎮守陝西地方總兵官、右軍都督府署都督同知曹雄，以鄰境主將聞變奮興，分布腹裏人馬，拒守要衝；徵調鄰境官軍，揚兵討伐。邀取船隻，以絶渡河之謀；榜示禍福，以攜脅從之黨。指畫以通仇鉞，則内應克成；權宜以用韓斌，則土人斯附。增中衛、廣武之兵以捍其所欲攻，燒大壩捲埽之草以攻其所必救。凡此調度，皆合機宜。遂使叛酋倉皇而出，義兵乘虚而起，較其發蹤指示之功，實出斬將搴旗之右。遊擊將軍、今陞副總兵、都指揮僉事仇鉞，賺調入城，跡雖可議，潛謀結義，心實靡他。既而手斬元惡，逆黨寒心；襲執叛王，闔城生氣；奮臂一呼，罪人盡得。原情不失為忠，論功何止掩過。此二人者，平亂之功當為一等，但曹雄則有功而無過，仇鉞則過少而功多。

分守寧夏東路右參將、今陞副總兵、都指揮閻綱，協同分守興武營、今陞右參將、都指揮僉事保勣，分守寧夏西路左參將、都指揮僉事馮禎，協同分守廣武營都指揮僉事孫隆，守備靈州、今陞遊擊將軍都指揮僉事史鏞，寧夏都指揮僉事韓斌，陝西都指揮僉事黄正：皆能嚴兵固守，以繫忠義之心；約期進勦，以奪梟雄之氣。内保勣及寧夏右衛指揮僉事尹清各有祖母妻子在於鎮城，不邺私家，堅守臣節，尤為可嘉。寧夏都指揮僉事鄭卿，始雖曲從逆賊之用，既乃卒成擒賊之功。協守延綏副總兵、今陞總兵官、署都督僉事侯勛，延綏遊擊將軍、都指揮僉事時源，遠提策應之兵，實為聲援之助。凡此數人：論平賊，皆與有勞；語効力，不能無異。

再照寧夏副總兵、今陞總兵官、右軍都督府署都督僉事楊英，釀鎮城之禍而先機失於禁防，督邊堡之師而聞變不能約束。大呼而潰，三軍之心已離；奉身而逃，七尺之軀僅免。但其後約會諸將，協謀討叛，奉承法令，擒賊數多，斯亦不為無功，要之不足掩過。其餘有功官員，多係聽從驅使，臣等不能悉數。除待巡按監察御史勘明，照例造冊奏繳外，今將查勘詢訪過緣由，具實開奏，伏望聖明省覽，乞勑該衙門查照施行。

緣係分別將官功過事理，為此具本，謹題請旨。

【校记】

[一]“張　”，此後空格四庫本為“永”。

一為議處宗藩以防患將來事

題：為議處宗藩以防患將來事。

臣到於寧夏地方，詢問官僚士庶軍民人等，皆云革爵安化王寘鐇叛逆之時，逼脅慶王，日逐隨衆朝見跪拜，從右門而入，行君臣之禮，將欽賜寶纛、儀仗送與僭用，又逼要金銀器皿等物一萬餘兩，賞勞叛軍。此固寘鐇挾持叛將，假借兵威迫之使然，情非得已，而冠履倒置亦甚矣。及訪得寘鐇平昔善營市利，交通賓客，又聽張會通、王九兒等在府往來，信其邪説，妄生異志。何錦等與之往來情熟，貸其財以納級，資其勢以害人。鎮、巡、三司等官又多被其延接，納其餽送，動以賢王稱之。此既不復禁防，彼益肆無忌憚，醖釀以成大禍，盖非一朝一夕之積，言之可為痛心。

臣仰惟我太祖高皇帝建立宗藩，分布天下，即成周大封同姓之意，用以控制夷夏，藩屏邦家。凡親王建國之處，郡王、將軍以下皆其所統，無事不聽其裁處，無人不歸其約束。凡有奏請事情，皆須具啓親王，與之轉達。成法昭然，千萬年之所當祗承而不敢失墜者也。

當寘鐇反狀未露之時，慶王若能先事禁防，必不容其交通兵將，邀結人心，以成大亂。及寘鐇反形已露之後，慶府護衛、儀衛司、工正、郡牧等所不下數千人，若能仗義整兵，嚴備以待，密諭諸王，共圖討賊。播告鎮城官軍，使之協心宣力，戡定禍亂，豈無忠義之士應召而興？計不出此，顧乃甘心屈辱，聽賊指使，致將朝廷法物棄而不保，又終無一言奏報，殊負皇上展親之仁，有失諸侯維藩之義，其輔導官員豈得無罪？

臣等又竊聞，各處宗藩與文武官員交結往來，及招誘邪説之人，在府恣肆出入者，比比有之。履霜堅冰，漸不可長。近者鎮、巡之禍起於府第盃酒之間，可為殷鑒。伏願皇上念祖宗創業之艱難，思今日守成之不易，存大義於親親之內，謹事機於未發之先，合無降勑慶王，少示警戒。其內外輔導、承奉、長史等官，亦合提解赴京，明正其罪，別選相應官員，代補其任。仍申明舊章，通行天下王府，但有如寘鐇私通賓客，交結文武官員，及招誘陰陽術數一切左道邪説之人在府出入往來者，即便痛思改過，嚴加禁絶。親王建國去處，郡王以下悉聽約束。郡王建國去處，將軍以下悉聽約束。如有前項違犯事情，輕則懲戒禁止，重則具實奏聞區處。除既往不究外，將來不行悛改，事發，大義滅親，不宜輕恕。輔導官員不能匡正，又隱匿不行具奏者，提解赴京，從重處治。內外文武官員所過地方，止許朝見親王，其郡王獨自治國去處，方許朝見。此外敢有似前與郡王、將軍、中尉、儀賓等府盃酒往來、接受餽送禮物者，拿問治罪，罷職不叙。如此則界限分明，禮法嚴整，邪人無由而接，則邪念無自而生，非惟地方之幸，亦宗藩之福也。

臣等切見皇上嗣位以來，於天下王府，禮義隆洽，過於先朝，而寘鐇乃敢負義背恩，搆此大變。不勝忠憤激切，故敢冒昧上言。

緣係議處宗藩以防患將來事理，未敢擅便，為此謹題請旨。

一為遵奉勑諭起解後獲反逆賊寇事

題：為遵奉勑諭，起解後獲反逆賊寇事。

據寧夏鎮、巡等官太監張弼、都御史馬炳然、總兵官楊英、御史周廷徵各呈，為衆官反逆，殺死鎮、巡大臣事。將後獲馮經等取出，會同重復審。據馮經供：年三十六歲，寧夏左屯衛指揮僉事，管屯。正德五年四月初三日，有已故指揮丁廣請經在伊家飲酒，彼有何錦等三十餘人同飲。是經問："這酒因何？"有何錦回說"你到初五日跟我去便知"等語，各散。次日，有今在官徐文孝故兄、充軍千戶徐欽，與已解何錦、已殺周昻、已故丁廣，同革爵安化王寘鐇謀反，差已殺儀賓夏琳去平虜城，謀約徐欽等一十二人前來舉事，各允。

本月初五日，經在巡撫察院稟事，只見丁廣等帶領人馬入院，將安都堂、楊都司殺死，經纔知謀反事情。丁廣就叫經去殺清理屯田周少卿。比時，經因恨周少卿比較要增屯地，當就取刀，同到按察司，是經用刀向周少卿砍訖二刀，身死。彼有在官夜不收閻添孫、潘六十即潘成，乘亂跟隨丁廣，亦各用刀亂砍。閻添孫、潘成又用刀故將跟隨周少卿書吏屠成、岳寧亂砍身死，俱剥去衣服。後衆夜不收因怪在官指揮李杲平素刻剥，聲言要殺。本官知覺，躲在安化王府内，彼衆夜不收將伊家財亂行搶訖。李杲告鳴寘鐇，却將寧夏衛官庫原該李杲收掌賞剩冬衣官布一千五百疋給與伊，陪還家財。本日未時，徐欽等方纔到城，常在寘鐇左右侍衛。

初六日，寘鐇要封何錦等官職，喚到在官銅匠楊茂，鑄造銀關防一顆，令在官刊字匠王得洪篆寫"討賊大將軍"字樣在上。令先未故銀匠王時雍剔作篆文完備後，掛與何錦，就封為大將軍，又封徐欽為都護。十一日，寘鐇令在官承奉司寫字人管珣，已殺孫景文撰成省諭文書，謄寫刋成板榜。比時，伊男管律在傍看寫。二十日，寘鐇令徐欽挑選平虜城人馬一百名來用，徐文孝亦在數内。至二十三日，來到寧夏城外，得知周昻等被誅，隨即帶領人馬回至姚福堡。有今陞仇副總兵着落平虜城王指揮差人到堡，將原約百戶朱洗等殺死。徐欽知覺，帶同徐文孝，各騎馬匹，稍帶氊衫、布帳，逃躲在洪廣堡北邊沙窩内，要出境外，投順達賊。至二十六日，行至地名蘆溝兒，忽遇達賊三騎追趕前來，有徐文孝乘馬藏躲，徐欽被達賊殺死，奪去馬匹衣服。後達賊退去，徐文孝將徐欽所遺原戴馬尾帽一頂在傍拾回，又尋獲原棄馬匹、氊衫、布帳，回到韓信營潛住。

今蒙總督張太監差人督同夜不收趙汝舟等訪知經，并將閻添孫、潘成連楊茂、王得洪、管珣、管律并李杲及徐文孝陸續擒獲。有徐文孝就指引前去蘆溝兒尋見徐欽身屍，朽爛止餘骸骨，的係徐欽原屍，取其頭骨并氈衫、布帳、馬尾帽一同送官。今蒙審供是實。及審閻添孫等八名，各供與馮經供同。理合照例起解，呈乞施行。

等因到臣，會同欽差總督軍務御用監太監張永議照前事，已將先獲犯人申居敬等并何錦等分作三起，差委都指揮黃正等先行起解赴京，具奏外，後獲馮經等未經查審。徐欽係首謀重犯，已被殺死，恐有不的，已行鎮、巡等官查勘會審去後。

今據前因，參照犯人馮經在先飲酒之時，雖不知情，及至臨期，明知丁廣等謀為反逆，殺害鎮、巡大臣，却乃依從指使，挾讐同閻添孫、潘成將公差少卿周東并書吏屠成、岳寧殺死，正係兇惡黨類，法難輕恕。楊茂偽鑄關防，王得洪偽篆"討賊大將軍"字樣，事干謀反，比之偽造印信，情罪尤重。管珣依聽謄寫告諭文書，刋榜傳播，扇惑人心，情雖脅從，其事亦重。指揮李杲雖不與馮經同謀，但因夜不收搶伊家財，聽從寘鐇指以陪賞為由，將官布一千五百疋盜收入己，於法有違。除將李杲行鎮、巡官，取問應得罪名，徑自具奏發落，其馮經等家屬與前解犯人申居敬等事體相同，應否俯從輕典，臣等未敢擅擬。已行該衙門各捉拿并管律監候外，今將馮經等正犯，照例差委指揮解鉞等帶領軍人，押解赴京，與何錦等併問，奏請定奪。

緣係遵奉勑諭，起解後獲反逆賊寇事理，為此開坐，謹題請旨。

一為溥恩典以恤邊軍事

題：為溥恩典以恤邊軍事。

查得近該兵部題，為存留備冬官軍事。奉聖旨："是。陝西地方有事，備冬官軍着仍舊存留聽調。但念他每上班日久，十分艱苦，寧夏各城并延綏、甘涼各鎮官軍亦皆艱苦可憐，各賞官銀二兩。在城官軍除從逆外，有能悔罪効順出城的，也各賞銀一兩。户部再差官運送太倉銀三十萬兩，着各該鎮、巡官照名給散，餘剩銀兩，就在陝西官庫收貯，以備各邊粮餉之用。欽此。"欽遵。

照得陝西、延綏、寧夏、甘肅四鎮官軍，委多驍勇慣戰，况世受國恩，咸願効死盡力。但因地方多事，終歲征調無休，致令人馬困敝。加以該管官員不善撫恤，粮賞既不時給，又行剥削無厭，以此隊無完軍，軍無完衣，愁苦之狀，所不忍言。皇上仁同天地，特加賞賚，以供衣裝之用，聞者孰不舉手加額，仰戴聖恩？但三鎮及寧夏各城官軍俱已沾惠，獨寧夏在城之人，為因彼時反逆未平，拘於出城之文，未得均沾恩典。

切緣寘鐇、何錦謀逆之時，寧夏在城官軍除同謀逆黨外，近據總兵官、署都督僉事楊英查報，聞變出城，止有官旗軍舍都指揮等官鄭廉等五十二員名，其餘盡被脅從在内。但遊擊仇鉞一舉義兵，隨即去逆効順，相助滅賊，可見前日從逆，非其本心。今惡黨俱已擒斬，見在多係無罪之人。大變之後，憂疑未釋，似宜少加矜恤，以安其心。

伏望聖慈一視同仁，憫念寧夏鎮城官軍近被反賊逼脅殘害之苦，合無每員名照例各賞銀一兩，仍於原送官銀内取給，則彼萬死一生之餘，感戴朝廷再造之恩，出於尋常萬萬矣。

緣係溥恩典以恤邊軍事理，未敢擅便，為此具本，謹題請旨。

一為旌死節以勵人臣事

題：為旌死節以勵人臣事。

准巡撫寧夏地方、本院右副都御史馬炳然咨，據寧夏等衛申稱：正德五年四月初五日，寧夏反賊何錦等作亂之日，有陝西都司都指揮僉事楊忠正在巡撫都御史安惟學處稟事，偶見反賊丁廣等持刀値衝前來，要殺安都堂，當被楊忠當堂大罵“賊狗怎敢犯上謀反”等語，隨被丁廣等亂砍身死，剖腹剜心。又有寧夏衛納級都指揮李睿，本日一聞反賊，氣忿不過，前去安化府前，意要衝入，因是閉門，大罵“悖天逆理反賊，如何這等欺公罔上，日後凌遲碎割”等語，致被門外夜不收申居敬等，亂砍亂剁，身無完膚而死。又有寧夏右衛百户張欽，被何錦等嗔怪本官不肯心悦臣順，説知革爵寘鐇，於四月二十二日要拿來殺害。本官知覺，潛從西城牆溜下，走到雷福堡，遇見反賊百戸雷英，得知前情，射死。除行寧夏等衛覆勘相同，具結回申前來。

切照寘鐇、何錦等作亂之日，舉城之人，無不被其逼脅，朝賀使用，而都指揮楊忠、李睿，獨能挺身罵賊，不屈以死。百戸張欽不肯臣順，卒以殞亡。此忠義之臣，氣節凛然孤立，若不別加恩典，何以激勸人心？合無具實上聞，一體起立牌坊，以表其門廬；仍量陞官職，以廕其後裔。未敢專擅，為此合咨前去，煩請照詳施行。等因到臣。

照得寧夏大鎮，素稱文獻之邦，不幸為反賊污辱。闔城官軍士庶，除逆黨外，其餘盡被逼脅，心雖不從，外則順服，禮義廉恥為之蕩然，獨都指揮楊忠、李睿以罵賊而死，百戶張欽以逃難而亡。使人人皆然，何錦等數輩安能孑然稱亂？是其忠憤激烈，誠可嘉尚！

臣聞自古聖帝明王，於死節之臣，必加褒卹，所以勵臣節而立大閑也。伏望聖明憫念楊忠等三人死於逆賊之手，乞勑該部議奏，或表其門廬，或別為優恤。仍將各應襲兒男量陞一級，以洩九泉之忠憤，以勵天下之臣節，其於名教不為無補。

緣係旌死節以勵人臣事理，未敢擅便，為此具本，謹題請旨。

一為十分緊急缺乏粮料馬草事

題：為十分緊急缺乏粮料馬草事。

准巡撫寧夏地方、本院右副都御史馬炳然咨，會同鎮守太監張弼、總兵官署都督僉事楊英查得：寧夏在城五倉見在銀、粮，不勾主兵三箇月支用。花馬池見在粮不勾主兵二箇月支用，料草全無。靈州粮不勾主兵二箇月支用，馬草全無。中衛粮料不勾主兵三箇月支用。廣武營粮料不勾主兵二箇半月支用。興武營粮雖頗有，草料全無。其餘應該按兵截殺去處數多，粮料草束一切缺乏。此惟計算主兵支費之數，若徵調客兵到彼，愈加不足。即今賀蘭山後達賊不時近邊窺伺。河套之賊，近據延綏報稱，俱往西北去訖。寧夏正在延綏西北，恐其窺知寧夏反變之事，意欲乘隙侵掠。即目便是八月秋涼，倘或山後、河套兩路之寇，或深入為患，或約同夾攻，未免調集客兵人馬，臨時粮儲缺乏，馬匹不敷，倉卒之間，憑何為計？

查得先為緊急聲息預備兵粮等事，該職等奏蒙戶部運送銀五萬二千六百八十三兩有零，四川運銀一十五萬兩，俱累催不曾解到。後又亦為前事，該戶部又運送銀一十萬與督理粮草都御史徐以貞前來接濟，今止運到五萬兩，其餘五萬亦尚未到。即今米價騰貴，每銀一錢止買粟米一斗四五升，止買豌豆二斗，止買小麥一斗。兼以年穀不登，客商稀少，日貴一日，不言可知。況布政司原派舊粮，俱已停徵，新派夏粮，俱各運足，亦不勾用。

查得先年但遇邊儲缺乏，許令召商開中，雖則易於集事，其間作弊多端，已蒙停止，似難復議，但舍此一途，不過拘刷富家收買。今寧夏富家，前該都御史王一言已刷買一次，後該都御史安惟學又刷買一次，職等目下又要刷買一次，拘刷已盡，情理難堪。將欲差官糴買，而防守地方為重，顧此失彼。將欲一切給軍以銀，而或時乏賣，銀不可食。職等處此大壞極敝之餘，百孔千瘡，救之不暇，晝夜憂惶，計無所出，萬一失誤地方，雖將職等誅殛無遺，亦無益於事矣。

合無轉奉乞恩，再運銀數十萬兩，就選委有才智着實幹事都御史一員前來，設法措買粮草。再差戶部有風力屬官一員前來，催儹布政司税粮并未運銀兩，庶得專理其事，易於集辦，有備無患，攻守有倚。若止靠巡、守官與管粮官整理，則恐事緒多端，不肯久住實幹，徒費文移，不能濟事。為此除具題外，合咨煩為照驗施行。等因到臣。

照得寧夏一鎮，東、西、中三路粮料草束委多缺乏，而東路逼臨河套，乃虜賊入寇腹裏必由之處，粮儲缺乏尤甚。且如花馬池每年遇冬有警，常調延綏遊兵三千在彼按伏，興武營遇冬常調寧夏奇兵三千在彼按伏。今二處料草全無，花馬池粮亦止勾主兵兩月支用。倘或大虜踏冰入套，擁衆近邊，徵調客兵人馬，將何支給？既無粮草，難以駐兵，賊衆愈無忌憚。萬一邊城失守，貽患腹裏地方，守臣何以辭責？且寧夏鎮城大變之後，人心易於動搖，見在銀、粮亦不勾主兵三箇月支用。根本之地如此，他尚何望？况山後之賊不時窺伺，誠恐兩路受敵，尤難支持。所以鎮、巡官員因見事勢窘迫，煩瀆聖聰，乞討官銀，乞差都御史及户部屬官前來專理其事，情詞懇切，蓋亦不得已也。

但陝西邊儲之乏，不獨寧夏為然，内而固原、靖虜，外而延綏、甘肅，在在空虛。見今河西莊浪、涼州一帶地方，虜騎充斥，餉道阻塞，公差人員多從西番地面迂路而行。近據莊浪参將魯經呈稱：賊衆深入迤西土人居住地方，攻尋窖藏粮畜，聲言要搶西寧。沿邊境外墩臺俱已丢棄，烽火不能接舉。臣方經理寧夏事務，聞之不勝憂懼。意將徵調陝西、延綏兩鎮精兵萬餘，與本鎮官軍分路夾攻，痛加誅勦，以祛邊患，亦因彼處邊儲空乏，難以輕動。又漢中流賊嘯聚，密邇郡城，師老財竭，迄無成功。首尾受傷，中外俱困。事勢至此，必得大有區畫之才而又假以便宜專制之柄，乃克匡濟，决非巡、守等官所可勝堪。

臣任總戎務，軍馬所至，只合責成各該巡撫、巡、守、管粮官員供給。但今巡、守、管粮官既多坐視無為，巡撫官員又復倉皇無措，臣若不言，日後誤事之罪，雖死難贖。

伏㦤皇上軫念陝西三邊重鎮，國家安危所係，乞勑廷臣會議，合無俯從寧夏鎮、巡官員所奏，再發官銀數十萬兩，與同近日解送寧夏各邊并軍前合用銀兩，專備整理邊儲。簡命在京部、院堂上官一員，加以重權，俾之督理，并帶有才力部屬官三員，趁今收成時月，河水未凍之先，分投整理延綏、寧夏、甘肅三鎮邊儲。陝西沿邊及漢中地方責付巡、守官整理，布政司管粮官專一往來催督。各府、州、縣今年夏秋邊粮，俱聽差來大臣裁制。務待邊儲處處充實，方可具奏回京。邊儲既充，遇有虜警，愚臣得以隨宜調遣各路官兵，防遏誅勦，庶寬宵旰西顧之憂，不獨地方軍民之幸而已。

臣又切思，經畫邊儲，不過招商、派買二端而已。招商易於集事，姦弊或不能無；派買累民賠陪，怨讟有所不免。兹欲救目前之急，不須避招商之嫌，於商人增一分之利，則公家有一分之益。前此招商，多被官豪勢要託名報中，致蒙停止。但舍此一途而拘刷人户糴買，緣地方時值、道里遠近不同，計算脚程，欲不累人，則須高其價。省價於官而歛怨於民，又非朝廷綏輯邊人之意也。

臣㤙，請勑差來大臣，不拘招商、派糴，隨宜區畫，俱要嚴加禁革姦弊，不許勢要報中。其舊報粮草，商人納完，久未給價，雖有詔書明文，所司猶稽於奉行，盖不止畏罪避嫌，實因官銀無積之故。亦須查明處給，庶幾近悦遠來，商販填委，官事可集。不然直待事情緊急，竊恐招商則無肯應，糴買則無從出，不得已而至於乞運，陝西之民將不堪命。況腹裏倉廪空虚，無可乞者，雖有巧智，無善處之術矣。

臣誠愚昧，不知忌諱，干冒天威，無任隕越待罪之至。為此具本，謹題請旨。

一為改調管粮官員事

題：為改調管粮官員事。

照得陝西各府、州、縣夏秋税粮、馬草，分派運送各邊，以供軍餉，先年設有管粮參政一員，專一督理。如參政王琰、安惟學輩不時往來巡歷，比較催徵，有司官吏憚其嚴明，不敢偷安誤事。近該參議管粮。夫官無大小，苟得其人，皆可取辦。

近該巡撫寧夏地方、本院右副都御史馬炳然咨稱：山後達賊不時出没套内，賊蹤又往西北移營，防禦之計，不可不慎。今花馬池、興武營料草升束皆無，各邊倉分見在銀粮不勾主兵二三箇月支用。未聞管粮等官親歷何處倉場，設一謀一策，為一人一馬之費。參議許莊雖不知能幹與否，未見著意邊儲，依時巡歷地方，似此官員，若雖留幹事，終難克濟。合無另推舉着實幹事官員前來管粮，替回本官，量才别用，庶能共濟邊事。等因備咨到職。

查得陝西各鎮粮儲缺乏，不止寧夏為然。布政司管粮官例該催督八府粮儲，以供各邊之用，不止寧夏一鎮是其責任。况今西有胡虜之侵，南有流賊之警，督理邊儲，政務之大，莫急於此。非得才力有為、實心幹事之人，安可倚賴？參議許莊篤實有餘，風力不足：用之腹裏，或有可取；邊方軍餉，非其所長。直待失誤事機，罪之無益。

臣博訪得陝西苑馬寺少卿陳璘、陝西西安府知府陳祥，俱勤勵幹固，素著風采，使當前項責任，必有可觀。伏願皇上憫念邊方多事之秋，軍儲為第一重務，乞勑吏部訪察議擬，將參議許莊改調别省，仍於陳璘、陳祥内上請簡命一員，暫陞參政職銜，令其盡心往來，催督八府錢粮，整理三邊粮草。如果蹟効顯著，待後邊情寧息之日，具奏陞用，仍照近例，止選參議一員管理。臣以地方安危所係，利害切身，不避煩瀆聖聽，無任悚懼激切之至。

緣係改調推用管粮官員事理，未敢擅便。為此具本，謹題請旨。

一為缺官催辦錢粮刑名等事

題：為缺官催辦錢粮刑名等事。

准巡撫寧夏地方、本院右副都御史馬炳然咨，會同鎮守太監張弼、總兵官署都督僉事楊英查得：寧夏一鎮，有王府宗室，有七衛三所、六驛遞、八十餘處營堡，倉場事頗繁難，粮草支費亦不為少。近遭大變之後，人心殆不如前，禮義稍疎於昔。各衙門卷簿盡被反賊燒毀，夤緣作弊，爭訟倍多。况賀蘭山後達賊不時出没，河套之賊又移營向寧夏方位，防禦之計，至為緊急。今通查花馬池、興武營及寧夏在城等緊要去處倉場，見有銀、粮不勾二三月主兵支用，料草甚至升束皆無。此項軍儲，例該都、布、按三司分巡、分守、管粮、管屯官整理，缺乏失誤，罪有攸歸。今未聞各官親歷何處倉場，設一謀一策，為一人一馬之費，萬一失誤軍機，豈不一槩負累？若再靠前項官員幹事，誠恐因襲故弊，難以成功。

查得先年曾設按察司僉事一員，常在寧夏居住，管理錢粮刑名，後奉事例裁革。以後大小事務，俱職等整理。雖則大事不敢疎略，至於小事，亦有不周。切思職等邊方鎮、巡官之職，重在軍馬城池、防奸禦侮，與夫錢粮刑名等事之大經大法，提綱挈領，張主於上耳。至於條分縷析，上流下接，職在三司，今必得按察司官一員分理庶事，則上下相維，共成公務。

伏望轉奏，合無暫設按察司僉事一員，常在寧夏居住，聽職等提調。收放粮草，問理刑名，往來本鎮巡歷，禁革各項奸弊，不許腹裏鎮、巡、巡按衙門擅便差委。但事干邊務，比之腹裏事情不同。若照常例推舉，一則恐其到任稽遲，一則恐其不知邊事，宜從於陝西附近見任官内有才幹風力者訪得實，疏名奏請擢用，齎憑到任管事，庶濟目前之急，便益。等因備咨到臣。

照得寧夏大鎮，錢粮刑名事務繁多。雖有分巡、分守官員常在腹裏，相離邊方窵遠，顧藉不周。所以先年專設按察司官一員，常在寧夏居住，管理各項事務，專聽寧夏鎮巡官員提調，後奉例裁革。大小事務俱是鎮、巡自行整理，顧此失彼，未免委托衛所官員代理，以致弊奸横生，官軍受害。

今地方所遭大變，錢粮缺乏，詞訟繁興，山後、套中之賊兩該防禦，鎮、巡責任重大，豈能親身庶務？巡、守、管粮等官，又皆畏難不來。所以太監張弼、都御史馬炳然、都督僉事楊英議要照舊添設按察司官一員，分理庶事一節，不為無見。節據寧夏等衛所官軍旗士赴臣訴告，亦要添設按察司官，以清錢粮奸弊，所見皆同。但事干邊務，比與腹裏事情不同。若照常例推舉，恐其到任稽遲及不知邊事。如見任分巡、管粮等官雖有如無，何濟於事？博訪得陝西鞏昌府同知張檄、慶陽府同知李賓，俱通敏有為，且久任邊方，諳練事體，相應擢用。

伏望聖明軫念邊事之難，俯納守臣之見，乞勑吏部查議，合無暫設按察司官一員，專在寧夏居住，聽鎮、巡官提調，監放粮草，問理刑名，往來巡歷三路地方，禁革各項奸弊，不許腹裏撫、按衙門輒便差委。仍將臣所推張檄等二員，再加訪察，如果相應，疏名上請擢用，齎憑到任管事，以濟目前邊務之急。待後邊情稍寧，事體已定，另為議奏裁革。

緣係缺官催辦錢粮刑名及推用官員事理，未敢擅便，為此謹題請旨。

一為調兵征勦犯邊達賊事

題：為調兵征勦犯邊達賊事。

案查，先據分守莊浪等處右參將、都指揮同知魯經呈，為達賊犯邊、阻絶墩臺、缺軍守瞭事。照得莊浪地方，自舊歲十月到今，達賊犯邊侵擾，會兵勦殺，今驕不退。連日糾衆深入，過路往西，徑奔土人居住黑臺西大同、三岔等堡，攻尋窖藏粮蓄，聲言要割田禾，去搶西寧地方。節統官軍設伏歸路，陸續擒斬賊級及差人爪探，臨境安帳，晝瞭夜伏，已行開報甘肅衙門外。查得境外該接烽火鱗瓣等墩二十七座，俱各丢棄無人，止守順路墩臺，欲便照前撥人守哨。緣賊寇見在土豹嶺以裏，分水嶺以外，適中北自平嶺、野遜嶺起，至迤南四眼井、台麻水等處，賊帳數多，約寇萬餘里遠近不等，撒畜牧放，相離到城一百二十餘里。月無虛日，出没往來尋搶。絶道不通，缺軍往彼瞭望。況本城人馬不滿三千，實是兵寡力弱，不敷支敵。乞念地方為重，早為處置，增添兵馬，前來併力勦逐，便益呈乞照詳。等因到臣。

看係緊急賊情，已經備行甘肅鎮、巡及副、參、遊擊等官，整梛人馬，用心隄備。遇有侵犯，小則相機戰守截遏，大則傳報鄰境官軍，互相應援，不可自分彼此，失誤事機去後。

續據參將魯經呈，為達賊犯邊事。正德五年七月初三日至初八日時不等，節據東山墩舉放砲火，隨據迤南破山口等處夜不收張山住等，迤北打柴溝夜不收尹奉等各報，達賊壕邊瞭望行走，備報。

看得達賊不次前來探道，與同甘肅遊擊將軍吴英計議，恐入為擾，當日分布在城并遊兵人馬於南北二路站堡屯莊設伏，遇警聯絡，互相策應。各職整兵外。

十三日午時，據古城兒夜不收馬欽飛報：有賊一千餘騎，穿戴明盔明甲，執打藍白旗號，從東山突出，過壕奔路，順河行來近城。當會遊擊吴英各率兵馬出城間，及據沙溝鋪夜不收王三走報：巳時分，瞭見達賊一百餘騎，遇見迎接甘州公差使客千户孫鑑人馬，攻圍，備報。職等各統見在馬步官軍合陣擺列，前到沙溝鋪兒迎見達賊，分作三路，納喊衝來。職身先士卒，就與交鋒，被賊將本職左腿射訖二箭，馬匹射死。有遊擊吴英頭盔射訖一箭。其賊不次衝攻數合，又見墩口有賊一塊劄營。自午戰至申時，職等申嚴號令，各督官軍。

把總指揮陳鎧等敢勇當先，衝入賊陣，被賊射中陳鎧數箭，未傷皮肉。遊兵把總指揮趙珍馬匹射死。内千户魯儀、吴倫等奮不顧命，就陣斬首六顆，奪獲戰馬賊器。欲再前追，又值天晚，收兵回城。賊人當夜仍往原路出境。十四日，據夜不收陳貴探得，達賊離城不遠，在於教場山後放馬，登由塔兒山行走。據此，查得陣亡旗軍克伯赤等二名，被賊射傷官軍二十五員名，射死馬二十一匹，走死馬一十三匹。

及據莊浪等衛千戶孫鑑等呈稱：蒙領有馬官軍一百員名，於本月十二日前去岔口，迎接甘州公差使客。行至杜家沙溝口，忽遇潛伏達賊二百餘騎，穿戴明盔衣甲，撲向大路交鋒，被賊攻圍，對敵，射死軍人徐友亮、甘州都司承差閻宗魁，將馬夫葉泰捉拿。本役將原背包本丟棄，被搶行李站馬一匹，騾一頭。戰間，有武勝堡按伏遊兵馬步官軍指揮包英等，即時帶領馬步官軍三百策應，其賊復回原路去訖。查得被賊射傷軍人朱還等五名，射死馬八匹，開呈到此。

照得此賊久住在邊，不時出没。或遣輕騎而東西剽掠，或佯乏馬而誘我官軍，顯是糾衆醜類，恃倚人馬衆大深入。況賊情變詐難測，除整兵隄備及將斬獲賊級，奪獲達馬器械，劄發莊浪衛收養，聽候解驗外，呈乞照驗施行。隨據甘肅遊擊將軍、都指揮僉事吴英亦呈相同。行間，又據守備蘭州地方署都指揮僉事閻縉呈，為達賊出没事。内稱：本年七月初一日，達賊一運從鹽埸溝入境按伏，指揮魏時領軍追趕對敵，射傷軍人劉來仝及將猴子山墩攻圍，射傷墩軍張彦方、張成、陳九一等三名。又至地名滚巴川等處，將常哨夜不收馮六兒殺死，蔣貴八無有下落。等因各呈到臣。

為照河西地方，莊浪、紅城子起，直抵鎮番、永昌等處，俱有達賊住牧，帳窩聯絡，離邊不遠，不時突入虜掠為患，而莊浪、涼州尤甚。道路阻塞，砲火傳報，月無虚日。先因境外該接烽火墩臺，年久丟棄不守，以此賊衆肆無忌憚。即今深入迤西搶擄，聲言要搶西寧地方。雖據魯經、吴英各呈報暫獲首級，數亦不多，似無懲戒，又將公差人役捉殺。中間或有别項隱情，除查勘外，近又侵犯蘭州境界，攻圍墩臺，殺死應哨人役，狼子野心，未可窺測。觀其事勢，必須廣徵士馬，痛加誅勦，庶幾後患可弭，地方可寧。但臣撫制以來，一向經理寧夏事務，未據甘肅鎮、巡官員一字呈報。彼中軍馬多寡，粮草虚實，及賊營離邊遠近，俱難遙度，止是莊浪守將節呈前因，欲便調集大兵，前去策應。行據各倉塲查得，莊浪粮料、草束，俱已支銷盡絶，紅城子倉止有粮七千餘石，料草俱無。軍馬到彼，將何支給？已經選委蘭州衛指揮陳松，管領蘭州、靖虜二處挑選精健有馬官軍八百員名，前去莊浪駐劄，暫聽參將魯經調度，遇有賊寇侵犯，併力追勦截殺。及不次移文甘肅鎮、巡，督同副、參、遊擊等官從長計議，酌量本鎮兵馬多寡强弱，如是力能捍禦，保得不致失誤大事，宜從照舊戰守，互相應援截遏，不可養患殃民。倘或賊勢重大，兵力不敷，相應大舉誅勦，就便計議進兵方略，應調主兵馬若干，仍計算見在粮料、草束可勾主客兵馬若干支用，會處停當，作急行來，以憑調兵，約期行事。其粮儲缺乏去處，查支官銀，上緊設法糴買措置，毋待臨期失措，責有所歸去後，至今亦未回報。

竊料此賊先被北虜小王子人馬讐殺殘敗，去年潛伏河套，又被我沿邊官軍尋襲，斬獲數多，今冬或恐不敢入套。但河西地方尋搶月久，野無所掠，冰橋結凍之後，恐有窺伺蘭州、靖虜之謀。彼處軍馬數少，通賊隘口頗多，萬一乘虛而入，則會寧、安定、狄道、金縣地方難保不遭虜掠。見今漢中流賊劫聚未息，調去洮、岷、西、鳳、環慶等衛馬步官軍、召募民壯、番兵五千六百員名，續又調西安四衛備冬下班等項官軍三千員名，難便掣回。沿邊兵備比常單弱。又恐北虜大賊踏冰入套，無所不備，則無所不寡，首尾受敵，誠難支持。宜趁今河冰未凍，套内無警，將前賊驅逐遠遯，以袪河西患害，以免隴西内顧之憂，庶幾遇冬可以專意防禦北虜。欲待甘肅鎮、巡會議回文至日，方纔具奏，緣道途阻滯，不知何日方得行來，不無延誤。

訪得莊浪外境速罕秃北至明水湖一百五十里，處處俱有賊營，東至靖虜迭烈孫亦一百五十里，可通人馬。合無徵調延綏副總兵王勛統領奇兵，遊擊將軍時源統領遊兵，二枝共六千員名，寧夏各項兵馬内挑選，令西路參將馮禎統領共二千員名，并陝西遊兵挑選二千，及固原、環慶、靖虜、蘭州等處官兵内各挑選亦共二千員名，通共客兵官軍一萬二千。分作三路：一路從靖虜迭烈孫渡河；一路蘭州渡河，從定火城而進，一路從紅城子莊浪官道而行，會合參將魯經、遊擊吴英、凉州分守副總兵徐謙、凉州按伏甘州副總兵白琮官軍人馬，刻期分投出境追逐，與境外之兵俱至速罕秃、土豹嶺、斬石硤、蘆塘湖一帶，隨賊所向，尋襲追殺，直抵明水湖地方。賊腹背受敵，必然潰敗不支。莊浪、凉州之賊既以驚潰，則鎮番、永昌、甘肅之虜不戰而自走矣。振中國之威，奪外夷之氣，莫要於此。然事干各鎮，必得大將一員統領約束，乃克有濟。推訪得鎮西將軍、總兵官都督曹雄，各鎮將官素所推服。

伏望聖明俯垂省覽，乞勑兵部參詳議擬。如果可采，早為覆奏上請，行令臣照依前擬，調集官兵，請勑都督曹雄提督各路將軍軍馬，甘肅鎮、巡官統領鎮兵，專備永昌以西地方，用防賊寇西走衝突之患。臣統領中軍官兵於莊浪居中駐劄，調度策應，必期成功，以副委任。賊既遠遁，一面具奏，一面班師，以備套賊。行令該鎮將沿邊舊守墩臺，查照修築，撥軍瞭守，傳接烽火，及將邊外舊設速罕禿、板井等城堡，以漸經營修復，屯住軍馬，方可經久無患。

但各處粮料、草束十分缺乏，除蘭州、靖虜等處已行巡、守、兵備等官，查支官銀，糴買備用，但恐不敷，其莊浪、涼州地方，雖節行甘肅巡撫查處，猶恐緩不及事。仍乞俯從臣近日擬奏，簡命大臣前來，督處邊務，職任專一，易收成効，及行各該巡撫、管粮等官，趁時作急整理，勿再因循推調，以誤大計。食足則兵强，戎狄不患於不服，地方不患其不寧矣。

臣聞自古帝王之於夷狄，來則薄伐，去則不追。擣虛窮追，誠非至計。但今失穴之虜，竊伏我邊，東突西馳，彼入此出，迎之則不至，去之則復來，昔人所謂窮邊易以計破，難用兵碎者也。若玩時愒日，兵力兩匱，未免坐困中國。況官路久被阻截，貢餉不通，河西重鎮，似為外境，貽四夷之侮，關係匪輕。臣不勝惓惓體國之至，敢用昧死上言。貪功喜事，非臣本志，天日所鑒，臣不敢欺。但兵貴神速，事難預料，旬月之間，機會或異。若命下之後，粮草未備，或賊勢稍退，及套内別有緊急賊情，另為具奏。待有機可乘，不拘何月日，即照題奉成命行事，庶免臨期論奏，以為後時之舉。

緣係調兵征勦犯邊達賊事理，未敢擅便。為此具本，謹題請旨。

一為謝恩事

奏：為謝恩事。

節該欽奉勑："得爾奏，行至陜西地方，差官出榜撫諭寧夏軍民人等，及會同總督軍務太監張永案行寧夏鎮、巡等官，將反賊寘鐇、何錦等并的親家屬及續獲反賊，查審造意根因，首謀、共謀、脅從等第，及各官原報功次，事情同異，各起解釋放。又追收冊印冠服儀仗等物，籍没家産財物入官，仍將同謀夜不收擒獲。各項事情，俱有次第。具見爾奉命在邊，運謀効力，勤勞可嘉，兹特降勑獎勵。爾其益殫心力，以卹軍民，以安疆埸，庶不負委任之重。爾其欽承之。故勑。欽此。"欽遵。

望闕叩頭謝恩外。伏念臣本庸愚，先年叨承任使，患病不能供職，後蒙聖恩，放回致仕，幸得生全。邇者復蒙起用，適因寧夏有事，勑使臨門，不敢辭避，星夜兼程前進，行至陝西地方，聞知叛逆已平，但人心疑未釋，節差千戸王臣、百户韋臣，齎領告示榜文前去撫諭。臣仍兼程到於寧夏，會同欽差總督軍務御用監太監張永處置各項事情，此皆人臣職分之常，别無功能可録。豈意天地之量，不棄微勞，降勑獎勵。臣内自循省，增愧增懼。但蒲柳之質易衰，犬馬之年漸老，感恩徒切，欲報未能，一寸之誠，不敢自負。臣不勝瞻仰感戴之至。

緣係謝恩事理，為此具本，謹具奏聞。

一為衰病不能供職乞恩放回休致事

奏：為衰病不能供職，乞恩放回休致事。

臣先任前職，總制陝西邊務。正德元年十二月内，因在邊感冒風寒，致將舊患目疾痰疾舉發，不能任事，陳乞休致，蒙准馳驛回還養病。後因公事連累，提解赴京。復蒙聖慈寬貸，容令致仕。臣感恩如天，圖報無地。方與田夫野老，沐浴清化，歌詠太平，正德五年五月初二日，該吏部公文開稱，臣蒙起用。本月初四日，該錦衣衛舍人王諫齎捧勑書，為因寧夏反逆事情，命臣仍總制陝西、延綏、寧夏、甘涼各路軍務。臣時卧病，在於直隷鎮江府丹徒縣居住，聞此大變，自念主憂臣辱，非臣下辭避之時，扶病强起，星夜兼程，到於陝西地方。又欽奉勑旨，提督經營及陝西各路人馬，勦殺賊寇，時寧夏反逆已平，復奉勑會同太監張永前往彼處，撫安軍民，處置各項事情。除將應行事宜，會本條陳，次第具奏外。

緣臣章句庸才，柳蒲弱質，中年多病，齒髮漸落。今耳鳴如蟬，目眩生花，數步之間，不能辨物。又兼腰膝無力，行坐跪拜十分艱辛，稍加勞苦，輒欲攲仆。雖受恩隆厚，不忍自棄，而筋力衰憊，不能自强。況陝西三邊，責任重大，軍旅之事，實非所長。若猶貪戀榮禄，忌避不言，終恐僨事貽患，雖死莫贖。臣是以不避斧鉞，冒昧自陳。

伏望皇上天地之量，憐臣衰病，放回照舊致仕。臣得保全骸骨，生還鄉里，不勝感戴天恩之至。

緣係衰病乞恩休致事理，為此具本，謹具奏聞，伏候勑旨。

一為易置守備官員事

題：為易置守備官員事。

案查，先據守備洮州地方署都指揮僉事高謙呈：為土豪不悛，造意聚衆截路，白晝搶劫財物，執刀打傷人口，謀陷地方，欺凌異鄉官員等事。內稱：被洮州衛指揮張綸倚恃土豪，聚衆家人，毀罵趕打，搶奪衣服器皿。要乞調守別項地方，另推官員前來代守等情。已經批行分巡隴右道陝西按察司僉事張瀾，會同布政司分守官提人勘問，備招參呈定奪，未報。

訪得守備都指揮高謙，委被指揮張綸挾制欺凌，毀罵趕打不止一次。緣洮州衛僻在萬山之中，極臨邊境，番漢雜處，最難控馭。高謙奉勑守備，乃被一屬官凌侮。出入之間，動輒受制。行事之際，不得自由。體統乖違，下人玩慢。若不早為易置，倘或番夷侵境，不能統兵出禦，貽患非輕。但彼處土豪官舍軍民，交結番夷，生事害人者，不止張綸一人。若止照常例，將京營及別鎮官員推補，恐其不知番情，又為奸豪之人所制。

博訪得臨州衛納粟都指揮僉事趙濟，世出將門，人心素附，讀書守己，俱有可觀。岷州衛指揮使葉勲，練達戎務，諳曉番情，久掌衛印，行事無失。乞勑兵部，再行訪察上請，合無將高謙取回京營，或改任別處守備，於趙濟、葉勲二人中推用一員，守備洮州地方。仍行巡按陝西監察御史將張綸一干人證，提拿勘問，明正國法，庶使人知警懼，不敢效尤，後來官員，可以行事。

緣係易置邊方守備官員事理，未敢擅便，為此謹題請旨。

一為處置邊儲事

題：為處置邊儲事。

據陝西布政司呈，蒙臣批據山西、陝西等處商人李朝用等狀告前事。仰布政司查：去年總制衙門曾否奏開所告殘鹽，有無明文行到，及查勘合已填若干，未填若干。今告要將原報未納完粮草，准令上納完足，填給勘合一節，有無相應，計處停當，呈報定奪。

蒙此案查，正德四年七月初六日，抄蒙總制尚書才鈞帖[一]，據固原并山西平陽等府、衛商人黄河等狀告，為告查勘合事。仰本司查，商人黄河等報中鹽引，有無停止，未收之數，曾否准令上納，出給實收繳報，即今有無勘合填給，或否支給銀兩，明白呈來施行。

蒙此案查，先為處置邊儲預防邊患事，成化二十一年二月初七日，承准户部"陜"字一千六十五號勘合，該侍郎李衍題：為預備邊患事。開中兩淮運司、山東運司、四川鹽課提舉司成化八年至十九年常股存積鹽共二百萬引，撥榆林等處，招商中納，降到勘合二百道，本司收填。節承准巡撫延綏吕都御史照會，收完商人田斌等共報納鹽七十八萬四千二百一十四引，實收到司，填給勘合七十九道，發領訖。未中鹽一百二十一萬五千七百八十六引，未填勘合一百二十一道。

正德元年九月内，本司見得，本處地方自弘治十四年達賊大舉入寇之後，動調軍馬，費用粮草數多，以致歲入不勾歲用，要將前報剩殘鹽另定價值，量為減輕，行令本司招商報中。收銀完日，分撥臨邊延、慶等府糴買粮料、草束，以備邊方支用。具呈巡撫陜西右副都御史張泰定奪奏請，未示。

續蒙巡撫右副都御史柴昇批蒙商人李朝用、黄河等告稱：先年開中淮鹽，各商告撥固原新安等倉上納米、豆、穀草，遇例停止。將納過粮草，出給實收，未納之數，見今在堡堆放，要行中納前項殘鹽，填給勘合。等因到司。為照未蒙明文，難擅准行。但各該倉塲俱係軍馬駐劄要害之地，李朝用等既稱買有粮草，在彼堆放，合無行移陜西按察司分巡關西道僉事李璣，查照彼中粮草價值，先行定擬的確價值，省令各商明白供認在官，行令該倉收受，明立卷簿。仍將收過粮草數目扣算明白，造冊備照，每商給與小票執照。待至正德三年二月終，如前鹽准令中納，照依引鹽價值，行仰該倉扣出實收，齎繳本司，給與勘合，前去該司支鹽，若是不准招中，查支官錢給還各商。備由具呈定奪，蒙批仰依擬施行。已經移文僉事李璣查照施行，一向未准回報。本司將查過緣由，并各年勘合引鹽開呈照詳去後。

正德四年閏九月内，准固原兵備副使王凱牒呈：為告查勘合事。奉總制尚書才　劄付，定擬商人黄河等截中兩淮運司成化十五年分中剩常股鹽一十三萬二千七百五十引，每一千引上納粟米四百石，或豌豆六百石，或穀草一萬束。仰司轉行固原等倉，查黄河等原報引鹽、粮料、草束如果俱已納完是實，扣算明白，出給實收，付各商，齎赴布政司，填給勘合，前去運司支鹽，亦不見開有題准字樣。案候間，節據商人楊得山等齎執納獲固原等倉原在總制衙門告報兩淮運司成化十五年鹽引粮草實收前來，共該鹽一十二萬二千八百八十八引，填給“秦”字二號起至十四號勘合一十三道，付各商領齎訖。

今蒙前因。今各邊粮草在在，苦無多積，各該鎮、巡等官不時告乏，奏請户部多方區處，惟恐不及。況此先年原剩鹽引，若招商中納，不猶愈於他項區處。今將前項緣由并各年引鹽勘合，開坐呈乞，照詳定奪施行。等因據此簿查，先據商人李朝用等告前事，已經批行本司查報去後。今據前因，臣於接管卷内，查得先為告查勘合事。正德四年八月内，該總制尚書才　奏稱：固靖、環慶、延綏、寧夏各路倉場，見在粮料、草束不多，要將前項中剩兩淮、山東二運司殘鹽，仍照原擬招商上納粮草。但恐各該運司前項引鹽，近來差官查賣盡絶，乞勑户部照卷清查，如果見在别無支賣，内除商人黄河等該支二十三萬二千七百五十引之外，其餘九十八萬三千三十六引，乞准招商，分撥粮草不多倉場上納，以備支用。等因在卷，一向未奉欽依明文。

臣查得成化二十一年間，原開兩淮、山東二運司并四川鹽課提舉司成化八年至十九年官鹽二百萬引，降到勘合二百道。彼時招納商人田斌等兩淮并四川提舉司鹽七十八萬四千二百一十四引，填過勘合七十九道。近該總制尚書才　奏稱：已招商人黄河等該支鹽二十三萬二千七百五十引，止是商人楊得山等納過粮料、草束，該支鹽一十二萬一千八百八十八引，已填勘合一十三道，前去兩淮運司支鹽訖，其餘仍奉例停止。通計前後二次中過鹽九十萬七千一百二引，已填勘合九十二道，未中殘鹽一百九萬二千八百九十八引，見存勘合一百八道。内除山東運司二十四萬九千四百六十八引無人報中，實有兩淮運司中剩成化十五、十六、十七、十八等年分常股鹽八十四萬三千四百三十引，俱係見存勘合未填之數。

竊惟邊方儲蓄，以預為先，以多為貴。陝西、延綏、寧夏、甘肅四鎮邊堡倉場粮料、草束，查得委多缺乏，見今漢中之流賊未殄，河西之虜患未除，賀蘭山後達賊不時窺伺。近據走回人口説稱，虜衆起營往東北去訖。冬寒在邇，恐其乘凍踏冰入套，寧夏邊牆如是不能阻遏，則陝西腹裏根本之地誠有可憂。臣於今年七月内，已將十分緊急缺乏粮草緣由具奏，未奉明文。

近又行據各該兵備、巡、守等官副使黄繡等查勘，固原、環慶、靖虜、蘭州一帶倉場，或有粮無料無草，或有料無草無粮，或有草無粮無料，或粮料、草束俱無。本處主兵支用尚且不敷，倘若動調客兵，將何支給？興言及此，可為寒心！

陝西巡撫遠在漢中，勢難内顧。臣有地方之責，豈敢坐視！雖經節行布政司管粮、分守等官督徵起運邊粮，但各年拖欠粮草，遇例停免，止有該年夏秋税粮，數亦不多。况地方人民彫敝，催徵急難完納。欲發官銀招商易買，緣各該司、府、州、縣庫藏官銀多無積蓄，又因先年招中粮草商人節奉事例，或將已給銀兩追併減除，或將已納粮草不行給價，以致虧折資本，怨聲載途。即今雖欲招之，莫肯應命。惟有前項殘鹽，衆心樂趍，告報者多。中間亦有總制尚書才明文，招報運送粮草，到倉停止，不得收受。情詞激切，尤為可憫。

臣節經行令該司查理明白，欲候奏請明文至日，方准報中，但正在緊急缺乏之際，若不趁今收成時月，先令收買上納，向後河凍，報有聲息，道路阻隔，不能運送，有誤供億。已經照依前巡撫都御史柴昇批行事理，行令兵備、巡、守等官，將告報粮料、草束商人逐一拘審，分撥固原、靖虜、環慶、蘭州及寧夏花馬池、興武營等處缺乏倉場，立限上納。仍斟酌地方遠近險易，年歲收成厚薄，定與值價。如蘭州等處，照依尚書才原擬，每一千引上納粟米四百石，或豌豆六百石，或穀草一萬束。固原、靖虜、環慶等處地方稍近，收成頗可，各量為增添。花馬池、興武營等處地方險遠，脚價高貴、量減其數。責令各供認在官，各行該倉，照數收受，明立卷簿。收完扣算明白，備造方冊，開送布政司及兵備等衙門各收存。備照各商，給與該倉印信小票一紙，令其執照。待有明文至日，如前鹽准令中納，照依引鹽價值，行仰該倉扣出實收，齎繳該司，給與勘合，前去支鹽。若是不准招中，就於官庫或於該倉查支官錢，給還商價。各通行去後，今將查處過緣由，備陳始末，上瀆天聽。

伏望聖明，俯念邊事孔艱，邊儲關係至重，乞勑户部查議，如是别無違碍，具由上請，合無將前項中剩兩淮運司成化十五、十六、十七、十八等年常股殘鹽八十四萬三千四百三十引，准令招中。行仰陝西布政司轉行各兵備、巡、守等官，查原報粮料、草束商人，如果上納完足，行令該倉出給實收，齎繳該司，填給勘合，前去運司支鹽。不盡之數，仍招商派撥延綏、寧夏各缺乏倉場上納，以濟目前邊儲之急，以慰三邊軍民之望。如事有窒碍，難以招中，亦乞降發官銀，照依原擬粮料、草束斗頭斤數時值，給還各商，庶不再虧公家之信，重失商人之心，將來邊方儲蓄，猶有倚賴。

緣係查處邊儲事理，未敢擅便，為此具本，謹題請旨。

【校記】

[一]“才”，此後空格四庫本無。

一為交收符驗關防事

題：為交收符驗關防事。

據陝西都司署都指揮同知鄭廉呈，抄蒙鎮守寧夏地方都知監太監張弼案驗，會同總兵官楊英、副總兵仇鉞議，將開送符驗、關防、卷簿及跟隨書辦、吏典，於正德五年九月十一日，眼同照依粘單內逐一暫且封收，約束在官，待新任巡撫到彼，徑自一同交送緣由，回報到臣。

案查，先准吏、兵二部并本院，咨為缺官事。照得巡撫寧夏地方本院右副都御史馬炳然，近節奉欽依“着他守制去。吏部便推堪任巡撫的兩員來看。欽此。”欽遵。

該吏部會同兵部議得：寧夏地方新遭變故，雖旋即事定，而賀蘭山後尚多賊營。撫禦正須得人。右都御史楊　見在彼處總督軍務，合無行令暫在彼處居住，從宜加意撫恤。其三邊軍機，係干征調重事，仍聽節制。待北虜、流賊寧靖之後，另行具奏定奪。等因題。

奉聖旨：“是。欽此。”欽遵。備咨轉行前來，除欽遵於本年九月初一日前到寧夏駐劄行事外。

續准右副都御史馬炳然咨送“達”字二百八十九號符驗一道，巡撫寧夏關防一顆。臣暫且封收。及將未完卷簿接管施行間。本年九月初八日，續准吏部咨。本年八月十六日，該司禮監太監温祥傳奉聖旨：“總制都御史楊一清，南京太子少保吏部尚書梁儲，致仕工部尚書李鐩，各寫勑着馳驛來京。吏部知道。欽此。”欽遵。

備咨前來。除將原封收“達”字二百八十九號符驗一道、巡撫寧夏關防一顆，劄仰都指揮鄭廉轉送鎮守寧夏地方太監張弼暫且收貯，待新任巡撫至日，徑自交送去後。今據前因，除欽遵候勑旨至日，馳驛赴京外。

緣係交收符驗、關防事理，為此具本，謹具題知。

一為謝恩事

奏：為謝恩事。

據陝西布政司呈，正德五年九月初九日，抄蒙鎮守陝西等處地方、司設監太監王興案驗，為傳奉事。奉司禮監印信、揭帖。

本年八月十六日，本監太監魏彬等於乾清宮欽奉聖旨："賞差往寧夏等處勦殺賊寇回還、提督軍務都察院右都御史一員楊一清銀五十兩，紵絲四表裏，內大紅織金胸背獬豸一表裏，羊一隻，酒十瓶。該衙門知道。欽此。"欽遵。本監將奉到旨意事理，備云前去陝西鎮、巡并三司等官太監王興等，欽遵給散施行。等因轉呈到臣。

除將欽賜銀兩、表裏、羊酒等物望闕叩頭領受外，伏念臣曩因謝病，休致家居，近者蒙恩起用，奉勑征勦寧夏賊寇，兼程前來。彼時邊將宣力，元惡授首，其後擒獲逆黨，撫安地方，皆總督太監張永之功。臣不過隨同行事，據實奏報而已。曾無尺寸之勞，顧荷駢蕃之賜。榮非意及，感與懼并。金幣輝煌，侈書生之服用；牲醪醉飽，頒餘惠於官兵。玆盖皇上天地涵育，造化生成。欲示勸於衆人，不吝賞於片善。踰涯之恩無補，過分之寵奚堪？矢竭螻蟻之微忱，用答乾坤之大德。臣不勝瞻仰，感戴激切屏營之至。

緣係謝恩事理，為此具本，謹具奏聞。

一為推訪將材以備任用事

題：為推訪將材以備任用事。

臣自先年督理馬政，巡撫、總制，俱在陝西地方。近又蒙恩起用，仍總制陝西各路邊務。竊念禦戎為今日所急，選將為戎政所先，故於陝西、延綏、寧夏、甘涼四鎮大小軍武官員，頗嘗留心推訪。即其行事，兼察其用心；驗其器識，兼考其材藝。雖人材難得，未免得此而失彼；然使人以器，自當舍短而求長。況當朝廷一新政令之秋，正臣下以人事君之日，苟有所知，安敢隱默？

除見任主、副將官及曾經臣論薦者不開外，竊見分守寧夏西路地方左參將、都指揮僉事馮禎，器識雄偉，號令嚴肅；陝西都司掌印、新任四川參將署都指揮僉事楊宏，文武具備，材節兼優。是二人者，皆可備西北大將之選。馮禎久滯邊裨，似不盡其用；楊宏近擢川將，似用違其材。甘肅遊擊將軍、都指揮僉事吳英，延綏遊擊將軍、都指揮僉事時源，俱有摧鋒陷堅之勇，三邊戰將號為“出色”。延綏各堡把總都指揮僉事閻勲、高時、彭樾、鄭驃，指揮使安國，寧夏都指揮同知陳珣、鄭廉，陜西先任遊擊將軍，今緣事復職署都指揮僉事張鎬，守備岷州署都指揮僉事趙文，西安後衛指揮使施傑，西安前衛指揮同知蔣存禮，是數人者，俱各閑於弓馬，熟於戎陣，事體頗皆疏通，行檢亦無所失。用之陜西各鎮，大可以備偏裨之選，小可以克守備之任，或戰或守，俱無不宜。其餘堪任將領者固多，臣未深知，不敢濫舉。

如蒙乞勑該部，再行訪察，遇有相應員缺，將各官量材擢用，其於陜西三邊軍務，必有補益。

緣係推訪將材以備任用事理，未敢擅便，為此具本，謹題請旨。

一為薦舉賢能官員事

題：為薦舉賢能官員事。

臣竊見陜西布政司左布政使燕忠，心知嚮正，官有執守。為御史，風采素聞；司馬政，勤能匪懈。比遷藩臬正官，益自操持不怠。當權奸劉瑾氣燄薰灼之時，獨無附麗干謁。臣比緣查處邊儲，本官盡心區畫，事有條理。委係賢勞，相應薦舉。其餘布、按二司官員雖有才能，臣職在軍旅，未經委用試驗，不敢泛陳。

乞勑吏部，再為詢訪，如果臣言不謬，待有相應員缺，將燕忠早擢任用。庶使方面臣僚，有所激勸興起。

緣係薦舉賢能官員事理，未敢擅便，為此具本，謹題請旨。

一為陳情乞恩辭免欽取陞任容令休致事

奏：為陳情乞恩，辭免欽取陞任，容令休致事。

正德五年九月十九日，該固原衛指揮符深齎捧節該欽奉勑：“先因西邊有事，特起爾總制軍務。今地方已寧，勑至，爾即馳驛來京，毋得稽遲。故勑。欽此。”欽遵。於本月二十二日起程外。本月二十八日，准吏部咨，為缺官事。該本部等衙門題，照例會推得臣等堪任戶部尚書。等因具題。節該奉聖旨：“楊一清陞戶部尚書。欽此。”欽遵。

備咨到臣。綸音渙召，既承馳驛之榮；金部需才，復玷尚書之選。便蕃有命，局蹐無容。臣稟賦素薄，血氣早衰。往年因病休官，幾莫逃於法網；比者聞變强起，幸適會夫成功。自到寧夏以來，苦於馳驅，疲於案牘，目疾屢作，痰氣時攻，已於本年九月初一日，備將衰病不能供職緣由，具本陳情，乞歸休致。方屏營而候命，忽徵拜以蒙恩。益深覆餗之憂，重切臨淵之懼。

伏念君命所召，不敢稽違，兼程前進，行至河南懷慶、衛輝等處地方，加以風熱之侵，舊疾轉甚。心神怔忪，頭目暈眩，胸腹脹悶，臟腑滑泄，沿途服藥，未見痊可。自揣孱病之軀，終非朝坐之器。

竊思户部掌人民財賦，政務浩繁，國家元氣所係，必得疏通精練之才，乃能負荷。豈臣迂腐、衰憊之人所克勝哉？雖欲効陳力就列之忠，恐難逃曠職素飡之誚。況當朝廷一新政令之時，正臣下奮庸熙事之日，四海之内，孰不延頸跂足以望太平？臣非草木，安忍自棄？顧省躬度分，以筋力則不勝，以才能則不稱，夙夜兢惕，不知所處。且今賢俊林立，隨取隨足，不患乏材。而司徒重秩，猥及不肖，臣猶自駭，人將謂何？恐傷知人之明，以為新政之累，此臣所以赧顔疚心而不能自安者也。

伏望聖慈收回成命，俯從前懇，容臣以舊官放回休致。使得調養病軀，偃伏林下，以全餘年，則仰戴天地生成之德，又出於尋常萬萬矣。

臣瞻望闕廷，不勝激切，除扶病在途恭俟允命外。緣係陳情辭免恩命，放回休致事理，為此具本，謹具奏聞，伏候勑旨。

一為患病事

奏：為患病事。

臣比在寧夏總制邊務，奉勑行取，馳驛來京。行至中途，舊患痰疾舉發，時作眩暈，後又感冒風寒，咳嗽喘逆，心腹不寧。節經具本陳情，放回休致，未蒙俞允。臣感恩益切，不敢稽留，扶病前來。本月初四日，到於京城宣武門外，欲便進城報名朝見。緣前患咳嗽、眩暈等疾俱未痊可，誠恐趨走跪拜之間，致有失儀不便。臣是以昧死上陳，伏望聖恩容臣暫在門外，延醫用藥，調治前病，痊可之日朝見，庶得微軀保全，誓當鞠躬盡節，以報陛下天地生成之德。

緣係欽取官員，未敢擅便。為此具本，謹具奏聞，伏候勑旨。

一為懇乞天恩辭免加官陞任事

奏：為懇乞天恩辭免加官陞任事。

臣比者奉命征勦寧夏賊寇，總制邊務。本年九月十九日，奉勑行取，馳驛來京。欽遵起程間，又蒙聖恩，陞任户部尚書。初，寧夏事平，臣即將衰病不能供職緣由，具本陳乞休致。及奉行取陞職，中途感患風熱、痰嗽、眩暈等病，又經具本辭免，俱未蒙俞允。

續該兵部題，為捷音事。節該奉欽依："提督軍務都御史楊 ，協同擒獲，撫定地方，功勤茂著，加太子少保、尚書，仍舊賞銀五十兩，紵絲五表裏。欽此。"

臣病中聞此，感恩益切，不敢留滯，扶病前來，到於京城宣武門外，請醫調治。瞻望闕廷咫尺，不能朝見，内自警惕，寢食不寧。

伏念尚書，乃今日文臣之極致；户部，實國家元氣之所關。如臣庸愚，誤蒙簡任，分量固已踰越，盛滿實難勝戡。未諧懇避之私，益重貪榮之愧。若寧夏之事，臣未至地方，邊將宣力，元兇授首。其後擒獲逆黨，撫安軍民，功皆常事，實無異能。金帛之賜已為過分，官秩之加豈所敢當！且宫保位望隆重，本非賞功之官；而臣因人成事，又無功能可録。書曰："德懋懋官，功懋懋賞。"臣德不稱官，恐貽負乘之誚；無功受賞，徒增淵谷之危。況犬馬之年漸老，蒲柳之質易衰，縱使前病暫痊，强顔班列而精力不健，豈復能有所建立？是以不避斧鉞，昧死懇陳。便望聖慈察臣誠欵，收回太子少保、尚書成命，容臣仍以舊官，放回休致，不勝感戴天恩之至！

緣係辭免加官陞任事理，為此具本，謹具奏聞，伏候勑旨。

關中奏議全集卷之十一

提督

一為老病衰殘乞恩辭免新命事

致仕少傅兼太子太傅、吏部尚書、武英殿大學士臣楊一清謹奏：為老病衰殘乞恩辭免新命事。

嘉靖四年正月二十四日，該兵部差千戶陳璽賫公文一角，内准兵部咨，為設總制以圖兩全事。該本部等衙門會題，該兵科都給事中鄭自壁等題前事。兵部議擬題，奉欽依“准設陝西提督軍務官員”。會官推舉得臣及致仕兵部尚書彭澤，服闋新建伯兼南京兵部尚書王守仁堪任。奉欽依“是。楊一清改兵部尚書兼都察院左都御史、少傅兼太子太傅，仍舊着提督陝西三邊等處軍務。寫勑并符驗、旗牌、關防都給與他，着上緊前去。欽此。”欽遵。

備咨到臣。聞命驚懼，不知所為。力疾強起，望闕叩謝外。仰惟皇上以上聖之資，光臨大寶，萬方仰德，四夷向風，天下臣民凡抱一長、挾一藝者，皆思自效。臣荷累朝作養登用，皇上嗣統之初，即降勑存問，褒贈上延先世，廕録下逮子孫，天地之恩，至深至厚。

夫豺獺微物，尚知報本。臣雖至愚，豈不思效涓埃之力，以圖報稱？緣舊患目疾，老而增劇，致仕以來，又越十年，今年七十二歲，昏眊轉甚，咫尺之地，不能辨人面目，舉筆作字，點畫不分。又兼痰火上攻，時作眩暈，足膝痿弱，舉動須人攙扶。前年秋冬，感患瘧疾，數月方得稍痊。自是精神頓減，血氣益耗，兩耳重聽，髮枯齒脫，衆目所覩，不敢自誣。切思人臣任事，必有精力而後可以有為。況軍旅事重，臣奄奄喘息之人，豈能辦此？心雖不敢自棄，力實不能自強。且言官論薦，廷臣會舉，止知臣昔年久任關陝，粗有奔走之勞，不知臣今老病衰弱，大非前時之比。臣不自言，恐致誤國大事，萬死何贖？及聞甘肅地方，近被回賊侵擾，仰賴聖武布昭，委任重臣，舉兵征討，醜類畏威遠遁。延、寧等處未聞有警，彼邊境常寇，各鎮守自能捍禦。倘以權不歸一，須設總理官員，則賢俊滿朝，堪當是任者必多其人，臣之衰朽，豈宜濫及？

臣是以昧死上陳，伏望聖慈早收成命，勑下該部，别推相應官員委用，容臣照舊致仕，以終殘喘，則自今以後，未死之年，皆皇上之賜也。臣不勝戰兢隕越，懇切願望之至！緣係老病衰殘、乞恩辭免新命事理，為此具本，順差鎮江衛舍人茅祖賫捧，謹具奏聞，伏候勑旨。

嘉靖四年二月十二日，奉聖旨："卿累朝耆俊，聞望素隆，投閒有年，屢經論薦，特兹起用。付以全陝，委任甚重，豈可引老辭避？况虜方在套，邊患可慮，卿嘗以體國自許，諒不在趙充國、馬援之下。宜兼程前去，督率文武將吏，調度兵粮，攘外安内，以紓朕西顧之憂，再不必辭。吏部知道。"

一為再陳懇悃乞容照舊休致事

致仕少傅兼太子太傅、吏部尚書、武英殿大學士楊一清奏。

嘉靖四年二月初八日，該兵部差官賫捧勑諭一道、符驗一道、旗牌十面、副關防一顆并欽賜白金五十兩，綵幣四表裏到。臣方患痰嗽，强起扶病迎接，望闕叩頭領受外。

伏念臣先於本年正月二十四日，准兵部咨，該兵部等衙門會題，節該奉欽依："是。楊一清改兵部尚書兼都察院左都御史、少傅兼太子太傅，仍舊着提督陝西三邊等處軍務。欽此。"

臣自度老病衰殘，不能供職，具疏辭免，乞容照舊休致。俞允未頒，渥恩復降。伏讀制詞，有曰："卿昔在先朝，簡居祕閣，任重望隆，固宜出入禁闥，謀謨廟堂，軍旅之事，若非可以勞卿者。然古昔大臣，若周之尹吉甫、方叔、召虎，唐之裴度、郭子儀，宋之韓琦、范仲淹，皆出將入相，茂建勲績，為社稷之臣，國有賴焉。卿以古名臣自待，忠義自許，諒不以内外勞逸為輕重也。欽此。"

絲綸春温，金幣霞爛，責以君臣之大義，諭以出入之均勞。感極而悲，繼之以泣。切惟君召，行不俟駕，乃聖門之明訓。君言，不宿於家，亦人臣之常職。臣本庸劣，陛下起之於病廢之餘，付之以節鉞之重，分當即時戒行，豈敢固為辭讓？况臣歷官以來，在外之日多，立朝之日少。謀謨廊廟，匪臣所堪；經營四方，實臣素志。若重内輕外，好逸惡勞，臣雖至愚，决所不敢。仰承聖諭，媿懼交并。

續准兵部咨，為傳奉事。節奉欽依："陝西三邊見今有事。提督軍務楊一清，着彼處巡撫都御史即其家敦遣，務要上緊前去，節制調度，不必辭。兵部知道。欽此。"

又准兵部咨，為虜中走回男子供報大賊入套、整飭邊備以防虜患事。該本部題，節該奉欽依："是。這虜賊大衆入套，其情叵測。便馬上差官賫文，着陝西、延、寧鎮、巡官務要嚴督各該副、參、遊擊、守備等官，加謹隄備，遇有警報，協力遏阻，相機剿逐，不許因循玩忽，自分彼此，致失事機。新推提督三邊軍務官着上緊前去，節制調遣。欽此。"欽遵。

節行到臣。伏覩天語丁寧，知三邊虜患，上軫聖懷。當地方多事之秋，非臣子辭勞之日，自當力疾就道，但年過七十，精力既不如前，智慮亦非昔比。其最苦者，兩目昏懵赤澀，見風日則涕淚交流，閱文字而點畫不辨，縱令勉強到彼，終恐無益邊防。及思前次陳情之疏，未奉明旨。恐致稽誤，不容自默。

伏望聖慈察臣先後辭免實情，别求精健練達之臣，往當提督軍務之任，容臣照舊致仕，豈徒保全愚臣殘生，亦且不誤邊防大計。臣不勝懇悃激切！為此具本，差鎮江衛舍人楚淵賫捧，謹具奏聞，伏候勑旨。

奉聖旨："卿才猷練達，精力尚健，既有經營四方之志，提督重任，當為國黽勉一行，不必再辭。兵部還差聽事一員前去沿途催促，着上緊去。該衙門知道。欽此。"

一為謝恩事

欽差提督陝西三邊軍務、左都御史臣楊一清謹奏，為謝恩事。

臣先任少傅兼太子太傅、吏部尚書、武英殿大學士，致仕家居。

嘉靖四年正月二十四日，准兵部咨，該本部題奉欽依："准設陝西提督軍務官員。"會官推舉得臣等堪任。奉聖旨："是。楊一清改兵部尚書兼都察院左都御史、少傅兼太子太傅，仍舊着提督陝西三邊等處軍務。寫勑并符驗、旗牌、關防都給與他，着上緊前去。欽此。”欽遵。

備咨到臣。自度老病衰殘，不能負荷，具本辭免。隨該兵部賫送勑諭、符驗、旗牌、關防并欽賞銀五十兩、紵絲四表裏到臣。又該巡撫都御史吴廷舉受命即臣家，敦遣啟行。臣感激奮發，即欲就道，奈見患目疾，并痰嗽未愈，恐誤邊防大計，又經具本懇辭。一面於三月初七日扶病啟行，沿途服藥調理俟命。近日得報，知先後辭本，俱不蒙俞允。又聞邊方有警，不敢再為辭避，兼程前進，於四月初一日到於陜西地方，欽遵行事外。謹具本稱謝者：伏以聖武布昭，每軫懷於邊徼；皇仁徧覆，尤篤念夫舊臣。起廢退之人，治軍旅之事；以保傅之重，督邊閫之師。稽古昔而有聞，在今日為創見。莫遂循牆之請，徒增臨谷之危。

恭惟皇上，代天撫世，應運特生。承眷命，奄有萬方，如帝堯之乃聖乃神，乃文乃武；起宗藩，入繼大統，邁王季之克明克類，克長克君。乾轉坤旋[一]，囿羣生於嘉靖；春生秋肅，舉一世而甄陶。

臣章句迂儒，蓬蒿末質：自垂髫以至白首，遭際累朝；由近侍以至孤卿，踐登極品。固嘗授鉞，未成安攘之功；承乏代言，豈有論思之益？既遂休閒之願，偷安林壑之身，樂與齊民，共歌新化。病驥不堪於服乘，腐草無意於回春。皇上念其往勞，早塵存問之使；采之公議，付以節鎮之權。周王不遺壽考之仁，何以加諸？虞舜樂取人善之公，兹焉大矣！且温綸褒諭，直欲期之古人；寵賫便蕃，又已超夫常格。既懇恩而不獲，當力疾以徂征，誓竭庸虚，少酬知遇。

顧人非三代，何敢希方叔、召虎之謀猷；業本書生，亦勉效韓琦、仲淹之經略。但世平易玩，法久漸隳，政習於因循，人安於偷惰。不大改絃轍，無以作新士氣；不力任怨怒，無以奮起事功。又恐居内地之安，或罔念邊疆之苦；持文墨之論，不暇謀兵革之難。任耳易至於傳訛，浮言每興於所忌。

伏望宸衷獨斷[二]，廟議協心，將委任而責之成，必聽納而求其實。若虚應故事，如聖慮之所及；則自貽厚責，在國法以何逃？待邊患稍寧，地方無事，願遂乞骸之請，以終垂盡之年。臣無任瞻戀感戴，懇悃激切之至！

緣係謝恩事理，為此專差指揮魏傑賫捧，謹具奏聞。

嘉靖四年五月三十日，奉聖旨：“卿具疏陳謝，足見忠愛。閫外之事，宜竭誠展布，務臻實效，以副委任。該部知道。”

【校記】

［一］“旋”，雲南本為“旅”。

［二］“衷”，雲南本為“裏”。

一為軍務事

題：為軍務事。

臣奉勑“提督陝西三邊等處軍務，欽此”欽遵外。案照先准兵部咨，該本部題，為設總制以圖兩全事。内開：跟隨書掾、頭目、家人，聽從選帶，仍具奏聞。節該奉欽依：“是。欽此。”欽遵。

備咨到臣。除頭目另行外，為照臣一到陝西地方，即該題奏各項事情及發屬文移浩繁。緣未奏討書掾，缺人書寫。訪得直隸鎮江府丹徒縣省祭官任漢、本府兩考役滿吏李棠，俱各寫字端楷，諳曉行移，已經行令該府開送，跟隨前來書辦。及思臣年老多病，近又感患痰嗽，日久未愈，扶病前來供職。誠恐西土之人，風氣不同，用藥亦異，難以收效，選帶鎮江府醫士錢汝儉跟隨軍門，調治臣疾。及又思得三邊地方險遠，必多得親信家人跟隨使用，内將二名照例支給口粮，其餘俱於臣廩給内食用，不支口粮。

緣係該部題，奉欽依“聽從選帶”事理，為此謹具題知。

一為急處邊儲以防虜患以安地方事

題：為急處邊儲以防虜患，以安地方事。

准巡撫陝西地方、都察院右副都御史王藎揭帖，准户部咨，該本部題：為虜中走回男子供報大賊入套，整飭邊備以防虜患事。該陝西鎮、巡等官題前事。奉聖旨：“該部看了來說，欽此。”欽遵抄出送司，覆奏間。隨據委官署郎中胡宗明呈：為回賊擁衆入境，圍困城堡事。通查案呈到部。

看得巡撫陝西都御史王藎并鎮守太監晏宏會題，開稱：本鎮固、靖、環、蘭等處大虜入套，誠恐動調兵馬，錢粮缺乏[一]，乞要再添部屬官一員，多帶内帑銀兩并開中淮、浙各運司引鹽，前來固原等處，或委官分投糴買，或召商報納粮料、草束，專備客兵人馬支用一節，誠為思患預防至意。但固原等處歲用軍餉[二]，原係陝西所屬州縣起運粮草，并本處衛所屯粮供給[三]。

若所司官員果能及時催徵，依限完納，一歲之徵，自足一歲之用。此係地近腹裏，自來無有年例銀兩。先該巡撫等官連章具奏，粮餉不足，本部屢次題准給發銀、鹽，并總制衙門及部委郎中奏帶銀兩，分派陝西一鎮，三年之間，共計五十七萬一千八百餘兩，比之延、寧等邊有年例之處，其數加倍。

況固原等處先年奏報虜寇出沒，聲勢雖大，然一時搶掠即回，軍馬不曾久駐，錢粮不至多費。況近日運去軍前鹽銀，雖稱七萬二千六百餘兩，内止解去甘、凉一萬六千餘兩，其餘五萬六千餘兩俱在蘭州等處買辦粮草，預備客兵支用，不久大軍掣回，錢粮尚多見在。即今虜賊在套，如或調兵，就堪支用。但恐客兵數多，一時供億不繼，相應計處。

查得甘肅一鎮，近已分發銀一十四萬兩前去，比來邊情已寧，前銀足勾支給。所擬署郎中胡宗明開報淮、浙等運司鹽課共二十萬引，可以不必分撥該鎮。況今近在鎮城，商人情願增價，相應准呈。為今之計，部官不必再差。合無候命下之日，本部劄付先差署郎中胡宗明就留陝西，督理固原等處軍餉。即將原開嘉靖三年分各運司額鹽兩淮一十萬引，每引原定價銀伍錢，今每引加銀二錢，共銀七萬兩；兩浙五萬引，每引原定價銀三錢二分，今每引加銀一錢，共銀二萬一千兩；山東小引鹽五萬引，每引原定價銀一錢五分，今每引加銀五分，共銀一萬兩，通共該鹽銀一十萬一千兩。會同巡撫都御史王藎坐委能幹官員，查照緊關城堡，分投召商，上納本色粮料、草束，另項收貯，專備客兵支用。一面查出陝西布政司貯庫、前巡撫都御史王珝奏開鹽價銀二十二萬四千九百九十八兩，除提督尚書金獻民發去甘肅七萬二千餘兩，尚餘一十五萬兩，一體糴買粮料接濟，或折色相兼放支；一面催併所屬州縣，將起運固原、環慶等處邊粮并彼處衛所該徵屯粮上緊追完，立限差人速解原定倉庫交納，以備急用。萬一前賊深入，兵馬調多，經費不繼，聽提督大臣到彼相機議處，另行具奏定奪。等因題。

奉聖旨："是。陝西固原等處軍餉，就留胡宗明在彼督理。動支各項銀兩，糴買粮料，都依擬。務要上納緊關城堡，不許堆積無用處所，有誤支給。欽此。"欽遵。合咨前去，煩照本部題，奉欽依内事理，欽遵施行。

准此，除行陝西布政司，轉行守巡、管粮等官，催徵未完錢粮及行胡宗明查照施行外，合將該部咨到緣由，開具揭帖行來。隨據委官署郎中胡宗明亦呈前事。

臣近到陝西省城，閲視城操、巡邊、備冬各枝人馬，原額數目雖多，中間逃故，缺伍十之三四，其見存者身無完衣，軍器缺壞，馬匹瘦損，饑寒困苦之狀，見於顔面，較之臣先年巡撫、總制之時，迥然不同。詢其所以，皆云近年以來，月粮缺少，有至一二年之上全無支給者，又被先該鎮守官廖鏜等指以進貢為由，侵尅歛派，痛苦入骨。近雖釐革安静，巡撫衙門按月放支，每石亦止給銀三錢，不敷食用，已往年月，無從補給，以此，彫傷之人元氣未復。及節據固原、環慶等處公差人員禀訴，各稱沿邊一帶城堡，粮料、草束俱無蓄積，有亦不多，不勾供應主兵[四]。倘若添調客兵，將何支給？及訪得前項邊方官軍，月粮欠缺亦多，應賞冬衣布花，經年不給，彫傷困苦，比之省城尤甚。

近查得提督尚書金獻民奏内，據陝西按察司固原兵備副使成文、分巡關西道僉事鍾錫會呈，内開欠少本鎮官軍月粮二十三萬，每每告討，無從補給。即此一處，他處可知。切惟克敵必資乎兵，養兵必資乎粮。軍食不充則軍氣不揚，何以克敵制勝？且沿邊官軍，比之腹裏，勞逸相懸。平居，家有父母妻子之累，身無飽食煖衣之樂，一旦遇警，驅之以盡死力，顧不難哉！近年各邊失事官軍，不能奮勇力戰，甚或因而生變，實由於此。

近據延綏守臣奏稱：入套之賊數多。臣切緣此敵因是節年搶掠得利，蔑我無能[五]，入寇之謀，恐所不免。縱使夏間無事，秋冬難保不來，今年無事，明年難保不來，來則必須動調客兵截遏。今倉塲粮草，在在缺乏，有地方之責者，不得不憂。所以陝西鎮、巡等官都御史王藎等，奏要添差部屬官一員，多帶内帑銀兩，並開中淮、浙各運司引鹽，星夜前來固原等處，或委官分投糴買，或召商報納粮料、草束，運赴緊要城堡收貯，專備動調客兵人馬支用，情辭懇切，蓋不得已。而提督尚書金獻民奏内，又復論及，蓋亦親到地方，目擊其狀，故以為言。

節該户部題奉欽依“就留原差郎中胡宗明督理固原等處軍餉”，然亦止是將原開嘉靖三年分各運司額鹽：兩淮一十萬引，兩浙五萬引，山東小引鹽五萬引，加銀召納，約有一十萬一千兩之數。及先年都御史王珝奏開鹽價銀，除已支外，見存一十五萬兩，糴買放支[六]，終恐數少不敷。

且陝西一鎮，固原、環慶、靖虜、蘭州，乃總會要害之處：固原所轄則有黑水、鎮戎、平虜、紅古、版井、彭陽等城，西安州、海剌都等營，環慶則有走馬川、青平、山城、甜水等城堡，靖虜、蘭州則有乾鹽池、打剌赤、一條城、十字川、西古城、積積灘等堡，處處可以通賊。

况黠虜多遣奸細入境[七]，探我道路，知我虛實。聲東擊西，多窺我之無備；倏來倏去，每乘我之所忽。故要害去處，固當多積；而僻小城堡，亦難全虛。不止供給按伏主兵，又欲支用經過人馬。夫以前項二十五萬餘兩之資，而欲分應數十城堡之備，委有不敷。况前擬引鹽，山東小引五萬引，自來無人肯報，縱欲抑勒，均搭給與，必須淮、浙二處稍有餘利，以淮、浙之有餘，補山東之不足，庶其肯從？

今據陝西布政司官稟稱，固原召報粮料、草束商人，為因加銀數多，地方薄收，俱各空回[八]，不肯報中。若在該司納銀，固其所願，但沿邊正恐粮草無積，有誤供餉，若俱令納銀，運送前去，遇有緊急，銀不可食，何以為處？臣查得陝西各鎮，自來處置邊儲，不過曰乞運，曰召商，曰糴買三者而已。弘治十三年間，大虜在套，動調京軍，欽差該部大臣督理軍儲，乞運腹裏州縣粮草，累民陪補，至於破産鬻兒，今日斷不可行。况腹裏空虛，亦自無粮可乞，惟有召商、糴買二事可行。銀買雖若簡易，緣地方時值，道里遠近不同[九]，計算脚程，多致末踰其本[十]。若分派州縣，僉報人戶糴買，未免累民暗陪陰補，而官吏、里書放富拘貧，侵尅抵換之弊，又不能無。省費於官，斂怨於民，亦非至計。揆今事勢，不得不然。惟有召商報中，似為得策。客商射利，雖小必趨；官府儲粮，小費何吝？故在客商增一分之價，則官司有一分之益。但須革兜攬賣窩之弊，豈可廢從古飛粮之法[十一]？又聞之道路，近年官司召商，多至失信。或所召價多，所給則少，或召納已完又復追價，致令虧折資本，怨聲載道，以此各邊開中粮草，多不肯報納。率是已往，倘有重大賊情[十二]，路途阻塞，車脚不通，召中糴買，兩無所措，雖有智者，不能善其後矣。

及又思得，蘭州密邇河西，亦卜剌殘賊[十三]，竊伏西海，萬一糾引番賊，侵掠我河、洮、臨、鞏等處，此腹心之疾，尤當嚴防，不止河套之賊為當備也。

及照甘肅地方，近被回賊蹂踐，人馬已極困敝，雖蒙發去銀一十四萬兩，然分派一十五衛所，大小城堡數多，百孔千瘡，難以兼濟。至於延綏官軍，素稱勇悍。各邊調發應援，多得其力，近年亦復疲敝之甚。其官軍多臣舊所統轄，每進見詢問，輒以粮賞不足為辭，貧苦之訴，如出一口。臣謂此鎮官軍尤當懷之以恩，養其銳氣，庶幾緩急可倚。若寧夏遠在河外，賀蘭山後賊人不時出沒，而花馬池、興武營、靈州一帶，又套賊侵犯腹裏必由之路，屯兵積粮，俱不可緩。陝西巡撫專為固原等處議奏，而臣則有提督三邊之責，休戚相關，事體一同，不敢顧此失彼，以貽後艱。欲待通查四鎮見在錢粮多寡數目明白，方纔論奏，恐蹈後時之愆，將貽噬臍之悔。

查得弘治十八年間，為因河套有警，孝宗皇帝特差戶部侍郎顧佐，帶領本部郎中吕賢、陳策，前來陝西督理邊儲。奏准開中淮、浙、河東運司鹽課一百萬引[十四]，運送折粮等項銀三十萬兩，舉行冠帶等項事例。續該臣接管巡撫陝西，因見前項銀、鹽，侍郎顧佐俱發延、寧、甘肅三鎮，陝西止得銀五萬兩，不敷，當即議奏。尚書韓文等覆題，以為邊防積蓄，以預為先，以多為貴，若趁今盜賊遠遁，年歲頗收，不先事廣積，倘或緊急，將何為備？依擬又開兩淮鹽二十五萬引，兩浙、長蘆、四川鹽二十五萬引，共鹽五十萬引，聽臣定立斗頭，召商糴買。若有不足，再查靈州并西、漳二縣變賣鹽課銀兩，一併召買，務使緩急有備。節該奉欽依"是。務要處置停當，邊儲充實，毋致臨期缺乏。欽此。"欽遵行來。臣即時督令兵備等官高崇熙、燕忠等，召報、糴買兼行，參以奏開事例，固、靖、環、蘭一帶，延、寧、甘肅三邊，俱頗有積蓄。自正德元年至正德四年，俱得其用。

正德五年，臣起廢西征，查得各邊粮草仍前缺乏，又即議奏。該部題奉武宗皇帝欽依"差戶部侍郎叢蘭，帶領主事翟鵬、常道、袁經三員，前來整理"，三邊之人，皆仰賴先朝留神邊事。前該大臣，實心體國如此。

今錢粮缺乏，比前加甚，而虜賊驕橫，亦非前比。臣不先事極言，他日僨事貽患，臣之一身，固不足惜，如地方何？及照原差郎中胡宗明，委有才力，足堪付託，但今患病是實，已經奏乞回家調治，似難久留。除將陝西所屬州縣起運各邊粮草并衛所該徵屯粮，督令分守、管粮、管屯，都、布、按三司官，嚴限追併完足，解赴原定倉庫交納，及別項議處事宜另行具奏外。

伏望皇上念邊事之至重，溥大賚之仁恩。乞勑戶部議處，合無深體先年該部議奏，邊方積蓄，以預為先，以多為貴之意，將嘉靖三年兩淮、兩浙等運司開剩鹽引，并嘉靖四年課鹽，共開與一百萬引，及再運送官銀五十萬兩。仍照先年事例，特命戶部堂上官一員，帶領屬官二三員前來，督理四鎮粮儲。大要十分為率，陝西固原等處須得四分，延、寧、甘肅三鎮，共得六分。不拘召商、糴買，隨宜處置。一半務收本色，以供客兵支費，一半量收折色，以備主兵折放。其召報本色，酌量地方遠近，年歲豐歉，定與斗頭斤數，使人樂從。若再不敷，聽臣將陝西司、府官庫各項銀兩陸續酌量動支，行委布、按二司公廉官員，趁時召糴。務令邊倉各有二三年之積，庶使愚臣得以悉心規畫邊務，遇警節制調遣，勦殺賊寇，以安地方。

臣本衰病廢棄之人，誤蒙陛下采之衆論，付以重權。若因陋就簡，諒亦無難，投閑置散，亦其素分。但念受恩深重，自當為國遠圖。倘蒙采而行之，邊方幸甚，愚臣幸甚！

緣係急處邊儲以防虜患，以安地方事理，未敢擅便。為此具本，專差承差馬廷璋親賫，謹題請旨。

【校記】

[一]“乏”，雲南本為“之”。

[二]“歲”，雲南本為“一”。

[三]“衛”，雲南本為“一”。

[四]“供”，雲南本為“其”。

[五]“蔑”，底本、雲南本均為“篾”，據四庫本改。

[六]“放”，雲南本為“收”。

[七]“黠虜”，四庫本為“套人”。

[八]“回”，雲南本為“面”。

[九]“里”，雲南本為“理”，误。

[十]“末”字，雲南本為“未”，误。

[十一]“飛”字，雲南本為“非”，误。

[十二]“賊情”，四庫本為“軍機”。

[十三]“亦卜剌殘賊”，四庫本為“額布勒殘敵”。

[十四]“准”，雲南本為“淮”，误。

一為整理邊務以備虜患事

題：為整理邊務以備虜患事。

准兵部咨，該提督陝西、延綏、寧夏、甘肅等處軍務、兵部尚書兼都察院右都御史金獻民題前事，内一件議處兵將。准巡撫陝西等處地方、都察院右副都御史王藎揭帖，據陝西按察司整飭固原等處兵備副使成文、整飭鳳翔等處兵備兼分巡關西道僉事鍾錫會呈。

等因臣惟禦虜以兵馬為先，以粮草為急。固原一鎮，為三邊喉襟要衝之所，其總兵官所領官軍，見在不過五百員名，守備官見在不過六百員名，兵馬之寡弱也甚矣。倉卒有警，委難支持。訪得北虜自弘治十四年大舉入寇，得利而歸，每每深入搶掠，必由固原。各該將領累因兵馬數少，不過嬰城自守，任其出入，以此地方多被殘破，人畜多被殺虜。見今虜賊擁衆入套，侵犯之舉，又在旦夕。若止照往年故事，未免復遭荼毒。各官所呈，相應議處。合無將總兵官部下，除見在官軍外，再於各城堡各衛禦冬防守官軍内選摘精壯二千三百員名，共輳三千員名，總兵官統領。防守官軍仍照例每年十月初一日依期赴操，二月河開，無事放回，有警留住。本城支與行粮，與見在官軍如法操練，預備截殺。守備官部下，除見在官軍與今擬各城堡挑選共二千員名外，未及之數，照例懸賞於有丁人户内召募一千名[一]，亦輳三千之數。將守備改為參將名色，統領殺賊，仍聽總兵官調度。該用馬匹，就於茶馬并苑馬寺給領，或行太僕寺收貯官價支買，召募銀兩於司、府官庫查有無碍銀兩動支，庶兵馬充足，緩急有備。等因題。

奉聖旨："該部知道。欽此。"欽遵。

該兵部議得，固原地方平坦，可以馳驟，虜賊搶掠，多由此入。陝西腹裏州縣連歲被害，實由本處兵粮不足，難以防守。合無依其所擬，將各城堡各衛禦冬防守官軍内選擇精壯二千三百員名，連見在七百名，共輳三千名，聽總兵官統領。其防守官軍上班、放回，并支給行粮，悉如舊規。其守備官部下，除見在并各城堡挑選官軍二千員名外，許於各項軍民丁多户内召募一千名，共輳三千之數，就將守備改為參將，統領聽調殺賊。該用馬匹，就於茶馬并苑馬寺給領，如不足用，許於太僕寺收貯官價支買，召募銀兩於官庫動支，俱各相應。但事關地方軍務，仍咨行提督尚書楊一清再加議處，具奏施行。等因具題。節該奉聖旨："固原守備照舊，其餘准擬。欽此。"欽遵。

備咨到臣。切惟固原為陝西喉襟要害之地，地里平漫，無險可據，通賊去處甚多。自弘治十四年以來，套賊擁衆深入，延、寧地方不能捍禦，馳驟長驅，兩日夜可至固原。分散醜類，静寧、隆德、會寧、安定一帶州縣俱被剽掠，直抵鞏昌、秦州地方。近年又侵過平凉，蹂踐我涇、邠等州縣，得利而歸，不曾遭挫。將來鳳翔、西安内郡，安保不遭毒害？臣先年巡撫之時，奏將陝西鎮守總兵移在固原常川住劄，意正在此。但所統官軍與守備官部下官軍俱不及千數，委的數少，難以出戰，只得嬰城坐守，甘受畏縮之罪。

今提督尚書金獻民，要將總兵官部下除見在七百員名外，再於各城堡各衛禦冬防守官軍内選摘精壯二千三百員名，共輳三千員名，總兵官統領。守備官部下，除見在外，今擬增粮并各城堡挑選共二千員名外，未及之數，照例懸賞，於有丁人戶内召募一千名，亦輳三千之數，統領殺賊，仍聽總兵官調度。該用馬匹就於茶馬并苑馬寺給領，或行太僕寺收貯官價支買，召募銀兩，於司、府官庫查有無碍銀兩動支，誠為安邊禦虜至計。除依擬行令嚴加挑選，聽各官統領，以助兵勢外，至於懸賞召募一節，尤為得策。今日之務，似難舍此。

查得弘治十八年間，臣為巡撫，准兵部咨，為預防虜患事，該本部題。看得往年達賊河開之後，俱各在套。即今虜情非常，事勢難料，若果在套潛住，未免肆意侵掠，為患不已。陝西一帶歲遭大歉，民財已窮，合用軍馬，除本省三邊之外，别處客兵决難輕動。况彼處土人生長邊方，材力勇勁，便於戰鬬，若欲鼓舞用命，必須激之以利，故云："重賞之下，必有勇夫。"合無本部於太僕寺寄收馬價銀兩借支五萬兩，差官賫送陝西布政司收貯，聽都御史楊一清支用，或隨勢給賞得用官軍，或懸利召募本處土人。務使精壯之民，皆占行伍之籍；勇敢之士，悉為麾下之兵。凡可以激勵各項之人，殺賊以取功利者，悉聽從宜處置，必能得其樂於用命，振揚軍威，以禦虜寇，不可坐委貪刻官員，託故以召募為名，用強逼勒，致失人心。若後達賊出套，前項銀兩，聽其收買戰馬，給軍騎操，不許别項支用等因題。奉聖旨："是。欽此。"欽遵。隨該太僕寺寺丞楊信解送銀伍萬兩到於陝西布政司收庫。

臣於正德元年、二年間，賞軍召募等項，陸續止用過銀一萬五百餘兩。比臣奏准回還原籍養病，其餘銀三萬九千四百餘兩，俱在布政司并平凉、慶陽二府寄庫，待接管官員支銷。及咨兵部并陝西巡撫查照外。及又查得兵部先年題准事理，臨邊各路土著軍民、舍餘人等，有能奮勇設謀，斬獲首級一顆，隨即賞銀三十兩，生擒一名，賞銀五十兩。若能糾集鄉丁敵殺賊衆，斬首至五顆以上者，為首者加陞署所鎮撫。又一件，今後各該官軍有能斬獲賊級一顆，為首者賞銀牌十兩；生擒一人者，賞二十兩；各為從者，量為給賞。仍將各人功次，另行造册奏繳擬陞。是皆激勵人心，鼓舞士卒之策，與前項該部所奏所擬，大意相同。况常人之情，見利則趨，以速為貴。邊軍艱苦萬狀，俯仰不能聊生者十常八九，一旦獲此厚利，自然踴躍思奮。雖有勢豪買功之人，彼亦不肯舍應得之利，以犯必禁之法矣。然此例雖久，官司多不肯行，實亦因財用不足之故，以致人心怠玩，賊勢益張，所惜者小，所損者大。

及照臨邊軍民勇悍善鬬者，在在有之，召之有道，自然應命。及查先年召軍，每名有給銀五兩者，有三兩者，是為常守之兵，比之腹裏抽選召募者大段不同。比年延綏、寧夏二鎮召募土兵，至今與遊、奇正兵一體調遣截殺，所向有功。今各該衛所行伍空虛，懸利召募，相應舉行。至於隨勢給賞有功官軍，亦為要務，軍門若無財用，則有罰無賞，何以盡人死力？但陝西布政司在庫官銀不多，各有頭項，難以一槩取用。

伏望皇上軫念邊方重地，防禦為急，乞勑兵部議處，合無查照先年該部奏行事理，於太僕寺馬價銀内動支五萬兩，差官運送前來，聽臣督委都、布、按三司實心幹事官員，設法召募。不拘衛所軍餘、舍餘、村野土民，但係年力精壯，騎射閑熟者，籍名在官。願領馬者，給銀五兩，步軍給銀三兩，令其置辦軍裝弓矢器具，團成隊伍，聽總兵、守備等官統領訓練。不敢委用貪刻官員，用強逼勒，以失人心；亦不敢濫收不堪之人，徒費官錢，無益於事。至於給賞有功官軍、土人銀兩、銀牌等項，聽臣於布政司無碍官銀内量為查取應用。不拘官舍軍餘土人召募民壯等項，但有斬獲首級一顆者，驗係真正達賊，不願陞者，軍門隨即賞銀三十兩，生擒達賊一名者，賞銀五十兩。該陞者，照例先賞銀牌，仍造册擬陞，既可鼓士卒立功之勇，又可杜官豪買功之弊。

及照各邊官軍缺馬為急，行太僕寺、苑馬寺收貯銀兩，專備買馬騎操，難以别項支用。若京運銀兩，召募支用不盡，亦收貯聽發各邊收買戰馬騎操，不許别項動支。事完，通將支用過召募買馬銀兩數目，造册奏繳。如此則軍伍可增，軍氣自倍，可望收克敵制勝之功矣。

緣係整理邊務以備虜患事理，未敢擅便。為此具本，專差承差馬廷璋親賫，謹題請旨。

【校記】

〔一〕“募”，雲南本為“墓”，误。以下 “召募銀兩”之“募” 字同。

一為急缺邊方兵備官員事

題：為急缺邊方兵備官員事。

據陝西按察司呈，為迴避讐惡、有病致仕、以全國體事。准本司副使周崇義關。

照得，本職見年四十九歲，係四川成都府灌縣守禦千戶所軍籍，山西聞喜縣人。由進士正德七年八月二十九日，除授戶部雲南清吏司主事，歷陞員外郎、郎中。正德十六年九月二十五日，陞授陝西布政司右參議。

嘉靖元年三月内，蒙巡按陝西監察御史喻茂堅、許翔鳳案驗，為邊軍聚衆殺害撫臣，劫庫放囚，搶奪軍器，燒毀衙門等事，節奏勘合，會委本職前去甘州，會勘李隆等謀殺許都御史，并劫庫放囚等項重情。本職會同陝西按察司副使劉大謨，將兇犯楊淮等各拷訊鞫審，殺害撫臣，劫奪庫囚，招認真情明白。將楊淮、蘇秀、張璉、王禮保、賀保兒等六十五員名俱問擬死罪，監候。已經具奏定奪外。嘉靖三年十月二十八日，蒙陞今職，專在甘肅地方整飭兵備，兼永昌等九衛所。

竊照本職歷任主事、員外郎、郎中九年有餘，叨陞參議，又經三乍。每於地方軍民事務，盡心幹理，不敢怠廢。復蒙轉陞，正當勉供職務，以圖補報。奈何殺害撫臣姦惡正犯楊淮、蘇秀、張璉、范謙并徐通、栗不老等六十餘員名，俱係甘肅等衛都指揮、指揮、千、百戶、軍餘、夜不收等項人役。各犯主謀下手，窮兇極惡，神人共怒，自古所無。已該本職等問擬梟首等罪，死者已多，監者見在，各犯父兄子弟俱在甘肅住居。

緣各犯生居邊方，性同夷虜，怨惡讐嫌，切齒痛恨。往年勘問之時，雖出入飲食，猶難防備。况今久處地方，常該巡歷，一時一事，安能保全？且彼時許都御史素無讐嫌，止因告添月粮，稍不遂心，就行謀害。况本職以委官親詣地方，將各犯嚴刑面審真情，問擬謀殺撫臣梟首等罪，至今讎恨方深。本職若冒昧前去，適逢其怒，則兇徒逆黨，蓄毒藏姦，陰懷報復之讐，暗肆陷害之惡，命固難全，時事亦壞，關係國體，誠非輕小[一]。又兼久因舊患風痰病症，調理未痊，見今飲食減少，精神昏瞶，不能供理職事。除將前項緣由於嘉靖三年十二月并本年正月内已經三次具奏迴避，有病致仕，未蒙准行。

續奉到都察院，明文准吏部咨，轉行陝西撫、按衙門查勘，本職曾否甘肅勘事，與彼有無讐嫌，於例應否迴避，會查明白，徑自具奏定奪。及照本職居官盡職，豈敢避難？但迫切之情實關於軀命，久病之體難赴於邊方。蒙今行勘，不敢擅離起程，兼前病未痊，見今調治。為此除候撫、按衙門勘明具奏，明降至日，另行呈報，今將前項緣由，合行移關本司，煩為轉呈施行。

等因備呈到臣。為照肅州地方，相離甘州五百餘里，西七十里嘉峪關外，皆係番戎部落。肅州城外亦有寄住番回數多，變態不一，控馭實難。朝廷設有兵備副使、分守參將各一員，無事則撫存隄備，有警則調兵戰守，而兵備之官，禁姦以安人，督儲以養兵，所繫尤重。去歲回賊大舉入寇，地方被其蹂踐，雖遭挫遠遁，難保其不復來為患。昨者，肅州兵備缺員，吏部以陝西布政司右參議周崇義陞補，盖亦取其就近，便於赴任。豈期本官始以迴避讐惡為辭，今又以患病未痊為託，堅卧不肯前去，已經奏行陝西撫、按衙門查勘，應否迴避，具奏定奪。近因撫、按官員俱去寧夏勘事未回，不曾勘結，遂使邊方兵備，半年之上缺官管理。若待撫、按勘明奏報，方纔議處，必又耽延數月，不無愈加誤事。

臣惟人臣任事，必有欲為之志而後可以有為。今周崇義聞命逡巡，稱疾不出，縱令勉強到彼，志意隳頽，難以望其脩舉職業，其在國法似難輕恕。節據陝西布、按二司官各稱：本官年力尚彊，平日作官儘肯幹理，但前在甘州勘事，盡法除惡，委的結怨已深，讐恨報復，難保必無。稽之人情，亦當體悉。但係窮邊極遠之地，若將別省官員陞補，赴任稽遲，愈至妨廢邊務。臣近與新任巡撫甘肅都察院右僉都御史寇天叙計議，周崇義似不可復待，必於陝西二司官員内推補，庶幾早得其用。

臣博訪得陝西布政司右參議趙載、陝西按察司僉事姚文清，俱生長北方，年力壯彊，才識優裕，付之斯任，必有可觀。如蒙乞勑吏部，再為訪察，如果趙載等可用，上請簡用一員，賫憑令其作急前去肅州，整理兵備事務，庶幾緩急可託，兵民有賴。周崇義合無待撫、按官勘報，果無別情[二]，查缺改用。

緣係急缺邊方兵備官員事理，未敢擅便。為此具本，謹題請旨。

【校記】

［一］“誠”，雲南本為“成”，誤。

［二］“情”字，雲南本為“清”，誤。

一為急處巡撫官員以安地方事

題：為急處巡撫官員以安地方事。

照得寧夏一鎮，孤懸河外，賀蘭山後密邇賊巢，不時窺伺，侵入搶掠。况蕃封在內，夷漢雜處，鎮定安輯，全在巡撫得人。且河東靈州、興武營、花馬池一帶，又套賊入寇腹裏之門戶，調度兵粮，所繫尤重。見任巡撫右僉都御史張璿，本係風力任事官員，但近日奏發親藩事情，未知虛實，見蒙欽差內外重臣，查勘未結。緣本官結怨已深，縱使無碍，亦難在彼行事。及查得寧夏總兵官种勳亦復緣事。一鎮之中，鎮、巡官各有掣肘，日久不行更易，未免人心渙散，邊務廢弛，恐有他虞，誤事不細。然目今正在撫安軍民，防禦虜寇之際，若照常將在京并別省官員推用，人情事體，未便周知，且恐到任稽遲，有誤邊方大計。

臣切見陝西按察司按察使袁擯，守身有不愧屋漏之嚴，持法有南山不移之判。陝西布政司右參政潘塤，端慎之操可以服人，宏厚之器可以致遠。又皆久任玆省，人望素歸。畀之巡撫，必能操弛張之用，酌寬猛之宜，上下相安，兵民咸服。如蒙乞敕該部，再加詢訪，如果臣言不妄，將各官疏名上請簡用，庶得就近赴任管事，實為便益。仍乞將張璿暫取回京，待前事勘結，有無干碍，伏俟聖明裁處。臣有地方安危之責，故冒昧上言，盖亦采諸衆論之公，非敢獨持一已之見。

緣係急處巡撫官員以安地方事理，未敢擅便。為此具本，順差承差馬廷璋親賫，謹題請旨。

一為急缺方面官員事

題：為急缺方面官員事。

據陝西布政司呈，本司分守隴右道左參政王教，於嘉靖四年三月十九日病故，呈報到臣。

為照陝西布政司内統八府，外供三邊。參政等官分守地方，撫安人民，催徵錢粮，完銷勘合，政務浩繁。額設官員，平居無事，足供幹理，但中間事故遷除不一，臨事差遣，往往乏人，前項參政員缺，急當銓補。但地方窵遠，别省官員陞調交代，多遷延不至。如僉事周鎬陞任已經七月，方纔前來，肅州兵備雖經陞補半年之上，尚未赴任。必得就近陞用一員，庶免久曠誤事。臣博訪得陝西按察司副使韓士奇、成文，俱操履端謹，才識疏通，兼且科甲年深，先曾被誣黜謫，初心不改，涖事益勤，堪以陞用。如蒙乞勑吏部，再行詢訪，合無於韓士奇等二員内推陞前職，上請簡用。倘蒙采納，各官員缺，亦望於附近山西、河南等處官員内陞補，庶不久稽，妨廢職務，實為便益。

臣受命提督三邊戎務，凡軍馬錢粮各項事情，必須得人委用，事干職守，不敢不言。

緣係急缺方面官員事理，未敢擅便。為此具本，謹題請旨。

一為軍務事

題：為軍務事。

臣奉勑："提督陝西三邊等處軍務。欽此。"欽遵。到於陝西地方行事外。查得先准兵部咨，該本部題，為設總制以圖兩全事。内開：合用跟隨書掾、頭目、家人，聽從選帶，仍具奏聞。等因題奉欽依，備咨到臣。

切緣陝西延綏、寧夏、甘肅三邊，地方廣遠，相隔動數千里，軍務浩繁。賫執旗牌，督兵幹事，必得明爽精練之人，參隨委用。博訪得南京羽林前衛正千戸楊評、南京錦衣衛冠帶舍人徐鳳岐，俱將家子弟，諳曉戎務；鎮江衛指揮僉事陳岳生，長於騎射，閑於韜略；興州中屯衛正千戸劉欽，錦衣衛冠帶總旗趙達，冠帶舍人張濂、葉澄、張瑋、羅玉、崔堂、胡澧、崔杲，興州中屯衛冠帶舍人楊舉，俱各曉暢軍情，熟知世務。如蒙乞勑兵部奏請，照依近年提督等官奏帶參隨事例，行令各衙門查送前來陝西軍門聽用，實為便益。

緣係該部題奉欽依，聽從選帶事理，未敢擅便。為此具本，順差承差馬廷璋親賫，謹題請旨。

一為處置拖欠邊儲事

題：為處置拖欠邊儲事。

案照先准戶部咨，為虜中走回男子供報大賊入套，整飭邊備以防虜患事。該陝西鎮、巡等官奏前事。本部覆題奉欽依。備咨到臣。

除召報鹽引，發銀糴買等事另行外，內稱：固原等處歲用軍餉，原係陝西所屬州縣起運粮草，并本衛所屯粮供給。若所司官員果能及時催徵，依限完納，一歲之徵，自足一歲之用。此係地近腹裏，自來無有年例銀兩。及要一面催并所屬州縣，將起運固原、環慶等處邊粮，并彼處衛所該徵屯粮上緊追完，立限差人，速解原定倉庫交納，以備急用。等因備咨到臣。

為照陝西、延綏、寧夏、甘肅四鎮錢粮，俱該陝西西安等八府及各該衛所軍屯粮草供給。以八府之所出，供四鎮之所費，若儘數完納，所少不多。但年歲有豐歉，地土有肥瘠，西、鳳等府多苦旱災，平、慶、延安、臨、鞏等府兼苦旱霜之災，加以轉輸徵調，差役浩繁，人户逃移數多。縣無完里，里無完甲，甚則十存三四。抛荒田土，白地相望，蠲免折納，節有事例，實徵粮數，豈能盡如原額？若將應徵錢粮及時徵納，猶可足供大半。奈何近年以來，法令廢弛，上下因循。有司官員以私滅公，安常習怠；合干上司，計日數月，坐待陞遷，多不肯實心幹理公事。以致歲徵之數，年復一年，不得完結。

臣查據陝西布政司開報各府拖欠邊粮、草束數目：原派固、靖、延、寧、甘肅等倉庫，除遠年外，自正德十六年起至嘉靖三年止，西安府所屬拖欠夏秋粮三十七萬六千三十一石，馬草七十一萬八千四百六十六束；延安府所屬拖欠夏、秋粮三十二萬五千八百五十九石，馬草一十三萬三千九百六十二束；平凉府所屬拖欠夏秋粮一十六萬七千三百一十七石，馬草三十萬八百八十束；慶陽府所屬拖欠夏秋粮二十萬三千九百五十一石，馬草二十八萬三千三百四十六束；臨洮府所屬拖欠夏秋粮二萬六千一百四十二石，馬草三萬五千六百一十六束；鞏昌府所屬拖欠夏秋粮一十九萬六千八百五十三石，馬草二十五萬二千八百七十九束；鳳翔府所屬拖欠夏秋粮一十九萬六千一百六石，馬草二十萬四百六十四束；漢中府所屬拖欠夏秋粮四千一百七十五石，馬草三萬三千二百七十五束。總計一省共欠夏秋粮一百四十九萬六千四百三十四石，馬草一百九十五萬八千八百八十八束。中間如澄城一縣，拖欠夏秋粮四萬九千三百石，馬草五萬三千二百二十四束；邠州一州拖欠夏秋粮四萬六千石，馬草七萬一千束；寧州一州拖欠夏秋粮九萬四千一百二十九石，馬草一十一萬八千六百五十束；寶雞一縣拖欠夏秋粮七萬三千九百二十石，馬草二萬三千七十八束。而蠲免折納之數不預焉。

臣經過州縣數處，弔取錢粮文卷，略為稽查，有卷内取獲實收而無通關者，有開稱已完不曾掣取通關者，有數年以前通無案卷者，不知前該官員因何通不查究。即此數處，他處可知。論法俱該參究治罪，但干礙人衆，又多係去任官員，見在布政司管粮、分守等官俱係新任，方將逐旋追徵，難以責其速効。至於衛所屯粮，先年拖欠甚多。今按察司管屯僉事桑溥遍歷督徵查究，不及二年，完過粮五十三萬七百三十五石，草四十三萬九千二百一十九束，折草粮四萬一千八百八石，銀七萬六百八十六兩，其職業頗為脩舉。

臣舊官陝西，嘗推原粮草拖欠之故，始因布政司實徵粮數，派發遲緩，由府以及州、縣，展轉文移，夏粮多至秋深，秋粮多至春月，方纔徵收。彼時百姓所收子粒，多已花費，正在青黄不接之際，鞭追囚繫，終不得完。管粮、分守官巡歷所至比較，將各該官吏量加朴責，去則仍前玩慢。不才有司又多聽受賄囑，將姦頑大戸僉作部運，又或將不堪人戸一槩僉解，名雖起解，多被侵留貿易，營幹家業。官司比併，止將戸丁一二人，或雇覓奸猾慣受刑責之人應點監打，並不曾嚴加設法，根據追究，延頸跂足，以俟赦恩。夫以小民之脂膏，而充姦人之囊橐，深可痛恨！

儒者之論，以恤民固本為先，殊不知小民拖欠者固當優恤，而姦人侵盜者豈可故縱？故今之錢粮以十分為率，官司收入者居其半，小民拖欠者居其二，而姦豪侵盜者恒居其三。積歲既多，一旦併徵，則怨讟蝟興，雖有能官，不得安其位矣。若因循不理，則倉庫愈空，每寇戎有警，軍儲不足，相顧駭愕，仰給朝廷，内帑有限，何以為繼？此弊天下皆然，而陝西為甚。

夫七年之病，三年之艾，及今圖之，猶或可及。且政之興廢，未始不存其人。臣觀諸近事，南京軍儲逋欠數多，京倉空虛，軍士久無月粮，怨聲載道。節該内外守備具奏，戸部題准，江、浙、湖廣等處布政司管粮官務要親自督運，赴南京交納，直待合省通完，方許回任。因是利害切身，各官嚴督催納，該運錢粮，並無拖欠。京倉有二三年之積，人心以安，此其明效。

及照比年以來，司、府、州、縣掌印、管粮官拖欠錢粮，應該住俸、提問、黜罰等項，必有奏行事例，臣廢退年久，不能盡知。伏望皇上軫念邊方事重，邊儲至急。乞勑戶部通查事干邊儲一應奏行賞罰事例，與臣知會，再行議擬立法。如各州、縣拖欠邊儲幾分以上，掌印、管粮官除提問外，或降調黜革，或起送別用。布政司管粮官所屬拖欠至幾分以上住俸，幾分以上參問。并分守官坐視不理，拖欠數多者，亦要定擬罰治事例，俱奏行吏部，遇缺不與推陞，甚則奏請降黜，明立條格請勑，臣及巡撫官欽遵施行。其各該官員有能精勤幹理，督完錢粮數多者，亦聽臣及撫、按官指實奏保，旌異擢用，庶幾人心有所警勵，邊計可以振興，失之於前者猶可救之於後。至於災傷之當蠲免，貧民之當賑邺，弛張緩急，又在臨時酌量而行。不敢以苛切病人，不敢以掊尅取怨。

臣受命提督軍務，因見邊儲缺乏，方上乞討引鹽銀兩之疏，而推原缺乏之由如此，敢併言之，伏惟聖明采納。

緣係處置拖欠邊儲事理，未敢擅便。為此具本，順差舍人趙經親賫，謹題請旨。

一為易置重鎮主將以保固邊方事

題：為易置重鎮主將以保固邊方事。

近據鎮守寧夏總兵官、署都督僉事种勛呈：為套中走回人口供報夷情事。嘉靖四年四月十七日，據河西下三墩夜不收黑舍收送河東虜中走回婦女一口陳氏到鎮。行據寧夏衛申，審得陳氏供：年六十二歲，係靈州守禦千戶所百户王亨下土軍馬力長妻。狀供，嘉靖三年九月內，在田生理，被虜搶去使喚。見得套內帳窠遍野，人畜數多，說“待馬壯要來腹裏搶掠”。等因隨據本官亦呈前事。

嘉靖四年四月二十五日，准分守東路地方右參將、都指揮僉事劉謹手本，開據寧夏後衛申，據圓山兒墩夜不收墩保收送男子一名王跋都兒供，年一十六歲，係榆林衛人，見在寧塞營操備軍人王江男。狀供：正德十四年十月內，在於門外打柴，忽遇達賊三十餘騎撲來，搶去虜營，住過七年。與搶我達子猛虎兒牧放頭畜，走失馬五匹，慌懼尋馬，望見墩臺，偷馬一匹騎走，一晝夜到墩。在虜時聽得衆賊說稱“在套達子一萬，內有三箇頭兒，一箇擠囊，一箇那言，說要過河與黃毛達子讐殺，一箇俺他卜孩，說要先搶漢人”。等因節呈到臣。

案照先准兵部咨。本部題：為套中走回男子供報大賊入套、整飭邊備以防虜患事。該陝西延綏鎮、巡等官各奏稱，據走回人口供報，達賊入套數多，題奉欽依，備行到臣。

四月初旬，臣到陝西地方，行據延寧守臣節報，沿邊一帶，各有達賊近邊，數雖不多，竊恐此賊伏藏套内，故遣輕騎覘我有無備禦，待草飽馬壯之時，大舉入邊，亦未可知。今據种勛所呈，走回人口供報之言，與延綏守臣前項所奏賊情亦頗相合，防禦不可不謹。已經節行各鎮將官，各要嚴謹斥堠，整兵秣馬，用心隄備。如果前賊拆墻入境，即便會合大、小將官，協力勦逐，飛報鄰境官軍，發兵策應，不許畏縮退避，以致賊徒擁衆深入，貽患腹裏地方去後。

為照沿邊花馬池、興武營、靈州一帶，正係大賊侵犯腹裏必由之地，俱屬寧夏鎮、巡管轄。雖分守、協同、參、遊、守備等官各有信地，然綱維約束，調遣指示，全在主將得人。况寧夏地方屢經變故，人情翻覆未安，夷漢雜處，難於控制。見在總兵官种勛先因失事被參，近又與都御史張璿等奏發親藩事情，未曾勘結。事有掣肘，人心不服，號令難行。

夫以防邊要害重鎮而使懷疑懼罪之人久為主將，緩急何所倚賴？必得早為更易老成練達、威名素著、衆情協服者，授以節鉞之任，庶可圖安攘之功。

竊見提督漕運總兵官、署都督僉事楊宏，新任大同鎮守、取回在京提督捕盜都督桂勇，俱才兼文武，志存忠孝，一時將領號為出色，中外士夫素所推許。楊宏係陝西世臣，熟閑韜略，往來各邊，歷年滋久，山川險易，夷漢情俗，無不周知。桂勇先以武舉，曾在寧夏軍門操練聽調，寘鐇反叛之時，與仇鉞協謀討賊，人望素歸。如二臣者，使為寧夏主將，既可以防禦虜患，亦足以鎮定人心。

伏望皇上軫念邊方重鎮，主將關係非輕，乞勑兵部議處，如果臣言可采，合無將种勛令其暫回原衛，待勘報至日，有無干碍，伏俟聖裁。仍以楊宏、桂勇内上請簡用一員，鎮守寧夏地方，兵民幸甚！或謂漕運重事，不可無楊宏總理。臣竊思，近漕規以漸修舉，弊政多所釐革。又新任總督、御史、參將，俱號得人，足堪付托。非若寧夏武備久弛，振舉為難。但楊宏先任四川總兵，又歷兩京坐營，管理府事，推任提督漕運，已經四年之上。如蒙簡用，乞為量進一階，則効忠宣力之臣有所奮勵矣！臣極知僭踰，無所逃罪。但念本以衷庸，分甘廢退，皇上起而用之，誓當竭忠圖報，苟有所見，敢不盡言！伏惟留神省覽，臣不勝大願。

緣係易置重鎮主將以保固邊方事理，未敢擅便。為此具本，專差承差趙瑶親賫，謹題請旨。

一為增解額以疏人材以均政體事

題：為增解額以疏人材，以均政體事。

據陝西等處提刑按察司提學副使唐龍呈前事。切照樸棫之賢生於王國，冠帶之士圜諸橋門，陝西自昔稱多士焉。後因胡元竊運，盤據殽函之地，戎寇穴于門庭，兵刃交于原野，詩書煨燼，賢獻逋逸，自兹蒿焉，寖不如古。洪惟太祖高皇帝誕承明命，撫有疆宇，開科取士，爰定解額，陝西惟六十五名，視天下獨少焉。盖其時正當蹂躪之餘，草創之始，人材稀少，殆所宜然。邇年以來，列聖右文，聿崇培養之功；皇上承德，益闡作新之化。以故地各有人，人各思奮，奇瑰之士，往往見之，狀元及第，且再出矣。

嘉靖元年，該職考試科舉，衣冠彙集，文藝肆陳，彬彬乎與中州而並盛。是年場屋遴選之精，採拔之公，極稱得人。然而人材本多，額數本少，所收十之二三，所遺十之六七，固其勢也。二年、三年間，歷加覆試，比之元年，日且有加。如西安府在城三學，可中者至五十人，其餘學分，多者十餘人，少者五六人，或二三人，雖荒州僻邑，亦未嘗無之。但出雖無窮，取則有限，定額之外，别無速化之理。其老于牖下者，亦籍籍也。譬之山多材木，工師之所求則有數矣。卒致明堂之器，困于蓬蒿之間，豈不深可惜哉！

及照陝西府、州、縣學，凡一百二十有五，後又增置衛所學一十有六，共一百四十有奇。舉人額數，止得六十五人，合二學尚不勾一人。是天下學校則莫如陝西之多，舉人之數則莫如陝西之少，政之不均，無過于斯。大抵立法定制，盈縮因乎時，廣狹隨乎地，古今之通義也。是故陝西人材，初年未盛，則解額不得不加少，于今盛矣，又不得不加多，盖以時損益之道焉。况列郡諸邊，延袤數千餘里，學校一百四十餘處。岐周、豐鎬，遺澤洋洋；金城、朔方，風教遐被。量地增加，尤不可緩。夫為國惜材，天下公情；以人事君，當今急務。

乞特為奏請，俯念人材可惜，政體當均，將陝西舉人之數，查照河南、山東布政司定額，斟酌增加至八十名，或七十五名，庶幾野鮮遺棄之材，國無偏枯之典矣。除具呈撫、按衙門奏請外，理合呈乞，照詳施行。等因具呈到臣。

切惟我國家稽古定制，設立科目，以網羅天下之賢才。兩京十三省鄉試舉人，近年以來，俱有額數。求才之廣，擇才之精，斟酌損益，至為詳備。

切見陝西所屬八府、二十州、九十五縣，又有寧夏、榆林、洮岷、靖虜等衛，直隸潼關衛及陝西行都司所轄各衛，通計學校一百四十有餘。東西綿亘三千餘里，南北亦不減二千餘里，山川雄秀，靈氣所産，宜多豪傑。況當重熙累洽之餘，士生其間，沐浴神化，咸思自奮。列聖相承，皆以人文化成天下。仰惟皇上以大聖人君臨大寶，首幸太學，崇重文教。風聲所動，士類勃興。人才之出，日新月盛！

臣於弘治年間，叨任陝西提學七年之上，經歷鄉試壬子、乙卯、戊午三科。查得舉人解額，洪武十七年四十一名，二十三年五十五名，永樂十五年一百五十五名，十八年一百三十七名，二十一年如十五年之數，宣德元年至正統三年，俱三十名，六年至十三年俱四十名，景泰元年開科取一百五名。其後始如山西布政司，所取舉人，俱六十五名，至今以為定額。

切緣山西布政司所轄止是三府、五州，其地方廣狹，人材多寡，似難相同。且陝西三十年前，止是西安、鳳翔附近府縣，人材衆多，其餘僻遠州縣，多無舉人。近年以來，所在人知向學，遐州僻邑之士，往往聯名掇科，至於邊境衛所科名，亦多不乏。臣曩時聞之，每科鄉試等官言，場屋所取自六十五名之外，三場平通宜在取列者不下百十餘卷，拘於定額，不敢多取。亦嘗具呈撫、按等官，會本具奏，未蒙施行。厥後十年之内，兩得狀元及第，此其明驗。

今人材之盛，比臣提學之時，又復加倍，而額數六十五名仍舊不增。以一定之解額，待倍加之人材，士子窮年苦學，無由階身，未免有遺才之歎，誠如副使唐龍所言。近該巡撫、巡按等官會本具奏，乞增解額，盖皆親至地方，目覩其盛，不敢不言。臣又查得，雲、貴二省，鄉試舉人，先年定額止三十名，後因人材漸盛，節該鎮、巡等官具奏，該禮部會議奏准，今已增添至五十五名。況陝西係中原重地，人材數倍雲、貴，揆之人情事體，亦宜照例增加。若謂制額已定，難再更張，臣竊以為我祖宗成規大法，百世不易，至於文章制度，小過不及之間，不能不因時與地少有變通。

古之聖賢所以能盡天下之才，成天下之務者，率由是道。故舉人解額，先朝屢有增減，百年之後，始著為今額。我孝宗皇帝又納守臣之言，增雲、貴之額者，正以此也。如蒙准奏，伏乞聖慈，弘大明普照之仁，廣玄造曲成之念，乞勑該部，查照近日陝西撫、按官所奏，參詳議處，合無將陝西鄉試舉人解額，比照河南額數，增加至八十名，照山東增至七十五名，以拔遺逸之才，以廣用賢之路。斯文幸甚，地方幸甚！臣受命職專軍旅，非敢出位而言，但念文教武衛，事體相須，且嘗提學陝西年久，恩義相關，不能自默。

緣係增解額以疏人材、以均政體事理，未敢擅便。為此具本，順差承差趙瑶親賫，謹題請旨。

一為急缺都司掌印僉書官員事

題：為急缺都司掌印、僉書官員事。

臣受命提督軍務，四月間到於陝西鎮城。閱視得城垣坍塌，樓櫓破壞，旗幟不張，什物不整。既而閱視城操及備冬放回人馬，軍裝事事不備，馬匹大半瘦損。管軍官員以科歛為得策，視武備為故事，縱容官旗并識字人役，侵尅粮賞，私役買閒。已發者見今追問，未發者不可枚舉。竊歎鎮城為三邊根本之地，而廢弛至此。詢其所以，盖鎮守主將，近例專在固原駐劄，綱維約束，全在陝西都司，奈何本司掌印、僉書久不得人。

去年雖蒙銓註署都指揮僉事汪麟軍政掌印，本官處邊塞之任則可觀，當方面之寄則不稱，行事疎略，以致下人玩慢。近又奏稱痼疾不能任事，見在行勘。且以方面掌印官員徒取充位，展轉勘報，愈加廢事。及照本司例該僉書官二員，今止有署都指揮僉事張鎬一員在任外，一員久未銓補。

臣博訪得見任寧夏遊擊將軍、都指揮僉事周倫，心知向上，官能自守，衝鋒破敵，非其所長，而正己率人，乃其自許。使之掌管都司印信，必能修舉廢墜，禁革奸弊。及又訪得西安前衛帶銜署都指揮僉事夏欽，先任延綏遊擊，因病告回閒住，今病痊可。本官曉暢軍情，熟諳事體，堪以佐理僉書。臣稽之衆論如此，伏望聖明裁處。乞勑兵部再行查訪，合無將周倫銓註陝西都司軍政掌印，夏欽僉書管事，汪麟令其回還原衛調治病疾，待病痊，另行委用。

及照見今地方多事，寧夏遊擊將軍合無於陝西、延綏、寧夏三鎮見在守備、把總等官内，推選英鋭驍勇、慣經戰陣之人，庶幾各邊調遣，可得其用。周倫務令交代，方許離任。如此則鎮城、邊境兩得其人，居中制外，俱無所失，實為便益。

緣係急缺都司掌印，僉書官員事理，未敢擅便。為此具本，順差承差趙瑶親賚，謹題請旨。

一為調度邊兵預防虜患事

題：為調度邊兵預防虜患事。

臣奉勅提督陝西三邊等處軍務，欽遵起程前來，四月初一日，到於陝西地方。當即通行鎮守陝西署都督鄭卿、鎮守延綏總兵官彭楧、鎮守寧夏總兵官种勛，各轉行各該副參、遊擊、守備等官，速差的當夜不收分投訪探，套賊二三月間曾否過河出套。若是仍前在套，務見數目多寡，帳窠遠近，事情緩急，明白回報去後。

續訪得花馬池等處，各有傳報煙火，各該將官不見呈報。又經差官賚牌前去寧夏遊擊將軍周倫、中路參將苗鑾、靈州守備沙金處，并行該鎮主、副總兵、參將、協同等官，速查套内有無傳接煙火。仍各嚴謹斥堠，如法操練人馬，多差人役，遠為哨探。如遇有警，即便互相傳報，協同截剿，不許時刻怠慢，重則飛報軍門，以憑發兵策應，仍將查過緣由回報。

本月十四日，據鎮守陝西署都督鄭卿呈開：自報大虜入套之後，沿邊地方一向烽火少傳。續該鎮守延綏總兵官彭楧咨稱：套賊每遣輕騎分犯嚮水等堡三十餘次，節該按伏把總等官追逐出邊。及據虜中走回男子焦買則供報，在套聽得衆達子說稱“黄河那邊無草，要在套裏過夏。”即今二月初旬，驚蟄已過，顯有住套之機。

又該鎮守寧夏總兵官种勛咨稱：自正月以來，虜賊衆寡不等，拆邊進口，乘冰未解，越過河東。近日，西路收獲邊外馬牛，必是遺寇盤據山後。况東路地方哨報，套内酋虜或百或十，在於地名二沙子等處往來行走。雖見煙火，但未審大營住套遠近消息，亦難憑據緣由，節行前來。

又准延綏總兵官彭楧咨稱：自報黄河開消之後，節據榆林等城堡迭報，虜賊多寡不一，分犯各該地方。雖該按伏兵馬逐退，即今在於境外，燒熘號煙，營盤火光，晝夜不絶。虜賊在套，已是顯著。近據虜中走回男子郝天喜等供報，在虜時聽得衆達子說“黄河開了，不過去，要在套過夏”等語。又該黄甫川差哨夜不收張傑等供報，三月初六日，哨至地名亂峯子等處，俱有達賊牛羊馬匹，大虜在彼住牧，瞭見黄河開消，就彼旋回等情，備由呈報。

案候間，准巡撫陝西右副都御史王藎揭帖，為申明舊例，請勅各邊守臣防禦虜患，及早差官整理軍餉以安地方事。内開：會同鎮守等官議照，延、寧所屬花馬池、定邊營一帶地方，接連河套，地形寬漫。大虜在套，垂涎關隴，深入搶掠，必由此入。先年三邊兵馬強勝，虜雖在套住牧，然尚畏我兵威，出沒搶虜，亦止於近邊去處，不能侵犯腹裏。自弘治十四年，延、寧兵馬不能阻遏，遂深入腹裏，獲利而歸。虜情貪利無厭，自是每歲入套，必深入腹裏。正德十三年，搶平、鞏一帶，嘉靖元年，搶邠、涇一帶，俱由各邊兵馬自取便利，不肯阻遏之過也。

查得節管卷内，該前巡撫都御史王珝，因寧夏地方報有聲息，照例會行該鎮，移兵於韋州、紅寺等營堡駐劄，併力防禦。該鎮官員不肯發一兵前來，止以虛文抵阻，未久，該鎮亦不免於失事。此亦自分彼此，不肯應援之過也。見今虜寇住套，號稱八萬有餘。近雖差人探報，俱於迤東近河住牧，通不露形。今青草漸茂，馬臕將壯，虜情叵測，旦夕大舉入寇，亦未可知。乞勑延、寧、陝西、甘肅各邊鎮、巡等官，早為防禦。除具題外，開具揭帖到臣。

為照延綏定邊營、寧夏花馬池、興武營、靈州一帶地方，委係大賊侵犯腹裏之門戶。前項地方守臣，若能捍禦，則固原、靖虜迤南，俱係腹裏，可以無患。因是沿邊武備不脩，兵威不振，以致套賊掏空邊墻，長驅而入。其所利不在延、寧，而在腹裏，固、靖、安、會、静、隆等州縣，俱被搶掠。近年又越過平涼，蹂踐邠、涇等處地界。藩籬不固，禍及堂室。

誠如陝西鎮、巡等官所言。

延、寧守臣每以本處不曾失事為辭，不知朝廷竭腹裏軍民之財力，以供三邊，令其幹理何事？況各鎮互相應援，不許自分彼此，屢有勑旨及奏行事例。今套内既稱有賊，雖云不露形跡，恐其竊伏深藏，待後青草長茂，馬匹臕壯之日，難保其不大舉入寇，防禦之計，不可不謹。

但沿邊一帶地里寬漫，虜賊便於馳驟。各守臣兵馬寡少，豈能遏其初來之鋒？必須徵調鄰境精兵，會合截剿，乃克有濟。已經行仰各鎮總兵官彭楧、种勛、鄭卿，查照原行差人哨探套賊多寡遠近，先行回報，仍照節行事例，互相策應。如果套内賊衆，行令遊擊將軍張鳳統領遊兵於花馬池營住劄，遊擊將軍劉淵統領遊兵於定邊營住劄，副總兵趙楧統領奇兵暫於寧塞營住劄。若哨探前賊有西行之勢，遊兵二枝俱於花馬池，副總兵趙楧移於定邊營各住劄，量分人馬於安定、柳楊等附近城堡。寧夏副總兵劉玉統領奇兵於興武營，遊擊將軍周倫、參將苗鑾於紅寺兒堡、韋州、鹽池、石溝等處住劄。總兵官种勛待有的確警報，統領正兵於靈州駐劄，與各該守備等官，各按兵秣馬，鋒利器械，以逸待勞。仍要嚴謹斥堠，多差夜不收遠為按哨，沿途多設塘馬，但有煙塵消息，即便傳塘走報鄰境官兵隄備。賊果近邊，各分據要害，占守水頭，從宜阻遏。寇小至則取便擊之，如賊大至，即便會合各枝人馬相機截殺。不許逗遛畏縮，失誤事機；亦不得輕率寡謀，墮賊奸計。如果大舉深入，陝西鎮、巡徵調，即便刻期赴援，不許觀望推託。陝西遊擊及主將兵馬，待巡歷固原，審勢分布另行外。本年五月十一等日，節據延綏總兵官彭椷呈，一件為瞭見境外達賊事，一件為聲息事，一件為查探聲息事，及據寧夏總兵官种勛呈，為聲息事，各備將本鎮各路虜賊近邊緣由，具呈到臣。

看得節次呈文，內開：本鎮地方，東路則雙山、栢林、高家、神木等堡，東路則榆林、鎮城、嚮水、波羅等堡[一]，西路則寧塞、新安邊、三山等堡，各有達賊近邊，或三五十人，或七八十人。營壘火光，帳窠煙塵，處處有之，而東路為多。及寧夏安定堡等處，兩次被賊拆墻入境，亦不過百十餘騎。各該官員雖稱出兵追逐對敵，並無斬殺之功。延綏被賊將軍餘男婦王久住等六名口擄捉，及將軍旗夜不收雷五兒等三名射傷身死，內高家堡失事尤甚。及寧夏安定堡等處，節被達賊將夜不收麻伏等三名射死，軍人楊阿伴等七名射傷，及將軍人易寬捉去。顯是各官平時失於設備，遇警不能奮勇效力，怯懦之狀，昭然可知。據其所呈如此，中間隱匿不報情弊，難保必無。緣今正在用人之際，合待賊情寧息，通查功過，具奏定奪。

及照即今五月將終，套賊多寡尚無的據。參詳各鎮所呈，節據各堡夜不收爪探，套內達賊新行踪跡多至二三百道，少則百十餘道，或自西而東，又或自東而西，其數亦必不少。及寧夏走回男子王把都兒供稱“在套達賊一萬，內有三箇頭兒，一箇擠囊，一箇那言，說要過黄河與黄毛達子讐殺，一箇俺他卜孩，說要先搶漢人”等情。緣今黄河開消已久，要搶漢人之言，或恐是真。竊料此賊頻年得利，不曾遭剉，必無懲戒。今雖不露大衆形跡，夏秋之間，乘機大舉入寇，不可不防。又經行仰總兵官鄭卿、彭椷、种勛等，轉行副參、遊擊、把總、坐堡、守備、兵備等官，各要加意防範，嚴謹斥堠，整棚兵馬，申明紀律，遇有警報，即便督軍相機截剿，飛報鄰境官軍，互相策應。若果擁衆向西，切近定邊營、花馬池境外，必有深入之意。延、寧奇、遊等兵照依原行，按伏聽調，不許自分彼此。陝西主將督令守備等官，各領兵駐劄要害地方防禦，臣於固原、慶陽居中調度外。

緣係傳報套賊聲息，調度邊兵，預防虜患事理。為此具本，專差千戶陳策親賫，謹具題知。

【校記】

［一］“東”，據下文意，當為“中”之誤。

一為擢用繁難府分正官以從民便事

題：為擢用繁難府分正官以從民便事。

照得陝西平涼府所屬三州七縣，版籍僅一百二十八里，田粮至一十六萬二百有餘，額設驛傳二十處，地薄粮重，民少差多。田無豐厚之獲，歲多霜雹之災。逃移者無顧戀而不歸，見在者坐包陪而益困。

內而宗室繁衍，歲增祭葬壙價，不下千百餘兩；外而節被胡虜深入，劫虜人口，搶掠頭畜殆盡，舉目蕭然。加以番夷雜處，盜賊不時竊發，虜賊在套，餽運勢不容緩。臣觀天下郡縣，地方彫敝，民生困苦，未有甚於此也。其府、州、縣正官必得精敏強幹之人，乃克有濟。

近年銓選官員，因見時勢難為，或到任未久而求去，或中途託疾而不來，或憂憤成疾而物故，或告辭不允而逃歸。其在任者，不過延捱日月，苟圖糊口。上司比較錢粮，俛首受責，一聞考察黜退，欣然而往。夫人之情，既入仕途，豈不思久任以規取利名哉？盖亦有甚不獲已焉者矣。

今本府佐貳及州縣正、佐，缺官甚多，除另行具奏外，而知府乃一郡之領袖，尤在得人。查得本府自知府安惟學、陳逵之後，未有歷任至三四年者，非改調則黜退。近日知府孫聰，到任未及一年，又以養親告回，致令百務廢弛，拖欠積年邊粮一十七萬有餘，官吏師生廩粮，經年不得支給。所轄驛傳馬驢夫逃亡大半，傳舍幾空，使客經過，或致稽延累日。

臣受命提督邊務，錢粮重事，因無正官，難以責成。聞陞有知府竇明，未知何日到任。臣切謂此等知府，必得曾歷邊方，習險難、耐勞苦者，超常格而用之，庶肯勉脩職業。若照常例推陞，未曾到任，先已灰心，安能望其舉職？竇明雖有才能，曾任京堂，未歷艱苦，用之腹裏，固有餘裕，處之斯地恐亦難堪。

節據平凉縣里老、耆民魏慶、蒙剑等，平凉府、縣廩、增、附學生員李文縉、謝經等，及致仕省祭等官連名告保，本府同知任守德，剛介自守，不為勢利所怵，欲將本官奏請陞任知府，小民得安等情。臣因詢問本官民情邊務，隨事應答，俱有條理。及查本官係山西靈石縣人，歷任河南獲嘉縣、保定清苑縣知縣，推陞山東東平州知州，任内節經巡撫等官保舉。

及又博訪得慶陽府寧州知州王暘，由進士歷任今官。寧州廢弛已久，本官涖事以來，政務以漸脩舉，吏民畏服。此二官者，委的精勤強幹，堪宰煩劇，且年勞俱深，亦堪擢用。

乞勑吏部再為訪議，合無將新任知府竇明改任腹裏地方，仍於任守德、王暘二人内擇用一員，陞任平凉府知府，則人才器使，不至於枉用。小民稱便，得藉以聊生，不勝幸甚！

緣係擢用繁難府分正官以從民便事理，未敢擅便。為此具本，謹題請旨。

一為哨報回賊聲息事

題：為哨報回賊聲息事。

嘉靖四年五月十四日，准巡撫甘肅地方、都察院右僉都御史寇天叙咨。照得本職於本年四月二十九日到於莊浪地方。准分守副總兵、都督同知魯經手本，准平羌將軍、鎮守甘肅地方總兵官、署都督僉事姜奭開稱：嘉靖四年四月二十四日卯時，據甘州差哨古佛寺夜不收段興三報稱：蒙差本役同陳驢兒前去古佛寺哨探。四月二十一日，行至孤山河，撞遇回賊，將本役捉綁，到於雪打班。見了回賊頭目，將我用鉄繩拴絆，見得營内回賊約有五百餘騎。夜晚乘賊睡熟，脫逃來報。

據此案查，先節准肅州參將雲冒手本，為屬番斬獲回賊首級事，又為屬番傳報夷情聲息事，已經通行各城哨探隄備去後。今據前因，會同鎮守甘肅太監董文忠，巡撫都御史陳九疇、協守甘州左副總兵趙鎮議得：所報前賊，從肅州境外移來我邊山後雪打班住劄，捉我差哨人役，問我兵力虛實。謀為入寇，旦夕莫測，防範機宜，不可不備。

查得鎮城兵馬，除各堡按伏、傳塘等項外，見在者不多。若不預為調集兵馬，併力剿殺，誠恐入寇為患，未便，合將遊擊所部兵馬二千通調，併力剿殺，庶克有濟。及將各城精選過堪征兵馬，整搠齊備，各該將領守備等官親詣聽候調用，及選差夜不收絡繹前去迤南通透雪打班賊路哨探，擬合通行隄備。等因備行到職。看係哨報聲息事理，除行各城分守、副、參、遊擊、守備等官整搠兵馬，聽候調用，及行甘肅鎮守衙門議處隄備，本職星夜兼程赴鎮外，緣係哨報聲息事理，合咨前去，煩請議處施行。等因到臣。

案查，先為訪探賊情事。本年四月内，臣在西安府永壽縣，據甘州左衛冠帶舍人丁源經過投見，禀稱：甘州鎮、巡三堂審，據屬番頭目普兒咱等族頭目哈卜等告遞番文供說，回賊要在本年五月内復來侵擾，蒙三堂差源賫本赴京奏報。等因據此，為照西域回賊，去冬深入甘州地方，圍困城堡，節被官軍勦逐遁回，終是不曾大遭剉衄，再舉入寇之謀，難保必無。未據彼處鎮、巡明文，未知的否緣由。已經帖仰分守凉州副總兵周尚文，即行甘肅鎮、巡衙門，轉行副、參、遊擊等官，若果前賊侵犯，各要慎守封疆，嚴謹斥堠，整搠人馬，加謹隄備。多差的當人役，各遠為哨探。果有侵犯消息，率領精兵，相機戰守，徵調鄰境官軍，協力剿逐，不許退避畏縮，失誤事機，亦毋得輕率寡謀，墮賊奸計。先將訪探緣由賫報去後。

今准前因，看得咨開夜不收段興三等供報前項賊情，與前舍人丁源口傳之言，大略相近，顯是回賊貪心無厭，姦謀未已。若果止是五百餘騎，彼處將官，必能追殺。但恐是打探先鋒，後賊源源而來，大舉深入，亦未可知，在我防禦，不可不謹。又經咨行巡撫甘肅右僉都御史寇天叙，會同鎮守太監、總兵，轉行副、參、遊擊、兵備、守備等官，務再差人遠為哨探，整備軍火器械，儹餧馬膘，申明紀律。果有回賊侵犯，會合大小將官，協力剿逐，飛報鄰境城堡及鎮、巡衙門，發兵策應。如是賊情重大，差人星馳賫報軍門，以憑施行。及咨巡撫陝西右副都御史王藎，行陝西布政司，將該解甘肅一鎮各項粮、銀，逐一查取，委官一員，作急解發該鎮，糴買粮料、草束應用。仍行彼處分守、守備、副、參等官，各差撥官軍，照程護送去後。

除待查報賊情緩急及調兵防禦等項事宜，另行具奏外，緣係哨探回賊聲息事理，為此具本，專差承差杜廷選親賫，謹具題知。

關中奏議全集卷之十二

提督類

一為被虜走回人口供報回賊聲息事

差提督陝西三邊都御史臣楊一清謹題[一]，為被虜走回人口供報，回賊聲息事。

嘉靖四年五月二十日，據平羌將軍、鎮守甘肅地方總兵官、左軍都督府署都督僉事姜奭呈前事。嘉靖四年四月二十三日，准分守肅州右參將、都指揮同知雲冒手本，本月十九日，據守把嘉峪關千戶曹敞呈送哈密走回漢人婦女一口到關。發據肅州衛申，准撫夷指揮劉雲關，依奉公同掌印指揮路忠、百戶錢岫、陳剛審得。朱氏供：年二十七歲，係甘州失記所分百戶軍人何宣戶内餘丁何玘妻。嘉靖三年九月内，有回子王子領人馬來到甘州，有氏與夫湖内採草。有先不知、後知是濟喇察力失地方回子把我搶去，隨營到了魚海，搶了黃達子，順山回到哈密城外住歇。將氏賣與哈密不知名回子家裏使喚，與了馬三匹。有衆回子害怕漢人軍馬來，城上穿着盔甲，炯火着等了四五日，不見人馬來，方纔下城。有王子把察力失的人先打發去了。哈密的人說："如今把路斷了，再不得做買賣去。後頭漢人軍馬來，便我哈密的人少，先殺我們裏！"衆人都暴怨。王子聽見這話，把土魯番的留下了一半和王子還在哈密，造盔甲翎箭，脩哈密城上土刺，等到青草大了時，還要往甘、肅州搶來裏。有氏因買我的回子的娘子將氏日每打罵作踐，過不得，半夜裏跳下城來走脫。沿途走了一箇月多，來到肅州邊外，迎着夜不收送來。所供是實。據供備關到衛，理合具申施行。等因據申到職。會同甘肅行太僕寺帶管肅州兵備道寺丞張鶚覆審，前情相同。除行肅州衛將走回婦女朱氏差人管送陝西行都司交割，查發該衛所給親收領外。但本處孤懸，乞為早發兵粮，協濟防守，擬合通行。

等因行間，本月二十四日卯時，據甘州差哨夜不收段興三報稱：蒙差本役同陳驢兒前去古佛寺哨探。本月二十一日，行至孤山河，撞遇回賊，將本役等捉綁到於雪打班，見了回賊頭目，將我打着問說："甘州人馬有多少？我是頭哨先來，後面還有多多的人馬來裏。搶的你漢人收不的田。"用鐵繩拴絆。見得營内回賊約有五百餘騎，夜晚睡熟，得脱來報。二十五日辰時，又據山丹紅嶺兒坐塘夜不收劉興報：二十四日五更時候，瞭見回賊約有五百餘騎，在於山後雪打班牧馬，本役來報。等因到職。

案查，先因去年土魯番回酋率衆前來甘肅，謀奪地方，被我官軍追殺出境，回遁去訖。本年三月初十日，該分守肅州右參將雲冒手本，據迤北觀音山口住牧屬番頭目普爾咱等族頭目哈卜等告遞番文一紙供，係這今年三月初一日天亮時候，有回賊一百多人馬，從口子裏邊撲到我每住處，殺了我每四箇人，搶了一箇娃娃，馬牛羊五十箇。我每收拾了人馬，赶上和他厮殺，我每殺了他五箇回子，兩箇頭割着來了，三箇死人，回子馱着去了。

為照，前賊若非舊歲犯邊境外遺留之數，必是土魯番酋新近差來驍騎，使之窺探邊情，欲以擾我耕牧，俾我坐困。將來復欲擁衆入寇，俱難測度。除行本鎮各該分守、守備等官，整搠兵馬，鋒利器械，遇警相機戰守，及將低薄小堡人畜，併入高厚大堡固守。已將前項斬獲首級，并本鎮缺兵，徵調原擬陝西延、寧遊、奇兵馬，會本具題外。今准前因，職會同鎮守太監董文忠、巡撫右副都御史陳九疇議得：走回婦女朱氏供稱，去年九月内，被回賊搶去，回到哈密城外，轉賣與回回使喚。聽得衆賊議說，如今把路斷了，再不得做買賣去。遺留一半人馬和王子還在哈密，造盔甲、翎箭，等到青草大了時，還要復來甘、肅搶來。今走回夜不收段興三亦報，回賊約有五百，潛在甘州境外古佛寺地方駐劄一節。為照前賊見入我境，撲捉差哨人役，則朱氏供報之言，誠為不虚。復寇之舉，朝夕難測。

查得本鎮一十五衛所兵馬，實有不滿三萬，除公差、事故、老弱、伏塘傳報等項[二]，受甲馬、步不足二萬餘人，又分守於各該地方。今回酋侵犯大衆雖未發露，但去年未遂其奸，必是先遣精騎，探我虚實，然後舉衆前來，勢所必有。又况絶彼買賣道路，不得我土麝、黄等物，生命所係。此來復寇，必與别虜糾合，進取謀為，比前尤為不同。本邊兵馬孤弱，錢粮缺乏，若不預請救濟，臨期緩不及事。職等一身一家，萬死固不足惜，其如地方生靈何？合無准將何項粮草發運來邊，務足五七年主客兵馬支用。及行陝西延、寧鎮、巡等官，備行各該將領，將各部奇、遊兵馬作急督發前來，聽職等調度，會合截殺，庶不誤事，而地方可保無虞。等因具呈到臣。

看得鎮守甘肅地方總兵官、署都督僉事姜奭呈稱：前項回賊入境，撲捉差哨人役。大衆雖未發露，但去年未遂其奸，必是先遣精騎，探我虛實，然後舉衆前來。及稱絶彼買賣道路，不得我土麝、黄等物，生命所係。此來復寇，必與別虜糾合，進取謀為，比前尤為不同。本邊兵馬孤弱，錢粮缺乏，乞要將粮草發運來邊，及行陝西延、寧鎮、巡等官，將各部奇、遊兵馬，作急督發前來，會合截剿。等因為照。

犬羊之性，貪得無厭。去歲深入，被官軍追殺遁回，不曾得利。又絶其貢道，奪其所以為命，復寇之舉，難保必無。且恐其糾合西海亦不剌虜寇，共謀侵犯。彼處兵馬寡弱，實難支持，先事預防，不可不謹。兵法曰："無恃其不來，恃吾有以待之；無恃其不攻，恃吾之不可攻。"

查得先為調度邊兵預防虜患事，節因延、寧守臣哨報套内賊情，已經行令延綏遊擊將軍張鳳統領新遊兵於定邊營，副總兵趙楧統領奇兵於寧塞營各住劄。遊擊將軍劉淵所領舊遊兵，又該偏頭關地方徵調去訖。及行寧夏副總兵劉玉、遊擊將軍周倫、參將苗鑾，各統所部兵馬於本鎮興武營、小鹽池等處駐劄。前項分布，專為隄備套賊，往向未定，旦夕莫測，難以掣調。已經行仰鎮守陝西都督鄭卿，先調陝西遊擊將軍陶文率領所部遊兵三千員名，前去會寧、安定、蘭州地方，隨便按伏，以備應援。待後甘肅賊情如果緊急，即調張鳳、苗鑾二枝兵馬前去，協力截剿。其餘軍馬并陝西主將守備官兵俱照舊駐劄，以防盜賊入寇之謀，各施行去後。但師行粮從，彼鎮各該城堡粮料、草束，委的缺少。又經咨行陝西巡撫，將該解甘肅銀兩上緊催督解發，仍行甘肅巡撫督令管粮、分巡等官，作急召商糴買，務勾主客兵馬支用。及待候查探賊情緩急，另行具奏外。

緣係被虜走回人口供報回賊聲息事理，為此具本，專差承差杜廷選親賫，謹具題知。

【校記】

[一]"差"，此前四庫本多"欽"字。底本、雲南本無。

[二]"老"，底本、雲南本均為"於"，據四庫本改。

一為斬獲犯邊回賊首級事

題：為斬獲犯邊回賊首級事。

嘉靖四年六月初三日，據平羌將軍、鎮守甘肅總兵官、署都督僉事姜奭呈前事。本年五月初三日，據山丹白石崖夜不收薛文一報：初二日巳時，瞭見回賊三百餘騎，空馬一百，從南匾都口往東行走，徑透永昌五奴、五赤地方去訖。據報，本職統領鎮城兵馬，前來涼、永，分布副、參、遊擊、守備等官，一面分投差人各路哨探，一面領兵隨賊向往截殺去後。

本月十六日丑時，據守備永昌行都指揮使馬雲差夜不收張安報：十四日黎明時候，有回賊三百餘騎入境搶掠，領兵追至考來口東石門地方，與賊對敵，就陣斬獲首級三十六顆，奪回賊馬二十四匹[一]，夷器銅鍋五口，鐵鍋六口，明甲一付，馬鞍九十二付并弓箭、撒袋、氈襖、帳房等件。其賊敗遁西南去訖，掣軍回還。據此，除查明另行外，理合先行呈報。等因到臣。

案查，先為哨報回賊聲息事，本年五月十四日，准巡撫甘肅等處地方、都察院右僉都御史寇天叙咨前事。内開：該甘州差哨古佛寺夜不收段興三報稱：蒙差本役同陳驢兒前去古佛寺哨探。四月二十一日，行至孤山河，撞遇回賊，將本役捉綁到於雪打班，見了回賊頭目，將我用鐵繩拴絆。見得營内回賊約有五百餘騎。夜晚，乘賊睡熟，脱走來報。等因備咨前來。

看得咨開前項供報賊情，顯是回賊貪心無厭，奸謀未已。若果止是五百餘騎，料亦不敢深入侵犯，但恐是打探先鋒，後賊源源而來，亦未可知，在我防禦，不可不謹。已經咨行本官，會同鎮守太監、總兵，轉行副、參、遊擊、兵備、守備等官，各差人遠為哨探，果有前賊侵犯，會合大小將官，協力剿逐。如是賊情重大，差人馳報軍門，以憑施行。及咨巡撫陝西右副都御史王藎行陝西布政司，將該解甘肅一鎮各項粮銀，逐一查取，委官解發該鎮，糴買粮料、草束，應用去後。

續據總兵官、都督姜奭呈，為被虜走回人口供報夷情聲息事。先准肅州參將雲冒手本，呈送走回漢人婦女一口朱氏供：土魯番夷人還在哈密，造盔甲翎箭，說到青草大了時，還要往甘、肅州搶來。今走回夜不收段興三亦報：回賊約有五百餘騎，前在甘州境外古佛寺地方住劄，撲捉差哨人役，則朱氏供報之言，誠為不虛，復寇之舉，朝夕難測。本邊兵馬孤弱，錢粮缺乏，要得發運粮草，及行陝西延、寧鎮、巡等官，將各部奇、遊兵馬督發前來，會合截殺。等因到臣。

查得陝西延、寧奇、遊等兵，已經分布花馬池等邊，及中路小鹽池等處駐劄，專為隄備套賊。今套内賊情向往未定，聲息傳報，絡繹不絶，難以掣調。又經行仰鎮守陝西都督鄭卿，先調陝西遊擊將軍陶文，率領所部遊兵三千員名，前去會寧、安定、蘭州地方，以備甘肅應援，待候賊情如果緊急，即便掣調延、寧遊、奇兵馬前去，協力截勦。并行陝西巡撫，將該解甘肅銀兩，督催解發。仍行甘肅巡撫，督令管粮、分巡等官，作急召商糴買粮料，務勾主客兵馬支用，及具題外。

今據前因，為照土魯番回賊，去年擁衆深入，侵犯甘肅，圍困城堡。皇上軫念邊方，欽命文武重臣督兵征勦，先聲所動，節被官軍追逐遁回，却又不知改悔，復謀入寇。先據走回人口朱氏所供，後據被捉夜不收段興三所供，則其奸謀，誠難測識，今果侵入永昌地方。總兵官、署都督僉事姜奭聞報，提兵親至凉州，分布大小將官，隄備戰守。守備永昌，以都指揮體統行事指揮馬雲，奮勇督戰，就陣擒斬首級三十六顆，及奪獲戰馬盔甲夷器等件，功俱可録。及照鎮守甘肅太監董文忠獨守鎮城，居中制外；巡撫右僉都御史寇天叙撫鎮之初，策勵將士，亦與有功。竊詳此賊一入我境，即遭剉衂，必然褫魂喪志。在彼有雉伏鼠竄之勢，在我亦不須草薙禽獮之勞，寔惟皇上聖武布昭，德威遠被之所致也。邊方幸甚，臣等幸甚！但狼子野心，終難必其悔禍。又節經通行該鎮將官，仍要加意隄備，倘再侵犯，協力痛加誅勦，毋得恃此小捷，輒生慢易，以致誤事。并獲功官軍姓名，及中間有無隱匿别情，俱待查明，另行奏報外。

如蒙乞勑該部查議，合無將總兵官姜奭、守備官馬雲，先行量為賞勞。照例行巡按陝西監察御史，將斬獲首級審驗明白，有功官軍，查勘造册，奏繳陞賞。中間若有隱匿别項事情，徑自參究，庶邊官有所激厲，邊務可以振興矣。

緣係回賊入境，官軍斬獲首級，奪獲戰馬夷器事理，為此具本，專差百戶吉昇親賫，謹題請旨。

【校記】

[一]“奪”，雲南本為“套”。

一為整理邊務以備虜患事

題：為整理邊務以備虜患事。

案照，先准兵部咨，該本部題，該提督軍務尚書金獻民題前事，一件議處防守。

照得固、靖、甘、蘭等衛所，静寧、安定等州、縣，每歲冬初，調集陜西西安等衛所官軍，臨、鞏所屬等州、縣民壯人等共一萬五千有餘，分布各城堡防守。盖恐虜賊乘凍踏冰過河，深入侵犯之計也。

訪得前項軍士，多非正役，非鄉野愚民，則市井子弟，武藝未習，戰陣未經，或有盔無甲，或有矢無弓。多被領軍官員貪圖粮米，賣放回家，見在者百無二三。任情肆志，虚應故事如此。若不嚴加查處，非惟無益地方，抑且虚費粮草。合無轉行陜西鎮、巡等官，今後如遇調集官軍，分布各處防守，預行各該衛所、州、縣掌印官，嚴加揀選，人要壯健，馬要肥大，器械俱要精好。將選過官軍馬匹年貌齒色，類造小册，送鎮、巡衙門，以憑稽考。或行兵備道，或行守、巡官，不時查驗點閘。如或軍士有不足及軍器有不精者，分别等第，將各該官吏參提究問，庶人心知所警懼，而防守不致虚設矣。

一件議處兵將。切惟禦虜以兵馬為先，以粮草為急。固原一鎮為三邊喉襟要衝，總兵官所領官軍，見在不過五百員名，守備官見在不過六百員名，兵馬之寡弱也甚矣。倉卒有警，委難支持。

訪得北虜自弘治十四年入寇得利，每年深入搶掠，必由固原。各該將領因兵馬數少，不過嬰城自守，任其出入，以此地方多被殘破，人畜多被殺虜。見今虜賊擁衆入套，侵犯之舉又在旦夕，若止照往年故事，未免復遭荼毒。合無將總兵官部下，除見在五百名并死馬官軍二百名，共七百名外，再於各城堡各衛禦冬防守官軍内選擇精壯二千三百員名，共輳三千員名，總兵官統領。防守官軍仍照例每年十月初一日依期赴操，二月河開無事放回，有警留住。本城支與行粮，與見在官軍如法操練，預備截殺。守備官部下，除見在官軍六百員名并死馬三百員名，與今擬增粮并各城堡挑選死馬官軍共二千員名外，未及之數，照例懸賞於有丁人戶内召募一千名[一]，亦輳三千之數。將守備改為參將名色，統領殺賊，仍聽總兵官調度。該用馬匹於茶馬并苑馬寺給領，或行太僕寺收貯官價支買，召募銀兩於司、府官庫查有無碍銀兩動支。等因該本部覆題。

節該奉聖旨："固原守備照舊，其餘准擬。欽此。"欽遵。備咨前來。

案候議處間，近准兵部咨，該本部題，為陳言邊務事。該御用監太監張忠題前事：

内一件足邊兵以備警急。切照各邊鎮總兵、副、參、遊擊及各城守備、巡邊、備冬、備禦、防守等項，每額原有官軍或三千員名，或一二千員名，或三五百名。累年禦冬出戰，陣亡逃故等項數多。見在者，其間又多老弱不堪，各該官員因循不行充補，以致禦敵多無效用。合無乞勑兵部，行移各邊鎮、巡及清軍、兵備等官，將各該將領部下官軍從公揀選，精壯者存留戰伐，老弱者退撥守城，逃亡事故者清查充補。請自命下文書到邊之日為始，限三箇月以裏，務足原額之數，如有過限不完者，着巡按御史指實劾奏問罪。數足之後，各該經管官員，仍要加意撫卹，毋役使以耗其力，毋刻削以傷其心[二]，紀律嚴明，訓練如法。兵力既足，緩急有備，而邊境可保無虞矣。

一件添設軍馬將官以固守衝要。照得陝西固原地方，極鄰邊境，實達賊出没喉襟要路。雖已設有總兵官一員，統領人馬三千在彼住劄，如往年達賊糾衆萬餘，由此進境，搶過平凉，直至邠州方還。前項兵馬勢孤力寡，僅足保守城池，本境禦敵，若令轉戰，未免顧彼失此。臣愚以為，合無乞勑兵部計議停當，轉行該鎮撫、巡等官，於固原衛并附近衛所軍士每軍戶下有三丁以上者，抽一壯丁，充當軍役。仍取具衛所地方鄰佑保結，不許容無藉之徒冒濫收充，以致因無恒産，易於逃竄。選足三千之數，每人給賞銀十兩，置買軍裝什物、馬鞍鞦轡，編成隊伍，定擬衛所管轄，所謂"重賞之下，必有勇夫"是也[三]。仍照數處給馬匹騎征，按月關支實米一石并馬匹草料，務圖經久。

及照陝西先年曾設有副總兵分守地方，後因事寧裁革。當此思患預防之際，合無照舊添設謀勇副總兵一員，統領前項軍馬，用心撫卹，如法操練，就領分守固原等處，往來駐劄應援，遇警相機戰守，庶虜寇知我有備，不敢大肆深入，衝要之地可以固守而無患矣。等因兵部議擬覆題。

節該奉聖旨："是。邊兵着鎮、巡等官揀選精壯的專備征戰，逃亡的作急清勾。固原地方應否添設軍馬將官，還着提督尚書從長議處，奏來定奪。欽此。"欽遵。

備咨到臣。照得陝西地方固、靖、環、蘭沿邊一帶城堡，東西延袤幾二千里，多係通邊要路，分兵而守，無所不寡。每遇虜賊侵犯，賊數不多，尚可支持捍禦，倘似弘治十四年、正德十三年、嘉靖元年，擁衆數萬，長驅而入，實難阻遏。平凉、臨、鞏、静寧、安定、會寧、隆德一帶州縣，俱被蹂踐，後又侵及涇、邠地方[四]，屠戮之慘，所不忍言，至今凋傷未復，舉目蕭然。各該守臣不能奮勇殺賊，固難辭責，揆厥所由，實因兵馬寡少，又復不精，以此不能克敵制勝。且如鎮守總兵官及守備官所領官軍，俱不過數百員名，不及延、寧等鎮遊、奇將官統領各有三千之數。太監張忠、尚書金獻民皆親歷其地，目擊其狀，後先具奏，俱要增添，整飭兵馬，議論周悉。上廑天語丁寧，凡為守臣，敢不祇率！况今虜賊在套，侵犯之舉，旦夕難測。除各府、州、縣民壯義勇，督令巡、守官揀選及召募抽選等事俱議處另行外。

查得沿邊兵馬，各有信地，征操防禦，已有定規。此外别無兵馬可以掣調。惟是鎮城西安左、前、後、右護等衛原擬分布禦冬官軍，除總兵官鄭卿操下見在徵調及榆林、寧夏領班官軍不開外。一枝固原鎮戎所備冬原額馬隊官軍一千員名，實有官軍五百九十八員名，事故在逃官軍四百二十員名；一枝海剌都、西安州備冬原額馬步官軍一千一十員名，實有馬步官軍五百八十一員名，事故在逃等項官軍四百二十九員名；一枝靖虜等四城堡備冬原額馬步官軍一千七百六十一員名，實有馬步官軍一千三員名，事故在逃等項官軍七百五十八員名；一枝環慶備冬原額馬步官軍一千九十四員名，實有馬步官軍九百七十二員名，事故在逃軍餘一百二十二名；一枝策應聽調原額馬步官軍五百四十九員名，實有馬步官軍五百三十七員名，事故在逃等項軍餘一十二名。備冬之外，又有中軍守城馬步原額軍餘三百名，實有馬步軍餘二百八十四名，事故在逃等項軍餘一十六名；城操原額馬步官軍四千一百八十三員名内，實有馬步官軍三千二百一十二員名，事故等項官軍九百七十一員名。

看得各枝兵馬原額數目雖多，中間逃故多寡不等，該管官員不行清查解補，以致行伍空虚，其見在之數，精鋭堪用者固有，懦弱不堪者實多。弓矢盔甲既多不備，軍裝什物又皆不整，或金鼓旗幟之不設，或坐作部伍之不知，名為聽征之兵，多與村野編民無異。倒死馬匹既不立法追補，見在馬匹又多駑小瘦弱。議者遂槩指前項官軍為無用。

緣西人性氣剛勁，向義尚勇。成化年間，巡撫、都御史項忠、馬文升，近年總兵、都督曹雄，皆藉以克敵成功，止因後來官司因循玩慢，不行教練約束，遂致如此。及訪得前項逃軍，多不曾遠離鄉井，非影射於屯寨，則包占於私門。已經案仰都、布、按三司各行分守關内道參政楊叔通、分巡關西道僉事王鈞，會同都指揮僉事張鎬，將在城四衛各枝官軍查取原額、見在、逃故的確數目文册到官，拘取各正身，隨帶盔甲弓矢軍器及馬匹，逐一查點選驗。若有老弱病疾之人，拘取戶下壯丁更換，或原係壯丁今替幼弱者，仍拘拏，原操正身應役。軍裝什物不備，責令修整，馬匹瘦損，令其償餧膘壯，及貼換易買好馬。

其在逃軍人，出給告示，許其自首，免罪發隊收操。未首未補者，各督令該管屯寨老甲及應捕人員上緊挨拏，務在得獲。病故者拘取戶丁及空閑軍餘補伍，務足原額之數。如各該掌印、管操衛所官員逃故軍餘數多，不行清補，即將俸粮住支，重則治以軍法。查選畢日，限九月初一日，各到固原，以憑覆選。照依兵部題准事理，輳撥二千三百員名，連舊在操下共三千員名，聽總兵官統領防守。有警留聽操練，預備截殺，無事之日，照例放回，其餘仍分布各城堡按伏防守。其固原守備官所領，已有固原衛、甘州羣牧所并秦、平等府、衛、州、縣實有馬隊官軍、舍餘、土達二千三百六十四員名，仍依該部原擬，懸賞召募，亦輳三千之數，以備戰守。

及照陝西鎮城，密邇南山，盜賊不時竊發，根本重地，不宜空虛。策應城操官軍一體查選，存留防守，邊方果有緊急賊情，方纔調用。及在外各衛所并延、寧、甘肅三鎮逃故未補軍人，各行令巡、守、清軍等官分投清查勾補，責限完解外。臣切思陝西地方，固原、環慶、靖虜、蘭州，俱係防邊重地，而固原最為要衝。且土漢雜處，易於生變，内有監牧馬匹，尤為賊所窺伺，守備之官責任甚重。先年議者欲添副總兵一員，臣為巡撫之時，議奏將陝西鎮守將官移來固原駐劄，提調防守，其副總兵不必添設，盖因兵馬寡少，添官無益。兵部議擬覆奏，至今遵行。但鎮守官統轄地方廣濶，不特防禦胡虜。如洮、岷有西戎之警，南山有羣盜之虞，皆其責任，萬一事變不測，未免顧此失彼。太監張忠、尚書金獻民皆欲於固原添設兵馬將官，深慮曲防，盖有所見。但固原守備改為將官，職銜權任，似不相稱，皇上洞見其然，未蒙俞允。

臣查得延綏、寧夏、甘肅三鎮，各有分守東、西二路參將各一員，陝西近因番賊侵犯，已於洮、岷、河州等處設分守參將一員。今固原兵馬既已增添，比前稍為精強。合無照依各官所議，添設參將一員，分守固原、環慶、靖邊、蘭州地方，仍在固原駐劄，操練軍馬，修理關隘，撫安土人。如各處有警，往來應援截殺，各守備、防守等官，俱聽調遣。如此不獨固原增重，而靖虜、環、蘭皆有倚賴，實為便益。然添官非難，得人為難，任非其人，權任雖重，徒生厲階。看得見任固原守備署都指揮僉事劉文，老成練達，曉暢軍旅，以精勤理邊務，以廉慎得人心，衆口一辭，並無非議。倘蒙采納，許設分守官員，乞勑兵部再為查訪，合無就將都指揮劉文擢任參將，分守固、靖、環、蘭等處，則委任得人[五]，地方有託，而邊官亦知所感發興起矣。

及照固原既設參將，與主將同處一鎮，守備官似不必再設。合無選委都指揮一員操守，如無相應都指揮，於指揮内選用奏請，以都指揮體統行事，庶無官多政分之弊，惟復仍設守備官員。臣愚所見如此，伏惟聖明裁察。

緣係整理邊務以備虜患及奉欽依"固原地方應否添設軍馬將官，還着提督尚書從長議處，奏來定奪"事理，未敢擅便。為此具本，順差百戶吉昇親賫，謹題請旨。

【校記】

[一]"内"，其後雲南本衍"戶"。"千"，其前雲南本脫"一"字。

[二]"毋"，其後底本、雲南本為"則"字，據四庫本改。

[三]"夫"，雲南本為"未"，誤。

[四]"邠"，雲南本為"頒"，誤。

[五]"則"，雲南本為"賊"，誤。

一為欽奉事

題：為欽奉事。

嘉靖四年五月十六日欽奉勑："近該巡撫、都御史王藎奏稱：延、寧所屬花馬池定邊營一帶地方，接連河套，地形寬漫，見今虜寇在套駐牧，號稱八萬有餘，旦夕大舉入寇，亦未可測。乞勑各邊鎮、巡等官，早為防禦，及要分調兵馬及差官處置粮草，無非先事預防之意。朕以欲專提督之任，兹特降勑諭：卿宜即嚴督陝西延、寧、甘肅各該鎮、巡官，通將副、參、遊擊、守備、守、巡等官查照先今事理，各要操練軍馬，齊整器械，謹斥烽堠，堅固城堡。各於虜賊經行去處申嚴號令，加謹隄備，多差乖覺夜不收遠為哨探，有警則星馳傳報，收斂人畜，堅壁清野，互相應援，不許因循怠忽，自分彼此，致誤事機。其分調兵馬，俱依藎所擬，仍要酌量軍數多寡，地里遠近，務俾戰守兩無所失，緩急不致誤事，及將聽探虜情的確消息，星夜差人具奏，以憑議處。卿威名著聞，虜所懾服，朕方倚賴，以紓西顧之憂，尚其勉之，故勑。欽此。”欽遵。

案查，先為調度邊兵以防虜患事，行據延綏、寧夏陝西各鎮總兵官、都督彭楧、种勛、鄭卿節次呈報查探套賊近邊聲息前來，已經行仰各官查照原行差人哨探套賊多寡遠近回報。如果賊衆，行令遊擊將軍張鳳統領遊兵於花馬池營駐劄，遊擊將軍劉淵統領遊兵於定邊營駐劄，副總兵趙瑛統領奇兵暫於寧塞營住劄。若哨探前賊有西行之勢，遊兵二枝俱於花馬池、副總兵趙瑛移於定邊營各住劄，量分人馬於安定、柳楊等附近城堡。寧夏副總兵劉玉統領奇兵於興武營、遊擊將軍周倫、參將苗鑾於紅寺兒、韋州、鹽池、石溝等處住劄。總兵官种勛待有的確警報，統領正兵於靈州住劄。與各該守備等官，各按兵秣馬，以逸待勞，加謹隄備，如賊大至，即便會合截殺，相機應援去後。續據延綏總兵官彭楧、寧夏總兵官种勛，節次將本鎮各路虜賊近邊緣由，具呈到臣。

看得各鎮所呈，節據各堡夜不收爪探，套内達賊新行踪跡多至二三百道，少則百十餘道，或自西而東，又或自東而西，其數亦必不少。及寧夏走回男子王把都兒供稱：在套達賊一萬，内有三箇頭兒，一箇擠囊，一箇那言，說要過河與黄毛達子讐殺；一箇俺他不孩，說要先搶漢人等情。緣今黄河開消已久，要搶漢人之言，或恐是真。竊料此賊頻年得利，不曾遭剉，必無懲戒。今雖不露大衆形跡，夏秋之間，乘機大舉入寇，不可不防。又經申明行仰各鎮總兵官，轉行各副、參、遊擊、把總、坐堡、守備等官，照依原擬分布，按伏防禦。若果賊衆向西，切近定邊營、花馬池境外，必有深入之意。延、寧奇、遊等兵，除遊擊劉淵已該山西偏頭關調去應援外，其餘將官各照原行按伏聽調，不許自分彼此。陝西主將督令守備等官，各領兵駐劄要害地方防禦，臣於固原、慶陽居中調度，及具題外。

今奉前因，臣欽遵帖行陝西延、寧、甘肅各總兵官鄭卿、彭楧、种勛、姜奭，轉行各該鎮、巡官并副、參、遊擊、兵備、守、巡等官，各遵照欽奉勑内事理，操練軍馬，齊整器械，謹嚴烽堠，堅固城堡。各於虜賊經行去處，申嚴號令，加謹隄備，多差乖覺夜不收遠為哨探，有警星馳傳報，收斂人畜，堅壁清野，互相應援，不許因循怠忽，自分彼此，致誤事機。

除待各鎮探聽虜情的確消息，呈報至日另行具奏外。今將欽奉到勑書及督行過各鎮將官緣由，先行奏報。為此具本，專差承差席宗吉親賚，謹具題知。

一為查報邊情事

題：為查報邊情事。

臣節該奉勑："將探聽邊情的確消息，星夜差人具奏，以憑議處。欽此。"欽遵。

查得嘉靖四年六月十二日，據延綏遊擊將軍、都指揮使張鳳呈，為聲息事。本職調統本部官軍前來，原擬定邊營住劄防禦。本年六月初七日辰時，據三山堡西平三墩爪空夜不收王安馳報：本日卯時分，瞭見境外達賊一百餘騎，從北驟馬前到本墩西空拆墻。得報，一面督令定邊營把總指揮魏錕，帶領本管官軍，順邊堵截歸路。本職統率本部官軍趨進邀擊。馳騁將近，前賊已拆墻二處，進入邊裏簇立，窺見官軍合兵來勇，急從原口遁去。欲要追逐，緣地方平漫，恐中誘計，督軍砌完墻口，收兵回營防禦外，呈報施行。

等因又據寧夏遊擊將軍、都指揮僉事周倫呈稱：該分守東路右參將、都指揮僉事劉謹手本，差夜不收哨探得離邊一百五十里地名大沙子，見達賊二簇，約有四十餘騎，往東行走，又紅泉地方見賊五十餘騎，往西行走。又該協同分守興武營署都指揮僉事吳雲手本，差夜不收哨探得，離邊九十里地名喜鵲湖等處，俱有達賊新行蹤跡。又該守備平虜城、以都指揮體統行事指揮使史經呈：差夜不收哨探得地名千家村苦水河，有牧放牛羊一千有餘；石嘴兒沙溝有青白馬三百餘騎，帳窠七座；圈子河有達賊帳窠一十二座，牛羊馬匹四五千有餘住牧。

等因本月十四日，又據延綏總兵官署都督僉事彭楧呈，為查探聲息事。開稱：節據中、東等路黃甫川等堡把總、千、百戶等官沈杲等呈，及准分守東路右參將、署都指揮僉事黃宰，分守西路左參將、都指揮僉事袁聰手本，各差夜不收哨探得各邊外地名南城，離邊二百三十餘里，有達賊接連下營，帳房二十餘頂，達賊一千有餘，牛羊馬匹三千有餘，及紅城則、確舊灘等處俱有達賊營巢、帳房，牛羊馬匹數目不等，在彼住牧。榆林岔、九股水等處俱有賊新行馬蹤，或二三百道，或百十餘道。黑石磕、石山兒等處俱有達賊，或一二百騎，或四五十騎，往來行走。

等因本月二十日，又據鎮守寧夏總兵官、署都督僉事种勛呈，為走回男子供報大虜住套事。嘉靖四年六月十三日，據寧夏衛指揮使司申，據守堡百戸丁勇呈送走回男子二名到衛。審得一名金佐供：年二十二歲，係甘州中護衛前所崔百戸下軍人金龍戸内餘丁。正德十一年失記月日，在莊生理，被賊搶去。一名金保松供：年二十歲，亦係本衛軍人金龍戸内餘丁。正德十五年失記月日，在鹽塲堡地方大沙溝打草，被賊搶去虜營，俱聽賊牧放牛羊使喚。有小十王下達子三萬餘騎，去年冬裏，未到套内住坐。佐等思想家鄉，各偷馬一匹，騎走四晝夜到邊，收送前來。據供備申，各呈到臣。

為照前項達賊，自嘉靖三年十一月内，延綏地方據虜中走回男子路駒等供報：小王子叔叔台記，領一枝精兵達子四萬，哥哥吉納領一枝精兵達子四萬，共八萬餘多，踏冰過河，在套住牧等語。守臣上聞，仰厪宵旰之憂，節奉勑旨，督責各該鎮、巡，加謹隄備。又命愚臣提督三邊軍務，節制調遣。

臣欽遵於四月初一日到於陝西地方，節次差人賫文前去各鎮，查探聲息，及分布副、参、遊等官，各於要害地方住劄，操練防守，聽候調遣。今經兩月有餘，不見大賊近邊，間有拆墻進入，及邊外行走，或二三十人，或七八十人，多則二三百人。但自延綏東路黄甫川起至寧夏靈州地方，千有餘里，無處無賊，帳窠火光，絡繹不斷，牛羊頭畜，散被原野，新行馬蹤，在處數百餘道，東西行走，向往不一。

查得先據寧夏守臣呈稱，據走回男子王把都兒供稱：在套達賊一萬餘騎，一説要與黄毛達賊讐殺，一説要先搶漢人。今走回男子金佐等又稱，小十王下達子三萬餘騎，在套住坐等情。相度事勢，原報八萬之說，初亦不虚。二月河開，半已渡河，今在套者當亦不減數萬，分散固少，輳合則多。切料此賊姦謀，不露大衆形跡，乘間俟時，大舉深入，亦未可知。况沿邊直抵固原一帶，自春徂夏，久旱不雨，邊草不茂，賊馬臕息尚弱，以此未敢長驅。近日雨澤頗足，青草長茂，入寇之舉，旦夕難測。且套内地方廣遠，差哨人役不過百里，其二三百里之外消息，豈能盡知？緣此賊頻年犯順，罪惡貫盈。臣仰仗皇上天威，謹當督率將士：揚兵耀武，以伐其謀於未入之先；出奇設伏，以乘其弊於將遁之際。雖不敢為犁庭掃穴之舉，亦欲收執訊獲醜之功。

但克敵固資乎兵，養兵必資乎食。腹裏地方，近日鹽商報中，委官易買，稍足供應，惟是沿邊一帶，甚為缺乏。且如寧夏沿邊花馬池、興武營、清水營一帶，及中路靈州、小鹽池、韋州等處，俱係緊要該屯兵馬地方。

查得花馬池見在料豆一千二百六十八石，約量可勾本城主兵馬四百六十四三箇月支用，若添客兵馬三千匹，止勾一十二日支用。草五萬八千六百餘束，可勾本城主兵馬四箇月支用，若添客兵馬三千匹，止勾五日半支用；興武營粮三千二百四十八石，約量可勾本營主兵二箇月支用，若添客兵三千員名，止勾一箇月零六日支用。料八千六百二十九石三斗，除主兵外，若添客兵馬三千匹，止勾三箇月支用。草四萬二千三百六十束，除本營主客外，若添客兵馬三千匹，止勾一十四日支用；清水營粮米全無，料四千八百五十三石八斗，原無主兵馬，若添客兵馬三千匹，止勾一箇月零二十五日支用。

靈州粮一千五百四十一石二斗，可勾主兵二十一日支用，若添客兵三千員名，止勾一十三日支用。料一千二百四十七石四斗，約量可勾本城主兵馬四箇月支用，若添客兵馬三千匹，止勾一十二日支用，草六萬二千四百八十七束，約量可勾本城主兵馬五箇月支用。若添客兵馬三千匹，止勾一十九日支用。其餘營堡，粮料各不滿千石，草不滿萬束，或有粮無料，或有料無草。小鹽池、韋州，尤為緊要。小鹽池料三千一百三十二石，約量可勾本營主兵馬數月支用，若添客兵馬三千匹，止勾一箇月支用。草一萬七千一百五十束，約量可勾本營主兵馬數月支用。若添客兵馬三千匹[一]，止勾五日支用。韋州料豆全無，粮止有一百三十一石二斗，草止有三千三百一十九束，若調客兵馬三千，俱止勾一日支用。缺乏至此，可謂極矣。

且本邊亦有年例銀兩，亦曾報中引鹽，不知前該鎮、巡等官所幹何事。倘果大虜侵犯，會調延綏陝西遊、奇兵馬截剿，每枝各有三千，將何支費？臣節經劄仰寧夏管粮僉事劉淮，令其轉呈巡撫衙門，近方發銀，差官分投糴買。若賊入稍緩，事或可辦，倘旦夕入寇，斷然失誤供應。及查得延綏各路，粮料、草束亦多無積，而甘肅一鎮，尤為匱乏。

臣前所上疏，欲乞開中淮、浙等運司鹽一百萬引，乞發官銀五十萬兩，盖不專為陝西，為寧夏，為延綏，為甘肅也，至今未奉明旨。今將查探過套賊聲息緣由，遵照欽依奏報。伏望聖明軫念邊方事重，乞勑戶部，將臣前所乞請鹽、銀，早為照數給發，以濟各邊急用。仍乞勑下寧夏新任巡撫等官，將沿邊一帶倉塲粮料、草束上緊督處，務令充實，以備調兵，庶幾藩籬可固，根本不搖。臣愚幸甚，兵民幸甚！

緣係遵照欽依“探聽虜情”奏報事理，為此具本，順差承差席宗吉親賫，謹題請旨。

【校記】

[一]“三千”，其前底本、雲南本脫“馬”字，據四庫本補。

一為回賊出沒事

題：為回賊出沒事。

嘉靖四年六月十八日，據分守凉州地方右副總兵、署都指揮僉事周尚文呈，為回賊出沒，官軍追敵，斬獲首級，奪回人畜事。本年六月初一日寅時，據黄城兒夜不收蔡俊、水磨溝夜不收胡俊各報：五月三十日寅時，爪見本溝馬跡一路，約有八九十餘騎，往東行走，高透朵鸞口，低透井兒溝、金塔寺。據報，三處不知從何山口出沒，差人分投爪哨，傳諭收歛及整兵隄備間。本日辰時，據在城南門樓直日軍人劉兔兒走報：瞭見城南土山墩舉煙二把，燒柴堆一座。本職即時舉號，統領在城馬隊官軍千總指揮徐威等四百名出城，迎火追襲間。隨據金塔等山口石觜兒、墩爪哨夜不收易奴兒馳報：本日卯時分，有回賊一百餘騎，從南山溝突出撲到，把截營地，方四散搶掠，彼有本營馬哨夜不收康咬兒，赴城馳報，被賊邀截射死，官馬搶去，本役取路來報。本職急督官軍驟馬先去追趕，傳令千總指揮唐佑管領步軍繼後。本日午時，追到地名大水腦、天池地方一百五六十里，趕上前賊，迎來對敵。職督官軍止有三百餘員名，奮勇一齊撲斫向前，就陣斬獲賊首一顆，奪回連鞍戰馬一匹，射死二匹。賊見官軍勢猛，各將原搶人畜盡行丢棄，四散敗走上山，軍趕上嶺。其賊遇高且戰，得平且行。又追三十餘里，彼此中傷人馬數多。欲再深追，况彼山險，樹林稠密，官軍馬匹一時奔馳一百八九十里，賊遠馬促，又臨敵境，恐墮奸計，當差夜不收蕭住兒跟襲前賊向往，收軍回到原奪人畜天池，結營歇馬。隨據千總指揮徐威呈稱：查得斬獲前項首級一顆，奪獲賊馬一匹，夷器盔甲等物一百九十六件副，及被搶男婦三十八名口，夜不收一名，牛驢九十二頭隻。射死軍人鄒昇等馬五匹，走死孫成等馬三匹，射傷吴安等馬二匹，射傷軍舍魏祥等七名，俱輕傷。

據此至初二日，掣軍回城，整兵隄備，及將斬獲首級、器械發仰凉州衛官庫收貯，馬匹撥人寄養，俱候明文施行。奪獲人畜，着令指揮王憲等查給失主認領，及委官前去賊經地方查勘，此外再有被虜搶殺人畜，體勘明白，徑自通行開報外，呈乞施行。等因到臣。

為照前項回賊，近於本年五月十四日侵入永昌地方，被守備官馬雲督軍追殺，斬獲首級三十六顆，奪獲戰馬夷器等件，已經具題外。今尚不知悔禍遠遁，又侵至涼州大水腦、天池等處。顯是此賊因去歲侵犯甘肅地方，不曾大遭挫衄，遺留醜類，伏我近邊，意在窺伺我人畜，妨我耕作，雖是不敢深入，終亦被其撓害。副總兵周尚文雖稱督兵遠追，止是斬獲首級一顆，奪獲戰馬夷器及奪獲被搶人畜，不能痛加誅勦，況中間隱匿不報情弊，難保必無。除行甘肅鎮、巡官，行委巡、守等官查勘的確具奏，及行各該主、副，參、遊、守備、操守等官，俱要用心防範，整兵秣馬，若復仍前侵掠，即便會合截剿，務使挫衄遠遁，勿令貽患地方外。

緣係回賊出沒，官軍追敵，斬獲首級，奪回人畜事理，為此具本，順差承差席宗吉親賫，謹具題知。

一為達賊出沒計處用兵機宜事

題：為達賊出沒、計處用兵機宜事。

嘉靖四年六月初四日，據分守莊浪等處地方副總兵、都督同知魯經呈，為達賊出沒事。開稱：本年五月十四日等日，節據松林墩等處夜不收蘇欽等報，於寡婦溝等處爪探得達賊，或三五十騎，或百十餘騎，或五六百騎，或在邊外住牧，或乞壕入境，撲捉差哨人役，節報前來。為照此賊久在五方寺為窠[一]，近日那在蘆塘等處住牧，分遣輕騎瞧撲應哨人役，及聲言要尋西海達子，意在糾合入寇，旦夕難測。除謹斥烽堠，整兵隄備外。緣本城兵馬數少，不敷分布，而鎮羌、岔口尤為衝要。已將缺兵緣由，累行甘肅鎮、巡衙門議處，至今未見明示。倘賊萬一糾犯，臨期誤事非輕。今照甘肅遊擊嚴鎧，統兵見在莊浪，乞要暫留，併力截殺，及將已到邊守禦蘭州中護等衛官軍，照例分發一千前來鎮羌、岔口堡防守[二]。

等因據此，又據分守涼州地方右副總兵、署都指揮僉事周尚文亦呈前事。開稱：本年五月初一日，據報紅寺兒地方達賊三十餘騎，乞壕進境。官軍追至亂壕子，追見前賊，原路奔走，躡蹤前至乾湖地方南北溝内，突出伏賊三四百騎，與官軍對敵，中傷達賊人馬數多，方纔退走。後追至壕邊沙窩，又有伏賊三百餘騎，聚集攻敵，因見遊擊將軍嚴鎧統兵前來，賊出境去訖。查得征傷軍人李保兒等六名，射死軍人何達等馬九匹，走死于定等馬六匹，射傷尤旺馬一匹，收獲達箭三百三十五枝。等因各呈報到臣。

為照前項賊寇，數亦不多。各官雖稱出兵追截，不聞斬殺之功，反將軍人射傷，及射死馬匹，中間隱匿别情，難保必無。已經行仰副總兵魯經、周尚文等各整搠兵馬，嚴斥烽堠，加謹隄備，果有侵犯，即便督率官軍，奮勇力戰，毋得嬰城自守，殘害地方，亦要相機而行，知彼知己，不可輕進窮追，被其引誘。遊擊將軍嚴鎧既見在莊浪，暫留在彼，併力截殺，若凉州聲息緊急，亦要領兵前去策應。其備禦蘭州中護等衛官軍，如已到邊，查照舊例，分發鎮羌、岔口二堡防守外。照得前項達賊，自正德三四年間，被小王子人馬讐殺殘敗，遁往河西莊浪、凉州、速罕禿、斬石峽、明水湖、扒沙一帶潛藏住牧[三]，時出剽掠，阻截道路，敵傷官軍。臣起廢西征，復總制陝西軍務之時，建議欲調集大兵，痛加誅剿。彼時規置已定，惟候成命，不意旋即奉勑取回。兵部題奉欽依“行令甘肅鎮、巡官整理”，緣兹事重大，豈甘肅一鎮所能了辦？因循養患十有餘年。

賊既那營，竊伏西海，逼脅曲先、阿端各種番夷，烏合為巢，歲復一歲，醜類漸繁，乃敢寇我洮、河，深入松潘地界。自是虎踞青海，蠶食屬番，遂釀成甘肅、陝西腹心肘腋之患。去年冬間，被回賊驚散，一半越往官路之北，被各鎮官軍相遇，斬殺數多，其大營仍在西海剌剌山、江零口住牧，雖未見侵犯，而禍胎實深。除督令各該守臣哨探尋襲，計處方略，另行具奏外。其在北者，多不過一二千，俱係精兵，十可當百，因無老小，棲止不定。自今春以來，多則五六百騎，少則二三百騎，或在莊浪五方寺、尖山、蘆溝，或在凉州松山、蘆塘等處，聲東擊西，或出或入。河西衛所官軍，防禦三種寇賊，無所不備，無所不寡，經年累月，不得解甲。若不先其所急，早為袪除，緣前賊切近腹裏，恐其尋搶月久，野無所掠，水橋結凍之後，將有窺伺蘭州、靖虜之謀。彼處軍馬數少，不能支持，乘虛而入，則會寧、安定、狄道、金縣地方難保不遭虜掠。

臣愚，欲趁今與西海賊寇離析之時，量調陝西延綏精鋭兵馬五六千名，與莊浪、凉州副總兵、遊擊等官會合尋襲，痛加誅剿，以除門庭之害，則西海達賊聞之，亦將褫魂破膽，有不戰而走之勢。區區回賊，又不足憂也。但今河套虜情未定，沿邊腹裏俱未敢掣兵。又莊浪一帶，倉塲粮草，處處空虛，方為逐旋經理，須待套賊無警，粮草有積，方可舉事。然兵貴神速，機難預定，必待臨期奏請，非惟緩不及期，且恐事機先泄。如蒙聖明裁處，乞勑兵部計議，倘此言可采，乞早行臣密會各該守臣，不拘何月日，相機取便行事。俟大兵既集，詢謀僉同，因而撲剿，西海之賊至期計處定奪，務在計出萬全。若無可乘之機，或軍馬錢粮未備，照常戰守，不敢輕舉妄動，以貽後艱。

緣係達賊出沒計處用兵機宜事理，未敢擅便。為此具本，謹題請旨。

【校記】

[一]"賊"，雲南本為"賤"，誤。

[二]"鎮江岔堡"，據上下文意，應為"鎮羌、岔口堡"之誤，因改。雲南本、四庫本亦誤。

[三]"往"，雲南本為"住"。

一為乞留方面賢能官員共濟時艱事

題：為乞留方面賢能官員共濟時艱事。

照得陝西地方，乃邊境之樞衡，中源之鎖鑰。北有河套之虜，警報無時；西有回賊之寇，姦謀罔測。比年以來，旱霜之災變相仍，摽掠之瘡痍未復。民窮財盡，盜賊因而竊發；文恬武嬉，邊務日加廢弛。雖鎮之以撫臣，巡之以臺察，然催徵錢粮，脩飭邊備，拊循凋瘵，招撫流亡，必在二司得人，庶可倚賴。

近年陞補官員，或憚地方之險遠而不來，或取便道以還家而延住，官多虛位，事無統紀。即今河西、關南二道，俱缺分巡官員。其見任賢能者，又或遷轉無常，更代不一。如右布政使郭韶、右參政潘塤，皆久任茲方，足堪付託，循資各已陞去。臣所知者尚有數員，若又陞遷別任，新任官員縱有才能，事體未即周知，人心何所係屬？如按察司按察使袁擯，廉公有威，剛明克斷；副使陳鼎、翟鵬，才略足以濟變，威惠足以服戎；副使高公韶、韓士奇，以慎密持官守，以平易得衆心；僉事桑溥，政嚴明而執守堅定，性聰察而聽斷如流。之數官者，年勞漸深。臣慮其陞遷別省，緩急無可倚賴。事關地方休戚，不容隱默。其他年資尚淺，陞遷未及者，不敢槩陳，如蒙伏望聖明，俯念陝西三邊重鎮，用人為難，乞勑吏部，采臣所言，參之輿論，待本省員缺，將各官奏請簡用。如本省無缺，暫留照舊任事，免陞別省地方，待其績效益彰，特加超擢。

各官既得以罄其才，愚臣亦得以資其用。不勝至願！

緣係乞留方面賢能官員共濟時艱事理，為此具本，謹題請旨。

一為急缺管粮方面官員事

題：為急缺管粮方面官員事。

照得陝西布政司管粮右參政姚文淵，近日聞母喪，丁憂回籍去訖。所有員缺，未曾銓補。切緣陝西八府民、屯錢粮，外供陝西固、靖等邊及延綏、寧夏、甘肅三鎮官軍之用，内則秦、韓、肅、慶等王府禄粮，并官吏、師生俸廩等粮，皆所仰給。因是前官玩慢，不肯及時催徵，以致倉廩空虛，中外困竭。

臣初到陝城，查得各府拖欠未完各邊民粮共一百四十九萬六千四百三十四石，馬草一百九十五萬八千八百八十八束，已經具奏。續到平涼府，查得韓府各郡王、將軍、中尉、郡、縣主君、儀賓，自正德四年起至正德十五年止，共欠本色禄粮三十一萬一千三百七石七斗，又欠折色粮二萬六千七十五石，其餘未經查報，不知的數。及據西安左等四衛官軍告稱：正德八年起至嘉靖四年三月終止，共拖欠本色月粮四十二萬四千八十石，折色三十一萬六千六百九十石三斗。平涼衛官軍共欠節年本色月粮六萬七千八百一十四石四斗，折色粮六萬三千五百一十九石三斗。及據固原兵備副使成文呈，查得所管固、靖、甘、蘭等衛所，累歲拖欠官軍月粮共二十八萬九千九百九十九石二斗五升。其餘衛所拖欠應支粮數，亦多類此。每遇上司到彼，諠攘訴告，百十成羣，人心窮迫，盖不得已。節奉明旨督催，巡撫官極力處補，不及十之一二。

臣觀天下各鎮，十三省地方，險遠要害，無如陝西之難，公私匱乏，亦無如陝西之甚。近得參政姚文淵到任，未及數月，巡歷催督，不避艱險，催完逋負十餘萬石。臣方仗其有為，不意忽以丁憂去。將來陞補官員，未知何方，恐其到任稽遲，雖各行令巡守官督理，終非專職，不能盡心所事。

博訪得西安府知府趙伸，由兵部職方司郎中陞任今職，到官方及二年，政譽甲於諸郡。查據陝西按察司開報：本官才能異常，當繁劇而有餘力；公廉服衆，合士民而無間言。巡、守等官開報所屬賢能官員，俱在優選。臣嘗聽其議論，察其設施，委的才足濟時，力堪舉劇，付以督儲之任，必能修舉職業，振起頹廢。若謂其年資尚淺，臣以為求稱繁難之任，不須常格之拘，且本官先任兵部車駕、職方二司郎中，若稍遲不陞，則參政之官，亦所當得。如蒙乞勑吏部，再行訪察，合無將本官陞任陝西布政司右參政，督理粮儲屯種，賫憑令其到任管事，庶使官不久曠，事得早完。

緣係急缺管粮方面官員事理，未敢擅便。為此具本，順差承差席宗吉親賫，謹題請旨。

一為斬獲犯邊達賊首級事

題：為斬獲犯邊達賊首級事。

嘉靖四年七月初三日，據分守莊浪等處地方副總兵、都督同知魯經呈前事。節奉臣鈞帖，為傳報聲息事。備仰本職各要慎固封疆，謹斥烽堠，整搠人馬，若有前賊侵犯，大小將官領兵相機戰守，協力剿逐。蒙此及准本鎮手本，備由開稱：莊浪地方有賊，已行甘肅遊擊將軍嚴鎧領軍在彼，併力截殺。

准此除整兵隄備外，嘉靖四年六月十一日亥時，據水泉兒夜不收馬驥走報：本日未時，瞭見達賊五六百騎，邀趕馬牛四五百，從青山兒灣行來，往東行去。報與守備袁英，出兵迎敵，本役來報。本時，又據鎮羌堡隨馬夜不收徐鎮報：有守備袁英領軍追至石板溝，與賊對敵，差本役來報。隨據石板溝夜不收尚禮報：本日申時，前賊邀趕牛馬，從鎮羌河行來，徑奔栢楊溝出境去訖。

備報得此，會同遊擊嚴鎧議得：先日有賊一百，突至鎮羌，聲言要尋西海達賊，今果糾衆而來，必有烏合侵犯之勢，若不截其歸路，誠恐久住為患。一面差人調取下塲馬匹，及傳報南、北、西三路，收斂人畜，堅壁清野；一面行調紅城子守備楊和，統兵前來，與同本城無馬步軍，聽調策應。

十二日寅時，職等統領漢土遊兵官軍二千六百員名，由分水嶺抄敵歸路。本日申時，兵至火牌水，迎據孤頭嘴夜不收羅文秀走報：前賊從排坑行至小水兒飲馬，來報。得此，夤夜馳至常山兒。三更時分，迎據原差夜不收李玄同彼哨夜不收錢亨一各報：瞭見前賊到紅嘴兒河住歇。即會遊擊嚴鎧，分布遊兵千總指揮趙軻、莊浪把總指揮陳璽、土官指揮蒙順左哨；遊兵千總指揮冶珍、土官指揮李昊右哨，職等犄角相擊，驅兵驟至紅嘴兒河次口。黎明時分，迎遇前賊五六百騎，內一半穿戴青明盔甲，迎衝前來，就與交鋒對敵，連衝數合，職等申嚴號令，分遣旗牌，催鋒督陣。我軍奮勇當先，齊力用命，箭射刀斫，鎗砲相攻[一]，當有千戶魯瞻等身先士卒，就陣斬首三顆，遊兵部下斬首四顆，獲賊馬牛器械。戰至巳時，賊見官軍勇猛，射死賊馬，中傷賊人數多，方纔退遁。况彼相離莊浪二百餘里，恐有伏兵，收軍結營。當會遊擊嚴鎧查得：遊兵莊浪陣亡官軍三員名，征傷各衛旗軍一十七名，射死馬一十七匹，走死馬七匹。各查明白，掣兵回城。差據襲蹤夜不收馬真等供報，襲得前賊奔往回水，徑透土豹嶺去訖。

行間，及據暫守備鎮羌行都指揮事袁英呈，為達賊出沒事。本年六月十一日未時，據水泉兒爪探夜不收馬驥走報：本時瞭見青山兒彎達賊五六百，邀赶馬牛四五百，順河行來。得此，疾統備禦蘭州等衛官軍千戶王受等三百出兵，迎遇前賊，一半邀赶馬牛，順河往東行去，一半穿戴青明盔甲，迎衝前來，就與交鋒對敵。賊見官軍齊力，退往石板溝行去。復又追至本溝，與賊交戰，射中達賊人馬數騎，奪獲牛一隻，氈衫二領。戰至酉時，其賊退往栢林溝去遠。欲再深追，天晚落雨，掣軍回堡。查得：收獲達箭六十枝，達帽一頂，達鞭一把，被賊射死蘭州衛馬二匹，走死馬一匹。及查本堡並無搶殺人畜，理合具呈施行。等因得此，為照此賊雖被官軍殺敗遠遁，復讐之謀，旦夕難測。除整兵嚴加隄備外，呈乞照驗施行。隨據甘肅遊擊將軍、署都指揮僉事嚴鎧亦呈前事。

各造册開稱：共斬獲達賊首級七顆，獲賊器械等件五百二十一副件，奪獲頭畜馬贏牛七十八匹頭隻，陣亡遊兵莊浪官軍三員名，征傷旗軍一十七名，被賊射死、走死馬二十四匹。等因各呈到臣。

案查，先據副總兵魯經呈，為達賊出沒事。節次爪探得前項達賊或三五十騎，或百十餘騎，或五六百騎，或在邊外住牧，或乞壕入境。緣此賊久住五方寺為巢，近日那在蘆塘等處住牧，分遣輕騎撲捉差哨人役，及聲言要尋西海達賊，意在糾合入寇，旦夕難測。等因已經節行各官，各要整搠兵馬，嚴謹烽堠，遇有前賊侵犯，即便督率官軍，相機勦殺，毋得嬰城自守，貽患地方，及將計處用兵事宜具題外。

今據前因，為照前項賊寇，竊伏莊浪、凉州地方，不時出沒，妨擾耕牧，阻截道路，官軍晝夜隄備，不得解甲，實與西海達賊聲勢相倚，將來糾合入寇之謀，難保必無。雖經節次督行各將官用心戰守，終是兵馬寡弱，不敢遠追。陝西延、寧等處官軍，又因達賊在套，分布防禦，各有信地，難以輕掣。計處間，今副總兵、都督同知魯經，遊擊將軍、署都指揮僉事嚴鎧，乃能親督官軍，奮勇力戰，斬獲首級，獲賊器械、頭畜等項，功雖不多，軍威頗揚，賊勢少剉。

除行令比前加謹隄備，不可倚恃小捷，輒生慢易，致失事機，及將俘獲頭畜，令其照例給賞有功之人，首級、夷器發仰莊浪衛貯庫，聽候覆驗。并咨甘肅巡撫，行守、巡官查勘賊入地方，有無隱匿別情另行外。乞勑兵部，照例行巡按陝西監察御史將各官軍功次，勘驗是實，早為陞賞，以勵後人。若有隱匿別情，徑自參奏。

緣係斬獲犯邊達賊首級事理，未敢擅便。為此具本，專差承差楊鸞親賫，謹題請旨。

【校記】

[一]"攻"，雲南本為"政"，誤。

一為虜中走回男子供報緊急夷情事

題：為虜中走回男子供報緊急夷情事。

嘉靖四年七月初十日，據鎮守延綏等處地方總兵官、署都督僉事彭椺呈前事。據榆林城把總都指揮閻武呈，蒙鎮、巡衙門發下栢林堡解到虜中走回男子趙四斤，隨拘通事張禄等到司，審據趙四斤供：年一十九歲，係平凉趙總兵家人。狀供：嘉靖元年六月，失記的日，前往地名沙塘川牧放牛羊，忽遇達子滿嗑奈等，搶去虜營，住過四年。舊年十二月間，跟隨小王子頭兒吉納、台記等部落達子約有八萬餘多，踏冰過河在套。今年六月間，有衆達子精兵前去與兀良罕達子讐殺[一]，去了半箇月。說到黃河岸邊紥筏浮渡，因水大，將達子渰死，約有三十。餘達子不敢過去，復回在套住牧。聽得我們帳房裏達子說："頭兒吉納等會了事，八萬達子每人殺羊一隻晒乾，整置鞍仗轡頭，指着南邊地方，都要出來，不知幾時搶至。"

本月二十七日，四斤見得衆達子睡熟，思想家鄉，遇夜脫走，步行三晝夜，至七月初一日辰時，到於栢林堡碓臼澗墩走回。收送到堡，解送前來。今蒙發審，再不知別項虜情。所供是實。等因據此，理合具呈，照驗施行。

等因據此，會同鎮守太監張紳、巡撫右僉都御史張縉議照：虜中走回男子趙四斤供報前情，雖係傳聞，事頗有因。况今秋凉馬肥，謀為入寇。正在此時，防範機宜，不可不備。查得先因本鎮東路缺兵防守，已經會呈提督軍務衙門，乞將副總兵趙瑛那來中、東二路營堡防禦。蒙批趙瑛兵馬仍於寧塞營駐劄，便於東西應援，果有緊急賊情，方許掣回截殺。等因除遵依外，今供前因。

為照西路鎮、靖等堡，係達賊常年出沒處所。況副總兵趙瑛相離該堡不遠，合行本官，整搠所部兵馬，如遇前賊侵犯鎮、靖、龍州地方，星馳應援，以遏虜患。若犯把都等堡，及有西行之勢，遵照提督軍務衙門分布兵馬防禦事理，隨賊援剿，庶不誤事？擬合通行，為此除行各城營堡整搠兵馬，嚴謹烽堠，及行臨近州縣，各將所管近邊夾道住居人畜，起那腹裏百里之遠深險牢固崖窯堡寨去處安插，仍於每堡各選差乖覺夜不收，相兼熟知地里餘丁共二名，輪流出境，離邊二三十里，及五七十里，於虜賊住牧水頭處所潛伏哨探。若有聚衆入寇之勢，一面傳報左右鄰堡及腹裏居人，收斂人畜，肅清四野；一面飛報本職，斟酌用兵，及行副、參、遊擊、把總等官，加意隄備，勿致誤事外，呈乞照驗施行。等因到臣。

為照前項達賊，自嘉靖三年十一月内，據走回男子路駒等供報：小王子叔叔台記，領一枝精兵達子四萬，哥哥吉納領一枝精兵達子四萬，共八萬餘，多踏冰過河，在套住牧等情。

臣到陝西地方，行據延、寧守臣差人哨探，並無大賊近邊。但自延綏黄甫川堡直抵寧夏靈州千數百里，無處無賊，或七八十人，或一二百人，帳窠火光，遠近相望。後據走回男子王把都兒供稱：在套達賊一萬餘騎，一説要與黄毛達子讐殺，一説要先搶漢人。又據走回男子金佐等供稱：小十王下達子三萬餘騎，在套住坐。相度事勢，原報八萬之説，初亦不虚。後一半渡河，一半在套，其數當不減數萬。切料此賊奸謀，不露大衆形跡，乘間俟時大舉，亦未可知。已經節次督行各該將官加謹隄備，及具題外。

近日，方據延綏總兵官彭楧呈稱：走回男子谷世安供：於舊年十一月内，跟隨小王子叔叔俺答阿不孩等部落達子踏冰過河，在套住牧，止知他們一枝達子約有三千，其餘不知多少。五月間，聽得衆達子説：“會了事。七月間，精兵多半要紮筏過河，與兀良罕達子讐殺。少半看守老小在套住牧，又不知過去不過去。”一名鍾那孩則亦供：十一月内跟隨小王子部下三箇頭兒台記、吉納、俺答阿不孩部落三枝達子踏冰過河，在套住牧，止知他們達子一枝約有三萬，其餘達子不知多少。聽得衆達子説：“摘一半精兵過河，與兀良罕敵人讐殺，不知去不去？”又一名馮石城兒亦供：跟隨小王子部下頭兒吉納等部落達子約有八萬餘多，踏冰過河，在套住牧。聽得衆達子說："將牛羊馬匹老小丢在河畔，精兵好馬要紮筏過河，與兀良罕達子讐殺。"又說："等馬壯了要來搶掠"等語。

議處間，今走回男子趙四斤供稱[二]：被搶跟隨小王子頭兒吉納、台記等部落達子，約有八萬餘多，踏冰過河在套。今年六月間，有衆達子精兵前去與兀良罕達子讐殺，去了半箇月。說到黄河岸邊紮筏浮渡，因水大，將達子渰死約有三十。其餘達子不敢過去，復回在套住牧。聽得我們帳房裏達子說："頭兒吉納等會了事，八萬達子每人殺羊一隻晒乾，整置鞍仗轡頭，指着南邊地方，都要出來，不知幾時搶至"等情。看與節次走回人口所供相同，况今秋涼馬肥，正係馳驟時月，大舉之謀，旦夕難保。

臣受命節制諸軍，此賊倘果侵犯，仰仗天威，謹當策勵將士，恭行天罰，殲厥醜類。以雪兵民之憤[三]，以寛西顧之憂。但延綏中、東二路城堡聯絡，各據險隘，賊雖侵犯，止在本境，不能深入，惟寧夏花馬池至靈州一帶，地里寛漫，城堡稀疎，兵馬單弱，賊若大舉，必從此拆墻而入，其所利不在寧夏，而在腹裏。已行令延綏遊擊張鳳於定邊營，副總兵趙瑛於寧塞營各住劄，便於東西應援，仍留遊擊劉淵所統遊兵三千，延綏東路按伏防守。

近據甘肅鎮、巡官節報，回、達二賊侵犯，兵力不支，要將陝西延、寧遊、奇等兵調來莊浪，駐劄應援。為照套賊向往未定，不敢輕掣，而河西事情已急，難以坐視，又將遊擊張鳳掣調附近地方，待其再有緊急重大賊情，發去策應。副總兵趙瑛奇兵那調定邊營、花馬池駐劄[四]，與彼處分守、協同守備人馬禦防套賊，各施行去後。

切見近日陝西固原一帶，士馬頗為精強，粮草稍有積蓄，但沿邊延綏、寧夏營堡，缺乏如故，每議調兵，輒為粮少所阻。近該戸部題准，開中引鹽，方將召商報納，尚恐緩不及期。

及照花馬池、興武營、清水營、靈州、小鹽池、韋州等處俱係寧夏所轄，見今主將缺人，軍無統紀，新除將官及新推巡撫都御史未知何日到鎮。

及又查得，舊例，陝西延綏與大同、宣府遊、奇兵馬俱該互相應援，近日山西偏頭關有警，已將延綏遊擊劉淵兵馬調去策應，續因無事掣回。今陝西虜情難測，倘果大舉深入，延綏遊、奇三營人馬，俱該調去西路截遏，其中、東二路未免空虚，亦合量調隣鎮官軍防守。

如蒙伏乞聖明，軫念關中三邊，根本重地，所繫匪輕，乞敕兵部行催寧夏新任總兵官及巡撫官兼程赴任，統率官軍，防禦虜寇，及預行山西大同鎮、巡衙門，將偏頭關官軍、大同遊兵整點聽候。若陝西果有重大賊情，彼鎮無警，延綏鎮、巡官來調，即便領軍前去，聽總兵官彭楧調度戰守，事寧，即回本鎮。如此，則内地無虞，邊境亦有賴矣。

緣係虜中走回男子供報緊急夷情事理，為此具本，專差承差楊鸞親賫，謹題請旨。

【校記】

[一]“兀”，底本為“元”，據下文改。

[二]“男”，四庫本為“力”，誤。

[三]“雪”，雲南本為“暫”，誤。

[四]“那”，雲南本為“邪”。

關中奏議全集卷之十三

提督類

一為斬獲犯邊回酋首級事

欽差提督陝西三邊都御史臣楊一清謹題：為斬獲犯邊回酋首級事。

據平羌將軍、鎮守甘肅地方總兵官、左軍都督府都督僉事姜奭呈。嘉靖四年五月十九日，據守備永昌行都指揮事指揮使馬雲呈。本月初三日一更時分，據山丹夜不收翁全傳報，回賊三百餘騎從本境白石崖東走。備報整兵隄備間，節蒙鎮守總兵官姜奭會議鈞帖，為屬番斬獲回賊首級事。又為哨報回賊聲息事，備行本職：速將本城馬步官軍并土兵舍餘，督令整栅軍火器械，以備回賊入境，堵截調用，及絡繹差人遠為哨探回賊棲止處所，一面統兵相機截殺，一面飛報鎮城，調兵策應。蒙此，續蒙巡撫都御史寇天敘明文，亦為前事，備行職等整栅兵馬，遇警相機截殺，及差乖覺夜不收分投出境哨探，毋致誤事。蒙此，行間，續據永昌衛呈，據經歷司呈，抄蒙守、巡道案驗，亦為前事，備行本職，精選兵馬以備征戰。

等因初十日，又蒙鎮守總兵官姜奭親統鎮城兵馬，随賊聲勢，前来涼州適中地方調度。會同巡撫都御史寇天敘，分布副總兵、遊擊、守備等官并職等各統所部兵馬，速便前去南山一帶通賊路口按伏截殺。及差督軍夜不收錢靈保等傳諭職等[一]，務將前賊或邀截歸路，或設伏出奇，跟襲蹤跡，務期成功，以靖地方。除遵依差人哨探，整兵待報間。十二日午時，據差哨四溝打班夜不收范保保報：十一日酉時，瞭見回賊二百餘騎在於本溝牧馬，使賊一人步行登山瞭望，本役来報。據此，本職當即統領本衛馬步各操土兵并各官下舍人家丁共八百餘員名，各帶軍火器械，前去追襲。戌時，兵至西沙溝，又據差哨劉家莊夜不收童駱報：十一日子時，前賊到於本莊，圍遶越過莊牆，居人俱各上墩固守，止將牛隻搶赶回往饅頭山去訖。随據饅頭山夜不收李永亦報：本日天明時候，爪見前賊北往南行，徑奔西番溝行去。督軍夤夜趨奔，到於考来口堡地方。十三日未時，迎據原差夜不收張克敬報：本日巳時，瞭見回賊二百餘騎，在於東石門駐劄。

得報，本職統領官軍，分為二路，至次日黎明時候，兵至東石門，赶上前賊。内有頭目一人，張打旗號，擊鳴銅鼓，率領衆賊撲来迎敵。令知漢語一賊稱言："我是大頭目脱脱木兒，先領頭哨人馬前来，後頭還有多的人馬来裏。"本職因見山險，申嚴號令，督令官軍指揮張經等，奮不顧身，一半衝彼之前，一半擊彼之後，各用鎗打箭射，鏖戰三十餘合。其賊腹背受敵，見我官軍勇猛，方纔四散敗走。乘勝追殺，就陣斬獲首級三十六顆，奪獲原搶頭畜并賊馬夷器等件。欲再窮追，恐堕賊計，掣兵回至考来口堡駐劄。查報首級間，随據被虜走回夜不收陸益查認得一大首級，約有五十餘歲，左眼枯瞎，係賊首脱脱木兒首級。及查在陣射死旗軍、餘丁六名，射死官軍、土兵下馬一十三匹，征傷官軍四十一員名。十五日，統兵回城。除將首級并賊馬夷器等件聽候解驗，并將奪獲原搶頭畜召主認領，仍行永昌衛查勘賊經地方，此外有無被擄人畜，徑自開報，理合具呈照驗。等因到職。

案查，先准分守肅州右參將雲冒手本，為属番斬獲回賊首級事。據普兒咂族番人恰卜等供報：本年三月初一日，有回賊一百，前来撲搶，被番赶上，斬獲首級二顆，乞請施行。四月二十三日卯時，又據甘州差哨古佛寺夜不收段興三報：二十一日，行至孤山河，撞遇回賊，將本役捉綁到於雪打班，見了回賊頭目，問說："甘州人馬有多少？我是頭哨人馬，後面還有多多的人馬来裏，搶的你漢人種不的田。"用鐵繩將興三拴絆，見得營内回賊約有五百餘騎。夜晚，興三乘賊睡熟，得脱来報。

據此，職等會行本鎮各城分守、守備、操守等官，整兵隄備，仍差人絡繹遠為哨探，及具題外。初三日辰時，又據白石崖坐塘夜不收薛文一報：初二日巳時，瞭見回賊三百餘騎，空馬一百，從匾都口徑往五奴、五赤透永昌地方行去。職等議，瞭此賊奔往東行，不犯涼、永，必犯莊浪、西寧[二]，必須各路分投截殺，方克剿滅。議留太監董文忠防守鎮城，本職随賊向往追剿。

本年五月十一日，准巡撫都御史寇天敘手本，照得本院四月二十九日按臨莊浪。五月初一日，准分守莊浪、西寧副總兵魯經手本[三]，准鎮守總兵官姜奭手本，為哨報聲息事。據甘州差哨古佛寺夜不收段興三所報：回賊五百從肅州境外移来我邊山後雪打班駐劄。為照此賊謀為犯邊，旦夕難測，宜當整兵隄備，擬合通行。為此，除本院兼程赴鎮及具題外。合用手本前去，煩將鎮城兵馬整點齊備，遇警統領截殺，及差乖覺夜不收分投出境，哨探前賊向往回報，以憑會處。

准此，本職統領兵馬到於涼州地方，與巡撫都御史寇天敘相會。初十日未時，又據永昌差哨古廟兒夜不收周黑子報：本日巳時，瞭見回賊一百五十餘騎從西南柳溝前来，往北透古廟兒打班行走。據報，職等會議調度堵截：行分巡僉事李孟旭精選各城兵馬，随處應援；管粮右參議王汝舟、僉事周汝勤，備辦粮餉[四]，往来供給；分守莊浪副總兵魯經、兵備副使陳鼎防守西寧、莊浪；左副總兵趙鎮在於甘州、山丹遏賊西奔之路；遊擊將軍嚴鎧在於古浪、鎮羌一帶把截；右副總兵周尚文、守備馬雲在於涼、永南山緊要地方設伏撲剿間。

續准分守莊浪副總兵魯經手本，為訪探賊情事。抄蒙臣鈞帖，訪得西域回賊要在本年五月内，復来甘肅地方為患，速行職等各要慎守封疆，嚴斥烽堠，整搠兵馬，加謹隄備，多差的當人役各遠哨探。果有侵犯消息，大小將領率領精兵，相機戰守，徵調鄰境官軍，協力剿逐，不許推避畏縮[五]，失誤事機。亦毋得輕率寡謀，堕賊奸計。若賊勢衆大，飛報軍門，以憑發兵策應施行。蒙此，又經備行各該將領遵依隄備去後[六]。

今據前因，職會同鎮守太監董文忠、巡撫右僉都御史寇天敘議：照土魯番酋速壇滿速兒，先於正德十一年間，糾合各種番夷，前来犯我肅州，官軍被其殺害，地方遭其荼毒。大衆既去，仍留大頭目脫脫木兒率領二三百騎在我地方剽掠，無處不到，擾攘二年間始回。去歲，速壇滿速兒糾合二萬餘賊，謀取甘肅。後雖遭挫遁歸，復遣脫脫木兒領三四百騎，在我地方擾害。盖此賊驍雄貪狠，熟知我山川險易，故大衆雖去，仍敢復来，深入我疆埸，捉我哨瞭人役，問我兵力虚實，搶掠我莊堡頭畜，背天逆理，亦已甚矣。乃今天厭其惡，仰仗朝廷威靈，軍門號令方略，所以守備官馬雲乃能統領官軍，奮勇對敵，賊首就戮，餘黨失勢。在陣斬獲首級共三十六顆，奪獲頭畜賊馬旗號夷器數多，使回賊大遭挫衂[七]。土魯番賊聞之，未必不因此喪氣，將來窺覦之心，犯邊之舉，或可少沮也！

及照斬獲脫脫木兒首級，雖據夜不收陸益供認是實，惟恐不的，行仰陝西行都司督令見監沙州夷犯綽列奔，及先年搶去土魯番肅州衛鎮撫程翥，并捉去走回夜不收段興等辨認是的，取具不致扶同結狀在官。

除將各首級轉發斷事司收候復驗，奪獲馬匹器械就賞原獲有功之人，以作鋭氣[八]，牛隻已該守備馬雲召主認領訖。及將陣亡旗軍舍餘人等，各量給官銀一十兩，以為埋葬之資，并重傷官軍，各分别輕重量給銀兩、布匹，以備醫藥。獲功為首者，各量賞三兩銀牌一面、段一匹，為從者一兩銀牌一面，布二匹，先示激勵。及通行各副、參、遊擊、守備、操守等官，仍爪探敗散餘賊，再加剿殺，及具題外。

再照脱脱木兒乃土魯番大頭目，今被我軍斬首歸營，以雪我地方十數年被害之恨，比與尋常功次不同。如蒙軫念極邊重鎮，作養軍氣之始，合無將領兵守備官馬雲及原斬脱脱木兒首級百户蔡忠，比照節年斬獲賊首事例，奏請越次陞賞，其餘為首為從及陣亡征傷領軍等項人員，照例奏請陞賞優恤，庶有功者將来知所奮發，而勉圖補報矣。等因具呈到臣。

案照，先據鎮守甘肅總兵官、署都督僉事姜奭呈前事，已將各官斬獲功次具題外。今據前因，為照總兵官姜奭初報之時，亦稱斬獲首級中有大首級一顆，係回酋大頭目脱脱木兒。臣以未經查勘，恐似在先速壇滿速兒之誤，止將斬首數目具奏。今既該鎮、巡官查驗是實，比之别項斬獲，委有不同。參看所呈，歷敘各官分布調度勞蹟，皆其職分，辭涉張大，事則頗真。但守備永昌行都指揮事指揮馬雲，提一旅之孤軍，破數百之强虜，斬獲既衆，渠首伏誅，與百户蔡忠俱該殊録。及照節據走回人口及沙州夷人之言，回賊姦謀，誠未可測，正宜激勵將士，期收大功，以保地方。且功賞自出朝廷，乞勑兵部，查照臣及甘肅鎮守官先今奏報，早為施行，庶使邊軍有所感發興起。

緣係斬獲犯邊回酋首級事理，為此具本，順差承差楊鸞親賫，謹題請旨。

【校記】

[一]“職”，雲南本為“識”，誤。

[二]“必”，雲南本為“不”，誤。

[三]“守”，雲南本為“手”，誤。

[四]“辦”，雲南本為“辨”，誤。

[五]“許”，雲南本為“計”，誤。

[六]“後”，雲南本為“彼”，誤。

[七]“剙”，雲南本為“刼”，誤。

[八]“作”，雲南本為“脫”，誤。

一為達賊出沒事

題：為達賊出沒事。據平羌將軍、鎮守甘肅地方總兵官、署都督僉事姜奭呈前事。

嘉靖四年四月二十六日，准分守涼州右副總兵、署都指揮僉事周尚文手本。本月十五日巳時，據在城東門樓直日軍人崔伯伯走報：瞭接城東十三里鋪并大河驛墩各舉煙三把，燒柴堆一座，放炮一箇。備報，本職急統在城堪征馬隊官軍把總指揮使徐威等四百員名，驟馬前去迎火追截，後令把總指揮唐佑等管領步隊官軍襲蹤應援。兵至十三里鋪，迎據靖邊驛夜不收王忠、閻家溝墩夜不收盛全各報：本日辰時，瞭見達賊四五十騎東北前来，到中壕外，因壕阻遏，將壕外種田人牛搶往東北，復回原路紅柳溝地方去訖。馳至大河驛，又據舊腦墩夜不收岳興馳報：本日寅時，爪見達賊馬蹤一路，約有二三百騎，從本墩上空乞壕進境，透往土塔兒、靖邊驛地方去訖，未曾回還。

據此，急督官軍從紅寺兒過壕，徑趨舊腦墩挖壕口處所堵截歸路。午時，馳驟至彼，前賊已過邊壕。官軍馬匹促弱，大半不能馳走。本職傳諭收後指揮丁杲，催督弱馬官軍在後，前来應援。本職摘統好馬官軍徐威并千户侯林等馬户，經過壕外追上，前賊四五十騎迎来衝敵。本職督軍一擁向前，撲斫前賊，迎射數箭。彼見官軍勇猛，賊將搶牛羊斫傷一半，並人口頭畜盡行丢棄，其賊敗走。本職督統官軍復追前去，至地名閻王溝地方壕内，又有前賊三百餘騎，穿戴盔甲，撲来射斫一處。本職見得官軍止有二百五十餘名，離城一百三十餘里，兵寡賊衆，申嚴號令，督勵官軍，下馬結營，兩面靠住溝灣，兩面被賊攻衝。軍用挨牌鎗砲弓箭排定，自午時戰至未時，數十餘陣。後有指揮丁杲率領弱馬官軍共一百五十餘名，下馬結營前来，奮勇策應。前賊摘分少半，迎敵射斫。本職那營一處，賊見官軍奮勇夾攻，齊力死戰，方纔稍退。我兵合為一處，且戰且行，移至壕邊，倚墩相拒。戰至酉時，又有指揮唐佑急領步兵將近，灰塵大起。賊見我兵漸增，彼此俱有中傷數多，方纔退遁。欲再深追，況離邊壕寫遠，天晚兵孤，沙大馬弱，恐墮賊計，當差夜不收張安定二名，襲賊向往，掣兵方回，至二更時，馬步官兵俱到暖泉營安歇。

據把總指揮使徐威呈，查得就陣射斫身死軍人二名吴景、朱晟，并大河驛千户侯林、馬户卜子英二員名，中傷官軍一十一名，射死官馬三匹，走死一匹，射傷一十三匹，随營奪獲原搶男婦樊佑等二十四名口，通共牛羊三十八隻。仍差夜不收齊成、馬户費廣等查得，戰塲斫傷牛七隻，羊九隻，收回達箭五百三十一枝。

十六日，兵回靖邊驛駐劄。十七日，據原差張安定等爪得前賊由大草灘徑透扒沙遠遁去訖。本日，掣軍回城。除將牛羊查給失主認領，並收回達箭發庫收候聽驗，仍委官前去賊經地方查勘，此外再有被虜人畜，明白徑自通行開報外，合具手本，乞請施行間。

五月二十一日，又准分守涼州右副總兵、署都指揮僉事周尚文手本。本月初九日辰時，據東門樓直日軍人張五走報：瞭接城東十三里鋪墩舉煙二把，燒柴堆一座。整兵間，随據探哨青石硤夜不收陳貴等馳報：初八日未時，瞭見達賊灰塵一路，約有三里寫遠，從東小海子往西大草灘地方行走。據報得此，本職先統涼州堪征馬隊官軍把總指揮徐威等三百餘員名，并接管甘州都指揮趙經、守備鎮番行都司指揮使胡玢、遊兵千總指揮趙軻等各部好馬官軍共有七百餘員名，前去迎火追敵，傳令步操千總及弱馬官軍指揮唐佑等，管領步軍繼後應援。兵至大河驛地方，迎據紅寺兒夜不收封記兒馳報：達賊三十餘騎，從東前到紅寺兒填乞壕口，内賊一十餘騎過壕進境，因見兵馬灰塵来急，復過壕外，往南去訖。得此，急督官軍趨彼追逐，馳至地名亂塚子，追見前賊回往頭墩原路。奔走襲蹤，前至乾湖地方，南北溝内突出伏賊三四百騎，穿帶紅黄盔甲，兩面夾攻，齊来衝敵。職督官軍各用弓矢、銃砲、鎗刀、挨牌，一擁向前，撲斫射打。賊見官軍勇猛，中傷達賊人馬數多，方纔退走。復追，壕邊沙窩又有伏賊三百餘騎，聚齊一處，仍来攻敵[一]。職見前賊勢衆，督令官軍下馬結營。戰至午時，賊見遊擊將軍嚴鎧統兵繼後，步兵灰塵接連来近，前賊徑過邊壕出境，仍往大草灘地方去訖。欲再窮追，況臨邊外，沙大賊衆，恐堕姦計，兵馬掣於頭墩營住劄。

随據把總指揮徐威等呈，查得征傷軍人李保兒等六名等，射死軍人何達等馬九匹，沿途走死于定等馬六匹，射傷尤旺馬一匹，收獲達箭二百三十五枝。

當差夜不收吴清等哨前賊，仍往扒沙地方去訖，又令夜不收羅寧等襲賊向往。因已遠遁，本職會同遊擊嚴鎧掣軍回城。本月十一日辰時，據原差夜不收羅寧等爪得前賊於青石硤、柳溝等處住牧，本役回還，供報得此。

照得前賊去歲由苦水墩、大明沙二處經過，被我涼州聚有調到各路主客官軍奮勇斬獲首級，奪獲馬牛頭畜數多。前賊大遭剉衄，遁去莊浪山後五方寺一帶。今復那營，見今蘆溝、青石硤等處住牧。今遣精騎達賊六七百騎從境外扒沙貪夜前来，因我墩塘并探哨人役哨報早知，官軍急趨追敵，中傷前賊數多，不曾進境遭剉，未曾得利而歸。

緣賊情譎詐，變態不常[二]，况此青草長茂，賊馬膘壯，糾衆復讐，旦夕難測。除督属整兵，嚴謹隄備，及行涼州衛，委官前去賊經地方，查勘有無被虜人畜，明白徑自通行開報，合具手本，乞請照驗施行。等因到職。

會同鎮守太監董文忠、巡撫右僉都御史寇天敘議：照得涼州二次達賊入境，右副總兵周尚文領兵追剿，其奪獲人畜情固可原，而損折兵馬責亦難辭。除具題外，呈乞照驗施行。等因具呈到臣。

照得前項達賊，竊伏西海地方，殘害我屬番，寇掠我邊境。去年冬間，被回賊驚散，一半越過官路之北，被各鎮官軍相遇，斬獲數多。今在北者，自今春以来，醜類數百騎在於莊浪、涼州、五方寺、蘆塘等處往来寇掠，或出或沒，聚散不常。已經節行各該將官慎固封疆，嚴斥烽堠，秣馬勵兵，嚴備以待。如遇侵犯，即便督率官軍，相機剿逐，重則飛報鄰境官軍，發兵策應，不許逗遛畏縮，貽患地方，亦毋得輕率寡謀，墮其姦計。及節經具題外。

今據前因，看得涼州地方二次達賊入境，右副總兵周尚文雖稱領兵追剿，奪獲人畜，未聞斬殺之功。亦有損折之罪。參詳所呈，某處夾攻，某處拒戰，張大賊勢，自敘勞伐，無功有過，欲盖彌彰，似難逃責。但本官去年冬間，斬獲達賊數多，近日回賊入境，又曾被其斬首遁歸，功可掩過。況前項達賊數雖不多，俱係精兵健馬，涼州士馬寡少，又復不精，粮儲缺乏，軍無銳氣，以此難於成功。若不大為袪除，地方未免被其荼毒，又恐旦夕與西海賊寇相合，愈難支持。除督令各官比前加謹防範外。如蒙乞勑兵部，查照將臣近日所上計處用兵機宜之數，早為議處施行。及行巡按陝西監察御史，將涼州賊火地方，查勘有無被虜人畜隱匿别情，徑自具奏外。

緣係達賊出沒事理，為此具本，順差承差楊鸞親賫，謹題請旨。

【校記】

[一]“攻敵”，雲南本為“功適”，誤。

[二]“常”，雲南本為“當”，誤。

一為傳報回賊聲息事

題：為傳報回賊聲息事。

准巡撫甘肅地方都察院右僉都御史寇天敘揭帖，嘉靖四年六月初五日，准分守肅州右參將雲冒手本，開送原差沙州回還通事夷人馬能等四名，并沙州随来探親番人一名到官。發據肅州衛撫夷指揮劉雲等會審得，通事馬能等供稱：本年四月初一日，蒙差同夷人土倫台、盻卜、爾加、也先四名，騎牽馬匹，賫帶犒賞，於本月十一日前到沙州，撫集頭目帖木哥、土巴兒等到彼，宣布朝廷恩威，順生逆死，殺伐利害。諭畢，當將賞賜段布茶斤交給各番。有帖木哥、土巴回說："比前我祖翁翁手裏，朝廷討饋了衛分印信，輩輩把後門出力氣来。如今土魯番王子速壇滿速兒力氣大，我的軍馬小，沒奈何，跟著他来到甘肅州地方為了歹，又到魚海上搶了達子。回来到於山後，留下頭目脫脫木兒領人馬在山後住着，教他常往漢人地方上去搶捉漢人，問他聲息。王子往土魯番去了，有頭目牙木蘭領人馬見在哈密住著裏。老爺每計較要殺他，便多收拾些軍馬来到沙州，我每做一箇氣力殺他去。若軍馬不来，便差着人来，我帖木哥親往土魯番和王子譎和去。如今若人馬不来，又不譎和，差人来調，我每往肅州城根前坐去，做一箇氣力。若不用我，便老爹每也不要差着人来，我也不差着人去。有回子說，到七八月裏馬壯了的時候，和黃達子還要往漢人地方上来裏。這是實話。我每先差了綽列奔等三箇人報去了，一向不見来。"

有能又見回子一十五名在彼，向問。帖木哥等回說："他是頭目牙木蘭差来。他先前搶的漢人馬匹，着沙州的人隱藏下了，因這是差他每来追尋。"随有帖木哥等將回子叫来與能相見，認係土魯番小頭目撒的恨等。有能數說："你王子如何領人馬来到甘肅搶殺？"各夷回說："有王子和頭目每計較，因見漢人殺了大頭目，火者他只丁兄弟、火者撒者兒和寫亦虎仙父子二人，收拾了人馬，故来報讐。到了肅州城根前，把火者他只丁射死了。後頭我每打魚海上回来，王子回往土魯番去了，牙木蘭領着人馬在哈密坐著裏。我每人都怨裏。若漢人和王子和了便好，若不和了，便到七八月裏馬壯了的時候，有牙木蘭領着哈密北山瓦剌達子，還要往漢人地方上去裏。"得說有回子將尋出原搶漢人男婦馬匹，於本月二十六日起身往哈密去訖。

本役等欲再停住，探聽土巴等有無向背實情，恐回夷傳報牙木蘭得知，將能等拘執，有失大事，亦於是同日起程，并帶随来探親都督日羔剌部下番人一名朵兒只，急速前来，所供是實。等因連人開送到院，復審相同。等因開具揭帖到臣。

查得先據分守肅州等處右参將雲冒呈前事。嘉靖四年三月初七日，據守把嘉峪關千户曹敞呈，驗送沙州頭目帖木哥等，差来報事番人綽列奔等三名，賫遞番文一紙到官。發據肅州衛申，准掌印指揮李堂、撫夷指揮劉雲關，依蒙督同百户錢岫、陳剛令通事馬勝會審得：番人綽列奔係都督日羔剌弟，千卜、克孛羅係頭目帖木哥部下番人，俱共係罕東左衛沙州住牧。

舊年七月裏，有速壇滿速兒領大勢軍馬来到沙州，把頭目帖木兒、土巴叫到根前說："你們收拾一千軍馬，跟着我漢人地方上搶去。若你不跟我們去，從你往那裏去罷。"帖木哥、土巴因見他的氣力大，我每氣力小，沒奈何，收拾了軍馬跟着他来到肅州東南城角底下。着漢人把大頭目火者他只丁射死了，馱到臨水堡子根前，捉了一箇苦峪的人阿奴奔，有我綽列奔饋他說："大城上射死的是火者他只丁。若漢人軍馬多，便出来和他厮殺，少，便不要出来，你往老爹上稟去。"我把他黑地裏放着，稟来了軍馬。起身到了甘州南門上，又把一箇大頭目呵力克把都兒着神鎗打死了，馱到南山裏，打開了一箇堡子，回子搶東西去来。後頭漢人軍馬来了，殺了三二十箇穿甲的回子，又殺了一箇不知名大頭目。回到營裏，做了三箇棺材，駱駝上馱著来。看見漢人的軍馬来的多了，就起營連夜到了西寧魚海，搶了把巴歹，回来到了沙州。速壇滿速兒着了頭目晲脫木兒瞎子，領着三百人馬，順山回往山後避靜去處住着餵馬，不要教沙州人投順着肅州去。你往漢人地方上常去搶，捉住漢人，問他甘、肅州有無調到人馬，着人報着来。我先差牙木蘭和黃達子的軍馬先去搶殺收田禾的漢人頭畜，有王子速壇滿速兒呵兒弟三箇的大軍馬随後来，報他老子一般的大頭目火者他只丁讐去裏。把搶去的乏弱馬頭口都丢饋我沙州的人，把我們的但是膘壯的馬牛羊驢駱駝都換著去了。又收拾了二百石多粮麥，送饋了。速壇滿速兒領着軍馬先去了，留下牙木蘭帶人馬在沙州守着種田。有速壇滿速兒到了土魯番，把他的兒打發着哈密裏来了。又差了三箇人来到沙州，把牙木蘭帶人馬這二月十五日調着哈密裏去了。帖木哥、土巴差我綽列奔、千卜、克孛羅三箇人饋了一紙文書，老爺上遞来了。教我們快些兒回来，有事便還要打發着人来裏。不敢說謊，供的是實。

據此，除將發下番文一紙，令番僧結思冬譯云：

欽差鎮守衆老爺面前遞文書。罕東左衛沙州的王子頭目帖木哥、土巴、賞卜爾加、且令盼、賞盼我五箇頭目人民遞文書緣故。我在前永樂年間往後，嘉靖年間往前，邊上地方坐来。如今底下的回子，滿速兒王子歹人出来沙州衛，上頭抱著生的人殺了，儹的錢搶。我沒奈何，肅州衛投降着去。饋了賞賜，又饋了倉裏的粮，我們的人多過不的日子。回往沙州去了，有滿速兒王子欺負我裏。頭去不放進来，我上打饋城沒有打饋，說都督日羔剌肅州去時，沒有放進去。王子滿速兒，王子軍馬来裏。說着，聽見了人民肅州上来，不放進来，回坐了。又說土倫台通事上話說着去来，回子的歹人来裏，說来不要報怨我。又說速壇滿速兒王子来，便要殺我裏。我一答裏来了，老爹每不要怪我。

我沙州的人主子，朝廷老爹每主子，我說回子殺我的，不是不殺我，便守著沙州坐。如今老爹每心裏怎麽算計着裏。黑漢兒人上有人，便算計着你上頭回子的軍馬，沒數兒的鷄年裏来裏。回子的人馬要不来，便老爹每心裏算計着，回子的進貢的放出来便好，放不放，老爹每知道。要緊、要緊。又說老爹每讁和便好，不讁和便不好的来裏。這一夏裏軍馬多来裏。我沒有說的不要說。要回子上軍馬来，便如今来一来不来，便你上頭軍馬来裏。你們知道我帖木哥，速土思阿本的兄弟，阿倫奔身上段子衣裳饋穿着，沒奈何的話，多說着去来。又說滿速兒王子上跪着，黃達子上領著去来，我不跪，便西寧坐三年。我要肅州逃走着去，想着来，上頭回子脫脫木兒監着裏，有五百人。都督日羔剌的兄綽列奔等三箇人着去了，前頭差的人上沒有饋賞賜，如今差的人上好賞賜，饋他鈞旨。知道路上害怕着去的人沒有。三月十七日的文書，三月三十日要我的人到那裏，好歹有是麽話再說着来。朝廷是天一般，老爹每是日月一般。

據此審供，據讁備關到衛。今將前項緣由同原發番文一紙理合申繳施行。等因備呈到臣。

已行甘肅鎮、巡官撫處防禦去後，今該前因，切照土魯番速壇滿速兒，先於正德十一年，近於嘉靖三年，兩次率領番賊，寇我甘肅，殘壞我邊堡，虜殺我軍民，地方被其荼毒，瘡痍困苦，所不忍言。雖被官軍追逐出境，不曾大遭剉衄，狼子野心，必無懲戒。今據沙州夷人供稱：虜酋滿速兒已往土魯番，留下頭目牙木蘭，見在哈密，要到七八月馬壯之時，領哈密北山瓦剌黃達子等賊往漢人地面搶捉一節，容或有之。觀其先差頭目脫脫木兒領人馬三百，在我邊住牧，乘間寇我永昌地方，見被官軍斬殺，此其明驗。

但沙州頭目帖木哥、土巴等，係中國屬番，受恩深厚，去年回賊入寇，已率衆跟随，侵犯肅州，去順從逆，罪不勝誅。今所供報，言若效順，心實難測。恐其自知身負滔天之罪，恐將来無容足之所，設為張大之辭，窺我賞賚之利；又或土魯番酋見我閉關絶貢，與之通謀，窺我意向，亦未可知。觀其言，將進貢的放出来便好，及講和便好，不講和便不好等語，大略可見。

且此虜窮兇極惡，神人共怒。去歲，甘肅雖速壇滿速兒不曾伏誅，而大頭目火者他只丁、阿力克把都兒及不知名大頭目三人，俱死於箭射鎗打之手。彼雖强悍，豈得不懼？而近日所遣頭目脫脫木兒係精鋭先鋒，初入我境，即被斬獲。其後一犯涼州，而副總兵周尚文禦之，再犯山丹，而指揮王佐禦之，俱有斬首奪獲之功。其鋒必剉，其氣必沮。况速壇滿速兒已回土魯番，止留頭目牙木蘭在於哈密，料是未敢深入，前項供報之言，恐未可信。然王者不治夷狄，固亦不必深究。

臣惟禦戎無上策，自治為上策；攘外無良計，安内為良計。今甘肅地方兵馬寡少，錢粮空乏，城堡無金湯之固，戰馬無充廏之良。原額戎伍，逃亡接踵，而其名徒存；見在軍人飢寒困憊，而其形徒在。己且未治，何以治人；内之不安，何能攘外？兵法曰：“無恃其不来，恃吾有以待之；無恃其不攻，恃吾之不可攻。”且今西海逋寇，鴟張跋扈，竊伏我邊，莊、涼劇賊，狶突豕奔，剽掠官路，比之回賊，尤當急備。已經節行彼處鎮、巡、副、參、遊擊等官，各須申明紀律，訓練士馬，修葺城堡，整備械器，振威武以警外夷之心，明賞罰以作我軍之氣。

又節行陝西布政司，將該解甘肅一鎮邊儲銀兩，分投差官，督發過河。行令管粮、參議、僉事等官，趁收成時月，作急糴買粮料、草束，派發各城堡上納，并將近日户部奏准開中各運司課鹽三十萬引内撥發七萬五千引，彼鎮召商報納。及候戶部委官運到銀兩内，再發五萬兩前去，足可供應。

但馬匹缺少之甚，近日莊浪副總兵魯經節呈，賊情緊急，無馬出戰。已將先任總制右都御史李鉞奏帶用剩馬價，寄放陝西苑馬寺庫内銀二萬七千七百三十九兩内先支五千兩，給與西寧莊浪官軍，買馬騎征。但查甘肅鎮城、涼州等處馬匹尚缺數多。近添設遊擊將軍李義官軍三千員名，就該馬三千匹，雖云於茶馬、苑馬寺牧養馬内俵給，終恐不敷。及行據延綏總兵官、都督彭楧呈開，延綏一鎮，原額官軍操馬三萬七千五十匹，實有馬一萬五千六百六十三匹，事故倒折馬一萬五千八十八匹，近雖追補查給，不過十之二三。見今大虜在套，用馬為急，雖未能盡復原額之數，亦合量為查補。

臣近日所奏，兵部題准，送到馬價銀五萬兩，又該專備召募之用，用剩銀兩，聽給陝西固原等處官軍買馬騎征，勢難及於他鎮。如蒙聖明憫念甘肅孤懸重地，即今回、達二賊俱有警報，及延綏正在緊關防禦套虜之時，乞勑兵部，再於太僕寺馬價内動支五萬兩，分給甘肅、延綏二鎮，令將缺少馬匹買補完足。軍勢自强，軍威日振，蠢兹戎虜，是惟不来，來則必無善歸之理。甘、涼地方欲調陝西延、寧軍馬策應防遏，臣當酌量套衆聲勢緩急輕重，随宜調發，不敢顧此失彼，以貽後艱。

緣係傳報回賊聲息事理，為此具本，專差承差孫傑親賫，謹題請旨。

一為問革姦官謀求掌印賣放邊軍等事

題：為問革姦官謀求掌印、賣放邊軍、科取局匠月粮等事。

嘉靖四年七月初五日，據陝西按察司副使韓士奇呈，問得犯人戛灝招：年四十歲，係陝西都司固原衛指揮僉事，原籍湖廣景陵縣人。高祖戛英從軍，洪武十一年殺賊有功，歷陞府軍左衛左所實授百户。故曾祖戛保替，洪武三十年陞本衛後所副千戶，永樂元年間陞本所正千户。老疾，祖戛貴替。故父戛進襲，成化元年，地名潘村、山寨等處，節次殺賊有功，陞本衛指揮僉事。老疾，灝替前職。

狀招：弘治十七年七月内，灝違例用財謀求守備事發，該刑部山西清吏司將灝問調固原衛帶俸差操。遇蒙弘治十八年五月十八日詔書一款："在京在外文武職官，有因緣事及公錯并公事詿誤等項，特旨降調并為民、充軍者，該部通行查出：調者，復還原職；降者，俱照原品，先任外用；為民者，冠帶閒住；充軍者，放回為民。"彼時灝要得回還原衛，不合將前詔條内"調者，復還原職"，擅自改添作"調衛者，復還原職"字樣，移關本衛。灝又恐本衛先問發今未到署印指揮趙泉不從，備銀五兩送趙泉，枉法接受，准關給文，起送原衛。

蒙兵部查出，灝係原奉欽依調衛人員，比與前項詔書事例不同，將灝差人押發固原衛，照舊帶俸差操，聽候參提。及備行都察院，類行陝西巡按秦御史，轉行陝西按察司提問間，灝又營求督牧官馬。正德三年六月二十日，灝見得催提緊急，不合將原領牧官馬一匹，拐騎逃躲，不行出官。本司止將趙杲提問枉法雜犯絞罪，准徒五年，立功解發訖。照提灝，又不合仍前不肯出官。正德六年十月內，灝方纔投衛，解赴本司，問擬雜犯斬罪。查係遇革，招呈巡按周御史奏行本司。正德七年五月內，蒙將灝仍發固原衛帶俸差操間。

正德八年正月內，有順天府昌平州未到商人劉浩、劉桂，將伊報中靈州鹽課司鹽引一千七百道，分與在官李朝陽今故父李宣支鹽。李宣就將伊上過粮草銀六百八十兩兌與劉浩等支領訖。正德九年正月內，李宣因少在官胡璽先未故兄指揮胡琮本利銀三百二十兩無還，就將前引內一千五百道憑在官馬鑑、趙連管見，付與胡琮，准還前銀訖。彼時計算，胡琮該貼李朝陽銀八十兩，一向未與，李朝陽將情告蒙固原兵備道追還訖。後李朝陽將前剩鹽引二百道立約順帶與胡琮家人胡秀名下，待候人支鹽分用。正德十三年十月內，蒙分巡關西道差灝前往寧夏等處公幹回還，不合一向不行赴衛。正德十四年十月內，胡琮令胡秀將前李朝陽父李宣准還鹽引一千五百道，并李朝陽順帶鹽引二百道，憑在官單鎰作中立約，與寧夏小鹽池未到商人康賓合夥支鹽分用，已支鹽四百九十七引，未支鹽二百三引。灝前罪遇，蒙正德十六年四月二十二日赦宥訖。本年八月內，灝方纔赴衛訖。

嘉靖元年，蒙帶管關西道李卿給與灝官銀一百兩，每兩定易料豆二石四斗，赴固原州倉上納。灝將前銀內八十一兩二錢五分陸續糴豆上倉外，銀一十八兩七錢五分該易豆四十五石，灝自合給付與人糴買料豆，赴倉完納為當。不合故違軍職有犯監收盜滿貫，律該斬罪者，發邊方立功，五年滿日還職，仍於原衛帶俸差操事例，將銀侵欺入己。嘉靖二年四月二十六日，灝用財禮娶故軍路朝義在官妻杜氏為妾。後灝因見杜氏淫蕩受財，賣與在官朱趨為妾，在官郭永知証。本年十一月內，蒙固原兵備道明文，行灝暫管雜造局事。嘉靖三年五月內，放支局匠月粮。灝因前侵欺官銀料豆未完，要得乘此科取完納，就不合向在官局匠党經等共九十名，每名科取料豆五斗，共四十五石，補數上倉完納訖。本年八月內，劉浩因見胡琮病故，不合巧計將前李朝陽父李宣准還過胡琮鹽引，捏作伊故兄劉淮寄在胡琮家內，被伊弟胡璽冒名支鹽虛情，狀赴兵備道告，批灝問報。灝將胡璽并康賓未到男康國冒行拘到官。灝不合不審的實，止憑告詞，將前支鹽引一千二百三道斷給劉浩領訖。比時，康國冒畏懼刑責，備銀二兩、綿布五匹、絨韈一雙、驢一頭、鹽十石送灝。不合索收入己，在官楊塔孩知証。前事未曾回報。本年十月内，本道查得缺官署掌衛印，行衛令灝暫管間。本年十二月初十日，本衛在官充發軍人楊斌畏懼當軍辛苦，要得用錢買求回伊保定府慶都縣原籍，不合備銀五兩二錢送灝。就不合枉法接收入己，給與楊斌收買藥餌印信批文，收挐影射。本月十四日，楊斌行至地名腰禄墩，遇逢在官巡墩總甲王本盤獲，連批送與固原守備劉文處，帖行本衛查問間。

嘉靖四年五月内，蒙分巡關西道紙牌為勑諭事。奉勘，合將灝見提解問間。本月十三日，胡璽不甘，將情并不合添捏灝違例全支俸粮，及累逃四次，挾制官府，打詐財物，又得復職等項虚實情詞，并將未到陳完牽寫開單，具狀赴提督軍務楊尚書處。告蒙牌行守備劉文，差人將灝捉挐到官，呈解提督衙門。蒙批查得夏灝係分巡關西道見提解問人犯，仰陝西按察司副使韓士奇將胡璽所告情詞提人與本犯對理明白，備招解審發落呈狀併繳蒙將一干人卷，并劉浩在官歇主李昂，通行提吊到官，與灝逐一對審前情明白。恐有不的，復又查審得灝帶俸支粮數目，委該全支，並無月支食米一石事例。各無異詞。將灝等取問罪犯外，結得銀每兩值鈔八十貫，招結是實。

議得：夏灝等所犯，夏灝除革前并受財枉法滿貫及求索科斂等罪名不坐外，合依官物當應給付與人，已出庫而未給付，但有人收掌在官，若有侵欺者，計賍以監守自盜論，四十貫律斬，係雜犯，准徒五年。楊斌依有事以財行求得枉法者，計所與財坐賍論，四百貫律杖九十，徒二年半。胡璽依不應得為之事理，重者律杖八十。楊斌等俱有大誥，減等。楊斌杖八十，徒二年，胡璽杖七十。夏灝係賍官，楊斌係軍，胡璽係舍餘，各照例夏灝定發邊方立功，五年滿日，仍於原衛帶俸差操，不許管軍管事；楊斌審無力，定撥缺人墩臺，照徒年限哨瞭；胡璽審有力，納米贖罪，各完滿日疏放。與供明李朝陽、王本、楊塔孩、郭永、趙連、黨經、胡秀、馬鑑、單鎰、朱趨、杜氏、李昂各查發着伍，随住寧家。内夏灝係軍職，論功定議發落。查得本犯先該分巡關西道奉勘合見提解問，合行固原衛備由，轉行該道查照完報施行。

照出供明李朝陽等，并雜犯死罪夏灝俱免紙，胡璽告紙，楊斌民紙各一分。照例每分内除二十張存留公用，其餘折米，告紙四斗，民紙二斗，并胡璽贖罪米七石，及夏灝名下枉法受要楊斌銀五兩二錢，又侵欺原領易買料豆官銀一十八兩七錢五分，并索受康國冒銀二兩，綿布五匹，絨韈一雙，驢一頭，鹽一十石，主無見在，與枉法侵欺銀兩，俱合入官。又旻灝科取局匠黨經等九十名，每名料豆五斗，共四十五石，合給主，中間主無見在者入官，俱發固原州監追完足。罪紙米石并主無見在料豆，俱送本州官倉上納。綿布、絨韈、驢、鹽易銀并枉法侵欺索受銀兩，俱貯庫，與米豆俱作正支銷。科取有主料豆，查給收領，通取收管實收領狀附卷。及未到劉浩妄告爭過胡琮原受李朝陽父李宣少銀，准還鹽引一千二百三道，仍行固原衛拘拏劉浩，追給胡琮弟胡璽并家人胡秀收領，同順帶李朝陽鹽引二百道，省令徑自收支，照約分用。有罪劉浩另行吊来文卷，發回備照。等因具呈到臣。

案查，先據固原衛已故指揮胡琮下舍餘胡璽狀告，本衛指揮僉事旻灝原任北京，為事問調本衛。後因改寫詔書事發，逃走，着兄挨獲肘送，按察司問擬，永遠不許管軍管事，帶俸差操。後又復逃三次，文卷可查，至今隱情，掌印管局。以此懷讐，主令商人李宣、劉浩等，捏詞具狀，赴兵備官處告兄先年合夥中鹽寄放引目等項事情，蒙批旻灝問理。就彼拘璽，偏情酷拷，妄認虛供。及開單訐告旻灝賣放軍人，枉法受財，侵欺官銀，科取財物，多支俸粮等情。

查得旻灝係陝西按察司分巡關西道僉事鍾錫見提解問人犯，已經批行陝西按察司副使韓士奇提問明白，備招解審去後，今據前因，覆審無異。參照犯人旻灝，先係平涼衛官員，緣事改調，不思改悔自贖，卻乃稔過不悛。始因擅改詔書字樣，被提不出，又拐帶官馬在逃，後假以公差為由，出外遊蕩至三年有餘，曠職兩次。遇蒙恩宥，尚猶不圖自新，侵欺守掌官銀，乃科斂局匠以償還，受要軍人財物，又枉法給批而賣放。及訪得本犯平昔在衛，假公覓利，倚勢害人，不止一端。官司被其挾制，下人苦其淩虐，雖問前罪，尚有餘辜。合無照依原擬定發邊方立功，五年滿日，仍於本衛帶俸差操，不許管軍管事，惟復遠加謫調，以為軍官怙終稔惡屢犯不悛者之戒。

緣係軍職，論功定議，未敢擅便。為此具本，順差承差孫傑親賫，謹題請旨。

一為舉用賢才以裨政化事

題：為舉用賢才，以裨政化事。

臣惟人才難得，自古為然。故通經學古者[一]，多致用而不達；獨立自信者，多矯枉而過正。志存乎道德，行或不掩其言；取給於事功，久或漸渝其守，外内之相符，終始之一揆。今豪傑之士，布列中外，其人必多。臣久處林下，今任邊方，未能深知，不敢汎舉。

切見陝西按察司提學副使唐龍，早得金華文獻之傳，志窺聖賢理性之學。及出而登仕，作令郯城[二]，首剉流賊之鋒；兩為巡按，茂著激揚之操。今提學陝西，動必循軌，言不悖道，多士賴以陶成，人材因之益盛。是盖輿論所許，清議所歸，非臣一人之私言也。

且今之用人，自有常格。臣竊謂資格所以待衆人，不次所以拔英傑，古之帝王暨我朝列聖，率由是道。如唐龍者，文行俱優，體用相孚。内可以佐臺、寺，備清華之選；外可以任撫、巡，受干城之寄。若長憲之官，固所優為，亦其常格，選衡必有所處，豈俟臣言？但念備位大臣，以人事君，臣之職也；薦賢為國，臣之志也。儻知而不言，實重蔽賢之責。如蒙乞勅吏部，廣詢博訪，驗其平生，參之公議，若果臣言不誣，將本官待之以不次，加之以殊擢，遇缺奏請簡用，於國家政化必有裨補。如其奉職不效，或晚節有虧，則臣失人謬舉之罪無所辭避矣。

緣係舉用賢才以裨政化事理，未敢擅便。為此具本，順差承差孫傑親賫，謹題請旨。

【校記】

[一]“古”，底本為“占”，雲南本同，據四庫本改。
[二]“郯”，雲南本為“剡”。

一爲急缺邊方都司官員事

題：為急缺邊方都司官員事。

照得各處邊鎮，各有行都司衙門統領衛所，惟寧夏、榆林無之。榆林鎮城止轄一衛，寧夏在城設有五衛，在外二衛，二守禦千户所，軍務浩繁。内有慶藩及郡王、將軍等府數多。又兼夷漢雜處，難以撫馭。先年舊規，鎮、巡官推選老成練達都指揮一員，管理各衛事務，號為掌印方面官員[一]。城池鎖鑰，夜巡銅牌，皆其執事。各衛所官軍馬匹數目冊籍，皆其管領。地方聽其約束，墩臺屬其提調，關係不為不重。苟得其人，事有統紀，不致顛錯。近日鎮、巡委用都指揮安世臣，本官行事過當，起釁招怨，貽患未息。

況今本鎮太監、總兵、巡撫、管粮僉事等官，俱各緣事被提，新除官員不知何日到任。閫城空虛，事無統紀，誠恐因而別起釁端，深為可慮。已經劄仰陝西按察司分巡關西道僉事鍾錫，前去鎮城住劄，收放錢粮，稽察奸弊，問理刑名。及帖委先任甘肅遊擊將軍、今革在閑都指揮同知王爵，暫去管理都司事務，提調各衛官員，收掌門禁鎖鑰，稽察姦盜外。

緣舊規相承，止是鎮、巡選委都指揮一員管理。今查本鎮，別無都指揮可委，若令指揮署管，職任相同，難以行事。臣切謂地方事重，前項官員責任，比與各行都司事體相同，必得老成都指揮奏奉欽依委用，庶幾人心協服。

訪得陝西都司，見任空閑都指揮僉事張鵬霄、孫昌二員，俱曾久任守備、領軍等官，委皆老成，練達事務，善於處謀。雖先曾有過被革，今皆砥礪自新，比之新進出仕之人，相去遠甚。

如蒙乞勑兵部查議奏請，合無於張鵬霄、孫昌内定委一員，作為提調寧夏等衛名目，令其掌管城池門禁、夜巡銅牌、軍馬冊籍一切政務，庶使鎮、巡衙門可以委任責成，上下相承，體統不紊，庶事不勞而集矣。仍乞著為定例，今後有缺，聽鎮、巡選委相應都指揮，奏請委用，則體勢稍重，易於行事，實為便益。

緣係急缺邊方都司官員事理，未敢擅便。為此具本，順差承差孫傑親賫，謹題請旨。

【校記】

[一]“印”，底本脫，據四庫本補。

一為易置邊方將官事

題：為易置邊方將官事。

照得寧夏花馬池地方，逼臨邊牆，係套衆侵犯腹裏必由之地。先年止設一營，調撥西安、慶陽官軍，輪班備禦。成化年間，奏設守禦千户所，添撥改編官軍一千員名。正德元年間，臣為總制，因見地方要害，虜賊不時侵犯，官軍數少，難以截遏，奏改為寧夏後衛，添設四千户所，選撥召募軍人四千員名，常川住守，與原撥官軍相兼備禦。又展拓城池，修盖營房數千間，人居稠密，市廛貿易，遂為樂土。今經二十年矣，城垣損壞，不行修補，新舊軍人，逃亡居半，每遇虜至，不過閉門自守。禁斷居人，不許樵牧，致將原盖營房拆毀焚燒殆盡。詢問其故，盖因近年分守將官不得其人，上下交征，務為掊尅，以致如此。

訪得見任分守寧夏東路地方右參將、都指揮僉事劉謹，貪刻性成，誅求無厭，以營家為得策，視戍政為末務[一]。指稱公用，尅扣軍士粮賞，每遇解到新軍，搜索裝囊空竭，方纔發伍。衛所官員因而挾持，爭為科斂，以肥身家，致令軍日逃，馬日耗，邊務日廢，城堡蕭索，幾不能守。

及照陝西設有遊兵官軍三千員名，不止防禦本鎮，兼為延、寧、甘肅各路應援之兵。此等將官，必得素有膽力，慣經戰陣之人，遇警身先士卒，眠霜宿草，不憚苦勞，摧鋒陷堅，無往不前，乃克勝任。見任遊擊將軍、署都指揮僉事陶文，頗能自守，亦善處事，但年力尚衰，膽氣素弱。居常無事，幹理戎務，若無大失；遇警出戰，衝鋒破敵，決所不能。

今大虜擁衆在套，秋冬之間，難保深入為患，而甘肅莊浪一帶地方，回、達二虜，節有警報，領軍截剿，全在將官。劉謹衆叛親離，豈能得其效用；陶文則上玩下慢，安能驅之赴敵？

臣又博訪得先任分守大同西路地方右參將、延綏都指揮僉事高時，先任遊擊延綏將軍，養病痊可。陝西署都指揮僉事夏欽，俱曉暢軍情，熟諳戎務，馭下有恩，臨敵不懼，堪任分守。先任延綏援兵團操參將、都指揮僉事瞿江，延綏定邊營把總、指揮僉事魏錕，皆體貌魁梧，膽氣猛厲，弓馬有出衆之能，膂力有兼人之勇[二]，堪任遊擊。且人之才各有所長，其用各有所宜。指垢摘瑕，則舉世無全人；舍短取長，則中人皆可用。如夏欽、魏錕固未嘗有過，高時、瞿江雖曾緣事黜革，終難揜其所長。使功不如使過，在今日尤為急務。

伏望聖明，軫念邊事至重，求才甚難，乞勑兵部，再加詢議，如臣言不妄，乞將劉謹革回原衛閑住，陶文候腹裏閑靜地方有相應員缺。乞將所舉各官，具名上請簡用。高時等內用一員，充寧夏東路參將，分守花馬池地方。瞿江等內用一員充陝西遊擊將軍。如此，則委任得人，戰守有備；士氣自奮，邊方有托。蕞爾醜類，不足為中國患矣。

緣係易置邊方將官事理，未敢擅便。為此具本，順差承差孫傑親賫，謹題請旨。

【校記】

[一]“戍”，四庫本為“戎”。

[二]“勇”，雲南本為“虜”，誤。

一為申明勑諭陳言邊務以禦虜寇事

題：為申明勑諭，陳言邊務，以禦虜寇事。

該户部議覆：查照先年舊規，通將納銀事例並革，不開中馬匹。俱聽環靈兵備官督同原管鹽場通判等官，從公召商，照依原定引數，開中馬匹。先儘甘肅，次及延綏，又次寧夏輪管，相兼西寧、洮、河茶易馬匹兑給應用，周而復始，著為定例。及稱：見今延綏邊情未寧，合無併行各鎮，通融扣算，量其邊務緩急大小，俱聽見差經略三邊軍務衙門随宜處分，不必拘執原額。事寧之日輪中。備奉遵依間。

續准本司延綏管粮僉事張宏闗，奉巡撫延綏地方都察院右副都御史姚謨劄付，内開：召到商人楊騰霄等四十四名，納完上中馬一百六十二匹，共該鹽一萬四千六百引，緣由前来。又准陜西布政司照會，將填完正德十年，商人張大海等納完鹽引一萬四千三百三十七引；正德十一年，商人劉鎮等納完鹽引一萬四千三百三十七引；正德十二年，商人豆達等納完鹽引一萬四千三百三十七引，并楊騰霄等前項引目，各賫領到道，俱經封發。行仰慶陽府轉行管鹽通判李敏忠查照上年事例，相兼放支，仍納新課去後。其正德十三年，見今陸續止召納過二百一十引，赴布政司填給引目外，其餘至今未見上納。節經催行慶陽府督納間。

今蒙前因，随拘原告商人并節年商人張大海、李鎔等到道。審據各執稱，各商大池自弘治十二年起，小池自正德元年起，俱至嘉靖元年止，在池引目約有二十餘萬，俱未關支。為因連年虜患，及天時旱澇，鹽路不通，及節次事例不常，分派股頭不定，况且復能支出前引，抑又勒納新課，以此坑陷資本，纏延不絶，守候日久，困苦人難等情。張鑛等一起則告要仍前随到随支，不論諸引之新舊；李鎔等一起則告要照舊挨年挨名，不分股頭之三七。大抵年名在前者利於挨次，而原擬随支者憚於分股，各惟圖便己私，不顧紛更鹽法，俱難准聽。

但勒納鹽課一節，中間商人資本有昔豐今嗇，守支有昔旺今衰。必使其舉貸以納，於情不堪；若令其轉易而支，在法有禁。委的官商兩未為便益。且今在池未放鹽引既多，再欲設法另召，商人必少。欲要暫停新課，以疏通舊引，不無虧損額課，遲誤邊儲。合無將在池鹽引，自正德七年以前，俱為舊引，正德八年以後，俱為新引，新舊平分，各為五分股頭。兩股各挨年挨名，止論鹽引數目，不拘商人多寡，相兼放支。如上名不到，下名挨放。其新課合無將正德十四、十五、十六年，嘉靖二年、三年，俱免開中。自嘉靖四年起，不拘是否舊商，每引照弘治十二年事例，納銀一錢七分，量加三分，共二錢，或照近例，仍納三錢五分。俱於本道報名，發慶陽府收取實收，類赴布政司填給引目，取自關放，暫准於鳳、漢二府地方與河東鹽相兼發賣，限二三年或五年。候前項舊引盡絶，至四年分起，止挨年挨名放支，不必分擬新舊股頭，仍照原擬，於平、慶地方發賣，永為定規，不許再生異議變亂，庶幾鹽法不致紛更，而商情亦為便利矣。呈乞照詳定奪。等因具呈到臣。

查得弘治十八年間，臣巡撫陝西，議奏靈州鹽課司大小鹽池所産鹽斤，與解池相類，不勞煎煮，不煩人力，為利甚博，取之無窮。舊例止是召商中納馬匹，分給邊鎮騎操，後因各邊交爭互取，多寡不均，故有間年關領之例。又因中馬之人，勢囑賄通，濫收不堪馬匹，不得實用，故有收價解邊之例。畢竟為馬而設，未嘗别用。後因放鹽委官，作弊多端，奏添陝西按察司副使一員，在於慶陽駐劄，職雖整飭邊備，實兼督理鹽法。

弘治年間，寧夏鎮、巡衙門，先因修理河渠，借去弘治十四年、十五年二年鹽課，後因措置粮草，借去弘治十六、十七、十八年三年鹽課。河渠工程既未就緒，倉塲粮草亦未充足，而鹽馬之制遂廢，私鹽盛行，姦豪得利。

弘治十五年間，該總制尚書秦紘題准於慶陽府添設通判一員，兼理鹽課，將紅德堡批驗所移改慶陽府，聽環慶兵備提督。弘治十八年以後引目，送監收通判開放，每引收銀四錢五分，准裝鹽五石或六石。銀兩分發慶陽、固原官庫，分送各邊買馬。

續該苑馬寺卿車霆奏要增靈州鹽課納銀，給買邊馬。兵部題奉孝宗皇帝欽依“陝西茶鹽易馬備邊，係是舊制，今後不許别項奏討。欽此。”欽遵。行臣查處。臣督同兵備副使燕忠、高崇熙等親詣鹽池，查勘二池鹽利，委有餘饒。今將大池增一萬五千引，小池增三萬引，每引納銀二錢五分，照鹽一車以六石為則，外有多餘，依律掣墊至固原、慶陽二鹽廠卸所。每引仍照舊收卧引銀一錢，通共每引得銀三錢五分，每年該銀二萬七百六十餘兩。儻遇旱澇，鹽生不及，或邊報緊急，鹽路不通，除舊額課鹽外，新增鹽課，明白除豁，不可膠於一定，歲歲取盈。行鹽地方許於鳳、漢二府通行，與河東鹽相兼發賣，兩不相阻。其弘治八、九年以前中馬鹽引，久弊多莫可查考，所宜一切革罷。弘治十三年以前召中商人，彼皆奉例納銀輸官，後因寧夏借課，耽遲數年，怨聲載道，合准相兼支放，新引七分，舊引三分。弘治十四年以後，寧夏所借，若有未支未中之數，年分已滿，中間勢豪之人展轉影射，難再復支，未中引目，陝西截取開中，庶幾物論稱平。所收鹽引銀兩，俱送慶陽、固原官庫寄放，聽慶陽兵備兼理鹽法副使及固原兵備副使提督稽察。如遇各邊缺馬，聽臣斟酌通融，給發買馬支用，不必拘定間年之例。等因具題，荷蒙武宗皇帝俞允舉行。彼時鹽法流行，所得鹽銀數多。未及二年，臣謝病回還。自此之後，各該衙門節有論奏。

正德三年，戶部題准，靈州鹽課解送太倉，以備緊急支用，各邊缺馬，奏請定奪。其後，巡撫陝西侍郎馮清奏准，將正德七年以前至元年鹽引，暫且停止。正德八年、九年鹽課，俱借與甘肅上納粮料、草束完足，赴塲随到随支。正德十年以後，照舊新引七分，舊引三分兼放，輪解各邊買馬糴粮。

正德十二年，督理甘肅軍餉右侍郎楊旦奏准，將十二、十三年鹽課俱聽甘肅召商，報中粮草備用，事寧，照舊買馬。是年，巡按御史師存智題准，將十四年分鹽課除供邊外，量留一半，補給韓府禄粮。

十三年，鎮守延綏太監許全奏准，除正德十四年引鹽、一半補禄米，其餘并十五年分盡數歸本鎮買馬，其十六年以後，三邊照舊輪給。

正德十六年，兵部議准，先該臣處置牧馬、茶馬、鹽馬，實濟邊用，合行巡茶御史查照開中馬事宜，次第舉行。是年，御史王杲奏，“靈州鹽法大壞，欲行設法召中，收價買馬，均給三邊。”户部題奉欽依“這地方鹽課，着巡茶御史查明數目，將各奏年分未開未關并未撈的，照例停止。欽此。”

嘉靖二年，户科給事中王瑄奏處邊儲，户部議得：靈州鹽課停革買馬，專一召商報納粮草。

二十年来，事例紛紜，更革不一，鹽法為之大壞，無益邊儲，有虧馬政，所以近時議者多欲革去納銀，專令中馬，不為無見。

臣切惟靈州大小鹽池鹽法，祖宗朝本供各邊買馬之用，後因中馬有弊，改議納銀，輪發各邊買馬，立法未嘗不善。奈何正德年間，當事者各出意見，奏行新例，紛紜變亂，新舊混淆，弊端百出。後任者不體前官之意，新納者罔念舊商之苦，以致各年各項報中，俱未支掣完足，鹽引堆積，多至二十餘萬。商人虧陷資本，節次召中，並無一人報納，卻乃搜刷舊商，勒報新課，監禁箠楚，如追逋負，在情與法，俱不相應。夫天地自然之利，人自失之而徒為姦人私販之資，深為可惜。

查得近該户部題奉欽依“革去納銀，專令中馬。”固係舊例。但先年中馬弊多，始改納銀，且各鎮官員趨向不同，行事亦異。如是禁防疎濶，或因將官之要求，或徇勢豪之請托，將中下不堪馬匹，捏作上等，支鹽一百引，以致物議沸騰。若欲於腹裏地方納馬解邊，則秣飼屬之何人，運送不勝其擾，似皆未便。臣愚以為不若仍納銀兩，解邊易馬，則事省人便，官商兩為有益。

且如鹽馬舊例，上馬一匹，給鹽一百引，中馬一匹，給鹽八十引。二池舊課止有一萬四千三百三十七引，盡納上馬，止該馬一百四十三匹，兼納中馬大約不過一百五十餘匹。正德元年，臣召報納過七萬二千五百引，每引價銀二錢五分，共得銀一萬八千一百二十五兩。每馬一匹，用銀十兩，可買馬一千八百一十二匹。正德二年，臣召納未完去任，今查納過鹽三萬八千七百引，每引價銀如前，該銀九千六百七十五兩。以後年分，多者萬餘兩，少亦不減數千兩。嘉靖元年，延綏超前召報納馬，止是一百六十二匹，較其所得，多寡之數，昭然可知，致將正德十四年、十五、十六三年俱誤召納。

今據副使高公韶所呈，在池未放鹽引既多，欲再設法另召，商人必少，欲暫停新課，以疏通舊引，不無虧損額課遲誤邊儲一節。查得節年報納商人，歲月既多，頭項不一，中間展轉影射，冒支盜賣等弊，難保必無，本當通行革罷。但念各商俱已奉例出其資本，助我邊儲，官本失信，商則何辜？況前商既已失利，後商愈加疑阻，誰肯以固有之財而希覬必不可得之利哉！

緣前事該部已經題有明命，臣當具奏，上請定奪，乃敢施行。但六、七月間，正在放鹽之際，誠恐又誤一歲額課，已經遵照欽奉勑諭，便宜處置事理，劄仰副使高公韶備云出給告示曉諭：自正德元年以前鹽引，俱各革罷，不許放支，仍令將引目赴官投告燒燬。若仍留在身，以圖影射，許各項商人并鄰佑、里長、旗甲首告，拏問治罪。自正德二年至正德十二年止，俱為舊引。正德十三年見開未完并以後年分開中者，俱作新引，另召不拘新舊商人，許令告報。每引照正德元年事例，納銀二錢五分，到於卸鹽處所，仍納卧引銀一錢。願中商人，俱於環慶兵備處報名，銀兩發慶陽府收貯，取實收類赴布政司填給引目下池，舊引三分，新引七分，俱挨次開放。止論鹽引數目，不拘商人多寡，如上名不到，下名挨支。每引照鹽一車以六百石為則，外有多餘，依律掣塾追問去後。近據副使高公韶呈稱：示出之後，召納過鹽引一萬一千餘引，作正德十三年之數，餘尚召納未完。

臣聞之先正云：法立而能守，則德可久，業可大，天下之事皆然。如總制尚書秦紘等先年所擬，循而行之，於三邊馬政，實有裨益。惟是接管官員專務更張，以致法無定守，官無依據。每更一官，輒奏改一例，出於已者患其不多，出於人者惟欲其止。行之未久，他官相繼，又復如是。且納銀納馬，所取既殊；買馬買粮，所用各異。乍行乍革，倏舊倏新，規近利以失大信。前車之覆，後車之戒，宜商人之不樂從也。

但前此納銀，各該衙門往往借取別用，有妨馬政。見今三邊多警，正在缺馬之際，如蒙乞勑户、兵二部查議，合無依臣所擬，將正德元年以前不拘納馬納銀商人，一切革罷，將引目赴官投告燒燬。正德二年起至正德十二年止，俱為舊引。正德十三年見開未完，并嘉靖二年、三年接連嘉靖元年之後者，俱作新引。正德十四、十五、十六三年，已有嘉靖元年阻隔，不必開中，徒為紊亂煩擾。每鹽一引，照正德元年事例，納銀二錢五分，到於卸鹽處所，仍納臥引銀一錢，共每引得銀三錢五分。以舊額鹽課計之，可得銀五千餘兩，較之納馬，已是三倍，況新課之數又未可預料乎！

原中商人俱於環慶兵備處報名，銀兩發慶陽府收貯，取實收類赴布政司填給引目下池，舊引三分，新引七分，俱挨次開放。止論鹽引數目，不拘商人多寡，如上名不到，下名挨支。照鹽車石及多餘掣塾等項，俱照舊施行。所收銀兩，仍照例正德十三年為始，先延綏，次及寧夏，次及甘肅，輪年解發前去，專備買馬，不許別項支用。若別鎮果有邊情緊急，聽提督總制衙門，如無提督總制，聽巡茶御史各通融派給。仍乞天語丁寧，著為定例，毋再紛更，庶成畫一之功，以濟邊方之急。

再照靈州二池，夏秋之間，水面凝結，如雪如霜，随取随足，十餘萬之課，亦不難辦[一]。但地鄰邊境，或聲息緊急，鹽路不通，又或旱澇相仍，鹽花不結，照臣先年議奏，新課明白除豁，不可膠於一定，歲歲取盈。但行鹽地方，舊例止在平慶一府，及寧夏等衛榆林寧塞營迤西城堡，似乎太狹。鹽生者多，民食者少，鹽商何從售賣，而私販固未嘗絶。以此，尚書秦紘、御史王錯先後具奏，俱要將靈州鹽課與河東行鹽地方相兼發賣，正為此也。

合無今後每年舊額鹽課一萬四千三百三十七引之數，斷不可少。其新增鹽課不拘多寡，儘數撈辦支掣[一]，以池内無鹽之日為止。其行鹽地方，除西安、延安等府照例嚴禁外，許暫於鳳、漢二府地方與河東相兼發賣，兩不相妨。待三年之後，舊引支盡，鹽法疏通，照舊施行，實為便益。

緣係分理鹽法事理，為此具本，謹題請旨。

【校記】

[一]“辦”，底本為“辨”，據四庫本改。

一為達賊聲息事

題：為達賊聲息事。

嘉靖四年七月二十一日，據延綏總兵官、署都督僉事彭楧呈，為達賊掏牆入境，官軍對敵，斬獲首級事。據舊安邊營把總指揮僉事趙璽呈：蒙分守西路參將袁聰鈞帖，准總兵彭楧手本，該蒙臣鈞帖，為虜中走回人口供報夷情事。備仰本職，務要嚴謹斥堠，整搠軍馬，鋒利器械，常如賊在目前，不許一時怠惰。仍差人遠哨，如果虜賊近邊，即便會合各將官，同心協力，相機剿逐，飛報鄰堡官軍，發兵策應，務使大遭剉衂，不致貽害地方。

蒙此，卑職於通賊要路墩空，量添夜不收步軍在彼按伏。本年六月十七日巳時，據守粕糟店墩夜不收林三走報：粕糟店四墩直日軍人范滐二，瞭見境外達賊約有二百餘騎，穿戴盔甲，聚到本墩西空内，扶四十餘賊上牆擺射，餘賊掏牆。當傳左右鄰墩甲軍、按伏夜不收、步軍互相戰守。

據此，卑職一面飛報協守副總兵趙瑛、分守參將袁聰、遊擊將軍張鳳，一面即會按伏遊兵營千總官王陞等，各領官軍馳去截剿。賊已掏開牆口一處，進入邊裏劄立，窺見兵馬將近，張弓衝突前来。職等奮不顧身，嚴督官軍各用弓銃，一齊射打。戰敵數合，我兵奮勇撲斫一處，就陣斬獲賊首一顆，奪獲達馬一匹，射死達馬一匹。王陞等督軍同陣，斬獲首級一顆，奪獲達馬二匹。前賊仍復攻戰，嚴令官軍敵戰間，賊見迤西迤東遊擊張鳳等人馬灰塵將近，退從原口出邊去訖。查得卑職步下收獲夷器一十二件，達箭一百一十枝，中傷旗軍六名，射死戰馬一匹。王陞部下，中傷旗軍七名，射死戰馬二匹，收獲夷器一十二件，達箭七十五枝。等因具呈到職。及准遊擊將軍張鳳手本，據千總指揮王陞呈報相同。

准此，准行各該分守按伏將領、把總等官，整兵隄備，所獲功次，會行按察司僉事郭鳳翔照例勘報，及具題外，呈乞照驗。等因到臣。

又據延綏總兵官彭楧呈，為聲息事。據靖邊營把總指揮、同知孫仁呈：本年六月十四日辰時，據坐堡百户紀鏜報有聲息。本職當領有馬官軍一百五十員名，同奇兵營千總指揮桑林等官軍九百員名，馳至地名許仲義梁，迎遇永固墩夜不收柯能報：據軍人王志會瞭見達賊六十餘騎，到本墩邊外劄立。職督官軍馳至墩澗，賊從墩北迎敵前来，督令官軍一齊向前射打，其賊遁退去訖，收獲達箭二十枝。

又據龍州城把總指揮僉事劉鉞呈，據坐堡百户周准呈，據水腦墩夜不收高思義報：六月十七日未時，該軍人徐伏瞭見達賊三十餘騎，到墩東空拆牆進入，一半在水腦澗，一半往東清平堡、錢兒梁去訖。本職當同本城經過遊兵營千户趙聰帶領馬步官軍四百五十員名，馳至龍州墩梁。賊見官軍追逐，又見清平堡把總指揮周繼勳亦領兵前来，出邊遁去。查得蘆草溝餘丁賈海男賈捨兒、小龍州餘丁劉毛哇哇在彼打草，被賊搶去。随據清平堡把總指揮使周繼勳亦呈相同。查得清水河捉去秦家畔餘丁党柰使女一口、米脂縣民人李彪幼女一口。

又據常樂堡把總、指揮僉事胡定呈，據坐堡百户潘靖呈，據白崖兒墩夜不收趙成報：六月十八日卯時，據軍人曹孜瞭見達賊一百餘騎，到墩東空掏開牆口，八騎進入海湖畔劄。本職當同按伏指揮何大經帶令馬步官軍馳至原掏牆口，賊見兵馬急至，遁出邊外去訖。查得本堡餘丁韓安兒、劉小和尚及餘丁鍾山妻許氏，俱割草被賊捉去。

又據木瓜園堡把總、正千户童壁呈，據大山墩夜不收任進報：六月十八日巳時，據軍人孫思慶瞭見達賊二十餘騎，到墩東空拆邊牆進入。本職當領有馬官軍一百五十員名前進，百户孫欽帶領步軍一百七十名相繼，馳至趙家梁，又據夜不收小王成報添達賊五十餘騎。督軍馳至劉家梁，遇賊衝突前来，督軍齊力射打，就陣奪獲射重達馬二匹，俱倒死，賊退從原口出邊去訖。查得在陣射傷總甲王聰，墩軍李大朋、李伯英，收獲達箭二十八枝。

又據嚮水堡把總、副千户朱鏜呈，據百戸張官生呈，據六月十八日午時，據軍人馮江瞭見達賊五十餘騎，前来口墩，掏開牆口，二十騎在口簇立，三十騎進入在高阜沙梁站立，向南瞭無人畜，當從原口出邊去訖。

又據波羅堡把總、指揮同知秦鏜呈，據坐堡百户許聰呈，據鎮遠山墩夜不收余茂興報：六月二十日寅時，據軍人袁朝兒瞭見達賊一百餘騎，到墩西空掏開牆口，一半進入牆裏，馳至磚窯梁瞭探。本職領軍馳去截剿，從原口遯去。查得本堡舍餘馮雄在路射死。

又據靖邊營指揮同知孫仁呈，據坐堡百戸紀鏜呈，據威遠山墩夜不收趙川關報：六月二十二日寅時，輪該軍人楊守愛、吴思玉前去迤東爪問火砲，行至趙官人澗，忽遇箭杆梁山渠藏伏達賊，前来將楊守愛等撲捉過壕。本職當領官軍一百五十員名，與同按伏奇兵營千總、指揮桑林等官軍六百員名，馳至井澗岔，迎遇夜不收倪仲良報：賊一十餘騎過壕撲捉墩軍北去。本職等回兵防守。

又據波羅堡把總、指揮同知秦鏜呈，據坐堡百户許聰呈，據樊家梁墩夜不收黑六報：六月二十三日寅時，據軍人李良兒瞭見達賊八十餘騎到墩，拆開牆口進入，一半馳往硬地梁墩。本職領軍追剿，賊見兵臨，當從原口出去。随據守硬地梁墩夜不收高真定亦報：前賊四十餘騎到本墩對敵，射重墩軍張彪，至晚身死。

又據秦鏜呈，據蓮池山墩夜不收席整報：六月二十五日寅時，據軍人高四瞭見達賊六十餘騎，到墩東空拆開牆口進入，一半徑往東南夾道去訖，一半在牆堵口，將墩軍張觀音保射重身死。職領官軍馳至河北，其賊退從原口去訖。

又據嚮水堡把總、千户朱鏜呈，六月二十五日卯時，據嚮水界墩夜不收郭馬兒報：據軍人劉貴瞭見達賊三十餘騎從南来到本墩，拆牆出境去訖。查得前賊自波羅堡、蓮池山墩出沒，至本堡大桑坪，射傷遞送公文夜不收吴彦成，搶去羸一頭并公文，射死軍人周演及行路男子一人。

等因又據本官呈，為聲息事。據嚮水堡把總、副千户朱鏜呈，據坐堡百戸張官生呈，准提墩百戸張聰報：本年六月二十六日申時，據軍人竇鉞瞭見達賊五十餘騎，到防湖墩東掏開牆口，舉放煙炮，二十騎在口簇立，三十騎進入牆裏，往東南行走。本職帶領馬步官軍一百五十員名，追至本堡沙河掌墩東空，嚮水界墩西空，各拆牆口出境去訖。

又據波羅堡把總、指揮同知秦鏜呈，據坐堡百户許聰呈，據提墩總甲陳合卷兒報：本年六月二十七日巳時，據軍人閻銘瞭見達賊二百餘騎，到蓮池山墩東空，掏開牆口，舉放煙炮，五十餘騎在於牆口，一百五十騎進入邊裏沙窩簇立。本職當領馬步官軍同按伏都指揮馬政領兵馳至河畔，前賊潛伏，内二騎往来引誘。職督官軍前進，賊見兵勢聯絡，當從原口遁去。

等因行據榆林衛副千户張鵬呈，前去嚮水堡，查得把總、千户朱鐣帶領馬步官軍到於蕎家莊，因晚，未曾進襲。前賊侵至櫻桃山，殺死本堡餘丁吴江、何傑，搶去幼男劉和尚，石廟兒溝搶去軍人張友妻于氏，雞子莊殺死屯住餘丁王俊、王定，搶去幼軍王十一使女王妙順。又去波羅堡，查得並無搶掠人畜。等因又據榆林城坐堡指揮使王壽呈，據本堡管隊千户徐世臣呈，查得本隊紀録幼軍王世美、應役王十一，於六月二十六日前去嚮水堡雞子莊屯内送飯米，忽遇達賊搶去。

又據龍州城把總、指揮僉事劉鉞呈，據坐堡百户周淮呈，據提墩總甲王洪呈，據平灘墩夜不收楊萬三報：六月二十七日申時，據軍人王鑑瞭見達賊五十餘騎，到本墩東空，拆開牆口，一半在口簇立，一半進入往東清平堡地方中沙墩去訖，舉放煙炮。本職當領馬步官軍一百五十員名，馳至水腦墩梁，瞭見清平堡人馬追賊前来。卑職合兵夾追，賊從原口出邊去訖。又據清平堡把總、指揮使周繼勲呈報，相同。行據百户馮相查得，前賊到中沙梁墩空，將本墩軍梁田加左膊射訖一箭，盧志興後腰射訖一箭，捉去楊家畔餘丁藺連男藺存得。

等因本年七月二十九日，又據本官呈前事，據高家堡把總、副千户丁麟呈，據坐堡百户潘鋭呈，據碾兒梁墩夜不收萬英報：本年七月初九日，據軍人胡聰瞭見達賊二十餘騎，驟到本墩，掏開水口進入，本職當領有馬官軍七十員名到彼。據本墩小甲李子貴報稱：達賊一十二騎在於營口，八騎徑到本墩，攻圍射死墩軍孟田驢。賊見人馬將近，出境去訖。

又據榆林城把總、都指揮僉事閻武呈，本年七月十五日丑時，據本城馬神山墩傳接迤西烟火，當蒙鎮守總兵官彭楧統領職等官軍七百員名，至嚮水堡新添墩西空。達賊掏開牆口一處，瞭見邊外沙梁簇立達賊二十餘騎，爪得馬蹤三十餘道，徑往腹裏西南去訖。蒙總兵官彭楧分布官軍各衝要地方，按伏堵截。本官統領官軍襲蹤，追赶至波羅堡硬地梁墩，合兵夾擊前賊，就陣奪獲達馬五匹、夷器六件、達箭三十二枝。被賊射重墩軍二名，身死。賊奔從硬地梁墩東空水口出邊去訖。等因節呈到臣。

為照延綏地方虜賊在套日久。臣自到陜西以来，不次行令各該將官，加意隄備，遇有侵犯，即便督軍襲剿，不許畏縮誤事。已將節報聲息具題外。

今據前因，看得套賊自本年六月以来，侵犯延綏近邊，不止一次。止是遊擊將軍張鳳，舊安邊營把總、指揮趙璽各部下斬獲首級二顆，奪獲馬匹夷器，功雖不多，亦曾督軍臨陣，與賊對敵。其餘城堡把總、坐堡等官，雖稱出兵追逐，並無斬獲之功。龍州城、常樂、嚮水、波羅、清平、高家等堡各被搶去軍民男女，射死墩軍軍人、餘丁，各數不一。雖是不曾深入，而地方已被其害。顯是各官平時失於設備，臨事不能效力，廢弛怯懦之狀，昭然可知。況止據所報如此，此外隱匿不報之弊，難保必無，俱各參究。但自東至西千里之遠，處處有賊，目今大衆賊寇已報西行，深入之謀，旦夕難測。延綏遊擊兵馬俱在西路按伏，其中、東二路城堡星散，無所不備，無所不寡，理勢則然。正當緊急用人之際，合候事寧之日，通行查參定奪。

緣前項聲息，延綏鎮、巡官各經具題，及有功并失事官員照例行巡按御史查勘明白，另行外。緣係達賊入境、邊鎮節報聲息事理，為此具本，順差承差趙禎親賫，謹具題知。

關中奏議全集卷之十四

提督類

一為虜中走回人口供報夷情事

欽差提督陝西三邊都御史臣楊一清謹題：為套中走回人口供報夷情事。

嘉靖四年七月二十日，據鎮守延綏地方總兵官、署都督僉事彭楧呈前事，據榆林城把總、都指揮僉事閻武呈。蒙職等發下鎮靖等堡解到虜中走回男婦十名口，隨拘通事趙禄等到司。審得一名蘇孟陽供：年二十五歲，係定邊營軍人蘇堂男。正德十一年失紀月日，前去地名黄羊鎮打草，忽遇達子禿忽赤等搶去虜營，住過十年。舊年十二月内，跟隨衆達子踏冰過河，在套住牧。止知我們一枝達子約有一百餘騎，其餘大勢達子不知多少。今年六月内，見得衆達子前往黄河畔上去了。有我們達子不知往那裏地方搶去未回。是孟陽遇晚偷騎馬一匹脱走，一晝夜，於七月初一日從鎮靖堡永遠山墩走回。

一口王氏供：年一十七歲，係嚮水堡餘丁宋端妻。嘉靖四年六月二十五日，前去本堡地名沙河種田，忽遇達子搶去虜營，住過十日。見得衆達子早晨起營間，乘便脱走，步行二晝夜，於本年七月初六日，從神木堡鎮遠墩走回。

一名薛二哇供：年二十二歲，係花馬池軍人薛俊男。正德十一年失記月日，前去地名架砲梁打草，忽遇達子巴台等搶去虜營，住過十年。嘉靖二年十一月内，跟隨我們一枝達子巴台等二百餘騎，踏冰過河，在套住牧三年。不曾過河，往来躲調，不随大營。今年七月初間，有小王子差十箇達子過来，調衆達子過河去，與兀良罕達子讐殺，將五箇達子河裏淹死，五箇過在套内。止知小王子部下頭兒吉納、台記、俺答阿不孩、赤那阿不花等四人，其餘大勢達子不知多少，俱在套内。聽得衆達子説，如今水大害怕，不敢過去，要搶田禾、布絹三梭。有二哇遇晚見得衆達子睡熟，偷騎馬一匹脱走，四晝夜，至本月初七日，從鎮靖堡河口墩走回。

一名王彪供：年二十七歲，係大同城軍人王鉞下餘丁王遏男。嘉靖三年八月内，前去地名王將軍屯收田，忽遇達子脫脫滂等搶去虜營，約住十箇餘月。一名秦伏供：年一十九歲，係大同城軍人秦玉下餘丁秦鋭男。失記年月日期，前去地名西窊打柴，忽遇達子俺答赤等搶去虜營，約住過三年有餘。舊年十二月内，有伏與同王彪俱跟小王子部下頭兒吉納等部落達子，不知多少，踏冰過河，在套住牧。聽得衆達子說：一半過河與兀良罕達子讐殺，一半整置鞍轡。又說要過河去，不知過去不過去。是伏同王彪各偷馬一匹脱走，三晝夜，於今年七月初九日，從神木堡一步摀墩走回。

一名張和尚供：年一十三歲，係嚮水堡軍人張義男。一名胡保住供：年一十二歲，係嚮水堡軍人胡萬男。一口何旦旦供：年一十四歲，係嚮水堡軍人何洪女。各供於嘉靖四年六月失記日期，前往地内採打馬草掏菜，忽遇達子搶去虜營，約住過二十餘日。是旦旦同胡保住、張和尚遇晚脫走，步行一晝夜，於本年七月十三日，從榆林城紅山墩走回。

一口張氏供：年三十八歲，係波羅堡餘丁王釗妻。嘉靖四年六月二十二日，前去夾道地名韓家山鋤田，忽遇達子搶去虜營，住過二十七日。氏見衆達子往西地方搶去，遇晚脱走，步行一日二夜，於本年七月十七日，從雙山堡古塔平墩走回。

一名酆魚河供：年一十七歲，係嚮水堡餘丁酆聰男。失記年月日期，赶驢二頭，早往清平堡糴米，出門約行十里，忽遇達子二十餘騎，將魚河并驢搶去虜營，分與達子俺孩不兒忽營裏放馬，於河凍了過在河東，住了一年。舊年跟随我們一營達子約四五萬，又踏冰復過河西套裏住牧。魚河省得番語。近日新月兒出来，有魚河主兒一家三箇達子，殺晒乾羊二箇、酪彈一袋、妳子兩箇，騎牽馬六匹，跟大達子往西邊搶去了。魚河思想家鄉，偷騎牽馬二匹脱走，五晝夜，於七月十七日從黄甫川築禄臺墩走回，在虜營住過三年。聽得夥内達子說：要糾同套内大勢衆達子，綁紮皮筏，浮水過河，與黄毛達子讐殺，遺剩老小在套住牧。有我思想家鄉，商同搶去漢人馬二哇子，係靈州人，偷騎虎剌扇馬、青扇馬各一匹，法庫兒偷土黄扇馬一匹、赤扇馬一匹脱走，四晝夜到邊，收送前来。等因據供，備呈到臣。

又據延綏總兵官彭椳呈，為虜中走回人口供報夷情事。據榆林城把總、都指揮僉事閻武呈：蒙職等發下懷遠等堡，解到虜中走回男婦，随拘通事趙禄等到司審得，一名梁三哥則供：年一十八歲，係涇州崇信縣陽保里民人梁源男，在地名新集住坐。嘉靖元年七月失記日期，忽被達子合道来搶去虜營，住過四年。舊年十月内，跟衆敵達子踏冰過河，在套住牧。今年七月間，有三哥則遇晚脱走，步行一晝夜，方出虜營。又走二晝夜，至七月十九日，從懷遠堡古峯子墩走回。

一名鍾茂供：年二十八歲，係榆林城軍人鍾臣弟。一名張某兒，供年一十七歲，係榆林城軍人張海男。各供：於嘉靖四年失記月日，前往地名葉鹹灘打草，忽遇達子將某兒同鍾茂搶去虜營，約住過五、六箇月。是某兒等見得本家帳房内達子前往大西邊地方搶去，遇晚脱走，步行五晝夜，於本年七月二十一日，從嚮水堡沙河墩走回。等因備呈到臣。

又據協守寧夏地方副總兵、都指揮同知劉玉呈，為套中走回人口事。嘉靖四年七月二十九日，據守備靈州指揮同知沙金，據迤東巡墩百户郁恩呈稱：嘉靖四年七月二十七日卯時，據紅山兒墩直日軍人趙良瞭見境外東北一人，步行前来邊下，同伏空夜不收王四兒審係虜中走回人口，扶弔過牆，收送前来。

審得王氏供：年三十歲，係靈州守禦千户所百户王經下餘丁馬表妻。狀供：嘉靖三年九月十七日，在野收田，忽遇達賊三百餘騎，將我搶去虜營，與達子孛羅捧拾柴放羊，住過一年。衆達子約有三百帳窠，四五十處四散住牧。夥内上馬達子二百，同糾合套内達子過河，與黄毛達子讐殺去訖。有我思想家鄉，步走九晝夜到邊，收送前来。

據此行間，又據百户郁恩呈稱：本月十七日午時，據古寺墩直日軍人韓聰瞭見境外東北来二人，騎牽馬四匹，徑来邊下，同伏空夜不收張祥審，係虜中走回人口，將馬連人扶弔過牆，收送到職。

審據潘庫兒供：年一十八歲，係定邊營住人潘清男。狀供：嘉靖二年八月内失記日期，同父前去鹽池馱鹽，忽遇達子三十騎搶去，前往大西邊搶去。遇晚脱走，步行四晝夜，於本年七月二十一日，從嚮水堡沙河山墩走回。

一名閻通供：年二十四歲，係榆林城軍人閻隆弟。嘉靖元年失記月日，在歸德堡地名龍池灣，忽遇達子脱脱不兒忽等搶去虜營，住過三年有餘。舊年十二月間，跟随小王子部下頭兒吉納、台記、俺答阿不孩部落達子，不知多少，踏冰過河，在套住牧。今年六月内，有衆達子要過河與兀良罕達子讐殺，到黄河畔紮筏浮渡，淹了兩筏達子，不知多少。其餘達子因見水大害怕，不敢過去，復回在套住牧。有我們一營達子小赤巴秃兒等約有三千人，每人晒乾羊一箇，酪彈一袋，收拾停當，等田禾熟了，要在平處地方搶。是通遇晚，見得衆達子睡熟，脱走，步行二晝夜，至七月二十三日，從清水營清水川墩走回。

一名小王兒供稱：約年二十歲，係榆林城人，忘記父母，失記年月日期、地名，忽遇達子搶去虜營，約住過十三四年。舊年十二月間，俱跟小王子部下頭兒吉納、台記吉、俺答阿不孩等部落達子約有六萬餘多，踏冰過河，在套住牧。有達子三箇小頭兒討克剌、八托不孩、吾失阿不孩等帶領二萬達子，前往西黄河地名可可腦兒收捕亦不剌達子去了，其餘達子俱在套内，不知搶不搶。是小王兒見得衆達子睡熟，偷馬騎回。等因據供，備呈到臣。

看得延綏、寧夏地方，自去年十一月間大虜入套之後，走回人口無處無之。本年七月以来，一月之間，走回男婦二十餘名口，顯是在套之賊數多。中間供稱虜情，或云要往西邊搶，或云要往平地搶，或云要搶田禾、布絹三梭，則此虜窺伺深入之謀，決所必有！

近據總兵官彭楧呈稱，據走回男子小王兒供報：小王子部下頭兒吉納、台記、俺答阿不孩等部落達子約有六萬餘，多踏冰過河，在套住牧。有達子三箇小頭兒討克剌、八阿不孩等帶領二萬達子，前往西黄河地方可可腦兒收捕亦不剌勒達子去了，其餘達子俱在套内，不知搶不搶等情，未知虚實。若如所供，賊衆二萬前去河西尋殺西海亦不剌等賊，其在套之數當亦不減數萬。但沿邊一帶營寨帳房，遠近聯絡，止是零賊行走，並無大衆近邊，此其姦謀，未可窺測。

除嚴督各鎮將官分布人馬，嚴謹隄備，若有緊急聲息，另行具奏外，緣係套中走回人口供報夷情事理，為此具本，順差承差趙禎親賫，謹具題知。

一爲聲息事

題：為聲息事。

嘉靖四年八月初一日，據分守莊浪地方副總兵魯經呈，為探哨夜不收被虜走回，供報夷情事。本年七月十七日，據李名等供：係莊浪衛夜不收。本月初十日，蒙差名同夜不收丘成、邵六，土軍敦只保、卯三、申保等六名，各騎馬匹前去邊外探哨賊情[一]。十五日到高廟兒，巳時，爪見達子新行人馬踪跡，約有三百餘騎，奔往蘆塘行去，各役回至斬石硤。十六日未時，瞭見達賊四五百跟襲前来，各役四散奔走，棄馬上山。名等三名脫走回還。丘成、邵六、申保不知存亡。得此行間，十八日，據丘成、邵六供報：遇見前賊，將申保鎖綁去訖，成同邵六奔入稠密林内藏伏，至晚脫走。随據申保亦報：十六日遇見達賊精兵四五百，騎牽馬匹，將保鎖綁，牽至速禿堡下營。問說："莊浪人馬有多少？西番在那裏住牧？"有保回言："莊浪人馬有二三千，西番在河那邊住坐。"其賊說稱："我是小十王的兒子，領頭哨五百，走了一箇月，纔到這裏。分些達子往銀銅、鎮羌西番地面尋些乾粮，歇馬十數日，等我的老子後頭領哲二萬人馬到来，一同要去西海尋收亦不剌、阿爾禿斯達子去裏。"將保綁縛在營。至半夜時分，聽得衆達子俱往他頭目根前去了，止留小達子三人看守馬匹。有保將繩掙脫，乘黑走来。等因據供，備呈到臣。

本月十一日，又據守備西寧地方署都指揮僉事彭濬呈，為虜營走回人口哨報聲息事。本年七月二十六日申時，據迤北小石山看柞夜不收李鎖住收送虜營走回男子一名劉長生供：係鞏昌府禮縣人，失記里分。有我哥哥，見在洮州衛當軍，正德十三年十月内，我去洮州與軍送食米，行到中途，撞遇達賊二千多，把我搶去山後，住了一箇月，過黄河来到西海上，趁草住牧。搶我的達子名叫丁的哥爾，是頭目阿爾禿斯的人。這七月内，我聽得衆達子說：北邊小王子達子要来尋殺，都害怕，那營躲住黄河南去。我想父母家鄉，與先年搶去莊浪人一箇商量[二]，黑地裏乘空騎牽馬十八匹脫去。天明時，達子十箇赶来，把他兩箇人同馬盡都捉着去了，我藏在深草裏，不曾尋見。我步行走了七日，到北邊石硤，夜不收引送前来，供的是實。等因行間，本日酉時，又據差哨西海夜不收蔡王加等供報：本月十九日，蒙兵備、守備官會差探哨[一]，依蒙從今納硤出境，晝伏夜行，二十一日申時，哨至剌剌山，瞭望並無賊帳。次日下山，爪得達賊踪跡，從海南徑透黄河腦去訖。

本月二十七日午時，又據差哨迤北大小、沙河夜不收焦彦才等供報：依蒙從捨捨爾出境，晝伏夜行，二十二日酉時，哨至瑣剌山，瞭望大、小沙河，並無賊營火光。次日下山，爪得賊蹤，徑往海西去訖。二十四日回還，行至暖水塘，瞭見達賊三十餘騎，從北往南去訖。等因各供得此，會同兵備副使陳鼎議得：走回人口劉長生供說：阿爾禿斯部賊畏懼小王子人馬尋殺，那營南度。夜不收蔡王加等供報，哨爪賊踪，亦從海南透黄河腦去訖。切料此賊既已携營南行，必有侵犯洮、河之勢。但虜情譎詐，未可測度，除嚴謹隄備。呈乞照驗，等因到臣。

案查，先據延綏總兵官、署都督僉事彭楧呈，為虜中走回人口供報夷情事。據走回人口一名小王兒供稱：約年二十歲，係榆林城人，忘記父母，失記年月日期、地名，因遇達子搶去虜營，約住過十三四年。舊年十二月間，俱跟小王子部下頭兒吉納、台記、俺答阿不孩等部落達子約有六萬餘多，踏冰過河，在套住牧。有達子三箇小頭兒討克剌、八阿不孩、吾失阿不孩等帶領二萬達子，前往西黄河地名可可腦爾收捕亦不剌達子去了。其餘達子俱在套内，不知搶不搶。等因據供，呈報到臣。

除具題外，今據前因，臣看得分守莊浪、西寧副總兵魯經、守備西寧地方署都指揮僉事彭濬會同整飭西寧兵備副使陳鼎，各呈前項賊情，與延綏總兵官彭楧所呈報事情相同。

為照夷狄相攻，中國之利。况亦不剌等殘寇，竊伏西海，戕害我屬番，侵掠我邊境，數年未曾寧息，方議調兵征剿，今北虜遠来尋襲，事恐不虚。意者，此賊罪惡貫盈，天實誅之。假手於其醜類，以雪我兵民之憤，亦未可知。但此時既已先知，那營南向，臨河住牧，恐其被逐無奈，渡河犯我洮、河地方，深入屬番境界，臨、鞏切近州縣，難保無虞。其一枝原在莊浪、涼州、五方寺、扒沙等處住牧，不時入境侵掠者，若見迤北大虜遠来，必將逃遁，犯我靖虜、蘭州等處，防禦之計，俱不可不謹。

已經行仰鎮守陝西署都督僉事鄭卿，轉行提調洮、岷、河等處參將王璣、整飭洮岷邊備副使翟鵬及固原、靖虜、蘭州各該守備等官，各要嚴謹烽堠，慎固邊防，整搠軍馬，鋒利器械，多差乖覺人役遠為哨探。賊果過河入境，即便督率官軍，據守險隘，随宜截剿，飛報鄰境官軍，相機應援。若賊勢衆大，兵馬寡少，作急呈報軍門，發兵策應，不許畏縮觀望，縱賊深入，貽患地方外。

緣係邊境節報聲息事理，為此具本，順差承差趙禎親賫，謹具題知。

【校記】

［一］“探”，底本為“深”，據四庫本改。

［二］“莊浪人”，底本作“人莊浪”，據四庫本改。

一為乞留守備官員以慰邊人事

題：為乞留守備官員，以慰邊人事。

據陝西等處承宣布政使司帶管固原兵備左参政成文呈前事。内開：固原衛、州、甘州羣牧所、苑馬寺等衙門，土漢軍民也先哥等連名狀告，固原地方比年以来，兵荒相繼，科索無已，軍民困憊，幾不聊生。守備劉文奉勑前来，留心撫卹，並無纖毫科擾，防邊事宜，無不修舉，至今四年，地方保障無虞，軍民皆得安堵。近聞本官陞任遊擊，軍民土達殊失仰望。如蒙准告，乞賜轉達，將本官存留，照舊守備，撫恤土人，防禦虜寇，以慰邊人便益。

等因據此，看得固原地方，平漫千里，是處通賊，最為喉襟要地，且有楚、肅、韓三府，黔國公家人草場。固原州衛、苑馬寺、羣牧所，軍民土漢雜處，尤難撫馭。守備劉文乃能致衆心傾仰，略無間言，使非謀勇素能，撫馭有道，未必至是。職與本官相處二年，其立心制行，誠有可取，衆心愛戴，原非倖致。今雖陞任，未慊輿情，況臨敵易將，兵家所忌。目今地方多事，正望本官設備以安地方，脫若轉去，代之者未如本官之賢。借使果賢，然乍到地方，人情土俗，地里險易，便未易知，區畫布置，難保無失。合無俯順下情，將本官保陞参將職銜，仍在固原，統馭人馬，参守地方便益。呈乞照詳施行。等因到臣。

随據固原衛指揮使司申為保留恤軍將官，以安邊人、禦防虜患事。内稱：節據本衛在城左、右、中三所并在外鎮戎、平虜、西安州、海剌都、紅古城、甘州羣牧所、苑馬寺等衙門，土漢軍民唐浩等狀告：固原地方，臨邊衝要，土漢雜處，連年虜賊侵犯，深入平、鞏腹裏地方，殘害生民，加以天年薄收，軍民饑饉，人不聊生，軍逃馬死，無人撫恤，地方十分狼狽。

嘉靖元年九月内，新任守備都指揮劉文前来，見得軍馬消耗，存恤招撫，及清勾逃軍二千餘名，并將倒死馬匹查審，有力者督併買補，貧難者呈禀上司，乞計銀兩茶馬，給領存恤。其城堡墩臺邊情事宜，無不留心修舉。至今四年，知軍艱苦，絶無科擾，軍民得蘇。先年虜賊常駐本境邊外，接界寧夏地方史把都水水住為窠穴，窺伺搶掠，頻擾受害。本官随到，知有前賊，統領官軍三百員名，出邊追逐，至今不敢在此駐牧，邊人安堵。且又熟知邊情，遇有聲息，謀算無失，地方無虞。

今聞陞任寧夏遊擊浩等人心傷痛，無所仰望。縱有新官前来，不似本官存心，軍馬終復消廢。如蒙准告，乞賜轉達上司，將本官存留，保障地方，撫安土達，有警，兵將知心，有賴保障便益。

等因據此，照得本衛槩管地方，軍民土漢雜處，城堡百十餘座，墩隘百十餘處，若非才能守備撫處，最為難守。節因虜患，地方殘害，邊備廢弛。自陞守備劉文到任，委的恤軍，地方事宜無不修舉，下人悅服。今陞別鎮，官軍有失仰望，呈乞施行。

等因随據操守鎮戎所指揮、千、百户、旗軍尹隆等，操守西安州指揮、千、百户、旗軍張塤等，操守海剌都地方指揮、千、百户、旗軍楊信等，各具狀告稱：本官善撫軍士，衆心愛戴，要乞保留，撫安地方。

又據固原等州縣土達義勇、民壯召募滿忠等告稱：原係土人，共有一千之數。先年都指揮郭遡統領，人各得所，遇敵取勝。後本官病故，節被貪官營求管領，剥削科害，如見骨髓，累及逃竄，止存五百有餘。

嘉靖元年，蒙欽差總制李都御史將貪官革退，行令守備劉文徑自統領，到今三年，存恤召撫，禁革科害，將前逃故土達屢行清補，已復原額。今聞將本官陞任寧夏遊擊，又委别官管領，誠恐復遭毒害。乞要垂念土人，存留本官撫恤等情。

又據固原州、衛、甘州羣牧千户所，各堡地方老人，總、小甲周大用等，固原衛致仕閑住都指揮、指揮、千、百户等官黄海等，各呈保前情。又據固原州儒學學正丁琰等，生員徐尚文等，聽選監生徐尚忠等，亦各呈稱：竊見固原實西北重地，三邊總要，遞年累因達賊深入，搶掠狼狽，前官勇懦貪廉不一。自守備劉文任事以来，諳練老成，立心廉慎，體察人情而撫恤有方，整理兵馬而設備有法，以此軍民仰賴，地方靖安，況禦敵勇猛，軍士悅從。今蒙推陞寧夏遊擊，一方人心失望。又見大賊在套，不久出沒。伏望憫念地方，俯悉下情，暫留本官區處便益等情，各呈告到臣。

案查，先為整理邊務以備虜患事，該臣題，准兵部咨，該本部尚書金獻民題前事，又該太監張忠題，為陳言邊務事，皆要於固原添設參將一員。本部題奉欽依，行臣議處。臣查得延綏、寧夏、甘肅三鎮，各有分守參將。陝西近因番賊侵犯，已於洮、岷、河州等處設參將一員。合無照依各官所擬，添設參將一員，分守固原、環慶、靖虜、蘭州地方，仍在固原駐劄，操練軍馬，修理關隘，撫安土人，如各處有警，往来應援截殺，各守備、防守等官，俱聽調遣。

然添官非難，得人為難，任非其人，權任雖重，徒生厲階。看得守備署都指揮僉事劉文，老成練達，曉暢軍旅，以精强理邊務，以廉慎得人心，衆口一辭，並無非議。倘蒙采納，許設分守官員，乞勑兵部，就將都指揮僉事劉文擢任參將，分守固原、環慶等處，則委任得人，地方有託。等因已於本年六月初七日具題外。未蒙查覆之先，已聞將劉文推陞寧夏遊擊將軍。續又聞兵部覆臣前奏，蒙准固原添設參將一員，未知將何官推任。

今蒙前因，臣切照固原等處，委係防胡重地，關中根本所繫，内有監牧馬匹及各王府、功臣草場，土漢雜處，最難撫馭。前該守備官員，廉貪相半，勇怯不同，人心向背，亦復不一。今一聞守備都指揮劉文陞任，闔境地方官軍民庶，莫不咨嗟歎息，羣聚告保，喧動一方，乃至學校諸生，衆口一辭，咸有乞留之願。自来將官改任，未有得人心如是者。

臣惟該部推舉固原等處參將，必是老成練達，熟知戎務。但地利不如人和，耳聞不如目見，今大虜在套，深入之謀，旦夕難測。若用劉文，則兵將相知，可以克敵制勝。臨敵易將，縱得其人，而地利未能周知，人心未必協服。

及照寧夏遊擊亦係緊要將軍，但衝鋒破敵，得一驍勇慣戰之人，即可委用，陝西三邊似此固多。非若固原兼戰守之任，繫軍民之心，必須謀勇兼濟，弛張合宜，乃可勝任，求之目前，良不易得。

如蒙伏望聖明，深念地方之重，俯察邊人之情，乞勑兵部再議，合無將劉文陞任分守固原、環慶、靖虜、蘭州等處參將，別推將官寧夏遊擊，或就將推代劉文官員，更任寧夏遊擊將軍，則彼此俱便，兵民有所繫屬，地方獲安。

緣係乞留守備官員以慰邊人事理，未敢擅便。為此具本，順差承差趙禎親賫，謹題請旨。

一為傳報虜情事

題：為傳報虜情事。

據花馬池按伏協守延綏地方副總兵、署都指揮僉事趙瑛呈，為乞請委官分守地方事。為照虜賊在套，住牧月久，節次侵犯。蒙調集兵馬，擺邊拒遏，追截剿殺，彼知有備，不敢再犯，遂由靖虜地方渡河竊入。幸蒙軍門傳督各路將士合兵截剿，斬獲賊級，奪獲戰馬，餘賊復至邊牆，舉燒號烟答話，尋接知被斬殺，號哭歸巢。糾衆復讐，勢所難免，防範之機，時不敢怠。

緣今參將劉謹，偶患傷寒，缺官分守。乞賜委官前来，暫守本營地方，操練兵馬，有警會合截殺，庶不誤事。呈乞照詳，等因到臣。

為照大虜在套，住牧月久，其潛從河西莊浪地方浮渡黄河，入我靖虜境界者，已該陝西、寧夏各該地方將官斬獲數多。餘賊拆邊歸巢，糾衆復讐之計，難保必無，防範誠宜嚴謹。緣花馬池地方，乃虜賊侵犯必由之地，分守參將劉謹既稱患病，難以責成，相應委官署管。

查得定邊營把總、慶陽衛指揮僉事魏錕，近奉欽依，陞任署都指揮僉事，守備環慶地方。緣環慶現有新任分守參將李勲在彼，事情稍緩。況定邊營與花馬池止隔一程，除就行委本官前去花馬池暫署分守事務，有警會合副總兵趙瑛相機戰守外，但犬羊之性，貪得無厭，近雖遭剉遯歸，其大衆尚在套中。況沿邊一帶，雖有邊牆，低薄易於掏空，兵馬雖已分布，而地里寬漫，把截不敷。

臣今在寧夏地方，親歷各該營堡，閱視邊備，策勵官軍，振揚威武，及通行延、寧二鎮，主、副、參、遊大小將領等官，加謹隄備，遇警協力剿追外。緣係傳報虜情事理，為此具本，專差舍人張偉，謹具題知。

一為達賊聲息事

題：為達賊聲息事。

嘉靖四年八月十八日，據分守莊浪地方副總兵魯經呈，為大勢達賊犯邊，斬獲首級事。本年七月二十三日辰時，據土豹嶺夜不收許三保報：二十二日未時，瞭見達賊約有一千五百，陸續從頭水古城行來，到土豹嶺一帶住歇。本日巳時，據松林墩夜不收胡以得報：二十二日未時，瞭見達賊一千五百，内五百在松林墩硤住歇，一半透寡夫水行来。得此，一面差人拘收四野人畜，一面整兵隄備間。本日未時，據馬塲溝夜不收文得報：本時，瞭見鋪溝遠賊灰塵大起，有賊三騎，到壕站立。本職當統在城漢土馬步守城官軍把總指揮陳璽等一千二百，馳至本溝，迎遇達賊三百餘騎，就與交鋒對敵間，溝内突出伏賊七八百，齊擁前来。本職申嚴號令，督勵官軍，齊力箭砲相攻，其賊答話：“我是小王子頭哨，尋收西海達賊，不要當路，尋些乾粮”等語，自未戰至五更時，賊見官軍勇猛，方纔退遁。況兵馬數少，掣軍回城。

慮得鎮羌、岔口，孤懸兵寡，疾調紅城子守備楊和人馬前来，合兵二千，馳至岔口。二十五日戌時，據鎮羌夜不收徐友元報：巳時，有大賊六運聯絡，約有一千五百，突至鎮羌堡邊，攻圍袁守備人馬。得此，兵至鎮羌堡。二十六日巳時，據打魚嶺夜不收宋名報：卯時，瞭見石板溝達賊五六百，徑奔鎮羌行来。本職即時統兵出堡遇賊，交鋒對敵，其賊退往西古城行去。赶至西古城硤，賊已遠遁，掣軍回堡。

二十七日二更時分，據孤頭嘴夜不收劉回山報：申時，瞭見達賊一千五百，從野遜嶺行来，板溝住歇。本職當疾分布守備楊和、袁英，把總指揮陳璽等領哨，本職督同千户魯瞻往来提調兵，至栢楊溝腦。巳時，遇見敵兵撲来，就與交鋒，對敵戰至申時，本職申嚴號令，督勵官軍，齊力用命，衝攻數合，就陣斬首一顆，奪獲賊馬一十匹、騍二頭、夷器等件。賊見我軍猛擊，又見射死賊馬數多，其賊方退。乘勝追至栢林口，迎據孤頭嘴夜不收劉榮報：酉時，瞭見達賊，見有三千餘騎，邀赶空馬，到彼下營。恐墮其計，掣兵回堡。查得守備袁英，被賊射訖一箭。

二十八日，據探哨夜不收王英等供報：二十五日，到青沙嶺，登高瞭見黑馬圈河達賊約有二千餘騎，伏瞭至晚，乘黑偷騎其馬二匹前来。三十日卯時，據本堡瞭高夜不收徐友元報：瞭見迤東達賊三千，邀赶空馬，約有一千五百，順河行来。本職出兵迎敵，就與交鋒，鏖戰一日。有賊答話：“我是小王子的頭哨，後有人馬二萬，来尋亦不剌，不要當路。收了西海達子，你地方上安静”等語。其賊徑奔西古城行去。況人馬數少，又無援兵，掣軍回堡。

照得莊浪、紅城子兵馬掣空，恐其乘虛入寇，掣軍回城。除將守備楊和發回本堡防守外。為照此賊連日大舉入寇鎮羌等處，答話是小王子人馬，尋收西海達賊。雖被官軍斬獲微功，追逐西遁，近日探哨人役瞭見速罕秃、蘆塘烟霧不絶，回水又有達賊二百在彼住牧。及照虜中走回男子韓進保二名供說：套賊一萬，尋收亦卜剌去訖，遺下精兵三百在彼牧馬。前後供詞，果不為虛。倘賊糾合西海達賊，大舉壓境住牧，而本城兵馬不敷，誤事非輕。呈乞請調大兵，併力防守。等因到臣。

查得先該鎮守甘肅總兵官姜奭、分守莊浪副總兵魯經各呈稱：節有回、達二寇聲息，缺兵防守。已經行令陝西遊擊將軍陶文，管領遊兵於安定、會寧等處住劄，及行延綏遊擊將軍張鳳，領兵暫於腹裏附近去處按伏，待河西有警，調去應援截殺。節經具題外，後因河西聲息稍緩，及查莊浪、涼州等處，粮草缺乏，將二支兵馬俱留固原、環慶地方，防禦河套虜賊。今副總兵魯經既呈稱：賊勢重大，本城兵馬不敷，相應調遣。又經行令遊擊將軍陶文，統領人馬，仍住原擬會寧、安定地方住劄，倘有緊急，即便調去應援。及將遊擊將軍張鳳遊兵亦各整備聽調外。

本月十九日，又據本官呈，為整理邊務以防虜患事。本月十三日，據守備西寧署都指揮僉事彭濬呈開，本月初六日酉時，據夜不收趙驢兒傳報：莊浪夜不收哨得小王子人馬一萬七千，從後山一半鎮羌西古城地方，一半由涼州、永昌展展口茄連打班地方，俱過大通河，徑透西海行去。初八日申時，又據探哨夜不收史奴兒等供報：蒙差於八月初三日酉時，哨到剌剌山，瞭見海上並無賊營火光。初四日下山，爪得止有新舊馬踪跡奔往南去。跟踪襲至把爾貫山，瞭見達賊頭畜俱在倒塘順黄河一帶柳林内劄帳住牧，約有四千餘騎，往迴程途約行一十二日。初五日晚，行至迭纏山，瞭見大海北賊營火光三十餘里。次日天明，又瞭賊有六七十騎，亦無頭畜帳房，往迴程途約行六日，小海約行九日。初九日午時，又據巴哇思答冬蕃人奔巴守等供報：七月二十八日，蒙差我們八箇人前去山後大通河哨探小王子達子。初二日，到了大通河山上，瞭見達子單騎人馬，有七八千，從大通川過了，三日，徑往西南去了等情。

得此，會同兵備副使陳鼎議得：大夥賊虜，自北而南，俱係單騎精兵，勢不徒行。雖稱傳報小王子部賊，招尋西海窠賊，但恐彼此合勢内侵，上而甘、涼，下而莊、古，必被蹂踐，而西寧乃賊巢盤據之地，尤切近災者。本城兵馬數少，其何能支？乞要分兵併力防守。等因備呈到臣。

本月二十三日，又據副總兵魯經呈：為大勢達賊犯邊，缺兵防守事。本月十五日辰時，據孤頭觜夜不收張俊報：十四日巳時，瞭見達賊約有八九千，邀赶空馬，陸續從黄草衝行来，奔往野遜嶺行去，至晚方盡。内有達賊二三百到墩叫説："我們是小王子的人馬，去尋西海達子。因是馬乏，跟不上前頭人馬，且在這裏歇馬三四日，去莊浪城邊尋搶乾粮"等語。

照得前賊四五千，於七月二十五日至三十日，陸續入至鎮羌。本職統兵到彼，連日與賊鏖戰，追逐西行。今報前因，會同遊擊將軍嚴鎧議得：大賊復由原路来在境外野遜嶺等處，聲言歇馬三四日，要来莊浪搶掠等情，雖是故張聲勢，其情叵測。

查得鎮羌見有備禦人馬三百二十，岔口添設遊兵指揮張勇等二百，相兼備禦步軍一百防守外，却將遊兵人馬盡數掣去。鎮、岔二堡，倘賊糾衆臨城，兵力不支，誤事非輕。職等度賊聲勢，將主客兵馬分布武勝、南大通及本城聯絡設伏，有警互相併力戰守外。切緣本城漢土馬步官軍除公差、爪哨、守墩等項并老弱不堪外，見在堪征不上八百，雖有遊兵一千五百，委的兵寡，不敷戰守，而鎮羌、岔口孤懸尤甚。若不增兵防守，臨期誤事未便。呈乞照詳，等因到臣。

看得分守莊浪副總兵、都督同知魯經節次所呈，與延綏、寧夏、甘肅總兵官彭楧、姜奭等呈報大略相同。

為照北虜小王子部落人馬，擁衆過我莊浪邊境，尋襲亦卜剌等賊寇，據西寧守備、兵備官所報，約有一萬七千之數。其後運追赶前營不及，見在莊浪地方，聲言侵掠者，當亦不減數千。入境之初，副總兵魯經督領守備都指揮楊和等交鋒對敵，就陣斬獲首級一顆，奪獲馬、騾一十二匹頭，及夷器等件數多。雖係微功，但大賊壓境，我兵寡少，乃能出軍交戰，勞勛可嘉。

切恐西海賊寇，被北虜大勢追逐，必有奔竄過河，犯我洮、河之勢，而北虜大營尋襲回還，莊浪、涼州一帶地方固難保其無患，而我蘭州、靖虜等邊，止隔一河，窺伺深入之謀，亦或有之。雖調陝西遊擊陶文、延綏遊擊張鳳各所領遊兵在於附近地方駐劄，待彼處如果事情緊急，速去策應。但沿邊境外套賊，聯絡窺伺，即今秋高馬肥，又在收成時月，正彼垂涎寇掠之時，顧此失彼，誠為可慮。臣謹當居中節制，酌量聲勢緩急輕重，随宜調遣。待查各賊向往的確緣由，另行具奏外。

緣係節次傳報達賊聲息事理，為此具本，專差舍人張琥親賫，謹具題知。

一為擢用繁難府分正官以從民便事[一]

題：為擢用繁難府分正官，以從民便事。

准吏部咨，文選清吏司案呈，奉本部送吏科抄出，該臣題前事。

照得陝西平涼府所屬三州七縣，地薄粮重，民少差多。田無豐厚之獲，歲多霜雹之災。逃移者無顧戀而不歸，見在者坐包陪而益困。

内而宗室繁衍，歲增祭葬壙價，不下千百餘兩；外而節被胡虜深入，殺虜人口，搶掠頭畜殆盡，舉目蕭然。加以番夷雜處，盜賊不時竊發，虜賊在套，饋運自不容緩。臣觀天下郡縣，地方彫敝，生民困苦，未有甚於此也。其府、州、縣正官必得精敏强幹之人，乃克有濟。

近年銓選官員，因見時勢難為，或到任未久而求去，或中途托疾而不来，或憂憤成疾而物故，或告辭不允而逃歸。其在任者，不過延捱月日，苟圖餬口。上司比較錢粮，俛首受責，一聞考察黜退，欣然而往。夫人之情，既入仕途，豈不思久任以規取利名哉?蓋亦有甚不獲已焉者矣。

今本府佐貳及州縣正佐，缺官甚多，除另行具奏外，而知府乃一郡之領袖，尤在得人。查得本府自知府安惟學、陳逵之後，未有歷任至三四年者，非改調則黜退。近日知府孫聰，到任未及一年，又以養親告回，致令百務廢弛[二]，拖欠積年邊粮一十七萬有餘，官吏師生廩粮，經年不得支給。所轄驛傳馬驢夫逃亡大半，傳舍幾空，使客經過，或致稽延累[三]。

臣受命提督邊務，錢粮重事，因無正官，難以責成。聞陞有知府竇明，未知何日到任。臣切謂此等知府，必得曾歷邊方，習險難耐勞苦者，超常格而用之，庶肯勉修職業。若照常例推陞，未曾到任，先已灰心，安能望其舉職? 竇明雖有才能，曾任京堂，未歷艱苦，用之腹裏固有餘裕，處之斯地，恐亦難堪。

節據平涼縣里老、耆民魏慶、蒙釗等，平涼府、縣儒學廩、增、附學生員李文縉、謝經等及致仕省祭等官連名告保，本府同知任守德剛介自守，不為勢利所怵，欲將本官奏請陞任知府，小民得安等情。臣因詢問本官民情邊務，隨事應答，俱有條理。及查本官係山西靈石縣人，歷任河南獲嘉縣、保定清苑縣知縣，推陞山東東平州知州，任内節經巡撫等官保舉。及又博訪得慶陽府寧州知州王暘，由進士歷任，今寧州廢弛已久，本官莅事以来，政務以漸修舉，吏民畏服。此二官者，委的精勤强幹，堪宰煩劇，且年勞俱深，亦堪擢用。

乞勑吏部再為訪議，合無將新任知府竇明改任腹裏地方，仍於任守德、王暘二人内擇用一員，陞任平涼知府，則人才器使，不致於枉用。小民稱便得，藉以聊生，不勝幸甚。等因奏。

奉聖旨："吏部知道。欽此。"欽遵抄出送司。

查得陝西平涼府知府，先經推陞南京户部郎中馮裕，後訪得本官事故，未任，又經推陞池州府同知竇明。續又訪得馮裕無故，起程赴任去訖，已將多餘竇明調補鳳翔府知府訖。今該前因，案呈到部。

看得平涼府知府已經陞補馮裕赴任外，所據奏保任守德等難以覆奏，合咨前去，煩為知會。等因備咨到臣。

照得平涼府委係臨邊險艱要衝之地，節年知府俱不得人，以致百務廢弛，人民困苦，奸弊横生，錢粮負欠數多。新除官員往往畏難，多不赴任，其赴任者，又多不能展布。臣深念時勢之難，勉從士民之願，因見本府同知任守德及訪得寧州知州王暘，才力有餘，奏乞於各官内擇用一員陞任，極知僭踰，但地方安危所繫，職業相關，誠非得已。

今准前因，内開平涼府知府已經陞補南京户部郎中馮裕。切思本府缺官，將及一年，其馮裕未知何月日陞補，至今尚未到任。恐亦畏險憚難，不肯前来，或别有事故，亦未可知。見今西北二邊，各有大虜警報，知府百責所萃，政務浩繁，似難久待。除王暘已經陞任外，如蒙乞勑吏部，再為議處，合無准將本府同知任守德陞任知府，以從民願，以濟時難，其馮裕該部别為查處，實為便益。

緣係擢用繁難府分正官事理，為此具本，順差舍人張琥親賫，謹題請旨。

【校記】

[一]本篇已見卷十一，文字略有出入繁簡。

[二]“令”，底本為“仕”，據上下文意改。

[三]本處句末，據文意似缺一“日”字。

一為緊急聲息事

題：為緊急聲息事。

嘉靖四年九月十九日，據分守莊浪、西寧等處地方副總兵、都督同知魯經呈，為大勢達賊壓境住牧，請兵併力防守事。本年八月二十一日申時，據擺哨青羊水夜不收馬義報：本日早，有兼稍土軍明中住兒押同夜不收馬見，爪路時久[一]，不見回還。午時，有馬義登高瞭見達賊三十餘騎[二]，從青羊水行来，奔謊徐兒行去。其馬見、明中住兒爪無下落，不知存亡，本役赴城来報。

二十二日寅時，據鎮羌擺哨西古城夜不收吴英走報：二十一日申時，瞭見達賊二十餘騎，從黑古城行来，奔鎮羌迤東行去。除差人傳諭各堡守掌官軍，堅壁清野，及整兵隄備外。本日申時，據紅城子擺哨小川兒夜不收楊正發報：本日巳時，瞭見達賊二十餘騎，從蘆井兒行来，到邊站立，本役来報。

二十三日五更時分，據常山兒夜不收閻尾山報：二十二日戌時，瞭見達賊七八十，從中馬路行来，奔土豹嶺行去。随據四眼井夜不收黄海報：二十二日戌時，瞭見達賊四十餘騎，從五條嶺行来，到阿吉零水飲馬，来報得此。本日早，差據夜不收徐剛報：蒙差剛同土軍舍保爪尋土軍明中等，二十二日晚，行至青羊水，遇賊五十餘騎，將各役赶散，舍保不知存亡，本役脱走来報。

二十四日午時，據四眼井夜不收蘇欽報：本日早，爪見達賊馬蹤五十餘騎，徑奔傳家水行去。得此，随據大沙溝夜不收李聚報：本日卯時，瞭見達賊八十餘，騎從張匾食井行来，到壕站立，来報得此。二十六日午時，據小溝兒夜不收劉成報：本日辰時，瞭見達賊三運，約有一百餘騎，沿河行来，徑奔野猪溝行去。本日酉時，據岔口堡随馬夜不收沈洪報：本日巳時，瞭見達賊約有二百，奔鏵尖堡行来，徑投野猪溝行去。随據寬溝夜不收馮俊報：本日，瞭見達賊約有一百餘騎，徑奔岔口行去。本日亥時，據黄草衝夜不收姚三報：本日未時，瞭見野猪溝達賊五百，順河行来，奔栢林溝行去，来報得此。二十七日寅時，據鎮羌堡随馬夜不收徐英傳報：二十六日未時，有擺哨黑古城夜不收翟居純、西古城夜不收吴英各報：瞭見達賊一千餘騎，内有駱駝四五隻，上馱行李，邀赶空馬并馬駒三四運，從黑古城行来，徑奔迤東黄草衝行去。随據野逐嶺夜不收孟連、孤頭嘴夜不收李英各報：前賊從黄草衝行来，俱奔爛泥河行去。據此，復差原報人役傳諭鎮羌、岔口守備、按伏等官，嚴加隄備。

本日亥時，據岔口堡随馬夜不收施旺報：有肅州襲職夷人二十名到岔口，不聽阻當，强行出堡。行至馬營溝，申時，遇見達賊二三十騎，從杜家沙溝林内突出，與夷人對敵，報與武勝堡設伏百户范璋，領兵追殺訖。本役来報。得此，慮得大賊連運經過，而夷人强行，恐有疎虞，分差莊浪把總指揮陳璽等，帶領漢土有馬官軍三百，夤夜前去策應。續據本官回稱：次日早，兵至武勝堡，有百户范璋說稱：賊已回遯，同夷人車輛到堡。本職随帶官通夷使人等復至馬營溝踏襲賊蹤，由杜家沙溝行去。差據夜不收張英襲得前賊，奔張匾食井出境去訖。拾獲勑書一道，交與伴送夷人百戸金海收領外。

二十九日辰時，據鎮羌擺哨黑古城夜不收馬連報：二十八日巳時，瞭見達賊七八十騎，從黑古城行来，到牆堆兒牧馬，来報。随據火石溝夜不收于伍報：二十八日申時，瞭見達賊二十餘騎，牽狗四隻，從鎮羌行来，奔火石溝行去。得此。據此探哨夜不收楊海、土軍董只堡等八名供報：蒙差各役襲探賊情，依蒙出境，晝伏夜行。二十六、二十七日，分頭到於黑馬圈、土豹嶺、斬石硤、速罕禿、蘆塘等處，登山瞭見達賊馬牛遍野，撒放煙霧，罩滿山川。伏瞭至晚，各掣回還。

行間，及據火燒城遞運所申，據夫丁趙玘告稱：本年八月二十四日，聞知夷人車輛前来，有本所署印義官袁昇，因是帶管武勝遞運所事，預先要去催攢車輛。本日晚，帶領趙玘步行出堡，一更時分，行至鷹窩山，忽遇伏賊二十餘騎撲来，將袁昇射死，趙玘脱走来報，告乞施行。得此。

又據武勝堡按伏、秦州衛百戸范璋呈，為達賊出沒事。本年八月二十五日，蒙委本職帶領無馬步軍七十員名，到堡按伏外。本月二十七日酉時，據岔口堡随馬夜不收施旺報稱：進貢夷人車輛前来。職領軍出堡迎護間，又據岔口堡夜不收張牛兒報稱：馬營溝有賊二三十騎，與夷人對敵。馳至石嘴兒，撞遇敵人車輛，一同到堡。審得伴送通事說稱：被賊射中夷人一名。至二十八日早，領兵同夷人前到對敵處所，查得夷櫃一十八箇，内被賊打開三箇，俱是羊毛、大黄，照數交與伴送夷人官百户金海等收領載回，呈乞施行。

随據委官甘州衛百户金海呈，為夷人告要襲職事。承奉陜西都司批差本職，伴送夷人乩吉哱羅等赴京襲職進貢。本年八月二十七日，自鎮羌起程，到於岔口，各有人馬護送。至石門河，有岔口軍士掣回。各人行至馬營溝，申時分，遇賊二十餘騎，從東北撲来。有使車人丁奔走上山，其賊就與夷人對敵，内中傷夷人一名，射傷三名，今已平復。射死自己馬一匹，搶去自己馱勑馬一匹，上馱勑書五道，内今襲畏兀兒普覺國師拜言孛剌一道，指揮同知那言孛剌一道，指揮僉事阿納剌力一道，已襲指揮使速剌把剌一道，指揮同知那言孛剌一道，俱各搶去，呈乞施行。

又據趙玘等告：係臨洮府蘭州火燒城遞運所牛夫，連名狀告。本年八月二十七日，應付夷人乩吉孛剌牛車三十三輛，未時分，行至馬營溝，遇賊三十餘騎，將拽車官牛搶去八隻，各夫脱走回堡，告乞施行。得此，行據操守鎮羌堡地方、蘭州衛指揮匡鍾，岔口堡按伏、秦州衛總旗王星吉各呈稱：伴送夷人百户金海等，不聽阻留，將堡門撞開，强行出堡，各領人馬，送至地界，掣軍回堡，呈乞施行。

得此，九月初五日，據常山兒擺哨夜不收宋名收送被虜走回夜不收胡以得供報：蒙撥在於回回墓水爪哨。八月十九日巳時，忽遇達賊五十餘騎撲来，將同哨夜不收許三、楊保勝三射死，將以得搶到松山地方住歇。見得達賊精兵四五千在彼下營，内有一人，說是宣府人，聽得達子說："到河凍了方纔入套去裏。"有以得至二十九日，聽得衆達子睡熟，脱走来報，

據此，初六日，據探哨夜不收黄九兒等五名供報[三]：蒙紅城子守備官差去探哨[三]，晝伏夜行，初五日，行到一撮毛山，登高瞭見硤兒水達賊五六百騎、頭畜遍野撒放，至晚掣回，来報。

據此，照得本境大賊萬餘，占據速罕秃等處，久住不退。時遣輕騎，在於境外水頭瞧撲應哨人役，及近邊往来行走，顯有誘兵之計。近日又有達賊一千，邀赶駱駝空馬，從黑古城行来，往東黄草衝行去，意有大舉之謀，難以測度。除遵依提督軍門鈞帖内事理，各守封疆，慎固城堡，按兵勿動，不可與之爭鋒，及相機勦殺追逐外。參照管押夷人百户金海，不度賊勢重寡，不聽阻留，强行撞打堡門，致賊搶掠。其應哨夜不收土軍忠於王事，例該優賞。

及查得本城漢土馬步官軍，除公差買馬等項外，見在堪征不上八百。值因追戰無暇，兵馬疲憊，遇戰不敷支持。况糜穀登塲，尚未打碾，若不再行請兵，誠恐久驕不退。倘賊乘虚糾衆，萬一臨城而邊地失守，累罪非輕。合無俯念極邊重地，早賜兵馬，併力防守便益，擬合通行，為此除外，合行具呈，伏乞照詳施行。等因到臣。

案查，先據副總兵魯經呈稱：達賊連日大舉入寇鎮羌等處。答話說是小王子人馬，尋收西海達賊，雖被官軍斬獲微功，追逐西遁，近日探哨人役[三]，瞭見速罕秃、蘆塘等處，煙霧不絶。及照虜中走回男子韓進保等供說：套賊一萬，尋收亦卜剌去訖，遺下精兵，在彼牧馬。倘賊糾合西海達賊，大舉入寇[四]，壓境住牧，而本城兵馬不敷，誤事非輕。等因到臣。

節經帖仰本官，通行遊擊將軍嚴鎧、涼州副總兵周尚文、西寧兵備副使陳鼎、守備彭濬等，各督令所屬，整兵秣馬，鋒利器械，嚴謹斥堠，差人遠為哨探。如果大賊止是尋襲西海賊寇，不在我境搶掠，只宜各守封疆，慎固城堡，按兵勿動，不可與之爭鋒。若犯我邊堡屯寨，搶掠我丁口頭畜，即便會合各枝官軍，相機勦殺，協力追逐。毋令深入久住，貽患地方。倘或賊勢十分緊急，差人催調陝西延綏遊兵，前去應援，及行甘肅主副總兵，督發大兵會勦去後，今呈前因。

案查，先據副總兵魯經等呈報：大勢達賊萬餘，前去西海尋襲亦卜剌賊寇，仍留精兵數千，在於莊浪地方住牧。為照夷狄相攻，中國之利，若前賊止

是尋殺西海賊寇，不在我邊寇掠，只宜按兵固守，難與爭鋒。倘或犯我邊堡搶掠，即便會兵，相機截剿，節行事理已甚明白。

後據各官報稱：前賊自西海復回，一萬有餘，俱在莊浪地方。又經行令嚴加隄備。及行甘肅鎮、巡官，查肅州回賊若退，速將原擬莊浪按伏遊擊將軍嚴鎧人馬，仍發前来，會合戰守，及督發陝西遊擊陶文領兵應援外。

參照各該官員，既知大賊壓境，不時侵掠，不行申嚴號令，却乃視常怠慢，致將襲職夷人射傷，搶去勑書五道。其稱伴送百户金海等不聽阻留，將堡門撞開，强行出堡等情，未委虚的。所據操守鎮羌堡、蘭州衛指揮匡鍾，岔口堡按伏、秦州衛總旗王星吉及伴送夷人百户金海俱各提問，但未經查勘，誠恐中間别有隱匿重情。除行巡撫甘肅地方都御史寇天敘，將失事人員查勘明白，及被傷夷人量為優恤，遺失勑書查究下落，徑自施行外。如蒙乞勑兵部，照例行巡按陝西監察御史，將指揮匡鍾等就行提問，干碍其餘誤事官員，一併參究。惟復體念大賊壓境，正在用人之際，通候事寧施行，伏乞聖明裁處。

緣係邊鎮呈報聲息事理，為此具本，專差承差張時親賫，謹題請旨。

【校記】

[一]“爪”，按通“找”。

[二]“馬”，底本為“義”，據四庫本改。

[三]“探”，底本為“深”，據四庫本改。

[四]“寇”，底本缺，據四庫本補。

一為急缺方面官員事

題：為急缺方面官員事。

臣切惟今天下民生之休戚係郡縣，吏治之臧否係藩臬，雖統之以撫臣，巡之以臺使，而上承下宣，全在藩臬二司。故巡撫之命，非藩臬則不流；郡縣之政，非藩臬則不肅。至於錢穀、兵馬、刑名、賦役，提綱挈領，分理責成，不有二司官員上承下糾，何所倚賴？我國家稽古定制，三司分職，彼此相維，布、按二司守巡官員，分理各道，飭兵督糧，又有專責。今藩臬官員有缺，吏部必擇內外臣僚之能且賢者，開具二員，上請簡用，可謂重矣。

若陝西一省，為邊鎮之樞衡，中原之鎖鑰，較之他省，尤為機要，銓部所擇，諒無不精。夫何近日以来，推陞二司官員，或憚地方之險遠而不来，或取便道以還家而延住，或稱病而求退，或避嫌而乞改。陞者已去，代者不来，以致喫緊地方，經年累月，缺官管理。且如河西一道，所管延安、慶陽二府，榆林一鎮，邊儲拖欠至四十一萬有餘，人户逃亡，日甚一日，分守、分巡官員俱缺。關南一道，乃各處流民之萃淵藪也。往年藍、鄢之亂，可為明鑑，今分巡、分守亦復缺員，若固原、靖虜、蘭州等處極邊重地，整飭兵備之官，尤在得人，原任副使成文已陞參政，代者未至。臣暫委本官照舊帶管，但其本等職業，未免妨誤。

臣先年間督理馬政，奏准選委布政司參政車霆、按察司副使王寅，專聽委用，彼時興廢補墜，多得其力。邇者，荷蒙皇上不以臣為不才，起之於衰朽之餘，付之以艱大之任。到邊以来，惟是兵備數員，相與維持，然所理邊事，其他政務，難以兼攝。二司員缺既多，亦無他官可委。雖曾查取副使韓士奇前来整理補軍召募等事，未久聞陞參政，回司就留掌印。肅州兵備副使趙載初来上任，亦留科場監試。是時，左、右布政、按察司俱缺，前項參政、副使等官，又復缺員撫巡委用，實非得已。令左、右布政俱已到任，參政韓士奇方得脱身，出巡催粮。

夫政之興廢，存乎其人。以積弊大壞之餘，而襲因循濶略之後，必得精明振厲之人專理其事，乃可責成。若以一人兼理數事，顧此失彼，不過發行文移，取足書簿而已。

臣又切思，人臣任事，雖在才足有為，亦須志欲有為。陝西地方官員間關於戎馬之際，出入於沙塞之中，彼憚勞畏險之徒，縱强之使来，未免灰心喪氣，安能望其有所建立？其他員缺，未敢槩言，如固原兵備及河西道分巡撫民、兼管兵備二員，臣職業相關，輒敢謬舉。

切見陝西按察司僉事桑溥、王鈞，皆剛敏聰察，有荷重析分之力，堪任固原兵備副使。西安府知府趙伸、漢中府知府張欽，皆疏通振厲、剸繁舉劇之才，堪任河西道分巡撫民，兼管延安兵備副使。

如蒙乞勑吏部，查陝西布、按二司員缺，自副使孫樂陞任，張士隆病故之後，曾推何官，久不赴任；及參政潘塤、副使成文陞任，曾推何官，俱未到来。如其曾有陳情退避，亦乞早為議處，庶免曠官廢職。仍乞於僉事桑溥、王欽内推用一員，陞補固原兵備副使。知府趙伸、張欽内推用一員，陞補河西道分巡撫民、兵備副使。非惟各官才堪供職，而地土相習，心志相安，可無推託曠廢之憂矣。其原陞官員，應否改調別任，該部另為定奪。臣位忝大臣，身荷重責，地方安危所繫，不敢不言，伏惟聖明裁察！

緣係急缺方面官員事理，未敢擅便。為此具本，順差承差張時親賫，謹題請旨。

一爲緊急聲息事

題：為緊急聲息事。

嘉靖四年九月初六日，據鎮守甘肅地方總兵官署都督僉事姜奭呈，為大勢回虜入境為患，請兵防禦事。本年八月十六日午時，據肅州參將雲冒差夜不收線英報稱：本月十五日五更時分，有在城墩報接清水河墩舉放煙火。參將統兵迎火，行至四頃堡，見有達賊約有一百餘騎，穿戴盔甲，在於樹林內藏伏。參將就彼劄營，本役来報。本日戌時，又據參將雲冒差原哨苦峪夜不收哈卜歹報稱：本月十二日，同夷人牙剌力前去迤西哨探，行至苦峪沙山，爪見新行賊馬蹤跡，約有一千，從西大鉢和寺往東柴城兒地方行走。随有回賊瓦剌達賊共有七八百騎，從斷山口入境，到四頃堡地方。參將人馬迎至將臺，與賊對敵數番，其賊往西安遠寨去訖，来報。

十七日辰時，又據參將雲冒差原守哨嘉峪關夜不收馬聰報：十五日未時，瞭見回賊并達賊約有七八百騎，牽有馱馬，從東安遠寨前来到關，徑往北九眼泉二墩空倒壕牆，往西透大草灘住劄。內有回、達四十騎復来到關西門上，說稱：“我是速壇蠻速兒王子的兄弟把巴察，我来要通路和好。若不和好，便同哈密北山瓦剌達子做一箇氣力，大勢人馬前来，侵奪城池。”說畢，其賊回往大草灘去訖。本役来報，等因到職。

案查，先准參將雲冒手本，為屬番傳報夷情聲息事。據罕東左衛沙州頭目帖木哥等差来番人綽列奔等共稱：舊年有速壇滿速兒領大勢軍馬来到沙州，將頭目帖木哥、土巴人馬收拾，跟着速壇滿速兒至甘、肅州地方，搶了漢人回来，到了沙州。差了頭目脫脫木兒，領着三百人馬来到肅州山後避住，不要教沙州人投順着肅州去，常去漢人地方上搶，捉住漢人，問他甘、肅州有無調到人馬報来。先差牙木蘭和黄達子軍馬，先去搶殺收田禾人畜，有速壇滿速兒和弟兄三箇的大軍馬随後来等情。

續又准本官手本，開送虜中走回婦女朱氏供稱：回賊在哈密造盔甲、翎箭，修哈密城上土刺，還要往甘、肅州搶掠。據此，又准本官手本，開稱：苦峪城爪見賊馬蹤跡一十二騎，看得靴蹤俱是尖頭，其蹤回往哈密大路去訖。

等因節經通行本鎮各該副、参、遊擊、守備、操守等官，各整栅兵馬，修飭軍装，儹餧馬膘，聽候截殺。并行肅州分守等官，差人分頭哨探，嚴謹烽堠隄備外，及節次具題，請兵去後。

今准前因，會同鎮守太監董文忠、巡撫右僉都御史寇天敘議得：土魯番回酋速壇滿速兒，去歲率領大勢回虜，侵犯甘、肅等處，搶掠人畜，攻㧻堡寨，被官軍截勦，斬獲首級，追逐遁還。復遣頭目脫脫木兒帶領回賊四五百騎，潛来境外南山伏住，不時入境搶掠，被我官軍節次斬獲首級。今又糾合哈密北山住牧瓦剌達子，復来為患，則前項番人綽列奔、走回婦女朱氏所傳之言，皆足徵驗。即今賊衆七八百騎，已到肅州，與我官軍對敵，回往大草灘駐劄，遣賊復回傳言，要来通路和好。緣回虜譎詐，恐是故設前言，緩我兵馬，後面尚有大衆繼来，乘機攻搶，亦未可知。

再照西寧、莊浪、涼州等處，又報小十王大衆人馬，亦在南北境外駐劄，往来行走，聲言要去西海，收捕亦卜剌、阿爾秃厮達子。其因而糾合摽掠，勢所必有。本鎮兵馬數少，不敷戰守，累經奏調陝西延寧三鎮奇、遊兵馬，至今未到。其所奏新添遊、奇官兵，已蒙准允。馬匹未有明文，器械尚未解来。除於鎮城挑選官軍一千員名，肅州官軍一千員名，行令西路遊擊將軍李義統領，先去肅州應援，及行左副總兵趙鎮、遊擊將軍嚴鎧，各統奇、遊兵馬，随賊聲勢，往来截殺。仍通行各城副參、守備、操守等官：一面整栅馬步土兵舍餘人等，并軍中應用軍火器械，齊備待報，聽候職等調用，併力捕勦；一面收斂人畜，併入堅固大堡固守，及再差人遠為哨探，有無重大回賊入境，及具題外。緣前項賊情，止據夜不收口報，中間有無失事，待參將雲冒文移至日另行。

為照本邊孤懸萬里，回、達交侵，兵馬數少，難以支持，勢甚危急。萬一失事，職等一身固不足惜，其如地方生靈何？如蒙軫念極邊重鎮，賊情緊急，缺兵戰守，乞催行陝西延寧三鎮奇遊兵馬，作急督發，兼程前来本邊，聽職等調度戰守，庶緩急有備而地方可保無虞矣，呈乞照詳施行。

等因又據本官呈，為屬番傳報夷情聲息事，内開准分守肅州右參將、都指揮同知雲冒手本前事，會同鎮守太監董文忠、巡撫右僉都御史寇天叙議得：肅州分守官節次開稱，要將綽列奔等暫且疏放，發回肅州，令都督日羔剌收領羈候。及稱原差通事夷人馬能等探聽得沙州頭目帖木哥等云稱："教漢人多收拾人馬，前来沙州，做一箇氣力殺他去。若人馬不来，差人調我每往肅州城根前坐去。若不用我，便不要差人来，我也不差着人去。"又稱回賊和黄達子大勢還要前来搶掠，與他王子和好等情，并乞發兵粮，協濟防守一節。

為照帖木哥等所報賊情，既稱和好，又稱搶掠，既曰要做一箇氣力殺賊，又曰要往肅州住坐，情詞不一，向背兩途，難以憑信。再照土魯番王子速壇滿速兒并頭目牙木蘭，去歲犯邊，已該番夷帖木兒、朵爾只供稱，被我官軍射死，今綽列奔并沙州帖木哥、土巴等又稱見在。緣夷虜譎詐，事難遥度，但安不忘危，有備無患，在我隄備則當嚴謹。况所報脱脱木兒犯邊，事已不虚，其大衆復来，勢不能免。

除將綽列奔等羈候甘州，其所報事情，催行分巡道僉事李孟旭，會同行都司王輔等再行審問明白，另行。及行各該協守、分守、副、參、遊擊、守備、操守等官，整搠兵馬，鋒利器械，嚴謹烽堆，堅壁清野，修理城池，并差人絡繹遠為哨探，遇警互相應援。

除具題外，緣本鎮兵馬錢粮委的不敷，若不呈請大集兵粮設備，倘致臨期，不無誤事，貽患非輕。如蒙軫念河西孤懸重鎮，危急之際，乞催行陕西延寧鎮、巡等官，速將原擬奇、遊兵馬督發本邊，併力防禦。仍乞多發錢粮，解運本邊，接濟軍餉，庶緩急有備而地方可保無虞矣。呈乞照詳，等因到臣。

案查，先據鎮守甘肅總兵官都督姜奭及分守參將雲冒節呈前項夷情，為照土魯番速壇滿速兒，先於正德十一年，近於嘉靖三年，兩次率領番賊，寇我甘肅，殘壞我邊堡，虜殺我軍民，地方被其毒荼，雖被官軍追逐出境，不曾大遭剉衂。今據沙州夷人供稱：虜酋速壇滿速兒已往土魯番，留下頭目牙木蘭，見在哈密。到七八月馬壯之時，領哈密北山瓦剌黄達子等賊往漢人地面搶掠一節，容或有之。觀其先差頭目脱脱木兒領人馬三百，在我邊住牧，乘間寇我永昌地方，見被官軍斬殺，此其明驗。

但沙州頭目帖木哥、土巴等，係中國屬番，受恩深厚，去年回賊入寇，已率衆跟随，侵犯肅州，去順從逆，罪不勝誅。今所供報，言若效順，心實難測。恐其自知身負滔天之罪，恐將来無容足之所，設為張大之辭，窺我賞賚之利[一]，又或土魯番酋見我閉關絶貢，與之通謀，窺我意向，亦未可知。觀其言"將進貢的放出来便好，及講和便好，不講和便不好"等語，大略可見。且去歲甘州速壇滿速兒不曾伏誅，而大頭目火者他只丁等俱死於箭射鎗打之手。而近日所遣頭目脱脱木兒係精鋭先鋒，初入我境，即被斬獲，其氣必沮，前項供報之言，恐未可信。

但甘肅地方兵馬寡少，錢粮缺乏，内之不安，何能攘外？且今西海逋寇，竊伏我邊，莊浪劇賊，剽掠官路，比之回賊，尤當急備。已經節行彼處鎮、巡、副、參、遊擊等官，各須申明紀律，訓練士馬，修葺城堡，整備器械，振威武以讋外夷之心，明賞罰以作我軍之氣。又經節行陝西布政司，將解甘肅一鎮邊儲銀兩，分投差官，督發過河。行令管粮參議、僉事等官，趁收成時月，作急糴買粮料、草束，派發各城堡上納。已將前項緣由具題外。

今該前因，除綽列奔等已該本鎮鎮、巡羈候，委官審問，得報另行處置外。看得所呈情辭迫切，各官均有地方安危之責，亦不得已。但兵當預練，粮當預積。教養有道，兵在精不在多；出納無方，粮雖多無實用。甘肅地方，先該鎮、巡官員既不能訓練士馬，又不能預處邊儲，結釁外夷，貽患内地，搶掠人畜，攻乞寨堡，彫傷愁苦之狀所不忍言。

臣到邊以来，不次移文陝西巡撫及布政司，督催解運甘肅錢粮。近據布政司呈報，解過甘肅一鎮京運軍餉并夏秋粮價銀共一十八萬八千一十四兩三錢一釐五毫。臣近發去淮浙等運司鹽七萬五千引。節據分巡僉事李孟旭、平涼管粮參議王汝舟、甘肅管粮僉事周汝勤揭帖開稱：鎮城廣盈庫見在銀四萬三千兩有餘，甘肅倉見在民運折粮銀二萬七千兩有餘，涼州廣儲庫見在銀二萬五千兩有餘，通融扣算，除本色粮料、草束外，見在并解發銀兩其數儘多。

且腹裏粮草，自来少有本色輸運到邊，其折色銀兩，必須趁時召糴。奈何經該官員，平時則相習因循，遇警則倉皇無措，節次移文督責，未見有何處分。參看所呈，動以大發兵粮為辭，及要催調陝西延寧遊奇兵馬。彼亦自知倉儲缺乏，供應不敷，特以利害切身，故欲張大其辭，恐他日失事，預為逃責宥過之地耳！

及照先因莊、涼有警，已調陝西遊擊陶文，管領遊兵，於蘭州附近州縣駐劄聽候，河西有警来調，即便前去赴援。又調延綏遊擊張鳳，領兵暫在固原附近城堡按伏。遇有河西緊急聲息，發去策應。但因去歲踏冰過河在套達賊數多，近報二萬前去西海，尋殺亦卜剌賊寇，其在套者當亦不減數萬。自延綏黄甫川起，直抵寧夏靈州，千四百里，無處無賊。營壘帳窠，遠近相望，火光馬蹤，聯絡不絕。雖是未曾深入，而其志向不可測度，倘或大舉侵犯腹裏地方，根本動摇，誠非細故。以此，延寧兵馬，自顧不暇，勢難遠掣。

況前項回賊酋首速壇滿速兒既回本境，頭目牙木蘭亦在哈密，不曾前來，比之去歲，聲勢不同。明是此賊見我閉關絶貢，意圖和好，故遣殘賊，糾合屬番瓦剌諸賊，在邊出沒，窺我意向，既不得逞。必將自退，縱使夷性狂背，敢萌非分之欲，查得甘州左等五衛支粮主兵官軍一萬有餘，副總兵趙鎮所統奇兵官軍二千餘員名，遊擊將軍嚴鎧所統遊兵亦二千餘員名，近又添設遊擊一員，并肅州、高臺、鎮夷等處，各有主兵官軍，若各將官同心戮力，主將居中調度，自可支持，不足為慮。惟涼、莊地方，大虜壓境，雖稱尋襲西海賊寇，不曾得利而回，却在我邊聯絡住牧，不時入境侵掠。近又以數百騎乘夜浮渡過河，到於靖虜、寧夏地方，已遣陝西總兵、守備等官追逐，及行寧夏將官合兵截剿。必是覘我道路，探我虛實，恐有約會套賊，大舉入寇之謀，防禦調度，誠不敢緩。

但目前莊浪一帶事情緊急，彼處兵馬委的寡少，不敷支敵。已經帖仰總兵官姜奭，會同鎮守太監、巡撫衙門，即行副、參、遊擊各該將官，務要加謹哨探，協力隄備，一有回、達等寇侵犯，運謀以防遏之，併力追逐之，務使大遭剉衄，以靖地方。及督發陝西遊擊將軍陶文遊兵官軍過河，協力防禦，并行延綏遊擊將軍張鳳待報，繼後應援。及行巡撫衙門嚴督分守、管粮等官，上緊措辦粮儲，務勾主客兵馬支用。又將户部發到銀兩，行令領回五萬兩接濟該鎮軍儲外，待後如果聲勢十分重大，臣當督大兵前去征剿，不敢顧此失彼，以貽宵旰之憂。

緣係邊鎮節報緊急聲息事理，為此具本，順差承差張時親賚，謹具題知。

【校記】

[一]“窺”，諸本皆為“規”，據上卷《一為傳報回賊聲息事》中言及此事用語“設為張大之辭，窺我賞賚之利”句改。

一爲整理邊務以備虜患事

題：為整理邊務以備虜患事。

准兵部咨，該本部題職方清吏司案呈，奉本部送兵科抄出。該臣題前事，該本部覆題。看得提督軍務兵部尚書楊一清題稱：陝西地方固原、環慶、靖虜、蘭州，俱係防胡重地，而固原最為要衝。且土漢雜處，易於生變，内有監牧馬匹，尤為賊所窺伺。鎮守官統轄地方廣濶，不特防禦胡虜，如洮、岷有西戎之警，南山有羣盜之虞，皆其責任。萬一事變不測，未免顧此失彼。要照依太監張忠、尚書金獻民所議，添設參將一員，分守固原、環慶、靖虜、蘭州地方，仍在固原住劄，操練軍馬，修理關隘，撫安土人。如各處有警，往来應援截殺，各守備、防守等官，俱聽調遣一節。

為照，前事先據太監張忠、尚書金獻民先後條奏，節該本部議擬，題奉欽依，行移提督官議處。今尚書楊一清遵奉勑旨議處，具奏前来，相應依擬。伏望皇上俯從所議，於固原等處添設參將一員，分守前項地方。候命下之日，本部從公推舉相應官二員，疏名上請，簡用一員，充參將名目，照例請給勑諭、符驗、旗牌，前去行事。其守備官員依擬革去，不必再設，遞年於附近衛分，選委都指揮一員操守。如無相應都指揮，聽於指揮内選用奏請，以都指揮體統行事。如此，庶官有常尊，事無推避，而地方可保無虞矣。等因題。

奉聖旨："是。固原等處准添設參將一員。欽此。"欽遵。

備咨到臣。案查，先為前事，已經具題去後。今該前因，照得固原守備，已該兵部題奉欽依革去，遞年於附近衛分選委都指揮一員操守，如無相應都指揮，聽於指揮内選用奏請，以都指揮體統行事。

為照，原任守備署都指揮僉事劉文，已陞寧夏遊擊將軍，新任參將未到。所據固原守備職掌，政事頗繁，分守參將難以兼管。該設操守都指揮一員，查無相應都指揮。

臣博訪得固原衛指揮黄振，年力壯强，性資明敏，緣係世守武臣，人情相附，堪以委用。如蒙乞勑兵部查議，合無將指揮使黄振，奏請以都指揮體統行事，令其操守固原等處地方，訓練人馬，撫安軍民，整理關隘墩臺，嚴謹門禁。果能守己愛軍，行事無失，蹟效有聞，聽鎮、巡官員奏保擢用。

緣係整理邊務以備虜患及兵部題奉欽依事理，未敢擅便。為此具本，順差承差張時親賫，謹題請旨。

關中奏議全集卷之十五

提督類

一為達賊入境官軍斬獲首級奪獲達馬等事

欽差提督陝西三邊都御史、臣楊一清謹題：為達賊入境、官軍斬獲首級、奪獲達馬夷器等事。

嘉靖四年九月二十一日，據鎮守陝西地方署都督僉事鄭卿呈前事。據守備靖虜地方都指揮同知辛忠呈，本年八月十八日辰時，據山後捨木硤墩架塘夜不收王春兒走報：本月十七日酉時，瞭見河北達賊二百餘騎，從莊浪地方五方寺溝前來黃河北岸，往來行走，離城二百餘里，來報。得此，本職即時統領有馬官軍指揮朱扆等六百員名，馳至地名水泉，迎遇白楊川架塘夜不收王六十走報：本日午時，瞭見河北達賊二百餘騎，從捨木硤墩空各用渾脫浮渡過河，徑到裴家川劄營。本墩隨即舉煙三桶，放砲三箇。得此，督併官軍徑奔裴家川。十九日卯時，至地名分水嶺，據八泉墩架塘夜不收侯三走報：前賊從本墩徑往東行。本職嚴督官軍前進，二十日卯時，追至寧夏中衛地名七眼井。其賊瞭見灰塵，遠遁香山去訖。當差夜不收馮岩兒等傳報中衛預防隄備，本職掣兵邊外黑水池劄營。本日夜三更，據哈思吉架塘夜不收仇喜喜走報：十九日酉時，瞭見河北達賊約有四百餘騎，亦從捨木硤接連哈思吉一帶，各用渾脫浮渡過河，仍從先過達賊舊路裴家川行走。河北劄立達賊三簇，不知其數。隨即舉煙三桶，放砲三箇。

二十一日寅時，當差仇喜喜馳報鎮守陝西總兵官鄭卿處，本職領兵追襲。續蒙總兵官鄭卿鈞票，備行本職，分兵設伏，相機戰守。依蒙分布指揮吴英有馬官軍二百員名在地名青沙峴，千户劉夔龍有馬官軍一百員名在地名小石溝，本職統領靖虜衛有馬官軍并續調土達共七百七十員名，在於衝要響泉兒聯絡設伏。二十二日寅時，據八泉墩架塘夜不收李瘦兒走報：達賊二百餘騎，騎牽馬匹，從本墩徑奔迤南。本職即時領兵拆墻，出邊馳追，迎遇前賊衝突前來，督令官軍奮勇射斫，就陣斬獲首級一顆，奪獲達馬二匹，收獲夷器衣物弓箭二十六件枝，中傷軍人一名。餘賊見我官軍勢猛，遯往東北奔走。追至鎖黄川，其賊遠遯。因見天晚，恐墮其計，掣兵復回邊外黑水池劄營。查得連日追賊，促死軍人李三等馬四匹。

二十三日未時，蒙總兵官鄭卿鈞票，備行本職，統調乾鹽池、打剌赤馬步官軍前去賊行道路，設伏把截。本職依蒙統調靖虜等城堡有馬官軍朱宸等一千七十員名，在於適中道路水泉按伏分布，指揮馬世經管領步隊軍餘三百五十名，前去沿河揞木硤一帶擺列，仍差人接連哨探。

本年九月初三日辰時，據爪哨夜不收謝和甫等報稱：從本境八泉爪至中衛蘆溝兒、紅寺兒一帶，並無賊蹤。直抵長樂堡，探得本堡差去伍百户聽探鄉導李奈説稱：中衛參將爪得前賊俱奔迤東過邊。得此，緣所部兵馬，連日缺乏粮料，本職隨即掣兵回衛防守，仍行所屬城堡嚴謹隄備外，查得前賊渡河，徑奔迤東遠遁，並無深入本境，搶掠人畜。及行巡墩指揮、千、百户劉信等，踏勘前賊經行墩塘隘口，有無撲殺走報人役，明白至日，另行呈報。除將斬獲首級，奪獲達馬夷器等件解赴提督軍門，驗發固原衛寄庫外，理合具呈施行。

據此，及據固原守備地方署都指揮僉事劉文呈，為傳報聲息事。本年八月二十日午時，該靖虜守備辛忠差夜不收王六十走報前項賊情，當蒙提督尚書楊一清督發鎮守總兵官鄭卿，統領固原馬隊官軍指揮季臣等三百五十餘員名，巡邊西安左等衛官軍指揮劉申、烏浩等六百八十餘員名，本職部下固原并甘州羣牧所官軍指揮趙欽、百户侯松等八百六十餘員名，土達千戸王依仁等六百四十餘員名，及差參隨張瑋等賫執旗牌，督軍截殺。二十一日未時，至海剌都。本日辰時，有鐵孛羅墩架塘夜不收王友仁瞭見本墩邊外達賊五十餘騎，往來行走。又該靖虜守備辛忠差地名哈思吉架塘夜不收仇喜喜走報：二十日辰時，瞭見達賊四百餘騎，從地名揞木硤浮渡過河，仍從先起賊蹤行走。河外還有三簇，不知其數。據此，蒙總兵官鄭卿議照：前賊先後入境，河外還有劄立達賊，誠恐聲東擊西，墮其奸計，一面差人出邊爪哨前賊向往，領兵截殺；一面會知鎮戎所按伏，延綏遊擊將軍張鳳，統兵前來應援。二十三日卯時，據辛忠差夜不收高明遠走報：二十二日，有前報達賊四百到於地名哈思吉，分散一半順河透中衛地名紅泉，一半徑往嚮泉兒去訖，辛忠統兵出邊，前去追襲等情。總兵官鄭卿當統各枝兵馬，本日夜一更時分，到於關橋堡。二十四日早，拆邊出境，徑往史巴都、韓家水等處尋蹤追殺，遇合張鳳兵馬，聯營跟襲，天晚下營。二十五日黎明時候，起營分路跟追。本日辰時，據原差爪哨夜不收王世洪等回還報稱：到於長流水，爪得達賊馬蹤三路，約有二百餘道，徑奔中衛地名米鉢寺云訖。夜不收張義等報稱：到於討石罕，爪得達賊馬蹤，約寬一十五步，從李安子渡口奔往寧夏韋州地方去訖。相離我境寫遠，又見兵馬跟襲兩日一夜，未見水草，計議掣兵，回至紅古城按伏防禦外，理合具呈施行。

又准固原等處遊擊將軍、署都指揮僉事陶文手本，為聲息事。本年八月二十二日卯時，蒙提督軍門鈞帖前事，仰本官即便統領所部官軍，從萌城、小鹽池、韋州、預旺城、靖虜等處，到於會寧、安定兩處駐劄，待河西再報，別有明文督發，中路遇賊，即便會合參將苗鑾、都指揮高時等人馬相機截剿。等因蒙此，本職於本日巳時，當統所部兵馬，自紅德城堡起程，於本月二十四日到於小鹽池，與參將苗鑾會兵。

二十五日酉時，據本營瞭西南角軍人尹滿報稱：本時分迤西舊城子墩舉單烟一把。據此，會同參將苗鑾整兵。至二十六日丑時分，據紅寺堡沙葱溝墩伏空夜不收楊璽走報：二十五日巳時分，瞭見本墩迤西達賊五十餘騎，各騎牽馬匹往東透渾水溝行。又據黑山墩夜不收于安走報：二十五日酉時分，瞭見本墩南空西來達賊二簇，約有百十餘騎，俱騎牽馬匹，邀趕牛驢，到於紅城子水頭駐劄。等因會同參將苗鑾出兵，瞭見本營迤南棗岡墩舉單火二把，燒柴堆一座，放砲一箇。當督所部官軍，襲烽馳過地名王伏山迤南，迎據平山鋪墩伏空夜不收孫廷璽走報：本日五更時分，本墩南空西來達賊約有一百五十餘騎，各騎牽馬匹，邀趕牛驢過路，徑往東透蘆溝子去訖。本職等督兵驟馬追至地名黑羊房，其賊瞭見兵馬灰塵臨近，將原趕牛驢丟棄，奔馬東走。又督官軍追至膠泥井，賊見兵馬勢衆追急，將原搶男女二名口，并夷器等件丟棄，輕騎奔走。復又督兵襲蹤追至花馬池地方長山兒迤北，天晚落雨，就彼結營設伏。至次日天明，爪襲賊蹤，往駝房迤南遠遁，方纔收兵回營隄備外。隨據遊兵中軍千户趙隆、小鹽池中軍指揮王濬各呈開：奪獲被掠幼男一名陳瞎子、幼女一口張存兒、牛二百四隻、驢一十二頭、號旗杆一根、水渾脫二箇、毛口袋五條、鐵鍋二口、皮可可四箇、皮水斗一箇、皮襖一領、沙毡一條、毯子一條，并追賊促死慶陽等衛軍人陳璽等馬一十九匹。除將奪回被虜人口、頭畜、夷器等件會發小鹽池遞運所牧養，聽候明文施行外，合具手本，乞請照驗施行。

又據守備靖虜地方都指揮、同知辛忠呈，為前事。本年九月初六日寅時，據原差塘馬軍人王三賓帖傳報，本月初四日，紅寺堡地名黑嶺岡伏路夜不收李景原等傳報：本日巳時，達賊五十餘騎從東往西行走。得此，本職當統有馬官軍前去沿河設伏。本月初九日巳時，蒙總兵官鄭卿鈞帖，并暫署固、靖、環、蘭等處參將劉文明文，俱該蒙提督軍門鈞帖，備行本職，速便分投差人於賊行隘口、水頭哨探，仍撥官軍沿河擺列。

蒙此，本職切慮迭烈孫、陡城、旱平、水泉等處通賊要害，恐賊奔此過河，當分指揮吴英、千户劉夔龍帶領有馬官軍三百員名，指揮劉信帶領官軍、土達一百員名，指揮馬世經帶領步隊官軍三百員名，疾去沿河擺列堵截。本職統領有馬官軍朱宬等六百五十員名，在於山後邊外適中地方亂谷堆設伏截剿。十一日寅時，據原差中衛蘆溝兒接哨夜不收仝虽喜走報：本日子時，爪得達賊從迤北墩空前來，徑奔迤西地方。本職當領官軍追襲，馳至地名裴家川，追見前賊，知我兵至，俱由捷徑陡路奔走。本職督併官軍驟馬追至地名黄沙坡，賊見我兵卒至，迎衝對敵。本職督令官軍，奮勇當先，向前撲殺，就陣斬獲首級二顆，奪獲達馬一十七匹，收獲夷器達箭等件。後有提督軍門督發旗牌指揮安世、領軍都指揮瞿江等兵馬，賊見灰塵來近，慌懼奔走。本職與安世、瞿江合兵一處，追至臨河，精騎達賊復來對敵。職等申嚴號令，齊力射斫，就陣斬首三顆，奪獲達馬一十六匹，收獲達箭夷器等件。賊見我兵勢勇，奔遯臨岸，直入黄河，乘騎浮渡，渰沒中半，過河達賊號哭往北去訖。因見天晚，就彼劄營。

查得本職部下共斬獲首級五顆，奪獲達馬三十三匹，收獲達箭一百二十七枝，夷器衣物等件共六十三件。中傷旗軍文仲先等八名，被賊射死軍人張居子等下馬四匹，促死軍人王仲下馬三匹，至十二日掣兵。十三日酉時，到防守外，隨摅巡墩指揮劉信呈報，前賊經過山後邊外，射死墩軍樊孝中，捉擄墩軍倠二十三，再無損傷軍馬及侵犯腹裏，搶掠人畜。除將斬獲首級，奪獲達馬，收獲達箭夷器等件，批差委官百户馬政管解，前赴提督軍門紀驗外，理合具呈施行。

又准寧夏遊擊將軍、署都指揮僉事劉文手本，本年九月初四日，本職欽奉勑諭："陞寧夏遊擊將軍。欽此。"隨蒙提督尚書楊　，行仰暫署固、靖、環、蘭参將事，遇警督調各守備等官防禦勦殺，待新設参將至日，方許交代。

蒙此，本月初六日巳時，抄蒙鈞帖，行仰本職，即便統率固原官軍速到紅古城，會同延綏遊擊將軍張鳳，選帶精健人馬出邊，隨便相機追截勦殺，哨探無賊，方纔回還。仍先行靖虜守備官，沿河把截，毋得縱放過河。蒙此，隨行靖虜守備辛忠，領軍沿河把截，本職統兵前去，會同延綏遊擊張鳳及管領戰鋒官軍都指揮瞿江，合兵追勦。本月初八日，從半箇城出邊，到於寧夏地方棗山。據先差爪哨夜不收武勝二報稱：爪得賊蹤奔地名紅溝往西去訖。初九日，襲至地名可可腦，天晚，就彼劄營。初十日，追至中衛近河地名冰溝，遇寧夏中衛指揮何盛領兵在彼。說稱：前賊於初九日，在地名深井對敵，看見人馬灰塵，徑奔地名三眼井去訖。為照三眼井一帶，通透乾鹽池、西安州、海剌都等處，誠恐此賊見得沿河有備，復來東侵。職等議發固原等處官軍五百名，跟隨督軍旗牌指揮安世、都指揮瞿江由地名深井，本職同張鳳由地名香山、七眼井、鎖黄川等處各分路襲搜。十二日未時，據靖虜夜不收劉讓報稱：前賊被靖虜守備辛忠、都指揮瞿江等兵馬追趕，急奔搽水硤渡河，與官軍對敵，斬獲首級，餘賊落水渰死數多，本職掣兵回達大剌池防禦。查得部下追賊，倒死官軍張添福、宋勳等馬二十一匹，別無損傷，合具手本，乞請照驗施行。

又准延綏遊擊將軍、署都指揮同知張鳳手本，又據戰鋒都指揮瞿江呈，俱相同。及張鳳部下收獲連鞍達馬一匹，追賊倒死軍人韓謙等騎征馬二十九匹。及據固原衛領軍指揮季臣呈：查得本職部下追賊，倒死軍人馮孟陽等馬五匹，別無所傷官軍。等因各行到職。

案查本年八月二十等日，節據守備靖虜都指揮辛忠差人報到前項賊情，累蒙提督軍務兵部尚書楊　，督發本職并調各枝主客兵馬前去固、靖邊外，直抵中衛鎖黄川，跟襲截殺去後。

今該前因，職會同鎮守陝西、太監宴　、巡撫右副都御史王　議：看得守備靖虜都指揮辛忠，暫署固原参將事、寧夏遊擊將軍劉文，延綏遊擊將軍張鳳，戰鋒都指揮瞿江，固原領軍指揮季臣各開稱，前項月日，達賊衆寡不等，從靖虜地方搽木硤浮渡過河。各官領兵先後出邊，直抵寧夏中衛鎖黄川，賊行水頭要路。晝夜襲蹤跟追，前賊見我官軍追趕緊急，徑往鹽池、石溝大路去訖。又有達賊五十餘騎，復回原路渡河，各官亦又領兵襲踪追殺。辛忠部下二次斬獲首級六顆，奪獲達馬三十五匹，夷器衣物、弓刀等件二百一十六件枝，中傷軍人孫多多等九名，追賊射死、促死軍人李三等馬一十一匹，被賊射死捉去墩軍樊孝中等二名。劉文部下促死官軍張添福等馬二十一匹。陶文部下奪獲被虜幼小男女二名口，牛驢二百一十六隻頭，夷器一十九件，促死軍人陳璽等馬一十九匹。張鳳部下收獲連鞍達馬一匹，促死軍人韓謙等馬二十九匹。季臣部下促死軍人馮孟陽等馬五匹。及稱前賊見我官軍勢惡，直入黄河，乘騎浮渡，渰没中半，得逃之賊，號哭北去等情一節。

為照本鎮沿邊地方久無警報，今不知何枝虜寇，自莊浪境外而來，卒至靖虜渡河入境，計將奔歸河套，被我兵襲追。前遇寧夏擺邊兵馬堵截邀殺，痛遭剉衄，奔潰之賊，不能出邊，又被我兵搜剿，斬獲首級，奪獲達馬夷器，大敗而歸。但今冬臨，靖虜河外，延、寧、河套俱有虜賊住牧，窺伺復舉，難保必無，防禦之機，尤當嚴謹。又恐此外别有隱匿失事情弊，除行本鎮參、遊、守備、領軍等官各整栁兵馬，鋒利器械，嚴督墩隘守瞭、架塘官軍人等，比常十分用心瞭望，加意隄備。如遇有警，一面領兵會合各該主客官軍相機戰守，一面通行飛報，發兵應援。并行巡按陝西監察御史鄭氣、胡體乾，照例查勘此外有無失事情弊，及驗看斬獲首級，奪獲達馬、夷器是否真正强壮，徑自施行及具題外，今將前項緣由，呈乞照驗施行。等因到臣。

隨據鎮守寧夏地方總兵官、都督僉事杭雄呈，為斬獲犯邊達賊首級等事。本年八月二十三日辰時，據石溝驛地方石溝兒墩夜不收王升報：二十二日巳時，瞭見迤南地名三塘水達賊五十餘，騎牽馬匹駝隻，奔大路往東行走，將遊兵買馬回還軍人薛友能等射傷，搶去買來馬六匹。隨據鎮城東南角軍人謝成報：接迤東空塔兒墩舉放煙砲。據此，職議料腹裏賊寇過路東行，必奔邊墻出境，當令副總兵劉玉先統本部有馬官軍四百餘員名渡河，前去截剿，及令坐營指揮曹江，管領正兵有馬官軍五百員名繼後，職整兵待報應援。

二十四日辰時，據分守西路左參將蘇勇差夜不收華官保報：二十日夜二更時分，據靖虜衛夜不收馮牛兒傳報，本月十七日酉時，有河西達賊約三百餘騎從地名撦木硤浮水過河，往迤南腹裏地名七眼井透長流水行走。參將蘇勇當領人馬渡河，跟襲追殺，前來走報。隨據靈州地方長流水墩夜不收尚蘭州、鄉導王祥各報：二十二日未時，瞭見舊石溝兒墩迤南達賊七八十騎，騎牽馬駝，來到水泉飲馬，往正東地名許直山去訖。又據守鳴沙州城指揮彭鎮差夜不收巫讓報：二十二日辰時，瞭見地名馬官人井、寶峪兒山達賊三簇，約有一百五十餘騎，往紅寺堡地方梁家泉去訖。

據此，職料賊浮水越境，奔往東行。况在秋成時月，經行人畜遍野，恐被搶掠，行令都指揮王鋭，整棚無馬步軍在鎮防守，職統標下官軍把總指揮羅賢等四百餘員名，由横城堡渡河，前去沿邊調度各枝兵馬，運謀剿殺。本日酉時分，馳至地名馬鞍山，迎據木井墩夜不收吴天秀報：二十三日夜二更時分，聽見境裏迤南達賊一百餘騎，邀趕馬匹頭畜，來到本墩東空掏墻，當即舉放火砲。隨有副總兵劉玉、遊兵都指揮高時人馬追襲到彼，與賊對敵，斬獲首級，奪獲馬牛駝隻，前來走報。得此，職督兵馳進，夜二更時分，至清水營，分布官軍，擺邊拒守。二十五日天明，聽得邊墩砲響，職督調各路人馬，從地名哈喇兀速溝爪襲。據前哨夜不收張鐸報：哨見正南山上達賊百十餘騎，奔邊前來。當令官軍兩下夾攻，與賊對敵，就陣斬獲首級二顆，奪獲戰馬三匹，中傷軍人王淮等二名，比因天晚，收兵回營。

隨准副總兵劉玉手本開稱：本年八月二十三日夜二更時分，統兵馳至清水營暗門墩，沿邊傳接火砲前來。督軍至木井墩西空，遇會暫管遊兵都指揮高時，合兵一處，追至本墩東空，達賊約有一百五十餘騎，在彼掏墻。聽見人馬臨近，其賊多半出境，一半衝突前來。職等督令官軍堵口，奮勇撲斫對敵，就陣奪獲達馬頭畜夷器等件，前賊慌懼，奔往境裏迤南去訖。至次日天明，襲蹤追至地名火山等處，收獲達馬三匹。賊已去遠，兵回清水營駐劄。

及據興武營按伏奇兵把總指揮季連呈稱：本月二十三日卯時，領兵在於瞭馬山截賊歸路，至辰時分，聽得迤西墩臺放砲一箇，即督官軍驟馬馳至古寺墩東空。達賊在彼掏墻，看見人馬，奔往迤南去訖。督令官軍追至地名西亂井與賊對敵，奪獲敵馬人口夷器等件。衆見官軍勇猛，換馬往東遯去。復追至地名王牢井，天晚黑暗，就彼下營。次日天明，爪得賊蹤去遠，掣兵回營。查得見在奪獲達馬一十四匹，騾子一頭，牛五隻，傷重倒死達馬三匹，駝二隻，被虜男子郭三哇子等五名，中傷旗軍王四兒等五名，射死軍人王興受等官馬二匹，收獲夷器三十三件，合用手本施行。

又准提督委官暫管寧夏遊兵、都指揮僉事高時手本開稱：本年八月二十三日夜二更時分，追賊至清水營，遇會副總兵劉玉，合兵一處。據木井墩小旗殷大走報：達賊五十餘騎，在於本墩東空掏墻，疾督官軍到彼。其賊多半出境，少半衝突前來。職等督令官軍，齊力射斫，就陣斬獲首級一顆，奪獲戰馬夷器等件。賊見官軍奮勇，不得出邊，往南奔遯。次日天明，襲蹤追至地名火山等處，收獲達馬，前賊換馬去遠。天晚，收兵清水營防禦。查得陣前斬獲首級一顆，奪獲達馬三十一匹，見在二十六匹，被傷倒死五匹，駝一隻，男婦藩哇子等一十四名口，收獲夷器達箭三十六件副枝，中傷旗軍高鐸等六名，射死軍人武成等官馬四匹，合具手本施行。

二十六日，據鳴沙州棗山墩夜不收劉純報：二十四日辰時，有同墩夜不收徐子成下墩南空爪蹤行，至地名李安子步口，迎遇腹裏迤南達賊一百餘騎撲來，將徐子成斫訖一刀，并挑水軍人高僧加一同捉拴，往東去訖。二十七日，據紅寺堡地方沙葱溝墩夜不收楊洗報：二十五日巳時，瞭見腹裏達賊一百餘騎，騎牽馬匹，往東行走。本役下墩走報，行至地名石板泉，被賊將洗原騎紅寺堡站馬一匹搶去。二十九日申時，據清水營墩直日軍人王士通報：接木井墩烟砲前來。

得此，職當即督調各枝兵馬，分路追截，馳至鎮北墩東空，達賊約有二百五十餘騎在彼掏墻。其賊瞭見人馬將近，擺列衝突前來。職申明號令，嚴督官軍，齊力奮勇，首尾夾擊攻戰，中哨正兵官軍斬首一顆，右哨遊兵官軍斬首二顆。其衆慌懼，退往南行。復督官軍追至地名倒塔兒，左哨副總兵劉玉督率官軍把總指揮何湧等撲入賊陣，斬獲首級四顆。比因天晚，賊已去遠，欲要窮追，恐墮姦計，至二更時分，收兵拆墻處所下營，次日天明，掣兵回營防守。

隨據督軍把總指揮羅賢呈，查得各營官軍斬獲首級七顆，奪獲戰馬一十五匹，被虜男女張自當等七名口，陣亡軍人王玘等二名，中傷旗軍舍餘王淮等三十五名，射死官軍孫經等下馬一十三匹，追賊走死馬六匹，收獲夷器等件二百五十六件副枝。

九月初一日夜二更時分，據廟兒墩夜不收馮遇賢報：境裏達賊一簇，約六七十騎，驟馬來到本墩西空掏墻，隨即舉放火砲，前來走報。據此，當遣暫管遊兵都指揮高時、正兵把總指揮王範，各統官軍襲烽前去堵截，職同副總兵劉玉統兵繼後，五更時分，馳至拆墻處所。前賊聽見人馬聲勢將近，復奔往南山遯去。職督令官軍襲蹤跟追，至初二日申時，至地名海子等處，賊已去遠，天晚收兵。

隨據廟兒墩夜不收吴鐸收送虜中走脱男子一名葉三三供：係延綏定邊營軍人葉欽男，被達子滿都卜剌搶去虜營，住過五年。今年六月，跟隨頭兒阿兒骨道兒一千人馬，在套住牧，浮水過河，西山後西番地方搶掠，被迤西達子殺敗，一半往山後迤北逃遯，一半從靖虜地方搼木碶浮水過河，往迤南腹裏搶掠，被各處人馬殺敗，不得出邊。三三偷馬二匹，藏躲山溝，得脱到墩，收送前來。

又准分守中路左參將、都指揮僉事苗鑾手本，開稱：本年八月二十六日，據黑山夜不收于安走報，二十五日酉時，瞭見迤西達賊二蔟，約有百十餘騎，騎牽馬匹，邀趕牛驢，來到紅城子水頭駐劄。據此，本職會同遊擊將軍陶文出兵，馳亖地名王伏山，迎據平山鋪墩夜不收孫廷璽走報：本日五更時分，瞭見迤西達賊一百五十餘騎，近路往來蘆溝子去訖。督兵驟馬追至地名黑羊房，其賊瞭見兵馬灰塵臨近，丢棄原搶頭畜，往東奔走。又督軍馳至膠泥井，兵馬追急，丢棄男女二名口并夷器等件。復又襲蹤追至花馬池地方長山兒，天晚落雨，就彼結營。次日天明，合兵爪襲賊蹤，往駝房迤南遠遯，收兵回營。查得追賊奪獲被虜男女陳瞎子等二名口，牛二百四隻，驢一十二頭，夷器等件一十七件副枝，走死官軍王濬等官馬三匹，合具手本施行。

初五日，據守備靈州指揮同知沙金呈開：本年九月初一日夜四更，據許直井墩伏哨夜不收晏祥報，本日酉時，瞭見東北達賊一百餘騎，騎牽馬匹，撲到井上飲馬，奔往西南去訖。據此，當即分遣把總千户韓選帶領有馬官軍二百員名，往大沙井伺敵截殺，指揮李真、吴俊管領步軍三百員名，聯絡襲追。續據把總千户韓選呈稱：本月初二日卯時，行至上十里墩，迎遇小沙井伏空夜不收、鄉導李興、朱達各報：本日天明時分，爪見達賊馬蹤五六十道過路，往亂山兒去訖。督令官軍跟蹤，徑奔紅柳井、黑溝迤西碶口，到於地名紅圪坦。天晚就彼下營，次日五更時分，選差夜不收王洪、郭自當等，先行爪蹤官軍繼後。卯時，馳至河口，瞭見河邊敵衆亂攘，浮水過河。職等嚴督官軍，持刀向前，直衝賊陣。其賊前來迎敵數合，就陣前斬獲首級，射死達馬，餘賊奔往東南去訖。復督官軍追至地名張湃言井，賊已去遠，天晚，收兵中營堡駐劄。查得陣前斬獲首級三顆，射死達馬三匹，收獲浮水馬皮渾脱并夷器六十八件枝，中傷軍人于子中等四名。初四日，掣兵回營防守，具呈施行。等因各開報到職。除將斬獲首級，奪獲戰馬、駝騾、夷器等件并陣亡、中傷有功官軍量為犒勞，奪獲被虜牛驢招主認領，人口送發寧家外，今將獲功官軍，備造文册，理合呈繳施行。等因到臣。及據副總兵劉玉、参將苗鑾、都指揮高時、守備沙金等，各呈報相同。

又據總兵官杭雄呈，亦為前事。本年九月初三日，據河西賀蘭山宿嵬口出哨夜不收陳伏保報：本月初二日酉時，瞭見境外達賊三路，約有二三百騎，從南近邊往北行走。初四日，據白土岡墩夜不收王升、伏路鄉導王榮報：本日卯時，瞭見腹裏達賊約有三十餘騎，從東過路，往西去訖。據此，職分布坐營指揮曹江、把總指揮楊時，各統正兵有馬官軍八百餘員名，奇兵把總指揮郭鑑官軍三百八十員名，在於清水營設伏，仍令把總指揮李翰管領無馬官軍五百員名，沿邊墩空把截拒守。

二十七日，據坐營指揮僉事曹江呈稱：會委本職統領正兵有馬官軍五百員名渡河，前去清水營，會合指揮楊時、郭鑑等按伏，擺邊截殺。本月二十日巳時，據夜不收蔣得六等報稱：爪至地名駝房沙窩，見得達賊新行馬蹤五道，戳死馬匹在彼，其賊往西行走。據此，當分指揮劉勇等官軍於沿邊堵截，本職即統有馬官軍一百餘員名，襲追至地名石井兒，爪見達賊二騎，往西奔遯。職督官軍馳追，前賊拚命，各持弓箭迎射前來。官軍奮勇撲砍，就陣斬首二顆，奪獲達馬二匹，收獲夷器達箭四十一件枝，中傷軍人一十七名，具呈施行。

二十八日，准分守東路參將、都指揮僉事劉謹手本，開稱：九月十八日酉時，據石溝驛按伏夜不收張三馳報，十七日申時，哨見地名雙山兒達賊二三十騎，從西過路，往東行走。據此，當會延綏副總兵趙瑛，各統官軍二百餘員名前去襲追，及省諭擺邊官軍用心拒守。十九日申時，馳至地名許直山，迎遇前賊二十餘騎，吶喊衝突前來。職等嚴督官軍，持刀向前劈砍，就陣斬獲首級二顆。賊見我兵勢猛，潰散。復督官軍追至地名碗者度，斬首三顆，餘衆奔走。天晚黑暗，風雨大作，就彼下營。次日天明，爪得前賊蹤跡，徑往西南敗遯，欲再追趕，馬力不敷，收兵定堡駐劄。二十一日，掣兵回營。

查得本職部下官軍指揮季潭等，斬獲首級三顆，奪獲達馬三匹，收獲夷器一百五件枝，重傷官軍劉越等二十五員名，射死軍人孟斌等官馬四匹，延綏副總兵趙瑛部下官軍劉棟等斬首二顆，奪獲達馬二匹，射中倒死一匹，見在一匹，收獲夷器八十四件枝，中傷官軍蕭漢等一十九員名，射死軍人齊買兒等官馬一十一匹，合具手本施行。隨准協守延綏副總兵署都指揮僉事趙瑛手本，亦開對陣緣由相同。

又准分守中路左參將、都指揮僉事苗鑾手本，開稱：九月十一日，本職統領馬步官軍前去紅寺堡設伏截殺。十二日未時，據本堡瞭高軍人王仲賢報：瞭見察家窪墩舉雙煙一把。據此，當統官軍襲烽馳過本墩，迎遇原差鳴沙州城地方哈塔什墩夜不收常能報：本時，瞭見本墩迤北達賊二十餘騎，往東地名黑嶺岡行走。急督官軍襲蹤，馳至烽臺墩地方，與賊對敵，就陣斬首一顆，射死達馬一匹，餘賊往北奔走。復追至靈州地名紅圪坦水，前賊復來衝敵，就陣斬首一顆，收獲達馬一匹，天晚，收兵党千戶井下營。次日天明，據襲蹤夜不收劉保兒報：爪得前蹤，俱往地名白土岡行走。馳追間，迎遇暫管寧夏遊兵都指揮高時，議料前賊未曾過路，必在金積山溝澗潛伏，會兵搜剿。隨據遊兵夜不收李茂報稱：爪得舊石溝墩南空馬蹤五道，北空馬蹤三道，俱各過路往東去訖。本職又會都指揮高時，各另統兵分襲賊蹤追剿。本職追剿吴家廟溝、長流水等處，賊衆徑奔東北去遠，天晚，收兵石溝驛駐劄。

據中軍指揮王濬呈，查得對敵斬獲首級三顆，奪獲見在達馬一匹，射中倒死一匹，中傷軍人錢山等二名，射死軍人田剛等官馬三匹，追賊走死軍人周官保等官馬七匹，收獲夷器賊箭共五十三件副枝。行間，續據紅寺堡把總千户張從善呈稱：原差本堡夜不收陸能、王三、鄉導王洗前去鳴沙州地方紅梆溝爪探，忽遇前賊，將陸能、王三殺死，王洗中傷回營，合具手本施行。

又准委官寧夏遊兵都指揮僉事高時手本，開稱：九月十二日夜一更時分，據靈州城東南角樓小旗石成報，節次烟墩火一把。據此，隨即統兵襲烽，馳至舊石溝兒。天明，迎遇小鹽池參將苗鑾說稱：達賊十騎往東行去。本職爪得前敵過路，督令官軍奔馬追襲至地名我落火赤，其賊戳死達馬一匹在彼。又督官軍由許直孛河泥大沙窩跟追約遠四百里，天晚，恐賊近邊，督發指揮馬賢、李幹等先統官軍奔邊防備，本職於四更時分，馳至廟兒墩駐劄。十四日天明，從地名哈剌兀速溝爪襲，見有死馬三匹，空馬八匹在彼，夷器弓箭埋藏。其賊於紅山兒墩東空，不知時分，用繩弔擠，過邊出境去訖，合具手本施行。

又據協同分守興武營署都指揮僉事吴雲呈，據守禦千户所申，本月十八日卯時，據守南門軍人李義盤詰得男子一名楊六十供：年一十八歲，係鞏昌府人。失記年月，在莊遇賊沙拜捨節搶去虜營，住過六七年。今年跟隨搶我達子一千有餘，浮過黃河，被西邊達子養犳卜殺散，内賊一百五十餘騎復回過河去了。沙拜捨節等衆賊奔邊行走，遇見兩邊人馬前來，追趕殺散。六十等八箇一處，又到不知名水頭住下，看見人馬追來，別賊四散，不知去向，是六十原騎青騙馬一匹乏弱，下馬藏躲沙窩内。聽得達子説："邊上有人馬擺列，不得出邊。"六十丢棄勞蹄，將原戴達帽藏放懷内，往邊步走四晝夜到營，盤獲得出，具呈施行。等因各開報到職。

卷查，先為申明舊例、請勑各邊守臣防禦邊患事，抄蒙提督尚書楊　鈞帖前事。已經會議遵照，分布各該副、參、遊、協、守備等官，會合各枝人馬，相機截殺去後。今該前因，會同巡撫都御史林琦議得：前項酋虜，自去冬入套，雖不時分遣輕騎窺伺，為因邊備嚴密，未敢深犯。今却自西浮過黄河，侵擾靖虜、紅寺等處地方，是又前此所無。職遵照軍門預先運布方略，調度各枝官兵，擺邊拒截。連日分襲追剿，斬獲首級，奪獲戰馬夷器，賊遂奔潰出邊。功雖不多，而虜勢緣此大剉，邊境之患，似亦少除。但今秋高馬肥，正彼馳騁時月，惟恐復來侵擾，又經通行鎮屬各該將領等官，整搠兵馬，愈加設伏防範，相機戰守。及照脱走男子楊六十雖稱先年被虜人數，却乃隨賊肆惡侵犯，比與邊外走回人口不同。除將獲功官軍量為激勵外，今將獲功緣由，理合開坐，呈繳施行。等因節呈到臣。

案查，先為達賊入境等事。本年八月二十日午時，據守備靖虜地方、都指揮同知辛忠差夜不收飛報：本月十八日，有河西達賊二百餘騎，從本境撦木硤浮渡過河，見在本邊住牧。

等因為照達賊既入我境，必有侵犯搶掠之謀，隨經督發鎮守陝西署都督僉事鄭卿、固原守備都指揮劉文，并行鎮戎所按伏；延綏遊擊將軍張鳳，各領兵前去追截剿殺。猶恐此賊被我官軍追逐，奔往寧夏地方，出邊入套，當即馬上差人，帖仰寧夏中路參將苗鑾靈州按伏，暫管寧夏遊兵都指揮高時，靈州守備沙金，各整搠人馬，差人哨探，如遇此賊奔遁前來，即便會兵剿殺。又恐沿邊興武營、花馬池一帶只防套内聲息，不知腹裏有警，失誤截遏，亦即馬上差人，帖仰花馬池按伏、延綏副總兵趙瑛，寧夏東路參將劉謹，興武營協同都指揮吴雲，各整兵相機阻截剿殺。復恐此賊因見腹裏并寧夏中路小鹽池等處有備，潛從黄河水淺去處浮渡過河，奔往賀蘭山後藏躲，又經帖仰寧夏總兵官杭雄，量發本城正、奇兵馬於河西緊關城堡分布擺列，仍量撥兵馬於河東地方駐劄會剿。

及照陝西遊擊將軍陶文統領遊兵，見在慶陽、山城等處防禦套賊。本枝兵馬，係先具題應援河西之數，見今莊浪、河西涼州等處虜賊壓境，相應調發。又經帖仰本官，即便統領所部遊兵從萌城、小鹽池、韋州、靖虜等處到於會寧、安定駐劄，待河西有報，督發應援，倘若中路遇賊，即便會合參將苗鑾等人馬相機剿殺。

續據都督鄭卿揭帖稟稱：本職領兵到於海刺都設伏間，據靖虜守備辛忠原差哈思吉架塘夜不收仇喜喜走報：二十日辰時，達賊四百餘騎從捲木硤浮水過河，從先起達賊舊蹤行走，河邊還有達賊三簇，不知其數，陸續過河。守備辛忠在於打剌赤、三角城劄營，俟賊向往跟襲等情。得此，本職統領守備劉文各枝人馬，在於海刺都等堡按伏，差人爪哨，及會調遊擊張鳳在於鎮戎所黑水、李旺等堡設伏，俟賊向往，會合截殺。誠恐賊衆兵寡，不敷戰守，乞要發兵策應。等因又經督發中軍把總都指揮夏欽、延綏都指揮瞿江等，帶領各枝馬隊官軍一千員名，前去會合戰守，及具題外。續據寧夏鳴沙州等處傳報：虜賊在鳴沙州、紅寺堡等處往西南行走。想是此賊因知腹裏有備，奔遁出邊，及被沿邊官軍追急，仍回腹裏地方逃躲，意在乘間出境。比因固原守備劉文已陞寧夏遊擊將軍，其固原新設參將未到，隨行本官暫署管固原參將事務，會同延綏都指揮瞿江、延綏遊擊將軍張鳳，各量帶所部兵馬出邊，尋蹤剿殺，務抵紅寺兒、鳴沙州與寧夏中路官軍聲勢相應，庶期成功。以靖地方去後，今具各呈。

查得鎮守陝西都督鄭卿下守備靖虜衛都指揮同知辛忠部下，二次斬獲首級六顆，奪獲達馬三十六匹，收獲夷器弓箭衣物二百一十六件枝，中傷軍人九名，射死、促死馬一十一匹，被賊射死、捉去墩軍二名。寧夏遊擊將軍劉文部下追賊促死官馬二十一匹。陝西遊擊將軍陶文部下追賊促死官馬一十九匹。延綏遊擊將軍張鳳部下收獲達馬一匹，追賊促死官馬二十九匹。都督鄭卿部下追賊促死官馬五匹。寧夏總兵官都督杭雄部下二次斬獲首級五顆，奪獲達馬二十匹，收獲夷器弓箭衣物二百九十七件枝，奪獲被虜人口七名口，陣亡軍人二名，中傷軍人五十四名，射死、走死官馬一十九匹。寧夏副總兵劉玉部下斬獲首級四顆，奪獲駝、馬、牛、騾二十八匹隻頭，收獲夷器弓箭三十三件枝，奪獲被虜人口五名口，中傷軍人五名，射死官馬二匹。暫管寧夏遊兵都指揮高時部下斬獲首級三顆，奪獲駝、馬三十二匹，收獲夷器弓箭三十六件枝，奪獲被虜人口一十四名口，中傷軍人六名，射死官馬四匹。寧夏東路參將劉謹部下斬獲首級三顆，奪獲達馬三匹，收獲敵器弓箭一百五十件枝，中傷軍人二十五名，射死官馬四匹。花馬池按伏、延綏副總兵趙瑛部下斬獲首級二顆，奪獲達馬二匹，收獲夷器弓箭八十四件枝，中傷軍人一十九名，射死官馬一十一匹。寧夏中路參將苗鑾部下斬獲首級二顆，奪獲達馬二匹，收獲夷器弓箭五十三件枝，中傷軍人二名，射死、走死官馬一十匹。苗鑾又同陝西遊擊將軍陶文奪獲被虜人口二名口，牛、驢二百一十六隻頭，收獲夷器一十九件，走死官馬三匹。靈州守備、以都指揮體統行事指揮沙金部下斬獲首級三顆，收獲夷器弓箭六十八件枝，射死達馬三匹，中傷軍人四名。鳴沙州被賊砍傷捉去墩軍二名。通共斬獲首級二十八顆，奪獲達馬、駝、牛一百二十三匹隻頭，射死達馬三匹，收獲夷器衣服弓箭等物九百一十一件枝副，奪獲被虜人口二十八名口，牛、驢二百一十六隻頭，陣亡軍人二名，中傷官軍一百二十四員名，被賊捉去墩軍四名，射死、走死官馬一百三十八匹。除將斬獲首級驗發固原、寧夏各鎮收庫，有功人員量加犒賞。奪獲達馬給賞原獲功官軍，被虜人口查發寧家，頭畜照例一半召主給領，一半犒賞官軍，陣亡并中傷官軍量加優恤，夷器等件貯庫外。

為照迤北達賊自去冬踏冰過河，一向擁衆在套。節據走回人口傳報：各稱小王子部下吉納、台記、俺答阿卜孩三枝各有一二萬精兵，聲言要行搶掠。臣自到陝西以來，督行陝西、延綏、寧夏三鎮將官分布防守。節經具題外。本年六月間，據走回人口傳報：虜賊二萬從黃河迤北水淺去處浮渡過河，往西海尋收亦卜剌、阿爾禿厮賊寇去訖。本年七月内，莊浪、凉州等處果報大勢達賊俱從本境經過，前去西海尋殺，留下兵馬數千，在各境住牧。九月内，又據莊浪、西寧等處將官傳報，前賊到於西海，不曾得利，遭剉而歸，見今大衆仍在莊浪地方五方寺、蘆塘等處住伏，不時入境侵掠。節行各該守臣嚴加隄備，及將陝西遊擊陶文、延綏遊擊張鳳人馬行令於附近地方按伏，聽調應援外。

今據前因，切緣臣分布延、寧兵馬於沿邊按伏，及行寧夏遊擊、參將等官於中路邀截，陝西大小將官各整兵秣馬，在於本境，以逸待勞，俱為隄備套賊，恐其踵襲先年故智，乘間拆墻入境，侵犯腹裏地方。不意前項賊寇數百騎，乃敢乘夜用渾脱浮水渡河，入我内地，明是窺我道路，探我虛實，意圖糾衆侵犯。臣發陝西官軍尋襲追殺，又行寧夏中路將官會剿及沿邊將官把截。兩日之間，傳檄已遍，而賊在腹裏，猶不及知。及見我兵將近，不暇虜掠，倉皇出境。節於寧夏官軍對敵，俱有斬獲，達馬夷器委弃道途，其幸而不死者，多係赤身逃遯。又有七八十騎不得出邊，仍奔腹裏，屢被我兵追逐斬殺、墮河而死者甚多。是皆仰仗我皇上德威遠被，聖武布昭，邊將效忠，士卒用命，以致醜虜褫魂喪魄，遯歸其巢。彼河套、河西之賊聞之，其氣必沮，地方幸甚，臣等幸甚！

查得陝西將官都督鄭卿等部下功雖不多，而官兵未嘗損傷，地方並無遭害。寧夏地方雖微有虜掠，即被奪回。但邊墻寬漫，把守不敷，以致拆墻出套者多，然斬獲之功足以贖其失防之過。而總兵官都督杭雄到鎮方及七日，席尚未煖，即能提兵過河，親臨戰陣，督軍殺賊，忠勇可嘉。稽之衆論，此舉雖非奇功，而當大虜窺伺之時，關係頗重。如蒙乞勑兵部查議，照例行巡按陝西、監察御史查驗，前項首級，果係真正敵衆將，有功人員，早為造册陞賞。若有隱匿，損傷官軍，搶掠人畜等項事情，徑自参究，庶人心有所警勵，邊務可以修舉。

再照總兵官杭雄等所呈，走回人口楊六十係先年被虜人數，却乃隨賊肆惡侵犯，比與邊外走回人口不同一節。但本犯雖稱隨賊入境，不曾與官軍拒敵，又不曾在陣擒獲，棄馬逃遯，走入邊營，似有思歸之志。若欲從重究治，緣賊營被虜人口頗多，無以開其自新之路。除行令會同巡撫官，再審貫籍來歷明白，押送寧家收管，若審出别有重情，另為定奪外。

緣係達賊入境，官軍斬獲首級，奪獲達馬夷器事理，未敢擅便。為此具本，專差千户楊評親賫，謹題請旨。

一爲地方賊情事

題：為地方賊情事。

嘉靖四年九月二十八日午時，據陝西布政司分守關内道参政楊叔通呈，本月二十二日，據西安府同知王暘禀，及據乾州知州趙時禀帖，内開：本月二十一日辰時分，强賊樊紳領馬步人約有五百餘名，各帶弓箭器械，張打旗號，將本州四門圍困，喊聲殺害。本職率領城内居民對敵，内有劉起東，將賊射傷二人、馬一匹，賊將城上守把老人李森等二人射傷，見今攻圍不退。理合禀乞，早發兵馬前來救援一州生靈等情。

先該各道會同已將賊首樊紳、窩主韓恭等六名口拏獲在縣供：該縣地方多有無藉光棍暗行順從，先時張勢挾財。節經首告取供間，今據前因，看得賊首樊紳合謀結黨，已非一日。雖稱烏合之衆，然當民窮易亂之時，若不早為撲滅，恐致蔓延，遠近為害不淺。况今省城兵馬单弱，合無量調邊兵三五百名，行令將官一員統領前來，隨宜勦殺，以安地方。等因到臣。

查得固原等處邊兵俱發各邊城堡按伏防禦，見今河套、河西俱有大賊窺伺，難以掣調。隨行鎮守陝西都督鄭卿，將西安左、前、後等衛備冬官軍，挑選有盔甲馬匹精鋭六百員名，行委都指揮孫昌、指揮楊茂分領，并巡撫衙門跟隨巡邊官軍指揮劉啓等三百員名，會合撲勦。及照巡撫陝西地方、右副都御史王藎見在固原，議行親督前去調度外。

為照參政楊叔通等呈稱：賊首樊紳合謀結黨，已非一日。各該府州官員不行早為緝捕，又不見呈請合于上司，作何定奪。布、按二司分巡、分守，既知有前項賊情，亦未聞督併軍衛有司官員設法挨挐究治，直待聚集人衆，攻圍州城，射傷人命，方纔告急請兵，俱難辭責。但舊官俱已去任，見今分巡、分守俱係新任官員，到任未久，似宜責效將來。

切緣各府州縣地方，俱有賊盜，時出剽掠，若不早為撲滅，將來結聚蔓延之患，難保必無。又經通行都、布、按三司並關内道分巡官，嚴督軍衛有司，整點城操官軍、舍餘、民壯、機兵快手、鄉導人等，各置備弓矢器械，隨處把截防守。如遇官軍到彼，指引道路，會合擒勦，務期盡絶，以靖地方。

再照腹裏賊情，比之達虜不同，中間多係無知愚民，聽人哄誘，誤陷賊黨，軍馬一臨，未免玉石俱焚，情有可憫。已行各司轉呈巡撫衙門，設立賞格，出給告示曉諭：但能悔罪自首，與免本罪，查發寧家，聽其家屬里老隣佑保管，不許仍前為非。有能擒獲賊徒，或引官軍挐獲賊衆者，分列等第，從重給賞。示出之後，果能自相解散，免致濫及。若為惡不悛，敢與官軍拒敵，痛加誅勦，毋得姑息。都、布、按三司仍行關西、關南二道分巡、分守、防守等官，嚴加防範，如遇前賊遁入各境，一體督軍，捕勦去後。

緣臣巡視各邊，防禦虜寇，住止不常，相離省城地遠，難以遥制，此後賊情緩急，聽鎮、巡官指授方略，督屬捕勦，及有功失事人員徑自查奏外。緣係地方賊情事理，為此具本，順差舍人張偉親賫，謹具題知。

一為地方賊情事

題：為地方賊情事。

嘉靖四年十一月初三日，據陝西都、布、按三司掌印左布政使等官宋冕等呈，為蔦分緊急賊情，攻圍城池、射傷人命等事。

會問得犯人樊紳招：年四十三歲，係陝西西安府乾州善政里民。故父樊友義存日，娶故母胡氏，生紳并已獲弟樊綬、樊緯。紳娶已獲妻劉氏，生男樊二漢即樊世家、樊世秉、樊五漢、樊六漢，已獲故樊世甫，未獲樊世全，已獲女樊菜貴、樊登貴。樊綬娶已獲妻張氏，生姪樊慶元，未獲樊小慶、樊瞎子。樊緯娶已獲妻丘氏，生見監姪樊小湯，與紳獲故義男樊書童，俱同居住過。

正德五等年月日不等，紳父母俱故，附葬祖墳。後紳習學陰陽，不合因而妄揣福禍，及節遇失記姓名遊方僧道，各不合妄言：紳口大容拳，舌頂鼻尖，兩目見耳，非常貴相。紳聽信在心。失記月日，紳往醴泉縣探看未到妻父劉武，在途相得縣北地名武崗山，前未到不知情。民郭合地內龍脉豐盛，是箇後出帝王形局。紳回還，不合向樊綬、樊緯商說："人多相我大貴，只是埋的父母不停當。我見武崗山前有塊地甚好，葬後必出帝王，可將父母移葬"等語。樊綬等各不合依聽，正德七年二月十五日，同紳將父母屍骸掘出，暗葬前地，以後人口興旺，家業漸增。

正德十一等年月日不等，有真定府定州未獲遊方道士辛自然，在本州已獲罷吏張合家歇住，相面賣藥。紳請伊來家相面，伊亦不合妄言紳面方耳大，口中容拳，舌至於準，兩目見耳，及妄言妻劉氏，左目重瞳，俱是大貴之相。并將伊身藏妖書三册，假名連經送紳，不合收看。內開：後朝人主姓字，是箇魚兒變成，是箇"樊"字。紳心喜悅，打發辛自然去訖。及有陝州未獲失記名陳道士，不合將透天妖書一本傳與紳，不合收看。上言歷代興廢，以物類姓，及內圖畫傳形，亦似箇"樊"字。以此，紳自信必有大貴，陰生逆謀。

嘉靖三年八月內，有未獲山西蒲州秦韶往鳳翔府賣藥，經過本州未到胡秀務內買酒食飲間，紳亦到彼飲酒，因與秦韶講論天文。紳就不合問秦韶："近年星變如何？"秦韶不合回說："自古帝王興廢，周聚於房，漢聚於東井，唐聚於尾箕，宋聚於奎，今聚於營室。"及妄言此乃革命之時。紳愈加喜悅，逆謀日固，厚待秦韶去訖。

嘉靖四年正月內，紳不合向樊綬、樊緯商謀："要成大事，須得好漢扶助。我訪得已獲歇案强賊楊朴并民張合，未獲醴泉縣董漢，已獲故段廷玉，趙鬍子即趙得玄，俱是平日通曉武藝，有謀好漢，你可去邀請來家商議。"樊綬等不合依聽，邀請楊朴等前來，紳就不合說稱"我看天書內載，後朝人主姓樊，又常遇人都說我是真人，當有天分。咱們同心招集四方人馬，約日起手，成了大事，同享富貴”等語。本月内，楊朴在於涇陽縣已獲民韓恭家教伊已獲男韓綸、獲故韓緒拳棍。楊朴不合密向韓恭，并伊已獲男韓經、韓紳與韓綸、韓緒詐說“有箇真人樊紳，你可供養他，日後有好處。”韓恭等各不合與韓緒聽從。本年四月，失記的日，楊朴叫同紳到韓恭家内。伊明知紳等謀反，不合備酒管待，留住三日。紳要娶伊在官孫女韓金兒做妾，因先已許人為婚，未允。韓恭不合故將紳等縱放。韓綸、韓經、韓紳各不合與韓緒各不行首官。本年六月内，本州知州趙時訪知前情，不合不行申報，合于上司緝拏，致紳等逃躲。蒙將家屬行拘到官，責令挨拏紳等，不獲。

本年七月内，紳到三原縣，趙得玄殺羊備酒，與紳并李恕、徐彦釗等食飲。紳將披肩一領，白黑手帕共十三連，俱交趙得玄收寄。伊不合隨紳於本年八等月日，紳與楊朴、董漢、張合、段廷玉、趙得玄、樊綬、樊緯等向各糾合到已獲楊大用即楊大學，侯瓚、李儒、王寧、張萬良、王紳、楊學、任昇、黄教福、殷克恭、陳朝用、王喜朋、牛閏、任守經、薛添雲、趙從政、王三橋即尹三聘、王朝用即霍文朝、梁闢、魏添林、何仲實、王饌、何萬良、商錦、王河、王萬良、王奉禄，表姪王廷薦、王廷真、王廷用、康從仁、嚴小保、李洪、朱柰、朱邦彦、翟文孝、何彦章、王廷相、王經、何竹僧、陳邦靖、武固、馬江僧、甯元惠、王恕、李買買、李廷甫、李萬胡、穆鸞、趙廷美，獲故習宰、安邦占、董大吉、李經、李雲、陳虎、楊道兒、李鶴、尹朝、楊寬、杜添得、楊可、李世相、趙廷表、李恕、樊世鉞、李朝用、吴杲、樊杲、楊瓚、李宗憲、董大士、任才、修幻、張琰，并斬首張彦禮、梁再禮、董朝卿、侯朝弼、李世曾、王臣、王進忠、王進孝、王琢、王廷甫、王奉、王廷佐、楊孝、王舉；未獲侯瓚男侯卿；本州王鎮、王廷佑、王守爵、王廷舉、王廷保、楊牌兒、胡周、胡車子、馬大千、楊仲其、任慶、任良、任隆、胡釗、胡月、胡添續、董蘆、劉改年、董三哥；醴泉縣趙景仁、李宗政；興平縣傅鎮并男傅爵、傅拴拴、傳浩浩；涇陽縣王伏一、陳馬禄、趙從仁、劉彦虎、趙倫、陳順、陳訓；三原縣馬老人、張天爵；鳳翔府東關王文舉，麟遊縣王採；失記州縣侯彦章、陳師、張道士、楊世勳、嚴景和、王守奉、何道江、何道全、王慶即惠慶、韓辰、賈文學、侯先生、侯玄、張紀、劉朝陽、徐彦釗、史景泰、趙廷璽、孟壽、沈花剌、麻和尚、王文、張文學、馬裁縫、翟文章、翟鉞、楊道士、王紀、劉世隆、翟廷章謀說："紳是真人，當有天分。目下起手，先破乾州，殺了知州，壓服人心。後取陝城，就定天下，各封官爵，有功者功陞，無功者折賞。"又恐各人俱係臨時糾合，不無陽順陰違，恐事難成，楊朴又不合向紳謀說："既幹大事，須改年號，并加封衆人官爵，方好行事。"衆議推紳，僞號大中天武年，就將樊綬僞封平王，樊緯熙王，樊世家大太子，樊世秉雍王，樊世甫隋王，樊世全、樊五漢、樊六漢、樊慶元、樊小慶、樊瞎子、樊小湯，俱因幼小未封。并僞封楊朴、董漢俱大將軍，張合、趙得玄俱總兵，段廷玉指揮。及造大中令："全家免戮，殺傷者抵罪返坐"等語。用木板書寫翻刊，及用白三梭布剪碎，刷印一千餘張捝名號帖，分與楊朴等各藏挐到於各處糾合人衆。仍詐說着王伏一前去大同，會取反軍五六千名，陳師在潼關外約兵，及將鳳、漢銀兵，亦取五千名，内令三百名着王探假裝米車，夾帶鐵斧三百把，俱暗進省城，各處兵齊，成此大事不難等項虛言。楊大學、楊世勲等各被惑亂，亦不合與張彦禮等各聽從。紳就不合又將楊大學、翟文孝俱僞封都指揮，朱奈、張琰俱指揮，朱邦彦千户，其餘張紀等俱亦僞封官爵，當令楊朴、董漢、張合、侯瓚、段廷玉、趙得玄、樊綬、樊緯等各將前項號帖分散不等：楊道兒二十二張，何仲實、何萬良各二十張，侯先生、王守奉各一十二張，何道江、何道全各一十張，楊世勲六張，韓辰二張，侯玄、王饌、商錦、惠慶、段廷玉、賈文學各二張，嚴景和一張，先從謀今出首在官王璣三十八張，其餘每人各一張。何仲實等各不合執前號帖，前往涇陽、三原等處糾人分散訖。

本年九月失記的日，紳令張合進州，暗約王廷薦、王廷真、王廷用、康從仁、李雲、李經、安邦占、董大吉、習宰俱伏藏在内，候人馬到日，從南門領人出應。王廷薦等各不合與李雲等依聽。李雲等各備鐵斧，王廷薦備斬馬刀等候。本月十五日，紳同樊綬、樊緯、樊世家、樊世秉、樊世甫、董漢、楊朴、趙從政、王寧、劉彦虎、李儒、翟文孝、趙得玄、趙蘭、朱柰、張琰、朱邦彦、楊道兒、張紀、賈文學、王紀、楊大學、劉世隆、張萬良、任昇、孟壽、沈花刺、麻和尚、王文、陳邦靖、趙廷璽、趙廷美、張文學、馬裁縫、翟廷章、翟鉞等俱到王鎮家内，殺羊整酒會飲，約日起手。

本月内，有涇陽縣未到民劉臣等將紳等非為情由，告蒙巡撫王都御史批行分巡關内道王僉事，會同分守楊參政，案行本府撫民同知王暘緝挐，及行本州，操練兵快，嚴謹城門。

本月失記的日，紳到侯瓚家，伊將老鼠皮馬一匹與紳騎坐。本月十四日，紳同楊朴、陳訓并失記名二名各騎馬匹，懸帶弓箭，仍到韓恭家。紳自稱“我是教主，你將韓金兒與我為妾罷”。韓恭不合聽允，又不合將紳等故縱，在官武廷美知証。紳等執帶弓箭鎗刀等器，分騎馬匹，并一半步行，俱到盩厔縣祖庵宮内會齊。有已獲知情住持齊宗學、道士齊明奇并地方火甲薛厚、李勝宗、趙藻、安錫、李朝宗，各亦不合與獲故住持王宗珮各不行首官撲捕紳等。又不合將前偽造號帖復刷印收挐，隨路糾人，及不合乘機强搶未到民何雄羊三隻，并將伊左肐膊打折。楊朴到家，將伊在官妻王氏送到已獲知情彭章、彭斌家内，各不合窩住，及不合將楊朴故縱去訖。紳亦令妻劉氏引男女樊五漢、樊六漢、樊菜貴、樊登貴，俱到侯瓚家。有伊未到另居男侯相，任山西絳縣典史，伊男婦在官趙氏，從任所回還，在於省城柴市居住。侯瓚不合令在官家人侯保，亦不合依聽，將劉氏等送與趙氏，不合知情藏住。後侯保見得挨挐急緊，不合將樊菜貴轉送知情在官趙剛家，及引領劉氏、樊五漢等到未到不知情毛鬍子家。樊綬亦將伊妻張氏同趙廷美送到已獲李廷禄家。趙剛、李廷禄各不合不行出首，與毛鬍子各容藏住，李廷禄又不合將樊綬故縱去訖。今未到白景會見証。紳等行由已獲王永康、胡廷用、劉奇、張文舉、李鋭、李廷章、田經、翟東、圓隆、真成、高千，未獲馬良各家經過。王永康等各明知紳等謀反情由，各不合置備羊酒飲食與紳等食用，各又不合將紳等故縱去訖。在官地方總甲人等任敖、田充、張英、張仲進、李海、單僧、張瓚、孟榮、馬仕花、彭閏、張讓、何彪、宋憲、楊琥、李世琢、趙廷章、馬臣、賈杲、趙佐、彭斌、彭章、馬彦章、趙廷資、侯憲、胡昶各不合知情不行首官撲捕。紳同楊朴等各又不合隨路劫搶興平縣未到失主楊梅、張時福青綿布四匹、白綿布二匹、白靴一雙，并不知名人驢六頭，騾一頭，及本州未到失主趙奉岐、趙奉義等馬匹、騾、驢、銀兩、衣服、布匹不等，各分騎收挐花費。趙奉岐等各將被搶情由各告本州。

行間，本月二十一日，紳同楊朴、張合、侯卿、段廷玉、趙得玄、董漢、樊緯、樊世秉、樊世家、樊世用、樊慶元、樊書童、楊大學、李儒、王寧、張萬良、王紳、楊學、任昇、黄教福、殷克恭、陳朝用、王喜朋、牛閏、任守經、薛添雲、趙從政、尹三聘、梁閏、霍文朝、魏添林、王饌、何萬良、商錦、嚴小保、李洪、朱柰、朱邦彦、翟文孝、何彦章、王廷相、王經、何竹僧、武国、馬江僧、甯元惠、王恕、李買買、李廷甫、李萬胡、穆鸞、趙廷美、陳虎、楊道兒、李鶴、楊寛、楊可、李世相、張彦禮、梁再禮、董朝卿、侯朝弼、李世曾、王臣、王進忠、王進孝、王琢、王廷甫、王奉、王廷佐、楊孝、王舉、楊世勲、嚴景和、王守奉、何道江、何道全、惠慶、韓辰、賈文學、侯先生、侯玄、張紀、王鎮、劉朝陽、徐彦釗、史景泰、趙廷璽、孟壽、沈花刺、麻和尚、王文、張文學、馬裁縫、王伏一、陳師、王採、翟文章、楊道士、劉彦虎、王紀、劉世隆、翟廷章、翟鉞、王廷佑、王守爵、王廷舉、王廷保、楊牌兒、胡周、馬大千、楊仲其、胡車子、任慶、任良、任隆、胡釗、胡月、胡添續、董蘆、劉改年、董三哥、趙景仁、李宗政、傅鎮、傅爵、傅拴拴、傅浩浩、陳馬禄、趙從仁、趙倫、陳順、馬老人、張添爵、張道士、王文舉、陳訓、侯彦章等各不合執帶弓箭鎗刀各項器械，分騎馬騾，張打原造大中令旗號，就自本村起手，沿途將在官趕集行路并收割田禾董芬、尹萬胡、甯世文及不知名人共約有二百餘名，强虜跟隨，俱到本州東門外攻城。將關廂内草車用火舉焚，要行燒門，及用箭射傷守城老人李森等。彼有王廷薦、王廷真、王廷用、康從仁、董大吉、安邦占、習宰、李雲、李經俱到城上站立，要得驚散守城人等。各不合高聲詐説“城門已被衆賊攻開了，你們還在城上做甚麼”等語。被趙知州聽知，當即差人拏獲監候。先因趙知州奉到守巡楊參政、王僉事明文堤備，預將城門堵塞，并城上防禦人衆，攻打不開，及被吏劉啓東、楊邦獻、民快黎廷真等將董漢、楊道兒、李廷甫俱各射傷。紳等慌惧，將人馬移於城南住劄，因而退遁，原虜人衆各即奔散去訖。張合等各將號帖燒毁無存。

隨該本州并盩厔等縣各具由申蒙提督軍務楊尚書、鎮守晏太監、巡撫王都御史、巡按鄭御史、清軍王御史并鎮守鄭總兵，各督令布政司掌印宋布政、都司掌印周都指揮、按察司掌印張副使、關内道守巡楊參政、王僉事，西安府趙知府，各督發同知等官王暘等，指揮等官把鉞等，各領官軍兵快，兼程分投追剿。又蒙巡按鄭御史出給告示，通行曉諭：諸色人等，有能擒獲賊首一名者，賞銀一百兩；脅從一名者，賞銀二十兩；數内賊犯有能擒獻者，一體給賞。若有被脅强逼上盗，就能改過投降者，通免其罪。及委都指揮張鎬率領官軍一千員名分投截剿。及蒙巡撫王都御史會同提督、鎮守衙門議立賞格，獲紳賞銀三百兩，餘賊三十兩，亦通行告示曉諭。并蒙守巡楊參政、王僉事預料紳等窮寇，必往漢中深山窮谷隱藏，及或突出鄖陽、湖廣等處，號召無賴，扇動愚民，釀成大患。具由呈蒙撫、按衙門准給文前去漢中府，着落巡捕巡檢于鰲并府、衛、所、州、縣掌印、巡捕等官，多方用計，擒拏紳等。及分布指揮把鉞、張鵬等率領官軍三百員名，前去鄖陽等縣一帶地方襲捕；千戶王相、宋沉、郭良、穆希周、葛宇領官軍五百員名，在於盩厔縣通賊要路堵截；指揮鄭養民等官軍二百員名駐劄乾州，以防奔衝。又蒙守巡楊參政、王僉事親詣乾州、興平、武功、盩厔縣等處，督率官軍民快人等四散追剿。管屯桑僉事又與分守楊參政按臨涇陽縣，訪知韓恭等將女許紳等情，差兵快將韓恭、韓經、韓綸、韓緒、韓金兒、武廷美并韓經在官妻魏氏，與同段廷玉、李鶴、田經俱先後拏送按察司監問。本州知州趙時部下擒獲張合、陳虎、杜添得、胡廷用、康從仁、李雲、樊書童、馮仕花，并王恕在官父王世昌、趙廷表、李世琢、楊寬、楊可、李世相、穆鸞、劉琦，并楊大學在官男楊錦僧、姪楊馬湖，及拏住董芬、李奉。興平縣縣丞鄭濟部下擒獲彭章、李買買、馬江僧、張文舉、彭閏、張讓、彭斌、何虎、何彥章、王廷相、王永康、王經、尹朝、何竹僧、何萬良、翟東、圓隆、真成。醴泉縣主簿侯會部下擒獲李廷甫、李萬胡、李洪、李廷禄、李廷章、李鋭、商錦、嚴小保、趙廷章、陳邦靖、甯元惠、趙廷資。武功縣知縣姜恩部下擒獲董大士、李宗憲。盩厔縣知縣王聘部下擒獲吴茂、王宗珮、齊明奇、齊宗學，并朱柰、朱邦彥、翟文孝、何彥章、王廷相、王經、何竹僧號帖搜獲，并騾一頭，鏟刀三把，斧一把，弓三張，箭十枝。及將在官各賊家屬劉琦妻程氏、董三哥妻陳氏、董蘆妻韓氏、王進孝妻張氏、王進忠妻馮氏、王世昌妻楊氏、王恕妻賈氏、王廷佐妻周氏，任守經弟任倫、傅鎮妻袁氏、何仲實母王氏，何彪家屬何景賢、何廷義，李廷禄家屬李丁良、李血子、李可、李錫，李宗憲等家屬祝氏、李武、李保女、李喚真、強氏，陳邦靖家屬陳邦甯、陳芳，商錦家屬商學，俱捉送乾州并盩厔等縣監候。及趙時部下斬獲楊孝、張彥禮、梁再禮、董朝卿、侯朝弼、李世曾、王臣、王進忠、王進孝、王琢、王廷甫、王奉、王廷佐、王舉六十四名首級各一顆，驗發該州收貯。安邦占、董大吉、修幻、任才、習宰、李經、陳虎、樊書童、楊瓚、尹朝、楊道兒等俱在監病故，相埋訖。楊參政、王僉事將斬獲首級同騾頭刀斧弓箭等器，俱發乾州查收。及將張合等審供連人呈解撫按衙門，扯發按察司，會同都、布二司究審，招報侯瓚在官族人侯宗、侯合，將伊同謀助馬情由首告咸陽縣拏獲收監。

本月二十二日，紳與樊綬、董漢、楊朴等到於鄠縣地方湯浴等處，衆議紳等先去鳳、漢一帶，會合趙從政、趙廷璽俱往涇陽，樊綬往三原，各再糾人。二十六日，樊綬前來趙從政家歇宿，趙從政出外糾人，不在。本月二十七日，蒙同知王暘密差民快趙尚德、郭彦名、趙尚仁等將樊綬捉獲，及差呼文寬、劉統、張虎等將翟文孝、朱柰、朱邦彦、趙得玄、張琰并趙得玄已獲男趙蘭、楊朴妻王氏亦各捉獲，俱送本官審問。王璣、尹萬胡各將紳謀反及侯瓚男婦窩住紳家口情由，首蒙巡按鄭御史差長安縣主簿楊元明、咸寧縣典史白應舉，將樊菜貴、陳氏、趙剛并伊在官弟趙完，并提取侯瓚同伊在官男侯憲，及左衛指揮田鑑將紳妻劉氏并樊五漢、樊六漢、樊登貴等俱拏送按察司監候。又蒙提督、鎮守、撫按等衙門督發官軍六百員名，責令都指揮孫昌統領擒剿，并再催督各司掌印、守、巡、兵備、巡捕等官，督捕嚴緊，及各要害去處又俱有人馬，紳等不得沿途糾人，各四散逃走，隨將前項妖書燒毀無存。

本月二十八日，紳與楊朴、樊緯、樊世家、樊世秉、樊慶元、樊世甫、李儒、張萬良、楊大學、王紳、楊學、任昇、王寧、黄教福、王喜朋、牛閏、任守經、殷克恭、薛添雲、陳朝用、尹三聘、梁闕、王朝用、魏添林、趙從政共二十六人，行至苦竹隘口。巡檢于敖先因守巡楊参政、王僉事呈蒙撫按衙門案驗，督伊聚齊銀兵按伏要路，以防奔突，并張都指揮差人飛送巡按告示到彼。本官整點銀兵總甲趙安等五百名，將紳等二十六人對陣擒獲，并收獲原刋偽號六中令印板，及遁甲、兵書，陰陽雜書，同散號簿籍共七本，五色線縧一條，鍍金頂大帽一頂，紅褐比甲二件、馬騍二十四匹、大小刀六把、鬼頭刀二把、弓箭五付、護膝一付，舊衣服三件，鎗一根，申報楊参政、王僉事通行開報訖。

本年十月内，王同知將樊綬、翟文孝等取供，及追出各原領號帖關府，申蒙撫按衙門俱批行按察司，公同都、布二司各掌印官審問。未獲賊犯通行緝拏，有功有罪人員通行查問。隨有各犯户人張文政、張許、李廷用、趙景文、單禮、張鋭、張奉、孟仲季、楊鐸、趙錦各家人衆不一，各另將張英、張文廣、張仲進、李海、單僧、張瓚、張琰、孟榮、楊虎并趙從政家屬趙世傑妻高氏、趙廷美家屬趙顔、張紀妻鄒氏、趙廷資父趙景賢、趙廷美妻李氏，俱捉送鄉官穆知縣，一同解送按察司，首明收問。西安前衛魏指揮亦將趙得玄在官男趙五兒捉審。趙五兒招出李恕、高千、徐彦釗，及將伊伯趙玄并民馬善不合讐攀在内，取供連人呈送都司轉解巡、按衙門，併發本司，將趙五兒監侯，李恕懼罪，自縊身死。本司將高千、馬善、趙玄同、徐彦釗在官弟徐廷相挐獲，及將在官李恕以同姓名并右護衛將在官無干僧人海添、義凈，守門百户李漢將在官辛師顔作辛自然各混挐，俱挐送本司監問。本月十一日，于鰲等將紳等并馬騾書集板片等物俱解楊参政、王僉事處，轉解鎮守、撫按衙門，俱批據本司與同前獲各犯會審。内李雲、段廷玉、韓緒、張琰、趙得玄、李鶴、杜添得、楊寛、楊可、李世相、李宗憲、樊世甫、趙廷表俱陸續在監病故，相埋訖。

今蒙三司掌印等官通將紳等一干人卷弔取到官，連日公同會審得：紳與弟樊綬、樊緯謀反情真，楊朴、張合、段廷玉、趙得玄、董漢俱係原謀，其餘楊大學等一百六十六名原謀不與，俱係臨時從謀，家衆委不知情，内張琰等又係各家衆人恐懼連坐，同捕送官。韓恭等一十三名俱知情故縱，趙剛等三十六名止是知而不首，董芬、尹萬胡、甯世文委係中途被虜，及李恕、辛師顔委因姓名相同，海添、義凈、馬善委無相干。原報印一顆，即係偽造大中令印板。除將獲功人役，量行賞犒，供明武廷美等先行省發外。

將紳等取問罪犯一百四十二名口：樊綬年三十四歲，樊緯年三十歲，張合年三十歲，楊朴年三十五歲，王紳年三十三歲，穆鸞年三十二歲，王恕年二十八歲，薛添雲年三十八歲，楊學年五十一歲，王廷用年三十三歲，王廷薦年二十六歲，王廷真年二十九歲，殷克恭年二十歲，楊馬胡年一十六歲，王世昌年六十歲，梁關年二十二歲，習相年二十五歲，康從仁年二十二歲，嚴小保年一十六歲，趙廷資年四十歲，胡昶年三十三歲，胡廷用年二十歲，李世琢年二十二歲，馮仕花年一十七歲，楊錦僧年一十八歲，任守經年一十八歲，劉奇年三十歲，馬臣年三十歲，王喜朋年一十七歲，宋憲年六十歲，賈杲年四十五歲，趙世傑年二十五歲，張英年五十五歲，趙廷美年四十五歲，趙顔年六十歲，楊大學年四十八歲，樊世家年二十歲，樊世秉年一十八歲，任守倫年一十七歲，王饌年二十五歲，係乾州民何竹僧年二十歲，馬彦章年一十七歲，張讓年二十五歲，趙佐年五十歲，王寧年一十九歲，李買買年一十八歲，張文舉年三十八歲，習東年四十五歲，真成年二十七歲，彭閏年六十五歲，彭章年五十五歲，彭斌年五十二歲，何仲實年二十九歲，何萬良年三十五歲，何彪年六十歲，王永康年三十八歲，王廷相年四十歲，王經年三十七歲，馬江僧年二十歲，任敖年三十歲，田充年五十歲，李得才年六十歲，俱興平縣民。翟文孝年三十五歲，楊琥年六十歲，孟榮年一十八歲，張瓚年五十五歲，李儒年三十四歲，李海年二十歲，朱邦彦年二十一歲，單增年六十歲，趙廷章年二十一歲，韓恭年六十三歲，韓綸年二十歲，韓紳年三十七歲，韓經年五十歲，田經年五十一歲，武固年五十八歲，牛閏年一十七歲，趙從政年三十三歲，陳朝用年三十三歲，俱涇陽縣民。黄教福年三十歲，李鋭年五十七歲，李洪年一十九歲，李萬胡年二十歲，李廷章年五十五歲，李廷甫年二十六歲，李廷禄年三十五歲，陳邦靖年三十歲，甯元惠年三十歲，俱醴泉縣民。王奉禄年三十八歲，王河年三十六歲，侯瓚年六十五歲，侯保年二十五歲，侯憲年二十二歲，俱咸陽縣民。張萬良年四十歲，任昇年四十歲，趙蘭年三十三歲，何彦章年三十歲，俱三原縣民。魏添林年二十歲，山東兖州民。商錦年七十五歲，商學年二十歲，西安前衛軍餘。趙剛年三十五歲，長安縣民。尹三聘年十八歲，霍文朝年三十歲，王萬良年二十歲，朱柰年三十歲，圓隆年二十五歲，高千年四十歲，張仲進年三十歲，薛厚年三十四歲，李勝宗年六十歲，趙藻年三十歲，安錫年四十二歲，李朝京年四十二歲，齊宗學年五十歲，齊明奇年三十二歲，李武年三十歲，陳邦寧年二十歲，陳芳年三十歲，俱盩厔等縣民僧。樊五漢年十歲，樊六漢年九歲，俱樊紳男。樊慶元年十三歲，樊綬男。樊小湯年二歲，樊緯男。劉氏年四十八歲，樊紳妻。張氏年三十六歲，樊綬妻。丘氏年二十三歲，樊采貴年一十六歲，樊登貴年三歲，俱樊紳女。王氏年三十歲，楊朴妻趙氏，年四十歲。侯瓚男婦趙五兒，年一十五歲，趙得元男。高氏年二十八歲，趙從政妻。李保女年十二歲，李喚真年十三歲，楊氏年四十歲，張氏年四十歲，馮氏年三十歲，賈氏年三十歲，王氏年三十歲，楊氏年二十歲，强氏年三十五歲，楊氏年三十歲，各招，與樊紳招同七名。李恕年三十歲，辛師顔年二十歲，海添年三十歲，義净年二十歲，董芬年二十歲，尹萬胡年二十歲，甯世文年四十歲，俱是興平、盩厔等縣民。各供與樊紳招同。

議得樊紳等所犯，樊紳、楊朴俱除妖言惑衆，侯瓚、韓恭、韓經、韓綸、韓紳俱除不應各罪名外。樊紳合依謀反者律[一]，樊綬、樊緯、楊朴、張合、侯瓚、楊大學、李儒、王寧、張萬良、王紳、楊學、任昇、黄教福、殷克恭、陳朝用、王喜朋、牛閏、任守經、薛添雲、趙從政、尹三聘、梁闟、霍文朝、魏添林、何仲實、王饌、何萬良、商錦、王河、王萬良、王奉禄、王廷薦、王廷真、王廷用、康從仁、嚴小保、李洪、朱柰、朱邦彦、翟文孝、何彦章、王廷相、王經、何竹僧、陳邦靖、武固、馬江僧、甯元惠、王恕、李買買、李廷甫、李萬胡、穆鸞、趙廷美，俱依“共謀者不分首從”律，與樊紳皆凌遲處死。

王世昌、李得才俱依父，樊世家、樊世秉、趙蘭、楊錦僧俱依子，習相、任守倫俱依弟，趙顔、趙世傑、侯保、李武、陳邦寧、陳芳、商學俱依同居之人，楊馬胡依兄之子，“不限籍之同異，年十六以上”律；韓恭、王永康、胡廷用、劉琦、張文舉、李鋭、李廷禄、李廷章、田經、翟東、圓隆、真成、高千俱依“知情故縱隱藏者”律，與王世昌、李得才、樊世家、樊世秉、趙蘭、楊錦僧、習相、任守倫、趙顔、趙世傑、侯保、楊馬胡、李武、陳邦寧、陳芳、商學各斬，俱不待時。樊五漢、樊六漢、樊慶元、樊小湯、趙五兒俱子，十五以下律；

劉氏、張氏、丘氏、王氏、趙氏、高氏、楊氏、張氏、馮氏、賈氏、楊氏、王氏、祝氏、强氏、樊菜貴、樊登貴、李保女、李喚真俱母女妻律，俱給付功臣之家為奴，財産並入官。趙剛、薛厚、李勝宗、趙藻、安錫、李朝京、齊宗學、齊明奇、楊琥、李世琢、趙廷璋、馬臣、賈杲[二]、馬彦章、趙佐、趙廷資、張英、張仲進、李海、單增、張瓚、孟榮、馮仕花、彭章、彭閏、張讓、彭斌、何彪、宋憲、胡昶、胡憲、任敖、田充、韓綸、韓經、韓紳俱依“知而不首者，各杖一百，流三千里”。俱有大誥，减等，各杖一百，徒三年。俱民審，俱無力，各照例發衝要驛分，照徒年限擺站，滿放。脅從董芬、尹萬、胡甯世、文供明、李恕、辛師顔、海天、義凈等各發寧家焚修，陳氏、韓氏、周氏、袁氏、鄒氏、徐廷相俱監候，待拏各夫董三哥、董蘆、王廷佑、傅鎮等獲日發遣施行。樊紳等八十四名，俱重刑。樊五漢、劉氏等二十三名口俱入官為奴，通行請旨。

照出樊紳等八十四名俱死罪，樊五漢等二十三名口俱為奴，各照例免紙。趙剛、薛厚、李勝宗、趙藻、安錫、李朝京、齊宗學、齊明奇、楊琥、李世琢、趙廷章、馬臣、賈杲、趙佐、趙廷資、馬彦章、張英、張仲進、李海、單增、張瓚、孟榮、馮仕花、彭章、彭閏、張讓、彭斌、何彪、宋憲、任敖、田充、韓綸、韓經、韓紳、胡昶、侯憲，俱民紙各一分，每分折穀八斗。并擒獲樊紳等原騎馬騾二十四匹頭，偽號令板一片，遁甲、兵書并陰陽雜書及散號簿籍共七本，五色線縧一條，鍍金頂大帽一頂，紅褐比甲二件，大小刀六把，鬼頭刀二把，弓箭五付，護膝一付，舊衣服三件，鎗一根，及趙得玄家原寄樊紳披肩一領，白黑手帕一十三連，俱發西安府，俱追完。穀送永豐倉上納備賑，馬、騾、披肩、手帕易銀類解作正支銷，偽造令板并書簿鎗刀等物俱貯庫備照取實收。并搜獲號帖塗抹附卷，斬獲梁再禮等首級一十四顆，并先獲樊紳等搶劫無主騾一頭，刀三把，斧一把，箭十枝，俱發乾州收貯。樊紳、楊朴、張合、侯瓚、楊大學、李儒、王寧、張萬良、王紳、楊學、任昇、黄教福、殷克恭、陳朝用、王喜朋、牛閏、任守經、薛添雲、趙從政、尹三聘、梁闕、霍文朝、魏添林、何仲實、王饌、商錦、王河、王萬良、王奉禄、何萬良、王廷薦、王廷真、王廷用、康從政、嚴小保、李洪、朱奈、朱邦彦、翟文孝、何彦章、王廷相、王經、何竹僧、陳邦靖、武固、馬江僧、甯元惠、王恕、李買買、李廷甫、李萬、胡穆鸞、趙廷美各家財産，仍行該府差官會同各犯原籍官司查勘，盡行抄劄入官，具由開報。原拏首惡樊紳土巡檢于鰲，已經官賞銀四百兩，樊紳家家産免給。樊紳先移葬伊父母武岡山前墳墓，行醴泉縣平治。未獲董濆、楊世勳、嚴景和、王守奉、何道江、何道全、惠慶、韓辰、賈文學、侯先生、侯元、張紀、王鎮、劉朝陽、徐彦釗、史景泰、趙廷璽、孟壽、沈花剌、麻和尚、王文、張文學、馬裁縫、王伏一、陳師、王採、翟文章、楊道士、劉彦虎、王紀、劉世隆、翟廷章、翟鉞、王廷佑、王守爵、王廷舉、王廷保、楊牌兒、胡周、馬大干、楊仲其、胡車子、任慶、任良、任隆、胡釗、胡月、胡添續、董蘆、劉改年、董三哥、趙景仁、李宗政、傅鎮、傅爵、傅拴拴、傅浩浩、陳馬禄、趙從仁、趙倫、陳順、馬老人、張添爵、張道士、王文舉、陳訓、侯彦章并應抄財産同緣坐家口，及有罪馬良、秦韶、辛自然并樊紳男樊世全，樊綬男樊小慶、樊瞎子，侯瓚男侯卿，亦行該府通行各該州縣掌印、巡捕官兵緝拏解報，另案歸結。

參照樊紳潛懷異志，陰鞠兇圖，假相術以興訛，用妖書而布讖，因而邀結惡黨，脅誘愚民，私署偽官，擅立大號，張皇軍法，攻打州城，罪極滔天，法干不軌。楊朴等冥頑易惑，獷野不馴，遽陷逆謀，共犯極典。其間楊朴等二名，與樊紳兄弟交結既深，共謀實固，情罪俱重，别無可原。楊大學等一百六十六名原謀不與，臨時始從，家衆尚不知情，連坐似難定執。張琰等家衆懼坐，同捕送官，本犯固無疑，家衆情皆已首。謀有久近，則情固有淺深；

情有淺深，則法亦有全減：乃用刑惟中之道也。

再照陝西地方沿邊雖聲息無常，腹裏則承平日久。樊紳等變既起於不測，勢復駭於方張，遠近驚疑，上下私恐，皆畏難以遽圖速定，如近年趙風子之變，盖可監也。

仰賴九重之上，神武素昭，天威遠布，及提督、鎮守、撫、按、清軍、總兵各衙門宣力協忠，督兵設策，立消大變，以靖一方。城野既無殘破之憂，兵粮亦無耗費之患，此實地方之福，何俟職言。所據分守陝西布政司右參政楊叔通、分巡按察司僉事王鈞，始嘗設備全城，終復奮身剿賊；土巡檢于鰲親擒首惡，用杜後虞，以上三人，功俱可嘉。管屯僉事桑溥計執逆黨，都指揮使孫昌、張鎬策布兵威，西安府知府趙伸均宣調布之勞，同知王暘克著分擒之績，西安前等衛指揮把鉞、張鵬、鄭養民，千户王相、宋沉、郭良、穆希周、葛宇俱嘗策應，盩厔縣知縣王聘、武功縣知縣姜恩、興平縣縣丞鄭濟、醴泉縣主簿侯會，各有捕獲，乾州知州趙時雖經失事於前，卒能効勞于後，以上各官之功，亦皆難泯。但該府掌印、巡捕及領軍并守、巡各官始雖失覺，厥過猶微，誠難掩功，趙時之功亦堪贖罪。變之方興，則舉其過以責其功，事之既定，則録其功而略其過，政亦宜然。

伏乞通為奏請，將樊紳、樊綬、樊緯與同楊朴等五名俱明正典刑，其餘臨時從謀并家衆捕首者，嚴其一身之誅，减其家衆之坐，則刑政之典正而國法既舉，好生之德全而人心亦安。其諸有功人員，略其微過，俱分别等第，以行賞格。土巡檢于鰲仍照軍陞軍職事例，授以百戶，填註西安衛所，以寓羈縻之術。知州趙時，准其以功贖罪，庶幾不失宥過之方，尤全勸功之典矣。等因備招，具呈到臣。

案查，先為前事。本年九月二十八日午時，據陝西布政司分守關内道參政楊叔通呈，本月二十二日丑時，據西安府同知王暘稟，及據乾州知州趙時稟帖，内開：本月二十一日辰時分，强賊樊紳等率領馬、步人約有五百餘名，各帶弓箭器械，張打旗號，將本州四門圍困，喊聲殺害。本職率領城内居民對敵，内有劉啓東將賊射傷二人、馬一匹。賊將城上守把老人李森等二人射傷，見今攻圍不退，理合稟乞，早發兵馬前來，救援一州生靈。等因先該各道會同已將賊首樊紳窩主韓恭等六名口挐獲在縣，供稱：該縣地方多有無籍光棍，暗行順從，先時張勢挾財。節經首告取供間，今據前因，看得賊首樊紳合謀結黨，已非一日，雖稱烏合之衆，然當民窮易亂之時，若不早為撲滅，恐致蔓延遠近，為患不淺。況今省城兵馬單弱，合無量調邊兵三五百員名，行令將官一員，統領前來，隨宜剿殺，以安地方。等因到臣。

查得固原等處邊兵俱發各邊城堡按伏防禦，見今河套、河西俱有大賊窺伺，難以掣調。隨行鎮守陝西都督鄭卿，將西安左、前、後等衛備冬官軍挑選有盔甲馬匹精鋭六百員名，行委都指揮孫昌、指揮楊茂分領，并巡撫衙門跟隨巡邊官軍指揮劉啓等三百員名，會合撲剿。及照巡撫陝西地方都察院右副都御史王藎見在固原，議行親督前去調度外。為照參政楊叔通等呈稱：賊首樊紳合謀結黨，已非一日。各該府州官員不行早為緝捕，又不見呈請合干上司，作何定奪。布、按二司，分守、分巡官既知有前項賊情，亦未聞督併軍衛有司官員設法挨拏究治，直待聚齊人衆，攻圍州城，射傷人命，方纔告急請兵，俱難辭責。但舊官俱已去任，見今分巡、分守俱係新任官員，到任未久，似宜責效將來。

切緣各府州縣地方，俱有盜賊時出剽掠，若不早為撲滅，將來結聚蔓延之患，難保必無。又經通行都、布、按三司并關内道守、巡官嚴督軍衛有司，整點城操官軍、舍餘、民壯、機兵快手、鄉導人等，各置備弓矢器械，隨處把截防守。如遇官軍到彼，指引道路，會合擒剿，務期盡絶，以靖地方。

再照腹裏賊情比之達虜不同，中間多係無知愚民，聽人哄誘，誤陷賊黨，軍馬一臨，未免玉石俱焚，情有可憫。已行各司轉呈巡撫衙門，設立賞格，出給告示曉諭：但能悔罪自首，與免本罪，查發寧家，聽其家屬里老隣佑保管，不許仍前為非。有能擒獲賊徒，或指引官軍拏獲賊衆者，分别等第，從重給賞。示出之後，果能自相解散，免致濫及。若稔惡不悛，敢與官軍拒敵，痛加誅剿，毋得姑息，都、布、按三司，仍行關西、關南二道分守、分巡、防守等官，各嚴加防範，如遇前賊遯入各境，一體督兵捕剿，及具題去後。

今據前因，參照犯人樊紳，釀禍伏姦，鞠兇逞悖，憑藉邪術，藏布妖書。敢奮蜉蝣之羽，欲攘螳螂之臂。結惡黨以誘愚民，聚兇徒而攻州治，甚至暗署偽官，私竊稱號，實蹈滔天之罪，難逃赤族之誅。楊朴等并楊大學等跡本冥頑，性多獷戾，共聽邪謀，陰懷異志，初本惑於妖言，既乃陷於不軌。仰仗聖武布昭，皇威遠被，鎮、巡官員督發官兵，指授方略，變不移時而兇翼自剪，兵不血刃而首惡就擒。原情定罪，夫復何辭？已該鎮、巡官，督同都、布、按三司官員審取供招，議擬奏請定奪。

臣十月初旬，聞前賊解散，因河套有警，出巡延、寧等邊，相離省城地遠，十一月初三日，在於花馬池地方，據都、布、按三司差人賫送原問招擬到臣。根究既明，議擬亦當，廟堂必有所處，何俟贅言！

但竊聞此輩聽信邪術，容蓄妖徒，結搆不止一方，醞釀已非一歲。各該官司坐視不理，或知而輕縱，以致遠近愚民承訛效尤，恬無畏忌。如乾州之事，衆所共知，因循失舉，直待聚衆攻城，方纔請兵告急。匍匐入井，在赤子以何知；崑岡火炎，恐玉石之俱毁。故陷百餘生靈於必死之地者，有司之過也。

切詳樊紳、樊綬、樊緯與楊朴等原謀之人，情無可原，法應全坐。其楊大學等一百六十六名，本非原謀，陷於極惡，或隨衆以攻城，或入山而拒敵。各官所論："謀有久近，則情有淺深；情有淺深，則法有全減"，似為合中。但恐中間亦有臨時脅從，及讐攀誣指之人，事在陝西，淺深之情，法司無由而知，全減之科，朝廷恐難定處。且執法者人臣之義，好生者天子之仁。近年如寧夏寘鐇、江西宸濠之亂，脅從多從末減。皇上嗣極以來，於大辟死刑，詳慎再三，不輕論决，凡以存欽恤之念，而廣好生之德也。况前賊蓄謀雖久，兇跡未張，既不曾流劫鄉村，又不曾殺死人命。假妖言以惑人，挾寸布以為號，聚衆攻城，不踰時日，一聞官兵追逐，羣衆多所解散，跟隨入山者不過二十餘人。其陸續擒獲者，多係互相攀引，而藏匿山谷，逃躲未獲者尚多，恐其自相驚疑，反為不靖。又恐三司等官倉卒鞫問，萬一未得其平，將貽多殺之悔。臣心有未安，不敢不言，而獄非親鞫，亦未敢自以為是，伏惟聖明裁斷。乞下法司參詳議擬，合無差給事中、刑部郎中各一員，到於陝西，會同撫、按，督同三司官員，再行虚心審鞫，務要詢謀僉同。除原謀樊紳等外，其楊大學等一百六十六名，酌情議擬，跡顯情重者照依各官所議，誅其身而免其連坐，其餘或發南方烟瘴地面，永遠充軍，惟復别有定奪。中間若有讎攀誣指，及審無實跡者，亦要從公開釋。如此，則法無倖免，足以警動人心；罪無濫及，不致感傷和氣。而未獲愚民，聞之亦有自新之路矣。

緣係地方賊情事理，未敢擅便。為此具本，專差馮遠親賫，謹題請旨。

【校記】

[一]"樊紳"，底本為"樊綬"，而下句卻為"樊紳"，當係互易，據四庫本改。

[二]"杲"，底本誤為"果"，據上下文改。

關中奏議全集卷之十六

提督類

一為更易極邊地方將官事

欽差提督陝西三邊都御史臣楊一清謹題：為更易極邊地方將官事。

照得寧夏興武營逼臨河套，東接花馬池，西接清水營，乃虜賊出沒要衝之地。舊例設有協同分守將官一員，奉勅在彼駐劄，操練軍馬，防禦虜寇，責任頗重。見任協同署都指揮僉事吴雲，初本驍健官員，近於嘉靖三年内，為因設備欠嚴，致賊拆墻入境，搶去官馬數多，該寧夏巡撫官參劾，未見處分，以此心志隳廢，號令不行。

臣近日巡邊到彼，親自閱視，軍多逃竄，馬皆瘦損，一切邊務，廢弛殊甚。臣公同鎮、巡官員都御史林琦，總兵官杭雄等議得：極邊要害地方，而使隳心喪志之人久叨將領，見今河套虜情難測，萬一侵犯深入，不無誤事，必得急為更易將官一員，庶可倚託。

博訪得延綏榆林城把總、都指揮僉事閻武，先任河州守備、革回榆林衛指揮使梁震，俱各閑於武藝，熟於邊情，屢經戰陣，謀勇可取，相應舉用。如蒙乞勅兵部，再為查訪，合無將吴雲暫令回還原衛聽候，待勘問事完，有無干碍，另為定奪。仍乞於閻武、梁震内推用一員，請勅協同分守寧夏東路興武營地方，如此，則政令一新，精采自倍，而邊城可保無虞矣。

緣係更易極邊將官事理，未敢擅便。為此具本，謹題請旨。

一為禁約妖人邪術扇惑愚民貽患地方事

題：為禁約妖人邪術、扇惑愚民、貽患地方事。

訪得西安、鳳翔、延安、漢中等府地方，多有山西等處流來人民，呼為端公、居士等項名目，持齋誦經，禳脩善事，内懷姦惡，妄稱白蓮教、玄胡教，挾持神像，播弄幻術，捏造妖言，專以禍福利害，恐動人民。城市、鄉村愚夫愚婦，翕然信之。延請供奉，無所不至，資以財帛，結為婚姻。歲時開社招集，遠近之人，百十為羣，夜聚曉散，扇惑人心。官司明知，不行禁約，以致承訛襲舛，遠近效尤。

正德年間，洛川之變，動調官軍，多被殺傷，雖旋即就擒，而所損已多。近日樊紳之禍，曾經舉首，州官不敢緝拏，上司雖知，亦不早為根究襲捕，及其率衆攻城，相顧駭愕，移文告急，既而羣衆潰散，却又相率論功。向使禁之於初，撲之於早，豈至陷百數十愚民於必死之地？官府亦免芻粮犒賞之費矣。顧樊紳數人之外，其所糾聚，多係村野白丁，信其誑誘，實無技能。此風不行禁革，將來邪說蔓延，南山一帶，姦黠獷戾之徒，倚山附峒，乘之為亂，其患不止如樊紳而已。

伏覩大明律一款："凡師巫假降邪神、書符、呪水、扶鸞、禱聖，自號端公、太保、師婆及妄稱彌勒佛、白蓮社、明尊教、白雲宗等會，一應左道亂正之術，或隠藏圖像，燒香集衆，夜聚曉散，禳脩善事，扇惑人民為首者，絞；為從者各杖一百，流三千里；若軍民粧扮神像，鳴鑼擊鼓，迎神賽會者，杖一百；罪坐為首之人，里長知而不首者，各笞四十；其民間春秋義社不在此限。欽此。"

國家之禁令甚明，臣下之奉行未至，豈獨貽患地方，亦且有累風化。夫智者防患於未形，達人識變於微眇。星星不已，至於燎原，毫釐不伐，至用斧柯而無所及。但此輩鳩集既廣，愚民蔽固已深，一旦重法繩之，獲罪者衆矣。

臣愚，伏望聖明裁處，勑下該衙門，查照律令及見行事例，備行陜西巡撫、巡按，着落都、布、按三司掌印、巡、守等官，刋印榜文，發仰所屬各府、州、縣，張掛曉諭，但有似前各處流來端公、居士，妄稱白蓮、軒胡等教，挾持邪術，捏造妖言，收藏神像圖籍，扇惑人心者，榜文張掛之後，限一箇月以裏，聽其自相解散，各回原籍，寧家生理，一切軍民之家，不許容留居住。若限外仍舊潛住行教惑人，許隣佑、里老、地方總、小甲拏送首官，并容留之家，傳習之人，俱依律究治。隣佑、里老、地方總、小甲知而不首，各該巡捕官兵人役訪拏，一體連坐。該管府、衛、州、縣官員視常不理，聽巡守官應拏應參，徑自施行。甚則以罷軟官，撫按衙門具奏黜退。如此，庶可以杜將來之亂階，消未然之隱禍，以正人心，厚風俗於治道，實有補益。

再照此等邪事，惟士大夫生儒之家，多不聽信，每有鳴諸官府者，亦有因而得禍者，坐視隱忍，不敢聲言。合無行令提學官員，巡視學校之時，延訪舉人、監生、槩學生員，如境内有前項妖人邪術，踵惡未悛，許其直言呈禀，提學官就行責令所司，緝拏究問，庶得其真而邪說可息矣。其民間春秋義社，照舊舉行，不許巡禁人役緣此妄拏擾害，如違，一體查究治罪。

緣係禁約妖人邪術，扇惑愚民，貽患地方事理，未敢擅便。為此具本，順差承差馮遠親齎，謹題請旨。

一為反獄事

題：為反獄事。

嘉靖四年十一月二十九日，據陝西按察司呈，准本司署印副使張宏關稱：嘉靖四年九月内，捉獲逆賊樊紳等一百四十三名口，公同都、布二司掌印官會問明白，通行呈詳，奏請發落。因見事干反逆，惟恐疏虞，倣效刑部式樣，做成木籠一十二箇，將各犯分置其中，又用榧牀、滚肚、腦鞦肘鐐。凡可治囚死命者，無不用心。每日下監，躬親點閲，日取獄卒官吏，不致疎虞，重甘結狀在卷。至十一月十七日，又親下監點視停當，分付每放風一遭，止許二名。放畢榧上，再放二名，叮嚀再三，回堂理事。

本日申時分，據本司巡風吏周鎮禀稱：有司獄史高、獄典侯仲先及獄卒雷厚等放風，將樊紳、楊朴、張合、李儒、張萬良、樊綬、樊緯一籠七名，一時放風，被樊紳、楊朴等將别起重犯魏剛、周鸞、任九子、李鎮、圓惠等肘鐐磕打脱卸。各執骨朵，將史高并禁子張成、謝端、穆直、惠泰、王佐、閻保、彭隆打倒在内，侯仲先被傷奔走，亦來告禀。本職當時鳴鼓，召集闔司吏農[一]、承差、門隸家衆人等，各執器械，急去邀捕，正遇羣賊將禁子趕打，内一賊已出監門。本職親督皂隸劉江等亂棍打死，斬首以滅。餘賊不敢出監。隨唤本司門前防護官軍，見在止有軍人四名，張得山、張濟甫、王回兒、王來與同各役入監撲捕。進入二門，至吞口門，被賊衆衝突前來，將軍人張得山等俱打傷重，奪去弓箭一付，刀二把，遂將皂隸王連射訖一箭，各役亦不得入，賊衆亦不能出。本職慮恐突出，隨令各役掀揭壓堦石頭，將吞口門壘砌牢固。及分投差人走報鎮、巡衙門，督令該道守、巡，及調陝西都司西安左等四衛、咸、長二縣官軍民快地方人等，各執器械，在於監外圍遶。地方總甲周仲其上監墻窺探，失脚跌入監内，當被各賊亂棍打死。各賊計窮，隨即舉火燒毀監房，延至天明，又將監内不肯順從輕罪人犯詹兆等趕打成傷。恐傷無辜，嚴督官軍把鉞等各率軍兵人等一齊下監，樊紳等與官軍格闘。西安左衛指揮使把鉞部下擒獲一名楊大學，斬獲賊級八顆。本衛掌印、指揮使任傑部下斬獲賊級二顆。城操指揮張鵬部下斬獲賊級九顆。榆林城領班指揮僉事田鑑部下斬獲賊級一十一顆。指揮田滋等斬獲賊級一顆。西安前衛掌印指揮使康壽部下擒獲一名王河，斬獲賊級三顆。本衛城操指揮僉事魏鎮部下斬獲賊級三顆，千户王相部下斬獲賊級五顆。本衛千户徐衡、任威等擒獲一名侯瓚。西安後衛掌印指揮僉事劉啓部下擒獲張合、李洪、李廷甫三名，斬獲賊級一十一顆。指揮楊茂、劉紳擒獲賊首一名樊紳，部下斬獲賊級二顆。本衛指揮高應祥等斬獲賊級一顆。西安右護衛指揮僉事陸鑄部下斬獲賊級二顆。長安縣巡捕主簿楊元明部下擒獲一名薛添雲，斬獲賊級二顆。本縣皂隷周鋭等斬獲賊級一顆。咸寧縣民快皂隷康廷周、鄭守巳、馬四等擒獲一名趙廷美，斬獲賊級二顆。禁子趙景雲等斬獲賊級一顆。城操軍人陳貴等擒獲一名趙顔。承差王平、吏張仲文、張天錫擒獲一名趙世傑。軍人尹政等將婦女劉氏、張氏、丘氏、鄒氏等捉獲。并首級、賊犯俱送本職，躬親審驗明白。將生擒樊紳等一十一名分發西安府、衛，牢固監候，首級用櫃裝盛，各題寫真正姓名貯庫。又將各屍骸埋藏空便地内，亦用木牌題寫姓名訖。隨即下監，查得反獄賊犯樊紳、楊朴等俱已斬獲，並無一名得脱。及查監簿别卷輕重囚犯詹兆等，亦無疎虞妄殺情故。緣係反獄事理，合關本司，煩為轉達施行。等因准此，擬合通行呈詳。為此，今將前項緣由并擒斬獲各犯姓名，理合開坐，伏乞照詳施行。等因到臣。

案查，先據陝西都、布、按三司呈，為萬分緊急賊情事，將會問過賊犯樊紳等招詞呈詳到臣。看得各犯除原謀首惡樊紳等外，其餘或係脅從之人。情有輕重，則法有全減，今一槩坐以極典，恐三司官員倉卒鞫問，未得其真，將貽多殺之悔。已經具題，乞差給事中、刑部郎中前來，會同巡撫、巡按再行審鞫，分别輕重議擬。中間若有譬攀妄指，及審無實跡者，亦要從公開釋去後。

今據前因，參照陝西按察司署印副使張宏，明知逆賊樊紳等係凌遲斬罪重犯，不行分發各該衙門牢固收監，却將原謀首惡并臨時從逆及各犯家屬聚處一監。又不督令司獄、吏典、禁子人等如法肘鐐釘柙，嚴切關防，以致兇犯結謀反獄，俱合有罪。參詳呈報情詞，事既早覺，不得出監，官兵圍繞於外，賊雖兇悍，終是在柙之虎。官軍既入，當先格鬪者固宜斬殺，其餘人犯合就一名名擒縛，分發各衙門牢固收監，待命下，明正典刑，肆諸市朝[二]，以正國法。顧乃一槩斬首，恐在柙之囚，亦所不免。況囹圄之內，隙地能有幾何？雖多亦無容足之所，彼兇狠瑕命之人，若果勢猛力齊，則格鬬之際，官兵禁卒，豈無所傷？束手待斃之狀，昭然可見。且始既疎於禁防，終乃恣夫屠戮，既非臨敵對陣之比，浪稱斬獲首級之功。其拒敵傷人之輩，固所宜然；而駢首就戮之徒，豈無冤濫？中間縱有可矜疑當開釋之人，死者不可復生，有乖朝廷欽恤之意。推原各官之心，不過以前項人犯黨類寔繁，存之恐生他患，故欲乘機殺之無遺，庶使將來可免防範。原情本為防變，論法則有未宜。但事在陝城，臣相離地遠，莫究其詳，鎮、巡官員必有所處。

緣臣先有論奏，今不得不言。如蒙伏乞勅下法司，參詳前後招報情詞，奏行陝西巡撫、巡按等官，將各該有罪人員，依法參究，其斬獲首級者應否論功，徑自奏請定奪。

緣係反獄事理，為此具本，專差承差馬廷璋親齎，謹題請旨。

【校記】

[一]“農”，與“典”形近，疑為“典”之誤。

[二]“諸”，底本、雲南本為“誅”，據四庫本改。

一為懇乞養病事

題：為懇乞養病事。

嘉靖四年十二月初五日，據分守肅州等處地方右參將、都指揮同知雲冒呈前事。切照卑職幼年失父，孤弱多疾。及襲職以來，節年領兵固、靖等處備冬截殺，於正德十六年八月内，欽銓陝西都司軍政僉書，管操巡捕。適有白水、商南等縣流賊陳克已、妖言賊首馬隆等蜂起，攻劫城寨，荼毒生民。卑職領兵跟剿，奮不顧身，殄滅前賊，多歷艱苦，又於嘉靖三年三月内，不意庸駑，叨陞今職。每思重任，無術可勝，身心兢業，寢食靡安。本年八月二十三日，忽有土魯番回賊犯順，侵掠邊陲，肆爾兇殘，直抵肅州城下。卑職率衆登城，晝夜防禦，身不解甲者旬日。及賊勢少退，尾後追襲邊外赤斤等處，斬獲賊首二十顆。時值天寒，冒霜卧雪，因而感寒，遂成雜症。見今手足麻木，頭目眩暈，飲食少進，形體漸衰。抑且邊境藥無全材，人少良醫，多方調治，未得痊可。況卑職原係色目，事涉嫌疑，理當迴避，如蒙伏望軫念邊方事重，乞委官員代守地方，容令回家養病，庶地方幸甚。已經具呈定奪去後，未蒙明示。今照前病自交秋以後，日漸增重，不能守邊任事，若不再乞呈請，委官代守，誤事未便，為此，理合具呈，伏乞照詳定奪，明示施行。等因到臣。

照得肅州係迤西極邊重地，嘉峪關之外番達種類甚多，乃控制西域回胡之門戶，分守將官責任，比之他處不同。近年節被回酋糾衆犯順，直抵甘、肅城下，戕殺我官兵，攻陷我城堡，凋傷困敝之狀，所不忍言。今年七八月間，又復驅其醜類，窺我邊境，雖旋即退遁，顧其志在通貢，既不得遂，明年夏秋之間，大舉侵犯之謀，難保必無。分守參將非老成練達，不能綏近懷遠；非壯勇果毅，不能克敵制勝。見任參將雲冒出自將門，長於騎射，年方二十九歲，屢曾領軍赴敵，立有戰功。而駕馭之才，綏懷之略，較之老成，猶恐不逮。今屢陳有病，服藥未痊，不能任事，又以原係色目，事涉嫌疑，理當廻避為辭。王者無外，此固不足顧卹；但身既有疾，重任實難負荷。若不俯順其情，早為更易，萬一醜虜不肯悔過，糾衆入寇，將官不能領軍，豈不誤事！然此等將領，若照常格將别鎮官員陞任，竊恐地利未知，人情未附，難責成功。

博訪得陝西行都司都指揮僉事王輔，守備山丹地方、以都指揮體統行事指揮僉事甘禎，俱係土著官員，諳練夷情，熟閑軍務，一方武臣，號為出色。如蒙伏望聖明軫念肅州要害地方，防禦虜患為急，乞勑兵部訪議上請，合無將雲冒取回陝西都司，照舊列銜，調治前疾。痊可，撫、按官具奏該部，查有相應參將、遊擊等項員缺，另行推用。仍乞於王輔等二員内奏請簡用一員，擢任參將，請勑分守肅州地方，脩舉邊務，振揚軍威，以安内附，以禦外侮，邊方幸甚！

緣係將官懇乞養病事理，未敢擅便。為此具本，順差承差馬廷璋親齎，謹題請旨。

一為患病將官懇乞休致事

題：為患病將官懇乞休致事。

嘉靖四年十一月十五日，據分守莊浪、西寧等處地方副總兵、都督同知魯經呈前事。切照本職襲授都指揮以來，累立戰功，節陞前職。正德十四年，得患脫甲風疾，節次具奏，不准。嘉靖元年四月内，奉勑加陞副總兵，仍守前項地方任事外，嘉靖三年十月内，又疏乞休，不蒙俞允。奉勑："魯經近因回賊侵犯肅州，爾世守忠義，勇略著聞。即今邊方有警，方且委用，豈可引疾乞休？務須戮力討賊，樹立戰功。欽此。"欽遵。本年十二月初二日，力疾任事外，思本職節因本邊番虜犯擾，本職披堅執鋭，陸續獲賊首級三百二十一顆。嘉靖四年七月以來，復冒前疾，累醫罔効，見今卧床，不能任事。本職正在披瀝肝膽，圖報國恩，委疾纏綿，不堪領軍。及思男魯瞻見膺千户之職，管束土官軍家口，人心信服，應該襲替。如蒙准呈乞賜，俯念曾効微勞，早為具題，容放致仕，令男襲授祖職，繼管部屬，乞推相應將官前來代守便益。等因具呈到臣。

為照莊浪地方，為河西要害重鎮，番達寇擾，歲無寧月，月無寧日。近年又有回夷之警，防禦保障，全在將官。若莊浪守將非人，密邇蘭、靖腹裏，豈能宴然無事？

及照副總兵魯經，沉毅有謀，驍勇慣戰，自襲授都指揮，受命分守以來，屢立戰功，獲賊首級多至三百有餘。土漢官軍素所信服，番達虜寇素所畏憚。頃嘗以疾乞休，重荷温旨勉留。

及查得本官正德年間，曾經總制都御史鄧璋、彭澤，巡按御史羅玉、潘倣、許翔鳳奏薦。皇上嗣極之初，本官因病乞休，又該御史許翔鳳奏其年力方壯，謀勇夙成，果敢有為而地方攸賴，恩威並用而軍士自服。粤自乃祖乃父以來，世有維藩維垣之寄，邊陲倚重，番虜知名，况今緊急用人之時，遽為引病辭避之計，乞要特降勑旨，敦諭本官，亟出涖事。等因本部議得：魯經祖父以來，世有勞於國家。至經克承先志，累見邊功，夷虜軍民，咸知感畏。近日權奸蠱惑先帝聖聽，害及骨肉，委的情有不堪。本部亦素悉其謀勇才能，且部下都指揮、指揮等官，多至鎮守、分守、總兵，而本官久以都督同知仍任參將。嘗欲上請簡用，但以其世守莊浪地方，土漢軍民久在屬服，遠近夷虜正怯威名，深恐一旦更易，不惟魯經動懷土觖望之心，且使軍民不安新將之令。合無將魯經授以副總兵名目，請勑一道，照舊分守。荷蒙俞允，陞副總兵，仍守莊浪、西寧地方。

嘉靖元年以來，節該欽差户部給事中孟奇、御史范永鑾、巡按御史劉翀交章奏保。近又該欽差提督軍務太監張忠薦稱：魯經生長邊方，老成持重，熟閑韜略，累立戰功，堪任主將。

兵部覆題，節該奉欽，依"魯經等待有相應員缺，斟酌推用他。欽此。"欽遵。

切惟副總兵魯經，歷官最久，軍功最多，臺臣論薦，連章累牘，温旨慰留，至再至三。今河西地方，達虜之侵犯無常，回酋之窺伺未已，豈臣子稱病辭避之日！已經節行本官，上體朝廷眷顧之恩，下思地方付託之重，罄竭心力，撫安軍民，防禦賊寇，勿再推避，致誤邊防大計去後。但恐本官自有陳請，情辭懇切，萬一聖明俯從所請，推任别官，夷情未諳，土人未附，恐失干城之託。况後進將官，為其服屬，聽其指使者，率多超陞主將，而本官尚為偏裨。雖公論在人，終當有待，而人情向進，豈能久堪?

如蒙伏乞皇上念地方之至重，思世將之當惜，本官若有陳乞奏章，仍照前旨勉留。仍乞勑該部，查照節年奏薦章疏，遇有本鎮主將員缺，將本官奏請陞任。若本鎮無缺，陝西、寧夏等處附近地方，主將有缺，照依伊祖魯鑑陞任延綏總兵事例，具奏擢用，以慰將官效忠之心，以副邊方軍民之望，不勝幸甚!

緣係患病將官懇乞休致事理，未敢擅便。為此具本，順差承差馬廷璋親賫，謹題請旨。

一為查探聲息事

題：為查探聲息事。

嘉靖四年十二月初五日，據鎮守延綏等處地方總兵官、署都督僉事彭椺呈前事。行准分守東路地方右參將、署都指揮僉事黄宰手本。據永興堡把總千户劉灡呈，據一路原哨夜不收劉端等供：嘉靖四年十月初一日，從本堡劉家梁墩空出境，至初五日，哨到地名黄石磕，爪見新行人馬踪跡約一百餘道。初六日，襲踪跟至地名死鞍則，瞭見帳房一十三頂，馬匹牛羊約三百有餘，離邊一百五十餘里，及瞭迤北俱有煙火，當就旋回，初九日到堡。又據木瓜園堡把總千户童璧呈，據一路原哨夜不收劉三等供：十月初一日，從本堡石家塢墩空出境，至初五日，哨到地名窟兒溝，爪得新行馬蹤約三十餘道，從東往西北去訖。初六日，哨至水頭地名倒柳樹，瞭見帳房二十七頂，牛羊馬匹約四百五十有餘，離邊一百一十餘里，及瞭迤北地名沙城兒等處，亦有煙棚，當就旋回，十一日到堡。

又據中路雙山堡把總都指揮周塘呈，據一路原哨夜不收折原甫等供：十月初一日，從本堡陳家塢墩空出境，初二日夜，哨到地名深河兒潛伏，天明，爪見新行馬蹤約五百餘道，從西往東北去訖。初三日夜，哨至地名嚮海子，天明爪見新行馬蹤三十餘道，往西去訖。及瞭迤北營巢帳房一十五頂，牛羊馬匹約一千五百餘多，離邊一百五十餘里，欲要前進，因天落雪，又見地勢平漫，當就旋回，初八日到堡。

又據榆林城把總都指揮閻武等呈，據西一路原哨夜不收王真等供：十月初一日，從本城斬賊墩空出境，初二日三更時，哨至地名丁家灣，爪見新行馬蹤一十五道，往東北去訖。天亮時，哨至地名甫府草灣，伏至未時，瞭見單樹梁達賊三十餘騎，從西往東去訖，離邊五十餘里，酉時旋回，初四日到城。又據東一路原哨夜不收小孫義等供：十月初一日，從斬賊墩空出境，初二日三更時，哨至地名高崖畔，爪見新行馬蹤一十五道，往東去訖。初三日戌時，哨至地名榆林岔，爪見新行馬蹤五十餘道，跟舊營路往東去訖，相離本邊八十餘里，當就旋回，初四日到城。

又據波羅堡把總指揮秦堂呈，據一路原哨夜不收王騾子等供：十月初一日，從本堡蓮池山墩空出境，至初四日，哨到地名老瞿營，瞭見達賊帳房一十二頂，牛馬羊約一千餘多，離邊一百三十餘里。不敢深入，當就旋回，初七日到堡。

又准分守西路地方左參將、都指揮僉事袁聰手本，據靖邊營把總、指揮孫仁呈，據一路原哨夜不收趙四兒等供：十月初一日，從本營保定墩空出境，至初八日，哨到地名長湖南畔，爪見新行馬蹤約一百餘道，往東行走，並無營盤，離邊一百七十餘里，當就旋回，十五日到營。

又據新安邊營把總指揮李杲呈，據一路原哨夜不收王見等供：十月初一日，從舊安邊營關門墩空出境，至初七日，哨到地名菽麥湖，爪見新行馬蹤約七十餘道，從東往西北去訖。亦無駐劄帳窠，離邊一百五十餘里，當就旋回，十三日到營。

又據三山堡把總指揮許世忠呈，據一路原哨夜不收許佛僧等供：十月初一日，從本堡西平墩空出境，至初六日，哨到地名明水湖，爪見新行馬蹤約一百餘道，往東北去訖，離邊一百八十餘里，當就旋回，十四日到堡。等因各行到職。

會同鎮守太監張紳、巡撫右僉都御史張縉議照，中、東、西三路營堡，各哨有虜賊住牧，營巢帳房馬匹牛羊及達賊行走蹤跡，多寡不一，煙棚火光，遠近不等。况今馬肥弓勁，正彼便於馳驟之時，防範機宜，在我當謹。除行各該分守、按伏將領，把總、坐堡等官，嚴謹烽堠，加意隄備，如遇有警，務要相機戰守外，呈乞照驗施行。等因到臣。

為照北虜小王子部下頭兒吉納、台記、俺答阿不孩等帶領賊徒八萬，自去年十一月間，踏冰在套住牧。臣自今年四月到於陝西地方，已經分布各路將官兵馬，按伏隄備，節經具題外，本年五月以來，節據延綏、寧夏鎮守、分守等官哨報河套賊情，自延綏黄甫川起，直抵寧夏靈州一帶，無處無賊，營壘火光遠近相望。其近邊者不過三五十人，七八十人，多至二三百人，間有入境零賊，一見官軍，旋即遁出。其大衆知我有備，不敢深入。七月間，率衆二萬前去西海尋收亦卜剌賊徒，其在套者，當亦不減數萬。近於九月間，擁衆萬餘，自延綏波羅、懷遠二堡拆墻入境，各該將官追逐[一]，雖斬獲不多，而地方不曾失事。

臣十月初旬，自固原起程，巡邊至寧夏靈州，歷清水營、興武營、花馬池、定邊營，行令各將官，差人出邊遠哨，並無虜賊人馬蹤跡，烽火寂然。盖自靖虜渡河喪敗之後，聞風畏遯。目今雖延綏中、東二路不時見賊，而不敢侵犯，但恐尋襲西海賊寇回套，糾同阿爾秃厮及原在套賊衆大舉拆墻入境，搶掠之患，難保必無。仰仗天威遠被，皇武布昭，我之兵勢既揚，軍威既壯，守臣協力，士卒用命，不敢希克捷之功，但求地方不遭患害而已。待後河凍已堅，哨探大賊曾否踏冰北遯，乃哨套内有無餘賊，另行具奏外。

緣係查探聲息事理，為此具本，順差承差馬廷璋親齎，謹具題知。

【校記】

[一]“追”，底本、雲南本缺，據四庫本補。

一為大舉達賊出沒事

題：為大舉達賊出沒事。

嘉靖四年十一月十五日，據分守莊浪、西寧地方副總兵、都督同知魯經呈前事。據守備鎮羌地方行都指揮事袁英呈，本年十月十一日，有安遠堡按伏陳指揮傳調人馬，迎接齎表人員。本職當統備禦官軍指揮匡鍾等三百五十員名，行至水泉兒。未時，迎據夜不收王名報：瞭古浪土佛墩舉放煙火。得此，除分投差人收斂人畜襲爪外，申時，又據炒來也斤墩夜不收張雄走報：瞭見達賊四五十騎，從水泉兒行來。本職隨統官軍驟彼，達賊見人馬，退往原路去訖。欲追，天晚落雪，掣軍回堡。十二日丑時，據西古城夜不收沈興走報：十一日亥時，聽得大賊不知其數，從黑古城順河行來。有彼處應哨夜不收吴圭玉不曾飛報，不知存亡。得此整兵間，寅時，據炒來也斤墩舉火三把，隨據本墩夜不收胡召保報：本日早，瞭見達賊七運，老小約有七八百，喝趕牛羊，從西古城順河行來，奔骷髏石行去。後有四五運，精壯約有五六百，邀趕馬牛，順河往東行去。得此，除差夜不收劉榮赴城飛報外，本職領兵出堡，迎至河灘，有賊一百撲來，就與交鋒對敵。職督官軍齊擁向前，鎗扎箭射，中傷達賊人馬數騎。賊見官軍勇猛，方纔遁往石板溝出境去訖。就陣奪獲賊馬一匹，牛三隻，達帳二頂，氈衫二領，氈襖二件，皮襖二領，皮可可二箇，木盆一箇，筐一箇，駝鞍一付。欲再深追，况賊勢重大，恐墮奸計，掣軍回堡。差據夜不收張天兒襲得前賊蹤跡，俱由黑古城行來，及查彼處應哨夜不收宣興右、李遷爪無下落，不知存亡。得此，及照差去報事夜不收劉榮未回，顯是被虜。查得此外再無搶虜人畜。行間，又據爪路夜不收王志等收送虜中走回男子二名供說：前賊俱足西海久住賊酋阿爾禿厮部落等情。除差人解送莊浪聽審外，為照此賊分運經過，難保不來為患。除整兵隄備外，理合具呈施行。等因據此，除將奪獲馬牛，照例犒勞奮勇官軍，夷器發仰莊浪衛貯庫外，呈乞照驗施行。

據此，又據本官呈，為哨探大賊壓境住牧事。本年十月十八日，據迤北探哨夜不收翁城、土軍卯三等四名供報：本月十二日，蒙差各役哨探賊情，依蒙出境，晝伏夜行，十三日到常山兒，伏瞭二日，瞭見土豹領達賊六七十騎，順河往來行走。十五日到斬石峽，登高瞭見頭水古城一帶有賊四五千，牛馬遍山。欲再深入哨探，達賊阻道，不能前進，十八日，掣回到城。及據迤南探哨夜不收宋欽、土軍家堂保等四名供報：十三日到蘆溝，登高瞭見達賊一百餘騎，徑奔紅溝行去。十四日到一撮毛山，登高瞭見孫官兒湖照壁山槽頭一帶達賊約有三四千，牛馬遍山撒放。伏瞭至晚，掣回，十七日到城供報。

得此，照得前賊來在莊浪山後，占據水頭古城、照壁山一帶迤邐住牧，時遣輕騎近邊，往來行走，雖未深入，難保不來為患。除行屬墩營站堡守掌官軍謹斥烽堠，整兵嚴加隄備外，呈乞照驗施行。

據此，又據本官呈，為虜中走回人口供報夷情事。據守備鎮羌地方、行都指揮使袁英差擺哨西古城夜不收王志收送虜中走回男子三名到官，發據莊浪衛申，審得一名黑的狗供稱：失記年歲，係河州衛左所失記百戸下餘丁尹玉兒弟。正德八年四月内，在於馬家灘放馬，忽遇達賊三百餘騎，搶到西海阿爾禿斯營内住坐。舊年冬間，回子人馬到來，將頭口盡行搶去。今年九月間，小十王人馬前來，有衆達子一千，邀趕牛羊馬匹二三千，同小十王人馬三百，一同起營，走了一箇月，到莊浪地方上住坐。衆達子商量，河凍了回套去。黑的狗思想父母，脱走，撞遇擺哨人役，收送前來，供報是實。一名姚二哥子，年二十歲，係甘州左衛左所姚百户下舍人姚清男。状供：正德四年六月内，在於黑泉堡耨田，遇賊二百，搶到西海虜營住坐。一名馬閏狗，失記年歲，洮州衛中所十旗寨總旗馬敖男。正德十四年五月内，在於屯莊遇賊七八十騎，搶到虜營。今年衆達子起身來到莊浪地方，各思想父母，二哥子偷騎赤騍馬一匹，馬閏狗偷騎青扇馬一匹，一同脱走，來報。等因備供具申。

得此行間。本月十九日，及據擺哨孤山兒夜不收景奉祥收送男子一名竇荒年供：年一十八歲，係西寧衛中左所失記百户下通事竇禮男，在於北川毛家寨屯住。嘉靖元年九月内，入山尋柴，遇賊二百餘騎，搶到西海阿爾禿斯營内住坐。今年，衆達子起營，來到莊浪山後住牧。荒年思想父母，乘黑脱走回還。隨據馬場溝夜不收張顯收送男子一名自兒供：年一十八歲，係莊浪衛紅城子總甲石城下土丁他罕保男，在於武勝堡屯住。正德十五年失記月日，在山放牛，遇賊二三百，搶到西海虜營住坐。舊年冬間，又被纏頭回回將自兒搶到，半路上脱走，回到原搶虜營。今年，衆達子害怕回子又來尋搶，同小十王人馬，起營來在莊浪地方土豹嶺一帶駐劄。達子約有一萬，頭畜遍川撒放。衆賊殺白馬一匹祭天，商量收拾精兵，要來城邊厮殺尋搶等語。自兒思想父母，偷騎赤扇馬一匹脱走，撞遇夜不收，收送前來，供的是實。據此，除整兵隄備外，呈乞照驗施行。

據此，又據本官呈，為大勢達賊犯邊事。抄蒙臣鈞帖，行據守備紅城子行都指揮事楊和呈，據夜不收周伏等四名供報：十月二十二日，到金莊水，登高瞭見蘆塘照壁山孫官兒湖黄河邊達賊約有五十餘騎，青白馬匹遍山撒放，伏瞭至晚，煙霧火光不絶。欲便前去擠木硤、五方寺等處爪探，况賊阻道，不能前進，二十四日，掣回供報。得此，理合具呈施行。

等因據此案查，虜中走回男子張友智供報：達子四五百，八月間到黃河沿住牧，內有一賊，漢語說是小十王頭哨內三百，渡河往靖虜地方上行去，其餘復到店子川住牧等情。除差人聯絡哨探另報外，呈乞照驗施行。等因節呈到臣。

為照阿爾禿斯、亦卜剌二項賊寇，正德初年，被北部追殺，逃躲前來，竊伏我西海地方將二十年，侵掠莊浪、凉州等處不止一次。又曾侵入洮州，直抵四川松潘境界，大為中國腹心之患。臣方議調集大兵，痛加誅剿，已經具題外，本年七月以來，套賊二萬過河，聲言收捕前賊。留兵數千，在莊浪、凉州一帶住牧，其餘徑奔西海。邊人方幸夷狄相攻，地方之利，將謂永絶禍根。不意先為所覺，挈其家口頭畜，遁入南山藏躲，逼近洮、河地方，止留精兵在於舊伏險隘去處把截。來者千里而趨利，住者以逸而待勞，反為所挫，遁回莊浪。先以數百騎，從靖虜撦木硖渡河，犯我腹裹，節被陜西、寧夏官軍斬殺敗散，其大勢已漸那營東北去訖。後節據莊浪守臣哨報，阿爾禿斯賊衆陸續跟隨小十王大營前來。盖此賊自知結釁已深，恐將來北部大舉復讐，力不能敵，故先隨從歸順，以圖免禍。然阿爾禿斯賊衆既離西海，獨亦卜剌在彼，勢亦稍衰。除行洮、岷參將、邊備、守備等官整兵積粮，嚴加隄備外，但前項賊寇，近日源源而來，俱在莊浪孫官兒湖、蘆塘、五方寺等處臨河住劄，密邇靖虜地方，因懲前敗，不敢窺伺，俱從洞清溝透過寧夏中衛地方。恐其待河冰已堅，乘間深入固、靖地方虜掠，仍從寧夏中路擁衆拆墻歸套，亦未可知。已經督發陜西參將、守備等官統兵於各要害地方防禦，及將延綏副總兵趙瑛奇兵調來小鹽池等處，與寧夏官軍各按伏堵截，并行花馬池、興武、清水營一帶大小主客將官，嚴加防範，待後哨探各枝賊寇向往的確消息，曾否盡歸河套，有無侵犯邊境，另行奏報外。

緣係大舉達賊出沒事理，為此具本，順差承差馬廷璋親齎，謹具題知。

一為達賊聲息事

題：為達賊聲息事。

嘉靖四年十二月初十日，據鎮守寧夏地方總兵官、都督僉事杭雄呈前事。本年十一月二十二日，據迤北猪嘴山出哨夜不收莊真保報：十九日辰時，瞭見境外地名青羊泉達賊約有二百餘騎，隨趕牛羊，往黃河西岸大灣去訖。二十日巳時，又瞭見野馬川口子達賊五簇，頭畜不知其數，俱往東行。又見河東地名石嘴兒、暖泉兒一帶晝夜焚燒，火光不絶。又據鎮寧墩夜不收劉敬祖報：

二十一日夜三更時分，境外正北達賊約二三百騎，邀趕頭畜進境，順河往南，行至柳門兒墩北空，踏冰過往河東去訖。二十三日，據賀蘭山打硙口出哨夜不收顧阿半報：本日夜二更時分，哨見境外達賊約有一百餘騎進口，往東過河去訖。二十四日，據猪嘴山出哨夜不收王宗報：本日酉時，瞭見地名野馬川口子達賊約有三百餘騎，隨趕頭畜，往來奔河行走，後面灰塵，聯絡不絕。二十五日，據打硙裏口墩夜不收竇回生、常勝墩夜不收傅泰各報：境外地名黄草灘達賊約有一百餘騎，邀趕牛羊，往西北踏冰過往河東去訖。十二月初二日，據汝箕口出哨夜不收趙王加報：初一日寅時，哨見境外正西達賊二十餘騎進境，往東去訖。隨據河西瓦窯墩夜不收李昇報：本日卯時，瞭見境裏達賊二十餘騎，來到本墩北空，踏冰過河去訖。初三日，據迤北鎮遠關鎮寧墩夜不收杜成報：初二日申時，瞭見境外達賊三百餘騎，從馬頭沙灘進境南行。隨據柳門墩夜不收趙牛兒報稱：前賊從本墩南空踏冰過往河東去訖。等因各報到職。

卷查，先為緊急聲息事。遵照提督軍門節行預防虜患事宜，已將本鎮奇、遊兵馬，分布沿邊緊關興武、清水營設伏截殺去後。今據前因，會同鎮守太監張鎮、巡撫都御史林琦議得：河西賀蘭山後，盤據達賊，衆寡不一，分夥邀趕頭畜，踏冰轉徙入套。住套虜酋又在石嘴、暖泉一帶順河住牧，晝夜焚燒，煙火不絶。况河冰一合，表裏不分，糾勢烏合，意必侵犯延、寧、陝、固，合再整兵隄備，防範通行。為此，除行本鎮各該將領等官魏錕等及延、陝二鎮各整兵隄備外，今將前項緣由，理合具呈，伏乞照驗施行。等因到臣。

為照大賊在套，一向不敢深入，近自靖虜、寧夏官軍殺敗之後，那營東遯。今據所呈，前此尋收亦卜剌大勢達賊自賀蘭山後而來，臨河屯住，陸續回套，而在套之賊，亦復順河住牧，糾合入寇之謀，難保必無。已通行各鎮守臣，照舊嚴加隄備，遇警相機戰守去後。竊料套中大賊，夏間尋襲西海賊寇，回旋數千里，不得利而歸，人馬已多勞乏。其邀趕頭畜過河者，必是阿爾秃厮殘寇，被其收捕，歸順而來。緣今水冷草枯時月，似難深入侵犯，而我所以備之者，不得不謹。但近日賊衆以漸那營，多在延綏東路地方，延綏守臣未據呈報。除行令分投差人遠哨達賊帳窠離邊遠近，及待河冰已堅，哨探有無出套過河的確消息另行奏報外。

緣係達賊聲息事理，為此謹具題知。

一為舉劾有司官員事

題：為舉劾有司官員事。

臣聞，政之興廢，存乎其人，得人則興，失人則廢，天下之事皆然，而郡縣親民，所繫尤重。臣久官陝西，近者起廢而來，一方之士民多所接見，一方之政俗素所涉歷。恒於錢粮之盈虛，人民之愁樂，户口之登耗，學校之盛衰，盜賊之興息，而郡縣官員之賢否，可按而知焉。大抵才賢者，十無二三；庸劣者，十宵六七。今當朝覲之年，甄别黜陟，此其時也。

除曾經論薦及毁譽相半、治行未彰者不開外，博訪得臨洮府知府楊應奎，催科不妨於撫字，通敏兼著乎清聲；鞏昌府知府金濂，處事人稱其老成，當官克慎其操履；本府同知丁璿，有剸繁舉劇之才，有獲上治民之譽；延安府同知張志道，潔操有聞，能聲日著；西安府同知李昇、喬遷岐，通判張岳，平凉府張祚，俱守已無玷，遇事有為；西安府推官楊鋭，器質端重，刑名疏通；華州知州甘為霖，才通敏而優於治繁，性謹飭而嚴於律已；武功縣知縣姜恩，窮經能達於政，守已兼愛夫民；盩厔縣知縣王聘，勵精於政事而庭無留案，恪守於官箴而人無間言；鄠縣知縣康天爵，官有循良之風，民歌清浄之治；長安縣知縣陳謨、咸寧縣知縣何鍾，俱才不窘於劇縣，志不玷於甲科；富平縣知縣胡山，作教已收成效，調繁綽有治才；商南縣知縣郝宗儒，通才克優於政，小邑弗盡厥施；延安府保安縣知縣韓佶，調簡邑而大著能聲，處邊地而不渝素守；鳳翔府扶風縣知縣孫昌，政平易而近民，性剛介而有執：以上各官，在陝西八郡中，號為出色。及又訪得慶陽府知府蕭海，操履峻潔，行事執滯：用之邊地，則非所宜；處之内郡，足為良吏。延安府知府張錦，上玩下慢，無自立之能；以繁調簡，無可更之郡。臣廣詢博訪，所見如此。至於卑官末職，可取者亦多，撫、按官自能備陳，臣不敢汎及。

如蒙乞敕吏部，再為訪察，合無將楊應奎等，酌其年勞，量為陞用；蕭海改調腹裏簡郡，以保全廉官；張錦照例罷黜，以警策庸吏，庶幾有司知所勸懲，而吏治可以脩舉矣。

緣係舉劾有司官員事理，未敢擅便。為此具本，順差承差孫傑親賫，謹具題請旨

一為旌舉方面官員事

題：為旌舉方面官員事。

臣切惟天下民生之休戚，係於守、令，守、令之賢否，係於藩、臬。故藩、臬者，守、令之師表，而吏治之臧否，民生之休臧，端必由之。

臣受命提督陝西三邊軍務，每思師旅之供餉，資乎錢穀；錢穀之盈縮，出自人民。因是以求之藩、臬，有司之賢否，可槩知矣。有一賢焉，足濟公家之事，臣既知之，不敢不舉也；有一不肖焉，將貽生民之害，臣既知之，不敢不劾也。舉賢惟恐其不先，去不肖惟恐其不速，大臣之職，亦若是耳！若知其賢而姑使之沉淪，知其不肖而姑為之隱諱，是豈公平正大之體哉！

況今當臣工述職之期，正陟明黜幽之日，苟有所見，豈敢隱默？顧陝西布、按二司官員，近多得人。除左布政使等官宋冕等雖賢能素著，而新任日淺，不敢遽陳，及左參政成文、右參政韓士奇、副使唐龍、高公韶、陳鼎、翟鵬，僉事桑溥、姚文清、王鈞，節經臣論薦，俱不開外。博訪得陝西布政司右參政楊叔通，行端而學足潤身，性敏而才能集事；右參議王汝舟，臨事有疏通之才，督儲有公平之譽；陝西按察司副使張宏，性資朴實，政務疏通，近嘗論其一事之失，終難掩其平日之長；延綏管粮僉事宋璡，謹厚老成，郭鳳翔，風力振作；甘肅管粮僉事周汝勤，勤慎安詳。以上各官，年勞雖有淺深，才識不無甲乙，畢竟皆藩、臬之良，俱可與旌薦之列。如蒙乞勑吏部，再為訪察，量其年勞，遇缺推用，則臣工知所奮勵，而政務益加脩舉矣。

緣係旌舉方面官員事理，未敢擅便。為此具本，順差承差孫傑親賫，謹題請旨。

一為老病不堪重任乞恩辭免新命事

奏：為老病不堪重任，乞恩辭免新命事。

准吏部咨，嘉靖四年十一月十八日，該司禮監太監張欽傳奉聖旨："提督陝西三邊軍務楊一清，便寫勑行取來京，着照舊內閣辦事，吏部知道。欽此。"欽遵。

備咨到臣。自天有命，局地無容。謹披瀝誠悃者，伏念臣正德年間，任少傅兼太子太傅、吏部尚書、武英殿大學士、供事內閣，以病屢乞休致，荷蒙武宗皇帝允令致仕，養痾林下八年有餘。皇上嗣極之初，特勑遣官存問，節經大臣、科、道等官論薦，屢奉明旨，待缺起用。臣自度老病衰殘之人，行將就木，豈能復出任事？徒懷感恩圖報之誠，難效鞠躬盡瘁之節。杜門伏枕間，忽蒙皇上軫念三邊有警，采納廷議，起臣提督軍務。兵部咨文至，臣即備陳衰病，懇乞辭免。既而欽降勑諭至，符驗、旗牌、關防俱至，又蒙欽賞白金綵幣至。伏讀勑詞，責以大義，期之古人，褒諭隆重，出乎常格。臣感激奮發，至於泣下。

夫葵藿猶能傾陽，犬馬尚知報主，臣亦人耳，敢忘情於造化，忍自絶於生成！第以疾疢相嬰，不能自强，再疏辭免。續蒙命巡撫都御史吴廷舉即臣家，敦遣啓行。後兵部以各邊虜情緊急，節該題奉欽依"新推提督三邊軍務官，着上緊前去，節制調遣。陝西地方既賊情勢重大，便馬上差官催促楊一清前去，調度經畫。欽此。"欽遵。

行臣竊念地方多事，臣子豈敢避難！況兩次辭章，不蒙俞允，褒諭愈至，督責愈嚴。用是兼程前進，到於陝西地方，扶疾任事。到邊以來，倏久逾月，屢有論列，多荷采行。即今士馬頗多精强，粮儲頗有積蓄。大賊伏套而不敢深入，回虜雖入而旋退遁。是皆仰仗天威，受成廟算，臣之薄劣，何嘗有勞！

十月、十一月内，巡視各邊，兩目為風沙所傷，昏眊轉甚，視物茫然，如隔雲霧，足膝愈加痿弱，步履須人攙扶。自知鞭策不前，每欲求退，復念先以套賊八萬之奏，上廑聖慮。今套賊去留未定，不敢遽及其私。豈意垂盡之年，再荷非常之眷，聞命而懼，以榮為憂。

近聞言官所論奏，莫究其詳。臣自度行不足以孚人，才不足以用世，官踰其分，事不稱食。言官所指，必得其真，臣不敢辯，但聞云臣有窺伺舊任之心，警愧不知所自。仰惟皇上，總攬乾綱，萬幾獨斷，至於大臣進退，皆出宸衷。臣縱有是心，將孰與謀，何所致力？況位至孤卿，已是文臣之極致；年過七十，自知來日之無多。而乃欲徼望外之榮，以速官謗，誠衣冠之所不齒，名教之所不容。臣雖庸愚，决不為是。聖鑒在上，何俟臣言。但其謂臣兩目漸眇，精力亦衰，邊陲之任，亦非所宜數語，似為切當。臣雖自言，不過如此。

伏願皇上念秘閣要地，不宜付之匪人；衰朽餘齡，不可加之重任。鑒臣先今辭免懇誠，收回新命，容臣休致，以全晚節。臣雖與世長辭，亦有榮矣。臣不勝戰兢隕越，激切祈恩之至。

緣係老疾不堪重任，乞恩辭免新命事理，為此具本，順差承差孫傑親賫，謹具奏聞，伏候勑旨。

一為諮訪羣策以裨邊務事

題：為諮訪羣策，以裨邊務事。

案查，先據整飭固原等處兵備、陝西按察司副使成文呈前事。内一件，添築城堡，以絶虜患。行據固原衛指揮符深、苑馬寺清平苑圉長張子儀會呈，勘得固原東路撒都城即白馬城，委係緊要隘口，雖與清平苑草場交界，然地處孤懸，久不在彼牧放，相應脩築城堡，斷絶賊路，以保地方。且本地東至萬安苑草場桃林坡，南至清平苑草場三岔山，西至羣牧所天城山，北至阿思藍要峴，四至以内，地頗肥磽，可作安軍之業，以外仍作草場。合用脩築人夫，應支口粮，應用器具稍把，俱於附近衛所起支措辦。防守軍役，照先事例，召募懸賞，仍撥給近堡地一頃，令其開種，待十年之後，量徵子粒。仍在白馬井墩改築，近水處所，展築寬大月城。有警，撥軍在彼占據水頭，使賊馬不得飲水，則賊路自可斷絶。每歲仍量撥粮料、草束，於本城收貯，以備截殺軍馬支用。等因會呈前來。

案查，先准守備固原地方署都指揮僉事劉文手本前事，内開：固原地方平漫，最當衝要。先年虜賊侵犯，俱由韋州、螺山入預旺城、紅古城二處，劄為巢穴，深入搶掠。弘治、正德年間，節蒙總制尚書秦紘、都御史楊一清奏議，於固、靖、環、蘭一帶挑脩邊墻一道，及於中路預旺城添設平虜一所，召軍一千餘名；西路紅古城添設一堡，召軍四百餘名，各委官操守，地方賴以無虞。自此以後，虜見彼處有備，却由東路地方獅子川、毛居士井入寇，其白馬城、白馬井等處即巢穴之所，由此而南，深入鎮原、平凉、涇州等處。嘉靖元年，大虜正在白馬井、白馬城等處劄為巢穴，更番虜掠，足為証驗。前項地方，相應脩築城堡，召軍防守，斷絶賊路。

等因准此，看得前項地方，與清平苑草場交界，且脩築防守事宜，未經議處，難便施行。已經關行陝西苑馬寺會委各官勘處去後，今呈前因，理合呈乞裁處施行。等因呈報到臣。

看得固原地方，西路有平邊、鎮戎二所及紅古城，足堪把截防守。東路孤懸寬漫，先年全無備禦，虜賊由環縣地方進入，直從虎山溝徑至平凉郭外而人不及知。弘治十七、十八年間，因脩復清平、萬安二苑馬政，展築彭陽城、板井堡二處，安插牧軍，脩盖官廳、營房，選設操丁守城，遇冬有警，分布官軍，在彼按伏，稍為有備。其獅子川、毛居士井一帶，相離各堡寫遠，水草便利，虜賊窺知，近年在彼劄營，分散搶掠。今要於白馬城地方添築城堡，及將白馬井墩改築，占據水頭，俱各相應。已經行仰兵備副使成文，會同守備都指揮劉文親詣勘處，應築城垣若干丈，門幾座，合起倩固原、平凉軍衛、有司，并清平、萬安二苑各人夫若干名。應支口粮於固原州倉及彭陽、板井倉關支，合用脩城器具、稍把、城門釘鐵等料，官為措辦應用。

脩築完日，有警摘撥官軍，在彼防守。照例懸賞召募軍人四五百名，設為常守之兵。每軍一名，撥給近堡地一頃，令其開種，十年之後，量徵子粒，收貯本城備用。仍行陝西巡撫衙門，行令布政司，將原坐附近城堡倉場粮米，量為改撥本城，脩盖倉厫收貯，以備按伏官軍支用。其白馬井墩依擬改築，近水處所，展拓寬大月城，撥軍守瞭，阻絶水頭，庶使賊馬不能久住。待城完，召有軍人，積有粮草，應該立所設官等項，另為定奪，仍備由具呈陝西巡撫衙門計處去後。緣兵備副使成文陞任陝西布政司左參政，新任兵備官員未到，行令帶管兵備兼理前項築城事務。

續據本官呈開，該蒙巡撫陝西右副都御史王藎批據本官呈文內開：看得所呈添築城堡，增軍設所，俱係防邊急務，又經提督衙門議處周悉。兵備官即便會同守備官劉文上緊親詣勘處，不必遷延月日，有失事機。該用錢粮等項，應呈報者通呈定奪。

等因蒙此，會同守備都指揮劉文前去白馬城，看得舊城週圍大城二里八分，月城四分，共計三里二分，似為狹小。今議將月城展作八分，週圍共四里，合用脩築人夫三千名。起倩固原衛餘丁五百名，固原州民夫五百名，羣牧所餘丁五百名，靈、長二監操丁一千名，平凉衛餘丁五百名，大約五十日可完。每名日支口粮二升，共該粮三千石，於附近新豐等倉支用。犒勞夫役每五日一次，每人銀三分計算，五十日該用銀九百兩。合用把條，查得石澇池、孔骨都地方產有稍柴，相離白馬城三十餘里，就令夫役自行採打應用。其土袋鍬钁，各夫自備。木夯五十把，用行條二十五根，每根用銀五分，共銀一兩二錢五分。刮板五十副，每副用板一片，椽二根，共用板五十片，每片用銀三分，共用椽一百根，每二根用銀一分，共銀二兩。合用石杵、石硪，於固原、鎮戎二處撥匠打用。南北二門城樓，該用木植、椽板、釘鐵等項，每座用銀五十四兩，卷門并樓磚瓦，就將條把督匠燒造，裹門鐵葉，用銀八兩，共銀一百一十六兩。本城樓鋪六座，每座該用椽木價銀一兩五錢，共銀九兩。脩蓋倉厫二座，每座六間，六檁五椽，大門樓一，合三檁二椽，木料、甎瓦、釘鐵等項共銀四十六兩四分。脩蓋官廳前後二座，各三間，五檁四椽，并門格窻，每座用銀二十五兩，共銀五十兩。廂房四座，三檁二椽，每間用銀四兩，共銀一十六兩。大門樓一座，用銀三兩，共銀六十九兩。通共估計銀一千一百四十三兩二錢九分，合於收貯鹽商蓆簽銀内動支。及看得固原衛指揮符深，平虜千户所百户王玉，俱頗能幹濟，合委各官前去提調脩理。等因具呈到臣。

看得各官勘處停當，依擬行仰起夫，辦料興工，帖委指揮符深等管理，仍令守備劉文往來提調。工完之日，通將支用過官錢，總類造冊，呈報查考。

續據委官符深呈稱：本職依蒙於本年七月十六日，帶領固原、平凉二衛，靈、長二監，甘州羣牧所固原、鎮原二州、縣夫役，前去白馬城，將原丈量城垣，督工脩築。至本年十一月十四日，前項城垣并大城北門，俱各築完。其南門并官廳、倉厫樓鋪，緣冬深土脉結凍，未曾築造。除將餘剩銀兩待通完之日，另行開報，先將支用過錢粮數目造冊，呈報施行。等因前來。

近該臣巡視延、寧等邊回還，親詣白馬城，閱視得前項城垣，高厚堅固，足堪保障。新召軍人，俱各精鋭壯健，亦堪防守。隨經查照鎮戎、平虜等城事規，行令原委指揮符深操守，及百戸王玉坐堡。各管領召募軍人，整飭軍火器械，嚴謹防守外。

又據分守固、靖等處地方參將劉文呈，為前事，開稱：本職親詣勘得白馬城脩築完固，召集軍士一千一百餘名，在彼防守。及西路紅古城增召軍士與舊軍共有一千名，各委指揮一員操守，百户一員坐堡。但二處衝要，分守墩隘、邊塹數多，凡有警報，操守官領兵截殺，坐堡官收歛守城，其墩臺、邊塹、馬隊等項，缺官提調管理。欲於固原衛所摘撥，但本衛見操馬隊俱各缺官，委令旗甲管領，不堪動調。緣二堡軍士，俱有千餘，若非添官管理，人心終恐渙散，地方無賴。欲待開設所分，銓官降印，未免待延歲月，又况安插未定，急難舉行。合無於延、寧二鎮，查取新任多餘千、百户一十員前來，分撥二堡管事，如此，則軍有統束，事體經久，不致廢弛。其設所事宜，待安插已定，另行查舉，呈乞定奪施行。等因到臣。

案查，前事已該臣及陝西巡撫節及各官勘處去後，今據前因，照得巡撫陝西都御史王藎見在鞏昌、洮、岷地方防禦虜寇，除行徑自具奏外。臣惟固原為防胡重鎮，乃陝西根本之地，地里寬漫，通賊隘口數多。分兵而守則無所不寡，賊至發兵則有所不及。數十年來，大虜竊伏河套、寧夏邊牆不能捍禦，必從固原深入平、鳳、臨、鞏地方搶掠。生意蕭索，戶口凋耗，實由於此。但防邊之要，據險為先，設險之策，必資城守。成化年間，都御史余子俊建議於預旺城、葫蘆硤口二處添設鎮戎、平虜二所，甚為得策。後止設鎮戎所，其平虜所因循未舉。弘治十四年，大虜侵犯固原，總制尚書秦紘查奏舉行，旋即去任。臣接管總制，始奏銓官降印，召募軍人，設倉積粮，又於舊紅古城脩盖營房，募軍積粮，委官操守，於是兩城遂為防禦要地。虜賊畏避，不敢由此而入，却從東路騾子川、毛居士井一帶，在於白馬井趁水草劄營，分散搶掠固原、平凉村寨、城堡，直抵涇、邠地方。所以固原兵備副使成文、守備都指揮劉文，俱要於舊撒都城即白馬城地方脩築城堡，添設官軍，并展築白馬墩堡，占據水頭，斷賊出入之路，似為有見。臣與巡撫都御史王藎依擬，行令勘處。

今據各官呈報，臣又親詣閱視，及行委布、按二司官参政韓士奇等，照例召募願投本城軍人，及又委令將應給軍人耕種地土，丈量四至分撥外。但有城有軍，必須得官管束，固原衛見任官員數少，委的不敷差用。及照召募軍人，止可尋常備禦，若大虜入寇，必須分調官軍，在此按伏，供應粮草，亦當預備。再照前項地方，係在靈武監清平苑草場之內，與萬安苑草場相隣，因地土荒遠，自來無有官馬在此牧放。盖係虜賊出没之衝，牧軍亦不敢來此牧馬。及又查得靈武監清平苑原額實有草場地共一萬九千七百九十四頃二十六畝二分，見養馬軍人止是二百八十三名，見養馬并駒四百三十七匹。萬安苑原額實有草場地一萬七千四百五十二頃三十八畝，養馬軍人三百二十三名，見養馬并駒一千四百八十八匹。地土甚廣，牧馬不多，不致顧此失彼。但恐牧軍因見築有城池、足堪保障，事定之後，或起争端。况前項城堡之設，不止保障地方，亦欲防護官馬。

如蒙乞勑該部計議，合無行延綏、寧夏二鎮，查取新任空閑官員，每鎮各五員，改調填註固原衛所分，分撥白馬城、紅古城二處，每城五員，管隊領軍。并行陝西布政司，將原坐附近城堡該徵民粮，量撥新築白馬城脩盖倉厫收貯，以備兵馬支用。再乞行陝西苑馬寺，禁約該苑牧軍，草場地土在今分撥給軍耕種界至之内者，向後不許混争告擾。及行總兵、參將、兵備、操守等官，禁約本城軍人，不許於界至之外侵越耕種。如違，各依法究治。待安插既定，軍強食足之日，與紅古城應該設立所分，俱聽後來總制、提督、巡撫等官奏請定奪。如此，庶可以壯邊城保障之勢，消外虜窺伺之心，地方兵民不勝至幸。

緣係諮訪羣策以裨邊務事理，未敢擅便，為此具本，專差承差趙瑤親賚，謹題請旨。

關中奏議全集卷之十七

提督類

一為整理邊務以備寇患事

欽差提督陝西三邊都御史臣楊一清謹題：為整理邊務以備虜患事。

案查，先准兵部咨，該提督軍務兵部尚書金獻民題前事。奉聖旨“該部知道，欽此。”欽遵。

該兵部議得，固原地方平坦，可以馳驟，虜賊搶掠，多由此入。陝西腹裏州縣，連歲被害，實由本處兵粮不足，難以防守，合無依其所擬，將各城堡、各衛禦冬、防守官軍内選擇精壯二千三百員名，連見在七百名，共輳三千員名，聽總兵官統領。其守備官部下，除見在并各城堡挑選官軍二千員名外，許於各項軍民丁多戸内召募一千名，共輳三千之數。召募銀兩於官庫動支，俱各相應。但事關地方軍務，仍咨行提督尚書楊一清再加議處，具奏施行。等因具題。節該奉欽依：“其餘准擬，欽此。”欽遵。

備咨到臣。為照固原為陝西喉襟要害之地，地里平漫，無險可據，通賊去處甚多。自弘治十四年以來，套賊擁衆深入，延、寧地方不能捍禦，馳驟長驅，兩日夜可至固原。分散醜類，静寧、隆德、會寧、安定一帶州縣俱被剽掠，直抵鞏昌、秦州地方。近年又侵過平涼，蹂踐我涇、邠等州縣，得利而歸，不曾遭剉。將來鳳翔、西安内郡，安保不遭毒害？臣先年巡撫之時，奏將陝西鎮守總兵移在固原，常川駐劄，意正在此。但所統官軍與守備官部下官軍俱不及千數，委的數少，難以出戰，只得嬰城坐守，甘受畏縮之罪。今提督尚書金獻民，要將總兵官部下除見在七百員名外，再於各城堡、各衛禦冬、防守官軍内摘選精壯二千三百員名，共輳三千員名，總兵官統領。守備官部下，除見在外，今擬增粮并各城堡挑選共二千員名，未及之數，照例懸賞，於有丁人戸内召募一千名，亦輳三千之數，統領殺賊。召募銀兩於司、府官庫查有無碍銀兩動支。除依擬行令嚴加挑選，聽各官統領，以助兵勢外，至於懸賞召募一節，尤為得策，今日之務，似難舍此。

及照臨邊軍民勇悍善鬬者在在有之，召之有道，自然應命。及查先年召軍，每名有給銀五兩者，有三兩者，是為常守之兵，比之腹裏抽選召募者大段不同。比年延綏、寧夏二鎮召募土兵，至今與遊、奇正兵一體調遣截殺，所向有功。今各該衛所行伍空虚，懸利召募，相應舉行。但陝西布政司在庫銀兩不多，各有頭項，難以一槩取用。已經具題，乞勑兵部議處，合無於太僕寺馬價銀内動支五萬兩，差官運送前來，聽臣督委都、布、按三司實心幹理官員，設法召募。不拘衛所軍餘、舍餘、村野土民，但係年力精壯，騎射閑熟者，籍名在官。願領馬者，給銀五兩，步軍給銀三兩，令其置辦軍裝弓矢器具，團成隊伍，聽總兵、守備等官統領訓練。不敢委用貪刻官員用强逼勒，以失人心；亦不敢濫收不堪之人，徒費官錢，無益於事。若京運銀兩召募支用不盡，收貯聽發各邊收買戰馬，不許别項動支。事完，通將支用過召募買馬銀兩數目造冊奏繳。等因題。

奉聖旨："兵部知道。欽此。"欽遵。兵部議擬覆題。奉聖旨："是。馬價准動支五萬兩，運送前去，募軍買馬，不許浪費。欽此。"欽遵。

續該兵部差委太僕寺寺丞張珌，運送馬價銀五萬兩前來。除行仰帶管固原兵備、參政成文轉發固原州倉收貯聽文外，續為諮訪羣策以裨邊務事，據固原兵備副使成文呈稱：固原東路撒都城即白馬城委係緊要隘口，雖與清平苑草場交界，然地處孤懸，久不在彼牧放，相應修築城堡，斷絶賊路，以保地方。且彼地頗肥饒，可作安軍之業。防守軍役，照先年事例，召募懸賞，仍撥給近堡地一頃，令其開種，待十年之後，量徵子粒。仍將白馬井墩改築，近水去處展築寬大月城。有警，撥軍在彼占據水頭，使賊馬不得飲水，則賊路自可斷絶。等因到臣。節經依擬勘處施行完備，除另行具題外。為照陝西各邊衛所，軍人逃故數多，行伍空虚，丁力寡弱，遇警應敵，多無成功。兹欲充實軍伍，不過清勾、抽選、召募三者而已。但今各該衛所多無空閒人丁，每正軍一名，例該二丁幫貼，尚且不足，抽選一節，似難舉行。清勾固是要務，已經出榜，召諭逃軍，令其自首免罪，及督委都、布、按三司清軍、巡、守等官各督屬挨查清補。但地方廣遠，州縣數多，一時豈能濟用？惟有召募一策可應目前之急。蓋西人性氣猛悍，尚勇善鬭，且慣見虜賊，聞敵不懼，若召之有道，自然樂從。

案查，近准兵部咨，該提督軍務本部尚書金獻民題，為整理邊務以備虜患事，要行照例懸賞，於有丁人戶内召募一千名，聽守備官統領殺賊。及據固原兵備副使成文呈，議要於白馬城地方添築城堡，改築墩臺，占據水頭，以遏虜賊。但恐各衛所缺軍摘發防守，亦須召募精壯一千名，設為常守之兵，庶幾可得其力。及照平虜所、紅古城二處皆險要地方，舊召軍人數少，亦須量為召募，每城各二三百名，則軍伍稍充，兵威自振。

查得陝西按察司副使韓士奇見在軍門聽用，已經行委本官專理前事。出給大字告示，發去固原、靖虜一帶城堡，平涼、慶陽、臨、鞏等府、衛張掛，曉諭衛所大小官員，有願承領召軍者，許赴臣呈告，給與鈞帖，令其分投召諭，不拘土著外戶軍民人等，但係年歲精壯，有膂力，有膽略，善騎射，能戰鬭之人，聽從召集。願投固原、平虜、紅古等城及新築白馬城者，各從其便。務要有抵業，有隣佑、里老、屯甲、族長、戶首保結無碍，方可召收。待召集數多，派發各衛所收隊着伍，每名給賞銀兩，置辦軍裝什物，合用盔甲，於各衛軍器局内關給，馬匹於苑馬寺孳牧及茶馬内領養騎操。著伍之後，每月照舊軍例，給粮一石。其白馬城地方田地廣濶肥磽，願領種者，每名給地一頃，令其自行耕種，不徵子粒，就准月粮。不許將幼弱不堪、素無根絆、無人保管之人，一槩混召，有損無益。召軍官應該陞賞者，先行給與公文執照，待具奏定奪。其所召土兵，就令原召之人管領，聽調殺賊，有功之日，照例併功陞職。軍官之外，若舍餘、軍民、土人素有力量，能召軍者，每召一名，給賞銀一兩，十名賞銀十兩，至百名賞銀百兩，以類而推。俱照此格節行去後。緣副使韓士奇陞任陝西布政司參政，管理粮儲，無暇及此，改委帶管固原兵備、左參政成文兼管。又因成文分守隴右道去訖，改委按察司僉事桑溥管理召募。

查得節據參政成文呈報：願投白馬城軍人，固原衛冠帶總旗馬騰召募潘仲敖等一百五十三名，平虜千戶所正千戶田林召募胡坎等三十一名，本所實授總旗田埜召募張仲玉等三十名，固原衛中所百戶甘昇召募趙瓚等九十一名，甘州羣牧所百戶侯松召募權志清等一十五名，固原衛武舉舍人符節召募常英等五十二名，總旗李洪召募謝騰霄等四十名，固原衛右所百戶唐璽召募岳景玉等八十五名，平虜千戶所副千戶汪洋召募殷臣等七十三名，固原衛舍人方鸞召募趙懷等二十一名，俱經本官行查結勘無碍，開報前來。

為照白馬城修築將完，缺人防守，隨經行令参政成文轉發原委築城固原衛指揮符深收管，分撥地方，修盖房屋，責令防守外。續據慶陽衛前千戶所副千戶繆臣呈報，召募白馬城軍孫玉等三百六十六名前來，行仰僉事桑溥覆審，未據回報。及據操守固原等處地方指揮使黄振呈報，願投固原衛軍人孟文學等五十九名，俱已收粮發伍外。

查得固原衛召軍榜文内開：奉陝西都司劄付，該蒙巡撫陝西都御史王珝案驗，准兵部咨，為防邊患以安地方事。該甘肅鎮、巡等官都御史陳九疇等題稱，甘肅各衛軍士逃亡，行伍空虚，不敷戰守，要照弘治十五年太僕寺少卿王質題准事例，召募軍士。等因奉聖旨："該衙門知道。欽此。"欽遵。

該兵部查得，先為急募士兵，以禦虜寇事，該太僕寺少卿王質題，該本部議得：合無行令少卿王質，於陝西、甘肅、涼州各官庫内查取見在官銀，每二鎮共賫五萬兩，以備召軍之用。若係召募者，每名給銀五兩，係冊内查出抽選者，每名給銀三兩五錢，仍免空閒舍餘一名幫貼，就與關支粮賞。其見任官員百戶召一百名與陞副千戶，副千戶召一百名陞正千戶，正千戶二百五十名陞指揮僉事，指揮僉事二百名陞指揮同知，指揮同知二百名，陞指揮使。俱月加俸粮一石。都指揮僉事召二百五十名陞都指揮同知，都指揮同知召二百五十名陞都指揮使而止。若有為事立功及革職閒住官員，能召百名，悉與復職。該陞官員，撫、按官會同給與公文執照，仍類總具奏。其所召士兵，就令原召之人管領，聽調殺賊，有功之日，照例併功陞職。召募完日，通行造冊奏繳。等因題。奉孝宗皇帝聖旨："是。欽此。"欽遵外。

今甘肅鎮、巡等官又奏前因，所據召募抽選事宜，委該舉行。

本部仍行總制侍郎李鉞并巡撫陝西、甘肅各都御史，將見在各庫官銀量數查取，共賫五七萬兩，聽都御史陳九疇一面出榜曉諭各色軍民人等，給發召募、抽選。其該給軍器馬匹及獲功陞賞，悉聽總制、巡撫官酌量而行。等因覆題。奉聖旨："是。欽此。"欽遵外。

為照召軍陞官，雖有前例，但未知各鎮通行，或止行之甘肅一鎮。即今前例曾否停止，及總、小旗、舍人召軍應否陞授，不曾該載。今固原等處召募軍人奉有成命，及兵部奏發太僕寺馬價，專聽召軍買馬支用，似與先次召軍事體相同。但事干陞級，未經奏請，不敢輕議。

及看得各該官舍近召土兵，多係有膂力、善騎射、耐寒苦、善戰鬬之人。藉而用之，他日未必不為精兵健卒。其素無根絆、身力懦弱及干碍正軍幫丁，顧此失彼者，二司官員俱已革退，不准收用。且召軍陞官，比與納級陞官者不同，納級多係富豪軍民、貴介子弟，圖以榮身藉勢，所得者小，所損者大；召軍之人，皆生長邊方，就可領軍，得其實用。況前項事例，屢常舉行。目今召募亦頗難得，所以近奉明文，召募官員多不及數，然不如此無以警勵人心。

如蒙乞勑兵部，參詳議處，合無量照前項奏行事例，見任官員百戸召一百名與陞副千戸，副千戸召一百名陞正千戸，正千戸二百五十名陞指揮僉事，指揮僉事二百名陞指揮同知，指揮同知二百名陞指揮使而止，俱月加俸粮一石。其總、小旗召軍一百名者，合無照例陞級，舍人召軍一百名者，與做冠帶小旗，後有軍功，俱照級陞授。其召軍不及原擬之數，照臣原擬扣數，給與銀兩，以酬其勞。

所召軍人，待查發衛所收伍之後，不拘馬步，每名給銀三兩，置備軍裝什物，俱於太僕寺馬價内支用，若有不敷，於陝西司、府庫内取給。合用盔甲軍器，於固原、平涼附近官庫内查給。編籍已定，擇其稍有丁力者，給領馬匹，於銀買及監苑、茶馬内隨宜撥給。固原衛、紅古城等處各就與關支粮賞。白馬城軍人既已撥給地方耕種，合照屯種軍餘則例，禦冬及有警收操，與支口粮，每月四斗五升，無事疎放農種。如此，則可以壯實邊城，保障地方，實為便益。

緣係整理邊務以備虜患事理，未敢擅便。為此具本，順差承差趙瑶親賫，謹題請旨。

一為再乞天恩辭免新命容令休致事

奏為再乞天恩，辭免新命，容令休致事。

先准吏部咨，嘉靖四年十一月十八日，該司禮監太監張欽，傳奉聖旨："提督陝西三邊軍務楊一清，便寫勑行取來京，着照舊内閣辦事。吏部知道。欽此。"欽遵。備咨到臣。已經披瀝誠悃，乞恩辭免，容令休致。俟命間，本年閏十二月初三日，欽奉勑："今特命爾照舊内閣辦事。勑至，爾即馳驛來京，毋得稽違，故勑。欽此。"欽遵。

除望闕叩頭，祇受扶病就道外：天地之恩，非意所及；臣子之分，省躬而驚。謹再瀝誠悃者，伏念臣少時患目，久而昏眊，中年之後，百病交攻。正德年間，承乏吏部，薦登内閣。在告之日多，在公之日少，懇求休致至二十餘章，始遂優閒之願。

皇上光臨大寶，特承眷注。既而言官交薦，廷議見推，忽有提督陝西三邊戎務之命。勑使臨門，迫於大義，不敢不起。到邊以來，倏經十閲月矣。弊筋力於戎馬之間，竭精神於籌畫之際，凡所當為，不敢不勉，所謂鞠躬盡瘁，死而後已者，臣之心也。頃自巡視延、寧等邊，兩目為風沙所傷，赤痛昏澁，數步之内，不能辨人面目，把筆作字，點畫不分，一切奏牘文移，止是口授，吏人謄寫。又兼足膝愈加痿弱，步履非人攙扶，動欲欹仆。所以未即求退者，良以套賊去留未定，恐貽西顧之憂耳！豈意殊恩自天而降，使臣進退失據，無以自容。

臣聞之古人云："陳力就列，不能者止。"又曰："知足不辱，知止不殆。"臣體力已憊，安能就列？分量已足，自當知止。若不自揣度，匍匐入朝，蹣跚於闕門之下，顛仆於殿陛之前，豈不重貽班行之笑？臣雖無似，出處之義，亦所素明，安能以垂盡之年，播此醜態於人人哉！

比聞言官論臣者，竊念臣曩官中外，粗効馳驅，晚登樞要，實無裨補。招尤速謗，理所宜然。言官與臣，非有睚眦，其所指摘，必有憑據。縱使失真過當，蓋亦聞諸道路之訛傳，惑於流言之萋斐，臣不敢辨，亦不當辨。況公論在臺諫，宜有異同；公道在人心，終當底定。亦何俟愚臣之贅言乎？且臣今年七十二歲，凡在班行，無如臣之老；舉進士至今五十有四年，凡登科第，無如臣之深。加以疾病相仍，生存無幾，而乃蒙恥居官，靦顔任事，是舉其平生而盡棄之矣。

伏望皇上，玄造曲成，離明普照，察臣之言出於肺肝，憐臣之力不堪鞭策，早降俞音，容令致仕，得與田夫野老歌詠太平，則自今以往，未死之年，皆再造之賜也。臣慚負天恩，罪當萬死。

緣係再乞天恩，辭免新命，容令致仕事理，為此具本。順差承差趙瑶親賫，謹具奏聞，伏候勑旨。

一為舉用將官事

題：為舉用將官事。

臣切惟當疆埸之任，新進不如舊人。成戰伐之勳，使功不如使過。蓋舊臣宿將，夷情邊務，既熟知於己；風聲氣槩，又素孚於人。不言而自信，不令而自行，𢾺之新進初士，徒以弓馬為技，敏鋭為長者，迥不同矣。今之將官，皆出廷臣所推薦。朝廷所登簡，類多英傑，臣不敢槩舉，姑即陝西各鎮言之。

博訪得先任寧夏總兵官右都督郤永，謀足以禦侮折衝，勇足以摧鋒破敵，規模濶大，識見超偉，若當提督之任，必有駕馭之能。先任寧夏總兵官都督潘浩，先任鎮守陝西都督劉淮，俱練達有統馭之才，壯勇有敵愾之志。去任年久，至今寧夏之人猶稱郤永、潘浩，陝西之人猶思劉淮。先任鎮守貴州署都督僉事陳珣，生長邊方，久更任使，閑於軍旅，習於戰鬬。此四人者，郤永、潘浩、劉淮見蒙任使，但恐未究其用；陳珣則以病乞歸，今病痊痾，精力尚健，似皆可備陝西三邊主將之選。

臣又切思，人才難得，自古為然。指垢摘瑕，世無完名之人；取長舍短，率多可用之士。故合抱寸朽，工師所不遺；以二卵棄干城之將，古人所惜。且如延綏都指揮僉事高時、瞿江，榆林衛指揮僉事卜雲、涼州閑住都指揮同知楊佑、陝西西安後衛帶銜都指揮同知李佐，昔年或為參將，或為遊擊，因事廢黜，投閑已久，皆驍健善戰，曉暢軍情，邊人稱道，舉無異辭。臣嘗取至軍門委用，察其年力，俱足有為，使之終身廢棄，誠為可惜！授以偏裨之任，責効將來，使功不如使過，必當有所建立。

如蒙乞勑兵部，參之輿論，除郤永見守重地，非有三邊提督重權，難以輕動外，其潘浩等三員，遇有陝西延、寧、甘肅主將員缺，乞為上請推用，以慰邊人之心。高時等五員，亦乞早為湔洗，量加録用。各官感恩圖報，自能勉立事功，以盖前日之愆，而他日干城之任，亦有攸託矣。

臣今奉勑取回，已離邊鎮。但念以人事君，大臣之職，所知所見，不敢不言。伏惟聖明裁察。

緣係舉用將官事理，未敢擅便，為此具本。順差千戶楊評親賫，謹題請旨。

一為公舉將材以備任用事

題：為公舉將材，以備任用事。

臣聞：禦戎無上策，用兵無良計，選將為良計。將者，三軍之司命。將得其人，怯可化勇，弱可化彊；將非其人，兵雖衆不足恃。今天下敢戰之兵，無處無有；而統兵之將，不盡得人。兵勢不振，虜患未寧，實由於此。

臣受命提督陝西三邊軍務，又昔年叨任經略巡撫、總制、提督，久官陝西。今大小將官，非舊時之部曲，則部將之子孫。頃自起廢到邊以來，躬親較閱，察戎務之修否，驗軍情之向背。知之頗真。兹奉勑取回，凡所見聞，豈敢隱默。除見任主將及曾經臣論薦并新任資淺者不開外，切見延綏遊擊將軍、署都督同知張鳳，驍勇果毅，屢立戰功；延綏副總兵官、署都督指揮僉事趙瑛，老成持重，善撫士卒；分守涼州右副總兵、署都指揮僉事周尚文，廉以律身，嚴以御下，皆可當主將之任。延綏遊擊將軍、署都指揮僉事劉淵，分守寧夏中路左參將、都指揮僉事苗鑾，分守延綏西路左參將、都指揮僉事袁聰，甘肅遊擊將軍、署都指揮僉事嚴鎧，俱英敏知兵，雄赳善戰，可以充副將之選。綏德衛指揮使安世，軍門奏帶頭目、直隸鎮江衛指揮僉事陳岳生，皆學本儒術，而兼曉夫兵機，才堪幹濟，而尤長於守己。他如寧夏廣武營協同分守指揮使楊時、守備平虜城署指揮史經、守備邵綱堡署都指揮同知王効，延綏舊安邊營把總、慶陽衛指揮使崔嵩，綏德衛指揮僉事彭樾，俱生長邊方而武藝素諳，曾經戰鬭而勇略可取。凡此數人，任有淺深，皆可任參、協、守備等官，稍加更歷，他日欲求將領，宜無出此。如蒙乞勑兵部再加訪議，遇有相應員缺，將各官量加推用，於邊方戎務必有裨補。

緣係公舉將材以備任用事理，未敢擅便。為此具本，謹題請旨。

一為舉劾分守將官事

題：為舉劾分守將官事。

照得寧夏中衛孤懸河外，相離鎮城三百餘里，切近賀蘭山，虜賊不時窺伺，分守參將必在得人。臣先年提學、總制，俱曾親歷其地。彼時分守參將如韓玉、馮楨輩，俱有將略，善於撫馭，以此邊備嚴密，士馬精强，山後之賊，不敢侵犯。近年邊備不嚴，軍威不振，官襲偷墮之風，軍苦征求之累。

訪得見任左參將、都指揮同知蘇勇，猥瑣無能，闒茸不職，以營求為得策，視戎務為等閑，以致上玩下慢，紀綱縱弛，威令不行，虜賊入寇，往往失事。及又訪得守備西寧、署都指揮僉事彭濬，守備靖虜衛、都指揮同知辛忠，皆持己廉慎而閑於軍旅，馭衆嚴明而著有聲稱，堪任分守將官。

如蒙乞勑兵部，再加訪議，如果臣言不妄，乞將蘇勇革回原衛，帶俸閑住。仍乞於彭濬、辛忠内奏請簡用一員，充左參將，分守寧夏西路地方，則軍民有所依仗而得安其生，醜虜知所畏憚而不敢侵入。地方幸甚！

緣係舉劾分守將官事理，未敢擅便。為此具本，順差千戶楊評親賫，謹題請旨。

一為傳報回賊聲息事

題：為傳報回賊聲息事。

准兵部咨，該臣題，該本部覆題。

看得提督陝西三邊等處軍務、兵部尚書兼都察院左都御史楊一清題稱，分守肅州右參將雲冒、撫夷指揮劉雲等會審得通事馬能等供稱：王子速壇滿速兒往土魯番去了。有頭目牙木蘭在哈密，住到七八月裏馬壯，領哈密北山衛瓦剌、黄達子等賊，要往漢人地方上搶掠。今甘肅地方兵馬寡少，錢粮空乏。已將先任總制都御史李鉞奏帶用剩馬價、寄放苑馬寺庫内銀二萬七千七百三十九兩四錢七分内，先支五千兩，給與西寧、莊浪官軍買馬騎操。及查甘肅、延綏鎮城等處馬匹，亦合量為查補，乞勑該部再於太僕寺馬價内動支五萬兩分給一節，是固先事預防安邊定寇至計。

為照各鎮節年奏討馬匹馬價數多，太僕寺馬價所入有限，而所出無窮。況連年因南、北直隸等處災傷，停徵、減派，馬匹馬價徵解不全，一旦空虛，緩急無備，尤為可慮。但稱彼中多事，緊急用馬，亦合量給。及照前寄陝西苑馬寺馬價銀二萬七千七百三十九兩四錢七分，原係本部給發太僕寺馬價，仍候本部明文動支之數。合無再於太僕寺馬價内動支一萬二千二百六十兩五錢三分，共輳該銀四萬兩，候命下之日，本部差委官一員，領出太僕寺銀兩，運送陝西布政司交割。其見在苑馬寺寄庫支剩銀兩，一面移咨都御史楊一清差官前去領回，悉聽本官從便計處，買補馬匹，給與無馬官軍騎操。仍將領過銀兩數目，買補過馬匹毛齒，并領馬官軍姓名，通前一併造冊繳報。等因題。奉聖旨："是。欽此。"欽遵。

備咨到臣。案查，先為前事，已經具題去後。今准前因，查得先據陝西苑馬寺呈報：前總制都御史李鉞奏討馬價支剩銀二萬七千七百三十九兩四錢七分，收貯本寺官庫。續因各邊將官呈請缺馬數多，已該臣行令該寺，將前項銀兩委官解送固原軍門，轉發固原州倉收貯。續據固原兵備副使朱冕呈開，節奉臣明文，支給過寧夏中路參將苗鑾二次領銀四千四百兩，莊浪副總兵魯經領銀五千兩，陝西遊擊將軍陶文二次領銀六百五十兩，環慶守備都指揮李勳領銀一千五百八十兩，延綏遊擊將軍劉淵領銀一千三百三十兩，寧夏東路參將劉謹領銀二千兩，新任參將魏錕領銀二千兩，甘肅遊擊將軍嚴鎧領銀一千二百三十兩，涼州副總兵周尚文領銀一千二百三十兩，延綏副總兵趙瑛領銀一千三百三十兩，寧夏興武營協同都指揮吴雲領銀九百兩，蘭州守備都指揮王錦領銀六百二十兩，靈州守備指揮沙金領銀三百九十三兩四錢七分。俱經行令各官，每銀十兩，買馬一匹，給付軍人精鋭貧難、無力買馬及曾經買補二三匹以上軍人騎征。

及差委安西衛千、百戶沈鳳等解送西安府銀一千兩，平涼衛指揮甘瑞解送鳳翔府銀一千兩，千戶李璽解送鞏昌府銀一千兩，西安左衛百戶楊威解送臨洮府銀一千兩，平涼衛千戶施文解送平涼府銀一千兩。俱經行令各府，將販賣商人名下馬匹收買。節據各府解送買完馬共五百二十匹，并軍門陸續買過商人及虜中走回人口騎回馬匹銀共八十六兩。前項馬匹，俱經相兼前項銀兩，派給陝西延綏、寧夏奇、遊等兵領回，取各領過銀兩、買過馬匹毛齒，及領過馬匹、給過軍人姓名造冊，俱未回報。兵部所擬前項支剩銀二萬七千七百三十九兩四錢七分，俱已支用盡絶。

今照，兵部續發太僕寺馬價銀一萬二千二百六十兩五錢三分，咨稱，解送陝西布政司收貯，係臣原擬，聽給延綏、甘肅二鎮買馬支用。但甘肅一鎮，節因地方回虜侵掠，缺馬數多，及查延綏一鎮，已該臣陸續給過各枝官軍馬共三百三十匹，銀共一萬三千三十兩，比之他鎮，其數已多，合將前銀分派甘肅八千兩，延綏四千三百六十兩五錢三分。已經移咨各該巡撫都御史，差官前去陝西布政司照數支領，及行令該司候各鎮差官至日，查照給發領回，聽各巡撫官給軍買馬騎征。將領過銀兩數目、買過馬匹毛齒并領養軍人姓名造冊，徑自咨部查考。及將前項陝西苑馬寺解到支剩馬價銀二萬七千七百三十九兩四錢七分，節經臣支給各邊將官銀兩并收買派給馬匹，備行固原兵備副使桑溥，會同分守參將劉文，督催各該將官，將買過馬匹毛齒及領養軍人姓名，類總造冊，以憑轉繳兵部外。今照臣欽奉勑行取回京，所據前項支用過馬價銀兩數目，合行奏報。除備咨兵部知會查考外。

為此具本，順差承差劉遵先親賫，謹具題知。

一為甄拔人材以備任用事

題：為甄拔人材，以備任用事。

臣惟薦賢為國，人臣之忠；以人事君，大臣之職。臣受命督鎮關陝將及一年，一方官員賢否，悉心訪究，頗得其真。而於藩、臬之官，尤深注意。除將年資頗深，賢能素著者，節經論薦外，其到任年淺者，未敢槩陳。近來廣詢衆議，博采公言，復得二人焉，敢為朝廷陳之。

切見陝西按察司按察使唐澤，始而簉屬刑曹，能詳庶獄，無冤濫之辜；既而擢任外臺，克持風裁，有老成之望。持法不撓而行之以恕，物論稱平；守身不苟而持之以謙，士林推重。陝西布政司右參政王尚絅，學行素孚於人，器識迥出於衆。年齒逾壯而以養棄官，有急流勇退之風；薦章屢騰而懇辭乃起，有行義達道之志。此二臣者，唐澤自官憲佐十有三年，任更閩、浙而賢聲無間；王尚絅自陞參政一十五載，身雖退遯而光價益增。論其人品，皆有大受之具，稽其年勞，亦在擢用之時。如蒙乞勑吏部，再行訪察，合無將各官早為甄拔推用，稍出乎常格，則風聲可勵乎庶官。

緣係甄拔人材以備任用事理，未敢擅便。為此具本，順差承差劉遵先親賫，謹題請旨。

一為薦舉監牧官員事

題：為薦舉監牧官員事。

切照陝西苑馬寺，先年馬政久廢，名存實亡。弘治年間，荷蒙孝宗皇帝簡自上，命臣督理，大改絃轍，一新政令。彼時孳牧蕃息，卿寺改觀。二十年來，官員賢否不一，馬政興廢不常。

臣近奉命提督軍務，駐節固原。兵馬既事體相關，監苑又臨莅之地。訪得苑馬寺卿周絅，久參藩牧，老成詳慎；少卿郭震，昔任兵憲，英敏有為；寺丞蔡麟，拔自縣令，政務疏通。此三人者，皆能盡心職業，修舉廢墜，不失牧軍之心，可收蕃息之効。如蒙乞勑吏部查訪，將各官酌其年勞，量為旌擢，庶使凡為臣工者，皆有所感發興起矣。

緣係薦舉監牧官員事理，未敢擅便。為此具本，謹題請旨。

一為缺官委用事

題：為缺官委用事。

據整飭固原等處兵備、陝西等處提刑按察司副使桑溥呈前事。據固原州申稱：本州係弘治年間開設，止有知州、吏目二員，政務繁多，幹辦不前。乞為轉達，添設同知或判官一員，庶得濟事。

等因據此，看得該州地處邊方，城有軍衛，而總兵、兵備、參將衙門俱又常川駐劄。倉場數多，營堡散處，勘事查盤，召商糴買，委的缺官幹理。今要添設佐貳一員，似為相應。合無俯念邊鎮重地，特賜轉達，就於陝西所屬賢能判官、縣丞等官內舉陞一員，前來供職，則庶務可以分理，地方實為有益。等因具呈到臣。

為照固原州原係開城縣，弘治年間始改為州。所管轄多係人民，內有軍衛、監苑、王府、功臣草場，軍民雜處，詞訟繁多。先年止有兵備、守備官各一員，後將陝西移鎮於此，近又改設參將一員。況節因邊情緊急，欽命總制提督大臣多在本城駐劄，上承下移，不可無人。及行委查勘邊情，會問罪犯，查盤錢粮，踏勘地方等項，必得文官協同軍衛官員行事，方得停當，額設止有知州、吏目各一員，不敷幹辦。況又時有公差事故等項，甚至全無一官。副使桑溥呈稱：要添不拘同知、判官一員，分理委用，誠非得已。但地隣極邊，沙漠沍寒之區，戎馬馳驅之苦，新選官員多非所樂，終恐不得其用。

臣詢之布、按二司官員，皆舉稱西安府華州判官聶淮、本府同州朝邑縣縣丞紀年，皆官小能守，性敏有為，堪任州同知。本府臨潼縣主簿馬鵬程、靖虜衛經歷司經歷鄭仲，皆年壯可任勤勞，才敏熟於幹辦，堪任判官。如蒙乞勑吏部議處，合無於固原州不拘同知、判官，添設一員，仍乞於聶淮、馬鵬程等內陞用，使之就近到任管事，則分理有人，委用不乏，地方實為便益。

緣係缺官委用事理，未敢擅便。為此具本，順差承差劉遵先親賫，謹題請旨。

一為舉用邊方官員事

題：為舉用邊方官員事。

照得陝西八府所屬州縣，皆地臨邊境，烽火寇賊之虞，沙塞苦寒之慘，故選斯地者多不樂為，見任官員多復求去。其勉强在任，勤敏可託者，十無二三；庸猥不堪者，十常八九。勢使然也。各府除正官外，同知品秩稍高，責任稍重，苟得其人，可以佐理郡事，可以分督屬官。見今平涼府缺同知一員，其餘府分，雖未有見缺，今當朝覲述職之時，恐有黜幽陟明之數。若將內地官員陞用，及舉人內除補，恐其憚勞畏險，未至任所，先已灰心，安能責其效用？

臣博訪得蘭州知州陳約、乾州知州趙時，皆謹飭不失其身，通敏可集乎事；陝西布政司經歷張賢、咸陽縣知縣李仁，皆才猷足以有為，平易可以獲下。如蒙乞敕吏部查訪，遇有陝西各府同知員缺，將各官陞補管事，於地方政務實有裨益。

緣係舉用邊方官員事理，未敢擅便。為此具本，謹題請旨。

一為整理邊務以備虜患事

題：為整理邊務以備虜患事。

案查，先准兵部咨，該本部題，該臣題前事，兵部覆題。內開：看得提督陝西三邊等處軍務、兵部尚書楊一清查議得，固原為陝西喉襟要害之地，地理平漫，無險可據。總兵官所統與守備官部下官軍俱不及千數，難以防守，欲要懸賞召募。但陝西布政司在庫官銀不多，欲查照先年該部奏行事理，於太僕寺馬價銀內動支五萬兩，運送前去，聽臣督委都、布、按三司官員設法召募。不拘衛所官舍、軍餘、村野土人、民壯等項，但係年力精壯，騎射閑熟，籍名在官。願領馬者，給銀五兩，步軍給銀三兩，令其置辦軍裝弓矢器具。其或召募支用不盡，亦收貯聽發各邊收買戰馬一節，足見先事預防，安邊禦虜至計，相應准擬。合候命下，於太僕寺收貯馬價銀動支五萬兩。本部行移太僕寺坐委寺丞一員，運送陝西布政司交割，悉聽本官設法處置，召募軍士，充實隊伍，以備虜患。其支用不盡銀兩，亦聽貯庫，遇警發各邊收買戰馬騎操。事完之日，仍將支過召募、買馬并餘剩銀兩數目，造冊奏繳查考。等因覆題。

奉聖旨："是。馬價准動支五萬兩，運送前去募軍、買馬，不許浪費。欽此。"欽遵。

備咨到臣。續據陝西布政司呈，解太僕寺委官寺丞張珌運送馬價銀五萬兩前來。隨經行仰帶管固原兵備、布政司左參政成文轉發固原州倉，督令監收通判王相收貯，聽候支取。及照臣原奏内開：今各該衛所行伍空虚，懸利召募，相應舉行。至於隨勢給賞有功官軍，亦為要務。軍門若無財用，則有罰無賞，何以盡人死力？乞將前項銀兩聽召募賞軍支用，不盡之數，聽發各邊買馬騎操。

續因虜賊數萬在套住牧，調取延綏副總兵趙瑛統領奇兵三千員名，前來寧夏東路花馬池等處按伏。及因河西莊浪、涼州等處回虜壓境，甘肅鎮、巡屢奏，乞發延、寧兵馬，該臣調取延綏遊擊將軍張鳳統領所部遊兵三千員名，在於固原、靖虜、蘭州等處按伏，聽調應援。緣二枝人馬俱係客兵，徵調在外半年之上，勞苦可憫。節經動支前項銀兩，差委固原衛指揮申甫，延綏遊兵指揮劉欽，軍門聽用鎮撫張淮前去，量為犒賞，少助修理軍裝之費。給賞過趙瑛部下官軍銀八百兩，張鳳部下官軍二次共銀一千六百五十六兩七錢，俱各取具委官給散過花名數目在官。

又因臣巡視寧夏、延綏等邊，行令帶管固原兵備、左參政成文，督委西安等衛千戶王臣等量帶前項銀兩軍前聽用。續據王臣等呈報，節奉臣明文，閲視兵馬，激勵官軍，犒賞獲功人員，優恤陣亡等項，共支用過銀八百兩肆錢。

及節據陝西延綏、寧夏、甘肅等處各該將領等官呈稱：各邊營堡官軍缺馬數多，乞要查給馬價官銀買補，俱經行令固原兵備官支給。續據副使桑溥呈開：支給過陝西遊擊將軍陶文下遊兵指揮周江等領給死馬官、軍銀二千六百八十兩，延綏遊擊將軍張鳳下遊兵指揮侯章領給死馬官軍銀一千三百七十兩，延綏總兵官彭椺下委官千戶周文臣領回本鎮巡撫衙門買馬銀九千兩，莊浪衛百戶安能領回解到馬二匹，價銀二十四兩，靈州守備、指揮同知沙金領給買馬銀一千六百六兩五錢三分，管領戰鋒官軍都指揮瞿江下甘肅管隊百戶崔玉等領給軍人買馬銀六十兩。

又據整飭洮岷邊備副使翟鵬呈稱：洮、岷等處見有亦卜剌賊寇聲息緊急，各該衛所城堡缺馬數多，乞發官銀買馬騎征。又經移咨巡撫陝西都御史王藎，差委指揮孟澤領解洮岷邊備官處銀五千兩，聽巡撫衙門隨宜給軍，買馬支用。

前項支給買馬銀兩，俱經行令各該將官，每銀十兩買馬一匹。仍將領過銀兩，買過馬匹毛齒，領養軍人姓名造冊，未據呈報。

通查犒賞官軍該銀三千二百五十七兩一錢，支給買馬該銀一萬九千七百四十兩五錢三分，見在貯庫銀二萬七千二兩三錢七分，聽候召募支用。

今照臣奉勑行取回京，所據前項支用過馬價銀兩數目，合行奏報。除備行固原兵備副使桑溥，督催各該領銀將官，各將買過馬匹毛齒，領養軍人姓名造冊，及候召募事完之日，通將買馬、賞軍、召募三項支用銀兩花名數目，總類造冊呈報接管提督大臣查照奏繳外，為此具本，專差承差趙禎親賫，謹具題知。

一為捉獲奸細搆引大勢回賊犯邊等事

題：為捉獲姦細搆引大勢回賊犯邊，奪取地方等事。

嘉靖五年正月十八日，准巡撫甘肅等處地方、都察院右僉都御史寇天叙咨，據整飭肅州兵備、陜西按察司副使趙載呈，奉本院會案，准提督軍務兵部尚書楊一清并兵部咨，俱為前事。備仰本道會同分守肅州參將雲冒并分巡、管粮二道，及行都司掌印等官，將前咨開夷情，務在熟思審處，逐節從長計議停當，明白呈來，以憑回覆，具奏施行。

等因依蒙會同分守肅州右參將、都指揮同知雲冒，陜西布政司分守西寧道左參議王汝舟、本司分巡西寧道僉事李孟旭、甘肅管粮僉事周汝勤并陜西行都司掌印都指揮僉事王輔，將前鎮、巡等官都御史陳九疇等，巡按陜西監察御史盧問之并提督尚書金獻民後先論奏，并該部覆奏土魯番、哈密夷情，逐節督同甘肅撫夷指揮皮馬兒黑麻、通事撒力等從長會議得：土魯番自永樂年間以來通貢，世受我朝厚恩。成化十九年以後，酋首速壇阿力及其子阿黑麻日漸生事，虜哈密王母，殺罕慎、執陜巴，誘拘速壇并牙郎，奪占哈密金印、城池，為患已非一日，大抵皆是哈密回回唆使。亦嘗遣將征剿，亦嘗閉關絶貢，然而一面請罪，一面侵掠，迄無寧時。

弘治以前，止於騷擾哈密。正德年來，哈密已為彼有，沙州被其誘挾。而川邊、王子莊、赤今、苦峪、柴城兒、扇馬城、大草灘等處屬番，俱被殘破，趕逐離散，投赴我邊肅州臨近依住。正德十年，直至肅州，戕殺將官。去歲，又入甘州，圍困城堡，聲言要奪地方。背天逆理，罪惡貫盈，神人之所共怒。雖用陳湯故事，命將出師，聲罪致討，犁庭掃穴，使無噍類，未為不可。朝廷不欲勞兵動衆，從事遠夷，且以後犬羊醜類，不足深較，以此，因其侵擾，則閉關以示絶，因其悔罪，又許貢以示恩。盖自古帝王制馭夷狄之道，服則懷之以恩，叛則懾之以威。類如此也。

今本酋稔惡不悛，新犯我邊。本鎮、巡所奏，廟堂大臣所以閉關絶貢，無容復議，而論者又有諸夷無罪，不宜一例謝絶之說。盖往年哈密未破之時，諸夷入貢，皆憑彼處番文，可辯各敵種類。今哈密無王、無印，西域諸夷，惟土魯番最强。凡入貢之夷，皆經其地，中間番文真假，與夫是否别國，皆莫能辨。若不一例謝絶，必不能保土魯番之不詐入。且一例絶之，使諸夷皆歸怨於彼，亦足以離其黨而孤其勢，不必以此疑阻。

其各種夷人，除謀為内應寫亦哈信等一百六十七名搜出私書，藏有兵器，事跡顯露者，先已奏行巡按御史詳審，情真罪當，照例轉詳待報處決，如有冤濫，即與辯理，已有施行，兹不復議。其原發涼州等城監候各起進貢并貢回哈密、土魯番夷使，查得涼州寄監哈密衛進貢夷人正使米力思藍、十的剌，陝西丁、阿卜亦速、阿都剌、黑蠻、虎都陸失滿剌、虎力、馬黑麻、添哥虎力、阿都兀剌、馬黑麻斬迭力迷失、劄麻丁、劄麻丁迭力迷失、阿都火者等一十五名，副使哈只虎兒班、把巴亦速滿剌、馬黑木、馬黑麻滿剌、馬黑麻打力、阿的納失滿剌、失的克、穩都亦思馬因、阿剌的爾的把、巴火辛、阿都、哈力母、把剌皮爾、馬黑麻、馬黑麻打力等一十五名，共三十名，并寫亦虎仙家丁哈剌丹兒等五十一名口，該前巡撫都御史陳九疇案行本衛，轉發巡按陝西監察御史盧問之處。内将米力思藍等分發蘭州、臨洮府、鞏昌衛三處寄監，方物見收貯涼州衛庫，将哈剌丹兒等分發鞏昌府、蘭州、階州、秦州、禮店千户所五處寄監。

復弔查陝西行都司嘉靖元年十月起，至嘉靖三年六月止，陸續起送過撒馬兒罕、天方國、土魯番、哈密衛進貢夷人文卷底冊。内撒馬爾罕土陸孫等一百五名，天方國母巴剌丹等一十九名。土魯番正使滿剌阿都剌、滿剌虎兒班、火者阿黑麻、滿剌馬黑麻、速壇虎力、劄馬丁、母秃剌、火即火辛、阿力、滿剌亦速等一十名，副使亦思哈的、牙兒虎都陸、火者添哥虎力、火者阿黑麻、母禿剌、虎歹卬兒、的失哈、奴兒丁、滿剌馬黑麻、迭力迷失馬黑麻等一十名，使臣米兒咱阿力、速壇阿力、虎都阿力、火者馬黑麻、魯迷滿剌法虎兒丁、改兒的、母巴剌等七名，從人哈只一名，共二十八名。哈密衛正使滿剌俄陸思、滿剌馬黑麻、火者阿黑麻等三名。副使滿剌哈三、阿黑麻、撒的等三名，使臣拜言答、母巴剌、岳力、阿失怯的、賽打黑麻、火者馬黑麻、火失哈丹、亦思坎答兒滿剌、火即虎歹卬兒的、又黑麻、黑麻、母把剌、哈丹虎兒班、阿力迭力迷失、馬黑麻、虎剌力、哈麻丁、賽答黑麻、火即朵撒力沙、虎力、虎力馬黑麻、失黑馬黑麻、阿力𢇁兒的、皮迭力迷失、阿力克、奄迭力迷失、添哥卬兒的、打剌迭力迷失、寫亦馬黑麻、虎力馬黑麻、虎都哈丹等三十一名，共三十七名。

查得莊浪衛止有見監貢回哈密夷人失黑馬黑麻等一十五名，天方國貢回夷人母巴剌丹等三名，撒馬爾罕貢回夷人土陸孫等五名，永昌衛見監撒馬爾罕貢回夷人一名來奔，其餘屢行陝西巡撫衙門及隴右、關内、關西等道查勘，未報。中間恐仍有在河南、北直隸地方及在京潛住者，俱無憑查報。内見監臨洮府、蘭州、鞏昌衛哈密夷人正使米力思藍等一十五名，及見監莊浪衛哈密夷人失黑馬黑麻等一十五名，中間姦黠，撫夷官通亦不盡知，難以審辯，相應與寫亦虎仙家丁哈剌丹兒等俱照先年事例，遷發兩廣安置。其土魯番進貢未回夷人二十八名，及哈密衛進貢回還，除見監外，尚有未回夷人二十二名，恐俱在沿途及在京潛住，中間姦黠亦難遥定。合無通行在京四夷館及北直隸、河南、陝西地方，如有各夷潛住，查將土魯番正、副使，使臣、從人滿剌阿都剌等二十八名，哈密衛先次正、副使滿剌俄陸思等六名，俱一體遷發兩廣安置。其餘見監蘭州等處哈密衛副使哈只虎兒班等一十五名并未回使臣拜牙答等，俱且不必督發出關，俱暫安置腹裏地方，以繫其心，數年之後，另作議處。其冒稱撒馬爾罕、天方國夷使，在嘉靖元年起送者，止據莊浪、永昌衛申稱：寄監土陸孫等九名，其餘想亦在沿途潛住。嘉靖三年六月起送者，計今亦已到京，中間詐冒，無憑審辨。但彼既以進貢而來，我既驗放入關，若又置之於法，實非中國以誠信待四夷之道。兵部尚書金獻民所奏，誠為得體。候各夷到京，量加賞勞，以慰其心。事畢，作急督發，并行沿路官司，將先次貢回二處夷使在途延住及莊浪、永昌寄監者，陸續驗放出關，遣歸本土。如此，足以見我朝處待外夷，善惡各有區別，使土魯番、哈密姦回聞之有所懲創畏懼矣。今將前項緣由，呈乞照詳。等因及准分守肅州右參將、都指揮同知雲冒手本，亦同前因。

據此案查，先准提督軍務兵部尚書楊一清咨前事，并整理邊務以備虜患事，俱經會行各官，從長議處去後。今據前因，會同鎮守太監董文忠，總兵官、署都督同知姜奭，協守甘州左副總兵趙鎮，看得各官所議，閉關絶貢，及處置土魯番、哈密進貢、貢回人使，并寫亦虎仙家丁與天方國、撒馬爾罕進貢、貢回夷人等項事宜，頗為詳悉。揆之國體夷情，似為允當。

職等復議得：自古懷柔遠人，自有定體；我朝撫待四夷，亦有常道。前項所議，乃一時權宜之處，亦非經久之計也。

蓋土魯番於我中國，所利甚多。若終於拒絶，不與通貢，則失其所以為生，彼亦不能帖然安静，必將時復遣兵騷擾邊疆，我邊疆亦無寧時也。所以我朝自永樂以來，不絶其貢，及後來雖嘗閉關而復許通者，蓋以堂堂天朝，天覆地載，其撫待四夷之道，不得不爾，亦欲我邊疆寧謐，免彼騷擾也。况我邊疆之守與不守，係於邊備之修與不修，初不係於回夷之通與不通。使我邊備誠修，回虜通亦可，不通亦可；使我邊備不修，通固不可，不通愈不可。况干羽文德，聖經明訓；厚往薄來，前賢格言。雖事勢古今異宜，而道理初無二致。

土魯番酋所以敢屢肆逆命者，姦黠譎詐，固犬羊之常性，然以正德年來之事觀之，我亦有可乘之釁也。為今之計，惟在修我邊備，使粮草充積，士馬精强，城堡堅完，烽火嚴明。彼來求和則責以大義，峻詞謝絶；彼來侵掠則整搠兵馬，痛加剿殺。使彼求通不得，侵掠無獲，數年之後，必悔罪納款，還我哈密，歸我搶虜男婦，度其誠懇，姑容入貢。既通之後，必須查照祖宗舊規，處待有道，使彼無詞可借，無隙可投。如此，庶恩威兩盡，不悖古人柔遠之道，回虜可保不復為患，我邊疆亦得以省事矣。

緣係處置夷情重大事理，為此合就備咨前去，煩請裁處，具奏施行。

等因備咨到臣。案查，先為捉獲姦細搆引大勢回賊犯邊，奪取地方等事，准兵部咨，該巡撫甘肅右副都御史陳九疇題。内開：會同太監董文忠議得：土魯番之所以敢犯甘肅者，其至也有因，而其來也有漸。所以致其因與漸者，吾自為之也。何謂因？哈密之種有三，而回種居一。土魯番既因哈密之回以取哈密，得不因回種之寄食甘肅者以取其甘肅乎？何謂漸？土魯番日益彊大，既因回種以吞哈密，而其種類復蕃於我土，移其所吞哈密者而蠶食乎，我非其漸乎？設使當時守土之臣，能遵奉太祖高皇帝勑旨，不容回回入貢，容之入，使不得至京師，則我中國地方之肥美，人民之富庶，倉庫之虛實，士馬之彊弱，彼何由而知？無由知則彼欣慕輕侮之心不敢生，而今日侵犯之事，何由以作乎？惟其失處廢防，容其入貢焉，縱其商販焉。遲其歲月而不加催督，任其還往而不設禁革，我之虛實美惡、彊弱盛衰，無不目擊周知。其意謂河西可以計取，中國可以漸圖也。臣等故曰："所以致其因與漸者，吾自為之也。"臣等請原始要終，為陛下極言之。

昔者哈密脱脱故後，王母當國，部下回種，搆連土魯番，將王母殺之。逮罕慎立國，部下回種曰馬黑林打力者數人，叛降土番，夜半獻門，又將罕慎殺之。其後陜巴繼立，馬黑麻打力詐充撒馬國使，進貢獅子，領賞回還，見哈剌灰、畏兀兒頭目迭力迷失等輔佐陜巴，駸駸然有强盛之勢，乃謀糾土魯番、哈密之回，夜殺迭力迷失并其黨與三十餘人。其年，各復引阿黑麻襲取哈密，奪土剌，執陜巴以去。奄克孛剌來奔，而哈密遂入土番。其寫亦虎仙、滿剌哈三雖冒中國都督之名，其實皆土魯番之陪臣也。中國惟繫縻之而已。中國豈能繫縻之，振之？彼貪中國之利，中國之物能繫之耳！朝廷因其執陜巴而奪哈密也，令文武大臣撫處之。阿黑麻特復出悖言，逆命不聽。朝廷震怒，始閉關絶貢。已而阿黑麻悔過，方送還陜巴。此後貢路復通，而肅州之寄住奸回滋蔓益多。回賊之意，盖欲以取哈密之術取肅州，而肅州守臣墮其計中，殊未有能悟之者。關外内附夷人數被遣發，時或漏其機緘。及今見監奸回撒力等數十人，每於醉後，笑談王子來時，某人宅好，吾居之，某人妻美，吾取之，往往為漢人曉旮語者所覺。其後土魯番亦有插旗甘州城頭之説。鎮、巡上其事，朝廷命總制彭澤來撫處之。回賊慮其志之不得以逞也，遂納款獻印，以緩我師；遣買回進貢，以釋我疑。貢使未入金城而賊兵已過嘉峪，豈非欲因肅州寄住姦回，憑其内應而期欲痛飲酒泉之意乎？逮夫番文搜出，姦謀敗露，姦黨就擒，彼遂摇尾乞憐，再四請和，乞通貢路。不知彼何為而來，既已殺吾將而覆吾軍，又何為而去？復欲盟舊好而開貢路乎？於此亦驗其有所因矣。

逮去肅州姦回盡發，甘州鎮、巡方議罪上請，欲將進貢并沿途買賣賈回，比照先年事例，籍其財物，乞發兩廣。寫亦虎仙乃以應該没官之財，輸納權倖之門，遂使事體反覆，刑法倒置。姦回因而近倖，守臣盡數下獄，致令土魯番在京進貢賊回，私相告語曰："今數塊俄端之石，投於權勢之門，而事變一至於此。顧吾囊中之玉尚多，吾王從此雖十犯邊而吾屬無恙矣。"夫使夷人重玉石而輕犯邊，是誰為此厲階耶？千古有餘羞矣！

此後姦回近倖於朝，土番肆志於外，昔日犯邊之賊，變而為進貢之客，轡聯轂擊，款嘉峪而求入矣。為鎮、巡者燭義不精，怵於利害之途，自謂回人一左右足而吾輩遂有安危，所以擡手聽命，館為上客，莫敢誰何至是。一馬之飼，日費斗菽，千百成羣，三四年間，可勝浪費。所以西域賈回視甘肅為公館，笑中國為無人。蔓引滋植，恣肆交結，以致甘肅内外久住漢回，揣摩盛衰，料度向背，搆連接引，以有今日。孰謂回賊之欲取甘肅者不有所因，而其來也無漸？而其所以致其因與漸者，不由吾人自取之耶！

今速壇滿速兒雖欲借姦回以取甘州，然其意不曰中國貴吾玉，吾事之不成，顧吾有玉在。况吾貢使絡繹，京師左右近倖可以賂遺，守邊大臣可以貨殺讒諂，而貢路豈能我絶乎？此所以哆然為惡而不之恤者，良有以也。

為今之計，固不能如武帝之振威以勤二師之兵，亦當效光武之閉關以絶西域之貢。倘或涵容隱忍，不能執義斷決，再使姦回夤緣穴隙，復如往日之事，十數年後，臣等恐祖宗河西十五衛所之疆埸，必見易於土魯番數十百塊之頑石矣。可不惜哉！可不慎哉！

臣等長顧却慮，必欲永保河西，惟有閉關絶貢而已。閉關則我有益，絶貢則彼受害。何謂益？在邊則寄食省而軍餉不費，在途則供餽省而驛遞不擾，在朝則賞賚省而財用有餘。吾其不受益乎？彼絶貢路，彩段不去則彼無華衣，鐵鍋不去則彼無美食，大黄不去則人畜受暑熱之災，麝香不去則床榻盤虺蛇之害。彼日用之所不可無者，又不止此，一旦貢絶，一物不出，彼其不受害乎？吾持此有益之柄，而彼蒙受害之實。吾不能持吾柄而屈彼之膝，而反事武之虚張，而受彼之禍，為計不已拙乎？

夫誠能謝絶，必須防範，捍外衛内，去心腹之疾。何謂心腹之疾？内應姦回無慮二千餘人，在監禁者，臣等已置之於法，扭其手足，置之柙檻，縱彼為虎為兕，保其不能為患必矣。至於節次進貢之人，在京在途，或往或來，無慮數百。哈密、土魯番之人雖處以極刑，亦不為過，但中間冒名撒馬、天方者亦多，真偽難辨。臣等欲將冒撒馬、天方者分處腹裏地方，不必起送還國，暫住數年，另作議處。至於分發涼州等城，見監各起進貢并貢回哈密、土魯番夷使，欲乞查照先年事例，差官隨處籍其財物，一併遷發兩廣地面，或安置充軍。其甘州見監内應姦回，行令巡按御史再行覈實，速賜殛誅，各犯妻女，不為常例，或給本邊極貧軍人領配，或解京給付功臣之家為奴。如此則病根悉拔，賊回失所憑藉，而心腹之患可除矣。等因奏。

奉聖旨："兵部看了來說。欽此。"欽遵。該兵部覆題奉聖旨："是。便會官從長計處來說。欽此。"

行間，又該巡按陝西監察御史盧問之題：為懲夷患以圖保重鎮事。

臣聞：自古制馭夷狄之道，服則綏之以德，叛則震之以威，此不易之論也。

邇者土魯番王子速壇滿速兒，聽其謀主火者他只丁、牙木蘭，糾合諸種回夷，攻圍甘肅地方，其意實欲取甘肅也。何者？以彼而言，勢驅沙、瓜，姻連瓦剌，借名諸番，擁衆二萬，詭言搶虜，謀非一日。又以甘肅寄住各種回夷，如已獲寫亦哈信等一百六十餘名，俱為傳報消息，作為内應，彼此合謀，一旦驟至，所以敢于侵肆者，亦有其由。

自成化年間，土魯番速壇阿力虜哈密王母、金印，命兵往討，不進而歸。夫哈密，朝廷之所封也，為中國之藩籬，通西域之出入，達諸夷之消息，而土魯番敢于遷滅，失此不討，此土魯番所以輕中國之始也。其子阿黑麻嗣之，又踵前風，將朝廷所封之罕慎又殺之，乃遣使入貢，求封為王，其悍傲輕嫚甚矣，亦置之而不問。弘治年間，自由先衛訪其遺孽陝巴而立之，阿黑麻又虜去瓜州。凡此多哈密都督寫亦虎仙背哈密而結搆土魯番之所為也。土魯番三次輕侮中國，而在朝諸臣未嘗專為建議閉關，絶其貢路，或雖絶而即通，以致今日。使西域貫回圖利中國，以玉石鑌銼等項無用之物，往來神京，厚蒙賞賚。凡段匹鐵茶，彼之難得，日用之不可缺者，舉得輸入西域矣。視之為賓而任其騷擾驛遞，暗藏其姦而得以睥睨中華，是甘其大欺而貪其小餌也！

弘治、正德年間，嘗命大臣累次經略撫處，重立陝巴，歸復金印。或拘其使而復遣之，或留其衆而羈縻之，俱不過聊醫目前之疾。黠鷙夷性，仍假貢物以窺中國，緩兵機而圖後舉，是以正德十一年之侵犯甚於弘治七年，而今年之侵犯，又甚于十一年也。自此以往，若再受其貢物之餌，略其犯順之罪，惟事撫處，欲結其歡心，肆其憑陵而通其貢路，則河西數年之間，恐為土魯番所有矣。

回賊性最譎詐，志得則稱兵犯順，勢屈則乞賞求通，其貪取地方，輕嫚中國，其本心也。

今歲幸賴聖明威福，天兵遠震，守臣雖昧先事之備，亦有捍禦之功。攻圍甘州而殲其酋長，追逐于張欽堡而斬獲頗多，止是剽掠地方，未至失陷城池。然堡寨被其攻劫，人民被其搶殺，室廬被其焚毀，產業被其蕩析，河西生靈之厄，亦已甚矣。今雖遭衂，失利而歸，能保其明春不再侵犯我邊乎？侵犯勢勝則長驅劫掠，塗炭我疆宇，不勝則討賞聽撫，復講進貢，仍以其玉石鑌銼之類，罷中國之驛遞以供之，廣布姦回，乘機肆隙，豈肯終能賓服乎？為今之計，將欲興師遠討，則中國之兵馬錢粮日見消耗，各鎮不寧，凶荒屢奏，斷難舉也。莫若閉關絶貢，永不與通。但閉關絶貢議者，以為土魯番可罪矣，而諸夷未得罪也，一例絶之，恐衆敵於我。以臣觀之，土魯番横行西域，雖天方國、撒馬爾罕等皆聽其驅制，縱使稱貢，亦求路於此，抑或者近日所貢獅子、西牛、西狗等物，亦土魯番假冒其名以誘中國耳！今日止曰，邇者土魯番糾衆敢犯甘肅，逆天道，背國恩，今絶其貢，方命守臣整兵往問其罪。諸夷效順者，亦暫止入關，恐叛服難别，俟數年察其情偽，再行議貢，則亦未嘗直拒於諸夷，諸夷或者結怨於土魯番矣。

待甘肅之士馬差强，潛住之姦回淨洗，元氣充養，邪惡驅退；待乏其常物之用，屈其悍慢之心，困絶之久，入我範圍，然後徐議之：或要其立哈密而為甘肅之蔽，或斥其守封疆而開沙、瓜之境。縱使入貢，必使處寓有所，而交易有時；稱進有防，而遣歸有限。未若今日回、漢雜處，守臣朝議於公府，姦細夕達於種類，幾釀成今日内應之變也。

既絶其貢，將拏獲姦回寫亦哈信等俱各再審無異，依律處決。其餘進貢及寄住甘肅者，各訪别意向，或布處陝西各邊，或遷徙兩廣、福建等處。所貢獅子、西牛、西狗，皆解其檻，而縱之關外。甘肅地方儲積粮草，閲實軍馬，但遇侵犯，即行征剿，則回賊之患庶乎可除，而甘肅重鎮方可為國家有矣！等因奏。

奉聖旨："兵部知道。欽此。"欽遵。

該兵部會同太保兼太子太傅、武定侯郭勛等，吏部尚書廖紀等覆題。議照：招攜討叛，聖王馭戎之權；納貢稱藩，外夷效順之體。今土魯番雄據西域，吞噬諸夷，將我朝所立哈密忠順王前後夷滅，其罪已不容誅而猶容其通貢者，朝廷以遠夷犬羊，不足深較，姑示羈縻而已。彼乃益肆奸黠，包藏禍心，無故興師二萬，謀奪我之地土，假貢使以探虚實，倚同類以為内應。幸仗宗社威靈，守臣宣力，殲彼大酋，失勢遠遁，雖城池無恙，而村寨居民不勝踐蹂。似此狂狡，為患邊疆，縱未能勤兵遠討，豈可復容入貢？或謂西域國多，理難盡絶。蓋今次入寇，實亦借助諸夷之兵。貢道不通，則中國貨物不入西域，而諸夷歸怨，亦足散其黨而離其心。數年之後，果能悔罪，復還哈密之封，再為議處。所據閉關絶貢，揆以今日事勢，宜從守臣之請，不必疑阻。

其謀為内應寫亦哈信等一百六十七名，搜出私書，藏有兵器，事跡顯露，宜寘極刑。但人犯數多，先已奏行彼處巡按御史再加詳審，情真罪當，照例轉詳待報處決，如有冤濫，即與辨理。原發涼州等城監候各起進貢并貢回哈密、土魯番夷使，查得先年曾有遷發兩廣事例，但今人衆，難以一槩發遣。合無於内量為查審，奸黠頭目數十人及寫亦虎仙遺下家丁哈剌丹兒等五十一名，俱發兩廣地方安置。其餘隨從夷人并盤出大黄、碩石等項，及隨身財物，俱令帶回，并冒稱撒馬、天方等國夷使，通行所在官司，差官撥軍，逐程管送出關，不許沿途延住。

但臣等今日會議，止據所奏，參酌處分，而事情隔遠，未必悉中機宜。為照提督三邊軍務尚書楊一清素諳邊情，練習事體，合無將前項所議事情，仍行本官再加審處。如果相應，依擬施行，中間或有窒碍，應合另處者，徑自具奏定奪。等因題。

奉聖旨："是。這所議事情，還行與楊一清着再加審處，奏來定奪。欽此。"欽遵。

備咨到臣。行間，又准兵部咨，為整理邊務，以備夷患事。該提督軍務，本部尚書金獻民題：前事内一件議處回夷。

照得土魯番回夷僻在西隅，其人貌惡而心險，自漢以來，叛服不常。我太祖高皇帝奄有萬國，制誥不許回回入貢，蓋深燭其情而洞其心也。永樂後始復來貢，一時守臣失於防微，縱其商販馬匹而不知禁，任其遲延歲月而不知促，由是我之虚實險易，無不周知。成化八年，哈密王脱脱故絶，酋長速壇阿力將王母并金印搶去，占據其國。逮後罕慎繼立，速壇阿黑麻者，弘治元年又將罕慎殺死。陜巴繼立，弘治七年，又將陜巴執去。自此得慣，累為邊患。朝廷震怒，命將征剿，閉關絶貢，各夷方知悔罪，遣使送還陜巴，由是貢路復通，往來無忌，而肅州寄住之回益多矣。正德年間，速壇滿速兒大肆奸譎，又將哈密王執去，占奪城印，聲言要犯甘肅。該前鎮、巡官具奏，欽命都御史彭澤，統領兵馬，并帶錢粮賞賜，前來經略處置。回賊慮其閉關絶貢，照舊遣使納款，獻還金印，一以緩我師，一以釋我疑，然貢使未入金城而賊兵已過嘉峪矣。

臣惟中國之於夷狄，因時納貢，厚往薄來，非徒得其嚮化之心，實欲弭其侵邊之患。前項回賊旋侵旋貢，旋貢旋侵，姦謀狡計，大略如前所陳。兹者天奪其魄，自來搆釁，挫衂遠遯。但彼之日用資我者甚多，竊恐失利日久，乞哀求貢之請又在旦夕矣。即今河西地方民窮徹骨，萬一見之不真，復聽入貢，必將浚民之膏血為之飲食，勞民之筋骨為之役使，驛路騷擾，雞犬不寧。臣恐河西兩鎮之軍民，十五衛所之疆埸，終當被其擾壞也。

臣願自今以後，遇彼求貢，宜下明詔，聲其累世不恭之罪，閉我關門，絶彼貢獻。申命該鎮守謹斥烽堠，益嚴兵備以待之，則彼之姦謀破沮，狡計無施，河西垂首待盡之民，庶幾其有更生之望矣。

又一件，議處夷使。照得哈密衛、撒馬爾罕、天方國等處夷人，嘉靖三年内，各帶方物入貢，甘肅鎮、巡官陸續驗放入關，已到莊浪等處住歇。近因回賊擁衆入寇，各該官員恐為内應，俱各禁治羈候，奏請定奪。除各官訪有實跡者不敢輕議外，其餘慮有變而未見指實者，臣竊有言焉。

夫夷裔之人，深情厚貌，内應之謀，難保必無。但帝王之於夷狄，如天地之於萬物，以誠信為本。前項夷使，若以為詭譎難信，始不當驗之入關；若以為舊例當貢，今不當置之於法。况彼以貢獻為名，既入我國而遂誅之，則類於殺降。外國聞之，疑我誘殺使臣，望風規避，不肯入貢，豈不自生疑二，自開邊隙？

乞勑該部從長計議，轉行甘肅鎮、巡官，將前項夷使再加詳審，務要訊訪得真，議擬允當。如無指實，即便差人伴送，來京入貢，量加賞賜，以慰其心。若是事出風聞，情有可疑，亦要省諭遣還，不必深究。如此，庶情法不偏，恩威並著，夷人知所感畏，而將來之患可息矣。

等因該兵部議：查得先為捉獲姦細，搆引大勢回賊犯邊奪取地方等事，已經會官題奉聖旨："是。這所議事情，還行與楊一清，着再加審處，奏來定奪。欽此。"已經欽遵去後。

今所奏事情，與本部原會官議處大略相同，别難再議。合仍行提督軍務尚書楊一清查照先今事理，一併再加審處，具奏定奪。節該奉欽，依"准擬。欽此。"欽遵。

通咨前來。為照甘肅鎮、巡等官都御史陳九疇等，巡按陝西監察御史盧問之并提督軍務尚書金獻民，後先論奏，皆欲閉關，不容土魯番入貢，及欲查審姦回夷使，遷徙發遣等項事情。追論先年之失策，參以今日之事勢，斟酌情法，委曲詳盡。節該兵部會官議處，已有定見，而朝廷又欲行臣再加審處，奏來定奪。盖聖明軫念邊方事重，廣聽博納，深慮却顧，必欲事中機宜，萬無一失。

但臣雖舊曾節制陝西諸鎮，相離二十餘年，人情事體，恐不盡同，况前項夷人犯邊求貢等項，俱係近年事情。臣今初到地方，見有達賊數萬，竊伏河套窺伺，方將經理陝西延、寧三鎮兵馬錢粮防禦，甘肅相去尚遠，未得親去巡歷。古語云："終身坐談，不如一時之親見。"彼處鎮、巡重臣及守、巡、管粮三司官員，親履其地，目擊其狀，知之必真。合行諮訪採擇，詢謀僉同，庶無遺患。且各種夷人，除謀為内應寫亦哈信等一百六十七名搜出私書，藏有兵器，事跡顯露，先已奏行巡按御史詳審，情真罪當，照例轉詳待報處決，如有冤濫，即與辨理，別無施行外，其原發涼州等城監候各起進貢并貢回土魯番夷使，各官欲查照先年事例，遷發兩廣地方，安置充軍。兵部會官，又稱人衆，難以盡發，要於内量為查審姦黠頭目數十人及寫亦虎仙遺下家丁哈剌丹兒等五十一名，俱發兩廣地方安置，其餘隨從夷人，并盤出大黄、頑石等項及隨身財物，俱令帶回。通行所在官司，差官撥軍，逐程管送出關，不許沿途延住。

緣前項夷人，不知今仍在涼州監候，或又分送何處監羈，未經查明。其冒稱撒馬爾罕、天方等國夷使，都御史陳九疇等奏内，要行分處腹裏地方，不必起送還國，暫住數年，另作議處。尚書金獻民奏，則以為彼以進獻而來，既驗之入關，不當置之於法，似合中國所以待回夷之體。但前項夷人并貢物，亦未知見今羈留何處，相應查處。已經移咨甘肅巡撫都御史寇天叙，會同鎮守太監、總、副將官及督同二司巡、守、管粮并行都司官從長計議，熟思審處：今後土魯番應否照依衆議，閉我關門，絶其貢獻，永不與通？惟復中間別有窒碍，今當作何區處？其監候各起進貢并貢回哈密、土魯番夷使見在何處監候，各若干名，應否盡行發遣兩廣地方安置充軍？惟復查審奸黠頭目數十人及寫亦虎仙遺下家丁哈剌丹兒等五十一名，照例發遣兩廣安置，其餘通行所在官司管送出關。其冒稱撒馬爾罕、天方國進貢夷人，見在何處？應否照依都御史陳九疇所奏，該部所議，一體差官撥軍，管送出關歸國？惟復量照尚書金獻民所奏，甘肅鎮、巡官再加詳審，訊訪得真，如無指實，差人伴送，來京入貢？若是事出風聞，情有可疑，亦要省諭遣遠，不必深究。俱早為查議，作急咨報前來，以憑參詳定處回奏，月久未報。又經節次行催去後。

嘉靖四年十一月内，臣自延、寧巡邊回還，套内虜賊遠遁，地方稍寧。方欲親詣甘、涼地方處置前事，本年十二月内，准吏部咨，為傳奉事，奉欽依，行取回京。切思前項夷情，節該廷議，題奉明旨，行臣審處，奏來定奪，已經半年之上，尚未覆奏，心不自安，專差都指揮同知楊佑齎文前去守催議報。臣起程行至西安府華州地方，方據各官咨報前因。

切惟土魯番賊寇，自速壇阿力以來，種惡數世，殘滅我哈密封國，虜王母，戕罕慎，執陝巴，誘拘速壇并牙郎，搶奪金印，占據城池，為患幾六十年。累朝列聖，深懷以大字小之仁，兼體王者不治夷狄之義。文告之辭，先後繼出；撫夷之使，相望於道。彼番逆天背命，怙終不悛。嘗興問罪之師，而又不忍為犁庭掃穴之舉；嘗下絶貢之詔，又因其納款而許之復通：致使姦回以哈密為奇貨可居，蔑中國之莫能制命。數年之前，戕殺肅州將官，去年復大舉深入，圍困甘、肅城堡，聲言要奪地方。罪大惡極，神人之所共怒，王法之所必誅。都御史陳九疇、御史盧問之、尚書金獻民等後先所議，皆欲閉關絶貢，辭義嚴正，推論詳悉。已經廟堂大臣參詳稱允。為今之計，必當出此，更復何言？

看得巡撫甘肅都御史寇天叙，會同鎮守太監董文忠，總兵官、都督姜奭，副總兵趙鎮等議稱：自古懷柔遠人，自有定體，我朝撫待四夷，亦有常道。前項所擬，乃一時權宜，未為經久之計。土魯番於我中國，所利甚多，若終於拒絶，則失其所以為生，彼亦不能帖然安静，必先時復遣兵騷擾我邊。況我邊疆之守與不守，係於邊備之修與不修，初不係於回人之通與不通。使我邊備誠修，回夷通亦可，不通亦可；我邊備不修，通固不可，不通愈不可。土魯番酋所以敢屢肆逆命者，姦黠譎詐，固犬羊之常性，然以正德年來觀之，我亦有可乘之釁也。為今之計，惟在修我邊備，使粮草充積，士馬精彊，城堡堅完，烽火嚴明。彼來求和則責以大義，峻詞謝絶；彼來侵掠則整梱兵馬，痛加剿殺。使彼求通不得，侵掠無獲，數年之後，必悔罪納欵，還我哈密，歸我搶虜男婦，度其誠懇，姑容入貢。既通之後，必須查照祖宗舊規，處待有道，使彼無詞可借，無隙可投。如此，庶恩威兩盡，不悖古人柔遠之道。

等因參詳所議，盖各官均有地方之責，知虜患之難測，恐兵粮之不繼，將來果有大舉侵犯，兵力難以支持，萬一僨事貽患，重典難辭。故雖不敢遽為通貢之言，以拂衆論，亦不能終主絶貢之議，以貽後艱。度彼度己，有不得不然者耳！

臣去年題“為傳報回賊聲息事”内稱：禦戎無上策，自治為上策。今甘肅地方兵馬寡少，錢粮空乏，城堡無金湯之固，戰馬無充廄之良。原額戎伍逃亡接踵，而其名徒存；見在軍人饑寒困憊，而其形徒在。己且未治，何以治人？内之不安，何能攘外？近詢之邊人，又有不止於臣之所言者矣。

且正德十一年，肅州之釁，將官被其戕殺，兵民遭其荼毒。去年甘州之寇，寨堡殘破不知若干人畜殺虜何止數萬，比之正德十一年又復數倍。彼為守臣者，寇之未來，既不能阻遏，寇之既至，又不能截剿，滿其所欲，得利而歸。乃輕信下人之言，以為速壇滿速兒、牙木蘭俱被鎗砲打死，遂以殲厥大酋之功，而掩其殘破地方之罪。今二酋固無恙也。雖火者他只丁之死，稍雪邊人之忿，然既不曾大遭剉衄，豈有懲戒？所以去年三月，復遣其酋首脫脫木兒領兵數百，竊伏邊境窺伺，幸而永昌將官馬雲輩襲殺敗走，斬其渠魁，庶足稍剉其鋒。

況先年土魯番之敢於殘滅哈密者，皆因哈密姦回如寫亦虎仙輩主使，各官所論誠是也，朝廷亦已明正典刑矣。而其近年之擾我藩籬，肆行無忌，始固有以致之，後又有以激之，鎮、巡，所謂有可乘之釁者，以此醜虜節遞番文，亦往往歸咎於人。夫既不能制其命，又無以服其心。我能絶其入貢之路，不能阻其犯邊之路。倘此虜始終不悛，糾衆復入，而我殘壞之寨堡修葺未完，創傷之兵馬元氣未復，甘肅之地，豈堪再破壞耶！且腹裏人民，饑寒所迫，輒相嘯聚為盜。彼强盛之虜，既失其所以為生，豈肯坐以待斃？侵犯之謀，勢所必有。

及照河西一線之地，西寧有亦卜剌之賊住伏為患，莊浪有後山之寇時出剽掠。倘或二寇並作，我之兵馬，西禦回夷，東備達虜，不知有餘力否也？客兵雖數萬可以調發，而倉廪在在空虛，將何取給？事勢至此，恐無善終之策矣。

臣愚，請及今空隙無警之時，宜因其求和，行令甘肅守臣，差遣的當撫夷人員，同差來虜使及寄住屬番譯寫番文，責諭速壇滿速兒、牙木蘭等，大意以為：爾等棄蔑天道，違背國恩，數犯不悛，罪不容赦。羣臣皆請調發各鎮精兵三十餘萬，直擣爾巢，聲罪致討。天皇帝好生之德，念爾夷地人民，亦是朝廷赤子，為惡之人，固自有數，大兵所至，誅剿無遺，聖心不忍，止令守臣閉關絶貢，永不許通。今爾屢遞番文，再三求貢，情辭懇切。今特令人省諭，爾果有悔過實心，將原封速壇并牙郎送出還國，將爾戍守哈密之人俱各掣回，仍查近年教唆爾犯邊首惡人犯，械送甘州三堂衙門，明正其罪。及將所虜掠甘肅一帶城堡軍民人口，盡行送回。待鎮、巡官奏聞朝廷，將爾既往之罪，一切赦宥，許爾照例通貢，不絶爾之衣食，保全爾之生命。仍將爾進貢在京在途夷人，除罪惡顯著外，其餘俱各發遣出關，歸還爾土。若不依聽前言，斷然閉我關門，絶爾貢路。倘爾復來侵擾我地方，已命守臣調集大兵，痛加誅剿，爾悔之晚矣。如此諭之，庶幾開其自新之路，緩其入貢之謀。我得以及時修飭邊備，料理兵粮。若猾虜不肯悔過，我之内治既修，寇至有以待之，以守則固，以戰則克，地方可保無虞矣。

天下之事，有理有勢。理，經也，勢，權也。守經而不達權，原理而不及勢，其不貽禍人家國者幾希矣。閉關絶貢，理也，經也；許其自新，勢也，權也。如前所處，彼縱有狂謀，無詞可執，所謂權而不失其經也。

論者動舉漢光武時事為言，夫光武固嘗謝絶西域，休息生民。是時兵精將勇，彼聽則中國晏安，不聽則遣兵伐之，其勢在我而不在彼。今日兵將强弱，視光武時何如？恐我不能持其勢以臨之，故不得不權為之處也。我累朝列聖，豈欲甘其背慢而常撫之以恩？良以遠夷不足深較，亦恐結釁於彼，以勞我人馬耳！夫既不能行之於先年整暇之時，而欲圖之於今日破壞之後，可乎？

至於處置夷人，除謀為内應寫亦哈信等一百六十七名，已行巡按御史詳審，情真罪當，照例轉詳待報處决，如有冤濫，就與辨理，徑自施行外。其原發涼州等城監候，今寄監蘭州、臨洮府、鞏昌衛三處哈密進貢夷人米力思藍等三十名，及莊浪衛見監貢回哈密夷人，除病故外，失黑麻黑麻等一十四名，并土魯番進貢未回夷人滿剌阿都剌等二十八名，哈密進貢未回夷人拜牙答等二十二名，都御史陳九疇等奏要照例遷發兩廣安置，兵部會議又稱：人衆，難以一槩發遣，要於内量為查審姦黠頭目數十人，及寫亦虎仙家丁哈剌丹兒等五十一名，俱發兩廣安置。今據各官議稱：各夷中間，姦黠難以審辯，相應與哈剌丹兒等俱發兩廣安置。臣恐本夷日後悔過納款，乞還進貢夷人，無從發遣歸國。

合無將寫亦虎仙家丁哈剌丹兒等五十一名先行盡數發遣兩廣安置，仍將見監夷人米力思藍等三十名，失黑馬黑麻等一十四名，與進貢未回，在京、在途土魯番夷人滿剌阿都剌等二十八名，哈密夷人拜牙答等二十二名，俱暫且羈候腹裏所在地方，待候虜情向背已定，另為議處。其見監莊浪衛天方國貢回夷人母滿剌丹等三名，撒馬爾罕貢回夷人土陸孫等五名，見監永昌衛撒馬爾罕貢回夷人一名本奔，并進貢未回撒馬爾罕夷人九十九名，天方國夷人一十六名，雖真偽難辯，但彼以貢獻而來，我既驗放入關，若疑其詐冒，則又無實可據。合行在京、在途官司催促前來，與莊浪、永昌寄監者，鎮、巡官陸續驗放出關，遣歸本土。其原帶方物，并隨身財物，聽其領回，不許官司侵尅，重失遠夷之心。人情事體，似為穩便。

然今日之所以處番夷者，非轉欲恃通貢為長策，以紓後日之患也。其所重在於修内治以待之耳！宜仍勑甘肅鎮、巡官，朝夕警惕，無忘此虜。嚴斥烽堠，申明紀律，修葺城堡，整飭器械。振威武以警外夷之心，明賞罰以作我軍之氣。將節次發去官銀，趁時廣積粮料、草束，務勾客兵萬餘數月支用，倘有不敷，作急議奏，上請定奪。兵粮有備，則河西安；河西安，則關陝安，而中原安矣。

以後夷人若果輸誠納款，容其入貢。宜如御史盧問之所言，必使處寓有所，而交易有時；稱進有防，而遣歸有限。其始至也，嚴禁邊臣，不許侵其貢物而減其供應之費；其既入也，嚴督各該地方，不得任其遷延而勒其貿易之資。夷心既得，則邪謀不生，貢道之通不足為吾病矣。

臣老矣，不敢雷同附會，以陷欺罔之罪，謹疏其所見所聞者如此。但恐精力衰耗，志慮疎淺，況又不曾親詣彼處地方，豈敢自以為是！如蒙乞勑兵部，參詳可否，會官議處，上請聖裁。倘有疎漏，未愜衆情，合無仍行新任提督尚書王憲，再為審處具奏。

緣係捉獲姦細，搆引大勢回賊犯邊、奪取地方及節奉欽依“著再加審處，奏來定奪”事理，未敢擅便。為此具本，專差承差王經邦親賫，謹題請旨。

關中奏議全集卷之十八

提督類

一為處置屬番以安邊徼以杜後患事

欽差提督陝西三邊都御史臣楊一清謹題：為處置屬番以安邊徼、以杜後患事。

嘉靖五年正月十八日，准巡撫甘肅等處地方、都察院右僉都御史寇天叙咨，據陝西按察司分巡西寧道帶管肅州兵備僉事李孟旭呈，奉本院會案前事。依奉會同分守肅州右參將、都指揮同知雲冒，本司甘肅管粮僉事周汝勤，督同肅州衛掌印指揮使李堂并撫敵官通議得：哈剌灰、畏兀兒及川邊、王子莊、赤今、苦峪、柴城兒、扇馬城、大草灘等處各種番達，俱是我哈密、蒙古、罕東等衛屬番，皆屬肅州衛帶管。先年俱被土魯番、哈密回子侵奪搶殺，窮迫求生，來投本衛依住。節蒙總制、鎮、巡等衙門奏請，差官撫遣回還本土。各敵畏懼土魯番吞併殺戮，不敢回還。鎮、巡衙門憫其窮無所歸，不忍驅就死地，且恐驅迫之急，反生别患。又察各敵情形無他，從宜將哈剌灰、畏兀兒二種夷人，暫且安插肅州東關厢居住，川邊、王子莊、赤斤、苦峪、柴城兒、扇馬城、大草灘等處各夷，暫且安插肅州境外金塔寺地方居住，令其自為耕牧。待後西事稍寧，哈密復立，仍各遣還，住守故地，中間有住居四十餘年者，有十數年者。内哈剌灰、畏兀兒二種，屢曾與土魯番死戰，原係哈密忠臣，未嘗有過，住居我邊年久，時有調遣，未嘗敢違，亦未嘗作惡。川邊等處番達，住居金塔寺地方，去肅州一百二十餘里，亦各安居樂業，未敢生事。

近該前巡撫都御史陳九疇等及兵部尚書金獻民，慮恐前項哈剌灰、畏兀兒并川邊等處番達，原係夷種，非我族類，誠恐日後馭非其人，主不制客，尾大不掉，遺患地方。欲要早為議處，將哈剌灰、畏兀兒揀擇肅州城外空閑堡寨安置，將川邊等處番達修築前古丟棄威虜舊城安置，庶番漢異域，可免後憂。奏行兵部，轉行提督軍務兵部尚書楊一清，復行鎮、巡衙門，通行詣肅州處。職等又督同撫夷官通，拘調各番頭目親職等審城北查勘，惟有新城一處空堡，離城三十里，又有煖泉、板橋二堡，各離城十里，俱係肅州軍餘春夏務農住居之所，冬間空閑，相應安置各夷。因曉諭各夷，番漢雜居，終相疑二，徙居別所，兩取便安等情。

內哈剌灰有二種，欲將新哈剌灰安置新城兒，舊哈剌灰安置煖泉堡，畏兀兒安置板橋堡。內新哈剌灰云："此是鳥雀不落之地，我們如何住的？"舊哈剌灰與畏兀兒云："我們東關住居年久，各有置買房屋，不能割捨。我們情願入堡，將我們家小仍留在東關也罷。"職等又諭以"既安你輩入堡，你原置買房屋，聽你賣與漢人，或自行拆卸堡中修盖。你原無房屋者，官司替你另盖，務要使你得所"。因諭以"回子去年每每遺言反間，説你哈剌灰、畏兀兒教他來犯邊。倘若鎮、巡不察其姦，你們也不安穩。處你別處居住，則你輩有畜牧之業，我無疑猜之嫌，兩相便安，豈不是好。"各夷方云："我們俱是朝廷管的屬番，任從三堂所處，豈敢不從。"方各承認。

看得新哈剌灰原無房屋，一向趁逐水草，搭帳住居，合無將新城堡修理，城門堅完，令其在內自搭帳房居住。煖水、板橋二堡城門破損，令舊哈剌灰、畏兀兒東關原有房屋者，或轉賣，或拆卸，自行堡內修盖居住；舊無房屋者，官司替伊起盖，并將城門修理堅完，待奄克孛剌之子襲職回日，令其管轄，在內居住。前項修門、修房工費不多，本鎮可以自處。

又看得威虜城在肅州正北，去肅州二百五六十里，金塔寺在肅州東北，去肅州一百二十里。川邊等處各夷舊巢去金塔寺近，而去威虜城遠，況各夷現今俱在金塔寺耕牧居住，今使之舍近而就遠，恐非其情。且金塔寺去肅州已遠，處之於彼，亦無所妨。況先年鎮、巡原擬暫留居住，事寧，遣歸本土，亦非久住之地。且威虜城頗大，城垣倒塌者多，城門俱各損壞無存，所費工力頗多。大約修築牆門，除木料外，可用人夫六七千人，又要軍馬二百里之外，架梁防護，人夫所用食米不貲。況今肅州年成薄收，米粮高貴，回虜不時在外窺伺，疲中國而役遠夷，非計之得者也。且各夷住居金塔寺年久，亦已安便，所據欲要修築威虜城安置川邊等處番達，似非所急。職等愚見如此，呈乞裁奪，回覆施行。

等因據此案查，先節准提督軍務兵部尚書楊一清咨前事，煩為會同鎮守太監、總兵、副、參等官，督同二司兵備、分巡、管粮等官，議處停當，明白咨報，以憑參酌回奏定奪。等因又准兵備咨，為整理邊務以備虜患事，俱經節行各官議處踏勘去後。

今據前因，會同鎮守太監董文忠，總兵官署都督同知姜奭，協守甘州左副總兵趙鎮會議得：弭患貴防於未然，弭患不預，則引蔓滋長，後將難圖；舉事宜乘夫機會，機會不至，則本欲集事，而反以僨事。前項夷人哈剌灰、畏兀兒，住居肅州關廂，番漢雜處，久遠之慮，誠有如兵部尚書金獻民及前巡撫都御史陳九疇等所奏者。安置別所，使番漢異域，後患可消。深慮曲防，防微杜漸之意，固為有見。

但各夷住居肅州關廂四十餘年，並未嘗為惡，時常聽我調遣，且所居房屋或有典買，或有自盖。安土重遷，亦人之常情。今無故一旦遷之於外，雖因巡、守官曉諭，一時屈從，探其本心，終有未安者，觀其對各官之言，可以槩見。本院與總兵官姜奭近日出巡至肅州，亦曾拘調各夷，帶領撫夷官通，親到前項堡寨，曉諭前意。各夷所對之言，與前大略相同。

況今西域土魯番搆怨方深，正諸夷扤捏不安之秋，在我惟當以鎮靜安輯為主，若又遷置各夷，紛紛多事，以拂其心。臨期倘有生拗，則事雖中止；欲事必成，又恐患生意外。所據川邊等夷見住金塔寺地方者，不必遷動，又徙威虜舊城，徒費工力，自取騷擾。其哈剌灰、畏兀兒見在東關住居者，亦且暫令仍舊居住。待後西事頗寧，年歲豐稔，人情洽和，本鎮措處錢粮有緒，將新城兒、煖泉、板橋二堡合用修築房屋、城門等項工料，計處停當，另行奏請明示，修盖完備，將各夷撫諭安置其中暫住。待候哈密復立，仍照原擬，遣還本土。如此，則乘時舉事，事庶可集，各夷不至驚疑，而地方可免後患矣。

緣係處置屬番以安邊徼、以杜後患事理，合就備咨前去，煩請裁處，具奏施行。等因到臣。

案查，先准兵部咨，該本部題，該巡撫甘肅等處地方、都察院右副都御史陳九疇題前事。

內開，會同鎮守太監董文忠，總兵官署都督僉事姜奭議得：哈密本元人脫脫之國，洪武年間，以其國來降，改為哈密衛，封脫脫為忠順王，與之金印，使掌西域入貢之戎。於時土魯番尚為小國，其部落回子臨近哈密者，遂臣服脱脱，脱脱部下有三種，曰畏兀兒，曰哈剌灰，皆韃靼之種，而回子則土魯番之遺孽也。

脱脱故後，王母當國，土魯番欲奪哈密，乃因哈密回種夜半獻門，遂殺王母，而畏兀兒、哈剌灰致死巷戰，始卻回賊，保全哈密，此其結讐之始也。其後罕慎繼守哈密，土魯番仍因哈密姦回襲殺罕慎，而畏兀兒、哈哈剌灰與難者又數百人，此其成讐之漸也。逮夫陝巴復立，奄克孛剌掌國，討殺國內姦回皆於二種之力，此其積怨之深，迄今而未解者也。以故速壇并牙郎既已去西域，而奄克孛剌亦奔肅州，二種夷人亦挈家而至，此大槩也。

至於沙、瓜，即漢之燉煌郡，我朝改為蒙古衛。川邊、苦峪、赤今，即漢時屯田柳中地，改為罕東衛。沙、瓜、赤斤等處番達，本皆一種，枝大散處，故因地取名各異耳。川邊、齊勤之番，各當土魯番、哈密入貢之路，貢回夷人須有獻遺，方得過往，不然則攫取而殺害者，時亦有之，以此，西域賈回，遂與成讐。正德七八年間，寫亦虎仙、牙木蘭等率土魯番、哈密之衆，將川邊、王子莊、苦峪、赤斤等番殺虜數千人以去，以此諸番窮迫，不能自立，來依我邊。已經前鎮、巡等官奏請安插，今已十二三年，此其大略也。

據此各種番達，舊屬肅州管轄，節與回賊搆難，故各投邊依住。其瓜州番達叛服不常，已經臣等會奏，另類處分外。照得川邊、苦峪、赤斤之番為數雖多，而精壯者少，且各安插遠堡，縱有異謀，勢亦易制。至於哈剌、畏兀二種，本皆生達，為數雖少，精壯者多，且處關廂近地，何異抱虎而眠？跡其今日，似若無事，然家人父子尚有嫌隙，異類雜居，終難輯睦。一旦馭非其人，變生不測，必危邊境，誠有如兵備、參將之所議者。今若必欲邊境奠安，俾無後患，惟有遣還屬夷，各回本土。使虺蛇不隱於室閭，虎豹不飼於櫃檻，庶免後日竊發噬齧之患。

但今哈密、沙、瓜已順吐番，嘉峪關外即為賊境，西域從此不通，地方滋益多事，其畏兀兒、哈剌灰斷不敢歸還哈密，而罕東之衆亦不能住守川邊、苦峪、赤斤等城，亦明矣。必欲圖我之安而不恤夷人之苦，既逆其情，必失其心，窮無所歸，勢將返噬。彼北合瓦剌，西連察合，豈不又生一敵？所謂借寇以兵，而資盗以粮，為計不已拙乎？為患曷其休已？若欲姑留依住，又恐日後患生肘腋，禍起蕭牆，究根坐由，罪在今日。臣等雖死，亦不瞑目。是二者，遣之有患，而留之亦有害也。去留之際，處置實難，臣等愚昧，誠未知處。如蒙伏望乞勑兵部，會集多官詳加議處，明示進止，以憑施行。

臣等又查得，弘治年間，土番阿黑麻王子憑藉哈密姦回，襲奪哈密城池，虜去忠順王陝巴，殺死阿木郎、都督奄克孛掔畏兀兒、哈剌灰二種夷人二千餘名口，來奔肅州。鎮、巡等官將各夷分寄涼莊、山永等衛，月與口粮，寄養數歲。朝廷思患預防，恐其有變，勑兵部侍郎張海、都督侯謙令其撫處哈密，兼察哈密寄食夷人動定與奄克孛剌向背之心。其辭有曰："自哈密失守之後，隨罕慎內附者處之苦峪，既而復返，今又來奔，中間未必皆出自哈密，或有別種，豈無異心？奄克孛剌不知其心向背如何，使居其地，一旦有事，足以拒乎，否乎？其行都司在外七衛二所，并嘉峪關外近邊之地，更有堪以屯聚耕牧之所，可以開創營寨，擢用頭目，分統其衆如苦峪者否？又苦峪近地，其間有無前古廢城遺壘，可以興復建置，如苦峪事例散處夷衆者否？一一仔細詳加尋訪，踏勘是實，熟思審處，必有利而無患，的然可以為安內方略來上，以竢朝廷再加審處，伺便乘機而行之，以為制外之張本。"觀此，則先時廟堂之上，所以計慮而安處屬番者，未嘗不曲委博盡如此之至也。

既而張海等覆稱：訪得陝西行都司在外衛所，西寧地險，番夷雜處，鎮番地窄，偏在一隅；高臺、鎮夷地小，俱不堪開創。嘉峪關外，近有大草灘、白楊林兩地，廣漠斥鹵，彈丸黑子，不堪耕牧；惟甘、肅等衛俱係鎮守、分巡重地，可以安輯。防微杜漸，終宜驅出，但阿黑麻逆命，哈密未復，陝巴未歸，無時可乘，無機會可遣。欲要先行於哈密衆夷之內，推舉根基頭目數人，分管各種回夷，分別應否遣還人口，給與布花種食，令其盡數歸還本土。下兵部，可其奏。又可見先時撫邊大臣，計慮周詳，雖知終當驅出，然不忍以內附屬夷驅而置之必死之地，所以含容隱忍，姑且安插甘、肅，寄住兩地。蓋其當時理勢使然，不得不姑為是處耳！

其後阿黑麻悔過，送出陝巴，復令守國，前項夷人因寄住年久，安土重遷，半隨陝巴之國，半在甘、肅寄住，迄今殆將四十餘年矣。曩者速壇并牙郎去國，奄克孛剌奔肅，其畏兀兒、哈剌灰二種夷人，已竭族避難而來。其在哈密者止有回回一種耳。今此二種夷人，既已居住年久，又與回種世讐，一旦逆情遣出，必生變故，為患遂在目前，此又不可不長慮也。

臣等又訪得哈剌灰、畏兀兒，惟事畜牧，不善耕作，合無揀擇肅州北邊久棄空閑堡寨，水草便利之所，少費官錢，為其修理城郭，改造屋廬。諭以番漢雜居，終相疑二，徙居別所，兩取便安之理。況奄克孛剌之幼子，近據該衛起送襲職，待其回還，令其管轄部落，且容不去哈密，令其暫住臨邊，彼亦無不樂從者。至於川邊、王子莊、苦峪、赤斤等衆，人頗訓順，亦善耕牧，先年嘗令住牧境外百里地名金塔寺者，彼亦安居樂業，不敢生事。合無因前古丟棄威虜舊城，再加修築，挑濬壕隍，以處其衆。是肅州地面，又添一藩籬也，良於地方有益。如此則與先年處置內附番夷者事體相同。但使遠去城郭，何患包藏禍心？縱有不逞之徒叫跳於藩籬之外，既絶內應，亦不足以病邊城矣。雖然此暫處耳，若欲久安長治，必須界破疆域，漢自漢而番自番，庶乎邊地可守。今哈密、沙、瓜俱已叛順回賊，嘉峪關外未可輕議也。等因題。

奉聖旨："兵部看了來説。欽此。"欽遵。

該兵部議擬，看得都御史陳九疇題稱：瓜州番達革卜苦等狼子野心，終難訓化，若不痛加誅戮，無以威制諸番。其哈剌、畏兀二種，本皆生達，為數雖少，精壯者多，今處關廂近地，何異抱虎而眠？欲遣還本土，又恐窮無所歸，勢將返噬；若姑留依住，又恐日後生患，乞要勑下會官議處。

及稱哈剌灰、畏兀兒惟事畜牧，不善耕作，合無揀擇肅州北邊久棄空閑堡寨，水草便利之所，少費官錢，為其修理城郭，改造屋廬。諭以番漢雜居，終相疑二，徙居別所，兩取便安。待奄克孛剌之幼子襲職回還，令其管轄，無不樂從。至於川邊、王子莊、苦峪、赤斤等衆，人頗訓順，亦善耕牧，合無因前古丟棄威虜舊城，再加修築，挑濬濠隍，以處其衆，良於地方有益。若欲久安長治，必須界破疆宇，漢自漢而番自番，庶乎邊地可守。今哈密、沙、瓜俱已叛順回賊，嘉峪關外未可輕議一節。

為照遠人固所當柔，而後患亦所當慮。各處番達，非我族類，其心必異，前代徙居內地，其患可鑒。但今既稱寄住年久，一旦驅之出關，窮無所歸，不北合瓦剌，必西連察台，未免又貽後患。今各官既稱肅州北邊空閑堡寨水草便利，可以安插哈剌灰、畏兀兒二種，威虜舊城可以安插川邊、王子莊、苦峪、赤斤等衆，必其相度地宜，審察夷情，俱各停當，似宜依擬。

但今都御史陳九疇已蒙陞職取回，難責幹理。及照新任提督三邊軍務尚書楊一清不久到彼，似此重大夷情，合無行移本官，再行酌處：如果事體穩便，照依原擬，遷發安插，仍具由回奏；如果未便，應該別處，亦要具由奏請定奪。等因題。

奉聖旨："這安插諸敵事宜，還行與提督軍務官，著再行酌處，務要停當。欽此。"欽遵。

備咨到臣行間，又准兵部咨，為整理邊務以備虜患事，該提督軍務兵部尚書金獻民題。內一件，議處屬番。照得哈密衛都督奄克孛剌，自正德六七等年，節被土魯番殘害，率其部下畏兀兒、哈剌灰二種生達，投來肅州依住。節該鎮、巡官奏請，差官撫遣，歸還本國。各夷畏懼前虜吞併殺戮，俱不肯回，迄今寄住該衛關廂者十有四年。頃聞男婦不下千口，帶甲挽彊之士近五六百人，此固心腹之患也。天生華夷，自有界限，卧榻之側，豈宜容人鼾睡！故番漢雜居，致有五胡之亂；華夷無別，卒遺三晉之禍。蓋以此等苗裔，終非我族。况本以畜牧為生者，擅富彊之部落，住切近之門牆，譬之饑鷹餓虎，一時摇尾附人，終有山林雲霄之志。苟不亟為一處，以杜其漸，將來潛住日久，窺伺日熟，誠恐患生不測，必有噬臍之悔。

合無行移甘肅鎮、巡官，查照弘治年間，侍郎張海等撫處哈密事例，將前項夷人通行查出，或以禮省諭，遣歸本土，或憫其窮迫，安劄別地。務要計慮周悉，區處停當，期於內外肅清，彼此兩便。既不可因循玩視，失誤事機，又不可處置乖方，激生他變。

等因該兵部覆題，查得先為處置屬番，以安邊徼、以杜後患事，該本部議擬，題奉欽依，行移提督軍務尚書楊一清酌處，奏請定奪去後。今所奏議處事宜，大略相同，合再行本官，酌處。等因節該奉聖旨："准議。欽此。"欽遵。通咨前來。

為照肅州寄住畏兀兒、哈剌灰二種夷人，乃哈密之部落，亦哈密之忠臣。先年土魯番戕殺王母，既致死巷戰；其後襲殺罕慎，又死難數多；至於陜巴復國，討殺姦回，亦多効力。要其心跡，本非有過；乃因窮迫，歸我求生；寄住年久，未嘗作惡，比與哈密回回不同。今都御史陳九疇等議以異類雜居，終難輯睦，一旦馭非其人，變生不測，必危邊境，深慮曲防，不為無見。但欲遣回哈密，則彼與土魯番讐怨已深，斷不敢歸還故土。今要揀擇肅州北邊空閑堡寨水草便利之所，少費官錢，為其修理城郭，改造屋廬，諭以番漢雜居，終相疑二，徙居别所，兩取便安，待奄克孛剌幼子襲職回還，令其管轄部落，且容不去哈密，令其暫居臨邊，稽之事體，似亦相應。

但恐各夷安土重遷，不肯樂從。若强之使去，致失其心，反生厲階。及修理城郭，盖造屋廬等項，未審工程多寡，本鎮財力堪否供辦。已經移咨巡撫甘肅都御史寇天叙，會同鎮守太監、總兵、副、參等官，督同二司兵備、分巡、管粮等官議處。先行曉諭各夷，使知彼有畜牧之業，我無疑猜之念。如果樂從，仍計議修理城郭，改造屋廬，合用工料若干，先期整理完備，方可督發遷移。

川邊、王子莊、苦峪、赤斤、柴城兒、扇馬城、大草灘各種回、達，亦被土魯番殘害，窮迫來歸，不敢復還原土。故該鎮、巡議處，准令暫安插金塔寺地方，彼亦安居樂業，不敢生事。今要因前古丟棄威虜舊城，再加修築，挑濬壕隍，以處其衆，既為肅州北面添一藩籬，又使遠去城郭，不患包藏禍心。前項所處，似得柔遠防姦之意，且與先年該部所處大略相同。

但前項地方，大草灘、扇馬城、柴城相離嘉峪關不遠，王子莊則在苦峪之西，離邊稍遠，大約皆赤斤蒙古衛番族住牧之地。近年節被回虜驅掠傷殘，棄地方而不守，投内地以求生。今所議威虜古城未知相離嘉峪關外地里若干，修築城垣，挑濬壕隍，應用工力若干，委官踏勘明白，就煩會同議處。即今臨邊有無回虜窺伺，并修築之後，防護之兵作何區處，方得一一就緒。料彼夷人，以帳窠為宫室，以耕牧為芻粮，既有城郭可以自保，無不樂從之理。俱要議處停當，明白咨報，以憑回奏定奪去後。

今據前因，竊惟防患當於未形，防之太過，反生意外之虞；作事當謀諸始，始謀不臧，將無善後之策。看得前巡撫甘肅都御史陳九疇等并兵部尚書金獻民後先議奏，其説有二：一則欲將肅州關廂寄住哈剌灰、畏兀兒二種夷人，揀擇肅州北邊久棄空閒寨堡，水草便利之處，安插居住；一則欲將川邊、王子莊、苦峪、赤斤、柴城兒、扇馬城、大草灘等處先年安插暫住金塔寺夷人，因前古丟棄威虜舊城，再加修築，以處其衆。是皆欲嚴華夏之辦，謹内外之防，深慮却顧，誠皆體國安邊至意。

但懷柔遠人之道，當順其情。情有未協，強而使之，恐生他釁。且哈密乃朝廷封國，土魯番敢於殘破之，使其播遷離析，而我不能為之所，以失中國懷遠恤患之義矣。

彼哈剌灰、畏兀兒二種夷人，皆忠於哈密，被其戕害，率衆來奔。先朝從守臣之議，許其肅州關廂居住，歷年滋久，彼無反側之心，我得調遣之用。今一旦疑其後日之終不靖也，而欲徙之北邊空閑寨堡，安土重遷，豈夷情之所欲哉！觀其對各官之言曰“此是鳥雀不落之地，我們如何住的？”又曰“我們東關住久，各有置買房屋，不能割捨。我們情願入堡，將我們家小仍留住東關也罷”等語，其情可見。後各官諭之以好語，動之以危言，方纔承認，終非所樂明矣。

其川邊、王子莊、苦峪、赤斤、柴城兒、扇馬城、大草灘各種番達，俱係境外屬番，肅州衛羈縻帶管之數，節被土魯番、哈密回回侵奪搶殺，窮迫來歸。先該總制、鎮、巡等官奏請，暫且安插肅州境外金塔寺地方居住，令其自為耕牧，有住四十餘年者，有住十餘年者，今欲驅而置之三百里之外，舍近就遠，必非其情。且原擬待後西事稍寧，哈密復立，仍各遣還住守故地，是猶存興滅繼絶作我藩籬之意。若依前擬，則恢復之念荒，哈密之望絶矣。

及照各官所擬，新城兒、煖泉、板橋等堡堪以安插二種夷人之地，修門修房等項雖費用不多，亦未免勞擾，又奪肅州軍餘春夏務農之地以與之，似俱有礙。至於威虜城修築，約用人夫六七千名，又勞軍馬架梁防護，且今肅州地方，番回之窺伺未已，我兵之警備方嚴，豈暇逆探未形之患以供不急之役乎？倘或番回乘我工作之際，率衆侵擾，禍且不測。推原各官論奏，盖見前年回賊退遯，誤信速壇滿速兒、雅木蘭已死之言，遂謂肅州自此無事，故有是言。若體諸各夷之情，參以今日之勢，非惟不能，亦所不敢。據今鎮、巡所言“土魯番搆怨方深，正諸夷杌捏不安之秋，在我惟當以鎮靜安輯為主。若又遷置各夷，紛紛多事，以拂其心，臨期倘有生拗，又恐患生意外”等語，似為有見。

如蒙乞勅兵部，參詳議擬，合無將前項川邊、王子莊等處番夷，令其照舊於金塔寺地方住牧，以為後日恢復之圖，以存興滅繼絶，為我藩籬之意。其哈剌灰、畏兀兒二種夷人，亦且令其照舊肅州關廂居住，不必預為遷徙之説，以離其心。待後番情寧謐，財力有餘之日，如果事勢可為，另為具奏定奪，庶使夷人無疑二之情，地方無勞擾之患，而我得以專意内修，可收攘外之績矣。

緣係處置屬番以安邊徼，以杜後患，及節奉欽依“這安插諸夷事宜，還行與提督軍務官，着再行酌處，務要停當”事理，未敢擅便。為此具本，謹題請旨。

一為整理邊務以備虜患事

題：為整理邊務以備虜患事。

准兵部咨，該本部題，該提督軍務、本部尚書金獻民題前事。内一件議處達賊：照得亦卜剌等殘賊，自正德四年，節被小王子趕殺，率其殘黨打剌豁豁等，假息西寧境上，計今十五六年。春夏則趁逐水草住牧，遇冬則踏冰過河搶劫。先該巡按陝西監察御史潘倣，為陳言邊務，節該本部議得：合候明年黄河凍消，北虜復回西海之時，查照先年宣城伯衛潁、巡撫都御史吴琛等大剿番賊方略，選調主客官兵，乘機併力剿殺。題奉欽依"行移甘肅鎮、巡官議處"去後，迄今未見作何區處。臣竊料該鎮官員非敢故違遲遲也，顧在我者以兵力則寡弱，以粮餉則不繼，兵機重務，未容輕議。

夫帝王制馭夷狄之道，惟有撫剿兩端。求如剿者，我既不能奮力，若不早為議處，將來黨與日熾，其禍殆有不可勝言者矣。

臣查得嘉峪關外，赤斤、罕東、哈密三衛夷人，俱以永樂年間率衆來降，我太宗文皇帝授官降印，蓄為藩籬。迄今百五十年堅守臣節，此固聖主深謀遠慮，措置得宜，斷匈奴右臂之微意也。臣愚以為，前賊性雖異類，亦有人心。西海之地，彼既盤據有年，我終不得為用，合無查照前例，於該鎮撫夷官内，選差才識敏給、周知番情者二三人或四五人，前去近邊地方，諭以朝廷恩威，軍門殺伐利害。令其各安生理，毋自作歹，以速滅亡。如果革心向化，聽我招致，就彼安插，設為衛所，與赤斤等衛相倚捔，許其以時通貢，量加賞賚，以結其心。仍擇其雄桀一二人，授以職事，立為頭目，使之鈐束部落，遇有緊急聲息，量調人馬，為我策應，有功之日，一體犒賞，庶在我不失制馭之道，於彼或有感戴之誠，而地方可保無虞矣。

但事體重大，臣不敢擅擬。合候命下，會同府、部、院、寺及科、道等官，從長計議，轉行甘肅鎮、巡官再加議處，如果可撫，依擬施行，或於夷情地方俱有窒礙，即便查照御史潘倣建言，及本部節行事理，催儹兵粮，相機剿捕。務要草薙禽獮，以靖地方，毋貽後患。

該本部議得：前項達賊，久據西海，吞併番衆，勢益彊盛，亟宜處置。所據撫諭安插，設為衛所，授以職事，許其通貢，量加賞賚，使彼有歸向之誠，在我增藩籬之固，如大寧之朵顔，遼東之建州等衛所詖事，豈非邊方經久之圖？但恐夷性犬羊，遽難馴擾，且事體重大，未敢遥度。合咨提督軍務尚書楊一清，督同甘肅鎮、巡等官，將所奏事情審度機宜，酌量事勢，前項達虜，果堪招降，立衛授官，許其通貢，以示羈縻；如或夷性獷悍，未可卒致，必須加兵征剿，再為從長計處，具奏定奪。題奉欽依，備咨前來。

照得亦卜剌等達賊，竊伏西海，蹂踐番夷，侵擾洮、河地方。先該巡按陝西監察御史潘倣奏要催儹兵粮，相機剿捕，事理相應，但我兵力尚屈，未及區處。今提督尚書金獻民奏要照依祖宗朝嘉峪關外設立赤斤、罕都、哈密三衛事例，於該鎮撫夷官内選差前去近邊，諭以朝廷恩威，軍門殺伐利害，令其各安生理。如果革心向化，聽我招致，就便安插，設為衛所，許其以時通貢，量加賞賚，以結其心。仍擇其雄傑一二人，授以職事，立為頭目，使令鈐束部落，遇有緊急聲息，量調人馬，為我策應，有功一體犒賞。或於夷官、地方俱有窒礙，即便查照御史潘倣建言及本部准行事理，催儹兵粮，相機剿捕，務要草薙禽獮，以靖地方，毋貽後患一節。

緣前項事情，必須親詣河西地方計處。但虜賊數萬見在河套住牧，臣方督調陝西延、寧各鎮官軍，分布防禦，勢難摘離。已經移咨巡撫甘肅都御史寇天叙，會同鎮、守、三司等官集議：所奏召致安插前項虜賊，設立衛所，授以職事，許其通貢，聽我調遣，應否如擬施行？若於夷情、地方有礙，必須加兵征剿，就為密切從長計處用兵方略，明白咨報，以憑回奏定奪去後，延今半年之上，未見回報。盖因事體重大，各官不敢輕有議擬。

今套賊漸遠，邊境少寧，臣方欲親詣莊浪、西寧地方議處回奏，忽奉勑旨，行取回京。緣前項賊情，臣先今久曾有意經畫，節嘗論奏，謹以所見，為陛下陳之。切惟自古帝王制馭夷狄，文德固所當先，武功亦不可緩。文德可敷，則干羽之舞固足以格有苗；武功當用，則鬼方之伐亦事勢之不容已。前項賊寇，犬羊之性，惟利是貪，恐非文告所能招致，亦非官職所可羈縻。况戕我屬番，侵我内地，彼有必誅之罪。許其通貢，加以賞賚，我施非分之恩，虧中國之體，納外夷之侮，非所以示四裔也！

及照奏内所引赤斤、罕東、哈密等衛夷人事例，皆當國初開創之時，率衆來降，所以我祖宗授官降印以羈縻之，使之為我藩籬。今亦卜剌等寇賊，背叛其主，投我屬番境界，大肆侵掠，横加吞噬，又侵入我腹裏地方，此正田中之禽，利用搏執，固非漢武稱兵於陰山之窟，喜功好大者之所為也。

臣正德五年復起總制陝西軍務之時，此賊被小王子人馬讐殺殘敗，遯來河西地方。臣慮其異時必為邊患，建議欲調集大兵誅剿，規畫已定，不意旋即奉勑取回。兵部題欽依行令甘肅鎮、巡官整理，因循至今十五六年，種類漸蕃，聲勢日盛。臣於去年六月内，奏為達賊出没，計處用兵機宜事，欲待套内無警，粮草有積之日，量調陝西延綏精兵，與河西兵馬會合尋襲，痛加誅剿。但兵貴神速，機難預定，必待臨期奏請，非惟緩不及期，且恐事機先泄，欲乞上請，及早行令，密會各該將官，不拘何月日，相機取便行事，若無可乘之機，不敢輕動。兵部覆奏，欲令臣將一應制勝機宜，用兵方略，一一會計停當，先行差人具奏，議請定奪。

緣兵家變態不常，旬月之間，事機頓異。况地方相去京師五六千里，奏報往回，動經數月，雖有成算，亦難取必。議處間，忽報北虜二萬前去西海收捕前賊。臣方慶夷狄相攻，中國之利，不須煩我師旅，不意為彼所覺，移巢南面，留其精兵據守。彼千里而趨利，此以逸而待勞，反為其所敗，失勢而遯。後聞阿爾禿厮賊衆恐大虜仍來報讐，挈營隨順，渡河入套，止是亦卜剌一枝，半在西海，半渡河寇我洮州，即今未曾盡數歸巢。且西寧、洮、河等處番族，國初分散部落，設有國師、禪師、指揮、千、百戶、鎮撫、驛丞等官管領，給與金牌，令其三年一次，輸納差發馬匹，而以官茶酬之，若與王官王民無異。伏覩金牌上篆文中曰："皇帝聖旨"，其下左曰"合當差發"。右曰"不信者死"。實欲借其為我藩籬，捍備北虜，即前漢斷匈奴右臂之意。百十年來，河西虜寇不能逼侵我洮、河，恐番人之議其後也。

今二種殘賊，將番族戕害已甚，不能生存，遂與之糾合為寇，西寧最被其害。洮州之番，近亦被脅合夥，為之指引道路。番人合勢，我之邊境，其何能安？此膏肓之疾[一]，腹心之患也。

議者動以不可輕舉為言，雖兵兇戰危，誠宜慎重，而玩寇養患，亦非所宜。嘗竊譬之，套賊勢雖猛烈，如風寒暑濕之病，來則疾於風雨，治之不善，即能殺人，然得遇良醫，一汗而愈，一匕而安；西海之寇，如痞結胸腹間，目前飲食起居雖若無恙，久而不療，元氣日漸消耗，後將難圖。興言及此，豈得不思所以處之，而徒玩時愒日以僥倖於無事哉！

且阿爾禿厮已遁，止是亦卜剌一枝，大約精騎不過二三千人，其餘皆脅驅番人，勢非得已。然地土被其奪占，骨肉被其殺戮，帳房被其燒毀，孳畜被其搶虜，欲報怨讐而復其故産，人豈無是心哉？此間諜之用，亦不可廢也。

切見新推提督三邊軍務尚書王憲，剛果有謀，多才善斷。昔嘗管理茶馬，遍歷西寧、洮、河地方，又曾督處河西屯田，至今邊人頌其風力。合無請勑本官，力任此事。若今年迤北大虜無尋捕西海之舉，及套賊、回賊不曾大舉深入，或雖入而即遁，宜密諭甘、涼、莊浪等處將官，部署兵馬，待冬末春初草枯馬弱之時，調集延綏遊、奇二枝兵馬及陝西、寧夏二鎮遊兵共萬二千人。甘、涼之兵自涼州而進，延、寧之兵自莊浪而進，陝西之兵自河州、歸德而進，與各該守臣所統兵馬刻期聯絡，併力夾攻，如昔年宣城伯衛穎、都御史吴琛征番故事。仍先設法厚募壯勇識事之人，暗入西海，諜我屬番，使為内應，一鼓成功，以驅河西腹心之害，以為我邊久安長治之圖。尤須精擇將領，如魯經、李義、馬雲、甘禎輩，及涼州革任參將、都指揮楊佑，皆熟知此事，可以付託。西寧兵備副使陳鼎，沈毅有機，陝西布政司左參政成文、固原兵備副使桑溥，皆曾巡歷河西地方，素有才略，可以翊贊兵機，督處粮餉。然事干各鎮，必得主將一員居中調度。該部必有所處，臣不敢言。

顧兵馬不難於調集，而粮草實難於措處。臣到邊督催運送甘肅一鎮民粮、銀兩，及分發户部送到官銀，其數已多，而倉儲未見有積。及照蘭州督理粮儲户部署郎中婁志德實心幹事，宜令往來莊浪、涼州一帶督處，仍於布政司選委有幹力、善經畫官一員，專一整理河西錢粮。一面於莊浪、涼州、西寧或召商，或糴買，一面於蘭州、安定、會寧等處收積。蓋專恃河西，則所積不多，蘭州、安、會如有厚積，臨期可以帶運。臣之所見如此。

如蒙伏乞聖明，軫念河西重鎮，虜患為急，乞勑兵部，將臣所言參詳可否。若謂事體重大，乞會多官從長計處，早為定奪。然須如臣去年所奏，令提督大臣相機行事，可為即為，不必臨時上請待報，以致事機漏泄，無益有害。若無可乘之機，或兵粮未集，照常戰守，不可輕動，以貽後艱。仍乞勑户部，降發内帑官銀十數萬兩，或開鹽課一二十萬引，聽提督官督令甘肅管粮衙門，上緊設法措置，庶得有備無患。倘失今不圖，而專持慎重之説，襲為怠緩之計，臣恐一二年間，甘、涼地方西備回賊，東備達虜，我兵疲於奔命，而套内大賊又復撓亂其間，不能掣兵往援，則河西之地，恐非國家所有。事勢至此，雖有智者，不能為之謀矣。

臣老矣，非但乞骸，且將就木。已未及行而欲委勞於後之人，知罪知愧！况前事先該御史潘倣奏行，兵部議處，其後甘肅巡撫、都御史陳九疇亦欲舉行，未曾就緒而去。臣既灼見其故，豈敢終為隱蔽而不吐露一言？伏惟陛下留神省察。

緣係整理邊務以備虜患事理，未敢擅便。為此具本，順差承差王經邦親賫，謹題請旨。

【校記】

[一]“肓”，底本為“盲”，據四庫本改。

一為邊務事

題：為邊務事。

據陝西按察司整飭固原兵備副使桑溥呈。嘉靖四年十二月十八日，欽奉敕：“今特命爾前去固原、高橋、靖虜等處，專一往來巡歷，撫安土達，仍整飭固原、靖虜、甘、蘭等處兵備，操練軍馬，修理城池、墩臺、關堡，撫恤士卒，防禦賊寇，保障地方，兼理詞訟，及督理粮儲，禁革奸弊。凡一應邊情軍務，須與分守、參將等官會議停當而行，仍聽陝西鎮守、巡撫官節制，不許偏執違拗，妨政害事。若有軍職及守備官員賣放軍士，縱容官攢人等通同豪滑刁潑軍民，兜攬錢粮，虚出盜賣，并隱藏逃囚等項，許爾徑自參奏挐問。爾為憲臣，受兹委託，務須持廉秉公，禁革奸弊，盡心竭力，以安邊境，如違，罪不輕宥。爾其勉之，慎之。故敕。欽此。”欽遵外。

為此今將前項欽奉敕内事宜，呈乞照驗施行，等因到臣。查得固原兵備衙門，係成化年間開設，原請敕内開載所管地方事宜，與今略有不同。且如高橋即靈州守禦千戶所，舊該固原兵備官往來巡歷，撫安土達，後因添設環慶、靈州兵備，隸其管轄，固原相去地遠，似無相干。誠恐地方有事，兩處兵備官得以互相推調。其固原、靖虜、甘、蘭等處衛所軍民與平涼府所屬州縣，鞏昌府所屬安定、會寧二縣，臨洮府所屬蘭州、金縣二處，并平涼、安東二衛、監、苑、羣牧所等衙門，軍民雜處，墩臺、關堡多在各該軍衛有司所轄之地。凡緝捕盜賊，問理詞訟，督理粮儲，遇警收斂人畜，俱與軍衛有司官員干涉，敕内未曾開載，有礙行事。

緣前項所管固原、靖虜、蘭州，俱係極邊要害地方，虜賊不時侵入，關係至重，比之其他兵備不同。如蒙乞勑該部議處，合無將固原兵備官原奉勑書，上請更換，除去高橋地方，仍開固原、靖虜、甘、蘭等處，凡干礙墩臺、關堡、詞訟、粮儲及遇警收斂人畜等項事務，與各該軍衛有司相干者，俱聽提調約束，不許違拗。其餘軍民一切政務，不得干預。開載明白，庶幾事權歸一，可以責成修舉，不至失誤邊方大事，實為便益。

緣係邊務事理，未敢擅便。為此具本，專差承差楊鸞親賫，謹題請旨。

一為比例列銜支俸以便行移事

題：為比例列銜支俸，以便行移事。

據分守固、靖、環、蘭等處地方參將、署都指揮僉事劉文呈前事：切照本職原任陝西都司慶陽衛指揮同知，推選延、寧地方把總管事。節該欽奉勑諭，陞署都指揮僉事，守備固原地方，後充寧夏遊擊，改任分守參將。欽遵任事外，伏念本職一介草茅，叨任重地，敢不努力圖報將來！

緣分守地方廣濶，軍民雜處，凡百文移，與都、布、按三司有行。奈本職俸銜仍在原衛帶支，各司文移不肯徑行，卻由衛所轉行，以致耽延，往往誤事。且本職係陝西省鎮屬衛指揮，濫任本鎮參將，况慶陽原衛又係參將所轄地方，環慶守備亦該提調。凡本衛一應公文呈行，彼處守備開列本職職名屬衛，未免輕視，比與延、寧、甘肅隔鎮地方分守、副、參、遊擊，事體不同。

及查得先任固原守備、署都指揮僉事楊宏、陳善，并固、靖遊擊陶文，及延安衛帶銜都指揮閻武，俱在本都司列銜支俸。今本職既授都司署職，叨任分守參將，責任頗重，俸銜不蒙開列，行事有礙。

如蒙軫念地方衝要，事體重大，乞賜轉達，准於都司列銜支俸，庶使文移便於徑行，本職得以展布，為此，理合具呈，伏乞照詳定奪施行。等因到臣。

行間，隨據陝西遊擊將軍、署都指揮僉事夏欽亦呈前事：看得分守固、靖、環、蘭等處參將、署都指揮僉事劉文所呈，乞要都司比例列銜支俸一節。切緣本官既授都司署職，又推任參將，分守地方，比與楊宏、陳善等事體相同，關係尤重。况慶陽衛係其所轄，環慶守備又其統屬，一應文移，開寫本官名銜，委於名分不宜，行事有礙。

及照署都指揮僉事夏欽，原係西安前衛指揮，後陞署都指揮僉事，推任寧夏遊擊將軍，因病革回本衛，帶銜閑住。近該臣奏薦，兵部題奉欽依“奉勑充陝西遊擊將軍”。緣西安前衛亦有遊兵，選撥官軍，追補馬匹，俱與本衛有行，文移往來亦多不便。如蒙乞勑兵部，查照前項事例，將劉文、夏欽俱准於本都司列銜支俸，將官之體勢稍尊，得以盡心舉職，下人不敢輕視，不致違誤軍情重務矣。

緣係比例列銜支俸以便行移事理，未敢擅便。為此具本，順差承差楊鸞親賫，謹題請旨。

一為軍務事

題：為軍務事。

案照先准兵部咨，為設總制以圖兩全事，該本部題。内開：跟隨書掾、頭目、家人，聽從選帶，仍具奏聞。等因節該奉聖旨：“是。欽此。”欽遵。

備咨到臣。除頭目另行外，為照臣一到陝西地方，即該題奏各項事情及發屬文移浩繁。緣未奏討書掾，缺人書寫。訪得直隸鎮江府丹徒縣省祭官任漢、本府兩考役滿吏李棠，俱各寫字端楷，諳曉行移。已經行令該府取具備細脚色，開送跟隨前來書辦及具題去後。

續准兵部咨，該本部覆題。奉聖旨：“是。准照例奏帶應付。欽此。”欽遵外。

續又據書辦吏李棠呈，為給由事。開稱：以農民充鎮江府吏，兩考役滿給由間，蒙臣行取前來書辦。又蒙本府給與給由，批申赴吏部投下，誠恐違限日久，乞要容令赴部給由。

等因為照。本吏一向在於軍門書辦，今要容令赴部給由，相應准送。但三邊軍務浩繁，案牘填委，緣未奏討書掾，一應文移，俱係省祭官任漢與本吏經手書辦，若容令前去，未免缺人應用。況係題奉欽依“選帶人役”，已將本吏原領本府批申，順差承差趙禎咨送吏部，查照收候。合無將本吏准作提督軍務官員下書掾之數，就准當該，惟復止作辦事。隨准吏部咨稱：看得吏典辦事役滿，方撥當該，此係照舊例。今李棠既係奏帶人數，合無准作辦事，於例相應，咨煩查照施行。等因到臣。

除將吏李棠准作辦事，在於軍門書辦外，今照臣奉勑行取回京，所據原奏帶省祭官任漢，辦事吏李棠，相應起送吏部聽用。

查得節年提督官員奏書掾，事畢回京，多得霑被恩典，省祭官或不拘年限，就與選用，掾吏可不待補辦，就撥當該。今省祭官任漢，辦事吏李棠，跟隨臣巡歷各邊沙塞戎馬之區，涉歷艱苦，一年之間，書寫案牘文移，無時休息。及查得任漢亦係省祭十年之上，已該行取之數。

如蒙乞勑吏部，查照節年提督官書掾事例，將任漢就為收選，李棠就撥當該，庶使將來從事軍門者有所勸勉，而不憚勤勞矣。

緣係節奉欽依，選帶書掾，比例選用收撥事理，未敢擅便。為此具本，順差承差楊鸞親賫，謹題請旨。

一為薦舉舊任官員以慰人望事

題：為薦舉舊任官員，以慰人望事。

臣聞兵有先聲而後實。然不獨兵也，凡為政者，先聲有以動人，則不令而自行，不言而自信，得效速而成功易矣。

陝西舊任臺察、藩憲等官，才賢最多，清議所歸，輿情所屬，歲不乏人。除已在顯位及見任臺端者不敢論薦外，博訪得浙江左布政使、今守制孫修，督儲有精勤振厲之風，持憲有嚴明剛果之譽。四川按察使、今守制王廷相，山西提學副使、今歸養劉天和，山西按察司副使陳軾，山東按察司副使、整飭徐州兵備趙春，俱曾按治陝西地方，皆能彈壓勢豪，肅清風紀，剔除奸蠹而不蹈苛察之弊，激揚清濁而不失老成之體，至今官吏憚其風采，兵民望其復來。臣得之聞見如此。

如蒙乞勑吏部，再為查訪，合無待孫修服闋，遇有陝西三邊巡撫缺員，早為推用；其王廷相等四員，遇缺推補藩憲之長，以為登用之階，不獨慰一方軍民之望，而凡臣工者皆有所感慕興起矣。

臣今老病衰殘，方上乞骸之疏。竊念用人為當今第一急務，薦賢為大臣第一職業，故不敢隱蔽，而冒昧一言，然亦不敢泛及他省官員者，恐知之未真，或於民情土俗有不相宜耳！伏惟陛下裁察。

緣係舉薦舊任官員以慰人望事理，未敢擅便。為此具本，順差承差楊鸞親賫，謹題請旨。

一為獻愚忠以答聖眷事

題：為獻愚忠以答聖眷事。

伏念臣章句孱儒，柳蒲弱質，遭際盛時，久塵仕籍。既廢而興，任每兼乎文武；求退而進，位乃躐乎臺衡。頃當近倖干紀之時，獲遂山林優老之願。駑駘久病，豈有意於騰驤；朽木不雕，分宜供於釜爨。恭遇新皇御極，圖任舊臣，改授今官，俾總邊鎮。伏讀制詞，屢有"寬朕西顧之憂"之諭。夫主憂臣辱，安敢避難！用是，扶疾以起，千里遐征，誠願以其力之所能為者，圖報聖恩於萬一也。邇者遽蒙召還内閣之命，屢疏悃誠，未荷俞允。進退維谷，不知所為。

仰惟陛下，應運挺生，代天化育。日新庶政而機柄獨操，器使羣材而權度在己。虞舜之好問好察，知何加焉；大禹之克儉克勤，德斯懋矣。嗣位以來，五年於兹，敬天法祖，愛民勤政，日有孳孳，不自暇逸。然而求治之心徒切，至治之効未弘。

臣竊觀正德年間，乾綱下移，權姦竊柄，始則劉瑾，中而錢寧，後乃姜彬，海内騷然，幾成大亂。陛下起而振之，政務歸於内閣，裁斷出於宸衷。近臣非惟不能與力，亦且不敢與聞。是宜天人協應，海嶽効靈。奈何近歲日蝕、地震，旱乾、水溢之災，層見疊出。至於物異人妖，有近代之所罕聞者。聖德清明，豈宜有此？皆臣下奉職不效之過也！

臣年老久衰，非但乞骸，且將就木。既不能仰承聖眷，任事供職，若終無一言以去，則上負恩私，下干物議，其罪莫可自贖矣。謹以今日至切至要者，疏為五事，為陛下陳之。倘蒙留神覽觀，俯賜施行，於治道不為無補。臣雖屏居田野，與世長辭，復何憾哉！然此特其大要耳。若夫陛下有愛民之心，而民未阜康；有任官之誠，而事多苟簡。兵政密矣，而夷狄不免於侵凌；法令彰矣，而姦頑未見其懲艾。其他弊政尚多，臣昏眊之餘，不能盡述。陛下責公卿之所有事責臺諫，使得盡言，必有陳其顛末以俟采擇者矣。臣不勝拳拳，愛君體國之至！

除患病乞休，另行具奏外，緣係獻愚忠以答聖眷事理，謹題請旨。

計開

一曰聖學。臣惟人君一心，萬化之本原也。然方寸之微而衆欲攻之，苟無《詩》《書》理義以維持之，百凡聲色貨利、狗馬奇珍之物，遊觀畋獵、騎射俳優之技，與凡異端邪術之流，投間抵隙，皆足以動搖吾心，而讒諂面諛之人又從而從諛之，日積月累，幾何不蕩蕩然而陷溺於物欲之中乎！既為物欲之所溺，則於天下之事安能真知其是非得失之所，在務決去而必得之哉！此謂講學所以為人君圖治之第一義也。臣竊聞陛下在藩邸時，恭穆獻皇帝專教之讀書，令紀善、伴讀等官，誦説經史，一切玩好俱不令至前，一切憸人俱不得在側，故幽潛之德孚於上下，恭默之化洽於臣民。嗣位之初，首開經筵，祗循舊章，選擇儒臣，日侍講讀。又聞命內閣取《尚書》以俗説訓釋，且為韻語，以便諷詠。至於《無逸》《洪範》等編，尤加研究。書史之外，凡百玩好，悉無所用。天下之人皆謂：仲虺稱成湯不邇聲色，不殖貨利，周公旦稱文王不敢盤于遊田，以庶邦惟正之供，陛下盛德，何以加諸？是雖天性高明，而獻皇帝之善教有足徵矣。臣愚竊謂，帝王之學與書生異，不必求諸文辭之幽深，不徒事夫章句之尋摘，要在繼其功，得其要而已。經筵有定期，然儀衛森嚴，勢分隔越，恐講官不得効其忠。日講乃帝典，然往年或廢於寒暑，或阻於風雨，所謂一暴十寒之弊或不能免焉。《書》曰："惟學遜志，務時敏，厥修乃來。"《詩》曰："日就月將，學有緝熙于光明。"所謂時敏者，謂勉於學，如有所不及也。所謂緝熙，繼續光明無少間斷也。臣昔官京師，每見舊時講官，其進講也，摘取書中好語，稍有嫌忌者即不以講。且其所講，不過隨文釋義，不能推廣言外之意以開聖聰，又或於講終獻諛佞以驕上心。臣知今日必不為此。

伏願經筵之餘，退朝之後，日御文華殿，命官進講。仍乞降之霽色，接以温言，令其從容開説，不許嫌忌。其講經也，各發明身心義理之大要；其講史也，務推演興亡治亂之大原。所謂必求諸道，于焉能自得師。因而推及今日之政事，某事有合乎古，某事當用於今，某事善可為法，某事惡所當戒，陛下凝神定慮，默識深思。聞聖賢義理之論，譬猶學近其人；監古人隆替之原，設若身處其地。有所疑必形諸顧問，有所得必措諸躬行。如此，則講讀之制不虛行，講讀之官不虛設，心常在於《詩》《書》理義之中，百凡外物，自不能奪之。本源澄澈而物理自明，推之仁民愛物而無不通，放之家國天下而無不準，致治之大本實在於此。《易》曰："正其本，萬事理。"《大學》曰："其本亂而末治者否矣。"伏惟聖明留意。

二曰聖政。自古三公論道，六卿分職。我聖祖稽古建官，以政事大權分任六部，即六卿分職之意。我太宗皇帝始設内閣，簡儒臣居之，以備顧問。職論，師資望深者，薦加師保職銜，以輔養君德，翊贊化猷，即三公論道之意。列聖相承，皆不時召見部院大臣面議政務，日與内閣之臣裁決可否。金匱石室之藏不可見，其見於《御製五倫書》及故大學士楊士奇、李賢等所著《三朝聖諭録》《天順日録》等編，君臣答問，儼然唐、虞都俞吁咈之風。百餘年來，政事修舉，道化隆洽，實由於此。至於臺諫論列事情，天下方面官述職來京，亦得入覲天顔，面承清問，不惟周知事之利弊，亦得考見人之賢否。逮至憲廟，稀接大臣，而上下之情始覺疎遠。我孝宗皇帝弘治十三年以後，時召太學士劉健、李東陽、謝遷并尚書馬文升、劉大夏，都御史戴珊等，諮訪政務，面賜裁決。昌大休明之氣象，至今思之。正德年間，視朝稀濶，大臣不復接見，以此威福之權下移近倖，紀綱法度幾於蕩然。天啓聖皇，誕膺寶曆，積年弊政，剗除無遺。廢黜姦佞，登崇俊良，嘉靖之治，號為中興。今天下之政務必由六部，擬議必由内閣。皇上總攬乾綱，萬幾獨斷，近臣不敢干預，可謂千載一時矣。但内閣之官，自經筵日講之外，未聞時時接見，六部等衙門官未聞召對。商高宗之命傅説曰："朝夕納誨，以輔台德。"又曰："若作酒醴，爾惟麴糵；若作和羹，爾惟鹽梅。爾交修予。"夫既不得常接天顔，則交修無所用其力，納誨輔德亦或托諸空言。及其久也，壅蔽之患生，竊弄威福之人，或由是出矣。臣願陛下退朝之暇，進講之餘，不時召見内閣重臣，將一切機務面議可否，取旨裁決。六部、都察院等官，凡章疏之上，并臺諫之臣有所論列，亦乞時賜宣召，面加質問，聽其盡言，不許忌避。庶幾朝無失政，國無隱姦，非惟大臣不敢欺蔽行私，怠忽荒政，而陛下亦得以明習天下之事矣。

三曰聽言。臣聞朝廷之有言路，猶人身之有氣血也。血氣一日不流則百病生，言路一日不通則百邪作。古昔盛時，嗇夫庶人皆得進言，官師相規，工執藝事以諫。後世以諫設官，其途已狹。若為諫官而復不得盡其言，則朝廷耳目將誰託耶？我國朝設立六科、十三道，皆以言為責。列聖相承，未嘗不以開言路為事。言路開則庶政清，言路塞則庶政荒矣。陛下即位之初，求言如渴，納諫如流，凡科、道官有所論列，輒下"該衙門看了來説。"又或褒之以"所言有理"，其所建白，多見采行，言路可謂大開矣。奈何各官人品不同，識見各異。通達國體，實心効忠者固多，事體未練，輕率妄言者亦有。以抗直為高者，每過乎激；襲見聞之偏者，多失其真。或一事而辨論無休，或數人而自相矛盾，遂至上干天威，每加詰責。雖所寬貸，亦或因而貶黜者有之，甚至有下之詔獄者，有械繫入京者，似與聖王從諫弗咈之美不侔，似與初政聽言之意不類。然此非聖德之不能優容，其實諸臣有以自取之耳！顧彼言官，雖涉狂妄，猶勝緘默；雖涉戇直，猶勝輭美。論事有過當，其心必自諉曰："我所見如此，不敢不盡也。"論人有失真，必曰："我風聞如此，不得不言也。"若從而詰責之，罪黜之，自非灼有定見，確有定守者，孰不思全身遠害，而為容容唯唯之歸邪？

竊恐中外相傳，以言為諱，弊政無由而袪，官邪無從而糾，民隱無從而達，天下之事日入於弊矣。嘗聞唐臣陸贄之言曰："諫者多表我之能好，諫者直示我之能容。諫者之狂誣，明我之能恕；諫者之漏泄，彰我之能從。有一于斯，皆為盛德。"李絳之言曰："人臣死生繫人主喜怒，敢發口諫者有幾？就有諫者，晝度夜思，朝刪暮減，比得上達，什無二三。故人主孜孜求諫，猶懼不至，况罪之乎？"近歲以言得罪者，臣不能知其詳悉，不敢泛有所指。且如去歲冬間，御史侯秩論臣不宜復入內閣，上激聖怒，降二級遠方用。秩之論臣，辭雖無據，心實匪私。臣之昏老，委不當復用。陛下雖誤用之，臣亦不能自强。侯秩所言，不為無見。伏願陛下遠師帝王聽言納諫之德，近循初政樂聞讜言之美。今後給事中、御史論列事弊，指陳缺失，及糾彈官僚者，一一親賜省覽，擇其言之當者，或即賜施行，或令該衙門看詳覆奏，上請定奪。其有未當，亦乞曲賜優容，置之不問。仍召還侯秩，復其舊官，或令吏部量才陞用。豈但臣之心獲安，而兩京言官皆得安心舉職矣。再乞勑吏部通查二三年來以言得罪之官，開具事由，疏名上請，或復其舊職，或量為叙遷。如此，則聖德彌光，治功有補，凡有言責者，感激奮發，孰不思所以自効哉？

四曰宥過。仰惟恭穆獻皇帝至仁大德，克享天心，篤生我皇上，潛龍升御，出震繼明。奠萬國於熙平，囿羣生於嘉靖，推厥本源，功德隆矣。

皇上嗣極，首議尊崇之典，考經據禮，至再至三。既而采納廷議，斷自聖心，尊尊親親，亦既兩盡，無復遺憾。夫何一時言禮之臣，不能推廣聖上因心之孝，紛紜抵捂，力持初説，終乃率衆伏闕，諠攘無忌，在禮法為不恭，在事體為不順。上厪聖怒，將學士豐熙、郎中余寬等下之詔獄，加之箠楚，或充軍，或為民，甚至有斃於杖下者。罪誠自取，夫復何尤。但推原各官，大抵狃於學術之偏，襲於聞見之陋。其心惟恐陛下之所處者有乖典禮，將為聖德之累，不思陛下之所處者，正所以為禮也。今經二年矣，充軍者羈管遐裔，有同戍役之夫；為民者編齒村氓，不與衣冠之列。雖有自新之念，無復自致之門。所以節説大臣、言官屢有論列，未荷俯從。近該御史張充具奏。奉聖旨："該部看了來説。"中外臣工欣然稱頌，既而吏部覆題，又復報罷，衆心惑焉。夫陛下之罪諸臣者，亦因其可怒而怒之，俟其改悟，固未嘗深絶之也。譬如上天之於萬物，霜雪雨露皆所以為恩。然霜雪摧折，必有雨露之沾涵，然後羣生得遂，未有嚴寒之後不繼之以陽春也。

陛下始因諸臣罪狀可惡而竄謫之，又因其能自改悔而收復之，正合天道生長肅殺之意。臣湖南人也[一]，稔聞獻皇帝容人恕物之量，陛下體而行之，獻皇帝在天之靈必無不喜且慰矣。孟軻氏曰："人恒過，然後能改；困於心，衡於慮，而後作。"諸臣抱罪既久，悔悟已深，叙而復之，必當有以自效。伏願日月回照，雷霆霽威，乞敕該部，通查言禮被罪之人：充軍者，令其生還鄉里；為民者，量授一官叙用；不幸因箠致死者，亦令有司優恤其家。庶足以見聖德如天，無所不包，非惟被罪之人感再造之恩，而凡為臣工，皆興踴躍愛戴之誠矣。

五曰和衷。臣聞之《書》曰："同寅協恭，和衷哉！"釋之者曰："君臣上下當同其寅畏，協其恭敬，誠一無間，融會流通，民彝物則各得其正，所謂和衷也。"夫君尊如天，臣卑如地，其情易疎而難親，其分易睽而難合。故天氣下降，地氣上騰，然後歲功成；君澤下流，臣誠上達，然後理道立。上下不交，則德業不成，有國者之深忌也。

陛下即位之初，召用耆舊，委任忠良，視大臣如腹心；崇獎臺諫，聽受讜言，待羣臣如四體，上下可謂交矣。中外欣欣，謂和衷之化可成。自夫大禮議興，小大臣僚不能仰體聖心，推廣聖孝，各持初見，務求必勝，朝廷之上，如聚訟然。二三言禮之臣，乃援古典、執經義以釐正之，於是衆論歸一，而大禮告成矣。然自是上下之情不通，和德之風不著，是皆羣臣負陛下，而陛下何負於羣臣哉！夫虞廷九官，濟濟相讓，推賢讓能，庶官乃和。竊觀近歲臣僚正直忠厚之道微，乖爭凌犯之風起，惡聞人善而樂談人之過失。務矯伉者，不顧朝廷之事體；喜攻訐者，不究事情之虚實。公卿降志於庶僚，賢否混淆於横議。或因一事之失而槩其平生，或信一人之言而輒相附和。忿戾之氣每形於奏章，交搆之辭幾成乎罵詈。自古太平有道之世，未嘗有此。不可聞於四夷，不可訓於後世。伏望陛下恭己責成，虛懷聽納。元首股肱，上下相須；手足腹心，相視一體。使上之情必宣於下，無壅蔽之憂；下之情必達於上，無扞格之患。仍乞天語丁寧，戒以中外臣工，各以恭遜相師，毋襲猜忌之風，以惇大成俗，無祟猥薄之行。協心以理國事，如輔車之相依；同德以亮天工，如巨川之共濟。然大臣者，庶僚之表也，尤當廓有容之德，體包荒之量，求賢如恐不及，見善若己有之。正身以率下，則孰敢不恭；平心以應物，則孰敢不服？于以和典禮之衷，于以迓衡平之治，大臣和則庶官無不和矣。然所謂和，非和光同塵之謂也。不矯為異，所以為和；不苟為同，亦所以為和。古之大臣，上殿論事互有異同，下堂則不失和氣，何者？其心公也，公故和。凡其比周朋興，相非相怨者，皆私心為之也。

臣願陛下和德於上，百官和於朝，萬民和於野。漢臣所謂"心和則氣和，氣和則形和，形和則聲和，聲和則天地之和應焉"。由是三光全而寒暑平，五穀熟而人民育，諸福之物，可致之祥，無不畢得，豈但災沴可消而已！老臣垂盡之年，拳拳一寸之忠，所以望於今日者如此。伏惟留神省察。

奉聖旨："覽卿奏，足見忠愛。事關朝廷的，朕自處置。其餘知道了。卿宜即赴閣辦事，該部知道。"

【校記】

[一]"湖"，四庫本同，雲南本為"滇"。

關中奏議全集後跋

《關中奏議》，乃先少師邃菴楊公，久歷關中，督理馬政，拊循全陝，總制三邊，及以少傅再起提督，後先奏議也。會編一十八卷，前十卷刊之鎮江公之鄉，後八卷刊之固鎮，皆散漫無序。公才不世出，學本天成，出將入相，歷仕四朝。掀揭事功，其在陝西蓋已過半。後之志存立功者，欲購求公之政績，必得奏議，而每病其散也。

嘉靖己酉，侍御白厓劉公，奉命督理陝西茶馬，其剗蠹剔弊，通商惠番，一踵邃菴公之條政。庚戌春，巡歷漢南，語及守巡道茶馬之政，盡立於邃菴公。公之政績，盡載于奏議。鎮江本已挾之來，固鎮刊猶未之見也。矧漢南產茶之源，私販之藪矣。當會公奏議條政，刊之以傳。其所費工需，取之茶法餘券。

時宗道待罪分巡，首承憲檄，迺將白厓公命，請敘于督府宫保石岡翁、撫臺大中丞印臺翁，二翁經略保釐，皆並美邃菴公者，深嘉樂之。

印臺翁又揀發固鎮刊本，宗道總承命，謹督漢中府官，分類讐挍，兩閱月而集刊告完。若夫邃菴公相業之大，白厓公嘉惠之美，體國同心，後先一轍。有督府、撫臺諸翁暨鄉之先達序之于前，宗道末學也，何敢贅？書成，石岡翁迺名曰《關中奏議全集》云。

嘉靖庚戌夏六月。

賜同進士出身、陝西提刑按察司副使、奉敕撫治漢中地方、兼分巡關南道、前監察御史、北海後學齊宗道謹跋。

關中奏議全集後跋

嘗聞名世之臣，應昌期而生，其訏謨壯猷，輸忠殫慮，以論列於明時，期在固疆埸而衛中國。允為期世斯民之幸，然必有德望比隆，經濟媲美者。彬彬然相與繼之，然後道合情孚，而大美昭布斯功，施無窮治隆悠久也。

邃菴楊公昔在關中，歷試勤勞垂三十年。其形於奏牘者，有茶馬類，有巡撫類，有總制類。皆任其重大，而言之剴切者也。邃菴公往矣，今命會刻公之奏議者，侍御白厓劉公也。甫欲刻之，迺先請敘于督府宫保石岡翁、撫臺大中丞印臺翁，二翁謀國之忠，弘濟之仁，勤勤懇懇，與邃菴公符合。因請序而有感焉，咸樂然欲永其傳。

白厓公以憲臺重臣，入關督理茶馬，即百度貞肅，風清弊絕矣。方議復金牌，以正番夷納馬之名稱，汲汲然以尊國體，復舊章為已任也。其偉度遠識，與邃菴公符合，因事事而有感焉，爰命刻公奏議於關南。

是刻也，德讓之美，樂善之誠，垂範來學之至意，章章乎備矣。世用叨役關南，幸見其書之成。仰嘆聖世得人之盛，而慶宗社無疆之休，僭跋卷末，藉茲以不朽云。

嘉靖庚戌夏閏六月。

賜同進士出身、陝西承宣布政使司、分守關南道、兼理撫民右參議、保定後學劉世用謹跋。

附：王李諸公書簡

王守仁

一、壬午

孤聞之：昔古之君子之葬其親也，必求名世大賢君子之言，以圖其不朽。然而大賢君子之生，不數數於世固有，世有其人而不獲同其時者矣。又有同其時而限於勢分，無由自通於門墻之下者矣。則夫圖不朽於斯人者，不亦難乎？痛惟先君，宅心制行，庶亦無媿於古人。雖已忝在公卿之後，而遭時未久，志未大行，道未大明，取嫉權奸，斂德而歸，今則復長已矣。

不孝孤將以是歲之冬舉葬事，圖所以為不朽者，惟墓石之誌為重。伏惟明公道德文章，師表一世，言論政烈，儀刑百辟。求之昔人，蓋歐陽文忠、范文正、韓魏公其人也。所謂名世之大賢君子，非明公其誰歟？不幸而生不同時也，則亦已矣。幸而猶及在後進之末，雖明公固所不屑揮之門墻之外，猶將冒昧強顏而入焉。

況先君素辱知與，不肖孤又嘗在屬吏之末，受教受恩，懷知己之感，有道誼骨肉之愛。邇者，又嘗辱使臨弔，寵之以文詞，惻然憫念其遺孤，而不忍遽棄遺之者。是以忘其不孝之罪，犯僭踰之戮而輒敢以誌為請。伏惟明公休休容物篤厚，舊故甄陶一世之士，而各欲成其名，收録小大之才，而惟恐沒其善，則如先君之素受知愛者，其忍靳一言之惠，而使之泯然無聞於世耶？

不腆先人之幣，敢以陸司業之狀，先於將命者。惟明公特垂哀矜生死，受賜世世子孫，捐軀殞命，未足以為報也。不勝惶悚顛越之至，荒迷無次。

二、癸未

前日嘗奉啟計，已上達。自明公進秉機密，天下士夫忻忻然動顏相慶，皆謂太平可立致矣。門下鄙生獨切生憂，以為猶甚難也。亨屯傾否，當今之時，舍明公無可以望者，則明公雖欲逃避乎？此將亦有所不能。然而萬斛之舵，操之非一手，則緩急折旋，豈能盡如己意。臨事不得專操舟之權，而僨事乃與同覆舟之罪，此鄙生之所謂難也。

夫不專其權而漫同其罪，則莫若預逃其任。然在明公亦既不能逃矣！逃之不能，專又不得，則莫若求避其罪。然在明公，亦終不得避矣！天下之事，果遂卒無所為歟？夫惟身任天下之禍，然後能操天下之權，操天下之權，然後能濟天下之患。當其權之未得也，其致之甚難；而其歸之也，則操之甚易。

萬斛之舵，平時從而爭操之者，以利存焉。一旦風濤顛沛，變起不測，衆力皇惑，震喪救死不遑，而誰復與爭操乎？於是起而專之，衆將恃以無恐，而事因以濟，苟亦從而萎靡焉，固淪胥以溺矣。故曰：其歸之也，則操之甚易者，此也。

古之君子，洞物情之向背而握其機，察陰陽之消長以乘其運。是以動必有成而吉無不利，伊、旦之於商周是矣。其在漢唐，蓋亦庶幾乎此者，雖其學術有所不逮，然亦足以定國本而安社稷，則亦斷非後世偷生苟免者之所能也。

夫權者，天下之大利大害也，小人竊之以成其惡，君子用之以濟其善，固君子之不可一日去，小人之不可一日有之也。欲濟天下之難，而不操之以權，是猶倒持太阿，而授人以柄，希不割矣。

故君子之致權也，有道本之至誠，以立其德。植之善類以多其輔，示之以無不容之量，以安其情；擴之以無所競之心，以平其氣；昭之以不可奪之節，以端其向；神之以不可測之機，以攝其奸；形之以必可賴之智，以收其望。坦然為之下，以上之，退然為之後，以先之。是以功蓋天下，而莫之嫉善。利萬物而莫與爭，此皆明公之能事。素所蓄而有者，惟在倉卒之際，身任天下之禍，決起而操之耳。

夫身任天下之禍，豈君子之得已哉！既當其任，知天下之禍將終不能免也，則身任之。而己身任之，而後可以免於天下之禍。小人不知禍之不可以倖免，而百詭以求脱，遂致釀成大禍，而己亦卒不能免。故任禍者惟忠誠憂國之君子能之，而小人不能也。某受知門下，不能效一得之愚，以為報獻其芹曝。伏惟鑒其忱悃，而憫其所不逮，幸甚！

三、丁亥

某素辱愛下，然久不敢奉狀者，非敢自外與門墻，實以地位懸絕。不欲以寒暄無益之談，塵瀆左右。蓋避嫌之事，賢者不為然，自嘆其非賢也。菲才多病，待罪閒散，猶懼不堪。乃今復蒙顯擢，此固明公不遺下體之盛，某亦寧不知感激，但量能度分自計。已審貪冒，苟得異時僨事將為，明公知人之累，此所以聞命驚惶而不敢當耳。

謹具奏辭免，祈以原職致仕。伏惟明公因材而篤於所不能，特賜曲成，俾得歸延病喘於林下，則未死餘年，皆明公之賜。其為感激，寧有窮已乎？懇切至情，不覺瀆冒，伏冀宥恕不具。

四、丁亥

竊惟大臣報國之忠，莫大於進賢去讒。故前者兩奉起居，皆嘗僭及此意，亦其自信山林之志已堅，而又素受知己之愛，不當復避嫌疑，故率意言之。若此，迺者忽蒙兩廣之命，則是前日之言，適以為已地也。悚懼何以自容乎?某以迂疎之才口耳，講說之學耳，簿書案牘，已非其能，而況軍旅之重乎！

往歲江西之役，實亦僥倖偶成。今年以來，憂病積集，尫羸日甚。惟養疴邱園，為鄉里子弟考訂句讀使知。向方庶於保身及物，亦稍得效其心力，不致為天地間一蠹。此其自處亦既審矣。

聖天子方勵精求治，而又有老先生主張，國是於上苟有襪線之長者，不於此時出而自效，則亦無其所矣。老先生往歲方秉銓軸，時有以邊警，薦用彭司馬者。老先生不可曰彭始成功，今或少挫，非所以完之矣。

老先生之愛惜人才，而欲成就之也，如此至今，相傳以為美談。今獨不能以此意而推之某乎！懇辭疏上，望賜曲成，使得苟延喘息，俟病痊之後。老先生不忍終廢，必欲強使一出，則如留都之散部，或南北太常國子，任量其力之可能者，使之自效，則圖報當有日也。

不勝恃愛，懇瀆幸賜矜察。

李東陽

與楊應寧書

得胡僉憲所寄書，知太夫人奄棄榮養。通家骨肉所以胥痛哭，胥弔唁者，豈獨與談虎變色類耶。悠悠倉天，竟何言哉！聞六月初發太原，長途酷暑，塊苫踊擗，摧裂頓撼之狀，皆可想見。此固有不能已者，但不肖以孱軀弱質，一受寒濕，輒為所纏縛不能解。今年忍苦鍼砭，百痛未能博一效。吾兄其為國為士為家祀，俯從禮制，以成大孝，不識吾言為然否也？所委銘誌，深懼荒迷，不足以當至意，然不敢不勉周原。已來薄具賻儀，不能具禮，惟檢納不次。

又

僕哀疚以來，百事都廢，聰明不及，豈復有所進乎？樂府之擬，實未敢草草，亦未敢輕以語人。高明者不以為非，則繼此猶可求教。至於筆墨點畫，未嘗有百日之功。今日所寫，明日已不欲觀，以為常病，此病不差，未可以言進也。獨篆書法，頗覺頓悟，此業若成，則於前輩不敢多讓。別後所得，惟此一端。

今為邵楚雄作“褒孝堂”三字，閣下試取觀之，果以為何如也？時雍先生已遷廣東民牧，到京尚未見面，希大將卜鄰於我。伯瞻之除，甚慰吾輩。但病未脫，然時斂初試畢，未會。

計當穎脫門生，中有李永敷者，亦非池中物，高第二三輩。南來靳解元者，猶闕面談，後別報忙甚。語不成倫，亮之而已。

比得手教，云僕初春所奉書，於五六月始到。此書郵常事，繼此尚有書不能記。所附人名字頗訝，向時見謂，止得一書，於數月之久也。承已即告，諒多哀慕，餘事不及一一。惟樸翁老師病候未康，殊切懸企，伯瞻編修，乃至此。極不勝斯文後進之歎，非獨為鄉里門墻悼也！伯瞻以吾兄，故視我不甚異。臨行時，惓惓若不能釋者，而乃至此。追原其意，銘誌之作，不可委諸他人，勉為卒事，仍虛表石，以俟大筆。九原有知，蓋其尤汲汲焉者，而亦吾之所不能已也。

錢生改字與謙，近辱誨戒，大有所得，《登科録》一冊。少將鄙意，幸檢入花帶一條，僕得之於方石先生者，轉以相奉，願附呂虔佩刀之義。物不足論，其人固可重也，幸庵頓萬萬。去冬陝中承差回承，便附一書，當不沉滯。

自上任以來，不得報計以小試，不暇審，如是則上半年尚未可得也。途中書教，戒諄至感，刻不可言，前已布謝。愧不獲面，盡西藩古文獻地，時雨之化生意，必大可觀秋試。當已略見區區所望者，殆不止此也！

宗哲西行，頗非其好，賴故人知己，必能相與於成。公濟待大僕缺未得，茲乞假南歸，與宗哲同日分道而去。喬宗舉業似更進，可望大捷。其弟詩力，亦益有加。小兒兆先，於歲正冠畢，今亦頗事筆硯，想皆所欲聞。故此瑣瑣，惟為道自重。

始得陝西書，知考察過半，公明之譽，與山西同。而怨謗不作，益足以驗德業之高遠矣！非佞非佞！關中風物，自古所稱。所示詩中，雖其固有，殆亦有江山之助，獨恨不得一共賞之耳。令郎書法大進，學業亦宜然，此甚可喜。若豚犬輩，雖諳文路，安足道哉？

日講事殷，循次承乏，非惟可懼，抑亦有可笑者。張生濳行，草草奉答，此生學業頗可觀望。青目一二，至感至感！

使車入陝後，僅得一書，知小試務殷，此時想彌節臺端矣。樸菴老先生四月內棄諸生於千里之外，同一哀慟！不得與一二知己，會哭於几筵之下耳！祭已如例，得旨，餘典尚未敢輕舉。中間情事，知者必能諒之。時雍未至浙，當亦至家，為經理家事也。小兒私試卷一二篇，知所欲見，便中附奉請教，亦果以為濫竽中物，否餘不悉。

始得關中書甚悉，樸翁已許謚，足慰輿情。門下之私，不足論也。所喻李夢陽者，果得首解。及兩張生，皆如尊料，時雨之化，殆有不誣。僕所許何生孟春者，輸君一籌。然此子之進，尤未可量也！喬宗試卷，亦以書魁，許之錯料，乃爾幸不遠耳！其弟亦署考功員外，併可為喜而不寐者，錢生之弟亦占一枝。小兒入場被跌，不令終試，近始平復，無足道者。公濟尚未至拱之，仍調兵備，未有缺也，餘不能一一。

獨坐翰署，清寒襲人。偶得故人書札，溫如玉面，加之絨褐之惠，過綈袍遠矣！時雍都憲，治水賢勞，恐猶未易就緒。宗哲雖煩，視此猶在。栖遲仰偃間，若風教文字之政，又弗待論也。所示與拱之，倡和佳甚，中年多事，此興不減。非夙有大抱負大蘊蓄者，不能關西山川之勝。或亦不得無助，區區此技漸荒，將與棋局併廢。第猶有未能絕者，如署中諸吉士課業之類也。

後進中儻有異才美質，恨不得面談，凍筆草草。

李夢陽

奉楊邃庵書

既見遽違，瞻戀增劇，心旌去旆，搖搖共西。伏念天生李晟，本為社稷，朝有君實，吏戒邊隙。顧經綸早卷，巖壑淹棲，塞塵既起，廷論乃歸。大相元宰，老就金革，窮沙大漠，殘城羸馬。焦勞心骨，想見先憂之容。然秦隴舊民，伏威涵澤，望公之來，真如日月之照雨露之濡，斯所謂事半而功倍者也。

某少耽章句，曲荷陶成，迂執忤時，中歲淪斥，無由操策。轅門侍聆邊略，然金鼓之音、旌旗之色，恒若親之斯。雖相像之餘懷，亦聞見之素心也。委箋名作，自慮知識，蕪淺黑白，或混青黄白蓄然。命嚴意懇，弗敢固遜，緣節鉞過往。時內人暴病，夜警困瘁，會風又襲之，逾月始平。諸帙挍定，涉秋畢矣。鄙詩二篇，敢上左右，非能步驟來章，幸置贈什卷，末亦驥尾之附也。

聞有脇痛之疾，事體定後，想勿藥矣。伏惟強食節勞，為社稷為生民，自愛不宣。門生李某，死罪死罪。

上言歸田録四帙，奉教勘定了畢。敢先馳以獻者，竊念某身處堂下，眼在管中，乃敢横肆譏評，點竄名作，謬擇明珠，瑕指完璧。某誠死罪死罪。

夫栗然之色，不以指而捐美者，以其璧真也。淵然之光，不以擇而亡圓者，以其珠神也。我公神珠真璧，幸無怒於妄人。轅門萬里，無由質疑，以聆緒旨。西瞻太華、吴岳之峻，不勝仰望戀慕之至。

伏念日者，途館趨侍，河舟登別，躑躅春野。佇望風帆，感慨今昔。衷曲悽惋，憶在沖年。獲叨鎔範，萍蓬飄逐。忽焉衰暮，公逾七袠，愚過半百，會不信宿。復此違隔，人非木石，誰堪此懷也。

大作十冊，校定者九，遺者自訟稾耳。愚嘗靜繹潛究，推求旨緒。西巡諸作，矜持嚴整，大而未化。立朝之作，廓廟冠冕，俊拔典則。邊塞之作，忠誠奮揚，規畫概見；歸田之作，幽玅流行，情涣意會，變化百出矣。

掇厥底本，儲厚夬沛，蘊深光淵。故觸之則發，驅之則伏。寫之無逸景，朋之無梗事，鋪之無留情。遂使工辭者畏其渾淪，召氣者讓其雄高，攻意者服其巧妙。雖唐宋調雜，今古格混，瑜瑕靡掩，軌步罔一。然所謂千慮一失者也。一代名筆，後必有知子雲者，縷縷之談，未及面陳，敢附此以聞。

徐州使至，知蒲輪北矣。公之出處，天下關之。初公之南也，愚嘗私計，出則利國，處則利身。且今夢傅卜尹之秋，孰能使公獨以身利哉？夫治朝亦有雜進，君子不無異同。今欲主張國是，定雜為一，合異為同，非公是利，而將誰利哉？

往者，公之柄政也，議者謂公喜通才，獎辯給拔門用之故吏。故其顯名高位者，程事簿書之夫多。而雅俗鎮裕之徒，寡爽快取，辦之流揚。而先憂識微之士，抑委曲活變之風行，而守死執義之心灰。

至今言官，猶以此病公，而不知道以正行，事由通濟。聖人通天下之情，達天下之變，而後成天下之亹亹。夫日有中昃，時有孟季。愚嘗竊觀今天下之才，正德不如宏治，宏治不如成化，豈否泰消長，生才有高下邪。抑有之而未用邪，用之而未盡邪。斯非後生小子之所知，亦非所宜言者。以道義肉骨，弗覺縷縷至此。

大作四種五冊，勘檢各畢，敢緘付來，使以還企詹。光範北斗，在天斟酌，元氣霖雨，四海畎畝之氓，伏俟太平無任，慰幸懽忭之至。

十二月半間，王承差齎教翰詩冊至拜，獲災變陳言之章。皇上慰諭之札，竊嘆私幸連夜彌日。嘆者遭際之難，而幸者夫子之道行也。

伏自皇上入繼，虛心委政，禮耆古儒，孝敬恭默，天下信之。言君有臣，愚安得不私為之幸？然必至誠而後動，積久而後徵於是，又知遭際有難焉。因念夫子秉蓰要樞，建白彈駁不止數十百章，而精誠剴直，該貫練徹，格心明誼，指事政體，無如此疏之大且切者。斯所以天德回而眷心注也！

仲舒三策，光武十行，今復見之太平之業，非我夫子而誰望哉？所委勘檢，年殘倥傯，俟春初完報耳。夏方伯人，便輒布此，悚懼歲事，復更瞻望台斗，戀慕愈切。大製三冊，勘檢各畢，中間批評言語，放肆去取嚴刻，殊非事長事貴之禮。

愚以為託屬既專，道誘復至，使有懷弗罄，不涉於欺乎？故寧言之耳失當，不忍知之而弗言，況由此有獲教者乎！是非可否，無吝開示，固愚者之幸也！

石淙精舍記

昔周子起濂溪之上，倡明其學天下宗焉。其後自濂溪徙廬山，遂名廬山之溪曰濂溪，名其堂曰濂溪之堂。今天下之學，咸宗師楊公，而公亦自安寧。石淙渡徙鎮江，於是筑精舍。丁卯，橋名曰石淙精舍。

嗟乎！事固有偶同者，非謂是哉？愚往觀眉山，蘇氏愛陽羨山，欲徙之，蓋卒不返眉山。今其墓在郟鄏之間，曰亦峨眉者是也。愚謂其特文章士，不足法，及觀周子自濂溪徙廬山，則又訝曰：茲非有道者為邪？

蓋天壤間，物無常主，自吾之所自出言，濂溪也，眉山也，石淙也。固吾土也，自天壤間物，言吾安往而不得主邪？嗟乎！古今人用心豈異哉？

愚不佞少幸，從公游以故得。竊聞石淙焉，石淙有虎邱之邱，曹溪之溪，螳螂之川。自昆明池來者，奔流千里。其地崩湍激石，兩崖菰葦交合，水汩汩循其間，泠然金石之音，故曰石淙。石淙視二子故土，吾不知某孰愈，乃若丁卯橋，負山帶江。據東南之會，上游之地，其泉石巖壑之佳要，不在廬山、陽羨下也。陽羨姑置勿論，且廬山其志，奚為者耶，顧卒幽抑不見於世。

今公際明，天子拔茹嚮用，功著邊徼，顯名四夷，利澤在社稷、天下其還也。登橋据水，厓坐石磯，不一再吟嘯去矣！故金焦大江之雲，不能奪凉落之塵，而甘露鶴林之情，不能已龍沙雁塞之行也。

雖然君子，豈以此易彼哉！故孔子曰："樂則行之，憂則違之。"夫廬山，豈固濂溪意邪？愚不佞徒及公之門，力不足濬流楊波，南瞻石淙，特望洋耳。是何敢言記。

玉坡奏議

［明］張　原　　撰
賈三强　點校

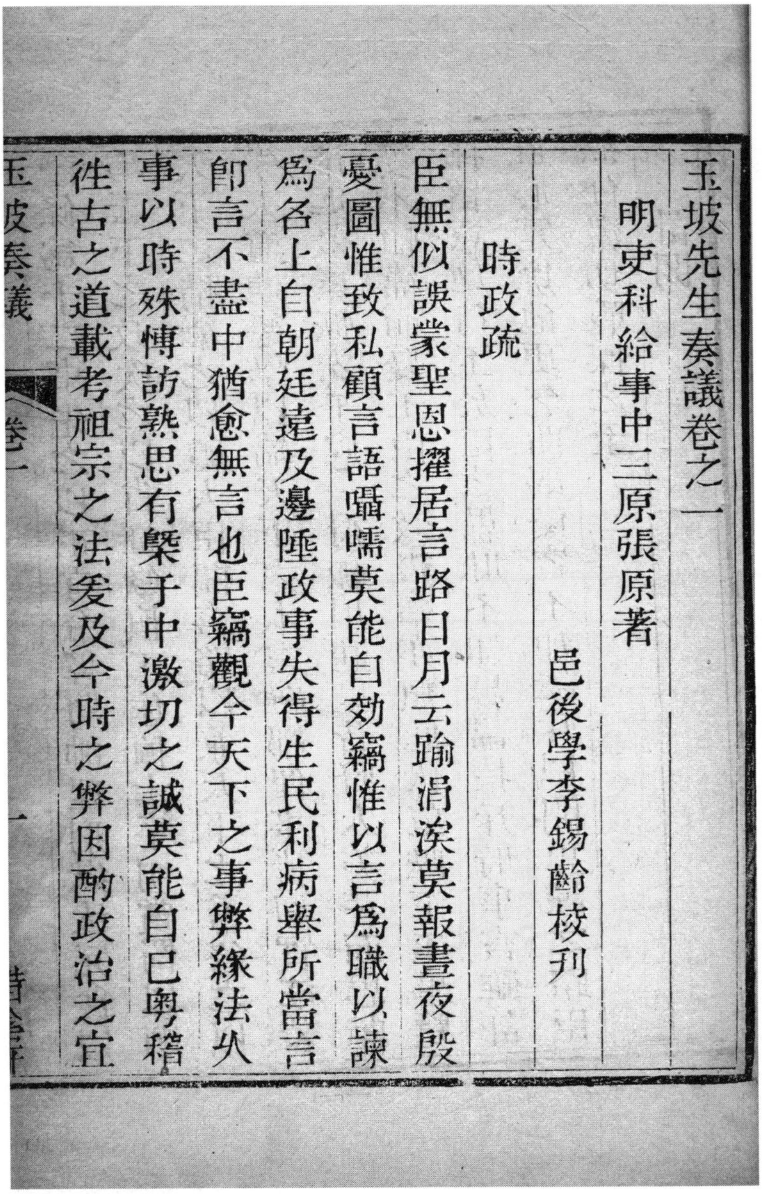
玉坡先生奏議卷之一

明吏科給事中三原張原著

邑後學李錫齡校刊

時政疏

臣無似誤蒙聖恩擢居言路日月云踰涓涘莫報晝夜殷憂圖惟致私顧言語囁嚅莫能自効竊惟以言爲職以諫爲名上自朝廷遠及邊陲政事失得生民利病舉所當言即言不盡中猶愈無言也臣竊觀今天下之事弊緣法久事以時殊博訪熟思有槩于中激切之誠莫能自已粤稽往古之道載考祖宗之法爰及今時之弊因酌政治之宜

玉坡奏議　卷一　一　惜陰軒

清道光十八年三原李錫齡惜陰軒叢書本《玉坡奏議》書影

又采其切近簡要者施之踐履以為聖德高明之驗其
于騎射弋獵荒遊盤樂之事絶意不為或左右褻習之
人有以此事先意承順逢迎導引者亦必大加懲艾以
為奸諛不忠之戒如此而聖德不純聖治不美者臣未
之信也昔唐貞觀之時斗米三錢刑措不用太宗曰此
魏徵勸我行仁義既效矣夫太宗一行仁義而天下即
見治平是以進學修德而能成化致治已行而有驗者
惟陛下察之

玉坡奏議卷一

欽定四庫全書

玉坡奏議卷二

明　張原　撰

止殷通等乞陞職世襲疏

臣伏見興府旗軍軍校校尉軍人廚役殷通等一千三
百餘名俱緣從龍之故蒙恩填註錦衣衛食糧當差各
賞銀兩彼乃不知止足援引喬成例連名具奏又乞陞
職世襲近該給事中安磐論奏奉聖旨該部知道欽此

臣仰觀聖意似非斷然終不欲與之者臣是以復昧死
言之臣惟世祿以待有功而人非軍功莫可易致此祖
宗懸爵賞以為砥礪天下之大具立法至嚴且重也邊
陲將士冒鋒鏑歷艱苦脫萬死以得一生幸獲首級然
後上功於幕府而覆覈驗於臺部展轉歲時至再至三
方僅增其一秩今殷通等無汗馬之勞尺寸之功徒以
一時遭際顧欲得世襲官職以自比於軍功之列臣恐
邊陲將士聞之解體必曰吾捐軀命以求官而未可必

429—364

清乾隆文淵閣四庫全書本書影

明給事中張公小像

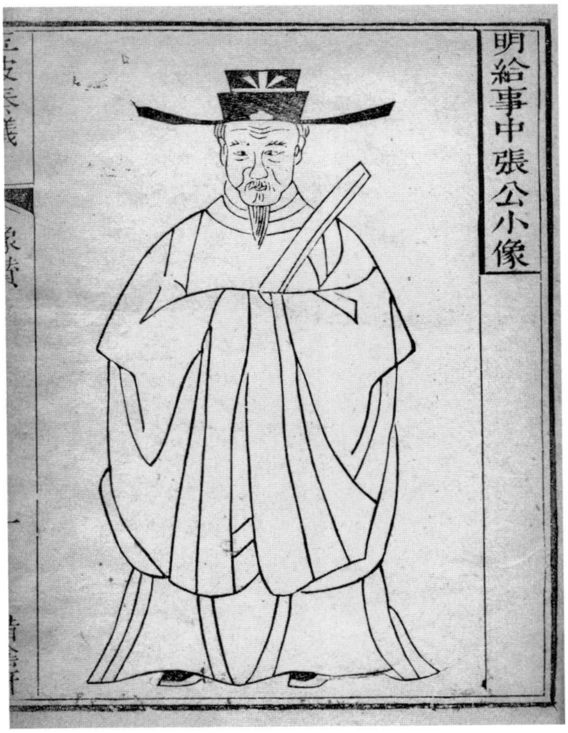

穎敏絕俗，名登高第；剴切過人，職居要地。不以一時之失竄炎荒而動心，不以一時之得復青瑣而樂意。利害滿前，何敢趨避；諫諍報上，惟知奮勵。其身雖死 ，其烈則著。百世之下，必有指其事而歎之曰：“斯人也，誠哉乎忠義之士！”

戶部尚書、平川道人王承裕贊

莊祖純孝，靜翁忠賢。夫子承之，忠孝兩全。春陽易即，風霆易續。湧泉有文，精金美玉。

光祿寺卿、緦生馬理拜書

點校説明

張原，字士元，號玉坡，别號佩蘭，明代陝西三原人，世稱玉坡先生，生於成化十年（1474）十一月十三日[1]，卒於嘉靖甲申三年（1524）八月[2]，終年五十一歲,《明史》《關學編》《國朝獻徵録》等書中對其生平事蹟均有記載。

張原“生而崎嶷，穎悟夙成，長益肆力於學”[3]，與馬理同在弘道書院師從平川先生王承裕。弘治八年（1495）舉於鄉。正德九年甲戌（1514）二甲五名中進士，授吏科給事中。“遇事敢言，即上書言十二事”。[4] 疏入，權倖惡之，傳旨，降爲貴州新添驛驛丞，距拜官僅及三月。正德十六年（1521）明世宗即位後，奉召返京。授兵科給事中，尋擢右戶科。張原益感朝廷知遇之恩，遂知無不言，多次慨然以諫，頗受重視。嘉靖三年甲申（1524）七月，大禮議起，張原以力爭忤旨，杖闕下，血肉淋漓而死。

張原著述頗豐，《國朝獻徵録》卷八十《六科給事中・南京六科給事中》引《郡志・兵科給事中張公原傳》：“所著有《黃花集》《蛩鳴稿》《石渠先生言行録》《玉坡奏議》若干卷。”然流傳至今者，僅《黃花集》與《玉坡奏議》耳。

《玉坡奏議》的流傳，可按時間梳理。自其嘉靖三年廷杖而死，首次提及其有奏議集者為唐龍序。嘉靖三年丙戌，唐龍任陝西提學副使時，受其門人張原子張維德、張維哲之請，唐為張原奏議遺稿作序。其後喬世寧于嘉靖二十六年（1547）將其刊刻。喬序曰：“余傷夫自甲申以來，至於今二十餘年，諫草

[1] 馮從吾《少墟集》卷十七《給諫張公傳》謂，張原嘉靖三年因諫大禮杖死闕下，時年五十一歲。逆推五十年，則生於成化十年。《黃花集》卷二《初度日二首》：“冬仲十三日，是予初度時。”

[2] 《明世宗實録》卷四十一謂，張原受杖為嘉靖三年七月二十八日，友人安磐追憶，越十日卒。

[3] 《玉坡先生奏議附録・貞臣張諫議傳》，《惜陰軒叢書》本。

[4] 《明史》卷一百九十二《張原傳》。

秘不得出。恐久益湮滅，乃為檢其遺稿。稿凡四卷，諸常行事與諸會奏稿，今皆削去。存其自建白者三十餘疏，要皆當世鉅重也。覽者以此究公之志業，亦可知余言所指矣……刻成，遺公之冢孫、縣學生侍以傳後世。”可見張原卒後，“諫草秘不得出”，未能刊印。雖喬世寧刊刻之，但僅有四卷。

其後續有增補。初刻次年，張原孫張侍稱：“吾祖給事中玉坡君《奏議》若干卷，三石喬先生刊于湖廣，板成示侍，俾永其傳……暇日，侍檢閱篋笥，得《殘惡將臣》與《憲臣貪暴不法》及《早辯奸佞》奏稿三篇……謹請梓人續刊于後，一以彰我皇上納諫之誠，而吾祖效忠宣力之寔，亦得托于不朽也。”張原係朝廷大禮議時與明世宗立場有異，遭廷杖而死，而此時世宗尚在世，家人有忌憚，故其議大禮之奏未能收入。《四庫全書》據此本抄録，其《提要》云：“《玉坡奏議》五卷，明張原撰。”

直到八十三年后崇禎四年辛未（1631），張原曾孫張天相方將此篇附入：“《大禮》秘諸笥中，能無懼久而湮滅與？嘻，聶政有姊，余小子敢泯先世之名？並請得王先生《傳》為續刊。”據此，《玉坡奏議》經兩次補刻，成為六卷。前後三次之刻板當俱在張家，應于崇禎年間續刊了六卷本。然此本今未見其傳。但在清代道光年間，此本應還在世。道光十八年戊戌（1038）三原李錫齡當據此本刊印了六卷本，收入其《惜陰軒叢書》。

亦有六卷抄本傳世。《中國善本書提要》：“北大鈔本。玉坡先生《黄花集》七卷、《玉坡奏議》六卷，五冊，十行二十一字。原題：‘玉坡居士張原著，谿田居士馬理校正評點。’奏議題：‘明吏科給事中張原。’……《四庫總目》僅著《奏議》五卷，較此鈔本少一卷，此本卷五、卷六，皆為續録。嘉靖二十六年喬世寧所刻《奏議》，應僅有四卷，而《四庫》所著，則張侍補本也。”該鈔本《玉坡奏議》前所附序跋依次為“喬世寧序[嘉靖二十六年]、張侍跋[嘉靖二十七年]、張天相跋[崇禎四年]”[1]。此本當與惜陰軒本屬同一版本系統。本次整理，以惜陰軒本為底本，以文淵閣四庫全書本（簡稱四庫本）為參校本。四庫館臣多避清諱，將底本“胡元”改作“元人”，“夷虜”作“遠人”“邊陲”，“首虜”作“首級”，“夷狄”作“疆圉”，“達賊”作“敵人”，“虜情”作“敵勢”，“夷狄犯華”作“邊隅有警”等，本次整理遵學界慣例，徑依底本而不出校。

[1] 王重民《中國善本書提要》第184頁，中華書局1983年。

全書諸文皆依惜陰軒本之排列，後之《補輯》為整理者所加，為其生平和著述資料。

張原及著述詳況，可參見本集成《黃花集點校說明》。

貫三强　丁酉年冬

目録

玉坡子奏議序[一]

門人三原張維德、維哲，泣捧其父玉坡子所為諸奏議遺稿再拜而言曰："予先人以諫死矣，夫何憾！所不朽者固炳炳在斯。幸惠以一言，俾櫝而世世守焉，孤之願也。"予斂衽而讀之，嘆曰："危言哉，危行哉，有道之邦哉！"

玉坡子名原，字士元，學問習於童蒙，忠亮成於天性。正德中舉進士，釋褐五月，授吏科給事中。拜官三月，極論時政，疏奏九日，謫貴州新添驛驛丞。居新添乃八年，皇帝嗣統，復召玉坡子為給事中。皇帝聰明仁聖，有堯舜之資。玉坡子亦慨然以諫諍為己任，是故抗顔列牘，朝聞夕奏，匡弼君德，指陳闕政，顯進忠良，排擊嬖倖，論刺宦邪。其言經以正而不迂也，其事詳以辯而不憑也，其氣奮以厲而不弱也，其節廉以直而不曲也。或曰："不有身乎？"玉坡子曰："君爾，何有於身！"或曰："不有家乎？"玉坡子曰："國爾，何有於家！"烈矣，烈矣！夫人之恒情，外撼則中畏，始挫則末沮。懲羹者吹于虀，震躬者戒于鄰，往往爾也。新添，魑魅之鄉，豺猨之窟也，一朝居之猶曰不可，玉坡子終八年於斯焉。孤身萬里，百死而一生，其憂深矣。乃不畏不沮，而諤諤而挺挺，益若是乎。疾風不仆，勁草有歲寒之心也；百折不回，江漢有必東之性也。斯之為大丈夫矣。雖然，朝陽升天，鳴鳳矢其音；神龍出海，祥雲耀其景。卒復嘆曰："有道之邦哉，危言哉，危行哉！"

嘉靖丙戌孟冬既望，蘭谿漁石子唐龍序

【校記】

[一]"子"，四庫本無。"奏議"，此後四庫本有"原"字。

玉坡奏議序[一]

關中舊稱“二王”：莊毅則忠勇，端毅則清直。莊毅公擊奸順門，聲震海內。其後七十餘年，而三原有張玉坡，渭南有裴給舍云。故關中語曰：“前有二王，後有裴張。”

喬世寧曰：國家重直諫之士。自劉李以後，士相慕效，視昔益盛矣。玉坡子甲申封事，忠憤激烈，抗志委身，可謂慷慨就義者，非邪？向非孝皇養士之恩，今上容言之度，亦安得畢志竭忠若此哉！然余每覽公奏議，未嘗不潸然淚下。蓋傷夫為臣不易云。公在正德時，言時政十二事，語多侵中貴人。是時中貴人用事，故謫公貴州，蓋八年不召公也。會今上御極，公始得召歸。益感上知遇盡言，乃遂有甲申封事云。嗟乎，成名亮節，足以不朽於世如公者，夕死可矣，夕死可矣！

余數過三原，會三原諸君子，相與論公奏議，謂文辭可不必論，即剛大之氣，高明之見，當萬世傳也。要之，直而不諱，切而不迂，達於國體，中於時務，其指意固與端毅公奏議一也。公少師端毅，慨然有天下之志，卒能不欺其志若此邪。國朝諫官如公者，才數人耳。當世君子無不悲傷歎慕，想聞其言也。余傷夫自甲申以來，至於今二十餘年，諫草秘不得出。恐久益湮滅，乃為檢其遺稿。稿凡四卷，諸常行事與諸會奏稿，今皆削去。存其自建白者三十餘疏，要皆當世鉅重也。覽者以此究公之志業，亦可知余言所指矣。稿刻之，湖廣提學分司板百餘片，遺自少華許子者。許子督學時，刻五經子籍，留板尚多，而余以分司月紙為工食費云。刻成，遺公之冢孫、縣學生侍以傳後世。

嘉靖二十六年八月望日，湖廣按察司副使、奉勅督學耀州後學喬世寧撰

【校記】

[一]“奏議”，此後四庫本有“原”字。

玉坡先生奏議題辭

玉坡張子，諱原字元公字士元。世家龍橋，忠孝之門。王父純孝公祖諱昶，字世宏，謚孝莊，如詩如祥。百里夜漁，朝進鯉羹。靜翁宰邑，乘驄總憲公考諱曉，字光曙，號靜菴，官至憲長。猛虎伏辜，莠民胥遠。玉坡嶽降，玉閏冰瑩。十歲摛文，二十冠英。總角能賦，書工銀鐵。達官宿儒，環稱二絕。即席矢詩，揮翰如飛。千家屏障，鸞翔鳳輝。四十造朝，對策丹墀。賜列上第，天子所揆。乃授黃扉，吏科司諫。居席未溫，責難陳善。欲併嬖倖，進諸忠良。補天幾完，竄謫鬼方。厥謫伊何，新添驛丞。職如抱關，責輕易勝。立朝三月，佩玦八春。髦士雲集，豹變蠖伸。聖皇御極，大明中天。乃懷忠貞，賜環以旋。命直兵闥，轉戶禁扃。大烹以養，甫及二齡。前後所上，四十封章。葵藿之心，傾日未央。唯邦有道，手危行言。成仁以終，不負所天。嗟嗟仁成，封章在茲。大宰著序，憲副梓之。念昔玉坡，同申同隐。又同釋褐，知子頗詳。言覽遺書，淚殞如泉。爰題無辭，畀爾后賢。

賜進士中大夫、南北光祿寺卿、隐生馬理拜書

玉坡先生奏議卷之一

明吏科給事中三原　張　原　著

邑後學　　李錫齡校刊[一]

時政疏

臣無似，誤蒙聖恩，擢居言路，日月云踰，涓涘莫報，晝夜殷憂，圖惟致私。顧言語囁嚅，莫能自效。竊惟以言為職，以諫為名，上自朝廷，遠及邊陲，政事失得，生民利病，舉所當言，即言不盡中，猶愈無言也。

臣竊觀今天下之事，弊緣法久，事以時殊。博訪熟思，有槩于中[二]，激切之誠，莫能自已。粵稽往古之道，載考祖宗之法，爰及今時之弊，因酌政治之宜，謹條為十二事。先之以正守令、擇將帥、理刑獄、汰冗食，以均天下之政；次之以省征斂、慎工作、恤士卒、明賞罰，以順天下之情；繼之以禮大臣、開言路，以兼天下之善；終之以崇天道、進德學，以端天下之本。言雖鄙俚，事皆切寔；迹若淺近，效寔恢宏。千慮一得，輒用進呈。昔野人美芹而思獻，嫠不恤緯而憂王，臣之效懇，殆亦類此。伏望陛下逐事覽擇，留意施行。至於臣之愚昧，不知忌諱，指斥時事，言雖訐直，心寔靡他。更乞曲賜優容，不加譴斥，以開忠諫之路，臣無任激切戰慄之至。

計開：

一曰正守令。臣聞漢宣帝嘗曰：“庶民所以安其田里，而無嘆息愁恨之聲者，政平訟理也。與我共此者，其惟良二千石乎！”是知守令最為親民，得其人則政平訟理，萬民樂生；非其人則刑繁政陂，民多愁歎。然其斡旋之機，顧人主激勸如何耳。漢宣時二千石有治理效者，輒以璽書勉勵，增秩賜金。公卿缺，即徵入用之。唐太宗疏刺史、縣令之名于屏風，注其政跡于下，以備黜陟。我英宗皇帝亦嘗因天下諸司朝覲，旌其才行超卓、政績顯著者，賜以衣服、褚幣、筵宴[三]，是皆斡旋激勸之道也。今之守令固有端靖慈祥之士，亦多闒茸污賤之流，大肆貪饕，過逞酷鷙，諂諛成風，拜塵乞幸，請託終日，跂足待遷，發謀舉事，皆為身謀。若是者十常七八，然來朝之時，陛下賜宴賜幣，每行賞格，而卒未見士風之變、吏治之精。臣以為考察之責，繫於御史。御史職分于訟獄之繁，力限于地域之廣，其不能精其事，有由也。伏望陛下于三載考察之外，更遣周歲巡行之使，官如御史職，專訪廉令，其博采輿論之公，不據一人之見。如其賢者，不俟來朝即加褒賜，如漢郭賀故事；遇有貪酷之人，不拘考察年限，即奏罷黜。其穢聲著甚者，又當破除常調，大加顯罰，用為衆戒，以安民生。

二曰擇將帥。臣聞將者，三軍之司命，繫國之安危。古者築壇而拜，告廟而授，推轂而遣，分閫而治，蓋重其事，慎擇其人也。我太祖皇帝驅逐胡元，混一海宇，雖曰天授，而諸將之功寔多。當時命將，必先選于稠人，觀于燕閑，審其器識，量其勇謀，而後遣之。往迹昭然，歷歷可驗。今之為將者多紈綺貴冑子弟，平居意氣軒昂，漫以戰陳自許。及應敵臨戰，遽爾怖懼，或逗留玩寇，或退縮僨軍，志氣消沮，手足錯亂。況其平日威不足以服夷虜，恩未能以綏士卒，韜略未聞，智勇安在。似此庸駑，用之何濟！非徒無益兵事，抑且有損國威。且世之善言兵者，莫如孫武。而其論將之五德，曰智、信、仁、勇、嚴。不識今之將，有一于此乎？無古人一略而濫膺將寄，臣寔寒心。伏望陛下廣為蒐羅，慎加簡察。武舉之外，別置貢舉。科條考察之餘，再立采訪官使。不惑于阿大夫之譽言日至，不執于趙奢子之大言無寔。戰陳屢經者，始授之節鉞，不限於邊鄙之遠人；智勇著譽者，方寄之藩閫，不昵於左右之僻倖。庶幾蒐收得人，邊陲有備。

三曰理刑獄。臣聞治天下，以政為治具，以刑為政輔。刑以輔政，而後奸慝懲、暴亂息矣，此古之降典者，又有待于折民之刑。而刑政二者所以不可偏廢也。《書》曰："式敬爾由獄，以長我王國。"蓋能慎用刑，則仁恩孚洽，足以培固國本，是持法者又不可不慎也。漢唐之初，立法甚善。其後巧文深智、酷鷙鍛鍊之徒，耗散國脉，天下囂然，喪其樂生之心。惟太宗每決重辟，必令三覆五奏，減膳徹樂，誠知人命至重而敬慎者也。我太祖皇帝當草昧之初，即留心于刑獄，删定律令，昭示章程，告戒丁寧，亹亹不已。嘗曰："用法不當，則無辜受害。"又曰："刑得其當，則民無寃抑。"又嘗因讞獄淹滯，廷責輔臣。蓋垂畫一之法，存欽恤之心，聖子神孫萬萬年所當敬守也。今天下承平日久，法弊政弛。治獄之吏，率不任法。貪墨自恣，賄賂成市；輕重在手，喜怒任情。獄成于鞭朴箠楚之鍛鍊，罰異于比況議擬之附會。或二人同事而異罪，或二人同罪而異罰，或一獄而梏滯者十餘年，或一事而株連者百餘輩。舞智弄法，深詆巧文，雖陛下時下湔滌之詔，敬慎之言，殆亦彌文而已。張釋之曰："法者，天下公共者也。"今天下之法如此，陛下以為公乎？法既不公，而欲天下之治得乎？伏望陛下明勑法司，申嚴成憲，以大明律令為聖祖之所詳定者，遵用而不違，以見行事例；為廷臣之所集議者，參考而不失，内外一律。不以輕重自恣，大小稱情；不以喜怒自任，讞訊明允。俾無株連之寃，決遣以時，使無梏滯之枉。陛下亦宜篤示大信，敬守祖法。曲赦不行，視宫中府中于一體；欽恤懇至，謹三覆五覆于崇朝。庶幾刑罰以清，奸宄以息，五教以弼，四民以安。

四曰汰冗食。臣聞"洪範八政，食貨為首；孔子論政，足食為先。"聖帝明王未嘗不以此為急也。自非旱乾、水溢、霜殞、雹擊，則天之所生、地之所養，自足以供一歲之用。古者立什一之法，以制其取；校五穀之入，以制其用；建百官之秩，以制其食。他如府史胥徒之類，亦必量功稱事。初無靡費，因事置人，略無冗員，是以費用省約，公私優裕。我太祖皇帝，既酌天下地里建置官吏，復因内府衙門置設工役。官有定員，不至冗雜；工有定數，罔有濫侈。今國家之用，率多取辦于東南。然而旱乾、水溢、霜殞、雹擊以為天災地歉者，既無寧歲，抑且貪饕朘剥，漁奪蠶食以為民害。物盡者復無餘利，則食之所生，其源已病矣。加以都畿之内，耗食者衆，巧計投充而趨辦月錢，恣意影射而假食月糧。一方之内，氓隸匠卒，無不食禄之家；一家之中，父子兄弟，無不給粟之人。夫趨辦月錢，則利歸官府；假食月糧，則害及廩庾。況月錢之辦，僅費月糧十分之二三，則民之所以競趨于彼者，固其所也。是以供辦之夫數倍往昔，而徵求之名盡越法制，物力如之何不絀哉？伏望陛下從國初清明之制，洗近年積習之弊，嚴立法禁，大加簡閲，内外官員繫因事建置，勢不可無者，姑仍其舊。若事在得已，職涉冗繁者，一切罷革。又各色匠作及勇士、力士、校尉人等，凡近年巧計投充者，盡為裁黜。其有占悋影射者，亦必從法究治，以杜其弊。庶幾漕粟充羡，國計可舒。

五曰省征斂。臣聞傳曰："百姓足，君孰與不足？百姓不足，君孰與足？"古者太宰以九賦斂財賄，大府以九式節財用，以九貢致邦國之用，以九府為掌財之官。漢景帝時，民每三十而稅一。唐高祖令租庸調之外，不得横有調斂。我太祖皇帝嘗曰："歲賦有限而日用無窮，費或過度，何從辦集？"侵漁剥削，皆原於此。又嘗因四方進貢而卻之，以為四方之物，皆民之財斂。萬民之財以為彼一身之利制，自今其毋復獻。是知民不可貧，漸不可長，而希寵生事者宜有以塞其源也。今天下征斂日新，勸劭日益，地無遺利，民無遺力，宜財用之多也。然一舉事，而掌國計者輒至告乏，何哉？民貧故也。民之所以貧者有二，一由守令之貪殘，一由守臣之進貢。國家近年均需雜輸，層見疊出，率十倍于舊制，而皆取辦于守令。守令之貪殘者，且假託以自殖，而又十倍于上供。此民之所以貧者一也。至若守臣進貢，其弊又有不可勝言者。巧立名目，競出新奇，恣意逢迎，以為孝順。彼豈肯舍己之財，以盡己之忠哉？不過取于民耳。取于民者又數十倍，而供于上者纔一二分。虎狼之暴，莫可梏制；邱壑之欲[四]，無有止極。此民之所以貧者二也。伏望陛下禁守令之貪殘，而一毫不許擅取；止守臣之暴斂，而一物不許擅進。執此之政，堅如金石；行此之令，信如四時。務使斂之有定賦，用之有定數，掌之有定員，貢之有定制。法外之征，不加之民；無名之貢，不入于上。庶幾民財不匱，民心不失。

六曰慎工作。臣聞古稱善治者必曰："不盡民之力，蓋匹夫之家，上父母，下妻子，嗷嗷數口，待一人而食。"苟使之終日勤役而不得經營口食，則彼父母妻子之養何所取給哉？況軍士隸名尺籍，寔為防禦。而京營之設，又所以衛王室以備緩急者也。顧可使之勤勞工作以索其力哉？平居無事，既索其力，倉卒有事，復欲其捐軀殞命以效一旦之用，精力消萎，英氣摧折，非惟法制不宜，抑且人情不堪。昔者漢文帝欲作露臺，既召匠計直而復已；唐太宗欲修洛陽宫，已下詔發卒而復罷。我太祖皇帝嘗指宫中隙地曰："此非不可起亭館臺榭，為遊觀之樂，但恐傷民之財，勞民之力耳。"大哉王言，萬世攸仰。今都城内外，工作繁興，起撥軍夫，動以千計。雖非急務，一概舉行。事可因仍，皆務改作。計其工程，或期月可辦；而恣其怠緩，嘗至終歲而不休。徒事因循，躭延歲月；假為督理，大肆誅求。做工者能幾人，而縱放者率已過半；

上工者能幾日，而停止者又或歷時。虛名有在，寔效無徵，利入私門，怨歸公室。況今內殿營建在邇，工程浩大，力役重繁。率在斯人，事非得已，使不預為培養，何堪臨事動煩。伏望陛下俯頒渙汗，申勅所司：養銳節勞，坐待重役；合謀併力，動應大工。將見今大小工作，一切停止；內外人役，舉皆免放。庶幾民有餘力，樂于趨事，譏慝不作，謳誦聿興。

七曰恤士卒。臣聞樂生惡死者，人之情也。今驅無罪之人，使之披堅荷戈，以蹈必死之地。而樂于進趨，勇于敵愾者，豈其情哉？惟上之人加意于存恤，使平昔遂其飽煖安逸之願，而無倚矛脫巾之怨，而後可耳。苟或勞役而不肯節其力，朘剥而不能體其心，顛踣憔悴，初無濡沫之利以為周身之資，則彼皆將巨："吾冒鋒鏑，犯霜雪，捐軀命，而不得安飽于終日，亦何以自感為哉！"是以怨讟聿興，戰禦喪氣，深可畏也。昔魏吴起為將，與士卒最下者同衣食，臥不設席，行不騎乘，親裹贏糧，與士卒分勞苦。趙李牧居代雁門，市租皆輸入幕府，為士卒費，日擊數牛以享士。邊士日得賞賜而不用，皆願一戰，故能克敵禦侮，所在成功。我太祖皇帝躬臨戰陣，備知艱苦，屢頒詔旨，恒切注意。嘗因天寒，念沿邊將士，加給衣帛，又制優恤軍屬之律，申尅減衣糧之禁。恩至渥也。今番上之卒，既疲于道路之奔涉；而屯邊之卒，又苦於差役之繁重。則所以節其力者，既無其道矣。兼且統領將佐，百爾征科，巧立名目，下及芻薪，肆行椎剥，至窮髓血。月糧雖給，曾未得升斗以贍私；上下誅求，又旁及餘丁以輸辦。一家數口，迄無閑人；一身百工，都無餘力。人人無更生之樂，懷終歲之憂，則所以養其生者，又無其道矣。夫平時愛養，既不能得其歡心；則臨敵禦侮，安可望其死力哉。伏望陛下申明舊章，嚴立約束，務使統領將佐不敢貪殘，軍伍士卒得受寔惠。其有玩法自殖，稔惡不悛者，寘于重法，用為千百之戒。初不以內外大小，異法殊科，庶幾萬衆如挾纊之和，邊陲有踴歌之樂，勇氣增倍，戰禦無失。

八曰明賞罰。臣聞賞罰者人主，勵世之大權，不可不昭大信于天下也。古之明王賞一人而千萬人勸，罰一人而千萬人懼者：蓋由賞當其功，則不惟有功者知所勸，而天下之人亦將汲汲焉圖效力以立功；罰當其罪，則不惟有罪者知所懲，而天下之人亦將惴惴焉圖自修以免罪。是故操此大權，昭示大信。其賞也，因天下喜之而後賞；罰也，因天下惡之而後罰。故其紀綱振立，政事修舉，人心淬厲，治功可成也。昔漢張裔稱諸葛亮曰："賞不遺遠，罰不阿近，爵不可以無功取，刑不可以貴勢免，此賢愚之所以僉忘其身也。”唐裴度亦以藩鎮底平為處置得宜，能服其心而致然。我太祖皇帝嘗曰：“人君操賞罰之柄以御天下，必在至公。無善而賞，是謂私愛；無過而罰，是謂私惡。皆不足懲勸。”至哉斯言，誠治天下之龜鑑也！今天下好惡不公，賞罰不信，或無功而受賞，或有罪而不罰，或既罰而復免，或既賞而復加。庸才荐登，率又賜玉；微功莫效，輒爾封侯。恩或濫及于年資，賞或妄加于閥閱。希圖傳奉，習生徼倖之心；請託乞恩，大啓覬覦之念。政體弛廢，權柄下移，載稽邊功，其舛尤甚。足不出門庭，率寄名而受賞；身未經戰陳，多迎合以奏功。捐生禦敵者或未沾恩，臨機畏縮者或至脱禍。功差六級，古法不免謫官；覆至全軍，今則縱其贖過。虚張諜報，率欲冒功；深自匿藏，全無寔覈。士卒由之解體，夷虜因之陸梁。似此弊端，殆難盡數。伏望陛下申示章程，大張乾斷，精明賞罰，寔覈功勤。凡所施行，必布公道，賞不令其倖得，罰不致其倖免。無為苟且目前之計，要為經久畫一之規。其或左右近習之人、閥閲權勢之輩，沮公撓法、背理任情、請託夤緣、肆無忌憚者，皆聽所司執奏；又或已經聖意俞允，雖有成命者，亦聽科道參駁，皆付法司究懲。庶幾公道昭明，國是有定。

九曰親大臣。臣聞君者，臣之元首；臣者，君之股肱。况大臣者，又人君之所遴選甄拔，置諸左右，以資輔弼啓沃，尤非羣臣比也。遴選甄拔，既將以為輔弼啓沃之資；而堂陛森嚴，有以限乎尊卑之分；法制繁密，有以沮乎情意之孚。甚至廟堂大計，雖付外廷雜議者，亦皆承示意旨，徒縻虚名，而不使可否干其間[五]。則向之遴選甄拔者，豈徒隆之于虚禮，縻之以高爵而已哉。唐虞之世，君臣相與，一堂之上，都俞吁咈，喜起賡歌，如家人父子之親，藹然情意交孚，略無猜忌形迹之嫌、扞格疏遠之弊。唐制，天子燕見大臣，開延英殿，從容坐論，移刻乃退。宋仁宗召大臣于天章閣，賜坐給札，使條具其所欲施行者。我太祖皇帝及列聖皇帝，正朝之外，亦率于便殿不時召問燕語，或究機務得失之故，或察閭閻幽隱之情。當時諸臣，以為榮遇，各有紀述可考也。其後時事漸異，禮意寖衰，形迹闊略，日以睽廢。弘治年間，我孝宗皇帝因言官建白，亦嘗舉而行焉。故當時政務修舉，刑賞昭明，海宇乂安，治化休美，天下至于今思之。伏望陛下崇信老成，優禮耆宿，每遇閒燕，特賜召延，脱略儀文，外棄形迹。從容賜坐，款曲晤言；講論經書，旁及民隱；商搉機務，博究事情。可否之言，出口入耳；密勿之計，彼感此孚。務使上下之情兩達，内外之事周知。庶幾老成之臣，曲盡忠悃；天縱之質，益進聰明。而一德可成，庶績咸熙。

十曰開言路。臣聞主聖臣直，古有是言。主非聖，不能容臣之直；臣非直，不足見主之聖。故君以降志受言為德，臣以犯顏敢諫為忠。彼此相須，上下相濟，而後天下可理也。朝廷設臺諫之官，而名為耳目之司，正所以廣九重之見聞，益一人之心思，使天下萬事未易周悉者，于此可悉也。苟循默緘晦，不能盡言，使天下之事因之隳廢，則安用此耳目為哉？此為不忠之臣，不忠之臣誅無赦。抑或人主驕愎自賢，不容盡言，使天下之事因之隳廢，是自壅蔽其耳目也。昔漢文帝于郎從官上書疏，未嘗不止輦受其言。群臣袁盎等勸說雖切，常假借納用之。唐太宗于上書言事者，皆黏之屋壁，出入省覽。我太祖皇帝臨御之初，每導羣臣，使之盡言。進投疏奏，無不盡覽。言或可采，輒賜褒嘉，欣然改從，初無係吝。蓋即成湯從諫不咈、改過不吝之心也。故當時治化之盛，與三代同之。今天下政事之興革，人才之用舍，大有可言者，而人亦未嘗不言之。然或略而不詳，迂而不切，陛下一皆優容聽納，無所咈戾甚盛心也。但言者雖衆，而尚懷逆鱗之憂；聽之雖勤，而尚有遺善之嘆。伏望陛下廣詢博訪，疇咨延納，如古之所謂開導而求諫，和顏色以受之、虛襟宁以聽之者。務使有懷者皆盡其所言，有言者各盡其所見。然後徐察其可否，而賜之施行。其或言有不當觸忤塵瀆，亦宜假借優容，不加罪責。庶幾兼天下之善、集衆人之長，群策畢屈，庶政無議。

十一曰崇天道。臣聞君者，民之父母；天者，君之父母。人子有過，則父母戒敕之，規論之[六]，甚則笞責譴呵，無所不至。蓋其愛之之心，無所不至，欲其朝夕警省，冀其飭躬勵行而後已也。人君事天，寔亦類此。彼其位曰天位，職曰天職，民曰天民，皆不以為君之所自有而必繫之天者，是其受天地之託，居宗子之任，宜乎祇奉若天，以盡其道也。況人君尊臨九重，至尊無上，頤指氣使，無不如意。使非上天陰鑒而默相之，尚何所憚而不為哉！故災祥沴異之來，蓋亦愛君之至，薄示笞責譴呵之意，以為戒勑規諭之，方冀于飭躬勵行而已也。董子以災異為天心之仁愛，詩人以不敢戲豫馳驅為敬天，漢文帝以水旱疾疫下詔責躬，宋太祖以霖雨不止夙夜焦思。我太祖皇帝嘗因時不雨，素服草履，步詣禱祠，設藁席而露坐。晝曝于日，頃刻不移；夜臥于地，衣不解帶。每令蔬食雜麻麥以進，其憂民之心、事天之誠，萬世無容議矣。今天地示變，戾氣作沴，雨暘愆伏，日月薄蝕，星辰殞墜，風雹震擊，是天道不清于上也；旱魃荐臻，大水浸溺，盗賊充斥，夷虜侵擾，是地道不寧于下也。不識陛下以今此之時為治安矣乎，抑或以為未也？若以為未至于治安，則所以飭躬勵行者豈可但已耶？夫天地作沴，既示仁愛之心，而體道守正，宜盡昭答之寔，用副父母萬民之望，以謝天地父母之心，是在陛下為之而已。臣以為，應天以敬，而不在儀文繁縟之末；立政貴誠，而不係聲音笑貌之為。使能持一敬以為感格之本，積一誠以為施設之基。一政之施，無偽無雜；一令之行，無二無三。有忠信誠慤之寔，無虚偽誣罔之非，孚洽于群僚百執事之間，昭著于宮壼湓大廷之際，如漢光武之推赤心置人腹中，唐太宗之至誠理天下，則一誠足以消萬偽，一敬足以敵千邪。天人之間，感應之機，影響之捷，當有不可誣者。至和召來，萬靈順應，而沴不為災矣。昔唐太宗憂民食而蝗不為災，宋景公發善言而災星退舍，是皆應天以誠而能轉灾為祥，已行而有驗者，惟陛下察之。

十二曰進德學。臣聞人君之德，為天下治忽之機。古之明王，未嘗不以修德為急；而賢臣之輔導勸說，亦未嘗不以修德為急。何也？世無常治，亦無常亂。德日新者，有以致萬邦之懷；儀不忒者，足以致四國之正。潛修于嚴閟幽隱之地，而昭格于廣博遐遠之域，感應之機，有不可誣者，然德之修否，顧學何如耳？高宗遜志時敏，以求建事；成王宥密緝熙，以求顯德。故曰：明君以務學為急，意正如此。知務學而德之不純者有矣，未有不知學而能修其德者也；知修德而治之不純者有矣，未有不修德而能善其治者也。務學而不能純其德者，學或未至，抑務之未得其要也；修德而不能善其治者，德或未至，抑修之未得其要也。且人君之學，豈若經生曲士之為哉？撮大旨，繹大義，審治亂安危之機，探得失是非之源，如斯而已耳。我太祖皇帝創業之初，萬幾叢委[七]，日取《論語》《洪範》諸書，樂而玩之。每遇儒臣經筵進講，率令盡心剖析，又命有司訪古今書籍以資覽閱，又深慮聖子神孫以暇逸為垂拱無為，故其垂訓，拳拳以大禹惜寸陰，文王不暇食為言，著之乎典冊，傳之乎後世。如日麗天，如水行地，凡有耳目者，所共見聞，當萬世遵行而不可違者。陛下即位以來，于兹九年，雖求治之念恒切于中，而致治之美未臻其效。意者，修德之寔尚有可言也。伏望陛下念祖宗付託之重，思天下仰賴之廣，體聖賢善治之言，遵皇祖垂世之訓。深居法宮，尊嚴簡出，清心窒慾，勵志省非。日取《論語》《孟子》《尚書》諸書，以及戈直之《貞觀政要》、真德秀之《大學衍義》、陸贄之《奏議》，循文約理，撮旨取義，時賜省覽，以裨聖學緝熙之益。又采其切近簡要者，施之踐履，以為聖德高明之驗。其于騎射、弋獵、荒遊、盤樂之事，絶意不為，或左右嬖習之人有以此事先意承順、逢迎導引者，亦必大加懲艾，以為奸諛不忠之戒。如此而聖德不純、聖治不美者，臣未之信也。昔唐貞觀之時，斗米三錢，刑措不用。太宗曰："此魏徵勸我行仁義既效矣！"夫太宗一行仁義而天下即見治平，是以進學修德而能成化，致治已行而有驗者。惟陛下察之。正德九年十月十八日進，二十五日奉聖旨："張原這廝，驟陞科道，不諳事體，拾掇往言，輒來奏擾。本當重治，姑且從輕降雜職，調遠方衙門。今後新科進士，俱要先選在外有司，歷事一二考，方許除授京職。其有因事發遣的，不許朦朧擅自取用。如有違犯的都治罪不饒。吏部知道。"[八]

【校記】

[一]"玉坡先生奏議卷之一，明吏科給事中三原張原著，邑後學李錫齡校刊"，四庫本作"玉坡奏議卷一，明張原撰"。以下諸卷首同此。

[二]"槩"，四庫本作"嘅"。

[三]"禇"，四庫本作"楮"，是。

[四]"邱"，四庫本作"丘"。

[五]"干"，四庫本作"于"。

[六]"論"，四庫本作"諭"。

[七]"幾"，底本作"几"，據四庫本改。

[八]"正德九年"領起之小字注部分，四庫本無。

玉坡先生奏議卷之二

明兵科給事中三原張原著

邑後學李錫齡校刊

止殷通等乞陞職世襲疏

臣伏見：興府旗軍軍校、校尉、軍人、厨役殷通等一千三百餘名，俱緣從龍之故，蒙恩填註錦衣衛食糧當差，各賞銀兩。彼乃不知止足，援引喬成例，連名具奏，又乞陞職世襲。近該給事中安磐論奏，奉聖旨："該部知道，欽此。"

臣仰觀聖意，似非斷然終不欲與之者。臣是以復昧死言之：臣惟世禄，以待有功；而人非軍功，莫可易致。此祖宗懸爵賞以為砥礪天下之大具，立法至嚴且重也。邊陲將士，冒鋒鏑，歷艱苦，脱萬死以得一生，幸獲首虜，然後上功於幕府，而復覈驗於臺部，展轉歲時，至再至三，方僅增其一秩。今殷通等無汗馬之勞、尺寸之功，徒以一時遭際，顧欲得世襲官職，以自比於軍功之列，臣恐邊陲將士聞之解體，必曰："吾捐軀命以求官而未可必得，彼徒袖手僥倖得之。是朝廷視吾軀命不甚重於官秩也。"陛下復將何以待邊陲將士之有功者邪，抑將何以勸邊陲將士之有功者邪？夫官至於世襲，可謂至矣；人至於一千三百有餘，可謂多矣。陛下已嘗汰冗員，革冒功，今無故陞此一千三百餘人，其冒濫何如也？陛下身自行之，曾未幾時，乃復自背之，失天下大信，破天下大閑，臣竊為陛下不取也。往日喬成等乞請之初，使陛下俯聽該科該部之執奏，褫其秩而治以罪，則殷通等今日之比例，臣知其決不敢矣。若謂其有扈從功，出於一時之特旨，臣又以為不然。扈從之功，優之金帛足矣，不必假之官且世襲也。昔唐太宗時，秦府舊人未遷官者多怨望。太宗曰："王者至公無私，故能得天下之心。若不論賢不肖而直言怨望，豈為政之體乎？"審如是，則陛下今日之於殷通等，寔示天下私也。陛下有堯舜之資，圖堯舜之治，顧所行反出唐太宗下，臣固知非陛下本心也。伏望陛下重天下公爵，割一時私愛，勑下該部遵照前旨，殷通等止許食糧當差，照舊替補。仍將先後陞官世襲如喬成等者，通賜查革，庶後人貪緣者絶覬覦之心，貪冒者無援引之例，而邊陲捍禦者亦有所企望而知勸奮矣。臣不勝犬馬，惓惓為國之至。嘉靖元年正月二十九日進，次日奉聖旨："該部看了來說。"[一]

【校記】

[一]"嘉靖元年"領起之小字注部分，四庫本無。

請起大學士石珤疏

邇者，掌詹事府事、吏部尚書兼翰林院學士石珤將命，祭告闕里，便道回家，遂杜門引疾，累疏乞休。節蒙溫詔，勉留再三，且勑吏部差人催促供職。仰見陛下優禮大臣，眷念元老，崇重德望，延攬俊傑之心，天下臣工率皆歡忭鼓舞，咏歌聖德。凡有志事功者，莫不仰首思奮，欲副大聖人側席之求，以效一得之用。但珤退休之志已決，而叙述之詞甚懇，似不可挽留者。

臣竊以為，有君如此，而忍負之，珤獨何心哉？蓋履盛知止者，聖賢之格言；進禮退義者，大臣之高致。珤之用心或以此也。臣嘗聞珤之為人：剛方直介，有確乎不可拔之操；公忠簡諒，有斷兮無他技之美。學焉有本，不徒勦口耳之贅[一]；才焉有用，足以為經濟之資。名久孚於縉紳之旦評、德素協於烝黎之夙望若珤者，博求斯世，不多其人。陛下昔任之銓司，復進之內閣，天下固已稱之，陛下亦已信之，如之何今聽其自去也！海內尚有二三老臣，負重望而家居者，陛下已嘗注意而未及用之。天下方以為聖世不遺黄耉之闕事，顧又可聽珤之去邪？陛下左右啓弼成太平之治者，雖已得人，然君子滿朝，吉人彙征，自足彰聖朝之美，固不嫌於多也。昔人有曰"正臣進者治之表"，其意蓋謂進一正臣，固未可遽以言治，而拔茅連茹之義，用人行事之推，天下嚮風，不約而自皆歸於正。治雖未成，而治之形已兆矣。使人君於此，果能體其心不強以逆之，盡其才不枉而用之，則“期月已可，三年有成”之言，必不誣也。陛下又可以珤之去不關治理，乃不經之意，而不必致之邪？臣固知陛下必不聽珤之去也，敢復為此言者，非求諛於珤也。竊念扶植善類，乃臣之職；獎成君德，乃臣之忠。况老成典刑，實有國者之楨幹；而順天下之情，慰天下之望，尤治天下得人心者之要道。是以不避塵瀆，為陛下覼縷言之，實非求諛於珤也。

伏望陛下重念輔賢之不易得，治理之不易致，勿以天語諄復而厭其煩，勿以珤奏頻仍而疑其慢，再勅吏部，丁寧諭旨，仍遵成命，責以大義，務欲珤之趣裝就道，祗服聖恩。使與三四元老，同心寅恭以贊襄聖德，弼亮聖化。陛下亦宜開張聖聽，虛心任納，朝夕密勿，勿二勿疑，以共保億萬年無疆之業。天下後世必將頌陛下為中興之令主，珤與三四元老亦得為中興之賢相，顧不美歟！嘉靖元年[二]五月二十六日進，二十八日奉聖旨：“這所言有理。石珤學行老成，朕心簡在。近日累疏，引疾求退，已節有來京供職，以副朝廷急賢求治之意。毋或稽遲。”

【校記】

[一]“贊”，四庫本作“說”。

[二]“嘉靖元年”領起之小字注部分，四庫本無。

寢趙雲陞命疏

邇者，皇上憫念御馬監太監趙山藩邸服侍殷勤，于其死也，賜之賻祭，為之安塟，曠蕩之恩至矣極矣。尋因少監王佐學為其弟姪乞官，蒙准陞趙雲為錦衣衛正千户。彼時臣等該科即嘗具奏，論其不可。奉聖旨：“已陞了罷，欽此。”臣等自恨平日誠信淺劣，不足以感聖心；言辭鄙穢，不足以啓宸聽。有負祖宗設官求言，及臣等以言為責之意，俯首捫心，靦顔慚懼。既而又意該部論列，宜有當聖意者，冀猶可以回成命也。及其極言執奏，復奉聖旨：“已有旨了。欽此。”臣等相顧錯愕，莫知所以。夫趙雲止一人，其陞官亦止一事，似不可再瀆宸聽，但此事係祖宗之憲章，朝廷之名器，聖德之得失，國事之是非，非細細者，不容緘默而已也。然其事之不可，臣等該科及該部論之已詳，臣豈能復贅其意外之言哉。

竊念官爵乃古聖人治天下之大法，是故本之禮以為之綱維，行之義以為之權度，成之信以為之楨幹，有品式以定其制，有等威以異其名。國家懸此以奔走天下之人，使賢者居之有所勉而勸焉，不肖者視之有所企而慕焉。其名若虛，而國家受其利也實大，昔人謂為礪世磨鈍之具是也。我太祖高皇帝時，臣下立戰陳功者，多止賞之以金帛。其或功出異常，不得已始與以一階。今之尺籍可考見已。高皇帝豈刻印刓敝，忍不能予者邪？誠以賞多則濫，濫則人不以為恩；少則貴，貴則人知其為惠。然必上之人自愛之重之，斯下之人亦愛之重之。何也？以其得之者不易也。否則，漫然與之，漫然受之，與之者略無難色，受之者以為當然，其何以奔走天下之人，而又何貴於礪世磨鈍也。況可聽人代人乞請而即許之邪？使可因人乞請而即得之，皆將鑽刺請託、取徑行險以競求遂其所欲。倖門一開，頹波四潰。彼惟知恩出於所求，而不知有君上矣。陛下懲往年冒濫之弊，嘗查革乞陞傳陞人員。天下方想望仕版澄清，紀綱振肅，以成更化之治，顧可又許趙雲之乞陞以開新例，紊舊典，失大信乎？趙山雖有服事殷勤，亦其職分當然，視戰陣功何如也！使其服事殷勤，即可以言功，則陛下何用於山哉？昔韓昭侯有敝袴，命藏之，曰："吾聞明主愛一嚬一笑，今袴豈特嚬笑哉！吾必待有功者。"今之正千户，其階正五品，其秩武節將軍，其禄幾二百石，尤非敝袴者比。陛下略不少如敝袴之愛惜，率意輕與無功之趙雲，所見與昭侯異矣。該科該部不肯阿意奉行，而執言以請，皆其職也。居其位，食其禄，任其責，而不能盡其忠，舉其職，臣竊恥之，陛下亦安用之？今臣等該科欲舉其職，既以為不可，該部欲盡其忠，又以為不可，陛下獨排羣議，偃然以為可而與之，則是臣等該科及該部之言舉不足信也。臣等位卑望薄，言不足信，固宜獨念尚書為陛下喉舌之官，分任責成賦政四海之人，而彭澤又陛下以德業聞望特詔起用，素所傾注倚毘者，顧亦不信其言焉，則陛下之所信者誰也？臣伏見近日陛下批答中外執奏章疏，率曰"已有旨了"，或曰"已有成命了"，或曰"已發落了"，不特趙雲一事為然，詞涉婉而意甚厲，情若順而旨則離，請雖繁而執愈堅，雖未嘗顯言距人，而寔寓不容人言之意，是豈陛下任人用言之道哉！究其末流，將必至以人言為不足恤也。孟軻氏曰："訑訑之聲音顔色，距人於千里之外，則讒諂面諛之人至矣。與讒諂面諛之人居，國欲治，得乎？"臣所以大懼而不能已於言者，蓋亦為此。昔史臣贊堯之德曰"舍己從人"、湯之德曰"改過不吝"，至漢高帝亦曰"從善如轉圜"，唐太宗亦曰"納諫如流"，是皆書之簡冊，傳之後世，人至今頌之不衰。不識陛下何獨異於此也？今之議者，皆謂旨由中出，政多下逮，貂璫竊國命，奸倖擅朝綱，政以賄成，法緣私廢，天下事漸不如初者十二三。而正德之故轍，多踵行之。觀兹乞請，即其一端。陛下聰明神聖，天下欽仰，獨於此尚不省悟，乃爾甘其諛而受其欺邪？陛下去年即位之初，覃詔天下。天下之人，扶攜往聽，咸舉手加額，欣欣然喜見大聖人之出世，而幸閭閻之更生。真有願少須臾毋死，思見德化之成之意。陛下今日奈何懷姑息之小惠，背已行之大詔，渙既得之人心，隳垂成之功業乎？伏望陛下為祖宗崇重官爵，為朝廷愛惜名器，俯納該部體國之奏，特寢趙雲乞陞之官，仍依擬量免徭役，俾之世承其祀，則君義臣忠兩為得之。臣又聞漢諸葛亮告後主曰："宮中府中，俱為一體，陟罰臧否，不宜異同。若有作奸犯科及為忠善者，宜付有司，論其刑賞，以昭陛下平明之治，不宜偏私使内外異法也。"臣更望陛下修太祖之舊典、孝宗之遺烈，宫府不異體，刑賞不異法，惇大信以示天下。庶官有定守，民有定志，恩自上出，權不下移，平明之治，行當見之。本月十五日，奉聖旨："已有旨了罷。"[一]

【校記】

[一]"本月十五日"領起之小字注部分，四庫本無。

弭盗疏

臣奉命香河縣地方公幹[一]。行過通州，甫出城門，當有驛丞稟說，前面見有響馬強賊，劫馬傷人，止臣不行。及臣再行三四十步至河東岸，有人告稱，係上班官軍被賊四五十衆，各騎馬披甲，將伊用刀背砍打，劫奪官馬去訖。臣再行二十五六里，至地名甘唐庄，又聞被賊劫去本地居人馬匹。臣再行十數里，至寶林寺，又聞被賊劫去牧放馬匹。官軍跟纏哭告，仍復丢還。及臣回至通州，又聞是日劫去張主事及南京進貢内臣船隻、行李等物。

竊思響馬強賊，雖云無歲無之，然或三五人、十數人而止，抑或止於曠野無人之處，遇有經過往來官員，猶知有所畏避，而不敢犯。初未有若今日之甚者，動輒糾合人衆，歃血齊盟，披戴盔甲，擺列行隊，白日大市之中，州治郊關之内，劫奪居人，阻遏行旅，而公差官員，往往被其剽掠。抑且拒敵官軍，殺害丁夫，或寫遞字帖於鄉村"要來搶劫"，或傳寄語言於官府"要來報讐"，每日巡行村落，遍索富家供億酒飯，牽取頭畜，黨類滋蔓，道路充斥，縱橫任意，莫敢誰何。遠近驚疑，不遑寧處，翹首跂足，日虞其來。生民荼苦，無所控訴，上下相蒙，匿不以聞。臣自出京，每每聞之人言，前項強賊每起或四五十人，或六七十人，通共不下三百餘衆。通州富河庄一帶，村寨聯絡，皆其巢穴。平家灘諸處，樹林茂密，又其藏聚處所。而固安等處地方，今亦在在蠭起。若不早為撲滅，誠恐醞釀日深，復如往年劉六、劉七、趙風子之為也。臣又聞通州五衛巡捕官員，素無勇謀，率皆闒茸。平時既不能率軍士、設警備，以時而巡邏；有事又不聞出一騎、發一鏃，併力以追捕。就使邂逅遇賊，亦皆争先潛避，惟以恐其奪馬為言。其分守指揮王蘭，以新進之人，承積習之弊，人不豫附，事皆掣肘，立志雖勤，坐成無策。況其顧軍賃馬，夫豈長圖；力小勢孤，不能成事。而各該掌印官既為各衛之統領，與有地方之責任，顧乃自分彼此，坐視旁觀，恬然自安，略不經意。以致賊勢猖獗，肆無忌心，一日之内，劫奪數四。居民行旅，受害孔多；京官内臣，咸罹其禍。况通州地方，土産多賊，而張四、張五、蔣傻子等，見今難制。王蘭已嘗拘執張五之妻子，彼亦知勢不可以但已[二]，激之稔惡，理亦必然，而緝捕之計，不可不急為之處。臣逆料各衛官員自解必曰："前項強賊，豕突鴟張，出没無常。我軍出捕之時，彼必先知而預為避計。"殊不知彼能先知我軍之出捕，而我不能逆知彼賊之欲來？據事度情，則諜報防範之未周，玩愒因循之不免，而官司知情故縱之宿弊，民間窩藏傳漏之奸作，殆亦不能無也。似此曠職僨事，玩寇養患，情皆可惡，法亦難原。况小懲大戒，乃人心之常；而防微杜漸，尤治道之急。伏望皇上軫念生靈受害，地方重事，勑下兵部，急為議處。務求經久之道，以合事勢之宜。其五衛巡捕及掌印官員，合無通行查提，遵照律例，從重治罪。或暫且住支俸糧，令其戴罪嚴限，俟獲賊完日，再行奏請發落。而分守指揮王蘭，亦乞行文戒諭，責其後功，以贖前愆。如此，庶官司知警而盗賊可息，地方獲安也。臣比與賊先後同行，相距纔三四里，目擊耳聞，其事如此。臣恐九重之上，或不能盡知其詳也。故敢不避瑣細，瀆冒聖聰，倘肯俯加聽納，少賜施行地方，幸甚。嘉靖元年七月十一日進，十三日奉聖旨："是近京地方，設置守備、兵備等官，正欲禁捕盜賊，保安軍民。各該官員，因循怠玩，以致賊徒嘯聚，恣意行劫，又彼此蒙蔽，不行奏報，好生不畏法度。便著各督所屬，用心緝訪，務在一月之内，擒捕盡絕，以贖前罪。還著提督巡捕、都指揮桂勇量調官軍，前去設法剿捕。其餘事情，兵部看了來說。"[三]

【校記】

[一]"香"，底本作"查"，據四庫本改。

[二]"彼"，底本作"被"，據四庫本改。

[三]"嘉靖元年"領起之小字注部分，四庫本無。

修德弭變疏

臣見邇者，南京風雨異常，伐屋折木，而郊社寢陵宫闕，俱各罹災。抑且江水湧溢，民多墊溺。陛下祗災知懼，不遑寢膳，至勤手詔，痛自克責。臣仰見陛下法祖敬天，畏命重民，甚盛心也。然詔旨不言臣等指陳時政闕失，意者陛下無意於求言，抑恐人之言及陛下歟？雖然，陛下縱不許臣言，臣職在於言，豈容於不言？況陛下又諭臣同加修省，勉修職業。則臣之所以修職業以修省者，祗在於盡言，是以昧死為陛下一陳其愚。

臣惟變不虛生，必由人召。天人之際，捷於影響。春秋二百四十二年間，每有災異，必謹書之。雖不著其事應，而事應具存。或為君有失德，或為臣有亂政，或為羣小柄任，或為宫壼制權，或為夷狄犯華。人事感於下，則天變動於上。事以類應，有不可誣者。陛下秉上聖之資，備中和之德，撫運中興，撥亂反正，天與人歸，宜乎百異消滅，衆祥駢集，夫何即位未幾，而有日精門之災，涉冬而有雨沙之異，郊祀之日而有掖庭之災？今大婚適始議期，而有内局之災？南京又告此風雨之變，他如湖廣、江西之水，河南、陝西之旱，盜賊竊發於畿輔，胡虜深入於内境，尚有未易縷數者。陛下清燕之暇，亦嘗熟思而反觀否乎？傳曰："災異者，天心之仁愛。"又曰："天不言，以行與事示之而已矣。"今上天之仁愛陛下者，不為無意，而示之以行與事也，不為不明；且至陛下所以警戒省循，仰答天意之仁愛者，顧可怠邪？臣伏讀聖諭，謂政事乖違，刑罰不中，民困未甦，國是未定，以致上干天和，昭示譴告似矣。臣恐陛下能言之，而未能見之行；能知之，而未能悉其事也。聖諭又謂："事關朕躬者，痛自省循。"臣又恐陛下徒事虛文，而未得矯枉更化之要，以為省循之實也。何也？臣聞之《詩》曰："敬之敬之，天惟顯思，命不易哉。"言天命不易，人當敬之也。又曰："畏天之威，于時保之。"言天威可畏，人當保之也。又曰："敬天之怒，無敢戲豫；敬天之渝，無敢馳驅。"言敬保之道，不可怠忽也。陛下事天，所以敬而畏之者，果如是乎？《書》曰："天既孚命，正厥德。"言正德以順天也。又曰："天棐諶辭。"言有誠德，天輔之也。又曰："惟先格王，正厥事。"言弭災之道，先當正厥事也。陛下事天，所以正德正事者，抑如是乎。夫天地之大，不外陰陽而萬化之行，亦惟陰陽。人君為天之子，代天立極。其呼吸喘息，與天地相為流通；精神運用，與天地相為孚契。故王道公正修明，則陰陽氣和，而災害不生，烝民安樂。如其偏陂失綱，則陰陽舛繆。是以有大風拔木，水泉湧溢，孽火燒宮之變，皆天先以譴示乎人君也。天先譴示之者，天意若語為人君者，冀其能悟而知改之也。若此不悟不改焉，天斯罪之，而禍亂隨至矣。董仲舒曰："罪在外者天災外，罪在内者天災内。燔甚者罪當重，燔輕者罪當輕。"今期歲之間，大異疊見，且皆出自禁掖，而郊社寢陵宮闕皆不免焉。則罪當重而在内也。可知陛下自親藩入繼大位，所以凝天命得人心者，凡以登極一詔然耳。詔書之所釐正，率皆祖宗之舊典。陛下行之，曾幾何時，冗冒增置，猶夫故也；爵賞濫予，猶夫故也；刑緣近倖苟免，權因左右下移，猶夫故也；内閣不聞夫宣詔，府部不從其處分，臺院不納其諫議，猶夫故也；廢詔書為故紙，視德音如常談，先後異致，自相齟齬，略不復有所慮顧愛惜之，此皆政事乖違，刑罰不中，民困未甦，國是未定之實。上干天和，昭示譴告之由，陛下祇舉其概以及夫四者，其詳則隱而不之發焉。此臣愚所以謂陛下能言之而未能見之行，能知之而未能悉其事也。然應天以誠不以僞，以德不以文，若徒舉行故事，近炫人情，避殿減膳徹樂，以為痛自省循云，然臣恐上天昭鑒，未易可以虛文感格。此臣愚所以又謂陛下未得矯枉更化之要，以為省循之實也。《詩》曰："我心匪石，不可轉也。"言守善篤也；《易》曰："渙汗其大號。"言號令如汗之出，而不反也。今詔旨已行，旋復改之，是反汗也，是守善不篤也。如此而求天意之回，災變之弭，難矣！

伏望陛下主敬立誠，飭躬勵行，正厥德以正厥事，順天道以祈天心。擴明聖之德，昭然而遠悟；體乾元之健，奮然以有為。總攬權綱，明謹政體，考之災變之應，揆之當世之務。追惟前日詔書，為得人心之本；而近日紛更，為疵聖政之由。再申勅旨，將近日事務一切有乖先奉詔旨本意，臣前之所疏，或已經府部科道論奏者，俱許案行如故。信之以篤，行之以果，勿眩於浮言之疑似，勿安於近日之姑息。仍望陛下時宣内閣重臣，俯加咨議，其所啓沃，裨益必多。六部大臣，亦乞特賜召對，俾之明陳其職，得以展盡乎事情。陛下因之覈考其功，亦可周知其人品，庶乎上下相孚，君臣一德，陰陽可和，政事可理，嘉祥可致，災變不待弭而自無矣。臣幸得備員諫議之列，奉職不修，不能輔宣聖德 以召天和，固不可言忠，亦不敢辭罪。儻陛下因臣愚言，少賜省悟，則臣愚報國之忠，庶可少罄於涓埃，而不職之罪，亦可少逭於旦夕矣。宗社幸甚，天下幸甚。嘉靖元年九月初八日進，十一日奉聖旨："該衙門知道。"[一]

【校記】

[一]"嘉靖元年"領起之小字注部分，四庫本無。

選近習疏

恭惟皇上纘圖撫運，光啓中興，褫罰憸壬，肅振綱紀。凡正德年間左右近習，弄權納賄，蠹政害人之流，俱已置之法典。但其人漏網於昔者，或覬覦柄用；抵罰於今者，或夤緣復起。緣附黨與，盤據根株，勢已漸成，牢不可破。率皆布置名下舊人，或在各宫答應，冀其假彼託此之言，施其抵隙投間之計，其為謀也甚密，其交人也甚廣。謀密則秘計詭形，未易以察其奸；交廣則一唱衆和，或可以謡乎聽。雖皇上聖智同日月，臣恐不能防閑於日之久、人之衆也。況今市井之間傳言，若人往往市買珠翠寶玩之物，價值踴貴，私賫進貢各宫，以為孝順。争奇競巧，冀售其術，出入宫門，初無避忌。皇上已嘗敕下各門戒諭禁約，然而流風未殄，頹習尚存，鼠伏蠅營，乘間竊舉。雖皇上無私如天地，臣恐重違母后之心，而亦不能已也。臣又聞昔唐肅宗因李輔國之專恣，致有興慶之事；宋仁宗聽任守忠之讒間，遂成章獻之隙。臣每讀史至此，未嘗不忿恨於肅、仁二君也。大抵小人獻諂進諛，全無為人之謀；依阿逢迎，祇求目前之寵。傳報往來言說，搆成彼此嫌疑。積以歲時，遂致罅隙。釁基在此，理固必然。我武宗皇帝之所以不御内宫者，蓋亦由小人讒間其間，外人不得而知也。不然，何恝然於夫婦之情邪？伏望皇上洞鑒往事，聿先正始，杜絶小人，使往年以罪放斥之人，勿復收用。如或左右近習，敢有巧言飾詞游說請託者，即以奸黨治之。或有夤緣各宫傳奉者，亦宜一切置之勿聽。仍乞再申勅諭内城各門及各宫門守門人員，凡遇内臣出入，務要驗其牌面，審其事故，不許容令前日罪人名下之人，私擅進入各宫。輒自進貢其各宫大小内臣，亦宜禁其私相往來交接，以杜後患。即今冊立中宫之始，臣愚以為宫中一應答應内臣，必須揀選謹厚老成之人，左右用之。若係前日罪人名下者，即賜退黜，勿得復留。然揀選之任，秖宜付之太監張佐、鮑忠等，以責其用心。而太監蕭敬已自涉於奸黨，恐亦不足信也。臣臣子迫切至情，言念及此，不知忌諱。死罪死罪，惟皇上俯賜察納，不勝幸甚。嘉靖元年九月二十六日進，十月初三日奉聖旨："宮中一應執事內臣，著司禮監從公揀選謹厚老成的答應備用。其先年亂政壞事罪人名下之人，不許假以進獻為名，私相往來，交通請謁。還著司禮監嚴加訪察禁約，勿得容隱回護。該衙門知道。"[一]

【校記】

[一]"嘉靖元年"領起之小字注部分，四庫本無。

請逐太監蕭敬疏

頃者，巡按江西監察御史程啓充封進宸濠與太監敬交通私書，因具疏以發其奸。奉聖旨："該衙門知道，欽此。"繼而兩京科道等官交章論劾，節奉聖旨："已有旨了。欽此。"臣聞之無任驚惶，晝夜思惟，莫得其說。

夫罪之至大，莫過於謀逆；情之至可惡，莫過於逆黨。故《春秋》示無將之戒，漢法垂不道之誅。我太祖制刑，擬以"十惡之律"而著於"常赦不原"之條，蓋皆謂此。陛下豈以敬之交通宸濠，謂為小過，而可輕宥之邪？宸濠本以宗室至親，尚且削其屬籍，置之典刑；敬何人也，獨可逭其罪邪？陛下昔在藩邸，越數千里之遠，知敬之奸，多未之詳，猶可諉也；今自即位以來，凡江西逆黨之所招，宸濠簿籍之所記注，與夫兩京科道等官指其實而數其罪者，不下二三十疏，則陛下知之亦已明矣。乃復排羣議，任己私而不肯罪之；不罪之猶可也，顧又置之左右，委以機務，抑且屢賜溫旨勉留之：臣不知其何為也？且敬受累朝厚恩，不思所以圖報，乃敢植私黨而潛為異謀，則其得罪天下，得罪宗廟，得罪社稷大矣！陛下豈能無疑於敬，而恝然於心乎？雖敬亦自知為天下，為宗廟，為社稷之所不容，而凡朝夕侍奉左右之際，亦將有疑於心而不自安也。上下相疑，恐非陛下之利。敬平日收恩於名下，私覆其黨與，凡內府各宮及各監局，布置皆有其人。況其掌家太監如劉恭、門下家人如王諒者，素號狡猾，最善夤緣，布在內外，為之應援。而陛下左右，多所交通。設或陛下一時不察，誤聽浸潤之言，使彼得施其默助之奸，則敬又將得地矣。先日以罪放逐之人，皆倚敬之去留以為起伏。臣竊為陛下危之。《書》曰："去邪勿疑。”今陛下知敬之邪而曲護之，引以歲時，竟猶豫而去之不決。陛下縱全私愛，奈天下人心何，奈宗廟社稷大計何？陛下若以敬為知事司禮監執筆，不可無敬。今敬之年八十五六，亦已老矣。就使其精神尚健，能復幾時？他日若敬已死，陛下將復用人乎，抑必欲留敬不死而用之乎？敬以柔媚謟人，以陰憸賊物，歷年已久，更事頗多，積慮設謀最深且熟，真所謂老奸巨猾也。自成化年來，屢被言官論劾，略不畏避。每語人曰：“我受國厚恩，不忍遽去。俟大婚後，即當懇辭耳。”今大婚既已禮成，止見一具疏請陳，旋即自止。觀其意，秪欲以暫謝人言也。厚顏據位，貪昧隐忍，略無一毫愧恥之心敬尚，得謂之人哉？伏望陛下大奮乾剛，洞垂離照，俯念敬之事已敗矣，罪已大矣，順天下心，為宗社計，速發詔旨，將敬放黜。則陛下保全敬之恩，寔大且至。况敬囊橐積貲，不下一二十萬，計其餘年，用之不盡。使敬優游安享老死牖下，亦當感陛下於無窮也。臣又按，劉恭先因納賄招權，被人論列。彼乃稔惡不悛。王諒及其子仁，以市井匹夫，投託敬門，席其權勢，冒罔授官。凡此皆撥置打點，為敬腹心，肆為貪饕，極其富貴。敬賴此輩以保固寵位，而不恤壞陛下之事；此輩賴敬以苟圖富貴，而不恤壞敬之事。敬之所以不能去、不肯去者，有此輩為之謀主。臣以為此輩之罪，不可赦也。更望陛下勑下法司，將恭等明正其罪，遠示竄殛。仍勑内府一應内臣，以後敢有代敬夤緣請託者，一體罪之。庶有以剪其羽翼，除其根本，而奸計不得，潛滋奸黨無復依附矣。臣與敬等本無睚眦，第見其壞陛下之事，亂陛下之治者甚多，是以昧死為陛下備陳。其愚臣無任戰慄，待命之至。嘉靖元年十月十七日進，十九日奉聖旨：“該衙門知道。”[一]

【校記】

[一]“嘉靖元年”領起之小字注部分，四庫本無。

再乞亟黜逆黨蕭敬疏

臣於前月疏論太監蕭敬與宸濠潛通逆謀，宜賜罷黜。奉聖旨“該衙門知道，欽此”。臣意陛下憫念其老，不欲顯言斥之，姑俟其自陳而徐為之處。恩至大也。繼今口語藉藉，劾者愈衆，敬不自安，始具疏辭免，復蒙聖恩不即俞允。臣請復以陛下之亟宜去敬，與敬之自宜亟去者，不避煩瀆，再為陛下昧死陳之。

敬受累朝厚恩，珍衣玉食，寵極富貴。至武宗皇帝託以心腹，寄以股肱，舉天下大柄，一以付之，肆其胸臆，由其掌握，頤指氣使，無不如意。武宗何負於敬，而敬乃陰陰結逆黨，忍心以負武宗如此邪？今陛下之所以待敬者，不加於武宗，安知敬之他日又不忍負於陛下邪？小人嗜利無恥，貪得罔厭，機深術熟，無所不至，前日之事可以左驗，况其奸謀已攻發於衆人，暴白於天下，其心必不能一日忘意於禍之已及也。技窮勢極，尤有臣所不敢言者。昔漢景帝見周亞夫言動，心懷不平，乃曰："此鞅鞅者，非少主臣也。"臣觀敬自陳之疏，辭氣不平，勃勃逼人，鞅鞅殊甚，略無畏懼之意，漫託蕪詞，以自解避，而交通宸濠一事，乃隐昧不及。若人者，顧可為陛下冲年新政臣邪？臣謂陛下亟宜去敬者此也。夫勢者，衆怨之門；利者，衆欲之府。敬老矣，來日無多矣，何為沉湎禄位，貪戀權寵，尚與人爭其所欲，以蹈夫衆怨之門邪？或者，敬恐一去其位，人有躡其後者。抑敬之子姪臧獲恐敬去位，而己皆不免焉，故爾戀戀不舍，以直俟夫死而後已也。殊不知敬若速去，則人之怨之者少，而朝廷疑之者尚淺，庶乎可以自全。而子姪臧獲之富貴，亦可以自保。使其執迷不悟，怨日以積，疑日以深，一旦鐘鳴漏盡，雖有善者，亦難乎其免也，况敬負天下之惡邪？敬可謂不善於自謀，抑不善謀其子姪臧獲者矣。臣所以謂敬之自宜亟去者此也。陛下盍不早賜乾斷，聽敬之去，以全其餘年？仍發明詔旨，許敬之子姪臧獲，得以共保富貴。凡其平生罪惡，皆置之不問，庶敬無所顧慮，肯於必去，而其子姪臧獲，亦肯令敬去矣。臣固知敬乃帷幄權臣，嬰之而禍必至，顧臣受官於朝，以言為職，不忍默默以負陛下之恩。故敢據事之理，極論以瀆宸聰；復揣敬之心，善言以導敬。如此大要，欲去敬以安朝廷，誼存吾君云爾，實非有讐於敬之去為快也。伏乞留心察納，不勝幸甚。嘉靖元年十一月十九日進，二十日奉聖旨："該衙門知道。"[一]

【校記】

[一]"嘉靖元年"領起之小字注部分，四庫本無。

辭免陞俸疏

近該吏部覆題："為隆恩數，以優忠賢事。"欽蒙聖恩，陞臣俸一級。

切念臣本以草芥微臣[一]，空疏無學，比緣繆妄，待罪夷荒。揣己省愆，甘心已久。幸遇皇上登極，特賜甄收：得補舊銜，已為過望；復頒新寵，豈敢再叨？恩出非常，義不當受。伏望皇上察臣衷私，收回成命，容臣辭免加陞俸級。臣不勝感荷悚慄之至。嘉靖元年十一月二十七日進，次日奉聖旨："該衙門知道。"[二]

【校記】

[一]"切"，四庫本作"竊"。

[二]"嘉靖元年"領起之小字注部分，四庫本無。

再辭俸疏

頃者，伏蒙聖恩，陞臣俸級。臣具疏請辭，奉聖旨："該衙門知道，欽此。"臣守候吏部覆題間，又該翰林院編修王思等奏："為再乞辭免陞俸事。"奉聖旨："但凡近日陞俸的，已有旨了，都不准辭。欽此。"

切念臣性本戇愚[一]，學不通變，比不自量，上書躁言，得罪先朝，薄言示罰。投荒萬里之外，猶沾一命於末寮；閲歷七年之間，幸獲餘生於瀕死。每恨忠誠之未至，尚致感格之未能。罪實由臣，今復何說！念愆省咎，方思悔悟之門；忍性動心，深感生成之德。值聖人之挺出，撫洪運以中興，光燭覆盆，陽敷窮谷，首覃明詔，收録廢遺。顧臣謭微，亦荷濫及。感極思奮，知受命之有時；喜過而悲，念更生之如夢。兹者復蒙軫念，特賜優恩。寵渥自天，戰兢無地，臣猶自駭，人將謂何！比即請辭，未荷俞允。敢披肝膈，再兹瀆陳。蓋非自矯以好名，實亦内省而有說。方臣之南遷也：榮冒冠裳，尚厠官階之末；飫充口體，猶叨升斗之資。初無簿領之紛紛，得以昕夕而事事。尸焉久矣，功何有焉？況臣與跪門人員獲譴，迥不相似。初未嘗受朝堂之杖，又未嘗罹錦衣之囚。既不同科，難以概論。且國家之差秩廩，寔以甄乎賢勞；而臣子之受直傭，自當揣乎分量。見得貴思乎義，餼廩必稱夫功。踰望之恩，不可以屢徼；非分之寵，不可以苟叨。自度於心，無一而可勉焉。拜命恐速官灾，是以瞿然以懇辭，不敢居然而安受。伏望皇上察臣愚悃，矜臣懇誠，特下綸音，聽臣辭免。庶臣之復官，不擬為終南之捷徑；而臣之行己，不失其筮仕之初心。臣不勝惶恐，待命之至。嘉靖元年十二月初三日進，次日奉聖旨："該衙門知道。"[二]

【校記】

[一]"切"，四庫本作"竊"。

[二]"嘉靖元年"領起之小字注部分，四庫本無。

玉坡先生奏議卷之三

明兵科給事中三原　張　原　著

邑後學　李錫齡　校刊

清吏治疏

臣竊見，成化弘治年間，人尚節義，士知廉恥，公道昭明，風俗淳美。天下有服在位之人，率多清修恬守之士。間或一人取得不廉，自踰於小節；交與不檢，自比於匪人：則羣聚而咻之，斥名而非之，不欲與之並立於世。彼亦自知不為清議所與，而靦顏負愧，不能自安，亦有不敢與衆並立之意。以故賢才布列，刑政修明，黎元獲樂利之休，天下成治安之化。正德以來，一壞於劉瑾，再壞於錢寧諸人，浸淫至於江彬用事，先朝之懿風，蕩然掃盡。天下之人知有權臣，而不知有朝廷；知有私恩，而不知有公議。登壟罔利，常存穿窬之心，凡可以得貨者，無不為也；拜塵乞幸，甘為妾婦之態，凡可以得官者，無不為也。其故何也？非取之民，不足以聚貨；非聚乎貨，不足以媚寵。苟媚乎寵，則可以逭罪，可以得官，無所往而不利矣。是以天下官員，自藩臬守令下至百執事，皆務為繭絲。而朘剥盡民之膏血，競事苛虐，而誅求析利於錙銖。甚者侵漁錢穀，羅織刑獄，改易卷籍，夤緣為奸。上下交征，大小相噬，不畏國法，不恤人言，節義氣消，廉恥道喪。沿傳十六七載，久矣靡然成風，恬然自安，顧為能吏。以致閭閻困悴，倉藏空虛，盗賊竊發，邊圉弛廢。其弊皆原於官不得人，剥民以自殖也。夫朝廷設官，凡以為民也。本以為民，而今適以殃民，至此抑將焉用彼哉？去歲陛下即位之初，已嘗考察在京各衙門官員。凡一時貪墨自恣，及奔競無禮者，沙汰殆盡。但在外藩臬守令百執事之人，敝風未殄，脱網尚多。使不及時釐正而剪芟之，其何望於官司得人，小民安業，以成維新太平之治？况今正值天下諸司官員來朝在京，故事舉行黜陟之期，則夫激昂士氣，懲遏末流，新天下之耳目，一天下之心志者，正其時也。乞勑吏部，將天下諸司大小官員，查歷年考語，稽之衆人公議，綜核名實，嚴加考察。凡涉於士夫清議者，即為罷黜，勿事姑息，勿拘常例，勿以去太甚為辭，勿以黜過多為嫌。務使大小無倖位之人，内外皆公道之著。庶乎吏治清而天下可得而理也！嘉靖元年十二月二十日進，次日奉聖旨："吏部知道。"[一]

【校記】

[一]"嘉靖元年"領起之小字注部分，四庫本無。

論朝臣不宜詰辯疏

臣惟官署之間，固貴有師師之風；而廷宁之上，不可無侃侃之論。師師之風所以成渾厚之治體，無之，或失於訐訕，固不可也；侃侃之論所以昭朝廷之公道，無之，或失於詭隨，亦不可也。此特泛言其常耳。若夫科道之官，寔為耳目之司，但當責其侃侃之論，而不可容其習為師師之風，以馴致於詭隨，而貽上下雷同之誚也。比者，給事中徐景嵩、御史王宫[一]，共劾工部侍郎趙璜欺罔事情，陛下不即詰責璜，而徐賜寬諭，甚足見陛下優崇大臣之心；及趙璜上言辯奏，陛下亦不詰責景嵩，而付之有司，又足見陛下愛養言官之量。但明旨渙降，已踰浹旬，而有司因循，未見具覆。以致趙璜及景嵩之心事不明，而彼此之辯論不已。臣以為是非之實，不可不究於兩造之詞；而邪正之分，不可不求其一定之見。况朝廷之上，百僚具瞻，而二臣各持己見，互相詆訾，如此損墮國體，甚非所以示法導下也。使景嵩之劾，果出於挾私，則假公賊物，甚乖言官之體，罪烏可辭？若趙璜之辯，或由於誣罔，則縱欲滅公，亦非大臣之體，陛下亦宜有以處之，不宜默默姑聽其所為如此。陛下儻不以臣言為謬，或勑戸部，覈實於文籍；或勑法司，讞議其情由。務求歸一之論，以合至公之法。然後請自宸斷，以抵於罰，二臣者將不能逃於日月洞燭之下，而大臣不致受污衊之名，言官不致罹摭拾之愆。公道昭明，國體以全。臣無似，待罪言官，寔不敢阿私所好，以自速奸黨之清議。而二臣之辯論，亦不能知其是非之真。顧於目擊之頃見其有傷國體者甚多，故敢瀆冒宸聰，求賜處分，亦區區為國意也。乞垂采察，幸甚。

【校記】

[一]“宮”，四庫本作“官”。

論錦衣衛朱宸等罪狀

伏見錦衣衛前所千户陳昇，官冒錦衣，材本厮役，虚張聲勢，懾伏衆人。肆其壟斷之心，挾以羅織之計。接受詞狀，搜訪陰私，挈攝平人，括檢富室。妄自驕悍，雖堂上官，受其執持；擅用刑威，雖内臣家，被其索害。先嘗坐喇唬房，肆志已甚；又嘗坐通州季，虐取尤多。害衆不止數十家，得利已踰一二萬。道路側目，儘有怨言。錦衣衛革職千戸魏頤，狡猾成性，夤縁用心。先年已奉詔旨革除，今又謀在東司房辦事。夫以冠帶總旗之名，乃與千百户並坐理事。於法例既舛，於名分實乖。况權勢凴依，胸臆是肆，貪饕掊聚，報復公行。物論既多，良可深惡。錦衣衛掌印指揮同知朱宸，既為一衛之統領，凡事皆由其掌握。却乃納賄徇私，用人不審。始焉或貪其餌，或附其勢，終焉乃受其制，乃容其奸。縱彼豺虎之儔，貽我閭閻之患。觀其所用之人，如劉儒、關鳳，及陳昇、魏頤，此類頗多，罪烏可逭？再照錦衣衛乃親軍之司，實機密之地，責既云重，官宜得人。今指揮同知朱宸，痼疾耳聾，應對不給；指揮使周傅[一]，素行不謹，穢德彰聞；而指揮同知駱安，則又貪取畧同，才猷未著。既皆未孚於人望，曷可委任於所司。况朱宸尅減俸錢，官員皆鄙其行；分取官緡，旗校咸怨其貪。營利之計百生，訪事之使肆出。又其子誘校尉以羅織平人，嚇大戸而欺取財物，宿娼不檢，生事妄為。周傅鑽刺機巧，實先朝奸邪之黨人；彌縫術深，乃新政殛誅之遺惡。顧方以為得計，不知悛改前非，代人追債而分其財，唆人告訐而利其有。朋惡相濟，衆怨攸歸。又以戚畹至親，乃復營求管事。故違事例，擅啓弊端。此二人者，處之近侍，尤非所宜。如蒙乞將朱宸等特賜退黜，陳昇等通行懲究。再乞勅下兵部該衛，掌印管事員缺，另行推選歷練老成、公謹廉静、人望素推之人用之。再將東西司房辦事寫字人役差官，逐一清查，遵照近日題准事例，勿得容留先年查革人員。仍乞勅諭該衛，凡有公幹，須要秉公擇人。但係平日生事害人者，勿得一概差委。此後敢有先年查革人數，仍復謀在東西司房辦事寫字，及平日生事害人之人，營求一切差委者，俱聽科道官指名劾奏，治以重罪。臣又訪得通州坐季，原非祖宗舊制。比因彼處盜賊生發，權宜差人，止為訪挐盜賊一事，此外並不得有所干預。其後生事圖利之人，營求差委，馴至今日，遂為地方之害。況天順年間已嘗因事奉旨查革，而今彼處又已設有兵備、守備等官，則此坐季人員，似亦甚為冗贅。伏望皇上察納臣言，俯賜停止。生民幸甚。嘉靖二年正月十三日進，十五日奉聖旨："兵部看了來說。"兵部覆：題奉聖旨，"是朱宸、周傳、陳昇俱革了，仍着帶俸閑住。魏頤革了，辦事照舊，食糧直差。該衛掌印管事員缺，你部里從公訪推通曉文義，練達事體，立心操行，素有譽望的七八員來看。駱安推用未久，且留着，務要廉公安靜，毋致人言，有負委任。東西司房，除見在辦事的不動，今後着掌印官選用相應人員，不許積年作弊及曾經減革之人，營求復用。通州坐季官校，照舊差遣，但嚴加戒諭，毋得分外生事，擾害地方。陳昇、魏頤本當提問，且饒他這遭。"[二]

【校記】

[一]"周傅"，四庫本作"周傳"。本文下同。

[二]"嘉靖二年"領起之小字注部分，四庫本無。

伸國法疏

蓋聞黜陟者，朝廷之大典。其黜也，雖由於吏部之考察，然必采之輿論，參之事功，綜名覈實，可黜焉而後請命以黜之；其陟也，雖由於吏部之注擬，然必計其年資，稽其德望，酌才量器，可陟焉而後請命以陟之。故陟者、黜者，秪當聽命於天，待命於朝，以俟其自然。固不可自信太深，而怨黜已之太枉；亦不可自欺太過，而怨陟已之太劣。夫高官厚祿、雄藩大郡，人孰不欲兼得之？一或不遂，則怨心生矣。吏部豈能一一盡副其心哉？使或縱彼怨望之人，騁其誕妄之詞，以為辨理之計，臣恐彼此詆訐，上下牽制，争相尤效[一]，奸縱日恣，甚非治平之美政。況見任改除而托故不行者，有律考察被黜而捃拾奏辯者，有例為國謀者，不可不守此而謹大防也。近日嘉興府知府徐盈、山東布政司參政王玹，皆以考察被黜，相繼具本奏辯。而新陞寧波府知府楊最，又嫌吏部擬陞之不當，輒亦具奏辭官。以臣觀之，皆不可。徐盈之在嘉興，雖有里胥之小才，未聞卓絶之異蹟，巧於掊取，善於夤緣，京師士夫皆能言之，吏部據實黜之是也。盈乃虛有猜疑，公行奏辯，瀆惑宸聰。有"吏部看了來説"之旨。斯旨也，前此雖或有之，然皆出於夤緣之手，卒不免為公議所疵。陛下即位以來，修明政刑，方始舉行黜陟之典，而盈乃敢肆無忌憚如此，此人心所以不能不為之疑駭也。即此一事，亦自可黜，他亦奚暇多論。盈之奏未幾，王玹蹈其故轍，亦復曲為辨說，妄肆攀扯，吏部皆不聞援例而重懲之，何也？楊最之在工部，才不過人，行有可議，倨禮以臨其僚友，巧言以誤其堂尊，陞之知府，已為過宜。彼乃不知滿足，私懷恚懟，上書陳情，輒求致仕。觀其述序援比，率皆要望之詞；剛愎使氣，殊有怨刺之意。狂躁不良，悖慢殊甚。先年布政司參政于湛，亦以陞官怨望，形之奏章。比時未及舉正其罪，故最今日又復襲其遺智，以至如此。夫天下之大，人才之多，何少於最，何賴於湛？吏部亦不聞引律而罷斥之，何也？例此以概其餘，則是黜者既不免於怨，陟者亦不免於怨，將使吏部必如之何而後可？臣觀四人者，墮損國體，撓紊選法，事屬欺侮，莫大於此。此而不懲，則朝廷之恩過於姑息，吏部之政過於寬厚，非所以風示天下也。

伏望陛下勅法司，將盈、玹等提解來京，照例問發。最、湛等着令罷職回籍。庶乎國法昭明，人心底定。臣又見近日論事者，陛下采其善者，固嘗行之；而其言之鄙猥，事之瑣細，見之偏駁者，率皆務為含恕，一切容受。是固陛下招徠忠讜，集謀屈策之盛德，然其間甲可乙否，彼是此非，各持所見，每相牴牾。甚者迭事排毀，競求衒售，劇辯雄談，不肯相下。紛紛籍籍，殊無寧已，百官之間，如同聚訟。朝廷之上，為之多事。又不特徐盈、楊最一人一事為然。歐陽脩所謂議論多而成功少者，實切今時之病。臣愚以為陛下剛德不足，聽言太廣之過也。夫朝廷之上，君父之前，禮義之地，尊嚴之所。四方之所表，則四夷之所觀瞻，豈可聽其如此？況彼往日不得意之人，側目伺便，以幸吾人之多事。吾人方且自相牽率，以墮其術中，而不覺悟。臣恐藩籬一撤，而横潰之勢後將至於不可救藥而收拾，則夫開羣枉之門，來讒賊之口，復將諉罪於誰也？此實國家治亂之幾，臣之所尤深慮者。何諸臣之見獨不及此耶？近日言官，亦有慨言及此，欲陛下明諭聖意，以示趨向者。久而未見施行，陛下何不俯從其言，下詔大廷，戒飭中外建言之人，存大體、略細故、秉公道、持正論，不可好訐以為直，好異以為高。又不可獨持偏見以阿世，毛舉細事以責塞[二]。務致百官有師師之風，四海成雍雍之治，顧不美歟？陛下聽納之際，亦宜留神省覽，獨奮乾斷，畧加明辨，訂其可否。庶幾衆言折伏[三]，而人心整齊；綱紀振肅，而天下乂寧。古人有言曰："謀之在多，斷之在獨。"惟陛下察之。

【校記】

[一]“尤效”，四庫本作“效尤”，是。

[二]“責塞”，四庫本作“塞責”。

[三]“伏”，四庫本作“服”。

正國體疏

我朝稽古制，設科道官，謂之言官，而寄以耳目之任。無他職守，惟欲其扶善抑惡，糾枉表忠。以故人才之賢否，政事之得失，皆得可否其間，而盡言於上。祖宗慮言官不肯盡言，而有風聞之諭；又慮小人中傷言官，而有摭拾之禁。盖許其風聞，則人不拘於親見，縱使不實，亦無可加之罪；禁其摭拾，則事不究其根因，縱使誣枉，亦無可辨之理。是豈不知新進小臣，指斥人過，以長告訐之風之可惡？而特設此官，必欲其盡言者，實防壅蔽之患，開忠益之門。為世道計，至深遠也。昔汲黯在漢庭，頗好直諫，以嚴憚稱，而淮南為之寢謀。是直言有益人國，能使回邪之人，禁其欲而不敢肆，凜然有虎豹當關之勢。自古歷代，恒皆賴之。居是官者，既受朝廷任使，類皆不得已於有言，以求補塞其職守。夫豈故為是呶呶者之詞，以來人之罪之耶？若使論人者人必俟夫親身之睹，記事必究夫傳説之根因，皆將畏縮顧忌，遲回宣洩，而不敢為皇上盡言矣。設使奸邪之誤國，政事之蠹民，誰復為皇上言之，皇上何從而知之？於國體甚不便。然言官之賢否不同，心之公私亦異，間亦有挾私以傾人，躁言而好訐者，未必盡然也。吏部司人物之鑑於此，必錙計而銖稱之，黜罰隨以加焉。是其所以論人者，適足以自考也。前車之鑒，歷歷可數。故被劾之是非公道自明，有不必辯者；况為國家元氣之所在，又有不當辯者。全國之體，如是而已。臣伏見近日被劾人員，率皆具詞奏辯，窮追深究，嘵嘵自明，甚者迭相排毀，務求必勝。其説抑或輒肆反噬，欲同納之污衊之中。又有行檢素為人所不與者，亦以誣枉陳情，冀自逭於公論，略無歛戢自愧之心。庶僚之間，如同聚訟；朝廷之上，為之多事。墮損國體，甚非所以示法導下也。吾君吾相，可忍坐視其至此乎？

伏望皇上下詔大廷，戒飭臣工，務公平正大以存心，協恭和衷以趨事。劾人者秉公道，持正論，不可挾私以好訐；被劾者顧國體，略私忿，不可譸詞以好辯。用全忠告之道，以成雍穆之風。臣死罪，輒又有言。陛下不以臣不肖，使之待罪言官，臣不能為陛下彈壓强禦，糾正邪枉，又不能振率同官，正言舉職。顧乃委靡隱忍，甘受人言之外侮，以辱祖宗設官之盛意。臣實憤憤，自知不職，更望皇上將臣罷黜。不勝幸甚。嘉靖二年四月十一日進，十四日奉聖旨："朝廷設置言官，正欲扶善抑惡，糾枉表忠。今後各該官員，務要公平正大，協和趨事，以敦雍穆之風。張原着照舊用心辦事。該衙門知道。"[一]

【校記】

[一]"嘉靖二年"領起之小字注部分，四庫本無。

寢楊倫職命疏

近該内官監小火者張通等，因本官太監楊聰病故，比照太監趙山廕弟趙雲事例，具本題請官其姪倫。奉聖旨："准他楊倫與做錦衣衛百戸管事，該衙門知道。欽此。"臣等固知聰乃藩邸舊人也。陛下昔者龍潛藩邸，私厚於人，固無不可，今為天下主，以天下為家，天下之人皆陛下臣，顧猶可自分彼此厚薄，以示不廣乎？祖宗朝内臣既歿，間有寵被，恩私録用弟姪者，然皆賢勞著績，輔翊有功，素為内外人所知敬者，方始得之，然亦不過一二人，以示異數。初未嘗概施而濫予之也。藩邸舊人在當時人品不無賢否，歷年不無淺深，效勞不無大小，左右近侍，足當聖意者，亦不無差等，其間不宜概以舊人一例論也。夫官爵乃祖宗之定制，天下之公器，陛下自當為祖宗、為天下崇重而靳惜之，不宜任私意往往濫及私人也。况倫以厮養之賤，無戰伐功，而濫授六品武職，其於名器為何如？以公家廪餼，皆生民膏血，而容倫饕餮其中，其為冗濫何如？且為官擇人，因能授任，乃國家官人之法。今不論其才能可否，而即使之管事，豈擇人授任意邪？縱使私厚舊人，恐亦不宜如此也。張通等代為之請，是乞陞也；不由該部議擬，陛下特降内批與之，是傳陞也。陛下即位之詔，已嘗痛革此類，播告天下，天下之所共知。在先朝者，俱查而革之；在藩邸者，又從而與之：是天下之人皆不許傳乞，而藩邸之人獨可任為之。歧宫中府中，於二體判；前日今日，為兩端方。自行之旋復背之，失信破例，天下其以陛下為何如？往時趙雲准與千戸，妄啓弊端，臣等已經屢次執奏而不蒙俞允，今倫襲其故智，又復然矣。小人得計，日長月滋，彼此效尤，妄肆比引，將來恐又不止於此。此臣等所以凜凜然大懼不得已於言也。

伏望陛下以天下公爵，待天下有功，不比於匪人，不溺於私愛，崇重名器，靳惜恩賞。特降明旨，追寢楊倫蔭官之命，不使後人復援楊聰以為例。天下幸甚。若必欲其杜絶倖門，更乞將趙雲官職一體追奪。庶天下後世曉然，知大聖人所為從善，不咈改過，不吝迴出，尋常萬萬也。嘉靖二年四月十九日進，二十三日奉聖旨："楊倫已有旨了，只著帶俸。該部知道。"[一]

【校記】

[一]"嘉靖二年"領起之小字注部分，四庫本無。

褒祀王端毅公疏

伏見已故尚書王恕，原籍陝西三原縣人。由進士歷任南京兵部尚書，參贊機務致仕。孝宗皇帝初即位，詔起為吏部尚書，加太子太保，又六年致仕。正德三年，武宗皇帝遣使賫勅備物存問。後以疾歿，年九十三歲。該禮部議覆，加贈特進光禄大夫、左柱國、太師，謚端毅。又遣官諭祭造墳安葬。

臣博觀近年以來，全名盛福，始終完美如恕者，殆不多見。恕歿至今十六七年，本縣搢紳大夫及閭閻好義之士，感念不忘，相與鬻地，建祠香火事之。歲時醵錢，以供祀事。臣竊惟祭法，鄉先生歿而祭於社。又凡法施於民，以勞定國，能禦大災，能捍大患者，皆得秩諸祀典。此古先王之制也。恕歷事五朝，敭歷中外，幾五十年。所在率多惠政，民懷思之。及位大臣，而正色直言，又為天下之所倚重。中間如直指權奸而不避，力救正直而不阿，威略以平襄鄖之盜，仁惠以甦蘇松之饑，功烈尤為表表。其所論劾，又有削兵權，黜近侍，而尸元惡，大憝於市朝者[一]，德望功蹟，此其略也。臣固不暇一一縷數。當時憲宗皇帝，每見褒納；而孝宗皇帝，眷注尤切。至於今天下搢紳、大夫、士皆稱誦之，往往形之章奏之間。是恕之當祀，在朝廷合乎典禮，在邦國則比鄉先生，況恕嘗為知府、刺守揚州[二]，又為都御史、巡撫雲南。見今二處地方，俱已奏准建有祠堂。顧兹三原，實其生長之區，獨可無一宇以棲妥幽靈係安人心邪？臣仰見我國家褒德獎功，率存故典；陛下懷賢論世，尤切注心。凡海内忠臣烈士，俱蒙表章，列諸祀典。況恕駿名偉績，歆感吾人；餘韻流風，延流斯邑。而輸虔尸祝[三]，出自人心，實有不可已焉者。且祠宇雖存，而名扁未蒙於宸翰；祀事雖舉，而儀物未與於有司。似於國家褒崇之典，猶有遺於三原也。伏望陛下追念忠賢，俯狥人意，勑下禮部，再考恕居官行己顛末。倘如臣言，乞賜祠堂扁額，仍乞勑翰林院撰與祭文，及本縣官為處置祭需。每歲春秋舉祀，以為定制，庶忠魂歆慰於九泉，而豪傑興起於百世。雖恕之幸，寔天下臣子者大勸也。臣與恕同邑，嘗師事恕，知其為人最審，且習聞邑人之念恕也。故為陛下白而言之，亦獻忠一事也。嘉靖二年閏四月初四日進，初五日奉聖旨："該部知道。"[四]

【校記】

[一]"市朝"，四庫本作"朝市"。

[二]"守"，四庫本作"事"。

[三]"尸"，底本作"戶"，據四庫本改。

[四]"嘉靖二年"領起之小字注部分，四庫本無。

祛異端疏

該大學士楊廷和等上言，慎選左右，速停齋醮，以光聖德。奉聖旨："覽卿等所言，具見忠愛，朕已知道了。欽此。"臣仰觀聖意，似未慨然賜俞者，故復昧死一言之。

竊惟人君好尚，天下趨向係焉。雖發於一心之微，著於幽深之地，行於一時之暫，然而感召孚應之理，形發影響之機，波蕩風靡之勢，盖有不言而信，不令而行，不疾而速者。如此，雖或告戒丁寧，刑罰督責，無益也。故曰：其所令反其所好，而民不從。况夫奸巧貪婪之徒，夤緣干進者[一]，百計以用其心；而輕儇柔媚之人，乘時射利者，每日以試其術。二者錯布於內外，而人主耳目之前，則凡可欲之事，背理而害治者[二]，始紛然雜進矣。人主遇可欲之事，或口一言焉，或身一行焉，讒諂面諛之人，罔不亟順旨以諛其美，或先意以導其行。人主殆有受其欺而不自覺者，是以心志為之蠱惑，視聽為之眩誘，彼之甘言得投於間隙之時，或竊國之命，或移其所好，奸巧貪婪之徒，得以夤緣干進焉。自古人主，苟非明理燭幾之聖，鮮不為其所欺矣。昔唐太宗嘗止樹下，愛之，宇文士及從而譽之不已。太宗正色曰："魏徵勸我遠佞人，我不知為誰，疑是汝。今果不謬。"宇文士及叩首謝。若太宗者可謂歷代之英主，而不為小人之所誑惑矣。臣自去歲聞左右近侍之人，有與外面宫觀革職人員陰相交結，承其指授，誘引陛下崇信道教，致於煖殿建置老子像，又令内臣誦習其書，演行法事。比臣即欲具言，竊念陛下明聖，决不為此，而外人之言，或出孟浪，以故中止。近日道路流傳，言者愈衆，且謂陛下躬自臨壇焚香拜籙，而大學士楊廷和等今又以之為言，臣始信陛下真有此事。而人言所謂左右輕儇之人，乘間設餌以誑陛下，欲為希寵干進者之媒，不誣也。陛下即位已踰二載，聖心堅定，百無所好。一旦乃復為此，臣之所未喻也。臣惟孔子之道，載諸六經，治天下者率必由之。由之則治，違之則亂，無之則亡。未聞以佛老也。佛老之教，以清浄無為為本，苦空寂寞為宗。今陛下為天地百神及天下民物主，萬幾叢委，萬物攸賴，顧可清浄無為為耶，抑可苦空寂寞為耶？獻說陛下者，或稱其導引之術，或盛為福利之說，其所以聳動宸聽，大約不過二者。陛下一時不察，遂以為真有益而誤信之。殊不知其事已嘗歷試於漢唐宋之君，往往無益，秖以自欺，甚或又有害焉。明效大驗，昭然可考。陛下何不據往迹而省觀之，乃復崇信之深如此也？或者陛下欲為宗廟、社稷及天下蒼生廣祈福利，勉焉為之，意固是矣，但今星辰失度、雨暘愆期、風霾亘旬、江湖湧溢、盗賊充斥、死亡載道，彼佛老者不能副陛下崇敬之誠，為陛下禦災捍患，福國庇民，以佐成泰和之治，則彼無靈神而不足信也。陛下亦可以考矣。陛下屈萬乘之尊，以事異端之教，自視之若無大關係也。然而瀆亂大經，虧損聖德，貽笑天下，取譏後世，實非細細者。况自祖宗朝來，内殿未嘗有此建置，陛下乃創為之，可不可也？今各宫好事，及漢經廠、番經廠、西天經廠，并靈濟宫、顯靈宫諸處，日逐俱要供給齋飯，供養等物俱必經由光禄寺造辦，所費至為衆多。其一切支用，内府帑庫錢糧以為襯施賞賜者，當又不止於此。夫内府帑庫，錢糧儲之，本為軍國之用。見今各邊鎮軍士缺少月糧，有司往往告乏；各處地方，盗賊旱澇，百姓在在告饑。陛下一切吝而不與，而乃為此襯施賞賜等項所浪費，使羣小侈然持之，誇耀於人，以示得志。則亦安用此帑庫積蓄為耶？臣亦未見其可也。祖宗設師、傅、保之官而處之禁密之地，師，導之教訓，傅，傅之德義，保，保其身體，乃其職也。今楊廷和少師也，蔣冕少傅也，毛紀、費宏少保也，皆陛下師臣也。彼聞人言或及於陛下，顧未得密勿論道之義，乃爾登言章奏之間，計亦不得已矣。觀其旁引曲譬，析事論理，委曲詳盡，激烈剴切，盖寔情迫於中，責切於身，所以盡忠陛下也，所以求舉其職也。陛下漫然應之曰："已知道了。"詞雖婉而意實乖，言若親而旨則離，畧不見有改悟之意，而許之施行。此臣之所以不能不駭且疑也。陛下初即位，每召廷和等，事必咨之而後行。今併其言置之而不聽，何也？彼師臣尚且如此，臣屬何望焉？前日因災異，陛下兩勑中外文武羣臣，同加修省。天語丁寧，至再至三。而吏治民隱，興利除害，都要著實舉行之旨，又往往形之批答之間。既曰“事關朕躬的，朕自舉行”，又曰“齋醮俱已停止”。迄今齋醮之設自若也，抑又日益而月盛焉。是詔旨徒事彌文舉行，託之空言。停止虛應故事，陛下已自食言，而所令反其所好矣，其何責中外羣臣祇承德意，而欲其著實舉行政務邪？此臣所以益信陛下受餌於左右輕儇者既深也。

伏望陛下清心窒欲，以立天下之本；稽古正學，以建四方之極。端其嗜好，勿為小人之所偵知；謹其習尚，勿為異端之所摇惑。上畏天戒，下恤民窮，速將所建佛像盡行撤毀，内外齋醮俱各停止。凡誦習佛老之人，勒令散歸原舊。各該衙門萬幾之暇，惟當專一游心孔子之道，涉覽《大學》《尚書》及古君臣事迹，則聖心開悟，樂地自多，治道裨補，弘益實大，固不必服氅衣、誦真言，以從事所謂異端之教也。臣又聞内臣有周用、田顒、蔡秀者，駔儈之才，奸狡之性，柔佞便捷，本其所長。原係罪人名下之人，今復夤緣左右答應。彼乃巧伺上意，動中機會，挾持左道，熒惑聖聰。凡兹所為，皆其誘引，盖欲陰為引用罪人立赤幟也。臣於去年不揣愚妄，請陛下遴選近習，意正在於用等節[三]。奉聖旨：“宫中一應執事内臣，著司禮監，從公揀選謹厚老成的答應備用。欽此。”至今司禮監官牽制私意，廢格勑旨，不見有所施行。伏望陛下將周用等屏逐出外，勿得復留左右，使為羣小引用之地。其宫中答應執事人員，更乞勑司禮監遵照前旨，從公揀選。中間但係往年罪人名下如周用等者，一體俱賜遣逐。庶幾拔本塞源，而嘉靖太平之治可成也。嘉靖二年閏四月十一日進，十三日奉聖旨：“該衙門知道。”[四]

【校記】

[一]“干”，底本作“千”，據四庫本改。

[二]“者”，底本無，據四庫本補。

[三]“用”，乾隆《御選明臣奏議》卷十九所錄本文此前有“周”字，是。

[四]“嘉靖二年”領起之小字注部分，四庫本無。

乞禁濫舉將官疏

臣伏見近日各處保舉將官疏奏旁午，月無虚日。抑且人數太多，貢舉太濫，及至循名求實，多不無匪人與厠其間。

臣竊惟將者，三軍之司命，國家所賴制馭夷狄之人：必其斬將搴旗，有萬人之勇，而後可薦；出奇制變，有兼人之智，而後可薦；敦《詩》《書》，談《禮》《樂》，有貫古洽今之學，而後可薦。昔之人有在趙而强秦不敢東向，在漢而鮮卑不敢南牧者，固雖非其比儔，要亦可謂智勇才識者也。苟得若人焉用之，庶乎士卒豫附，邊圉乂寧，朝廷賴之以享平明之福。書之薦剡，夫亦不忝。只今中原多故，疆埸有警，上厪當宁宵旰之憂而側身拊髀，每以選將擇帥為安中國、制四方之急務。故廣求薦舉之詔，每下於大廷之間。蓋自祖宗朝來已然矣。良法美意，本欲蒐收真材，網羅實學，使天下英雄畢集吾之彀中，但薰蕕異味，玉石不同體。凡物之情，不能皆齊，又有匿詐以釣名，鋭始而怠成者。是故知人，則哲在堯舜，猶或難之，宜乎後人往往多失之不明也。臣博觀諸臣薦疏，固皆以人事陛下之義，固多真實可用之才。其間不無是非混淆，賢不肖雜揉，至有黷貨無厭，淫佚無恥，懦怯不振，累經敗衄，昔年劾罷而復祈推用於今日，他處失事而又欲改除於此地者。此類本非藥籠之參术，顧可視為蹊田之桃李，乃或因其曲跽擎拳之有禮，唯諾奉承之適情，阿私所好槪焉而濫及之。又有省祭官、監生人等假稱建言，輒行保舉，秖欲以公家之大典，為商販之奇貨。不知所謂斬將搴旗者誰也，出奇制變者誰也，敦《詩》《書》、談《禮》《樂》者誰也？間有謂之儒雅者，殆亦不過寬衣博帶，周旋揖讓之容而已耳。國家緩急之用何濟哉！是何也？連坐之法不行故也！

我祖宗立法，有貢舉非人之律，有舉用有過之條，而今皆莫之講。每有論薦，率曰“應詔旨”，或曰“遵憲綱”，不思秉公以為國，乃惟徇私而任情。致使朝廷之上，名實眩真而無所底定；本兵之地，冊籍莫據而難於去取。將帥乏奇材異略之士，疆埸多羽書烽煙之警。其弊皆原於此。昔李克論卜相曰：“居視其所親，富視其所與，達視其所舉，窮視其所不為，貧視其所不取，五者足以定之矣。”臣謂此言非特可以卜相，雖以之卜將亦可也，雖以之卜諸臣工亦可也。今日連坐之法固難卒行，然人之情僞，每自相感；而事物善惡，必以類分。苟因其舉人者以察其所舉之人，或因其所舉之人以考夫舉人者，率如李克之言，然後稽其是非以定其賢否，黜罰隨以加焉，拔本塞源，則亦庶乎可行也。

伏望陛下勅内外官員，非各處緊急缺人，及非有地方責任，并省祭官、監生人等，俱當自避嫌疑，勿得輕易保舉將官。其相應保舉者，必求智勇兼備，聞望素著之人，而後具實上聞。勿得一概濫及匪人，及員缺之外人數冗濫。再乞勅吏部訪察舉主，定擬賢否，或有濫舉，即行黜罰。臣再有愚見，敢兹瀆陳：各處將官必久任而上下安之，所謂將知士意，士識將心是已。况山川之阨塞，虜情之强弱，人情之勇怯，地方之虚實，尤必以久而後諳知，豈可數易屢遷，視如傳舍[一]？使賢者因之，生因循玩日之心；不才者假之，遂覬覦避罪之意。昔李牧守代郡，李漢超在關南，趙贊主延安，皆十數年，倚如長城。臣之愚見，盖亦如此。更望陛下將各邊將官率責之久任成功，勿得輕易遷轉。其被刻官員已經革黜者，查係犯贓及行止有虧，失事重大人數，終身勿復起用。見在者必俟其事明論定，徐為去留，亦勿得先事遷轉，使得遂其奸避。則人知警畏，而邊方有賴矣。嘉靖二年六月二十一日進，次日奉聖旨：“該衙門知道。”[二]

【校記】

[一]“如”，四庫本作“為”。

[二]“嘉靖二年”領起之小字注部分，四庫本無。

論王邦奇等七次奏辯罪狀

近日錦衣衛左千戶等所、鑾輿等司旗校王邦奇等，第七次奏辯，意圖復官，已經臣本科參駁去後。

臣竊惟，詔旨不可不信，紀綱不可不振，法度不可不行，皆朝廷大體所關，治亂攸係，恐陛下未之悉察，故兹瀆陳。查得先奉詔書内一款：“正德元年以後，各衙門官軍旗校人等，緝捕妖言奸細，并不係臨陣對敵强賊，一應陞授職役者，通行查革。欽此。”又一款，節云：“抗違妄奏者，問發邊衛充軍。欽此。”及經科道部衛等官查明，具題奉聖旨：“是這冒濫人員，既會同清查明白，并其餘事情，該部都看了來說。欽此。”續該兵部覆題奉聖旨：“是各該官員旗役，都依擬查革。中間係職官革盡職級的，還與他冠帶閑住；被革人員朦朧奏辯的，你部裏及該科參奏重治。欽此。”後因錦衣衛右所副千戶楊忠奏辯，該兵部參覆奉聖旨：“是楊忠抗違詔旨，朦朧妄奏法司，提了問。欽此。”又因錦衣衛衣中等千户所、千百戸總小旗劉鑽等奏辯，該兵部參覆奉聖旨：“你部裏說的是，但係弘治十八年以前陞授職級，都照舊不動。正德元年以後陞授的，盡行查革，不許再來奏擾。劉鑽等饒他。欽此。”

今邦奇等俱係官軍旗校，在正德元年以後緝捕而陞官，正詔書相應查革之人。中間雖或亦有事情真實者，殆亦不過一二，而今皆不可考，難與辯理，亦在所不必論也。是何也？盖以正德年間，國柄潛移，權倖用事，祖宗之制度、朝廷之紀綱，蕩廢殆盡。以致奸邪小人依憑城社[一]，大肆夤緣，率皆納賄以求官，計日而遷秩。下至販夫、賈子、厮養、僕隸，無不為之，無不遂意。名器為之大壞，紀綱日以決裂。比時雖彼儕輩之人，亦以為濫，而知後來不能安享也。陛下昔在藩邸，知之亦稔。幸而天佑我明，歷數有歸。陛下即位之初，湔刷垢敝，克復舊章冠帶之途，天下方喜於廓清。不意於邦奇等之奏，復有“看了來說”之旨。臣固知邦奇等平日榮冒官資，紆拖朱紫，出入炫燿，意氣揚揚。一旦革之，使之索然，情固不能無怏怏。然既有明旨“還與之冠帶閑住”，則亦可以安命知止矣。若必欲復官，則奉有“正德元年以後，通行查革”之詔，累奉“依擬查革”及“盡行查革”之旨，理不可行，法不可行，朝廷之體統亦不可行。凡茲舉朝大小臣工，孰敢犯天下清議，甘萬世重譏，奮然自任，再開倖門，以復邦奇等之官，以蹈抗違詔旨，變亂成法之大罪乎？邦奇等本以緝捕得官，臣即其事論之。十五六年間[二]，羅織鍛鍊、無辜而死者，不知其數。抑有罪人雖死，而向不知何事者。有人心者，無不痛心。邦奇等試揣於心，亦當自知也殺人以求富貴，在天理以為何如？今乃不自悔訟，復爾譸其讐怨之口，極為詆詈之言，恣其兇悍之性，欲為報復之計。肆無忌憚，至於此極！古人有言：“敬近臣為近主也。禮下公門，式路馬。”亦皆所以敬君也。今科道等官，為陛下左右之官[三]。是近臣也，銜陛下命，往理其事，乃主人陛下之命使也[四]。邦奇等視之，曾陛下畜產之不若，而叱詈之屢加。漢法所謂“大不敬”，何大於此！其所攀比之人，又皆一偏之見。殊不知各人之事迹不同，詔書之條格嚴密，官司之冊籍詳明，不入於此，則入於彼。應革應留，據實可見，非惟不敢容私，殆雖有私，亦不能容也。且法者，原於天道，制於祖宗，主於陛下，而奉行於百官。今天下事非一端，奉陛下法治事者非一人。審使邦奇等之奸計得遂，市虎之流言成真，則百官臨事，皆將有所觀望而畏縮規避，孰肯為陛下任事怨乎？

况累奉詔旨，一則曰“抗違妄奏者，發邊衛充軍”；一則曰“朦朧奏辯的，參奏重治”；一則曰“不許再有奏擾”。而《大明律》及見行事例，又有摭拾勘問官員者，民發口外、軍發極邊衛分之條。今邦奇等七次奏辯，不知於詔書、於律例何如也？臣該科雖嘗累行參駁，而不知復有引詔旨、據律例，奏請論之如法，如往日之治楊忠者。則邦奇等之不悛亦宜也。今天下奸人，潛匿蠹政，屏息世道清明者。賴有此《即位》一詔，為之隄防耳。臣等之所以謹守而不敢苟邀人心，緘默不言者，亦以此也。此焉一決，則奔潰四出，汎濫滔天，陛下大事去矣。臣待罪該科，已奉有明旨，許臣參奏，况又親見此輩牽朋引類，以摇奪國是，敗壞國體，抗違詔書，摭拾勘官，臣大懼世道之下陵上替，紀綱之日隳月廢，工不信道[五]，朝不信度[六]，關係天下治亂也不細。彼科道部衛，區區數臣，固不足惜也。伏望陛下獨奮乾綱，大張雄斷，勑下法司，將為首王邦奇遵照詔旨，從重發遣，以為衆戒。仍追究代寫奏本之人，照例治罪。庶朝廷不失信，而百官得以展布供職也。嘉靖二年六月二十六日進，七月初一日奉聖旨：“兵部知道。”[七]

【校記】

[一]“依憑”，四庫本作“憑依”。

[二]“間”，底本作“問”，據四庫本改。

[三]“為”，四庫本作“實”。

[四]“主人”，四庫本作“王人”，《御選名臣奏議》所録無此二字。

[五]“工”，四庫本作“朝”，是。

[六]“朝”，四庫本作“工”，是。

[七]“嘉靖二年”領起之小字注部分，四庫本無。

永福長公主禮制疏

臣竊見，禮部題永福長公主七月二十六日行嫁。臣聞之禮：“在室孫女，為祖父母期。”永福長公主於孝惠皇太后為在室孫女，今服制未滿。孝惠皇太后几筵未徹，行嫁則釋服而從吉，其辭几筵也亦用吉。臣謂於理不合[一]。

臣謹按，唐高宗之妹衡山公主應適長孫氏，有司奏以永徽元年秋成婚。時太宗之服未除，于志寧以為不可，告於高宗曰：“縱使服隨例除，豈可情隨例改？請俟喪畢。”高宗從之。夫女於父母，孫女於祖父母，名義稍不同，其為尊親一也。三年之喪與期之喪，輕重稍不同，其日月之不可增減一也。高宗能以禮處其妹，陛下獨不能以禮處其姊乎？三年之喪至遠矣，高宗能待之，今去期直數月耳，陛下獨不能待之乎？且民間期喪，猶停嫁婚，况聖人以禮治天下，為百世法者乎？臣不欲聖朝有一闕事，請俟喪畢，然後成禮，亦未為晚。臣又見禮部儀注，駙馬見公主行四拜禮，公主坐受兩拜。駙馬雖賤，夫也；公主雖貴，婦也。夫屈於婦，逆陰陽位，亦於禮未善。至於見姑舅之禮，又未開具如何，并乞勑下禮部更議。臣不勝拳拳之望。嘉靖二年六月二十八日進，次日奉聖旨："公方婚期，孝惠皇太后已有遺旨，相見拜禮，只照舊規行。該部知道。"[二]

【校記】

[一]"理"，四庫本作"禮"，當從。

[二]"嘉靖二年"領起之小字注部分，四庫本無。

停國戚張鶴齡等恩典疏

昨見吏部奉勑："皇親太師壽寧侯張鶴齡進封昌國公，慶陽伯夏臣加太子太保。欽此。"又奉勑："都督同知陳萬言進封伯爵，與誥劵，子孫世世承襲。欽此。"又該司禮監太監張欽傳奉聖旨："都督同知陳萬言男陳紹祖，與做尚寶司司丞。欽此。"又該傳奉聖旨："舍人蔣泰、蔣清、蔣昶，俱與做正千戸；吴振、武受，俱百戸。欽此。"

臣聞命錯愕，甚有不安於心者。竊惟祿以報德，爵以賞功[一]，天地之常。經先王之大法，祖宗之定制，不可易也。易則濫，濫則賤，賤則無以收檢人心，砥礪世道。陛下纘祖宗大統，為天下義主，當以爵祿為公天下之具，以待天下有才德之人。不宜私恩外家，而濫施妄予，以隳祖宗天下之法制。鶴齡等無間關百戰功，非俊傑九德士，徒以椒房之親，重荷恩寵，富貴已極，名位已盛，今無上事，復加崇階。一日之間，徧及四氏。封公者一人，封伯者一人，進官階者一人，授六品文職者一人，五品武職者三人，六品武職者二人。不惟寵賚頻仍，爵賞横濫；抑且私厚戚屬，輕用王章。臣竊為陛下不取也。萬言新聯國戚，列佐督府，循之舊例，進封以伯，固有可諉，臣猶嫌於太驟。鶴齡等果何謂邪？若以為母之恩罔極[二]，陛下之孝未盡，則去歲之詔，覃恩已至，今兹之予，又似無名。縱使鶴齡等有積勞於國家，則論功行賞，亦止宜於一行，豈可去年降一勑，今年又降一勑，去年加官，今年又加官？洪恩過寵，頻頒疊見，以瀆以僭，至於如此。然則何時可止也！吴振、武受，又出異姓，臣不知為何人，今皆曲緣私恩，一概濫被。輕授無度，實啓傳陞之厲階，何以壓塞人言，防杜僥倖，臣所以不能不駭且惜也。且公之與伯，上爵也；五品六品文武官階，重職也；封拜，大事也。陛下不謀之輔弼大臣，輒自内降手勅，率易行之，揆之事理，殊為未安。况天恩不可以頻假，上爵豈容以輕授？祖訓昭然，法制具在，陛下又似不宜任情，率易行之也。夫富貴忌於太盈，功名嫌於過盛。造化消息，盈虚之理，有一定而不可誣者。是以漢、唐、宋賢君，往往慎重公賞，抑絶私恩，而不肯少假借外戚。其外戚之知道理、識時勢者，亦或守謙讓、戒盈滿，而不敢少憑藉公家。用是上下共成保全之道，而為善處富貴之人，書之簡冊，於今有光。臣方以堯舜望陛下，顧今所為，又似戾於漢、唐、宋賢君遠甚。使天下得而私相非議，後世得而横加指評，臣所以為陛下甚惜者。以此况今，各處盜賊縱横，生靈糜爛，饑饉連亘，道殣枕籍，而南京之所奏報，又有不忍聽者。陛下曾不少動於中，而存心於宵旰。顧惟拳拳戚畹，而數數累覃乎恩澤。臣恐天下以陛下無意於斯民，而秖知有外氏，其害非細細也。臣所以為陛下甚惜者，又以此伏望陛下以天下為家，以萬民為念，以義制事，以禮制情，遵祖宗慎守名器之訓，謹戚屬驕僭禮制之防，俯納臣言，將前項恩典暫為停止，徐俟他日，再圖議行。庶賜賚有名，官爵不濫，陛下不失守文之盛德，戚畹得全知足之令名。臣之此言，非敢薄於陛下之所親，自顧備員，言路封駁，乃其典守。覩此事理之或舛，實有不能恝然於心者。抑懼天下後世之議及臣也。是以昧死上聞，不勝隕越待命之至。嘉靖二年八月初三日進，初五日奉聖旨："該衙門知道。"[三]

【校記】

[一]"賞"，四庫本作"報"。

[二]"毋"，底本作"毋"，據四庫本改。

[三]"嘉靖二年"領起之小字注部分，四庫本無。

停司禮監請乞疏

近該司禮監右監丞閻綬等題，為已故司禮監太監張淮弟張銘，姪張琦、張瑋，及閻欽等乞討官職及見任管事。奉聖旨："張銘准南鎮撫司管事[一]，其餘罷，該部知道。欽此。"

臣等竊見，淮以閭閻之子入侍帷幄，榮冒蟒玉，叨官司禮。雖有奔走之勤，殆亦職分當然。概其平生寵榮，殊未足以報稱，况當陛下繼統而覃詔推恩，已嘗官銘為指揮同知。今淮既死，又錫之葬祭，若復用銘，不無失之濫繁。往日太監趙山、楊聰等死，其發送諸内臣為其弟姪乞官，臣等執奏論其不可，不蒙俞允。然彼皆藩邸舊人，既獲從龍之幸，或荷非常之恩，事偶可以一行，固亦妨於聖治。不意今日遂以為例，一概踵而行之，是何也？臣等據法之言既不見信，而彼狥私之請得以肆行故耳。夫朝廷用人，本以辦集事務。苟不問其人之才不才，乃惟念其私故輒委之事，其不至於僨敗者，鮮矣！鎮撫乃機密之司，尤當用人於推選。而朝廷於機密之事，豈宜以人而試嘗[二]？臣等昨嘗略見銘之為人，禮度且猶不知，於事何能辦集？設若他日有所僨敗，則陛下事也。皆於事體有乖，治道傷損，甚非軌物憲世之意。再照司禮監右監丞閻綬，職名司禮，顧不能守禮以贊成陛下維新之政，乃棄禮任情，為人乞官，使陛下蹈濫賞妄施之過舉，官署有倖位僨事之匪人，設心不臧，曷堪委任？若係追念昔為張淮之門下，則豈宜以朝廷之公物為報復之私圖，召枉啟濫，是謂不忠；他或有所利而為之，則又豈宜假朝廷之恩典為私門之商販，賣公狥利，是謂無恥。其稱淮之墳塋離京窵遠，須得親人往來照管。聽其言似是，究其理則非。然照管墳塋，銘係親弟，亦即可以自便，似不係於官之管事與否。又本後開寫乞官人數，頗為衆多。而閻欽本非淮之族屬，實與綬之姓氏相同，中間尤可疑惑。且各名之下，輒自注擬官職，事屬專擅，似不知恩典出自朝廷，典守各有攸司，怙寵擅權，市恩罔利，皆大不可。賴陛下聖明，止許張銘管事，其餘俱已報罷。臣仰贊聖德，無任喜忭。但張銘管事，尤非祖宗軍政推選之舊法，聖賢因能授任之明訓。臣等待罪該科，不得不又為言之也。伏望陛下慎重公賞，抑絶私情，俯納瞽言，追寢張銘管事之成命。仍將閻綬薄示懲責，以為後戒。臣又聞行事必先申命，明罰所以勑法。不塞其源，不足以止其流；不懲夫一，不足以戒夫百。更乞勑司禮監通行戒諭各監局官，俱要同心協力，守法奉公，不可代人乞討陞官管事等項恩澤，以貪圖利益，自壞行止。則幸甚。嘉靖二年九月初七日題，奉聖旨："已有旨了，該部知道。"[三]

【校記】

[一]"准"，底本作"淮"，據四庫本改。

[二]"試嘗"，四庫本作"嘗試"。

[三]"嘉靖二年"領起之小字注部分，四庫本無。

論國戚張延齡等罪狀

訪得建昌侯張延齡，被宛平縣民孫銘奏訴强占地土等不法事。五次投匭，而法司不敢理論。延齡擅自差人前往法司門首，將銘捉拏至家，鎖拘馬房内者五日。銘妻又嘗將情抱奏，而法司亦不聞有所施行。延齡又將銘責打二十，而後疏放去訖。似此恃負驕恣，妨國害民，臣恐陛下深居九重，未之或知也。近日皇親功臣，轉相效尤，大率皆是如此。又如定國公徐光祚，本以癲癇病夫，騃惷已甚。而伊弟所謂三公子者，每下鄉邑，擅坐轎乘，擅著蟒衣，擅住公館，擅接詞訟，擅出告示，擅用刑杖，作威作福，違禮違法，不可疏舉。而玉田伯家、昌化伯家，亦每代人追討錢債，貪圖賄賂，妄生事端。羅織平人，經月拘囚，私自拷訊，聲勢張皇，道路側目。恐非諸皇親功臣之福，亦非宗廟社稷之利。

陛下為天下軍民之主，而實賴天下軍民以立國。今視諸皇親、功臣違法害人，而不與之作主，則軍民受害者將復赴愬於誰？萬一日久勢迫，民怨心離，陛下又將何以立國？延齡等已為富貴之極，而不務求持盈守成之道，乃貪婪貨利，無有止足，恣意妄為，驕横不法。如此似不知有朝廷而畏法度也。由今觀之，則我太祖之待功臣，漢文帝之處薄昭，皆不可謂之少恩；而諸皇親、功臣之事陛下，亦不可謂之守禮。陛下之御諸皇親、功臣，亦或過於厚矣。陛下固云念其親親之情，世功之胄，然民惟邦本之義，獨不當念而惜之乎？今小民受害而無所控訴，法官畏縮而不敢究理，以致諸氏之驕恣日甚，民日不堪。陛下曾不少焉動心，而略加詰責。若縱之然者，非計之得也。正德年間，雖是權奸用事，而諸皇親、功臣，猶知畏罪自戢，顧亦不聞有此。今陛下聖明在上，而延齡等乃至如此之甚，是何也？

臣死罪，竊以為陛下姑息太過，威令不行致然耳。伏望陛下重惟祖宗洪業之難創，億兆人心之易失，閭閻生計之至微，勳戚富貴之已盛，常以義而制情，不狥恩而掩義，申勅戒諭，痛賜裁抑，務使諸皇親、功臣，皆知敦尚儉素，恪崇謙恭，各守禮法，各保富貴，不可縱其輕自恣肆，冒犯憲典，以貽後悔。其所奏建昌侯、定國公事情，仍乞勅法司通為究理，倘得其情，皆置之法。庶威令得以彰明，貴戚知所歛戢，不徒小民之幸，而亦諸貴戚保全富貴之幸也。嘉靖二年十一月十五日題，奉聖旨：“該衙門知道。”〔一〕

【校記】

[一]“嘉靖二年”領起之小字注部分，四庫本無。

停止織造疏

先該内織染局署局事、御用監太監刁永等題，請差官蘇杭等處織造，工部執奏，以為不可。反復辯論，殆千餘言。蓋據時勢而極言之，事理儘為詳盡，不圖聖意竟莫之回，而有“差内臣二員提督”之旨。此事關係聖政之得失，生民之忻戚，世道之治忽，臣不得不昧死一陳其愚。

陛下登極之初，已將各處新添差出内官，盡數取回。聖明洞見萬里，或知其為地方生民之害也。天下方蒙更生之福，不勝喜幸。迄今日月幾何，而乃復有此差官之旨。何前日知其害人而停止，今復不慮其害人而允其請乎？見今各處地方水旱相仍，殍殣載道，而南直隸一帶，災傷尤甚。為今之計，正宜加意存恤，尚猶恐其無濟，矧可又加之以征科朘剝之擾邪？陛下每遇各處撫臣奏報災傷之大，府部臺諫疏論救濟之方，累降明旨，發内帑，減徵派，諄諄戒諭，皆欲其加意存恤，務使民沾實惠。似此所行，則是一面差官賑濟，一面差官科害，所謂實惠者何有，存恤者何如也？明旨所許，雖止蘇松，然弊源一開，倖門再啟。干用謀利之人，遂以為例，浸淫之勢，决不可復止。則陝西之羊絨、江西之燒造，與凡買辦採辦管庄管店之類，亦或在所不免矣[一]。

今天下地方大半多盜，而陝西重鎮已經狄虜之所殘擾，民或死於饑餓之間、鋒鏑之下者，餘已無幾。呻吟之聲、疾蹙之狀，已是遍滿閭閻，何以復堪乎！此臣恐窮民之無告者，或遂至於反袂而不逞，上梗聖化，噬臍何益。夏間風聞浙江鎮守太監梁瑤，指稱進貢，差人私齎寶貨，滿載舳艫，前來打點，意圖帶管織造。比時給事中章僑預以為言，正欲逆閉其途。纔延數月，而太監刁永，果有此請。梁瑤當倭賊搆亂之際，不聞出謀設策以靖地方，乃惟汲汲營幹，圖管織造。究其心，蓋止知謀利，而不知謀國；止知愛身，而不知愛朝廷。陛下試詳察之，彼果何如人也。梁瑤之營幹，雖因章僑之言而暫止，然實啓其端矣。自後賄託左右，夤緣宫掖，以圖委用者，皆由此以施其引伸疏濬之術，致令差官之命，竟爾必出而莫之挽回。臣按，瑤之擅啟弊端，違格詔書，為陛下斂衆怨，為朝廷生厲階，誤國殃民，背公狥利，罪可斬也。

伏望陛下常懷民惟邦本之心，重念民窮盜起之義。所有差官提督之命，速賜追寢，俟後歲時豐稔、人民充足，再為議行。仍將梁珫取回究治，以杜貪緣。則生民幸甚，臣亦幸甚。嘉靖二年十一月二十三日題，次日奉聖旨："該衙門知道。"[二]

【校記】

[一]"亦或"，四庫本作"或亦"。

[二]"嘉靖二年"領起之小字注部分，四庫本無。

勘地方賊情疏

先該福建鎮巡等、官徐州等勘報過，漳州等處流賊攻劫殺擄，并官軍斬獲緣由。前來已經兵部。又據莆田縣被害民人詹與良奏稱，彼處衛司不行勦捕，致賊猖獗，大肆荼毒等情。看得中間，情辭各異，其他隱蔽尚多，不無追究未盡，遽難定奪。欲再轉行彼處巡按衙門覆勘。等因覆題。奉聖旨："是各該官員功罪，并陣亡死節等項事情，着巡按御史從公查勘，務見明白來說。賊起去處失事情由，還着廣東鎮巡官上緊勘明具奏。欽此。"

臣惟前項盜賊攻劫鄉邑，焚燒室廬，搶擄民人，污衊婦女，拒敵軍兵，殺戮官吏，甚至殺人祭旗，剝皮分屍，剖腹取胎，流毒三郡，貽害兩省，備極慘酷，人皆憤怨，蓋不獨詹與良一人言之，其鄉人聽選官陳文逵及給事中等官鄭一鵬等幾二十人皆嘗連名具奏。彼皆土著居人，身親睹記，所見必真，所言可信。其稱賊在附城劄營二十餘日，衛司坐視不顧，任其歌彈飲酒，從容劫殺，給票買物，明報官司，准令供應；又稱忽聞賊至，都司先已遁去，次日方知所在；軍出涵頭，偶聞風吹於兵仗有聲，指揮以下，返奔入城，官軍未嘗與交一矢；止有民兵屢戰，被殺約有五百餘人；典史汝良中箭而死[一]，檢校嚴簡被擄贖回等項情節，與臣所聞大略相同。及觀彼處鄉人所撰《癸未録》者，紀載彼時事情，尤為詳備。其與彼處官司之所勘報，十無二三。該部欲行覆勘，蓋已洞燭其弊。但彼處官員既經查勘，回奏豈肯再有異詞，自為先後矛盾？况彼俱係待罪人員，未免回護，遮掩秪事，虛文搪塞，以致鬱閭閻之憤，失綜覈之實，遂僥倖之心，傷公平之治。深為未便。合無照依勘處倭寇事例，再煩勑旨選差給事中一員，前去將彼先次勘報，并詹與良等各奏事情，逐一查勘，務見明白。其廣東賊起去處失事情由，亦令差去給事中，一併勘保，具實奏聞。臣之此言，非過為是刻薄也。比見近年各處盜賊繁多，率皆起於細小。彼處守土官員，既不設法捕處，又不及早申報。勢已釀成，專事隱蔽，擁兵自衛，安坐傍觀，聞賊在前，惟擇善地而遠守。與賊對壘，乃先望風以奔遁。大有喪敗，則減百而為十，又假為被傷之名；稍或捕獲，則張百以成千，又多係冒報之數。及被查勘，率復遷延，動經二三年間，傳歷一二人手，俟其日久時易，心懈事緩，方行掇拾，冀以塞命。中間又以遷官去任為解，功罪掩贖為詞，以致賞多濫恩，罰不及罪。法令不行，人心玩愒，沿傳此弊[二]，已非一朝。往日山東，河南，南、北直隸，勘報事情，大率皆是如此。臣所以信今日詹與良之言不誣也。

臣又聞，近日山東盜賊復起，河南嘯聚已踰千人。廬、鳳地方，見有奏報；而湖、廣諸郡，在在生發。以臣觀之，皆非細故。使非朝廷及早厲法度、明賞罰，大加振作於上，臣恐人心無所警畏，政令日就廢弛。各處守土官員，蹈襲宿弊，皆事苟免，天下之患未易止息。用是拳拳，不避塵瀆，謹以愚見，昧死上陳[三]。嘉靖三年二月初二日題，初四日奉聖旨："兵部看了來說。"[四]

【校記】

[一]"良"，四庫本作"艮"。

[二]"沿"，四庫本作"延"。

[三]"昧"，四庫本作"冒"。

[四]"嘉靖三年"領起之小字注部分，四庫本無。

勘邊官失事疏

昨該整飭薊州等處邊備右副都御史孟春，并總兵官署都督同知馬永、鎮守御馬監太監李能，各為瞭報邊情，斬獲犯邊達賊首級等事題本到科。

節開嘉靖二年十二月十一日，石嶺兒地方被敵射死軍人仲白錦等六名、被傷官軍指揮常端等一十七員名、陣失并射死戰馬七十一匹、神鎗二把、神箭一十六枝，擄去小厮韓和尚等四名，及稱參將朱卿射傷左手。等因臣查得先該巡按直隸監察御史盧瓊為大舉達賊入寇，官軍奮勇對敵等事，已於本年正月初四日具題外，與今鎮巡總兵等官孟春等正月二十九日之所奏報，已是遲延，二十五日距彼失事之期，實隔越四十九日。軍民被其殺擄，戰馬以之失去，參將因之中傷事情，儘為重大，不應延遲如此。又各官奏報，不曾開有斬獲首級，亦不應類積先後，功次混同具題，致難稽考。其殺被擄并失去軍民馬匹等項[一]，恐不止開報之數，被傷官軍恐俱是死亡之人。臣風聞彼處地方，自去歲九月以來，失事又不止此一次，軍民受害，十分殘擾。凡此皆受欺蔽，合當查究。再照薊州鎮守等處總兵官署都督同知馬永，先嘗納賄權奸以致用，今又專事諂諛以求容，不飭邊防，載啓夷隙。分守燕河營参將朱卿素患癲疾，挾勢淩人，大遭挫衂，損軍僨事。此二將者公議久已不平，重鎮豈堪寄委。如蒙乞勑兵部，先將馬永、朱卿革回待罪，備行巡按衙門查勘失事及稽遲情節，俟其回奏。果該是實，仍將馬永、朱卿并鎮巡等官，照依律例，通賜究治。庶各鎮人心知警，而威武可以振舉也。嘉靖三年二月初八日題，次日奉聖旨："兵部知道。"[二]

【校記】

[一]"殺被"，四庫本作"被殺"。

[二]"嘉靖三年"領起之小字注部分，四庫本無。

玉坡先生奏議卷之四

明户科給事中　三原　張原　著

邑後学　李锡龄　校刊

乞養病疏

臣猥蒙聖恩，置諸言路，遇事不能知要，雖言不能中倫。上無以啓格聖聰，下無以裨補時事。朝夕徒爾尸素，心身實不自安。近於三月以來，痰火壅盛，心神怔忡，腿膝腫疼，行履跛曳，不能以供事，愈切懷慚。如蒙聖恩放臣回籍，自行請醫調理，庶臣固莫盡許國以身之忠，猶或得知難而退之義。為此具本，令義男張 抱齎謹具奏聞。

留吏部尚書喬宇疏

昨者吏部尚書喬宇稱疾乞休，遽蒙陛下特賜允俞。臣愚為國惜才之意，竊大不以為然。喬宇純誠清慎，有大臣之德；靖共明敏，有大臣之才；寬洪簡諒，有大臣之度。況其年未七十，禮亦未可以致仕，陛下何為而遽聽其請也？人惟求舊古先格言，陛下於此或未之思也[一]。且國家之於賢才，儲養於二十年之前，以備一旦之用，中間體察覈驗，以求必得其真者。君心之勞於求賢，亦云已甚。今陛下於祖宗二三十年儲養之人才，乃爾易易去之，畧不經意，臣愚以為計亦疏矣。況近日大臣相繼辭去，老成典刑，消謝殆盡，非國之福也。以此傳之天下後世，甚非聖朝之美談。傳曰："不信仁賢，則國空虛。"夫有仁賢而不信，尚謂之空國，況不使之立於其國邪？此實天下治亂所關，其害非細，惟陛下念之。勿以舊臣為不可用，勿以新進為必可用，再加酌議，亟賜改圖，則幸甚。

【校記】

[一]“或”，四庫本作“亦”。

在告極論朝事疏

臣近以灼艾在告，聞科道等官，交章劾論主事桂萼、張聰等之邪佞，皆未見陛下有所指揮。臣竊憂懣，不知所以。呻吟之餘，謹昧死輒以萼等所以固守前説，必欲求勝之意，與科道等官，極言舉劾，不欲與之並之故，為陛下備言之。

為萼等者固自知變置宗廟，詆毀詔書，離間宫闈，誹排大臣，摇亂國是，罪在不原。然業既為之，辟之騎虎難下，益復固守前説，猶冀可以富貴一時。是即鄧綰只知好官，桓温不避遺臭之類耳。宜其大言横詈[一]，愈無忌憚而不肯已也。為科道官者，亦固知聖志已定，天威方赫：雷霆之下，無不摧折；渙汗之餘，豈容撓沮[二]。顧以邪説横流，奸人干進，國之安危係焉。比之亂臣賊子，其迹雖隱以微，而害實大且烈。恐陛下一時不察，誤中其餌，使奸邪之計萬一得行，而伯考之説，竟或改稱，人心洶洶，為是之懼。所以連章累牘，紛紛不已。逆鱗犯諱，亦有不暇計者。

臣嘗念之，人心非特在廷之臣以之為然；雖下至閭閻匹夫，亦皆以為然也。此可見孝宗皇帝深仁厚澤，洽被人心，人心無不延頸，思欲為孝宗死者。科道官特因人心而述道之耳，況其職守所係，公議所關，亦宜其抗言執奏，愈見激發而不敢已也。萼等既已被召至京師，縉紳大夫，皆不與之立談，彼豈無一鄉黨朋友素相親厚往來者哉[三]？聞其日所造接，秖皆先年罷革不得志之人，幸災樂禍之輩。每語若人曰：“吾已得君矣，吾言已見信矣，吾行將柄用矣，吾當進退百官、變置法制矣。”肆行胸臆，謬為大言以欺人，如此尤可深惡而痛恨也。新進小人，曲學阿世，纔得陛下假借以顔色，輒爾矜大衒耀，若自不能堪者。其器局狹隘，識趣卑陋甚矣！他又且不論也。陛下亦嘗知之否乎？今陛下於萼等所奏一切，留置於内廷。其諸科道官之論列，每漫應之曰“該衙門知道”。然聖意叵測，而國是無所底定。以致人心愈自激發而言，或傷於煩；聖心愈見堅執而聽，或至於厭。盖亦無怪其然也。何也？大禮已行於往時，明詔已布於天下。聖孝篤純，萬萬無復改易之理，此但陛下自知之耳。天門九重，外人不得而知也。夫人不見知而致疑，上不明言以示信，馴至内外沮惑，君臣乖暌，所謂上下不交，而庶事叢脞也。其將何以為天下？臣所以憂懣而不能已於言者，大率為此。陛下為天下計，曷不降勑大廷，徧諭羣臣，備述明詔已頒，大禮已定，以示再無更改之意。其桂萼等亦宜早賜處分，遣之回還，仍就舊列。則人心以安，人言以息，國是以定，實宗社無疆之休。嘉靖三年六月十二日題，十四日奉聖旨："該衙門知道。"[四]

【校記】

[一]"詈"，四庫本作"恣"。

[二]"沮"，四庫本作"阻"。

[三]"彼"，底本作"被"，據四庫本改。

[四]"嘉靖三年"領起之小字注部分，四庫本無。

玉坡先生奏議卷之五續録

明兵科給事中　三原　張原　撰

邑後學　李錫齡　校刊

殘惡將臣疏

竊見■■■■■本以閥閲世家[一]，承襲伯爵，顧乃沉湎乎紈綺之故習，自棄於市井之無賴。庸劣無才，實非統帥之器；蕩遊不檢，大殞家世之風。淆瀆閨門，行同狗彘。每自假借乎文義，動欲依附於儒生。剽勦門客之緒餘，緣飾見聞之謭陋，累陳戎務，巧釣時名。探其蘊囊，空空無物。昔趙括知讀書傳而不知合變，卒無救於長平之坑；房琯言事慷慨而祖尚浮誇，竟不補於陳濤之戰。大言無實，從古為然，乃若斯人，尤非其比。顧其言論，豈足信諟？臣訪得近於正月間，手自格殺其子■■[二]，當日送出燒毀。夫父子之間，天倫至親，禽獸之愚，尚知哺呴其子。■亦人也[三]，一旦忍而殺之，縱使■■不肖[四]，■亦不宜至此[五]。似此夷倫敗俗，悖理滅天，■尚得為有人心者乎[六]？即今道路之間，口語籍籍，相傳唾罵，訝為怪事。

臣愚以為，聖明之世，輦轂之下，不宜容此無人心之人，況可使之侍左右之地，居統御之位邪？載推其意，則如孔子所謂“是可忍孰不可忍”者，■將無所不至[七]。安望其推親親仁民之心，以優恤軍事；擴資父事君之忠，以報稱朝廷也？伏望陛下昭示典法，儆於有位。先將■■特賜革黜[八]，再乞勑下兵部，密加訪察。如果人言不謬，更宜付之有司，議之於法。庶不道之人無所容於天地間，而清談之士不至誤夫天下事。嘉靖元年三月初四日進，初五日奉聖旨：“這本所言，着■■看了從實回將話來。”[九]

【校記】

[一]“■■■■■”，此處底本抹去五字。四庫本夾注“原闕”，以下墨丁處四庫本均作“闕”。按，《明實録》：“嘉靖元年三月，南寧伯毛良有罪免。給事中張原劾良手殺其子仲器，當黜。”故抹去之文為“南寧伯毛良”。

[二][四]“■■”，據《明實録》當作“仲器”。

[三][五][六][七]“■”，據《明實録》當作“良”。

[八]“■■”，當作“毛良”。

[九]“嘉靖元年”領起之小字注部分，四庫本無。按，《明實録》：“良自陳死者非仲器，乃長子主器，實自縊死。上曰：‘毛良既有過，令閑住。’”故“■■”，當作“毛良”。

巡撫憲臣貪暴不職疏

臣訪得：巡撫四川都御史許廷光為人便給[一]，賦性剛愎[二]。厚貌深情，盜名欺世。所在之處，皆有穢聲。自入仕途，一無善政。陰而賊物，暴以濟貪。廣置牙爪，恣行漁獵。巧立名目，百計營求。七府之利，檢括不遺；三川之民，搜索殆盡。怨聲載道，民生不堪。近該御史楊材劾其信任指揮等官，出入經營，有“二都爺”之號。騷擾省城商賈，强抑買貨，有畏太監之名，虐害屬官。而羅織百端，竟欲其稱貸，以足賄改徵折色，而加耗侵取，卒致於收歛以倍前。出錢遍及於軍丁，科銀每稱乎修補[三]。他如先任巡視浙江，漁獵不免於屠家；任應天府丞，納賄自擬於糧長[四]。兵備江西，則縱强賊行劫，而苞苴時行。辱知縣，鎖項而經旬綑打。彼楊材巡按其地，有見必真，與臣所聞，大畧不異。夫都御史大臣也，巡撫大任也。四川大鎮也，陛下託廷光以西事，廷光不能仰體聖意，專事拊循[五]；乃爾罔上營私，害民蠹政。無所顧忌，一至於此。此即古之所謂民賊，先王之所必誅者也。豈陛下慎選維良，責成共理意耶？况今四川地方，凋瘵已極，民不聊生。窮迫致變，理所必有。且去歲廷光疏薦方面屬僚，自布政使而下，以賢能稱者凡八人。比臣聞之，士林頗有疵議。或謂其狥賄賂之私請，或謂其酬經營之故情。責實指名，每加非笑。其間協人望者，纔一二耳。既而吏部考察，其四人皆以不謹罷軟，果被黜退。古人觀人，達視其所舉，則廷光爲人從可知已。大臣以人事君之義，似不如此。律之以法，亦當連坐，況可任之久於其位，而使之妨賢病國邪？伏望特勅吏部將廷光早賜罷黜，以慰蜀人倒懸延頸之望，以昭朝廷為民設官之意。

臣比見近日被劾大臣，雖顯然犯公議者，陛下不肯直言斥去，率皆諭之自陳。是固優禮之意，然而罪大過多如廷光之當黜者，王法之所不宥，人心之所切齒，又不可一律言也。更望陛下亟賜剛斷，不必令之自陳。庶在位之人賢者知所畏，而不肖者有所懲。天下生民幸甚。嘉靖二年閏四月十四日進，奉聖旨："吏部看了來說。"[六]

【校記】

[一]"許廷光"，四庫本作"闕"。本文凡涉廷光名處，均同。

[二]"愎"，底本作"復"，據四庫本改。

[三]"補"，底本作"鋪"，據四庫本改。

[四]"擬"，底本作"疑"，據四庫本改。

[五]"循"，底本作"揗"，據四庫本改。

[六]"嘉靖二年"領起之小字注部分，四庫本無。

早辯奸佞以正人心疏

臣聞人君之禮臣也，莫闇於臣其所教；人臣之事君也，莫奸於投其所好。自古治天下者，用人聽言，皆自以為獨斷於吾心之公，他人莫得而與也。殊不知天下之人，陰伺而默試之，日夜矻矻，無所不用其心，盖必有先意承導，而投其所好者矣。人君一或不能以道義力制其心，則亦將取其適耳。喜其不逆於心，而必有臣其所教者矣。臣其所教，則直言忠諫之士日以遠；投其所好，則希寵行險之心日以滋。二者之勢，雖若懸異，而胎禍階亂，實以相成。所以聖帝明王必先辯其心術之微，而逆制於童牿之時。忠臣義士為之扼腕痛恨，正言亟攻，惟恐人君誤中其餌，而載胥及溺也。昨者南京右都御史吴廷舉投進《集羣議以定大禮奏疏》[一]，臣嘗取而讀之，不覺扼腕拊膺，而痛恨人心之日壞也。今大禮已成，臣不敢他有異議，至於廷舉心術之微，行險希寵，而投其所好者，臣不得不推原其意，為陛下言之。夫大禮之議，為日已久，固廷舉所知也；桂萼等倡為邪說，以奸大禮，上誣天子，下侮羣臣，得罪祖宗，貽羞名教，大小臣工，方將指之為奸、為佞、為邪、為妖，不欲與之並立於朝，亦廷舉所知也。今廷舉啖其殘瀝，和其餘吠，首鼠兩端，遷就其說，承訛襲謬，甘附後尾，既無顧忌，又無愧恥，意果何為者也？彼見桂萼等攘臂獻諛，已為陛下之所召用，殆於此亦垂涎焉，然又不敢明犯公議，顯然附之，盖亦所謂高可為六國，下不失尉佗計耳。小人之心，乘時射利，不殊於販夫鬻婦之為，大約不過如此。臣恐此風不殄，而上下效尤，得志者衆，而聖化益蠹，陛下不可不察，而亟為之處也。況其論薦之人，如劉績、如劉武臣者，邪僻無賴，素為士林之所不齒。則其肆横胸臆，賣直市恩，引用兇邪，植黨助逆，罪又不可掩矣。臣又按，廷舉為人偏拗，行事乖詭，好訐以傾人，務外而自用。飾詐矯偽，常懷人取我與之心；欺世盗名，久熟陰為陽掩之術。敭歷中外，荐躋膴官，率有穢聞，曾無善政。臣嘗見主事霍韜貽廷舉私書，備其平生，極其醜詆，見今傳播，為人笑談。使廷舉頗知自愛，當亦俯首厚顔，决不敢厠縉紳以玷清班，顧猶肯嘵嘵然依人而鳴如此也。昔孔子誅少正卯，而數之曰："居處足以撮徒成黨，談説足以飾褒榮衆，强禦足以反是獨立，乃人之奸雄也，不可以不除。"今廷舉於此數者，盖兼有之，寔孔子之所不容誅者。臣請陛下亟早除之，特賜罷斥，以息邪説，以正人心，以杜後弊，則幸甚。嘉靖三年四月二十一日進，次日奉聖旨："該衙門知道。"[二]

【校記】

［一］"吴廷舉"，四庫本作"闕"。本文凡涉廷舉名處，均同。

［二］"嘉靖三年"領起之小字注部分，四庫本無。

玉坡先生奏議卷之六續録

戶科右給事中　三原　張原　著

邑後學　李錫齡　校刊

辯邪説討罪人以正大禮疏[一]

近該主事桂蕚上奏，請陛下改稱孝宗皇帝為皇伯考，而自考其本生立廟大内，親主祀事。其為説曰："陛下乃入繼之主，非為人後者。"主事張璁上奏，與桂蕚同其説，乃曰："陛下繼統不繼嗣。"而蕚又為申其義曰："繼統公，繼嗣私；統為重，嗣為輕。"其説無稽，本不足辯，但其敢於無所忌憚而連章累牘，上欺君父，下凌大臣者，其意以為陛下已惑於其説，而恃陛下為之主也。

臣請為陛下辯之：皆子也，而嫡長子為父後；皆孫也，而嫡長孫為祖後。其它子孫，支庶也。本宗百世為天子。所謂大宗。又謂之祖統，又謂之正統，又謂之大統，統之為言系也，言統猶言宗也，非指為天子也。本宗為大統，故繼統則為天子矣，支庶百世為諸侯。所謂小宗，又謂之旁支，又謂之旁統。本宗百世云者，本宗子也，支庶子也。以木為喻，本其根幹，支猶枝條也。陛下之在興邸，持獻皇帝之喪而主其祀，是為父後者也。今入繼武宗而主喪，奉祀如子事父，是為人後矣。特以昭穆同世，不得考武宗，而以世數上考孝宗，此百世不易之定法也。借使陛下但係太祖高皇帝之孫，而于孝宗以上諸帝已為無服，亦當計世數而考孝宗，祖憲宗矣。又借使陛下非奉武宗遺詔、太后懿旨迎立而奮然崛起，削平禍亂，復太祖、太宗之業，亦當計世數而考孝宗，祖憲宗矣。引非出臣一時杜撰，苟曰"禮以義起"云耳。歷漢唐宋千有餘年以來具有。故事見諸載記，班班可考。無後曰絕，繼絕曰繼，大宗不可以絕，故族人以支子孫後大宗，是入繼者所以為人後也。繼統云者，繼祖統也，繼正統也，繼大統也。以百世不遷言，謂之祖統；以對旁支言，謂之正統；以對小宗言，謂之大統。非指君臨天下而言也。以有天下，主中國為正統而言，則唐虞三代以及漢唐宋之相繼者是已，非謂今日之事也。蓋入繼即是為後，繼統即是繼嗣，不可析而為二。桂萼、張璁倡為此說以惑聖聰，非一日矣。其意蓋曰，陛下之有天下，自是德為聖人，尊為天子，天與人歸，非人所與。其說亦非不美，然遂曰如此，則陛下可不為人後，可不言繼嗣，不必考孝宗，不必母昭聖，自帝后其所生而立廟奉祀，無不可者。則臣之愚，雖欲曲為之解，而卒不得其說之萬一者也。臣之愚，竊以武宗有子，則後武宗而有天下者，其子也。陛下以聖人而居潛邸，猶自若也。武宗絕矣，無後矣，擇支庶以繼統，則必先親而且長，使憲宗之支庶又有親且長於興藩者，則陛下以聖人而居潛邸，猶自若也。今陛下以倫序最親且長，奉武宗遺詔，為太后所援立，群臣所擁戴，而陛下又自以聖人之德，足以承付託之重，答天下之心，國運中興，四海嘉靖，夫豈偶然之故哉？臣又惟兄終弟及之文載於祖訓，固為不刊之典。然前日舉而加之於遺詔，以成迎立之功者，在內則有皇太后為之主，在外則有諸大臣為之輔，為邪說者曰，陛下自是遵祖訓而尊居天位。祖訓者，非太后所能制，非群臣所能援，其亦過於忍而薄矣。陛下母事太后，子育群臣，於禮有加而無替，此自得諸聖性之高明，夫豈邪說所能亂哉！臣竊忿之邪說之初倡也，臣即自誓於心：使改稱孝廟之說行，則臣義不與之並生於世；使立廟大內之說行，則臣義不與之並立於朝。勅諭出而正統本生，秩然有倫。陛下賜臣生矣，獨建室之議未允臣之進退，決于此舉。夫狐鳴於野，鴞呼於林，過而聞者莫不掩耳。今入而嗥於社，嘯于梁，矜凶挾狡，聲勢逾厲，主人不惟不之逐，方樂聞而喜聽之，則知者未敢以為祥也。臣之愚，請陛下大奮乾剛，置此首議之人于理，于以奉宗廟，于以謝太后，于以慰群臣，于以答天下，則豈特臣等之幸，實宗社無疆之休也。嘉靖三年七月日進，聖旨未下。十五日，率諸司跪左順門，候旨不允，哭諫被逮，廷杖身殞。

【校記】

[一]此篇四庫本無。

玉坡先生奏議附録

貞臣張諫議傳

張公者，三原人也。名原，字士元，號玉坡，世稱玉坡先生云。祖杲以純孝聞。父曉，起家進士，官御史，疏萬貴妃，廷杖，外遷湖廣僉事，累官河南按察使。所至著冰蘗聲。語在其《傳》。公生而岐嶷，穎悟夙成，長益肆力于學，少所不通，而其要在本之身心，達之經濟，餘非所屑也。弘治乙卯，薦于鄉，正德甲戌，成進士。釋褐，授吏科給事中，即疏時政十二事，勸上正守令、擇將帥、理刑獄、汰冗食、省征斂、慎工作、恤士卒、明賞罰、禮大臣、開言路、崇天道、進德學，語多侵中貴人。是時中貴人用事，遂謫公貴州新添驛驛丞。立朝纔三月耳。新添萬里炎荒，非人所居，公怡然就道。至，則手披荊棘，葺寄寄菴，讀《易》其中，潛心味道，尚友千古，所造益深。士有從公游者，隨材啟發，各充其愿，成名者甚眾。閒則寄興篇什，忠君愛國之心，雖觸口不忘，蓋其天性然也。公在新添七年，嘗兩參幕府，有平夷功，遜不居，而填撫直指推轂公者[一]，章交公車矣。嘉靖初，召復兵科，尋擢右戶科。公益感知遇，慨然以諫諍為己任，知無不言。凡再逾年，所上四十餘章，無不切國家機事，當上心者。繇是直聲動天下。甲申七月，大禮議起，公以力爭，杖闕下，血肉淋漓而死，年五十有一。公為諫官，嘗引大體忼慨，每誦歐陽公語："七品之官，任天下之責，懼百世之譏。"以自激勵。

其所論諫，雖或用或不用，自謂未嘗有愧心之事。海內士大大夫聞而信之。公既卒之明年，有司請祠鄉賢。又四十三年，而穆宗即位，遵先帝遺詔，録諸臣諫死者，贈公光禄寺少卿，蔭一子入監。嗟乎！成名亮節，足以不朽。於世如公者，死可矣，死可矣。公明習國典，敷奏詳雅，詩文清粹婉和，自成一家。所著有《黄花集》《蛩鳴藁》《玉坡奏議》凡若干卷行于世。

論曰：余少時聞張給事，比長，讀所謂《玉坡奏議》者，忠誠剴切，未嘗不掩卷流涕也。夫大禮之議，百世以俟聖人可耳。獨公為諫官，三月而謫。謫七年而復，復再逾年，而卒以諫死。豈非所稱篤信善道者歟？

萬曆己亥仲夏上浣日，賜進士出身、承直郎、戶部四川清吏司主事邑後學王紹先著

【校記】

[一]“塡”，同“鎮”。

哭張士元先生有引，見《四川總志》

士元為給舍數月，即以封事忤毅皇，謫官貴州新添驛者七年。皇上登極，召復舊官。先後歷朝纔一考，而獨立敢言，大裨國是。今年秋七月，以大禮事同余伏闕下獄，既而同杖，越十日，又同以首事被逮于朝，有旨放還。而士元竟坐杖不起，時禁方嚴，吊客無敢至者。斯文之痛極矣！乃余感知己，傷斯文之不可復得，痛哭數日，作詩志哀。

七載夷方謫，三年諫議班。家聲續臺史先人曾為御史，封事動天顏。吊客何人至，秦川有櫬還。不才同放逐，後死淚潺湲。

同舍今何在，斯人天下無。感時看諫草，何日奠生芻。狐鼠私相慶，衣冠勢益孤。空餘青史上，遺直載名儒。

安磐都給事中，四川嘉定州人

張侍跋

吾祖給事中玉坡府君《奏議》若干卷，三石喬先生刊于湖廣，板成示侍，俾永其傳。侍感愧天淵。孔子曰：“君子成人之美。”其先生之謂與！暇日，侍檢閱篋笥，得《殘惡將臣》與《憲臣貪暴不法》及《早辯奸佞》奏稿三篇，竊嘆吾祖自甲申歲封事，迄今纔二十四年耳，尚有遺失如此，若夫歷年之久，將併此而遺失之矣。雖然，物之顯晦固有其時，而侍不孝之罪，尚何逭哉！謹請梓人續刊于後，一以彰我皇上納諫之誠，而吾祖效忠宣力之實，亦得托于不朽也。敢曰賣直云乎哉。

嘉靖二十七年二月上浣孫張侍頓首百拜識

張天相跋

吾先子以諫顯。後以殺身成仁者，《時政》《大禮》兩疏耳。《時政》板行于世，而《大禮》以切直忌諱秘諸笥中，能無懼久而湮滅與？嘻，聶政有姊，余小子敢泯先世之名？並請得王先生《傳》為續刊。

崇禎辛未夏，曾孫天相盥沐拜識于研雅齋中

補輯

張原傳

張原，字士元，三原人。正德九年進士，授吏科給事中。疏陳汰冗食，慎工作，禁貢獻，明賞罰，廣言路，進德學六事。中言："天下幅員萬里，一舉事而計臣輒告匱，民貧故也。民何以貧？守令之裒斂，中臣之貢獻為之也。比年軍需雜輸，十倍前制，皆取辦守令。守令假以自殖，又十倍於上供。民既困矣，而貢獻者復巧立名目，爭新競異，號曰'孝順'。取於民者十百，進於上者一二。朝廷何樂於此而受之？人君馭下，惟賞與罰。邇者庸才厮養，莫不封侯腰玉。或足不出門而受賞，身不履陳而奏功。禦敵者竟未沾恩，覆軍者多至逃罪。此士卒所由解體也。"

疏入，權倖惡之。傳旨，謫新添驛丞。嘉靖初，召復兵科，仍加俸一級。南寧伯毛良殺其子，錦衣掌印指揮朱震等多違縱，原先後論之，皆奪職閒住。帝進張鶴齡昌國公，封陳萬言太和伯世襲，授萬言子紹祖尚寶丞，又以外戚蔣泰等五人為錦衣千百戶。原抗疏，極言請行裁節。未幾，劾建昌侯張延齡強占民地，定國公徐光祚子、外戚玉田伯蔣輪、昌化伯邵蕙家人擅作威福事。雖不盡行，權貴皆震懾。進戶科右給事中。撼門哭，再被杖，創重卒。貧不能歸葬。久之，都御史陳洪謨備陳原與毛玉、裴紹宗、王思、王相、胡瓊等妻子流離狀，請卹於朝，不許。隆慶元年贈光祿少卿。

《明史》卷一百九十二

給諫張公傳

公名原，字士元，別號玉坡，三原人。師事王康僖公，講理學，與馬谿田為友。言動一於古人。弘治乙卯舉于鄉。正德甲戌成進士，授吏科給事中，遇事敢言。即上書言十二事：曰正守令、擇將帥、理刑獄、汰冗食、省征斂、慎工作、恤士卒、明賞罰、禮大臣、開言路、崇天道、進德學。忤旨，降貴州新添驛驛丞。至貴州，學者聞公名，莫不裹糧負笈而從。經所指授，輒充然有得。居夷八年，困心衡慮，用是造詣益精，閱歷益熟。夷方士風，為之一變。嘉靖紀元，復召兵科給事中。公感知遇，益以諫諍為已任，言皆剴切。凡論國家大計，及進賢退不肖，詞嚴色正，凜然風生。上亦多嘉納之。三年七月，以諫大禮被逮，杖死闕下。先是，公有《停司禮監請乞》一疏，中貴人銜之，所以廷杖獨重，竟至不起，年僅五十一耳。時禁方嚴，弔客無敢至者。獨都給事安磐與公同杖，幸不死，而為之經紀其後事。因哭之以詩曰："七載夷方謫，三年諫議班。家聲續臺史，封事動天顏。弔客何人至，秦川有櫬還。不才同逐放，後死淚潺湲。"康僖公贊其像曰："穎敏絶俗，名髙登第。剴切過人，職居要地。不以一時之失竄炎荒而動心，不以一時之得復青瑣而樂意。利害滿前，何敢趨避。諫諍報上，惟知奮勵。其身雖死，其烈則著。百世之下，必有指其事而歎之曰：'斯人也，誠哉乎忠義之士。'"穆廟初，奉世宗遺詔，贈公官，録其後。

贊曰：孔子有言："求仁而得仁，又何怨！"公八年處困，人易動心。一旦賜環，竟以諫死。所稱求仁得仁者非邪？憂國如家，視死若飴。龍逢氏之儔歟，比干氏之儔歟？

《少墟集》卷十七

兵科給事中張公原傳

張原，字士元，别號佩蘭，後號玉坡。幼有異質，眉目秀朗，言動一於古人。自成童，聲譽籍籍。弘治乙卯鄉舉。正德甲戌進士，授吏科給事中。遇事敢言，即上書言十二事：曰正守令、擇將帥、理刑獄、汰冗食、省正斂、慎工作、恤士卒、明賞罰、禮大臣、開言路、崇天道、進德學。忤旨，降貴州新添驛驛丞。至新添，學者聞原名，莫不衆糧負笈而從。經所指授，充然有得。用是造詣益精，閱歷益熟。夷方士風，為之丕變。先後中鄉試者二十餘人。嘉靖紀元，復召兵科給事中。原感知遇，益以諫諍為已任。知無不言，言無不盡。

凡逾年，所上凡四十餘章。言皆剴切，至論國家大計，及進賢退不肖，詞嚴色正，凛然風生。上亦多嘉納之。三年七月，竟以諫死闕下。原年十八九時，通詩賦，善楷行草書，入能妙品。嘗紀事得史體可觀。長益博學，工文筆，輒數千餘言，揮毫若風檣陣馬不可止者。故在諫垣，凡論奏，衆方擬議搆思，其疏已上而報下矣。其敏如此。使天假之年，事業豈可量耶？卒年五十一。所著有《黄花集》《蛩鳴稿》《石渠先生言行録》《玉坡奏議》若干卷。

《國朝獻徵録》卷八十六《郡志》

張原傳

張原，字士元，别號玉坡，三原人。師事故戶尚書王承裕，講理學，與馬谿田為友。言動一於古人。弘治乙卯舉於鄉。正德甲戌成進士，授吏科給事中，遇事敢言。即上書言十二事：曰正守令、擇將帥、理刑獄、汰冗食、省征斂、慎工作、恤士卒、明賞罰、禮大臣、開言路、崇天道、進德業。忤旨，降貴州新添驛驛丞。至貴州，學者聞其名，莫不裹糧負笈而從。經所指授，輒充然有得。居夷八年，困心衡慮，用是造詣益精，閱歷益熟。夷方士風，爲之一變。世宗即位，復召兵科給事中。原感激，益以諫諍為己任，言皆剴切。凡論國家大計及進賢。故廷杖獨重，竟死，年五十一。時禁方嚴，弔客無敢至者。獨都給事安磐與原同杖，幸不死，為之經紀後事。因哭以詩曰："七載夷方謫，三年諫議班。家聲續臺史，封事動天顔。弔客何人至，秦川有櫬還。不才同逐放，後死淚潺湲。"穆宗初，詔恤諸言事者，贈太常少卿。録其子為國子生。

《明書》卷一百八

《玉坡張先生黄花集》三卷本提要

正德刊本，汪魚亭藏書。玉坡居士張原著，谿田居士馬理校正評點。

原字士元，三原人，官兵科給事中。卷首有右給事中張公小像，贊爲平川道人撰。當出自藩邸之筆。稱其"穎敏絶俗，名登高第。剴切過人，職居要地。不以一時之失竄炎荒而動心，不以一時之得復青瑣而樂意。"是曾登科目而後復職者。《千頃堂書目》僅載其《黄花集》《蛩鳴集》，而無卷數，不歸科分。《明詩綜》且不及之，罕傳可知。此本卷一下題“甲戌十二月之乙亥八月”，卷二題“乙亥九月之丙子四月”，卷三題“丙子五月之十二月”，僅三年中之詩文。前有正德十年癸亥佩蘭遷客書於貴陽之寄寄庵中《自序》，云：“余以罪謫新添，道由沔漢，經巴閬，涉湘播，歷牂牁夜郎之墟，履羅甸鬼方之域，凡兩月殆達。間有餘適，率爾成句。兒維德侍行，見卽録之，持帙請名。猶憶昔居京師，每夢黄菊花。初不喻也，今茲驗於‘皇華’之詩乎？遂以黄花名之，用紀其異云。”有“汪魚亭藏閲書”一印，《蛩鳴集》則未見也。

《善本書室藏書志》卷三十六

後　記

《陝西古代文獻集成》是陝西省自建國以來實施的最大的古籍整理項目。這一誤題的任務是，將歷史遺留下來，而又没有經今人整理過（或雖經今人整理，但是整理本有較多問題），並且具有很高歷史和文化價值的典籍，做成供中等文化程度以上讀者可以閲讀的整理本。工程浩大，任務繁重，時間緊迫，要求很高，需要課題組織者和參與者付出很大努力。將這項世紀工程做好，不僅爲當代，而且可以爲後世貢獻一份珍貴的精神遺產。

中國歷史上凡是經濟繁榮、富庶安泰的時代，執政者往往會在文化建設方面投入較多的精力和財力。宋初的四部大書《太平御覽》《太平廣記》《文苑英華》《册府元龜》，明初的《永樂大典》，清代康熙乾隆年間的《古今圖書集成》和《四庫全書》等，無不基于這種背景，這就是所謂“盛世修書”的傳統。

改革開放以來，陝西省在全國經濟發展方面長期居於中游甚至偏下，上一輩學者欲整理陝西古代文獻者不乏其人，但都因所需鉅資無法籌措而望洋興嘆。國家實施西部大開發的戰略以來，在國家扶持和陝西人民的努力之下，陝西經濟有了快速提升。陝西乃中華民族的發祥地，古長安又是十三朝古都，憑此地緣優勢，陝西省人民政府不失時機地提出了要將陝西省建設成中國的文化大省和文化强省的戰略目標。近年來陝西省在文化遺址的修復和文物保護方面，採取了大力度的措施，恢復和整修了相當多的文物古跡，例如日前已列入《世界遺產名録》的漢長安城未央宫遺址、漢城湖公園以及漢昆明池遺址公園、唐長安城大明宫遺址、唐芙蓉園、曲江遺址公園等；文物的修護保護也取得很大成就，秦始皇陵兵馬俑的彩繪保護、古代紙質文獻的修復保護等，這些成就舉世矚目。但是這些成果，主要是從空間上展現文物和遺址的形貌，而這些文化遺產内在的精神支撑，也就是其產生的時代與背景、存在與湮毀等豐富的文化信息，更須依靠文獻的記述。正如本課題主持人所説："歷史上的文明，文物只是一端，而文獻則構成另外一端。無文物則不睹其容，無文獻則不知其故。文物爲體，文獻爲神，著此一睛，則飛龍在天。"更何况有些精神遺產是地面文物所無法負載的。例如，宋代以後，理學成爲中國官方的主要意識形態，而陝西關中理學即關學是其重要的組成部分。關學的代表人物張載、藺𦒿、馬理、吕柟、馮從吾、康乃心、李顒、李因篤和王心敬等人的著作，不僅是陝西省的珍貴文化遺產，也是中華民族的精神財富。張載的"爲天地立心，爲生民立命，爲往聖繼絶學，爲萬世開太平"的豪言壯語，成爲世世代代立志爲國捐軀的有志之士的座右銘。而這些遺產，也到了搶救的時刻了。

陝西堪稱中國古代文獻的淵藪。產生於這塊土地上的古代經典文獻有《周易》《周禮》《史記》《漢書》等，《詩經》和《尚書》中亦有相當篇目與這一地域有關，而歷代這裏出現的文獻瑰寶，更是不勝枚舉。

有鑑於此，我們認爲編纂一套能比較全面反映陝西省古代文化輝煌成就的大型叢書時機已經成熟，並且刻不容緩。2011年初，我們向陝西省政府提出建議：抓住當前有利時機，傾省内外可以利用的學術資源，盡速啟動，用十年左右時間編纂一套全面反映陝西古代文獻成就的大型叢書《陝西古代文獻集成》。

陝西省人民政府主要領導迅速做出批示："對我省歷史上形成的，目前又没有被整理出版的典籍，應下力氣投入，以傳承歷史文化和文明。"

項目組經過審慎的摸底調查，決定精選出三百種左右的典籍進行整理，在"十二五"和"十三五"期間各完成一百五十種左右，約需投入兩千萬元左右。經過以著名古籍整理專家周天游教授爲主任的陝西省古籍整理出版工作領導小組專家委員會的數次開會研究論證，認爲方案切實可行，上報省政府。陝西省發展和改革委員會、陝西省財政廳對這項工作非常重視，決定撥出專項資金予以支援，並立項爲陝西省"十二五"古籍整理重大項目。

其后，課題組精心落實了課題的實施。

一、成立《陝西古代文獻集成》編輯修纂工作班子。一是編修委員會，由陝西省省長任主任，中共陝西省委宣傳部部長和主管文化的副省長任副主任，各相關主要單位的領導任成員；二是成立專家委員會，由陝西省古籍整理出版工作領導小組（簡稱"省古籍整理領導小組"）專家委員會代行職責；三是成立編纂委員會，設在項目直接承擔單位西北大學，負責項目的編纂實施工作。由一批在國内享有盛譽的專家擔任顧問，另由一批以陝西省内爲主的年富力强的古代文獻學者擔任委員會成員。編纂委員會確定了一期工程的具體進展計劃，並且提出，這一項目在省古籍整理領導小組統一領導下實施開展，省古籍整理出版辦公室負責項目的總體協調和日常行政事務工作，督促檢查項目的進展情况和經費使用情况。西北大學爲項目的第一承擔單位，負責項目的具體組織和實施。爲落實這些要求，省古籍整理領導小組於2012年9月下發文件，通知了各相關單位。

西北大學還在項目主持人賈三强教授所在的文學院成立了重大項目管理辦公室，從辦公場所、人員配備方面提供了必要條件，使項目順利啟動。

二、確定子課題。按照省政府文件精神，課題組決定先整理一批没有經過近人整理，或雖有近人整理本，但整理本存在較多問題的典籍。爲了有利於今人閱讀，以便使這些文化資源成爲今天的經濟建設、文化建設、社會建設和環境建設的有用信息，我們決定不採用國内有些省市採取的古籍影印的方式，而是採用古籍點校本，並用繁體字横排本的形式，這樣既尊重了古代文獻的原有形式，又便於今人閱讀。既然確定爲目前只做尚未有今人整理本的陝西古代典籍，課題組經過反復研究論證，確定下來300多個子課題，依傳統古籍分類法，分成經、史、子、集四部。按前後兩期實施，“十二五”期間先行完成150多個子課題。在這些子課題的確定中，專家委員會意見得到了極大的重視。

三、開展項目的招標工作。根據專家委員會的建議，對於子課題的承擔，我們決定採用招標制和委託制結合的辦法，以招標制爲主，無人投標或投標者明顯不合要求者，再採用委託專家承擔的方法。省古籍整理領導小組在2012年9月下發文件，公開向省内徵集一期工程151個子課題的承擔者。以省内高校和科研單位爲主，學者踴躍申報，經編纂委員會初審，决定將74位學者申報的117項子課題交付專家委員會審查。2013年1月，專家委員會審定107項子課題合格。入選者絶大多數是近年來從事文獻研究已有成就的中青年學者，有一部分已對所申報的子課題有了相當深入的研究。對於無人申報或申報者不合要求的課題，還有專業性太强如中醫藥方面的子課題，我們採取了委託具有高水準的相關專家承擔的方式。因此，所有150余子課題都已先后確定了整理者。

四、多次召開相關會議，進行學術交流，互促互進，並及時解决實際問題。在項目規劃時，我們就提出了課題進行中，每年召開一次學術研討會、一次行政事務會的設想。前者主要交流課題研究中的學術問題，後者主要針對項目進行中出現的各種事務性問題，及時加以解決。2013年3月，東亞漢學研究學會（秘書處設日本長崎大學）、西北大學文學院和陝西省社會科學院古籍研究所聯合舉辦，西北大學文學院承辦了“陝西地方文獻國際學術研討會”。與會專家學者50余人，分别來自日本、中國大陸和臺灣地區，共提交論文41篇。論文專業性强，水準高，圍繞陝西古籍整理、古代文獻編年、宗教文獻的文學闡釋、陝西地方方言、域外漢學的開拓與發展等學術問題，進行了深入的交流。會議期間，舉行了“陝西古代文獻”課題開題報告會。與會專家一致認爲項目具有重大文化意義，並且對項目的各方面問題提出了許多好的意見和建議。對於這次會議，《中國社會科學報》2013年3月4日曾專發消息《“陝西古代文獻集成”項目啟動》予以報導。會議論文由東亞漢學研究學會會刊《東亞漢學研究》出版特别號《“陝西地方文獻國際學術研討會”論文集》。

2014年6月，西北大學文學院和陝西省社會科學院古籍研究所舉辦了“第二屆陝西地方文獻學術研討會”，會議的參加者全部是項目的承擔者，各位學者專家對自己承擔課題中的學術問題做了歸納研究，發表的論文有很强的現實針對性。對于項目的深入開展和將項目做成高品質的學術成果，這可謂是高調的集結號。會議論文集由商務印書館出版。

行政事務會議也力争開成辦實事、解决實際問題、不務空談的交流會。雖然我們已給各位課題承擔者發了《工作手册》，專門規定了體例，但是在實際操作中，仍然出現了一些問題。于是2013年10月召開的行政事務會議，專就體例不一展開了研討。集思廣益，將各位專家學者的意見建議分門别類做了梳理，又重新修訂了《工作手册》，大家反映良好。

根據實際需要，從事編修編纂的單位建立了暢通的管道，問題一發生，就做出快速反應，及時溝通，及時解决。2015年年末，省政府主管文化的副省長過問了項目的進展，明確表示，這個項目是省上親自抓的重大文化項目，也是建國以來投資最多的軟文化工程，受到省委省政府主要領導的關注，必須抓緊、抓好。爲此，陝西省社會科學院、陝西省古籍整理辦公室、陝西省古籍整理專家委員會、西北大學四家單位的領導和項目主持人開會，對當前面臨的問題一一過濾，採取相應對策。如稿件完成後的審閲、成書的分集等具體問題均有涉及，並且有了明確的應對之策。

五、利用電子信息時代的優勢，建立隨時應答的動態管理模式。項目日常的工作人員主要由在校博碩士生等組成。他們利用年輕上進、精通電子信息技術的優勢，提出了很多很好的建議。例如建立了全員電子通信網，隨時隨地可與各位項目承擔者進行聯繫，實現無紙交流、無紙辦公，並且建立了聯絡群，可以隨時發佈各種信息，對各種問題進行及時應答。具有普遍性的問題，還可由專門或專業人士進行解答。

與此同時，我們建設了“陝西古代文獻集成”信息終端，硬件軟件已經採購到位，待安裝調試成功後，計劃將一些共用的資源録入，逐步建成課題組的大資料庫、大信息庫。這個終端的建成，必將爲課題的開展起到重要的促進作用。

陝西省古籍整理辦公室從項目的選題到項目的立項，從經費的管理到經費的監督，從督促項目的進展到聯絡出版、印刷等事宜，認真負責落實，先後召開了五次專家委員會會議、五次項目進展情況督促檢查會、六次專項出版印刷會，下發正式文件三次，認真組織實施，積極協調各方相關單位，使項目有序推進，對于項目按時間、保質量地完成，起到了重要的作用。

陝西人民出版社承擔項目的出版工作。從社領導到編輯均表現出了極强的責任心和專業素質，在此表示誠摯的謝意。

賈三强

丁酉年春日